# O Brasil Colonial 1443-1580

Organizadores:

*João Fragoso e*
*Maria de Fátima Gouvêa*

# O Brasil Colonial 1443-1580

Volume 1

8ª edição

CIVILIZAÇÃO BRASILEIRA

Rio de Janeiro
2024

CIP-BRASIL. CATALOGAÇÃO NA PUBLICAÇÃO
SINDICATO NACIONAL DOS EDITORES DE LIVROS, RJ

F874b
8ª ed.

Fragoso, João
O Brasil colonial: volume 1 (ca. 1443 – ca.1580)/João Luís Ribeiro Fragoso; organização João Luís Ribeiro Fragoso; Maria de Fátima Gouvêa. – 8ª ed. – Rio de Janeiro: Civilização Brasileira, 2024.
23 cm. (O Brasil Colonial; v. 1)

Inclui bibliografia e índice
ISBN 978-85-200-0944-4
1. Brasil – História – Período Colonial, 1500-1822. 2. Brasil – Condições econômicas. I. Fragoso, João Luís Ribeiro. II. Gouvêa, Maria de Fátima. III. Título. IV. Série.

14-08500
CDD: 981
CDU: 94(81)

---

Texto revisado segundo o Acordo Ortográfico da Língua Portuguesa de 1990.

Direitos desta edição adquiridos pela
EDITORA CIVILIZAÇÃO BRASILEIRA
um selo EDITORA JOSÉ OLYMPIO LTDA.
Rua Argentina, 171 – 20921-380 – Rio de Janeiro, RJ – Tel.: (21) 2585-2000

Seja um leitor preferencial Record.
Cadastre-se no site www.record.com.br e receba informações
sobre nossos lançamentos e nossas promoções.

Atendimento e venda direta ao leitor:
sac@record.com.br

Impresso no Brasil
2024

## Sumário

## PARTE III Economia e Sociedade

## Apresentação

La guerre est finie: notas para investigação em História Social na América lusa entre os séculos XVI e XVIII.*

*João Fragoso***

*O Brasil Colonial* reúne autores nacionais e estrangeiros que procuram deslindar áreas de pesquisa da sociedade da América lusa ainda pouco visitadas pela jovem historiografia brasileira. Refiro-me à América portuguesa entre os séculos XVI e XVIII. Nas últimas décadas, tivemos a profissionalização do Curso de História com a multiplicação dos programas de Pós-Graduação, porém grande parte das teses de doutorado e das dissertações de mestrado teve como principal foco os estudos dos séculos XIX e XX. Em outras palavras, ainda pouco sabemos sobre a vida religiosa de Pernambuco da primeira metade do século XVIII e, menos ainda, sobre a sociedade baiana do Seiscentos. Talvez um dos melhores indícios da precariedade de nossas reflexões sobre as pessoas que viveram o Estado do Brasil, do Grão Pará e do Maranhão seja que somente recentemente tive conhecimento de uma estimativa populacional — para além das anotações dos viajantes —, do Bispado do Rio de Janeiro em fins do século XVII. Segundo a Visita Paroquial de 1687, compreendendo as povoações situadas entre Porto Seguro, na atual Bahia, e Curitiba, no atual Paraná, a população que comungava no Bispado era estimada em 35.802 almas, distribuídas em freguesias e capelas curadas (ver mapa 1).[1]

*Agradeço a Roberto Guedes Ferreira e a Thiago Krause a leitura do texto. A Diogo Neves de Carvalho agradeço o empenho na confecção do mapa do "Bispado do Rio de Janeiro e suas gentes em 1687".

**Professor de história da FGV.

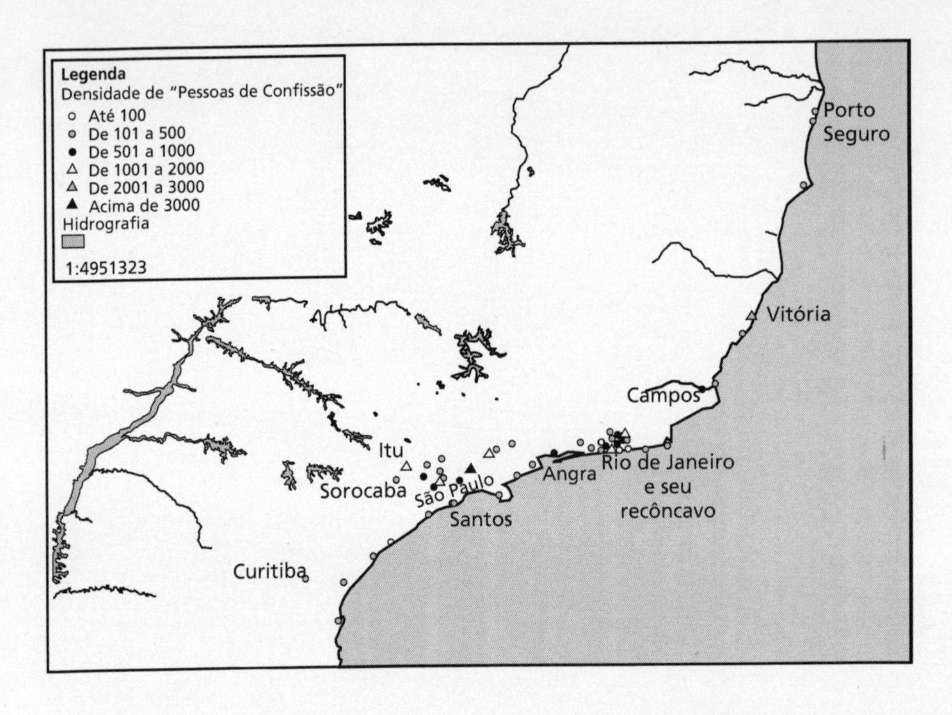
Legenda
Densidade de "Pessoas de Confissão"
Até 100
De 101 a 500
De 501 a 1000
De 1001 a 2000
De 2001 a 3000
Acima de 3000
Hidrografia
1:4951323
Porto Seguro
Vitória
Campos
Itu
Sorocaba
São Paulo
Angra
Rio de Janeiro e seu recôncavo
Santos
Curitiba

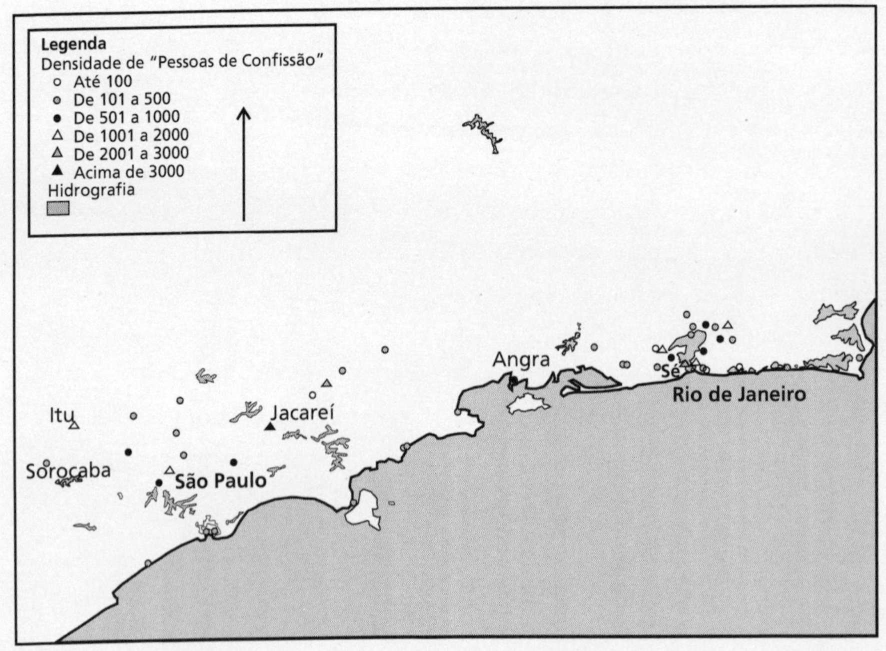
Legenda
Densidade de "Pessoas de Confissão"
Até 100
De 101 a 500
De 501 a 1000
De 1001 a 2000
De 2001 a 3000
Acima de 3000
Hidrografia
Angra
Sé
Rio de Janeiro
Itu
Jacareí
Sorocaba
São Paulo

Em outras palavras, eram principalmente essas 35.802 pessoas que davam vida à economia açucareira de base escravista, às lavouras de alimentos e aos currais de gado. Era aquele reduzido número de habitantes que assegurava a existência de metade do território do Estado do Brasil de então. Essa população era inferior aos possíveis 100 mil habitantes de Nápoles de fins do século XVI, porém estava em um território comparável ao do Império europeu dos Austrias da mesma época. Talvez o segredo da integridade ou a possibilidade desse imenso território, com a sua diminuta população, ter-se mantido sob o mando da monarquia brigantina sem se desintegrar, tenha sido a natureza política dessa mesma monarquia: polissinodal e corporativa. Em outras palavras, como no Reino, as comunidades aqui eram organizadas na forma de municípios, onde prevalecia o autogoverno, uma hierarquia estamental e a disciplina social dada pelo catolicismo, leia-se autodisciplina. Portanto, parece-me que a existência daquela América lusa fosse dada pela combinação de ao menos três fenômenos sociais, quais sejam: 1- A ideia de autogoverno dos municípios como base da organização política das comunidades do Antigo Regime luso. 2- A disciplina e a obediência introjetadas pelas práticas católicas naquelas mais de 35 mil pessoas diante da monarquia e Deus. 3- O sentimento de pertencimento daquela população, via relações pessoais (sistema de mercês), à monarquia católica.

Por seu turno, os princípios políticos e a visão de mundo que davam certa uniformidade às práticas sociais e disciplina àquelas gentes disseminadas em várias comunidades, ao mesmo tempo, lhes possibilitavam certa autonomia no arranjo de suas vidas. Sendo mais preciso, por exemplo, a ideia de autogoverno dos municípios possibilitava, dentro de certos parâmetros, que aquelas gentes elaborassem na América hierarquias sociais e regras de mobilidade social compatíveis com o realismo social, demográfico e territorial das áreas que viviam. Refiro-me, por exemplo, à mestiçagem entre índios e europeus enquanto fenômeno capaz de redefinir o funcionamento da hierarquia estamental vinda da Europa. Da mesma forma, aquele realismo redimensionava aspectos da ideia de qualidade social na estratificação de Antigo Regime. Por exemplo, aos olhos da nobreza da terra — no caso, as elites sociais locais da América lusa — o *auxilium* no povoamento e na defesa dos territórios podiam aparecer como honra/serviço compatível com a importância dada pela nobreza solar europeia ao pertencimento geracional a linhagens imemoriais.

Além disso, o funcionamento dessa sociedade só fica claro quando consideramos, em primeiro lugar, que entre eles tínhamos, além de europeus, ilhéus dos Açores, da Madeira, africanos, muitos mamelucos e índios convertidos. Em segundo lugar, a dinâmica daquela sociedade só se torna mais clara quando também pensamos a ação da população que não comungava. Ou seja, ao lado das 35.802 pessoas que comungavam existiam os que não eram católicos, leia-se, por exemplo, os índios bravos que ocupavam os arredores dos povoados. Ainda em 1767, segundo os mapas de Manuel Vieira Leão, o sertão entre os rios Piabanha e Paraíba do Sul estava infestado por aqueles índios.[2] Observe-se que estou me referindo à região atualmente ocupada por cidades fluminenses como Três Rios, portanto, há poucas centenas de quilômetros da então capital do Vice-Reinado do Brasil, o Rio de Janeiro, nessa altura, já uma das principais cidades portuárias do Atlântico Sul. A presença de tais índios bravos sugere a existência de guerras e negociações entre esses e a sociedade que comungava. Para tanto, basta lembrar da Guerra dos Bárbaros, ocorrida na segunda metade do século XVII, no norte do Estado do Brasil (ver capítulo três do segundo volume). Provavelmente, as relações daquelas populações católicas com os gentios americanos interferiam na hierarquia social, no imaginário e na economia da América lusa.

Esta interação talvez ajude a entender o *ethos* de uma nobreza da terra do Rio de Janeiro, que via na defesa e na ocupação das terras um dos seus deveres para com a monarquia e a república, e que, para tanto, instalava engenhos de açúcar em áreas distantes dos povoados e ajudava na construção de fazendas de religiosos próximos ao sertão. No caso do norte do Estado do Brasil, temos a fixação de aldeamentos chefiados pelas linhagens indígenas Camarão e Arcoverde.[3]

Por seu turno, como afirmei acima, aqueles números sobre a população católica e a extensão do território, em tese sob a tutela da coroa portuguesa, conferem uma base mais sólida para entender o realismo vivido pela sociedade americana lusa do século XVII. Ou melhor, aqueles números nos relatam a dinâmica de tal sociedade, ou ainda o ritmo de sedimentação de relações sociais que costumamos chamar de escravistas e estamentais. Afinal, uma coisa é viver numa sociedade católica, estamental e escravista, cuja Sé de seu Bispado tinha apenas três mil almas, como ocorria em 1687. Outra coisa, bem diferente, será quando, em 1787, a mesma Sé transformou-se em um centro mercantil, capaz de, em apenas um ano, receber do tráfico atlântico de cativos cerca de 10 mil almas.[4] Entre o ano de 1687 e 1787, portanto, a sociedade estamental e escravista, base do Bispado do Rio de Janeiro, adquiriu um novo ritmo social e econômico com a multiplicação da população, a diversificação dos mercados locais e as ligações com o Atlântico. Provavelmente, a sociedade, entre 1687 e 1787, permaneceu estamental e escravista, porém entre estes períodos ela viveu mudanças substantivas e portanto, em 1787, apresentava características sociais diferentes de um século atrás. Basta lembrar que na última data os índios bravos do sertão circundavam uma praça mercantil que recebia do Atlântico ondas de minas, benguelas, cabindas, além de minhotos, açorianos etc.

*

Apesar de a América Lusa, entre o Seiscentos e o Setecentos, ser pouco visitada por historiadores profissionais, alguns dos debates da atualidade, que envolvem políticas públicas, têm por base argumentos retirados do *passado colonial*, basta lembrar as discussões sobre escravidão, mestiçagem ou acesso à terra, cenário esse que, no mínimo, é curioso. Sendo mais preciso: ao menos desde meados do século XX tornou-se prática justificar políticas públicas sobre cotas raciais e reforma agrária tendo por objetivo solucionar problemas gerados pela escravidão e estrutura fundiária coloniais. Entretanto, pouco se sabe sobre as práticas de acesso à terra do século XVII e o conhecimento sobre a escravidão deste século e do seguinte, até o momento, é precário.[5]

Enfim, são necessários ainda vários trabalhos com base empírica, combinadas a um refinamento teórico e metodológico, para conhecermos melhor três séculos dos nossos quinhentos anos. Nesse momento, cabe insistir na necessidade também de uma cuidadosa metodologia de pesquisa, que consiga driblar a carência de séries completas de fontes para os *tempos coloniais*. Isto é, coleções de fontes que em outras sociedades servem de base para análise de seu passado, no caso brasileiro praticamente não existem. Lembro, por exemplo, das fontes cartorárias, fiscais e camaristas, documentos que serviram para o estudo de várias sociedades americanas e europeias, e que no Brasil, salvo exceção, foram perdidas.[6] Por conseguinte, trata-se de criar procedimentos metodológicos capazes de reverter tal cenário, ou ainda é necessário inventar fontes ou reinventar as já conhecidas através de uma nova abordagem. Refiro-me, por exemplo, às fontes eclesiásticas. Só nos últimos anos, o uso desses documentos ultrapassou o campo da demografia e começou a servir de base para estudos de História Social e Econômica.[7] Nesse sentido, o cruzamento dos assentos paroquiais de batismos com os de casamentos e os de óbitos, além de informarem sobre o padrão demográfico de uma região, é capaz também de recuperar traços da hierarquia social, da estrutura agrária e ainda esclarecer estratégias dos grupos sociais e de suas orientações valorativas. Para isso, são necessários refinamento teórico e metodológico, conhecimento de procedimentos de informática. Sobre esse último ponto, não custa sublinhar que o trabalho autoral, leia-se, que avança na fronteira do conhecimento, só é possível através de equipes de investigação.

Por seu turno, apesar das lamúrias acima, nesses últimos tempos há vários motivos para sermos otimistas, quando olhamos os estudos recentes sobre a América lusa do Antigo Regime. Como adiante o leitor poderá ver com mais detalhes, a década de 1990 presenciou as primeiras teses de doutorado dos programas de Pós-Graduação, instalados no país nas décadas de 1970 e 1980.[8] Essas teses demonstraram, com suas sólidas investigações empíricas, a fragilidade de várias antigas certezas, na verdade hipóteses, da tradicional historiografia colonial. Esse é o caso da nova leitura proporcionada para as relações metrópole-colônia e dos links entre economia colonial e Europa de fins do século XVIII, quando Manolo Florentino demonstrou, em sua tese de doutorado, que o controle do tráfico atlântico de escravos da época não estava nas mãos do capital mercantil europeu, mas de negociantes residentes na América lusa.[9] Na mesma ocasião, provei que outros segmentos da dita economia colonial também eram controlados pela mesma comunidade de negociantes da Praça do Rio de Janeiro.[10] Além disso, nessa época, começou-se a demonstrar que a economia era mais do que uma *plantation* exportadora, existindo um circuito de mercados internos disseminados pela América.[11] O conjunto desses resultados colocou dúvidas em uma série de hipóteses sobre a dependência. Da mesma forma, multiplicaram-se os estudos sobre a sociabilidade entre os cativos, a exemplo, ou sobre as famílias e a ação dos escravos, forros e pardos.[12] Para tanto, basta lembrar a ideia de Hebe Castro sobre pardo, entendido não como cor, mas enquanto construção social, ou seja, produto de agências sociais.[13] Temos ainda, entre outros, os trabalhos pioneiros de Laura de Mello e Souza e de Ronaldo Vainfas, baseados nos processos inquisitoriais, sobre História Cultural no século XVII.[14]

Grande parte das investigações, mais acima citadas, teve como objeto o Rio de Janeiro e São Paulo de fins do século XVIII e, principalmente, do século XIX. Apesar desse recorte temporal, aqueles trabalhos, inclusive o nosso, possuíam o velho vício e a arrogância da tradição ensaísta brasileira, qual seja: a tentação de, a partir de investigações de apenas um curto período e uma região, explicar, por meio de esquemas lógicos, o conjunto temporal da sociedade escravista da América lusa, inclusive o seu vasto período colonial (de 1500 a 1822). Porém, ao contrário das gerações anteriores, a nossa teve a seu alcance a relativamente vasta documentação do século XIX, com as suas séries de fontes cartorárias e da justiça. Isso permitiu construir interpretações mais sólidas e, portanto, factíveis de serem testadas nos Seiscentos, por exemplo.

Ainda hoje, os pesquisadores partem para estudar a América lusa profunda, com ideias construídas para o século XIX. Talvez um bom exemplo disso sejam os estudos sobre elites sociais, *plantations*, mestiçagem, sociabilidades escravas e alforrias, o que é extremamente válido, contanto que se tenha certo cuidado para não cair, nas palavras do professor Fernando Novaes, no pior dos pecados do historiador: o anacronismo. Ao lado daquele procedimento, já começam a surgir também investigações predispostas a descobrirem lógicas sociais diferentes das do Oitocentos. No caso, tendo como referência as ferramentas teóricas com as quais as sociedade europeias, africanas e indígenas lidavam, no Quinhentos e no Seiscentos, com os seus problemas. Hoje em dia, as pesquisas, por exemplo, sobre o sul da Europa, os Açores ou as sociedades da África Ocidental dos séculos XVI e XVII já permitem, ao menos, tentar intuir com quais artefatos lógicos os açorianos, os minhotos e os "mina" lidavam ao chegarem as conquistas lusas americanas. Da mesma forma, os estudos sobre a história indígena já nos fornecem indícios de como as diferentes populações tupis lidavam com seus problemas.[15]

Um bom exemplo de construção de hipóteses para a análise da sociedade da América lusa Seiscentista, com base nos valores e recursos do próprio Antigo Regime católico, é o conceito de rede governativa iniciado pela saudosa Maria de Fátima Gouvêa. Através desse conceito, a autora procurou demonstrar que a ação e a gestão na alta política do Império luso podiam se basear em redes constituídas por altos oficiais régios situados em diferentes pontos do Império, mas unidos por laços de amizade, clientela e/ou de parentesco.[16]

Os textos, apresentados nos três volumes do *Brasil Colonial*, pretendem dar ao leitor uma ideia do estado da arte de diferentes temas do que estou denominando América lusa profunda. Nessa coleção, vamos encontrar textos de síntese, portanto, baseados em uma exaustiva e refinada bibliografia de assuntos clássicos, mas também temos capítulos que experimentam métodos e fontes novas para velhos temas, ou, ainda, escritos sobre objetos ainda pouco visitados. Outra característica da coleção é a pluralidade de visões teóricas. Os autores da coleção não comungam as mesmas ideias sobre a América portuguesa, alguns partem do conceito de Antigo Sistema Colonial e/ou de capitalismo comercial.

Outros preferem testar a ideia de Antigo Regime nos trópicos. Outros ainda partem de pressupostos distintos dessas abordagens. O fato é que, em tal coleção, o leitor poderá ver saudáveis tensões historiográficas. Ou melhor, quem ler os textos a seguir verá que a historiografia sobre a América lusa está sendo construída em meio à ideia de Academia, entendida como confronto de ideias baseadas em pesquisas profissionais. Devo dizer que, para mim e a querida Maria de Fátima Gouvêa, foi uma honra poder reunir historiadores com interpretações distintas. A bem da verdade, tal iniciativa madura teve em Maria de Fátima a principal mentora. Afinal, *la guerre est finie*, como diz um filme memorável de Alain Resnais de 1966.

Dito isso, as ideias que foram apresentadas nas primeiras páginas deste prefácio assim como as seguintes são as nossas opiniões.

*

A minha geração viveu mudanças dramáticas na historiografia internacional, uma delas foi a crítica à ideia de Estado Absolutista como sinônimo de Antigo Regime, hipótese em voga desde o século XIX. Denomino essa crítica como dramática, pois ela abriu espaço para uma nova leitura da sociedade europeia da época moderna, o Estado Leviatã cedia espaço à agência dos poderes locais e de grupos como a nobreza.[17] A mesma crítica também implicou numa nova leitura sobre a dinâmica dos Impérios ultramarinos, em especial os ibéricos. Nesse último caso, basta lembrar a lição que aprendi no ensino médio sobre Mercantilismo. Esse era entendido como política econômica do Estado Absolutista e tinha como um dos seus principais aspectos a exploração das riquezas do Novo Mundo. Em fins da década de 1980, colocou-se em dúvida a ideia de absolutismo, assim como a exploração econômica e a subordinação política impiedosa das, até então, chamadas colônias.

Em 1989, Antonio Manuel Hespanha publicava *Vísperas del Leviathán. Instituiciones y poder político,*[18] em que desenvolvia ideias apresentadas em trabalhos anteriores, entre eles o capítulo "Para uma teoria da história institucional do Antigo Regime", impresso em 1984. Nesses textos, foi desenvolvida a hipótese seminal, na qual monarquia era entendida como a cabeça da *república*, porém sem se confundir com essa, já que nela existiam outros poderes concorrentes: da aristocracia às comunas municipais. Era ela a "cabeça pensante", capaz de articular as jurisdições das várias partes que compunham o conjunto do corpo social, seja no reino, seja no ultramar. Três anos depois, J. H. Elliott, tendo como referência o caso espanhol da época moderna, expunha o conceito de monarquia compósita. Nela *a monarquia* era algo constituído por vários reinos, sendo que cada um deles preservava, em grande medida, as características de sua existência institucional prévia, estando no interior da monarquia.[19] Os vários reinos eram, desse modo, preservados nos termos de suas formações originais, com seus corpos de leis, normas e direitos locais. Cada uma dessas unidades mantinha sua capacidade de autogoverno no interior de um complexo monárquico mais amplo. Nesse formato, o rei — o monarca — operava como a cabeça do corpo social, constituído pelos vários reinos, que eram regidos por suas regras, coadunadas com as leis maiores editadas pela Coroa, como era o caso do Vice-Reino de Portugal e a edição das Ordenações Filipinas em 1602, por exemplo.

Do outro lado do Atlântico, em 1994, J. Greene, vivendo a mesma atmosfera revisionista, apresentava a noção de *autoridade negociada* como eixo nas relações metrópoles e colônias, rompendo com isto a tradição da inexorável subordinação política das chamadas colônias e de suas elites locais frente às autoridades metropolitanas europeias.[20] Com isso, chegava a história política a uma perspectiva mais antiga, presente na literatura de história econômica, que, desde fins da década de 1970, ao menos, criticava a teoria da dependência.[21]

Muito já se criticou, no Brasil e no exterior, as teorias de I. Wallerstein, um dos últimos lampejos de tentar explicar o capitalismo através de periferias e semiperiferias em escala mundial, portanto, não há por que aborrecer o leitor e muito menos este que escreve.[22] Um ano depois da publicação do livro *Sistema mundial capitalista* de Wallerstein, saiu no *Past and Present*, em 1976, o artigo de R. Brenner sobre a crise do século XIV e a formação do capitalismo. Ao contrário do primeiro autor, o último considerava que a formação do capitalismo, pioneiro na Inglaterra e não em outras partes, como a França, devia ser explicada pela dinâmica das estruturas agrárias e conflitos entre grupos sociais. Apesar de o "Debate Brenner" não ter sido traduzido para o português, acredito que o público dessa coleção o conhece ou deveria conhecê-lo e, desse modo, também não há por que escrever laudas sobre ele.[23] Para efeito deste prefácio, basta apenas chamar atenção do leitor que as discussões a seguir têm como referencial aquelas hipóteses. Sendo mais preciso: parto de autores, que, mesmo considerando inconcluso o Debate Brenner, dele se valem como marco teórico, e não das ideias de Wallerstein, para explicarem as relações entre a Europa e o Novo Mundo americano nos tempos modernos.

Esse é o caso de Eugene e Elizabeth Genovese ao estudarem a escravidão no Sul dos Estados Unidos. De início, eles consideram que a expansão ultramarina europeia deve ser entendida sob os auspícios de uma sociedade feudal e dominada, portanto, pela aristocracia fundiária, e não por um capital mercantil.[24] Um pouco antes, os autores afirmam que o capital mercantil contribuiu para o esfacelamento do feudalismo e a formação do mercado internacional, porém isto não implicava que se tenha criado o capitalismo ou um novo sistema de produção.[25] Para eles, a sociedade escravista do *Old South* e a da segunda servidão do leste do Elba podiam ter em comum as ligações com o comércio internacional. Porém as semelhanças terminavam nessas ligações, ou seja, tais sociedades não podiam ser vistas como simples criaturas de um "capitalismo comercial". Na verdade, o senhor de escravo aproximava-se mais dos empreendedores capitalistas do Norte dos Estados Unidos, do que dos *junkers* prussianos.[26]

Do outro lado do Atlântico Norte, na Inglaterra, Patrick O'Brien, também no início da década de 1980, escrevia o artigo "European economic development: the contribution of the perifery", cuja tese principal era que a contribuição da periferia para a formação do capitalismo inglês foi periférica, ao menos em termos de mercado consumidor, até o último quartel do século XVIII. Em outras palavras, a montagem da manufatura inglesa e a sua revolução industrial tiveram de se valer de seu consumo doméstico e do europeu para comprar suas mercadorias.[27]

Na mesma linha de raciocínio, em 2010, Bartolomé Yun Casalilla lembra que a América espanhola, no século XVI, não estava *preparada* para demandar produtos europeus. Até finais do Quinhentos, por exemplo, o pagamento feito pelos indígenas no sistema de encomendas era em produtos, entre eles os têxteis, elaborados nas comunidades locais. Por volta de 1590, quando o contrabando ainda não era uma realidade, as exportações espanholas para as Índias de Castela equivaliam ao comércio da cidade de Córdoba da época.[28] Por seu turno, muito menos a Europa da época estava *preparada*, com uma estrutura manufatureira e comercial, para responder a uma possível demanda americana. Cabe registrar que a Espanha do Quinhentos tinha uma rede urbana e manufatureira compatível com a de outras sociedades europeias do Quinhentos e do início do Seiscentos. Nesse instante, é bom lembrar que estamos tratando de uma Europa ainda fundamentalmente camponesa, 95% da população do continente vivia no campo e de suas atividades. Em 1600, estima-se que somente onze cidades europeias possuíam mais de 100 mil habitantes, entre elas Lisboa e Sevilha.[29] Quanto ao comércio europeu de então, era marcado pelo descenso das vendas de manufaturados e o crescimento de produtos agrícolas.[30] Considerando que os preços dos cereais seriam iguais a 100 no período 1501-1510, no curso do século XVI os preços dos grãos, na Inglaterra, subiram para 425, no norte dos Países Baixos, para 318, e na França, para 651.[31] Na mesma época, os preços dos manufaturados apenas dobraram. Por conseguinte, estamos diante de uma Europa sacudida por crises de colheitas e com estrutura urbana-manufatureira sujeita aos caprichos de uma agricultura camponesa.

Cabe destacar que, nesse contexto, segundo os números acima, a presença das populações americanas pouco contribuiu para reverter as dificuldades do mercado de manufaturados da Europa. Caso a América tivesse aparecido como mercado para tais produtos, com certeza os seus preços cairiam ao invés de subirem. Ao menos nos séculos XVI e XVII, as populações do Novo Mundo não criaram uma demanda que resultasse na multiplicação das manufaturas europeias.

Enfim, voltando a Bartolomé Yun, o século XVI e/ou o XVII ainda não era o XIX, em que o Império ultramarino aparecerá como apêndice da economia nacional. Só no Oitocentos as colônias surgiram como mercado dos produtos metropolitanos e fonte de matérias-primas para a metrópole.[32] No Quinhentos e no Seiscentos, o Império ultramarino espanhol estava ligado não a um Estado Nacional, mas a uma monarquia compósita, portanto de base corporativa e polissinodal, cujos preceitos vinham da escolástica. Isto tinha várias consequências na dinâmica do Império.

Entre essas consequências, temos que o projeto espanhol para as conquistas, e acredito também que o português, era impelido por motivos que hoje chamamos de morais-religiosos, ou seja, a preocupação da monarquia era difundir o que eles entendiam por civilização cristã no Novo Mundo, e não tanto as práticas mercantilistas.

Talvez, a partir desse novo quadro proposto por Casililla, se possa entender o porquê de diferentes segmentos sociais da América lusa, inclusive os forros, no Quinhentos e ainda no Setecentos, considerarem como obrigação deixar parte de seus patrimônios para o sustento de igrejas e irmandades. Na verdade, tais doações, feitas em testamentos, literalmente faziam a sociedade americana ser organizada por vivos e mortos, ou, ainda, que a disciplina social se movesse também a partir dos mortos.[33] Da mesma forma, a ideia de que a colonização ibérica era movida mais por motivos morais — de uma sociedade católica — do que mercantis ajuda a compreender a preocupação dos conselhos palacianos e das elites locais das conquistas em ocupar, povoar e defender as terras da América em nome de Sua Majestade, sendo isso feito por engenhos de açúcar; pois eles garantiam a produção da riqueza necessária para aqueles fins. Por seu turno, as ideias mercantilistas só se difundiram principalmente no Setecentos.[34] Ao mesmo tempo, nunca é demais lembrar que a chamada "Revolução do Açúcar" de Barbados, de 1640, fora produzida por uma sociedade inglesa, cuja lógica social e econômica já começava a se pautar em práticas de relações impessoais e do mercado livre.[35]

Outra consequência do entendimento do Império como produto de uma monarquia polissinodal e corporativa é que o ultramar será um espaço de serviços para a fidalguia e demais grupos sociais. Em outras palavras, o Império aparece como área de distribuição de mercês, e, consequentemente, um espaço de negociações entre a Coroa e os diferentes corpos da monarquia, de chances de mobilidade social numa sociedade estamental e portanto de reiteração do Antigo Regime.[36]

Por seu turno, investigações ainda em curso, feitas por pesquisadores brasileiros e portugueses, tendem a confirmar algumas das suposições acima levantadas.[37] Uma das hipóteses dessas investigações é a interação entre o reino e as suas conquistas em meio a uma monarquia pluricontinental lusa. Nesse sentido, a Coroa e a primeira nobreza lusa viviam de recursos oriundos não tanto dos camponeses, como em outras partes da Europa, mas do ultramar, ou seja, das conquistas do reino. Tratava-se, portanto, de uma monarquia e uma nobreza que tinham na periferia a sua centralidade.[38] Da mesma forma, dissertações e teses tendem a demonstrar que a organização política do cotidiano e a percepção de mundo dos diversos agentes coloniais — da nobreza principal da terra, dos comerciantes, dos forros e até dos escravos, entre outros grupos — passavam por valores vindos do Antigo Regime católico. Para tanto, basta lembrar a ideia de poder local como república, em que prevalecia o autogoverno, o de família como sociedade naturalmente organizada, a escravidão enquanto servidão civil e não natural.

Outrossim, uma vez compreendendo que nos trópicos existiu também uma sociedade de Antigo Regime, isso implicava a reformulação do próprio conceito de Antigo Regime até agora identificado, em termos de história social, com a nobreza de solar e massas camponesas.

Um dos conceitos que está sendo *fabricado* (em construção) nos projetos e nos seminários, realizados pelo grupo de investigadores brasileiros e portugueses acima citado, é o de monarquia pluricontinental, inicialmente aventado por Nuno G. Monteiro e Mafalda Soares da Cunha, como alternativa ao de monarquia compósita de J.H. Elliott.[39] Afinal, se na época dos Austrias espanhóis de fato já existiam reinos, com as suas respectivas leis e costumes, algo bem diferente ocorreu nas terras dos Aviz e depois nas dos Bragança. A monarquia lusa espalhava-se em diversos territórios, porém nela existia apenas um reino e várias conquistas. Parece-me que as elites locais, ao menos da América lusa, assim entendiam tal monarquia. Elas, refiro-me às nobrezas principais da terra, se compreendiam como parte de uma monarquia cuja corte localizava-se em Lisboa. Daí eles mandarem suas mulheres para os conventos reinóis e pedirem para serem rezadas missas por suas almas na mesma Lisboa, quando de seus falecimentos. Esse, por exemplo, foi o caso de Francisco Teles Barreto, com duas gerações no Rio de Janeiro, porém encomendou em testamento missas em Lisboa. Porém cabe insistir que nessas conquistas a administração desdobrava-se em repúblicas.

Como afirmei, o conceito de monarquia pluricontinental está ainda em construção, como aliás de resto a própria historiografia da América lusa dos seus três primeiros séculos e a historiografia da dinâmica imperial lusa. O grande passo dado nos últimos anos foi o de tomar conhecimento da nossa ignorância. Afinal, foi com muito custo e depois de bastante tempo que percebemos que a América não era um simples canavial, habitado por prepostos do capital mercantil e semoventes (escravos), conectado com a humanidade por apenas rotas comerciais. Desse modo é necessário ainda muita pesquisa para afinar aquele conceito. Por exemplo, em Elliott, a América espanhola aparece como colônia de uma monarquia compósita, ele não sublinha a existência de pactos ou negociações entre as elites locais americanas e Madri.[40] Já a ideia de monarquia pluricontinental tende a sublinhar tais pactos.[41] Igualmente, a ideia de elite local na América deve ser refinada. Por exemplo, um oficial das ordenanças recebia do rei a sua carta patente, e, portanto, em tese, tinha um valor em todos os recantos da monarquia. Ao menos nos assentos paroquiais do Rio de Janeiro aparecem pessoas que receberam patentes de ordenanças de outras capitanias americanas, e mesmo em outras partes do Império, porém continuavam ostentá-las nas freguesias fluminenses. Parece-me, portanto, que, no horizonte dessas elites locais, existia a possibilidade de seus integrantes circularem por outras partes do Império a serviço da monarquia. Por esses e outros motivos, as relações entre conquista e reino devem ser mais bem pensadas e, da mesma forma, a ideia de elite e poder local.

Ainda nessa agenda de estudos, é necessário refinar as pesquisas sobre a atuação das câmaras municipais enquanto responsáveis pela administração cotidiana do abastecimento, do comércio externo e da justiça ordinária. Nesse refinamento, não se pode esquecer de que, sob a jurisdição de uma câmara, tínhamos um vasto território e nele viviam diversas comunidades: freguesias, capelas curadas etc., segundo a administração religiosa. Da mesma forma, em tais *repúblicas* deve-se atentar para a possibilidade da formação de hierarquias sociais costumeiras, cujas normas podiam ser respeitadas e protegidas pela monarquia. No caso da América lusa, uma dessas estratificações era constituída por *senhores de engenhos*, *Donas*, fidalgos, negociantes, *pardos* e escravos. Repare-se que expressões como *Donas* e *pardos*[42] não eram na América classificações dadas pela Coroa, como a de fidalgo da casa real ou a de cavaleiro da Ordem de Christo. O príncipe não auferia a uma mulher o título de *Dona* no Rio de Janeiro e nem classificava um homem de *pardo*; essas eram prerrogativas nas *repúblicas*.

A seguir, apresentamos alguns resultados parciais e sujeitos à correção de um dos projetos em curso do grupo de pesquisadores já mencionado. Trata-se de uma investigação, cujo objeto é a análise da comunicação política entre o reino e as conquistas no âmbito da denominada monarquia pluricontinental.[43] Através dessas comunicações, pretende-se ter melhores informações sobre as negociações entre as elites locais, a administração periférica, situada no ultramar e entendida como agente na monarquia polissinodal, e os conselhos palacianos, e, por conseguinte, adentrar na dinâmica do Império ultramarino luso. Um dos produtos desse projeto é a construção do banco de dados, a partir das correspondências entre as capitanias americanas e o Conselho Ultramarino, reunido no Projeto Resgate entre c. 1600 e c. 1808, mais as missivas trocadas entre São Tomé, Príncipe e Angola com a Lisboa do mesmo período.[44] Para efeito de ilustração, os Gráficos 1 e 2 reúnem todas as cartas enviadas da Bahia, de Pernambuco e do Rio de Janeiro para o Conselho Ultramarino nos períodos 1725-26 e 1755-56, totalizando cerca de 1.800.[45]

## Tipos de assuntos presentes nas correspondências enviadas pela Bahia, por Pernambuco e pelo Rio de Janeiro para a Corte (Lisboa): 1725-1726

### Em % do total da correspondência

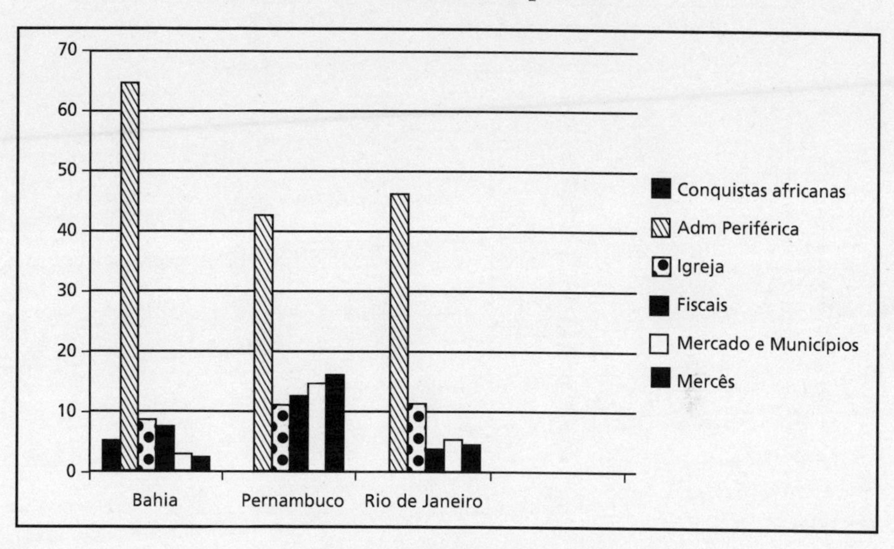


| Comunicações em 1725 e 1726 | | | | |
|---|---|---|---|---|
| Tipo de assunto | Bahia | Pernambuco | Rio de Janeiro | total |
| conquistas africanas | 19 | | | 19 |
| administração periférica | 236 | 141 | 109 | 486 |
| Igreja | 32 | 37 | 27 | 96 |
| fiscais | 30 | 42 | 4 | 76 |
| mercês | 9 | 52 | 11 | 72 |
| mercado | 12 | 16 | 15 | 43 |
| municípios | 23 | 32 | 13 | 68 |
| Subtotal | | | | 860 |
| | 365 | 327 | 235 | 927 |

Fonte:ver nota 45

Tipos de assuntos presentes nas correspondências enviadas pela Bahia, por Pernambuco e pelo Rio de Janeiro com a Corte (Lisboa): 1755-1756

Em % do total da correspondência

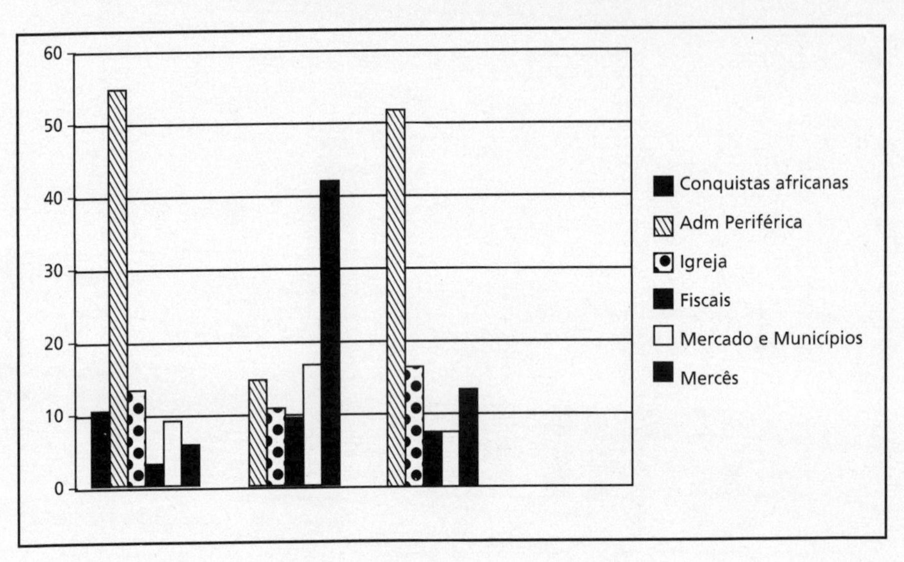


| Comunicações em 1755-56 | | | | |
|---|---|---|---|---|
| Tipo de assunto | Bahia | Pernambuco | Rio de Janeiro | total |
| conquistas africanas | 49 | 1 | | 50 |
| administração periférica | 260 | 22 | 156 | 438 |
| Igreja | 65 | 15 | 49 | 129 |
| fiscais | 17 | 14 | 21 | 52 |
| mercês | 28 | 60 | 40 | 128 |
| mercado | 33 | 11 | 15 | 59 |
| municípios | 11 | 13 | 7 | 31 |
| Subtotal | | | | 887 |
| | 470 | 142 | 297 | 909 |

Nos dois períodos e nas três áreas analisadas, nota-se que os assuntos afeitos à interferência da Coroa correspondem a mais da metade das cartas enviadas das conquistas para o Conselho Ultramarino, ou seja, eram temas ligados à justiça, à defesa militar, à provedoria da fazenda e à alfândega. Nos Gráficos, seguindo os passos de A.M. Hespanha,[46] a esse conjunto denominei de administração periférica da Coroa; eram assuntos ligados aos ofícios régios, porém fora dos conselhos palacianos. Em segundo lugar, temos os assuntos da vida religiosa com cerca de 10 a 20% das cartas. Eram missivas preocupadas com a manutenção de paróquias, clero regular e secular e procissões. Repare-se que essa preocupação estava mais presente na correspondência enviada ao Conselho Ultramarino do que tópicos como a produção, o mercado ou os assuntos ligados ao dia a dia dos municípios, como abastecimento, saúde pública etc.[47] Este último conjunto de temas nos Gráficos aparece sob a designação de "mercado e município". No Rio de Janeiro e na Bahia tais temas, nos períodos analisados, apareceram em menos de 10% das correspondências. Em Pernambuco, em 1755-56, aquela porcentagem chegou a 15% das missivas.

Esses números talvez sejam explicados pela natureza polissinodal e católica da monarquia lusa. Assuntos como abastecimento e saúde ficavam na alçada das câmaras municipais, entendidas como repúblicas. Portanto, conforme as divisões de jurisdições da época, temas como preços de mercado não deviam ser tratados na correspondência com a Corte. Só o eram, em tese, levados à Sua Majestade em situações de tensões e conflitos. Provavelmente, antes de ser encaminhados à Corte, parte dos problemas ligados ao funcionamento das comunidades das conquistas devia ser resolvido pelos oficiais régios superiores nas capitanias. Quanto à produção, era algo que devia ser também resolvido no âmbito local ou, mais precisamente, pelas famílias no recinto de suas casas.[48] Em contrapartida, a justiça e a defesa militar dos vassalos consistiam em assuntos rotineiros dos ofícios régios.

Outro tema também tratado com certa atenção nas cartas, podendo chegar a mais de 10% do número de missivas, eram as mercês ou as remunerações por serviços prestados à Coroa pelos vassalos, entendidos como famílias. Por meio desse sistema, eram nomeados os titulares dos ofícios militares e civis, assim como concedidos os hábitos militares, as terras etc. Em outras palavras, nessas missivas temos a concessão de cartas patentes, com as quais se colocava em funcionamento a administração periférica (desde vice-reis até escrivães da ouvidoria). Por seu turno, por essas mercês também se colocava em movimento a hierarquia social estamental, tutelada pela monarquia, ou seja, o rei realizava a sua função distributiva e, com isto, minimizava as tensões da sociedade.

Da mesma forma, pelo sistema de mercês, o rei interferia na gestão da política das freguesias, leia-se, das menores unidades administrativas da monarquia. No caso, estamos pensando nas patentes das ordenanças. A escolha dos oficiais das ordenanças das freguesias era um longo caminho, que começava, ao menos no Rio de Janeiro de fins do século XVII, através da apresentação pela câmara municipal de uma lista de candidatos ao governador da capitania. Esse opinava sobre tal lista e a enviava ao conhecimento do Conselho Ultramarino em Lisboa. Com esse conjunto de observações, o rei decidia quem devia ocupar o cargo, por exemplo, de capitão de ordenanças da infantaria de Irajá, freguesia do fundo da Baía da Guanabara. Com essa carta, o referido capitão passava a responder pelo governo político e militar da sua freguesia. Para a família do capitão, tal carta correspondia ao reconhecimento da coroa pelos serviços prestados à república e à monarquia. Com esse procedimento, o poder local estabelecia pactos com o central.

Os Gráficos também demonstram que cada capitania, dentro dos parâmetros da cultura política considerada, tinha a sua própria vida, e devo dizer que esse tipo de análise ultrapassa os limites desse texto. Só me interessa chamar a atenção para as diferenças dos números de Pernambuco, do Rio e da Bahia. Essa última, por ser cabeça do Estado do Brasil, por exemplo, em sua correspondência prevaleciam os temas ligados à administração periférica e, além disso, cuidava de assuntos de conquistas do outro lado do Atlântico luso, como Cabo Verde e São Tomé e Príncipe.

Enfim, uma vez concluído esse banco de dados, ele poderá subsidiar diversas pesquisas e apresentar novas informações mais refinadas para a análise do Império ultramarino luso e sua monarquia pluricontinental. De qualquer forma, as ilustrações já apresentadas nos dão um cenário distinto dos ensaios historiográficos, cujo eixo era o capitalismo mercantil e o Estado Absolutista.

Como afirmei, as ideias, há pouco apresentadas, não devem ser compreendidas como pano de fundo dos textos dessa coleção. Com certeza, elas não são compartilhadas por todos os autores de *O Brasil Colonial*. Porém, devo insistir que um dos traços da coleção é seu caráter plural, ou seja, *O Brasil Colonial* pretende apresentar aspectos diferentes da América lusa e também instigar o leitor a perceber as diferentes análises interpretativas, presentes em nossa recente historiografia profissional.

*

*O Brasil Colonial* foi pensado e organizado principalmente por Maria de Fátima Gouvêa, brilhante e vivaz historiadora que cedo se foi. Os volumes da coleção, grosso modo, estão divididos em três grandes módulos, a exemplo de outras coleções de síntese: população, economia e sociedade, cultura e política.

O primeiro volume trata da Europa Moderna, das sociedades africanas pré-coloniais e do seu envolvimento com o tráfico de escravos, das sociedades indígenas no Quinhentos e do início da conquista europeia. Esses estudos foram precedidos pelo ensaio historiográfico escrito por Hebe Castro sobre a escravidão na América lusa antes do século XIX. Um dos eixos desse volume foi a ideia de que a Europa, para conquistar o Novo Mundo, antes teve de se conquistar (expansão entre os séculos XI e XIII), e que o entendimento da sociedade do Antigo Regime na Península Ibérica é uma das chaves para a formação da América lusa.

O segundo volume estende-se de cerca de 1580 a 1720. Entre os temas tratados, temos a percepção da América em meio à dinâmica do Império ultramarino luso. Da mesma forma, estudou-se a presença de uma sociedade estamental de Antigo Regime, baseada na escravidão moderna. Compreendendo que tal sociedade tinha no catolicismo ibérico, no serviço à monarquia e na ideia de autogoverno dos municípios alguns dos seus princípios de organização social e política.

O terceiro e último volume (ca. 1720 a 1821) trata do longo e denso século XVIII. Nele temos a multiplicação dos povoados e dos mercados regionais desencadeados pela descoberta do ouro. Ao mesmo tempo, a sociedade estamental americana percebe a sedimentação da escravidão africana e a mestiçagem. Ainda naquele longo século, as alforrias de escravos, a transformação de pretos da guiné em senhores de cativos, e, mais, a entrada de negociantes nos cargos honrosos da república davam um novo colorido e uma dinâmica à estratificação estamental desses trópicos. Nesse último volume, também se assiste à definitiva conversão da centralidade da periferia na monarquia lusa, ou seja, algumas artérias que davam vida ao Império ultramarino passavam para mãos de negociantes de grosso trato, situados no Rio de Janeiro.

Rio de Janeiro, fevereiro de 2014

João Fragoso

## Notas

1. **Título:** Notícias do Bispado do Rio de Janeiro, **Visitador:** (não localizado) **Data:** 1687, **Notação:** ACMRJ, Série de Visita Pastoral, VP38 Arquivo Geral da Cúria do Rio de Janeiro. Documento localiza. Agradeço a Victor Luiz Alvares Oliveira pela localização e pela digitação do documento. Entre as poucas obras com forte base empírica para a América lusa do século XVII, destaca-se o primoroso estudo de Maurício de Abreu sobre a economia e sociedade do Rio de Janeiro. Maurício Abreu, 2011.
2. Manuel Leão Vieira, http://consorcio.bn.br/cartografiahistorica/mapas/cart512339fo4.sid.>
3. Geyza K. Alves Vieira, 2011, p. 69-89, especialmente p. 77-83.
4. Nireu Oliveira Cavalcante, 2005.
5. Insisto na fragilidade dos estudos sobre a sociedade e economia da Bahia, e de Pernambuco (inclusive as capitanias a ela subordinada), áreas vitais do Estado do Brasil de então. Para a primeira região, o estudo de Stuart Schwartz continua sendo a principal referência — aliás, não só para a Bahia, mas para toda a América lusa dita colonial e escravista, apesar do estudo centrar-se principalmente no século XVIII. Para a segunda região, a situação é mais trágica. Até o momento

não há uma sólida historiografia — baseada em vastas pesquisas empíricas —, sobre economia e sociedade de Pernambuco e suas capitanias subordinadas. Neste cenário as pesquisas sobre Minas Gerais do século XVIII surgem como uma das poucas exceções. Para tanto basta ver, entre outros, trabalhos como os de Douglas. C. Libby & Tarcisio. R. Botelho, 2004, p. 69-96; Douglas. C. &. Afonso, de A. Graça Filho, "2003, p. 111-149; M. E. L. de Resende & L. C. Villalta (org.), 2007; Afonso de A. Graça Filho, 2007; Ângelo Carrara, 2007; C. M. das G. Chaves, 1999; Eduardo. F. Paiva, 1995; Carla M. C. Almeida, 2010. Há ainda um crescente número de teses de doutorado inéditas como F. Silva, 2002; Carlos Leonardo Mathias, 2009. Sobre pesquisas com sólida base empírica que tratam do período colonial em Minas Gerais e outras áreas, ver ainda nota 6.

6. As possibilidades das fontes cartorárias e camararias podem ser ilustradas pelos trabalhos sobre Minas Gerais, São Paulo e Campos — Rio de Janeiro. Ver Ilana Blaj, 2002; Muriel Nazzari, 2001; J. Monteiro, 2010; Sheila de Castro Faria, 1998.
7. Ver Sheila de Castro Faria, 1998. Ainda na década de 1990, José Roberto Góes, em sua dissertação de mestrado, demonstrou teias de alianças, via compadrio, entre escravos de diferentes senhores de escravos. José R. Goés, 1993. Mais recentemente, temos os trabalhos de Silvia M. J. Brügger, 2007; Roberto Guedes, 2008; Cacilda Machado, 2008; Martha Daisson Hameister, 2006.
8. A multiplicação dos cursos de Pós-Graduação e com ela a constituição do ofício de historiador resultou na realização de investigações caracterizadas pela conexão entre quadros teóricos, metodologias, técnicas de pesquisas e fontes primárias. Aquela multiplicação implicou a superação de estudos baseados em "achismo", esses muitas vezes encobertos sob o belo título de ensaio. Não custa sublinhar que entre as características do ofício de historiador temos a transformação técnica de registros do passado em fontes primárias. Por exemplo, os assentos paroquiais de batismos, de casamentos e de óbitos não foram criados pelo Concílio de Trento (1545-1563) da Igreja romana para servirem de base para a história demográfica - disciplina surgida séculos depois, na década de 1950 e 1960 —, com os procedimentos criados por L. Henry e P. Goubert, entre outros. Da mesma forma, os registros fiscais da monarquia moderna tinham por objetivo produzir impostos para sustentar os seus gastos no Antigo Regime. Aqueles registros não foram criados, por exemplo, pelos oficiais régios dos séculos XVI e ou XVII com o intuito de servirem de fonte primária para os futuros historiadores, nascidos no século XX, em seus estudos do Antigo Regime. Algo semelhante pode ser dito para os textos produzidos pelos tratadistas renascentistas ou sobre a escravidão Setecentista: o seu manejo pelo historiador pressupõe o conhecimento de técnicas discursivas. Desnecessário dizer que tais procedimentos, a transformação de registros do passado em fontes históricas, têm por base problemas e quadros

teóricos. Em realidade, todo trabalho do historiador, caso pretenda seguir a tradição do racionalismo, deve ter por base hipóteses e quadros teóricos.

9. Manolo Florentino, 1997.
10. João Fragoso, 1998; Stuart Schwartz, 1988.
11. Larissa Brown, 1986.
12. Hebe Castro, 1995; Sidney Chalhoub, 1990. Silvia H. Lara, 1988. Sheila de Castro, 1998.
13. Hebe Castro, 1995.
14. Laura de Mello Souza, 1987; Ronaldo Vainfas, 1998.
15. John Monteiro, 1994; M. Regina Celestino de Almeida, 2003. Elisa F. Garcia, 2009.
16. Estas redes eram constituídas por pessoas cujas trajetórias pessoais se cruzavam no serviço à monarquia e cujas alianças podiam assumir a forma de parentesco ritual, laços de clientela e/ou de simples amizade. Estes oficiais compartilhavam interesses comuns e valiam-se de suas posições na administração para interferir/produzir na gestão do Império ultramarino. Um exemplo de tal rede fora a articulada por João de Lencastre (governador de Angola, 1688-1691 e depois do Rio de Janeiro), Luis Cesar de Menezes (governador do Rio de Janeiro, 1690-1693) e Câmara Coutinho (governador-geral do Brasil, 1690-94). Na construção de tal conceito, Fátima Gouvêa percebeu nas bases da política no Antigo Regime luso (sustentado na química, hierarquias sociais mais relações pessoais, a exemplo do sistema de mercês) os instrumentos usados pelos atores sociais na gestão da alta política. Maria de Fátima Gouvêa, Ronaldo Vainfas & G. S. Santos & Guilherme Pereira das Neves, 2006 pp. 155-175. Maria de Fátima Gouvêa, 2010.
17. Ver Gil Xavier Pujol, 1991; H. M. Scott, 2005.
18. Citado por A. M. Hespanha, 1994; A. M. Hespanha, 1984.
19. John Elliott, 1992.
20. Jack Greene, 1994.
21. Patrick O´Brien, 1982; Steve Stern, 1988; Henk Wesseling, 1991.
22. I. Wallerstein é um autor mais conhecido do público brasileiro, pois seus textos estão em português, e como se sabe para ele a formação do capitalismo coincidiu com a formação de um sistema mundial. Este sistema fora constituído pelo comércio e uma divisão do trabalho internacional, através dos quais o capital mercantil gerou economias centrais e periféricas, e estabeleceu trocas desiguais entre elas. Em outras palavras, em meio a este movimento, o capital mercantil desde fins do Quatrocentos criou e/ou recriou formas econômicas, em diferentes continentes, subordinadas aos interesses de centros localizados no noroeste europeu; este último desde o século XVI assentado no trabalho assalariado e na manufatura capitalista. Fernand Braudel, 1979; Immanuel Wallerstein, s/d (publicado em inglês em 1974). Para uma crítica a estas ideias ver, entre outros,

Bartolomé Yun Casilla, 2004; Bartolomé Yun Casalilla, 2010. Elizabeth Fox-Genovese & Eugene Genovese, 1983.

23. O chamado Debate Brenner consistiu em um conjunto de artigos editados pelo periódico inglês *Past and Present* entre 1976 e 1982, que trataram da crise do século XIV e da formação do capitalismo. Questão considerada por muitos autores, como R. H. Hilton, comparável à polêmica de Dobb-Sweezy sobre a transição do feudalismo para o capitalismo. Em fevereiro de 1976, o historiador americano Brenner publicou o artigo "Estrutura de classes agrárias e desenvolvimento econômico na Europa Pré-industrial" no nº 70 de *Past and Present,* nele era criticada a ênfase dada, por autores como Le Roy Ladurie, à pressão demográfica na crise do século XIV. Para o autor americano, aquela crise e o surgimento do capitalismo na Inglaterra e não em outra parte da Europa decorriam da dinâmica das estruturas agrárias conectadas aos conflitos de classes entre aristocracia e campesinato, e mais a ação das monarquias. Este artigo desencadeou uma série de réplicas também publicadas na referida revista inglesa. Na década de 1980, o conjunto desses escritos foi reunido por T. H. Aston e C. H. E. Philpin no livro *The Brenner Debate. Agrarian class structure and economic development in Pre-Industrial Europe*, Cambridge University Press. Em tal livro, há um longo ensaio de Brenner, "As raízes agrárias do capitalismo", onde foi defendida a hipótese de que já em fins do século XIII os senhores ingleses controlavam em seus domínios uma porcentagem de terras cultivadas bem superior às presentes nos domínios da aristocracia francesa. Na França, cerca de 85 a 90% da terra (ao menos ao norte) estava em regime de tenencia em censo, isto é, livre de imposições arbitrárias e de fato nas mãos dos camponeses. Realidade diferente da presenciada pelos lavradores ingleses. As crises de fome e de mortalidade dos séculos XIV e XV, segundo ainda Brenner, acentuaram ainda mais as diferenças de tais paisagens agrárias. Na França, os camponeses conseguiram proteger as suas terras, já na Inglaterra a redução demográfica possibilitou aos senhores apropriarem ainda mais terras a seus domínios, deteriorando as condições dos lavradores. A partir desse cenário inglês teríamos, mais adiante, os cercamentos dos campos e a expropriação dos camponeses, movimentos que resultaram na formação de um capitalismo agrário. Em suma, a chave para o entendimento da constituição do capitalismo estaria nas diferenças de dinâmicas das estruturas agrárias presentes na Europa de fins da Idade Média e nos seus respectivos conflitos entre aristocracia e camponeses. Somente a partir destes processos seria possível entender a formação de um capitalismo agrário primeiro na Inglaterra e não na França, por exemplo. Os escritos de Brenner e de Wallerstein (ver nota 22), na tradição marxista, consistem em obras de referência para diferentes quadros explicativos para a formação do capitalismo; R. H. Hilton, 1988, p. p. 9-19. Robert Brenner,

1988, especialmente p. 347. Sobre as críticas de Brenner a Wallerstein e demais seguidores das teorias da dependência, ver Robert Brenner, 1977.

24. Elizabeth Fox-Genovese & Eugene Genovese, 1983, p. 11.
25. Ibidem, , p. 6 e 7.
26. Ibidem, p. 16-17.
27. O'Brien, em artigos posteriores ao de 1982, iria dar importância maior aos mercados coloniais, porém sua tese principal é que a proeminência do mercado doméstico nos primeiros tempos da industrialização inglesa permaneceria. Segundo ele, a chamada americanização do comércio externo inglês, entre 1772 e 1820, deve-se, entre outros motivos, às guerras no Velho Mundo. Entre 1814 e 73, as exportações para a Europa cresceriam mais rapidamente do que para a América e o Caribe (O'BRIEN, P. & ENGERMAN, S. L., 1991). Para uma versão sobre a industrialização europeia, onde se destaca o papel dos fluxos comerciais no interior da Europa, ver Jorge Pedreira, 1994. Em "The Global Economic History of European Expansion Overseas", O'Brien voltaria a esse tema. Agradeço a Martha Hameister por esta última indicação. Não custa afirmar que ao se descartar a ideia de um sistema mundial capitalista desde o século XVI, com isto não se pretende negar a importância dos fluxos comerciais internacionais na dinâmica da economia europeia e do Novo Mundo. Com certeza, nos séculos XVI e XVII, o tráfico de escravos e o comércio de têxteis vindo do Oriente, por exemplo, criaram novas bases na vida econômica, porém qualificar tais transformações como capitalistas parece-me temeroso.
28. Bartolmé Yun Casalilla, 2010, p. 210-213.
29. Henry Kamen, 1984, p. 34-35.
30. P. Kriedte, 1985, p. 48.
31. Ibidem, p. 67.
32. Bartlomé Yun Casililla, 2010, p. 222-223
33. Estes traços do *ethos* da nobreza da terra começam a ser revelados com frequência pelos testamentos do grupo analisado. André Gago da Câmara, em seu testamento, mandou instituir uma capela permanente de missas constantes no valor de 800 mil reis. Testamento de André Gago da Câmara, anexo ao assento de óbito, datado de 12/6/1705. *Livro de Óbitos 1701-1710, Freguesia de Sacramento* imagem 58. D. Úrsula da Silveira, mãe de André, falecida em 10/6/1706, mandou celebrar centenas de missas nos conventos e nos mosteiros da Capitania. *Livro de Óbitos 1701-1710, Freguesia de Sacramento* imagem 11. O primo de André, Ignácio de Andrade Soutomaior, morto em 21/3/1696, determinava no seu testamento a realização de mil missas, ao custo de 300 mil reis. *Livro de Óbitos 1701-1710, Freguesia da Candelária 1696-171,* imagem 63. <http://www.familysearch.org/s/image/show#uri=http%3A//pilot.familysearch.org/records>.
34. Bartolomé Yun Casalilla, 2010, p. 211.

35. Richard S. Dunn, 1972; B. W. Higman, 2000; Robin Blackburn, 2003; Russel R. Menard, 2006.
36. Bartolomé Yun Casalilla, 2010, p. 225.
37. João Fragoso & Isabel Guimarães (coords.) CAPES-FCT., CAPES-GRICES, 2007; Nuno G. Monteiro (coord.), 2009.
38. Vitorino Magalhães Godinho, 1978; Vitorino Magalhães Godinho, 1975. Nuno Gonçalo Monteiro, 1998; João Fragoso & F. Gouvêa, 2009, p. 56.
39. John Elliott, 1992.
40. Ibidem.
41. João Fragoso & F. Gouvêa, 2010.
42. As expressões *Dona* e *pardo* foram recolhidas dos registros paroquiais de batismo do Rio de Janeiro entre 1640 e 1760, ao menos. Elas eram utilizadas pelo padre da freguesia para classificar segmentos da população paroquiana. *Dona*, na região e no período considerados, era usado para designar mulheres de antigas famílias locais, em geral descendentes dos conquistadores da região e com passagem nos postos honrosos da governança da terra. *Pardo* aludia a forros ou a egressos da escravidão. Para o caso de *pardo*, consultar a argumentação de Hebe Castro para o século XIX, *Das cores do silêncio*, 1993; João Fragoso, 2009.
43. Ver nota 37. Desde 2010, o banco de dados sobre as comunicações políticas entre o Estado do Brasil, o Estado Grão-Pará, São Tomé e Príncipe e Luanda, baseado nas missivas do Arquivo Histórico Ultramarino e aquelas regiões, um dos produtos da pesquisa "A monarquia e seus idiomas: corte, governos ultramarinos, negociantes, régulos e escravos no mundo português (séc. XVI-XIX)" passou a ser investigação institucional do Antigo Regime nos Trópicos — grupo do CNPq. Ver nota a seguir, nº 44.
44. Esse banco reúne as correspondências das seguintes áreas americanas: Estado do Grão-Pará e Maranhão, Pernambuco, Bahia, Minas Gerais, Rio de Janeiro e São Paulo. Foram consultados todos os resumos das correspondências ativas e passivas das câmaras daquelas capitanias com o Conselho Ultramarino. Além disso, escolheram-se determinados períodos, além das correspondências da câmara, toda e qualquer carta recolhida pelo Projeto Resgate foi analisada. A fase de alimentação de informações do banco foi concluída e ele reúne cerca de 24 mil correspondências.
45. O levantamento e a organização em planilhas excell da Bahia, Pernambuco e Rio de Janeiro couberam às equipes coordenadas, respectivamente, por Francisco Carlos Cosentino (Universidade Federal de Viçosa), Antônio Carlos Jucá de Sampaio (UFRJ) e por nós. A supervisão final dos trabalhos resultou na feitura do banco de dados, que coube a Carla Almeida (Universidade Federal de Juiz de Fora) e a Francisco Carlos Cosentino.
46. A. M. Hespanha, 1994.

47. No item mercado, nos dois Gráficos, não incluo os assuntos alfandegários ou frotas. Esses últimos aparecem sob a rubrica da administração periférica, pois era da alçada direta dos ofícios militares e da provedoria da fazenda.
48. Ver Bartolomé Clavero, 1990.

## Bibliografia


ABREU, Maurício. *Geografia Histórica do Rio de Janeiro*. Rio de Janeiro: Andrea Jackbsson, 2011.

ALMEIDA, Carla M. C. *Ricos e pobres em Minas Gerais, produção e hierarquia social no mundo colonial, 1750-1822*. BH: Argumentum, 2010.

ALMEIDA, M. Regina Celestino de Almeida. *Metamorfoses indígenas. Identidade e cultura nas aldeias coloniais do Rio de Janeiro*. Rio de Janeiro: Arquivo Nacional, 2003.

B. W. Higman. "The sugar revolution", *Economic History Review*, LIII, 2, Economic History Society, Reino Unido: 2000.

BLACKBURN, Robin. *A construção do escravismo no Novo Mundo*. Rio de Janeiro: Record, 2003.

BLAJ, Ilana. *A trama das tensões*. São Paulo: USP, Humanitas, Fapesp, 2002.

BRAUDEL, Fernand. *O tempo do mundo — Civilização material e capitalismo*, vol. 3. Lisboa: Teorema, 1979.

BRENNER, Robert. "Las Raices agrarias del capitalismo europeu". In: ASTON T.H. & PHILPIN C.H.E. (ed.) *El Debate Brenner*. Barcelona: Critica, 1988.

BRENNER, Robert. "The origens of capitalist development: a critique of neo-smithian marxism". *New Left Review* nº 104, Londres, 1977.

BROWN, Larissa. "Internnal commerce in a colonial economy". Charlottesville: University of Virginia, 1986 (tese de doutorado).

BRÜGGER, Silvia M. J. *Minas Patriarcal, família e sociedade*. Belo Horizonte: Annablume, 2007.

CARRARA, Ângelo A. *Minas e currais: produção rural e mercado interno de Minas Gerais, 1674-1807*. Juiz de Fora: UFJF, 2007.

CASTRO, Hebe. *Das cores do silêncio*. Rio de Janeiro: Arquivo Nacional, 1995.

CASTRO, Sheila de. *A Colônia em movimento: Fortuna e família no cotidiano colonial*. Rio de Janeiro: Nova Fronteira, 1998.

CAVALCANTE, Nireu Oliveira. "O comércio de escravos novos no Rio setecentista". In: FLORENTINO, Manolo (org.). *Tráfico, cativeiro e liberdade*. Civilização Brasileira: Rio de Janeiro, 2005.

CHALHOUB, Sidney. *Visões da liberdade*. São Paulo: Cia das Letras, 1990.

CHAVES, C. M. das G. *Perfeitos negociantes: mercadores das Minas Gerais Setecentistas*. São Paulo: Annablume, 1999.

CLAVERO, Bartolomé. *Antidora — Antropologia católica de la economía moderna*. Milão: Giuffré, 1990.

DOUGLAS C. & GRAÇA FILHO. Afonso. de A. "Reconstruindo a liberdade: alforrias e forros na freguesia de São José do Rio das Mortes, 1750-1850", *Varia História* 30, Belo Horizonte: UFMG, Departamento de História, 2003.

DUNN, Richard. *Sugar and Slaves — the rise of the planter class in the English West Indies, 1624 -1713*. Chapel Hill: University of North Caroline Press, 1972.

ELLIOTT, John. "A Europe of Composite Monarchies", *Past and Present*, 137. Oxford: Oxford University, Press, 1992.

FARIA, Sheila de Castro. *A Colônia em movimento: Fortuna e família no cotidiano colonial*. Rio de Janeiro: Nova Fronteira, 1998.

FLORENTINO, Manolo. *Em Costas Negras*. São Paulo: Companhia das Letras, 1997.

FOX-GENOVESE, Elizabeth & GENOVESE, Eugene. "The Janus Face of Merchant Capital". In: *Fruits of Merchant capital*. Oxford: Oxford University Press, 1983.

FRAGOSO, J. & GOUVÊA, F. (Pref.). *Na trama das redes. Política e negócios no império português. Séculos XVI-XVIII*. Rio de Janeiro: Civilização Brasileira, 2010.

FRAGOSO, J. & GOUVÊA, F. "Monarquia pluricontinental e repúblicas: algumas reflexões sobre a América lusa nos séculos XVI-XVIII". *TEMPO*. Niterói: Departamento de História, 2009.

FRAGOSO, João & GUIMARÃES, Isabel (coords.). CAPES-FCT. *A monarquia e seus idiomas: corte, governos ultramarinos, negociantes, régulos e escravos no mundo português (sécs. XVI-XIX)*. CAPES-GRICES, 2007.

FRAGOSO, João. "O capitão João Pereira Lemos e a parda Maria Sampaio: notas sobre hierarquias rurais costumeiras no Rio de Janeiro, século XVIII". In: OLIVEIRA, Mônica R. & ALMEIDA, Carla M. C. *Exercícios de micro-história*. Rio de Janeiro: FGV, 2009.

FRAGOSO, João. *Homens de grossa aventura: 1790-1830*. Rio de Janeiro: Civilização Brasileira, 1998.

GARCIA, Elisa F. *As diversas formas de ser índio: Políticas indígenas e políticas indigenistas no Extremo Sul da América Portuguesa*. Rio de Janeiro: Arquivo Nacional, 2009.

GODINHO, Vitorino Magalhães. *Ensaios II*. Lisboa: Sá da Costa, 1975.

GODINHO, Vitorino Magalhães. *Estrutura da antiga sociedade portuguesa*. Lisboa: Arcádia, 1978.

GOÉS, José R. *O cativeiro imperfeito. Um estudo da escravidão no Rio de Janeiro da primeira metade do século XIX*. Vitória: Lineart, 1993.

GOUVÊA, Maria de Fátima. André Cussaco: o irlandês 'intempestivo', fiel súdito de Sua Majestade. Trajetórias administrativas e redes governativas no império português, ca. 1660-1700. In: VAINFAS, Ronaldo & SANTOS, Georgina & NEVES, Guilherme Pereira (orgs). *Retratos do Império*. Niterói EdUFF, 2006

GOUVÊA, Maria de Fátima. "Redes Governativas portuguesas e centralidades régias no mundo português, c. 1680-1730". In: FRAGOSO, J. & GOUVÊA, M. F. *Na trama das redes. Política e negócios no império português. Séculos XVI-XVIII*. Rio de Janeiro: Civilização Brasileira, 2010.

GRAÇA FILHO, Afonso de A. "Pequenos produtores de São José do Rio das Mortes, 1730-1850". In: GUIMARÃES, E. S. & MOTTA, M. M. M. (orgs.) *Campos em disputa*. São Paulo: Annablume, 2007.

GREENE, Jack. *Negociated Authorities. Essays in Colonial Political and Constitutional History*. Charlottesville e Londres: University Press of Virginia, 1994.

GUEDES, Roberto. *Egressos do cativeiro*. Rio de Janeiro: FAPERJ / Mauad X, 2008.

HAMEISTER, Martha Daisson. *Para dar calor à nova povoação: estudo sobre estratégias sociais e familiares a partir dos registros batismais da Vila do Rio Grande (1738-1763)*. RJ: PPGHIS — UFRJ, Tese de doutorado inédita, 2006.

HESPANHA, A. M. "Para uma teoria da história institucional do Antigo Regime" . In: HESPANHA, A. M. (ed.) *Poder e instituições na Europa do Antigo Regime, Fundação*. Lisboa: Calouste Gulbenkian, 1984.

HESPANHA, A. M. *Às vésperas do Leviathan. Instituições e poder político. Portugal século XVII*. Coimbra: Almedina, 1994.

HILTON, R.H. (intr.). In: ASTON T.H. & PHILPIN C.H.E. (Ed.) *El Debate Brenner*. Barcelona: Critica, 1988.

KAMEN, Henry. *La sociedade europea*, (1500-1700). Madri: Alianza Universitária, 1984.

KRIEDTE, P. *Feudalismo Tardio y Capital Mercantil*. Barcelona: Crítica, 1985.

LARA, Silvia H. *Campos da violência*. Rio de Janeiro: Paz e Terra, 1988.

LIBBY, Douglas. C. & BOTELHO, Tarcisio. R. "Filhos de Deus: batismos de crianças legítimas e naturais na Paróquia de Nossa Senhora do Pilar, 1712-1810", *Varia Historia* 31, Belo Horizonte: UFMG, 2004.

MACHADO, Cacilda. *A trama das vontades*. Rio de Janeiro: Apicuri, 2008.

MATHIAS, Carlos, Carlos Leonardo. *A cor negra do ouro: circuitos mercantis e hierarquias sociais na formação da sociedade mineira setecentista, 1711-c. 1756*. RJ: PPGHIS — UFRJ. Tese de doutorado, 2009.

MENARD, Russel R. *Sweet Negotiations. Sugar, slavery, and plantation agriculture in early Barbados*. Charlottesville: University of Virginia, 2006.

MONTEIRO, J. *Negros da terra*, São Paulo: Cia. das Letras, 1994.

MONTEIRO, John. *Negros da terra. Índios e bandeirantes nas origens de São Paulo*. São Paulo: Cia das Letras, 1994.

MONTEIRO, Nuno G. (coord.). *A comunicação política na monarquia pluricontinental (1580-1808)*. Lisboa: FCT, 2009.

MONTEIRO, Nuno Gonçalo. *O crepúsculo dos grandes*. Lisboa: Imprensa Nacional e Casa da Moeda, 1998.

NAZZARI, Muriel. *O desaparecimento do dote*. São Paulo: Companhia das Letras, 2001.

O'BRIEN, P. & ENGERMAN, S. L. "Export and the growth of the British economy from the Glourius Revolution to the Peace of Amiens". In: SOLOW. B & ENGERMAN, S. (eds.). *Slavery and the Rise of the Atlantic System*. Cambridge: editora Cambridge University Press, 1991.

O'BRIEN, Patrick. "European economic development: the contribution of the perifery". In: *Economic History Review*, vol. XXXV (1), 1982.

PAIVA, Eduardo. F. *Escravos e libertos nas Minas Gerais do século XVIII: estratégias de resistência através dos testamentos*. São Paulo: Annablume, 1995.

PEDREIRA, Jorge. "Introdução". *Estrutura industrial e mercado colonial: Portugal e Brasil (1780-1830)*. Lisboa: Difel, 1994.

PUJOL, Gil Xavier. "Centralismo e localismo? Sobre as relações políticas e culturais entre capital e territórios nas monarquias europeias dos séculos XVI e XVII". In: *Penélope*, # 6, Lisboa, 1991, pp. 119-142.

RESENDE, M. E. L. de & VILLALTA, L. C. (orgs.). *História de Minas Gerais: as Minas Setecentistas*. Belo Horizonte: Autêntica; Companhia do Tempo, 2007.

SCHWARTZ, Stuart. *Segredos internos*, São Paulo: Cia. das Letras/CNPq, 1988.

SCOTT, H. M. STORRS, C. "Introduction". In: SCOTT, H. M. (ed.) *The european nobilities*. Vols. 1 e 2. Londres: Longman, 2005 (2ª ed.).

SILVA, F. *Subsistência e poder: a política de abastecimento alimentar nas Minas setecentistas*. Tese de Doutorado, UFMG: 2002.

SOUZA, Laura de Mello. *O Diabo e a Terra de Santa Cruz*. São Paulo: Cia. das Letras, 1987.

STERN J. Steve. "Feudalism, Capitalism. And the World-System in the Perspective of Latin America and the Caribbean". In: *American Historical Review*, 88 (43), 1988.

T.H. Aston & C.H.E. Philpin. *The Brenner Debate. Agrariam class structure and economic development in Pre-Industrial Europe*. Cambridge: Cambridge University Press.

VAINFAS, R. & SANTOS, G. S. & NEVES, Guilherme Pereira das. *Retratos do Império*. Niterói: EDUFF, 2006.

VAINFAS, Ronaldo. *Trópicos dos pecados*. Rio de Janeiro: Nova Fronteira, 1998.

VIEIRA, Geyza K. Alves. "Entre perdas, feitos e barganhas: a elite indígena na capitania de Pernambuco". In: OLIVEIRA, João Pacheco (org.). *A presença indígena no Nordeste*. Rio de Janeiro: Contra-Capa, 2011.

WALLERSTEIN, Immanuel. *O sistema mundial moderno*, vol. I. Porto: Afrontamento, s/d (publicado em inglês em 1974).

WESSELING, Henk. "História do além-mar". In: BURKE, Peter. *A Escrita da História*. São Paulo: UNESP, pp. 97-131 (ed. em inglês, 1990), 1991.

YUN CASALILLA, Bartolomé. "Entre Mina y Mercado". In: GARCIA, Hernán David (ed.). *La Historia sin Complejos. La Nueva Vision del Imperio Español*. Madri: Actas, 2010.

YUN CASALILLA, Bartolomé. *Marte contra Minerva*. Barcelona: Critica, 2004.[49]

# PARTE I Histórias do Brasil

CAPÍTULO 1

# Colonização e escravidão no Brasil — Memória e historiografia

*Hebe Mattos**

A expressão *Brasil Colonial*, consagrada pela historiografia, título desta obra coletiva, é produto da emergência do país como Estado nacional independente em princípios do século XIX. A afirmação, apesar de parecer óbvia, produz consequências historiográficas.

Silvia Lara, historiadora da escravidão, ao se propor conectar historiografias (a da escravidão e a da colonização portuguesa na América) em livro recente, deixou a condição colonial do Brasil de fora do subtítulo (*Escravidão, cultura e poder na América portuguesa*). Segundo ela, o período colonial adquirira variações e nuanças com o desenvolvimento e a multiplicidade da pesquisa histórica, implodindo a concepção da colônia como uma unidade *temporal*, *espacial* e social.[1]

Dez anos antes, como destacado por Stuart Schwartz em recente balanço historiográfico,[2] Laura de Mello e Souza, ao organizar o primeiro volume da *História da vida privada no Brasil*, deu-lhe por subtítulo *Cotidiano e vida privada na América portuguesa*,[3] exatamente para fugir da visão retrospectiva implícita à denominação Brasil Colônia.

*Professora do departamento de História da Universidade Federal Fluminense.

Apesar disso, uma reflexão sobre a gênese ou a identidade da futura nação esteve até muito recentemente na base da maioria das abordagens sobre o período produzidas por historiadores brasileiros. E o uso do adjetivo *colonial* junto à expressão história do Brasil continua corrente. Empiricamente, identifica periodização que enfatiza a administração e o domínio de Portugal sobre o território que viria a formar o Brasil, desde o século XVI até a independência do país. Para fixar esses marcos, tomam-se como ponto de partida os textos quinhentistas que procuravam afirmar o domínio português por direito de *descobrimento* sobre os territórios encontrados na América. Argumento que, ao ser reforçado pela historiografia brasileira oitocentista, ajudou a fazer do *descobrimento do Brasil* uma espécie de certidão de nascimento do país.[4] Ou de batismo, tendo em vista o caráter eminentemente católico da colonização.

De fato, para princípios do século XVI, o uso da denominação *América portuguesa* é tão retrospectivo quanto o da expressão *Brasil Colonial*. Nem uma nem outra forma de identificação então existia ou fazia muito sentido, a não ser talvez como projeto. Não era possível aos portugueses ignorar os muitos outros atores presentes na costa atlântica da América, não apenas concorrentes europeus, mas principalmente povos originários diversos, com organizações políticas e histórias específicas. Por outro lado, se a concepção de América portuguesa é anterior à de Brasil Colonial como construção política, precede a ambas a percepção da efetiva presença na costa atlântica da América de uma colônia portuguesa, espraiada pelo litoral do Atlântico sul e conhecida como Brasil, que já teria mesmo uma *história* em princípios do século XVII.[5]

O que procuro ressaltar é que a própria construção de tais noções e formas de denominação constitui-se como objeto de história.

Por outro lado, a expressão *Brasil Colônia* traz também embutida uma operação historiográfica. O adjetivo colonial aposto ao nome Brasil enfatiza a relação metrópole-colônia, problematizando em termos históricos a subordinação econômica e política que o processo de independência viria quebrar. Seu uso se generalizou na historiografia internacional a partir das próprias lutas de independência nas Américas e, posteriormente, da experiência neocolonial europeia de finais do século XIX.

No Brasil, a obra de Capistrano de Abreu é marco de consagração da expressão na historiografia.[6] Permaneceria em voga por todo o século XX, ao formular como problema as origens da especificidade cultural e socioeconômica do país em relação à ação colonizadora de Portugal, mas também em relação às demais sociedades escravistas do mundo atlântico.

A constituição de uma sociedade escravista ou escravocrata esteve na base de muitas das respostas à questão da especificidade colonial brasileira em relação à metrópole portuguesa.[7] Por outro lado, em diversas abordagens, a colonização portuguesa foi chave de individuação da sociedade brasileira em abordagens comparadas das sociedades escravistas da América.[8] Entretanto, as pesquisas históricas sobre o Brasil colonial e sobre a escravidão no Brasil nem sempre se desenvolveram de forma articulada. A proposta do presente texto é historiar o lugar da escravidão na historiografia do Brasil Colonial, colocando em relevo o conhecimento efetivamente produzido sobre o tema (escravidão colonial) ao longo do tempo.

Numa primeira parte, a abordagem privilegia a dimensão de história/memória da nação da historiografia oitocentista e a condição de história do tempo presente de que então se revestia a história da escravidão. Sob essa perspectiva, procurei identificar os sentidos do colonial e o lugar da escravidão nas obras paradigmáticas de Varnhagen e Capistrano de Abreu.[9] Também reduzi propositalmente a lente da pesquisa, procurando apresentar ao leitor o conhecimento efetivamente produzido sobre a instituição escravista nas narrativas sobre a história colonial empreendidas pelos dois historiadores.

Em seguida, a partir de alguns balanços historiográficos,[10] busquei contextualizar os deslocamentos do fato escravista nas abordagens de história colonial ao longo do século XX. Também aqui fechei o foco da abordagem, procurando mapear, especificamente, o papel da escravidão enquanto relação social nos modelos interpretativos adotados.

Para concluir, inverti a lógica da investigação para explorar o lugar do colonial na evolução recente da historiografia sobre a escravidão no

Brasil, fazendo algumas proposições para conectar historiografias muitas vezes desenvolvidas em paralelo.

## A colonização na historiografia oitocentista: Varnhagen e a escravidão como história do tempo presente

Ao publicar em 1854 o primeiro tomo da *História geral do Brasil*, Francisco Adolfo de Varnhagen esclarecia em subtítulo próprio que o livro tratava *do descobrimento, colonização, legislação e desenvolvimento deste Estado, hoje Império independente, escrita em presença de muitos documentos autênticos recolhidos nos arquivos do Brasil, de Portugal, da Espanha e da Holanda.*[11] Na ocasião, a expressão *Brasil Colônia* ainda não se mostrava consagrada. Apenas o subtítulo do tomo I fazia a ela referência, numa acepção bastante específica, ao informar que as *doutrinas* daquele tomo compreendiam *a história do Brasil Colônia, ou do Brasil antes de ser Principado*, referindo-se à disposição feita logo após a restauração portuguesa (1640) de que os primogênitos do rei de Portugal *herdeiros presuntivos da Coroa, se intitulariam para sempre Príncipes do Brasil.*[12] A partir daí, Varnhagen já não utilizou para o Estado do Brasil a expressão *colônia.*

Do ponto de vista historiográfico, a *História da América portuguesa*, publicada em princípios do século XVIII pelo erudito baiano Sebastião da Rocha Pitta, seria o principal texto de interlocução da *História geral...*[13] Apesar de fluente em inglês, o historiador brasileiro oitocentista citou bem menos *History of Brazil*, de Robert Southey, publicado na Inglaterra entre 1810 e 1819, ainda na época da presença da Corte portuguesa no Brasil.[14] Única obra comparável à *História geral...* do ponto de vista da erudição. Quando o faz, o elogio é contido e largamente superado pela crítica à abordagem, que considerava, antes que uma história do Brasil, *memórias cronológicas*, que se detinham exageradamente em histórias indígenas e se equivocavam ao ultrapassar as fronteiras da América portuguesa para incorporar acontecimentos relativos à região do Prata.[15]

Antes da publicação da *História geral...* havia alguns títulos voltados para a história do Brasil publicados no exterior. Entre os mais conhecidos no país, além dos três volumes da *History of Brazil* de Southey, escritos a partir dos documentos coletados por seu tio, que vivera por mais de 30 anos em Portugal, havia também uma *Histoire du Brésil* por Alphonse Beauchamps, que teria de fato plagiado o primeiro volume do poeta inglês. Nela se baseara em grande parte o *Compêndio de História do Brasil*, publicado pelo general Abreu e Lima em 1842. Tal *Compêndio...* foi objeto de feroz crítica de Varnhagen, a partir da qual se estabeleceu intensa polêmica. Nele, certo nativismo na leitura da guerra contra os holandeses se fazia presente, inclusive com a busca de incorporação de heróis de origem negra e indígena à história pátria.[16] Também em francês, o *Resumé de l´histoire du Brésil* (1825), de Ferdinand Denis, republicado em versão ampliada como *Brésil*, em 1846, era bastante conhecido e inspirou o manual escolar de Henrique N. Bellegarde (1828).[17] Tais textos franceses, bem como os três volumes de Southey, dedicavam muito mais espaço à escravidão e aos costumes dos grupos indígenas do que os compêndios e manuais brasileiros neles inspirados.

Para o olhar estrangeiro, a escravidão e a presença indígena marcavam o exotismo e a peculiaridade do país.

Na narrativa de Varnhagen, porém, a linha divisória entre a América portuguesa e o Império do Brasil mostrava-se bastante imprecisa. Na primeira edição do trabalho (1854, 1857), começava o livro com a expansão portuguesa no Atlântico e o terminava com a carta de abdicação de Pedro I, em 1831. Na segunda edição, feita ainda em vida pelo autor, cedendo parcialmente às críticas de alguns contemporâneos,[18] passou a iniciar o livro com a descrição da terra e os capítulos sobre as populações indígenas (cap. 7 a 10 da primeira edição) e a concluí-lo com o capítulo sobre os escritores e viajantes do período joanino. Retirou do segundo tomo as narrativas referentes aos eventos posteriores à *revolução pernambucana* de 1817, que seriam incorporados à sua história da independência do Brasil, publicada postumamente.[19]

Para Varnhagen, a nacionalidade brasileira era filha direta da presença portuguesa enraizada na América. E por isso a *História geral do Brasil* foi severamente criticada desde a publicação, ainda que celebrada como emblema de erudição.[20] No entanto, através de manual do Colégio Pedro II escrito por Joaquim Manoel de Macedo,[21] que teve na obra sua base historiográfica, e da republicação do livro já no século XX, com notas e comentários de Capistrano de Abreu e Rodolfo Garcia, incorporando a organização dos capítulos da segunda edição,[22] pode-se afirmar que a narrativa tornou-se clássica.

Como bem reconheceu Capistrano de Abreu, Varnhagen foi o mais erudito e bem formado dos historiadores brasileiros nos termos propostos pela cultura histórica oitocentista.[23] Seu gosto pelos arquivos o fez descobrir inúmeros documentos e textos inéditos. Ao procurá-los, tinha por objetivo formar uma base erudita para a memória pátria, o que de certa forma conseguiu. Principalmente os capítulos com resenhas gerais sobre as obras publicadas no ou sobre o Brasil formaram uma espécie de primeira *brasiliana*. Sua questão central, como de resto de quase toda a historiografia oitocentista, era como construir uma narrativa histórica baseada em documentos e textos de época, conferindo suporte à identidade nacional.[24] A epígrafe do primeiro volume, assinada pelo visconde de Cayru, enfatizava a orientação: *A importância de uma história geral de qualquer Estado independente é reconhecida em todo país culto.*[25] História-memória, mas que devia se apoiar em fatos bem documentados e que por isso competia com outras narrativas e formas de apropriação do passado.

Apesar de uma reconhecida superioridade em termos de aparato de erudição em relação a outros textos produzidos por autores brasileiros, a obra de Varnhagen esteve longe de ser consensual entre os contemporâneos. Não foram poucos os que criticaram seu continuísmo, que tornava quase indistinta a fronteira entre a história do Brasil e a da colonização portuguesa na América.

Desde princípios do século XIX, para muitos, e no interior do próprio Instituto Histórico e Geográfico Brasileiro (IHGB), pensar em escrever a história do Brasil era pensar em como diferenciá-la da história de

Portugal, do qual o país acabava de se separar. É bem conhecida a tese do naturalista alemão Von Martius, ganhadora do concurso sobre *como escrever a história do* Brasil.[26] Para mais de um comentarista, ela prefigurava a construção que Gilberto Freyre formularia cerca de cem anos depois, ao propor que a história do Brasil devia ser escrita levando-se em conta o encontro de três raças, a portuguesa, a ameríndia e a africana.[27] Mas Martius enfatizava também o papel preponderante da expansão portuguesa e *a necessidade de se estudar a história da legislação e do estado social d[aquela] nação.*[28]

Apesar das críticas a ele dirigidas, Varnhagen parece ter se esforçado para seguir a receita.[29] A legislação e o estado social da nação portuguesa ocupam lugar privilegiado na obra que escreveu. Dedicou três capítulos aos povos indígenas, seus usos e costumes. Muitos outros às guerras travadas contra eles. E não se furtou a analisar a contribuição do que chamou em alguns trechos de *colonização* africana.

> Como a colonização africana, distinta principalmente pela sua cor, veio a ter tão grande entrada no Brasil que se pode considerar hoje como um dos três elementos de sua população, julgamos nosso dever consagrar algumas linhas neste lugar a tratar desta gente, a cujo vigoroso braço deve o Brasil principalmente os trabalhos do fabrico do açúcar, e modernamente os da cultura do café.[30]

Informava que vinham de toda a antiga Nigrícia (Costa Atlântica, Contra Costa e Sertões da África), formavam diferentes nações e podiam ser muçulmanos ou cristãos, mas em sua maioria eram *gentios e idólatras.*[31] As primeiras levas teriam vindo como escravos diretamente de Portugal, com seus amos. Depois, passaram a ser diretamente vendidos para as plantações de açúcar das Américas, aprisionados nas guerras internas ou vendidos pelas próprias famílias em caso de fome. De uma maneira geral (pelo menos no Brasil), considerava que *melhoravam eles de sorte.*[32]

Reconhecia *bens* e *males* provindos da África e do cativeiro *estrangeiro.* Entre os *bens*, a influência na agricultura e nas formas de beneficiamento dos metais, na culinária e na língua portuguesa. Entre os *males*, os *hábitos menos decorosos, seu pouco pudor e sua tenaz ousadia*, mas principalmente a própria experiência degradante do cativeiro hereditário, só atenuado pela presença de um *bom senhor*, sem o qual *o africano boçal devia perecer a míngua*...

> e o mesmo sucederia ainda hoje a muitos deles se momentaneamente os libertássemos antes de os ir preparando para com o tempo fazer a seus descendentes o bem que seja compatível, em relação ao estado e à família.[33]

Vale a longa transcrição para enfatizar o que tentei sugerir com o subtítulo desta parte. Na obra de Varnhagen, a escravidão africana era uma questão histórica, mas também um problema político contemporâneo. E essa perspectiva não pode ser esquecida. O mesmo vale para sua polêmica abordagem sobre os povos originários. Ao tratá-los historicamente, o autor nunca deixava de ter em mente o problema político da presença de povos indígenas considerados *não civilizados* nas áreas de fronteira da jovem monarquia.

Entre os opositores da abordagem de Varnhagen, o indianismo romântico configurou-se como movimento de dimensões políticas e culturais importantes à época da edição do primeiro volume do trabalho. Uma leitura atenta do livro evidencia a construção do texto em disputa direta com tais opositores, chamados por ele de adeptos do *incoerente sistema do patriotismo caboclo*.[34]

Foram tantas as críticas ao enfoque adotado em relação aos indígenas que, ainda em 1857, quando da publicação do segundo volume, Varnhagen se sentiu obrigado a escrever toda uma nova introdução para respondê-las.[35] Já no prefácio do volume, afirmou a legitimidade de seu ponto de vista *cristão e monarquista*, defendendo-se das acusações de parcialidade em relação às contribuições de negros e índios à nacionalidade brasileira. No afã da polêmica, os africanos perdiam a condição de colonizadores, que passava a ser reservada apenas aos portugueses.

> No tratar dos colonizadores Portugueses, dos bárbaros Africanos, e dos selvagens Índios, procurávamos ser tão justos como nos ditaram a razão, o coração e a consciência... sentenciando imparcialmente aos delinquentes e premiando o mérito, sem perguntar a nenhum se procedia do sertão, se d'Africa, se da Europa, ou se do cruzamento de sangue. De outro modo, mal houvéramos podido conscienciosamente condenar aos ferozes assassinos do nosso primeiro bispo, aos bárbaros amocambados, aos cobiçosos mascates e aos revolucionários de 1798, nem vitoriar devidamente o Índio Camarão, o preto Henrique Dias, o português Conde de Bobadela e o pardo sertanejo Manduaçu.[36]

Combinando elementos desde o século XVIII presentes no pensamento católico ilustrado, incluindo citações do filósofo francês Buffont, precursor do racismo científico, o texto é verdadeira obra-prima do que hoje chamaríamos de politicamente incorreto. Varnhagen afirmava-se pessimista em relação às possibilidades morais e civilizacionais dos índios sem que fossem coagidos pelo uso da força e fazia o elogio do papel civilizador da escravidão e da expansão imperial europeia. Apesar de descartar de uma maneira geral explicações racialistas (*lembremo-nos de que são homens como nós*[37]) e preferir pensar em termos civilizacionais, considerou os índios *selvagens*, verdadeiros *homens caídos*,[38] muito menos evoluídos no plano civilizacional do que aqueles a quem chamava de *nossos africanos*,[39] considerados bárbaros, mas não selvagens.

Para Varnhagen, autoidentificado como *um sócio do Instituto Histórico do Brasil nascido em Sorocaba*, a escolha de um determinado ponto de vista era algo imprescindível à escrita da história:

> Um Índio que escrevesse a história da *Conquista* não teria que cansar-se muito para nos dizer que *para ele* tudo quanto haviam feito os Europeus fora violência, ilegitimidade, usurpação; e com inscrever estas três palavras no frontispício de um livro em branco satisfaria a sua missão, sem rebuscar documentos nos arquivos *inimigos*; pois que lhe faltaria tempo para contar-nos a miséria, degradação e antropofagia dos seus. Eis a história *nacional* se os Índios do mato conquistassem todo o Brasil, e se

tivesse por chefe a um Ambiré e por armas uma frecha índia espetando a caveira de um cristão.

Um infeliz africano, que escrevesse a história do cativeiro hereditário, poderia também compendiar a sua obra exclamando: Engano, crueldade e escravidão! E nestas três palavras se deveria resumir a história da república do Haiti, anterior ao atual domínio nela da raça africana, se a sua forma de governo, os seus códigos, e a sua língua permitissem ao historiador haitiense renegar de todo da civilização francesa.[40]

Partindo do ponto de vista do colonizador português e de uma perspectiva racialista, apresentava sem meias palavras o branqueamento como horizonte da nação:

> Se quereis saber que elemento de povoação predomina atualmente no Brasil, percorrei as cidades e as vilas. Vereis brancos de tipo europeu, vereis alguns negros, vereis gente procedente destes dois sangues, e raramente, numa ou noutra figura, encontrareis rasgos fisionômicos do tipo índio, aliás por si bem distinto. E isto não porque se exterminasse esta raça, e sim porque eram os índios em tão pequeno número no país que foram absorvidos fisicamente pelos outros dois elementos, como o foram moralmente. Isto pelo que respeita ao presente. Quando ao futuro meditai no desejo que tendes de promover a colonização europeia, na necessidade reconhecida de a favorecer, e nas providências que já estamos para isso tomando, e dizei se a nação futura poderá ser índia ou conga.[41]

Mais do que confirmar a perspectiva elitista e de fundo racista do autor, tais parágrafos revelam a existência de divergências políticas entre os homens do tempo sobre a forma de escrever a história do Brasil e sobre o lugar a ser ocupado nessa narrativa por indígenas e africanos escravizados. Varnhagen escrevia na defensiva e ao imprimir a segunda edição da obra, como já foi assinalado, cedeu a algumas críticas, passando a iniciar o volume com a descrição da terra e os usos e costumes dos povos originários (seção VII a X da primeira edição) ao invés da expansão ibérica no Atlântico.

Ainda assim, a narrativa se mantém construída da perspectiva das elites portuguesas enraizadas na América, acentuando sua autonomia de ação e a liberalidade da Coroa no primeiro volume (referente aos séculos XVI e primeira metade do XVII) e, no segundo, a presença intelectual e política dessas mesmas elites na Corte portuguesa, referidas como portugueses da América. Nesse aspecto, a obra de Sebastião da Rocha Pitta e também a dos genealogistas brasílicos do século XVIII, paulistas ou pernambucanos, serviram de base para argumentação.[42]

Na *História geral do Brasil*, se as prefigurações culturalistas de Von Martius não se realizam e as preocupações mais propriamente socioeconômicas encontram-se bastante longe do espírito da obra, as abordagens de história institucional se fazem bem mais consistentes. Desse ponto de vista, a escravatura — indígena ou africana — aparece como questão importante no trabalho. Era difícil ignorá-la em um país em que a escravidão era reconhecida por lei e que tolerava de maneira escandalosa o comércio ilegal de cativos africanos enquanto Varnhagen redigia a *História geral*...

Especialmente no primeiro volume, os conflitos entre colonos, representantes da Coroa portuguesa e jesuítas em relação à escravidão indígena e seus desdobramentos legais são elementos privilegiados na narrativa empreendida. Tal abordagem tomada cronologicamente leva o autor a desenvolver uma espécie de tese, não enunciada como tal em função do estilo narrativo da obra, sobre a gênese da dependência brasileira ao tráfico atlântico de escravos.

Segundo a *História geral*..., a escravidão hereditária com direito à compra e venda do escravizado vinha da tradição romana e Lisboa se constituía em um dos principais portos negreiros da Europa nos séculos XV e XVI.[43] A mesma base jurídica legitimava a possibilidade da escravidão africana ou indígena, que podia se fazer por *guerra justa* ou por *resgate* de pessoas escravizadas legalmente dentro da lei dos gentios.

Da mesma forma que os jesuítas denunciavam os excessos da escravização indígena por cristãos nas Américas, outros religiosos fizeram denúncias semelhantes em relação às práticas de escravização na África, o que é sublinhado no texto. Ao narrar os conflitos entre jesuítas e colonos ao tempo do governo de Mem de Sá, transcreve integralmente o famoso texto de frei Thomas de Mercado (1569) sobre os abusos do tráfico de escravos na África.[44] O trecho denunciava o caráter negreiro das guerras travadas no continente africano, a prática dos batismos em massa e os horrores cometidos nos portos de embarque e continuados nos navios. Propunha como solução proibir os cristãos de participar do comércio de escravos no continente africano. Varnhagen assinala ainda o envolvimento de algumas ordens religiosas, em especial a dos jesuítas, na remessa de escravos africanos para a América.

Segundo a *História geral...*, as repetidas proibições da escravidão indígena se deveram à influência das Antilhas, onde se teria comprovado a melhor resistência dos africanos ao extenuante trabalho do cultivo da cana-de-açúcar, e aos interesses *negreiros* dos jesuítas, assim literalmente referidos.[45] A preponderância de tais interesses teria levado à proibição da escravidão indígena na América e à generalização do tráfico negreiro no Atlântico, com *nefastas* consequências para o Brasil, ainda às voltas com medidas repressivas que concretizassem sua extinção definitiva três décadas depois da independência (o primeiro volume da *História geral...* foi publicado em 1854).

Coerente com o texto do historiador de uma nação que se queria moderna, apesar de ainda escravista, defende um ponto de vista francamente favorável à legitimidade da escravidão em algumas condições. Ainda que crítico à forma como se estruturou a escravidão africana, baseada no tráfico transatlântico. O autor apresenta algum apreço pelas novas teorias racialistas, como pode ser visto nos textos em relação aos indígenas e aos africanos, mas considerava que precisavam *ainda ser submetidas a novas observações para dar resultados seguros e simples, capazes de serem aproveitados em uma história civil.*[46] E não precisava delas para legitimar a escravidão historicamente e para advogar a impossibilidade de uma liberdade imediata para os escravizados no país. Segundo ele, a escravidão era *princípio antigamente admitido por todos os povos... ainda hoje [reconhecido por] algumas nações da Europa e até o tolera o Evangelho.*[47]

Seu elogio à colonização portuguesa e a defesa do escravismo em determinadas circunstâncias históricas foram alvos de intensas críticas. Em 1869, o livro de Southey foi finalmente traduzido para o português e apresentado como alternativa à *História geral...*, por seu tom abolicionista e antiportuguês. Como era também anticatólico, a edição se fez anotada por um padre, de modo a diminuir o impacto do ponto de vista protestante presente na obra.[48]

A interpretação da institucionalização da escravidão africana no país, a partir do desenvolvimento das plantações de cana-de-açúcar nas Antilhas e da adesão jesuítica ao tráfico africano como forma de proteger os povos originários da América da ação escravizadora dos colonos guarda interesse e atualidade. O argumento foi parcialmente retomado (especialmente a importância da tese de concentrar a ação evangelizadora em um só continente para a legitimação do tráfico atlântico) por Luiz Felipe Alencastro em texto que se tornou referência sobre a formação do Brasil no contexto do Atlântico sul.[49] As informações e análises reunidas na *História geral...* sobre a presença da instituição da escravidão na legislação e nas práticas tradicionais portuguesas, sobre o papel de Lisboa como porto negreiro antes da consolidação do sistema de *plantation* nas Américas, bem como a abordagem institucional interligada entre escravidão indígena e africana, construíram a base de um primeiro saber histórico sobre a escravidão no Brasil que teria importantes desdobramentos nas abordagens historiográficas posteriores.

Mas do ponto de vista político, a análise teria vida mais curta. A dependência do tráfico atlântico que o país ainda se esforçava por extinguir era apresentada como consequência indesejável da vitória jesuíta sobre os colonos, impedindo a continuidade da escravidão indígena no país. Também a existência de povos indígenas ainda selvagens nos sertões seria consequência daquela derrota. Segundo o polêmico ponto de vista, tais índios poderiam ter sido e ainda deveriam ser *civilizados* a partir de formas variadas de trabalho compulsório.

Na década de 1870, defesa tão explícita da escravidão era considerada quase intolerável por muitos críticos. Além da falta de estilo e da organização narrativa do texto da *História geral...*, que, para alguns, a aproximariam da crônica, e não da História.[50] Caberia a Capistrano de Abreu a reabilitação de Varnhagen como historiador, ao escrever seu necrológio, em 1878.

> (...) a obra de Varnhagen se impõe ao nosso respeito e exige nossa gratidão e mostra um grande progresso na maneira de conceber a história pátria. Já não é a concepção de Gandavo e Gabriel Soares, em que o Brasil é considerado simples apêndice de Portugal, e a história um meio de chamar a emigração, e pedir a atenção do governo para o estado pouco defensável do país, sujeito a insultos de inimigos, contra os quais se reclama proteção. Não é a concepção dos cronistas eclesiásticos, que veem simplesmente uma província, onde a respectiva Congregação prestou serviços, que procuram realçar. Não é a de Rocha Pitta, atormentado pelo prurido de fazer estilo, imitar Tito Lívio e achar no solo americano cenas que relembrem as que passaram na Europa. Não é a de Southey, atormentado ao contrário pela impaciência de fugir às sociedades do Velho Mundo, visitar países pouco conhecidos, saciar a sede de aspectos originais e perspectivas pitorescas, a que cedem todos os poetas transatlânticos (...) Não. Varnhagen atende somente ao Brasil, e no correr de sua obra procurou sempre e muitas vezes conseguiu colocar-se sob o verdadeiro ponto de vista nacional.[51]

De fato, a trajetória do historiador cearense se constrói em diálogo crítico com a obra de Varnhagen. Os *Capítulos de história colonial* foram finalizados ao mesmo tempo que Capistrano fazia a revisão e os comentários críticos do primeiro volume da *História geral...*[52] e o diálogo entre as duas obras é bastante rico.

## A formação da nação: Capistrano de Abreu e a construção do Brasil Colonial

Para Capistrano, Varnhagen era a referência, mas também o paradigma a ser ultrapassado.[53] Entre as muitas diferenças entre os dois, analisadas por diversos comentadores, a adoção do adjetivo *colonial* pode ser pensada como principal operação historiográfica de diferenciação.

Capistrano não estava dissociado da concepção de história-memória ainda predominante em fins do século XIX, mas buscava fazer para o Brasil *uma história íntima*, que deveria mostrar como *aos poucos foi se formando a população, devassando o interior, ligando entre si as diferentes partes do território, fundando indústrias, adquirindo hábitos, adaptando-se ao meio e constituindo por fim a nação*. Para ele, a outra, a história externa, *que trata o Brasil como colônia portuguesa*, já tinha sido em grande parte contemplada.[54] Para Capistrano, o desbravamento das vastas extensões de terra da América, com a adaptação do português ao novo meio, misturando-se com os povos nativos e incorporando muitas de suas técnicas e conhecimentos, consistiria o principal elemento de transformação da colônia portuguesa em um novo tipo de sociedade.[55] Para José Honório Rodrigues, *Caminhos antigos e povoamento* [1899] representariam *para a historiografia brasileira o que* The Frontier in American History *[1893] de F. Turner é para a historiografia americana.*[56]

Nessa *história íntima* do país, a escravidão e o tráfico atlântico ocupavam lugar secundário, seja do ponto de vista institucional, seja do ponto de vista étnico-cultural. Em polêmica pública com Silvio Romero, intérprete que enfatizava a importância da escravidão africana na formação do povo brasileiro, atribuía o que havia de diverso entre *o brasileiro e o europeu... em máxima parte ao clima e ao indígena.*[57] Textualmente, considerava que o caráter nacional brasileiro, em sua diferenciação e *sentimento de superioridade* em relação ao português, teria se formado, mesmo que imperfeitamente, na conquista e no desbravamento do sertão, ao longo do século XVII. Manteria a tese na sua principal obra, *Capítulos de história colonial*, publicada em 1907:

> Por outra parte transparece o segredo do brasileiro: a diferenciação paulatina do reinol, inconsciente e tímida a princípio, consciente, resoluta e irresistível mais tarde, pela integração com a natureza, com suas árvores, seus bichos e o próprio indígena.[58]

Vale acompanhar o diálogo entre a *História geral*... e os *Capítulos*..., tanto no que se refere ao que diferenciava a história do Brasil da colonização portuguesa na América como, especialmente, ao lugar ocupado em ambos os trabalhos pela temática da escravidão. Como na segunda edição de Varnhagen, o livro síntese de Capistrano se inicia com um capítulo descrevendo a terra e seus habitantes originários, entendidos como parte integrante daquela mesma natureza, antes da chegada de portugueses e africanos, tratados no segundo capítulo como *fatores exóticos*. Também ali a escravidão do ponto de vista institucional é vista como simples continuidade da estratificação sociojurídica portuguesa.

> Abaixo do terceiro estado havia ainda os servos, escravos etc. etc., cujo direito único livrava-se em poderem, dadas circunstâncias favoráveis, passar à classe imediatamente superior, pois conquanto rentes as separações, as classes nunca se transformaram em castas.[59]

Escrevendo poucos anos depois da abolição, não se detém em justificar ou condenar a instituição escravista. Trata-a como um fato, demográfico, jurídico e também econômico. Surpreende a não problematização, ou a quase naturalização, da instituição da escravidão em todo o livro, apesar de sua presença constante na narrativa. A palavra *tráfico* aparece diversas vezes sem qualquer qualificativo (negreiro, africano, de escravos). O autor supõe um conhecimento prévio do uso da palavra referenciado ao comércio atlântico de escravos, como se havia generalizado no Brasil ao longo do século XIX.

No terceiro capítulo — sobre os descobridores — o papel dos portugueses como vendedores de escravos, fossem indígenas ou africanos, entre a Europa e a África, é registrado sem espanto. A nau *Bretoa*, armada por Fernando de Noronha e outros cristãos-novos em 1511 para Cabo Frio, podia *resgatar papagaios, gatos, e, com licença dos armadores, também escravos; vedado era o comércio de armas de guerra*...; segundo o capítulo, *pau-brasil, papagaios, escravos, mestiços condensam a obra das primeiras décadas*.[60]

O fato de que o Brasil atuara como vendedor de escravos antes de tornar-se comprador sempre chamou a atenção dele. A constatação aparece com destaque na tese sobre o *descobrimento do Brasil* (1883). Apenas com o estabelecimento da colonização efetiva o Brasil deixara de ser vendedor de cativos para tornar-se comprador. Com base em Gandavo, informa ao leitor que obter escravos era a primeira coisa que queria um colono português no Brasil, *porque com meia dúzia deles logo tem remédio para poder honradamente sustentar a família*. Como Varnhagen, coloca em destaque a prática da escravidão indígena e a considera com a mesma origem jurídico-institucional na legislação portuguesa. Segundo Capistrano, os escravos indígenas *auxiliavam extraordinariamente aos que começaram a vida nestas terras...* [61]

Capistrano faz uma narrativa vívida da escravização indígena pelos chamados bandeirantes, *caçadores* de gente, cujos comboios de escravos *amarrados uns aos outros* os faziam também funcionar como carregadores. Descrição em tudo semelhante à organização interna do tráfico de escravos no continente africano, ainda que essa informação não seja assinalada pelo autor.[62] Em claro diálogo com Varnhagem, perguntava: compensará tais horrores a consideração de que por favor dos bandeirantes pertencem agora ao Brasil as terras devastadas?

Não atribui, porém, à atuação jesuíta o declínio da escravidão indígena. Coloca, ao invés, pioneiramente em destaque o desastre demográfico que se seguiu ao contato, assinalado como fato *misterioso e até agora inexplicável, que condena ao desaparecimento os povos naturais postos em contato com povos civilizados*. Na narrativa, o desaparecimento demográfico dos índios teria trazido como consequência o *aumento da importação africana*.[63]

A psicologia dos diferentes povos formadores da nação, como sugerido por Martius, agora em diálogo com o cientificismo cada vez mais em voga no final do século XIX, ocupa lugar de destaque na análise, com maior ênfase para o papel de portugueses e indígenas. De todo modo, também em Capistrano o africano se fará presente. E, de maneira nova em relação à abordagem de Varnhagen, a mestiçagem aparece referida como especificidade nacional — a ser valorizada como característica diferenciadora da experiência portuguesa metropolitana, e não como forma de branqueamento.

> O negro trouxe uma nota alegre ao lado do português taciturno e do índio sorumbático. As suas danças lascivas, toleradas a princípio, tornaram-se instituição nacional; suas feitiçarias e crenças propagaram-se fora das senzalas. As mulatas encontraram apreciadores de seus desgarres e foram verdadeiras rainhas. O Brasil é inferno dos negros, purgatório dos brancos, paraíso dos mulatos, resumiu em 1711 o benemérito Antonil.[64]

A traços largos, nas próprias palavras, não deixou de qualificar as limitações de tal paraíso, bem como de identificar diferenças entre os processos de mestiçagem.

> A mestiçagem com o elemento africano, ao contrário da mestiçagem com o americano, era vista com certa aversão, e inabilitava para certos postos. Os mulatos não podiam receber ordens sacras, por exemplo: daí o desejo comum de ter um padre na família, para provar limpeza de sangue. Com o tempo os mulatos souberam melhorar sua posição e por fim impor-se à sociedade. Quando reuniam a audácia ao talento e à fortuna alcançaram altas posições.[65]

Contribuiu também para estabelecer alguns estereótipos largamente difundidos nos livros didáticos a partir de então, como o da maior resistência do africano em relação ao trabalho, comparativamente ao indígena.[66]

Mas é a mestiçagem com os índios e a conquista do território, vencendo os obstáculos naturais, que compõem o sentido da interpretação.

Também no texto de Capistrano, as referências à escravidão foram quase sempre narrativas, laterais, sem maior ênfase interpretativa. Mas ainda assim organizaram um efetivo saber sobre a história da escravidão como prática e instituição, que dialogava com aquele antes produzido por Varnhagen. Principalmente, a interpretação proposta para o declínio da escravidão indígena e o crescimento da escravidão africana, relacionando-a ao desastre demográfico que se seguiu à colonização efetiva do litoral, teria longa presença no discurso historiográfico.[67] De fato, como tem sido ressaltado por muitos comentadores, Capistrano vai ser reivindicado como antecessor por quase toda a historiografia que se lhe seguiu, seja considerada tradicional ou revisionista.[68]

Nos *Capítulos...*, a abordagem sobre a guerra holandesa, ainda que ocupe apenas uma pequena parte do livro, em flagrante contraste com os vários que lhe dedicou Varnhagen na *História geral...*, como bem ressaltou Sérgio Buarque de Holanda,[69] construiu, por exemplo, um cânone da historiografia tradicional sobre o tema, que seria exaustivamente repetido em quase todos os livros didáticos de história do Brasil até os anos 1960. Segundo ele:

> ... Holanda e Olinda representavam o mercantilismo e o nacionalismo. Venceu o espírito nacional. Reinóis como Francisco Barreto, ilhéus como Vieira, mazombos como André Vidal, índios como Camarão, negros como Henrique Dias, mamelucos, mulatos caribocas, mestiços de todos os matizes combateram unidos pela liberdade divina.[70]

Capistrano está, de fato, junto a outros autores da chamada primeira república, na origem do mito das três raças, em geral unilateralmente atribuído a Gilberto Freyre e ao clássico *Casa grande & senzala.* [71]

> Examinando superficialmente o povo, discriminam-se logo três raças irredutíveis, oriunda cada qual de continente diverso, cuja aproximação nada favorecia... Só muito devagar foi cedendo esta dispersão geral, pelos meados do século XVII. Reinos e mazombos, negros boçais e negros ladinos, mamelucos, mulatos, caboclos, caribocas, todas as denominações, enfim, sentiram-se mais próximos uns dos outros, apesar de todas

> as diferenças flagrantes e irredutíveis, do que do invasor holandês: daí uma guerra. (...) Em São Vicente, no Rio, na Bahia, e em outros lugares, por meios diferentes, chegou-se ao mesmo resultado.[72]

Em diálogo direto com o livro de Varnhagen, valorizaria como trabalho do historiador a publicação comentada de textos de época, esforço fundamental para a consolidação de uma memória erudita do Brasil colonial.

Por outro lado, apesar de continuar a colocar em destaque, como Varnhagen, a informação de Gandavo de que *os velhos* [portugueses] *acostumados ao país não queriam mais sair*, sendo *seus primeiros entusiastas*, vai estar também na origem da busca por um *sentido da colonização*, entendido não como construção de uma *Nova Lusitânia*, mas como espoliação colonial.

Para tanto, foi essencial uma abordagem renovada do livro do jesuíta italiano João Antônio Andreoni, publicado com o pseudônimo de André João Antonil e logo depois recolhido por ordem régia, em princípios do século XVIII. Capistrano foi essencial para a definição da identidade do autor de *Cultura e opulência do Brasil*.[73]

Tal construção colocava o senhor de engenho no ápice da hierarquia social e entendia o engenho como *economia autônoma*, autossuficiente e dependente do endividamento externo para existir. Economia *naturista*, que resultava em *natural desafeição pela terra*, pois se *tratava de ganhar fortuna o mais depressa possível para ir desfrutá-la no além-mar*.[74] Para Capistrano, o livro de Antonil teria sido confiscado porque *ensinava o segredo do Brasil aos brasileiros, mostrando toda sua possança, esclarecendo toda sua grandeza*.[75]

A busca de um sentido inscrito na história pátria foi um dos pontos de partida do historiador, inserindo-o no movimento cientificista próprio da chamada geração 70.[76] O compromisso com a historicidade de cada época prevaleceu, entretanto, nas formas em que perseguiu tal objetivo. Ainda no final do século XIX, esboçou uma festejada periodização da história do Brasil, em que introduzia a noção de um *sistema colonial*, consolidado a partir de 1750, e que prefiguraria a independência política.

> O período que vai de 1750 a 1808 é o da consolidação do sistema colonial. As municipalidades são anuladas. A indústria que tendia a desenvolver-se por si é arrancada violentamente. Todas as capitanias são arrancadas dos donatários. As minas declinam. Os Jesuítas são expulsos teatralmente. A capital é transferida para o Rio de Janeiro, e as lutas contra os espanhóis tornam-se endêmicas. O Rio Negro é elevado a Capitania, como uma guarda avançada. O Madeira é empregado de preferência ao Rio da Prata para a comunicação com o Mato Grosso. As rivalidades entre colonos e reinóis se acusam e dão em resultado a ideia de independência.[77]

É importante frisar, porém, que apenas indiretamente a escravidão se apresentava como elemento importante na interpretação formulada.

Não lhe parecia central à formação da nacionalidade e só ocupava papel relevante na formação da *camada ínfima da população... formada por escravos, filhos da terra, africanos e seus descendentes*.[78]

Em geral não recebia destaque analítico, ao contrário da influência da natureza tropical, ou das guerras, alianças políticas e outras formas de interação com os povos originários, especialmente nos séculos XVI e XVII. Nos *Capítulos...*, a escravidão propriamente dita era uma instituição herdada do velho Império português, que sobrevivera à situação colonial. A imigração forçada africana dela decorrente se ampliara desproporcionalmente apenas no século XVIII, quando (do seu ponto de vista) a nacionalidade já estava formada. O caráter quase naturalizado da abordagem sobre o tema dá bem a dimensão de história do tempo presente de que ainda se revestia a questão.[79]

Capistrano continuou como principal referência historiográfica nas primeiras décadas do século XX. Consagrado em vida, é impressionante o consenso até hoje existente sobre o personagem.[80] Se ele de fato rompeu com a perspectiva política apegada ao fato singular da historiografia oitocentista, manteve-se, até o fim da vida, informado pelo nacional como questão. Esteve na origem do movimento de consolidação de uma memória erudita da nação, que conheceu seu auge nas primeiras décadas do século XX, e também da busca teórica por compreender a alma do país ou o sentido de sua história, que os modernismos em breve colocariam em voga.

## Colonização e escravidão na primeira metade do século XX: olhares estrangeiros

Para compor um mapa aproximado da produção historiográfica sobre o Brasil Colonial e a escravidão nas primeiras décadas do século XX, parti de alguns balanços historiográficos produzidos na França em plena revolução metodológica produzida pelo movimento dos Annales.

Emile Coornaert, historiador do trabalho, foi o primeiro professor francês convidado a trabalhar na Faculdade de Filosofia da Universidade de São Paulo, no início dos anos 1930. Ao retornar à França, publicou detalhada resenha sobre a produção historiográfica brasileira, na *Revue d'Histoire Moderne*, em 1936.[81] Apesar de não serem muito numerosos, os trabalhos históricos relativos à escravidão mereceram lugar de destaque em sua abordagem sobre o período colonial.

No ano seguinte, Henri Hauser, que estivera como professor convidado na Universidade do Brasil, no Rio de Janeiro, também escreveu algumas *notas e reflexões sobre o trabalho histórico* no país, publicadas na *Revue Historique.*[82] Pouco tempo depois (1938), publicou nos *Annales Economiques et Sociales* um artigo sobre a instituição do trabalho servil no Brasil, em que fazia uma síntese sobre o estado da arte dos estudos históricos sobre o tema.[83]

O balanço historiográfico de Coornaert, publicado na *Revue d'Histoire Moderne*, descreve com entusiasmo a historiografia brasileira do período e impressiona pela extensão do conhecimento apresentado. Hauser o considerou demasiadamente *indulgente com a insuficiência crítica de inúmeros trabalhos.*

Coornaert considerou o trabalho desenvolvido no IHGB e nos institutos históricos estaduais *desigual como o das sociétés savantes* francesas, mas com numerosos elementos preciosos, especialmente o minucioso trabalho de publicação de documentos e as imponentes séries de revistas, de *extrema diversidade* [na qualidade], mas com muitos *artigos excelentes.*[84]

Muito alem dos institutos, a pesquisa histórica nas primeiras décadas do século XX constituiu em monumento as fontes de época sobre o período colonial. A identificação e a publicação delas, algumas vezes seguidas de comentários críticos e de erudição, podem ser apresentadas como atividades historiográficas centrais do período. Instituições importantes, como a Academia Brasileira de Letras, a Biblioteca Nacional, a Sociedade Capistrano de Abreu, o Arquivo Público de São Paulo, o Museu do Ipiranga e as mais importantes casas editoriais, dedicaram-se à publicação de fontes e textos literários do período, com introduções e comentários críticos produzidos por diferentes profissionais de história.

Dando continuidade ao trabalho de Varnhagen e Capistrano, consolidou-se uma memória erudita da nação, formando um verdadeiro corpus documental, em livros e fontes de época, publicados nas coleções de documentos dos arquivos, museus e nas séries de publicação sobre a história do país.[85] Formava-se um verdadeiro discurso documental sobre temas como a ocupação do território, os povos indígenas e a ação missionária, as guerras coloniais, os tratados e limites, os movimentos precursores da independência, entre muitos outros. É esse movimento que mais impressionou positivamente ambos os historiadores. Como exemplo, vale citar *Vida e morte do bandeirante*, de Alcântara Machado, obra celebrada na resenha de Coornaert, que teve por base a série de *Inventários e testamentos* publicada pelo Arquivo Público Paulista.

A Coornaert impressionou também a amplitude de algumas interpretações, apesar de apontar-lhes certos riscos. Segundo ele, o desafio imposto pelas imensas distâncias, pela natureza tropical e pela diversidade étnica da população teria engendrado um trabalho histórico inserido em uma rede mais ampla de ciências vizinhas, em especial a geografia e a etnografia, do que aquele desenvolvido na França. Como exemplo, citou os trabalhos sobre folclore de Roquete Pinto, então diretor do Museu Nacional do Rio de Janeiro.

Destacou também a *tentação de fazer obra prática*, ou seja, de tomar o entendimento do passado como plataforma para o futuro, como responsável pelo gosto por interpretações abrangentes sobre a formação do país, de inspiração sociológica, mas de grande interesse para a história. Era o caso das obras de Oliveira Viana, único brasileiro que já havia publicado em uma revista francesa. Coornaert registrou seu desacordo com as ideias do autor sobre raça, mas destacou a informação abundante de seus livros e a capacidade do autor de articulá-las, deixando ao leitor a tarefa de separar fato e interpretação.

Considerou da mesma ordem o trabalho de Nina Rodrigues sobre o negro no Brasil e celebrou as muitas informações para o período que precede o século XIX presentes em *Os africanos no Brasil.* Para ele, *O negro brasileiro,* de Arthur Ramos, era de uma riqueza etnográfica significativa, mas sacrificava muito *a uma "freudite" ainda em moda no Brasil.* Estendeu a mesma crítica a *Casa grande & senzala*, de Gilberto Freyre, considerado, porém, um trabalho de história propriamente dito, *seguramente o trabalho que faz penetrar mais intimamente na vida social do Brasil antigo.*[86]

Surpreende na resenha de Coornaert a atenção para tal conjunto de trabalhos de caráter etnográfico, ensaístico ou sociológico, todos relacionados à produção de conhecimento sobre a história da escravidão africana no Brasil.

Autores como Nina Rodrigues e Arthur Ramos, considerados fundadores da antropologia no Brasil e objeto de inúmeras apropriações críticas nesse campo, só muito recentemente foram efetivamente incorporados às discussões propriamente historiográficas. Como seu continente de origem, africanos e seus descendentes no Brasil desde cedo foram objeto de folclore e etnografia, mas não propriamente de história. Não apenas nesse aspecto as resenhas dos historiadores franceses mostraram-se precursoras.

Sobre as produções especificamente históricas para o período colonial, o grande destaque em ambos os textos fica por conta da publicação da terceira edição integral da *História geral...* de Varnhagen, comentada por Capistrano de Abreu e Rodolfo Garcia. Coornaert considerou o livro, *na realidade*, uma obra nova, dada a amplitude da alteração do plano do trabalho e as notas críticas adensadas, *de uma riqueza impressionante*. Em seguida, destacou também a reedição das obras de Capistrano, pela Sociedade Capistrano de Abreu.[87] Sobre o desenvolvimento da pesquisa, assinalou a influência metodológica de Capistrano e a influência da geografia e da psicologia social nos trabalhos.[88] Mereceu especial relevo a monumentalização da história das bandeiras e da expansão do café realizada por Affonso d'Escragnolle-Taunay em mais de duas dezenas de volumes, que considerou ao mesmo tempo *instrumentos de trabalho e livros de leitura*, apesar da *falta de notas e aparelho crítico*.[89] Tanto Hauser como Coornaert valorizaram, na obra de Taunay, a produção de informações sobre a história do tráfico e da escravidão no Brasil.[90]

A resenha de Hauser, publicada depois da de Coornaert, é bem menos entusiasmada. A abordagem é muito crítica e deixa de lado, talvez por desconhecimento, talvez por não considerá-los trabalhos históricos, os ensaios de sociologia, antropologia e folclore, preocupados em *fazer obra prática*, que chamaram a atenção de Coornaert. Para a história colonial, seriam dignos de menção apenas os esforços de publicação de documentos, desenvolvidos pelo Arquivo Nacional, pela Biblioteca Nacional, Academia Brasileira de Letras, por museus e arquivos estaduais, além da reedição da *História geral...* de Varnhagen, da obra do próprio Capistrano e de alguns de seus discípulos, entre eles Paulo Prado e Taunay.[91]

O que mais apresentam em comum as resenhas dos dois historiadores franceses, além do elogio do trabalho de erudição desenvolvido no país, é o relativo destaque dado ao conhecimento já produzido sobre a história da escravidão no país, tema que aparece como relativamente secundário quando observado de um ponto de vista interno. Considerados por Hauser como uma das áreas de maior desenvolvimento da historiografia brasileira, tais trabalhos estarão na base de texto publicado por ele na *Revista dos Annales*, em 1938.

Hauser informa ter-se baseado para redigir o artigo em um pequeno livro de Affonso Toledo Bandeira de Mello, a quem identificou como *um erudito brasileiro "doublé" de administrador de alto nível*, sobre a história do trabalho servil no Brasil, publicado pelo Departamento de Estatística e Publicidade do Ministério do Trabalho, em 1936.[92] No texto, propõe-se, modestamente, apenas a informar o leitor europeu sobre o conhecimento acumulado em relação à história da instituição do trabalho servil no país condensado no livro, pois considerava tal saber fundamental para o desenvolvimento de considerações comparativas em relação às experiências escravistas da América espanhola, das Antilhas e dos Estados Unidos.

O livro de Bandeira de Mello abordava, em um mesmo volume, o cativeiro indígena e a escravidão africana. Hauser colocou tal perspectiva no centro de sua interpretação. O livro de inspiração é, ao contrário, largamente factual e carregado de preconceitos próprios da época. A seguir, procurarei destacar a originalidade da interpretação empreendida por Hauser, mas também o conhecimento factual sobre a escravidão indígena e africana em que se apoiou, pois é curioso que, a partir de um determinado momento, a historiografia sobre o período colonial tenha deixado de com ele dialogar.

Para Hauser, a data *excepcionalmente tardia* da abolição no Brasil se devia necessariamente a características específicas *da história e economia brasileiras*.[93] Para caracterizar tal especificidade, o texto dos Annales coloca primeiramente em evidência a presença da instituição da escravidão em Portugal no momento da expansão ultramarina. Destaca, especialmente, o papel dos portugueses como comerciantes de escravos no Atlântico e de Lisboa como porto negreiro em princípios do século XVI. Empresta grande relevo à presença de escravos em Lisboa e Coimbra, servindo na agricultura, na carga e descarga dos navios da Índia, no serviço doméstico, como carregadores, condutores e até como concubinas *à moda árabe*. Segundo o artigo, *esta presença negra em certos estados europeus do começo do 16º século é frequentemente esquecida.*[94]

O segundo e principal ponto da argumentação desenvolvida é a abordagem conjunta, do ponto de vista institucional e socioeconômico, da escravidão indígena e africana. Para Hauser, essa combinação seria a principal característica específica da instituição da escravidão na sociedade colonial brasileira, em relação às demais experiências americanas.

Para o artigo, *malgrado os esforços dos missionários*, todo o primeiro século da colonização foi tempo de captura e escravização da população indígena. *Tudo que o poder central pôde fazer foi tentar regularizar a instituição*. A lei reconhecia a escravidão dos índios capturados através da *guerra justa*, dos que atacavam os portugueses com *intenção de os comer*, dos capturados para que se impedisse que fossem comidos pelos inimigos e até mesmo dos *maiores de vinte anos que se vendessem voluntariamente*. Segundo Hauser, tais *exceções, principalmente a última, podiam levar longe.*[95] Mesmo após a União Ibérica e a proclamação *em 1611 da tese geral da liberdade dos índios, o rei católico admitia formas múltiplas de "legítimo cativeiro"*. Segundo o artigo, tolerava-se mesmo a venda de cativos na Europa, mesmo que por essa época eles fossem utilizados majoritariamente no Brasil.

A escravidão africana teria se desenvolvido em paralelo, sob a mesma base institucional, tendo começado ainda no século XVI, apenas um pouco mais tarde do que na América espanhola.[96] O texto dá especial importância ao volume e aos valores envolvidos em ambos os comércios e a sua variação ao longo do tempo.[97]

O artigo associa ainda a deslegitimação da instituição servil à crise do vínculo colonial, atribuindo aos liberais do final do século XVIII e início do XIX as primeiras ideias abolicionistas. Reconhece, porém, que a legislação de extinção do tráfico foi fruto da necessidade de reconhecimento inglês à independência do país e é bastante enfático ao informar os elevados números do tráfico ilegal (1830-1850), que estima em dois milhões de ingressos.[98]

Como quarto e último ponto da leitura aqui condensada, apresenta-se o caráter *doce* atribuído à escravidão brasileira e uma avaliação específica da influência do africano e da instituição escravista na sociedade brasileira contemporânea, único ponto em que segue literalmente a argumentação desenvolvida por Bandeira de Mello.

A *doçura* do temperamento nacional se revelaria em alguns dados empíricos, destacados pelo autor e também presentes na obra de Southey, de Ferdinand Denis e de outros observadores estrangeiros do país: o intenso volume de alforrias e autocompras; a relativa tolerância com o folclore negro, inclusive dentro de instituições ligadas à Igreja Católica, como as irmandades e as festas de coroação do rei Congo; a apropriação do nome de família dos senhores pelos libertos; a permanência dos libertos nas fazendas em que haviam sido cativos após a abolição. Hauser não cita *Casa grande & senzala*, de Gilberto Freyre, publicado em 1934, mas tais informações se faziam presentes nos textos sobre a escravidão no Brasil muito antes de sua publicação, estando provavelmente na base do rápido e estrondoso sucesso do livro.[99]

Surpreendem, no artigo, determinadas ausências bibliográficas e mesmo certo desconhecimento dos autores mais proeminentes do pensamento social brasileiro do período. Mais uma vez seguindo Bandeira de Mello, cita como pensadores *não racistas* Oliveira Vianna e Mme. (*sic*) Nina Rodrigues, dois dos autores que mais absorveram as teorias racistas de base científica no contexto intelectual brasileiro. E endossa a ideia, veiculada no livro de Bandeira de Mello, a partir de tais autores, da pequena contribuição do negro à vida sociocultural brasileira, que não poderia, entretanto, ser estendida aos mestiços. A veiculação por Hauser, conhecido como historiador progressista e republicano, de tais considerações dá bem a medida do quanto de legitimidade científica internacional desfrutava ainda o racismo científico em meados dos anos 1930.

De todo modo, uma determinada abordagem da história institucional da escravidão no Brasil e do volume do tráfico negreiro encontrava-se bem assentada na historiografia brasileira das primeiras décadas do século. E era a questão específica que mais chamara a atenção dos dois historiadores franceses. O conhecimento acumulado possuía densidade historiográfica para ser reinterpretado por um dos pioneiros dos Annales, mas curiosamente alcançou uma repercussão bem mais modesta internamente, à exceção dos aspectos relativos à *doçura* do caráter nacional e aos significados etnográficos da imigração forçada africana na formação da população brasileira.

Se essa *doçura* era brasileira, como queria Hauser e também a obra de Southey e mesmo *Casa grande & senzala*, ou se tinha origem portuguesa tornar-se-ia tema de muitos debates. Na década seguinte, a publicação de O *mundo que o português criou*, do mesmo Gilberto Freyre (1942), e sua influência no livro *Slave and Citizen*, de Frank Tannembaum (1946), formariam as bases acadêmicas para o desenvolvimento do chamado lusotropicalismo, com conhecidos usos políticos na legitimação da dominação portuguesa na África pelo Portugal salazarista. Que todo o conhecimento consolidado sobre a institucionalização do comércio de escravos indígenas e africanos desde o século XVI, da violência das práticas dos comerciantes escravistas luso-brasileiros na América e na África e do volume espantoso de pessoas escravizadas não abalasse essa convicção de doçura é a melhor medida do racismo interiorizado nas duas sociedades (portuguesa e brasileira) e da identidade branca ou embranquecida dos participantes na discussão.

Explica também a pouca circulação, fora das discussões acadêmicas especializadas, do conhecimento efetivamente constituído sobre a antiguidade e legitimidade do comércio de escravos no contexto da expansão portuguesa e também sobre o volume quantitativo do tráfico e a violência do processo de escravização de indígenas e africanos.

Do ponto de vista historiográfico, seria novamente um olhar estrangeiro que iria colocar em relevo o que se destacava e o que se omitia daquele saber histórico na construção do lusotropicalismo. Penso, especialmente, na publicação do livro de Charles Boxer sobre as relações raciais no Império colonial português, em princípios da década de 1960.

Por outro lado, o balanço de Coornaert já sugeria largamente uma tendência de clivagem nos estudos históricos brasileiros para perspectivas mais estruturalistas e interdisciplinares. Tal clivagem decorreu menos da recente formação das universidades do que da busca de *fazer obra prática* de muitos autores, conforme destacara o historiador francês. Para esses, à história caberia não apenas abordar a formação da nacionalidade no processo de expansão da fronteira e das correntes de povoamento. Buscavam algo mais, uma espécie de segredo oculto ou de sentido da formação brasileira, e nessa busca a instituição escravista emergia com novos significados.

Desse ponto de vista, o artigo de Hauser nos Annales, ainda que sem se referir ao movimento (talvez por desconhecê-lo), de certa forma antecipava algumas de suas questões.

> A fazenda, este tipo clássico, com suas usinas de transformação ou engenhos, são uma organização senhorial (não feudal, porque ela não conhecia nem a fidelidade nem o laço pessoal entre vassalo e suserano) que não pôde se constituir a não ser por causa do trabalho escravo. (...) Este modo de exploração nascido da escravidão, formatado pela escravidão e cuja força continua a modelar a civilização rural do país depois da abolição, poderá ou não se acomodar com as formas evoluídas do capitalismo e do salariado? Interrogações que o observador não pode deixar de se colocar com alguma angústia.[100]

Como bem destacou Luiz Felipe Alencastro em artigo sobre o historiador francês, a questão se tornaria central aos debates políticos e intelectuais brasileiros nas décadas que se seguiram.

## Colonização e escravidão na historiografia brasileira: mudanças de paradigmas

Em 1951, Sérgio Buarque de Holanda publicou no *Correio da Manhã*, em um caderno especial dedicado à cultura brasileira, um memorável artigo sobre *O pensamento histórico no Brasil nos últimos 50 anos (1900-1950)*.[101]

Começava, é claro, com os *Capítulos de história colonial* de Capistrano de Abreu, publicados em 1907, que considerou como obra *que diverge fundamente de todas as anteriores tentativas de mesmo tipo.* Nela, *os aspectos mais nitidamente políticos e os que dependem da pura ação individual, dificilmente redutíveis a qualquer determinismo, cedem passo a outros, aparentemente humildes e rasteiros, que mal encontravam guarida na concepção tradicional da história.*

Seus muitos discípulos, porém, apenas parcialmente teriam seguido o programa de renovação. O exemplo mais fecundo teria se dado na investigação erudita e na publicação comentada de documentos e textos de época. Como já visto, movimento fundamental no trabalho historiográfico por toda a primeira metade do século XX. Paralelamente a ele, os estudos biográficos continuaram respondendo pela maior parte dos trabalhos históricos, especialmente no que se referia ao século XIX.[102] Pontos também destacados pelos historiadores franceses. Feita por um historiador brasileiro, a resenha é mais abrangente, especialmente sobre a produção de história regional.[103]

Como fizera Coornaert, colocou também em destaque os *ensaios de investigação e interpretação social que passaram aos poucos a empolgar numerosos espíritos*... mesmo que ainda se situassem *na periferia* dos estudos históricos em sentido restrito.

Chamou-os *estudos de formação* e reconheceu que em numerosos deles *encontra-se insistente o apelo àquilo que um ensaísta norte-americano denomina o "passado utilizável", para a composição de quadros empolgantes que se apresentam ao mesmo tempo como terapêutica ideal para todas as nossas mazelas.*[104]

Por outro lado, muitos *abriram sendas para um tipo de pesquisas que nossos historiadores mal tinham praticado.*

Entre esses, pôs em relevo a renovação conceitual de obras como *Populações meridionais do Brasil*, de Oliveira Viana, e *Casa grande & senzala*, de Gilberto Freyre, comparando as duas abordagens. Em oposição ao determinismo biológico do primeiro, enfatizou a abordagem culturalista, inspirada no difusionismo de Frans Boas, do segundo, que colocara em destaque as *repercussões sociais* para a formação do Brasil do *triângulo representado pela família patriarcal, a grande lavoura e o trabalho escravo.*

Modestamente, não citou *Raízes do Brasil.* Concluiu o arrolamento das *obras de formação* com a análise de *Formação do Brasil contemporâneo*, de Caio Prado Jr. (1942).

> A inquirição histórica baseia-se aqui num critério interpretativo fornecido pelas doutrinas do materialismo histórico. Fiel, todavia, aos princípios teóricos que assenta, o estudo do sr. Prado Júnior localiza muito mais diretamente os problemas econômicos, que lhe parecem, em última instância, os decisivos para a elucidação do passado e do presente. E essa ênfase ganha pela economia aponta para uma direção que tendem a tomar, cada vez mais, entre nós, as pesquisas históricas, abrindo-lhes territórios até aqui mal explorados.

Uma boa ideia sobre a extensão da abertura desses novos territórios ao iniciar-se a segunda metade do século passado pode-se encontrar nos dois primeiros volumes da *História geral da civilização brasileira*, dedicados ao Brasil Colonial, organizados sob a direção do mesmo Sérgio Buarque de Holanda e publicados em 1960.[105]

Na organização da obra, a periodização proposta ainda dialoga diretamente com Varnhagen e Capistrano, com o primeiro volume abordando o descobrimento e a expansão territorial, até as guerras holandesas, e o segundo, de título *Administração, economia e sociedade*, abarcando da restauração portuguesa às inconfidências. Toda uma narrativa da história colonial, construída ao longo de décadas pelo trabalho historiográfico, estava implícita nessa organização. O colonial se expressava na constituição do futuro território nacional a partir da expansão portuguesa e tinha, por resultado, o surgimento de uma nova sociedade, brasileira, constituída já em meados do século XVII e que caminhava para a independência em finais do século XVIII. Assim, se no primeiro volume tem-se a ideia de movimento, de expansão territorial, de guerra e aliança com os povos originários, de disputas da terra com outros europeus, no segundo o que prevalece é a ideia de uma sociedade colonial constituída, com vida espiritual, letras, artes, ciências e diferentes áreas socioeconômicas, nas quais a escravidão e o monopólio se apresentam como instituições centrais.

A história econômica e social mereceu uma seção em separado no segundo volume. Nela, a maioria dos capítulos dialoga com uma tradição de história econômica já bem constituída no Brasil desde Roberto Simonsen (1938). O próprio Sérgio Buarque de Holanda escreve sobre as regiões mineradoras. O artigo sobre a escravidão africana e o tráfico atlântico, de Maurício Goulart, é baseado em livro que ainda hoje é referência sobre o tema, publicado em 1949, e desenvolvido em diálogo direto com as pesquisas anteriores de Calógeras e Taunay.[106] Alice Canabrava e Teresa S. Petrone, escrevendo sobre a grande propriedade e as zonas de criação de gado, antecipavam as abordagens de história social que se tornariam predominantes pouco depois.[107] De todo modo, pode-se considerar que a escravidão como problema historiográfico principal só se configurava nos capítulos de Maurício Goulart e Alice Canabrava. A historiografia sobre o protesto escravo, que já contava com o livro clássico de Edson Carneiro sobre Palmares,[108] ainda não se incorporava plenamente ao campo acadêmico e estava de fora.[109] A obra se estruturava com base no campo historiográfico mapeado por Holanda dez anos antes. Não permitia perceber a revolução historiográfica que estava por vir.

As décadas de 1960 e 1970 viram serem transformados os paradigmas das ciências humanas e sociais em todo o mundo e tal impacto seria especialmente grande no Brasil, onde se vivia uma conjuntura de extrema efervescência política e social.

No auge da guerra fria em termos internacionais, em um contexto sociopolítico fortemente polarizado entre direita e esquerda, voltava a ser grande a tentação de *fazer obra prática*.

Foi nesse contexto que as chamadas obras de *formação* dos anos 1930 e 1940 tornaram-se, como Coonnaert e Sérgio Buarque de Holanda de certa forma previram, importantes matrizes de renovação historiográfica. Podemos tomar como marco acadêmico da mudança o prefácio de Antônio Cândido (1967) à 5ª edição de *Raízes do Brasil*, do próprio Sérgio Buarque de Holanda, que de certa forma canonizou a tríade Gilberto Freyre, Sérgio Buarque de Holanda e Caio Prado Jr. como *intérpretes do Brasil.* [110]

Creio ser legítimo afirmar que, para além do contexto estruturalista que se tornou predominante em termos internacionais, apropriações combinadas das obras de Gilberto Freyre e Caio Prado Jr. foram em grande parte responsáveis pela generalização de uma perspectiva monolítica em relação ao período colonial, fundada no binômio casa grande e senzala voltado para a produção de artigos tropicais para o mercado europeu, que a partir de então passou a predominar no fazer histórico. Apesar de frequentemente tomados como antagônicos, nesse aspecto específico, os dois autores foram alvo de apropriações complementares em muitos sentidos.

Do ponto de vista da influência de tais intérpretes no fazer historiográfico, pode-se considerar, curiosamente, que a obra do próprio Sérgio Buarque de Holanda teve um impacto relativamente menor, por manter, em grande medida, a perspectiva historista da historiografia anterior. A historicidade e a diferença entre as épocas, procurando evitar os riscos do anacronismo, estão presentes nos ensaios de *Raízes do Brasil*, obra de *formação*, e são características centrais da produção posterior mais propriamente historiográfica, como *Monções* ou *Visões do paraíso.*[111]

No novo contexto, de fato, os profissionais da história ficaram inicialmente em segundo plano. Foi tempo de grande desenvolvimento da sociologia e da economia, responsáveis em grande medida pela renovação do discurso histórico no período.

Foi grande a repercussão da publicação de *Formação econômica do Brasil* (1959), de Celso Furtado, ex-integrante da Comissão Econômica para a América Latina (Cepal) e com atuação de destaque no governo Juscelino Kubitschek, no pensamento social brasileiro e no campo historiográfico em particular. Do ponto de vista da história econômica, a antiga visão dos *ciclos econômicos* de Roberto Simonsen se associava ao *sentido da colonização* de Caio Prado Jr, engendrando um modelo teórico retrospectivo capaz de resumir o movimento de toda a economia colonial.[112]

Da sociologia viria a principal reformulação das abordagens sobre a história da escravidão pela chamada *escola sociológica paulista*, conjunto de estudos sobre a passagem da escravidão ao trabalho livre desenvolvidos sob a liderança de Florestan Fernandes.[113] A crítica a Gilberto Freyre, desenvolvida pelo conjunto dos trabalhos, contrapunha à visão hierárquica, mas integrada, da casa grande e da senzala freyreanas o nexo mercantil de constituição da escravidão moderna no Brasil e sua dependência do tráfico atlântico. Nesse sentido, o sistema, em vez de *doce*, como queriam Hauser e Freyre, teria um caráter quase genocida, dada a magnitude do processo de transferência de força de trabalho colocado em curso, a baixíssima esperança de vida dos recém-chegados e dado o decréscimo natural da população escravizada sem o estímulo do tráfico. Da força dos dados quantitativos sobre o tráfico, pela primeira vez colocados no centro da interpretação, resultava contundente denúncia política. Deles se deduzia também a condição de anomia da população escravizada sobrevivente e de seus descendentes, que os inseria em desvantagem na sociedade de classe em formação.

Do ponto de vista da cultura histórica universitária, sob influência das novas abordagens econômicas e sociológicas, o nexo entre casa grande/produção de exportação e senzala/trabalho escravo consolidou-se como eixo principal da vida econômica e cultural do Brasil colônia e o processo de emancipação *política* e a transição do trabalho escravo ao livre como principais problemas de pesquisa a serem enfrentados. Na Universidade de São Paulo, então único centro de pós-graduação em história do país, a obra de Emília Viotti da Costa é exemplar da renovação da pesquisa histórica sob esse novo arco de questões.[114]

Por outro lado, a formação do mundo colonial estaria dada desde o *sentido da colonização*, como propusera pioneiramente Caio Prado

Jr. Por algum tempo, tornaram-se bastante raros os estudos específicos sobre os séculos XVI e XVII, foco principal das gerações anteriores.

Mas nem toda a renovação se fazia a partir das universidades. As discussões políticas e intelectuais no interior de organizações políticas, institutos de pesquisa e partidos políticos repercutiam diretamente no fazer histórico. Das discussões políticas entre economistas e sociólogos, e também das reflexões sobre a derrota das esquerdas na América Latina nas décadas de 1960 e 1970, emergiriam formulações teóricas de grande influência no processo de renovação historiográfica em curso.[115]

Do pensamento marxista mais ortodoxo, a interpretação sobre o caráter feudal da estrutura agrária do país, defendida por intelectuais ligados ao Partido Comunista, teve impacto duradouro. Relegou, por exemplo, a um relativo segundo plano o estudo da escravidão em muitas abordagens sobre o Brasil colonial, para enfatizar a análise da estrutura fundiária do país.[116]

Também de inspiração marxista, a perspectiva de análise pioneiramente apresentada no Brasil por Caio Prado Jr. (1942) e em termos internacionais por Eric Williams, no livro *Capitalismo e escravidão* (1944), considerando a escravidão atlântica como fruto da expansão do capitalismo comercial europeu, se tornaria predominante no ambiente acadêmico internacional nos anos 1960 e 1970.[117] Também nesse caso a escravidão como forma específica de exploração acabava pouco enfatizada, era uma entre outras formas de trabalho compulsório produzidas pela expansão do capitalismo comercial nas Américas.

No Brasil, tais divergências informavam também diferentes projetos políticos no campo do pensamento de esquerda, relativos ao caráter da chamada *revolução brasileira*.[118] Nos anos 1970, ainda ocupariam lugar de destaque em apaixonadas discussões teóricas no interior das ciências sociais.

Para a história colonial, o livro de Fernando Novais *Portugal e Brasil na crise do antigo sistema colonial* (1979) é a principal tradução de tal movimento no processo de renovação da cultura histórica universitária do período.[119] Cultura histórica cada vez mais caracterizada pelo intercâmbio com a sociologia e a economia, por um crescente estruturalismo e pela influência marxista.

É nesse contexto que se estruturaria uma espécie de terceira via no pensamento marxista, em forma de crítica à falta de ênfase na singularidade interna das sociedades escravistas americanas e *da ênfase excessiva na produção de excedentes* das análises tributárias da noção de *capitalismo* comercial.[120]

Com base em tese defendida na França sobre a Guiana Francesa, sob orientação de Frederic Mauro,[121] mas também em diálogo com a renovação sobre a história social da escravidão nos Estados Unidos e no Caribe, também de inspiração marxista, Ciro Cardoso colocou em xeque o relativo descaso com a escravidão e o escravo nas abordagens históricas da sociedade escravista colonial brasileira, seja quando tomada a partir da perspectiva de relações feudais ou semifeudais, mas também quando as abordagens se detinham na predominância do capitalismo comercial. Sua inserção no sistema universitário brasileiro a partir de 1978, na Universidade Federal Fluminense, trouxe ao debate concepções como Afro-América e a noção de modo de produção escravista colonial. Propunha, especialmente, o desenvolvimento de pesquisas sobre o funcionamento da sociedade escravista e colonial, pensada como uma sociedade específica, e *não como um quintal da Europa*.[122]

Tal crítica mantinha o caráter estrutural da abordagem sobre o período e a ênfase na dependência comercial, embutida na palavra colonial. De uma perspectiva teórica relativamente diferente, o livro de Jacob Gorender *O escravismo colonial* exacerbaria ainda mais a dimensão estrutural predominante nas discussões correntes em relação ao tema até os anos 1980.[123]

Apesar de alguma discussão sobre as condições de surgimento da *plantation* escravista, especialmente em torno da afirmação de Fernando Novais de que o tráfico explicaria a predominância da escravidão africana, e não o contrário, as pesquisas desenvolvidas continuavam a se concentrar nos séculos XVIII e XIX. Era em bases teóricas que se estruturava a afirmação de Novais, contestada por Ciro Cardoso com suporte em argumentos lógicos e nas fontes publicadas conhecidas, que enfatizavam o desastre demográfico experimentado pela população indígena no século XVI.

Na segunda metade dos anos 1970 e princípios da década de 1980, os debates teóricos sobre os modelos explicativos da sociedade colonial formaram, nos cursos de graduação e pós-graduação em história então em expansão, toda uma nova geração de historiadores. Com eles, uma nova cultura histórica, quase completamente dissociada do historismo predominante até a década de 1960. Bem informada das discussões teóricas internacionais no campo das ciências sociais em sentido amplo, com influência marxista, preocupada com a construção de modelos teóricos e interpretativos de viés estruturalista e pouco afeita à pesquisa empírica. Empirista era uma espécie de jargão pejorativo, atributo da *historiografia tradicional*.

Metodologias inspiradas na escola dos Annales francesa ou na história social inglesa e estadunidense já tinham relativa presença no país desde as missões francesas dos anos 1930 e permitiam uma perspectiva crítica à *historiografia tradicional*. Mas só prevaleceram como elemento constituinte da formação do historiador brasileiro com a consolidação efetiva do sistema de pós-graduação no país na década de 1980.

No processo, muito da memória do conhecimento histórico produzido no período anterior se perdeu. A pesquisa sobre a escravidão indígena, por exemplo, só viria a ser retomada no final do século XX, quase sem dialogar com a produção historiográfica anterior sobre o tema.

## O desenvolvimento recente da historiografia da escravidão e as interpretações do período colonial no Brasil

Como é bem conhecido de todos, foi intenso o desenvolvimento da pesquisa histórica a partir da criação de um sistema de pós-graduação nas universidades brasileiras na década de 1970 e sua consolidação na década seguinte. Tal crescimento se fez estreitamente articulado às discussões e práticas metodológicas predominantes na pesquisa acadêmica em nível internacional.

A história social de inspiração francesa já tinha certa tradição no país, mas a formulação de novas questões e a experimentação de novas metodologias intensificaram-se no período. A percepção da existência de uma sociedade *escravista* se consolidou, mesmo que questionando ou simplesmente abandonando as perspectivas estruturalistas presentes nas discussões excessivamente teóricas sobre sistemas econômicos e modos de produção em voga no momento anterior.[124] Sob influência da história serial francesa e também da história social inglesa, novas fontes e metodologias foram incorporadas. Na verdade, uma nova problemática de pesquisa foi definitivamente estruturada, a da experiência da gente comum e, no limite, do escravo, como agentes da história. Nos anos 1980, a história social da escravidão consolidou-se como novo campo de pesquisa.[125]

Na consolidação desse campo, foi importante a presença de estrangeiros, especialmente estadunidenses, atuando como pesquisadores ou professores/pesquisadores no país e/ou recebendo historiadores brasileiros com bolsas de doutoramento.[126]

Paralelamente, a história colonial foi um dos campos de pesquisa que mais se renovaram, influenciado pela virada dos Annales para a história cultural e das mentalidades, ainda que conservando uma abordagem estrutural do período. Combinados, Caio Prado Jr. e Gilberto Freyre mantiveram-se como referenciais importantes nos principais trabalhos do período.[127]

Configuraram-se, desde então, duas historiografias apenas eventualmente conectadas. Extensivos balanços historiográficos da produção recente sobre a história social da escravidão no Brasil (Herbert Klein e João José Reis) e a historiografia sobre o Brasil colonial (Stuart Schwartz), a serem em breve publicados nos Estados Unidos em livro sobre a produção historiográfica brasileira, dão bem a medida da consolidação de campos de pesquisa relativamente paralelos.[128]

O texto de Reis e Klein consegue uma visão bastante abrangente do desenvolvimento recente do campo historiográfico dos estudos sobre a escravidão no Brasil. O balanço de Stuart Schwartz tem igual abrangência e propõe uma sugestiva subdivisão temática do campo colonial. Começa pela história indígena, conjunto que ultrapassa cronológica e espacialmente as fronteiras do Brasil colonial. Em seguida, aborda a história da escravidão (africana) que também se configura além daqueles marcos, em diálogo com a historiografia sobre a diáspora africana no Atlântico. Conclui com a história da administração (governando colônias), área que se desenvolve fortemente conectada à historiografia dos Impérios europeus da época moderna e em intenso diálogo com a pesquisa histórica em Portugal. Antes, porém, abre uma subdivisão temática para o que chama de novas abordagens de *história social e cultural*, suponho que do Brasil colonial. Nessa proposta de mapeamento, as historiografias sobre a expansão e governabilidade do Império português, a diáspora africana no Atlântico e a história indígena confluem — quase à moda de Martius — para construir uma nova historiografia sobre a sociedade colonial. A identidade nacional e sua historicidade continuam, em certa medida, a informar a subdivisão do campo acadêmico.

Para concluir o capítulo, tendo por pano de fundo a historiografia citada nos dois balanços considerados, proponho-me a inverter o problema inicialmente formulado. Qual a contribuição da história social da escravidão para repensar o Brasil colonial e qual o lugar do colonial na produção recente sobre a história social da escravidão no Brasil?

O centenário da abolição, em 1988, constituiu-se em marco incontestado do surgimento de uma nova historiografia em relação à escravidão, a africana em especial.[129] Creio que podemos considerar duas ordens de questões como principais responsáveis pela renovação: a *história econômica e social* e a chamada *história vista de baixo*.[130]

Comecemos com a história econômica e social. Seu desenvolvimento na década de 1980 se fez em grande medida colocando no centro da investigação a experiência da gente comum. A nova ordem de preocupação resultou em uma renovação metodológica a partir do uso de fontes seriadas, como censos regionais, fontes cartoriais e paroquiais, nas mais diferentes regiões do país. Com novas questões e novas fontes, as pesquisas lançaram luz sobre a diversidade econômica da sociedade escravista, enfatizando a presença de formas camponesas, de um mercado interno, e a disseminação do acesso ao trabalho escravo, pelo menos até a extinção definitiva do tráfico atlântico em 1850.[131]

Muitos desses estudos vieram corroborar e emprestar uma dimensão ampliada à análise pioneira de Stuart Schwartz (publicada nos Estados Unidos em 1981) sobre a vigência no Brasil do final do período colonial de um padrão de posse de escravos bem mais modesto e pulverizado do que até então a historiografia acreditava, mesmo em áreas de ponta da economia escravista.[132] A descoberta tinha consequências não apenas econômicas, mas também sociais e culturais, especialmente no que se refere à legitimidade da propriedade escrava e às formas de inserção econômica e social da população livre.

Incidia também diretamente sobre determinadas construções historiográficas sobre o nexo colonial, especialmente aquelas assentadas nas formulações clássicas de Caio Prado Jr. sobre o sentido da colonização, quando enfatizavam exageradamente a predominância da produção de exportação sobre os demais setores econômicos e a condição quase inexistente do mercado interno. Por outro lado, do ponto de vista da história da escravidão, a condição colonial perdia importância, descolando-se para a extinção do tráfico atlântico a principal clivagem de periodização enfatizada pelos pesquisadores.

Principalmente, a crítica pioneiramente formulada por João Fragoso e Manolo Florentino à pressuposição do controle do tráfico negreiro pela metrópole portuguesa como forma de acumulação primitiva de capitais na Europa se mostrou definitiva.[133] O controle, por comerciantes sediados no espaço colonial, do comércio de cabotagem e do comércio de escravos diretamente com a África configurou novo quadro empírico a partir do qual as discussões teóricas passaram a se desenvolver, resultando em nova ênfase à historicidade do processo de colonização. Bem como em uma relativa desterritorialização da história do Brasil, com a incorporação da África e do Atlântico Sul.[134]

Nesse contexto, e em grande parte em função das pesquisas em história econômica e social da escravidão, mesmo as abordagens inspiradas na noção do antigo sistema colonial tenderam a se redefinir, procedendo a uma relativa recuperação dos quadros de Capistrano de Abreu, que datava a consolidação do sistema colonial no século XVIII.[135]

Por outro lado, o rompimento com o paradigma metrópole-colônia fez com que historiadores econômicos da sociedade escravista, como Fragoso e Florentino, se aproximassem da história política e da nova historiografia portuguesa, com resultados significativos, especialmente a possibilidade de problematizar historicamente as incertezas presentes no processo de conquista e construção de sociedades coloniais a partir da expansão portuguesa da época moderna.[136]

Impacto semelhante se deu no campo da história da família escrava e da história demográfica. Registros de batismo, casamento e óbito de escravos foram explorados de forma a ampliar não apenas os conhecimentos sobre questões clássicas da história demográfica, mas também formas de parentesco ritual, práticas de nominação entre cativos e as relações entre estabilidade familiar e tamanho das escravarias.[137] Como resultado, o modelo de família patriarcal que caracterizaria a sociedade colonial, segundo Gilberto Freyre, foi duramente contestado.

Também aqui não apenas a subordinação da família escrava à família senhorial preconizada desde Gilberto Freyre era colocada em xeque, mas também a formulação de muitos dos seus principais críticos, especialmente os ligados à chamada escola sociológica paulista, que comungavam com o modelo freyriano a crença na anomia das estruturas familiares e parentais dos cativos consideradas em separado das estruturas senhoriais.[138]

Sob a influência da obra de E.P. Thompson e da história vista de baixo,[139] o trabalho metodológico com processos cíveis e criminais também abriu novas fronteiras de análise, diretamente engajadas na crítica ao pressuposto da alienação e anomia dos cativos na sociedade escravista.[140] No final dos anos 1990, o parentesco escravo tinha se tornado ele próprio campo de pesquisa, gerando polêmicas específicas.[141]

O impacto nas percepções do colonial foi durável. Sob ataque, o conceito de patriarcalismo se mantém presente na historiografia significativamente ressignificado, pensado como ideal a ser atingido ou associado a práticas de articular e hierarquizar arranjos familiares como forma de organização social.[142]

Na perspectiva de resgatar a agência escrava, a história social da escravidão se desenvolveu de forma articulada com a história indígena. Os processos de incorporação e construção de identidades das populações originárias, como escravos, administrados, aldeados ou súditos, foram muitas vezes abordados em chave teórica e metodológica comum à incorporação dos africanos escravizados, produzindo leituras renovadas do processo de expansão da colonização portuguesa na América.[143] Em diálogo com a historiografia internacional sobre a diáspora africana no Atlântico, também os contextos de origem dos africanos escravizados tornaram-se objeto de pesquisa. Na última década, o impressionante avanço da pesquisa em história da África pré-colonial foi rapidamente incorporado pela historiografia sobre o Brasil, construindo novos sentidos para a especificidade colonial.[144]

Obviamente, nesse novo contexto, conhecer a história das instituições coloniais em relação à escravidão é absolutamente essencial. Já no final dos anos 1980, *Campos da violência*, de Silvia Lara, pôs em destaque a centralidade de concepções próprias do antigo regime português para a construção da legitimidade escravista no Brasil e a importância da história do direito para uma abordagem renovada da história social da escravidão.[145]

A perspectiva ali proposta frutificaria. O pensamento e as práticas jurídicas nas sociedades escravistas formam hoje um campo específico de pesquisa.[146] Com importantes contribuições para as pesquisas sobre a estrutura jurídica da expansão portuguesa, pioneiramente desenvolvidas por António Manuel Hespanha, que a princípio pouco abordavam a escravidão.[147] O trabalho já desenvolvido tem iluminado a compreensão das relações entre a Coroa portuguesa, os diferentes povos das *conquistas* e os próprios escravizados,[148] as condições de legalidade/legitimidade da escravidão indígena e da escravidão africana,[149] as relações entre sociedade corporativa e escravidão, entre liberalismo e escravidão e, no limite, entre escravidão e cidadania no contexto da independência política.[150]

A ênfase na dinâmica histórica e o temor do anacronismo alargaram os territórios frequentados pelo historiador da escravidão. Nesse sentido, a pesquisa em história social da escravidão se fez muitas vezes de forma integrada com a história do direito e a história política, problematizando a própria ação colonizadora e as condições de invenção das sociedades escravistas americanas no processo de expansão comercial europeia no Atlântico.[151]

Não se trata de busca das origens, mas de pensar o passado como portador de futuros que não estavam inscritos em nenhum sentido prévio. Tal proposição abre novas pautas de pesquisa sobre as experimentações políticas, econômicas e sociais que produziram a grande transformação: o surgimento de sociedades escravistas relativamente estáveis, com mão de obra continuamente importada da África, do outro lado do Atlântico. E de entender também as diferenças entre elas.[152]

Sugeri, em outro texto, que a primazia portuguesa no sistema escravista do Atlântico foi uma possibilidade acionada a partir da presença prévia da escravidão e do comércio de escravos, como instituição e prática plenamente integradas à lógica corporativa de expansão do antigo regime português. E também às sociedades africanas envolvidas no processo, com seus *antigos regimes* peculiares, mas com gramáticas políticas intercambiáveis.

Outro aspecto específico da historiografia da escravidão, com importante impacto nas percepções do colonial, é o tema do acesso à alforria. Se os estudos sobre as manumissões têm presença relativamente antiga na historiografia brasileira, sofreram uma inflexão de ordem qualitativa e quantitativa considerável nos últimos anos.

As pesquisas têm quantificado as doações de alforria e as formas de autocompra, esquadrinhado seu uso enquanto política de domínio senhorial e acompanhado as possibilidades de mobilidade social dos livres de cor e os trânsitos identitários que acompanhavam o processo.[153]

Abordaram também o discurso dos administradores coloniais sobre a multidão de gente de cor que se avolumava. Na última década, a racialização como problema historiográfico se estruturou como campo de pesquisa que já apresenta alguns resultados expressivos. A alforria podia ser chave de legitimação da ordem escravista na América Portuguesa, mas mostrou-se potencialmente explosiva para a manutenção das hierarquias coloniais. A igualdade entre as cores esteve na base do radicalismo popular à época da independência, sem que a escravidão como instituição se visse ameaçada no mesmo diapasão.[154]

A partir dos debates historiográficos abertos pelas novas pesquisas sobre a história social da escravidão no período colonial, destaco, portanto, uma renovada preocupação com a historicidade dos processos, que empresta novos significados à história política em sentido estrito. Sem voltar ao velho historismo de problema único: o surgimento da nação entendido como construção essencializada, cada vez mais a dinâmica histórica dos processos estudados e a explicitação da questão formulada pelo historiador tornam-se elementos chaves a possibilitar um denominador comum às discussões historiográficas.

A consolidação do sistema de *plantation* nas Américas representou uma revolução comercial e demográfica que emprestou ao tráfico atlântico e à dominação escravista uma escala até então desconhecida, mas que se processou ao longo de quase dois séculos de conflitos e incertezas.[155] Para além da violência que lhe é constitutiva, novas leituras e improvisações a partir das conformações jurídicas e institucionais preexistentes mantiveram-se como base de legitimação e campo de conflito nas novas sociedades escravistas em constituição. Sociedades coloniais, não apenas porque estavam submetidas ao controle político de uma metrópole europeia, mas porque continuamente em processo de colonização em sentido estrito, com a incorporação de novos colonos europeus, escravos estrangeiros e populações autóctones submetidas.

O livro *Generations of Captivity*, de Ira Berlin (2002), teve um impacto significativo na historiografia da escravidão atlântica. Primeiramente por seu aspecto de redescoberta da historicidade do processo escravista nos Estados Unidos, rompendo com uma perspectiva estrutural e quase atemporal da escravidão oitocentista estadunidense e sua apreensão racializada. Mas também por evidenciar os ganhos de se enfatizar uma perspectiva atlântica para entender experiências nacionais.[156] Outras polêmicas se seguiram ao trabalho, mas o diálogo com a historiografia da escravidão nas Américas, em seus diferentes contextos coloniais, e com a história da África, em particular, abre perspectivas importantes para uma abordagem renovada da tríade colonial/nacional/imperial.

Radicalizar o movimento de descentramento já iniciado pelas novas perspectivas de pesquisa da expansão imperial portuguesa e ampliar as perspectivas em curso de conectar historiografias, incorporando especialmente a história da África e a história indígena, parece-me caminho promissor para romper definitivamente com antigos fantasmas, legados pela longa sobrevida da tradição imperial em Portugal e dos conflitos dela decorrentes.

Entender as sociedades escravistas sob dominação colonial europeia como processo, na interseção de diversas tradições e culturas políticas, formando-se constantemente através da constituição de novos interesses, da articulação de redes de poder e da difícil consolidação de novas hierarquias sociais e estruturas de desigualdade, parece-me horizonte aberto aos pesquisadores da história social da escravidão, do Império português e do Brasil colonial.

Para concluir, acompanho Joseph Miller quando propõe mudar o ângulo da observação e investigar a expansão imperial europeia e a formação das estruturas de dominação colonial da época moderna do ponto de vista das ações, instituições e estruturas políticas dos diversos Estados e povos que tomaram parte do ou foram submetidos ao processo da expansão.[157] A proposição pode abrir novas perspectivas. Não se trata de um novo modelo interpretativo para abordar o colonialismo europeu ou a expansão lusa no atlântico sul em particular, mas de uma decisão estratégica do pesquisador, para obter novos ângulos de pesquisa. Vale a pena empreender a tarefa.

## Notas

1. Silvia Hunold Lara, 2007a, p. 21.
2. Stuart Schwartz, 2008, nota 1.
3. Laura de Mello e Souza, 1997.
4. A expressão Descobrimento do Brasil é central à construção historiográfica dos dois mais influentes historiadores brasileiros oitocentistas. Cf. Francisco Adolfo Varnhagen, 1854, seção II; e Capistrano de Abreu, 1883.
5. Frei Vicente do Salvador [1627], 7ª. ed., 1982.
6. Cf. Capistrano de Abreu, 1907; ver também Fernando Novais, 1997; e Stuart Schwartz, 1997.
7. Silvia H. Lara, 2007a, p. 23; Laura de Mello e Souza, 1997, p. 68.
8. Especialmente Frank Tannenbaum [1946], 1992; e Gilberto Freyre, 1933.
9. Francisco Adolfo de Varnhagen, 1854/1857; J. Capistrano de Abreu; 1907. Agradeço a Rebeca Gontijo diversas referências bibliográficas para o desenvolvimento desta parte.
10. Émile Coornaert, 1936; Henri Hauser, 1937/1938; Sérgio Buarque de Holanda, 1950; Schwartz, 2008; Herbert Klein & João José Reis, 2008. À exceção de Sérgio Buarque de Holanda (como Capistrano de Abreu, figura de transição entre escolas historiográficas), procurei trabalhar com balanços publicados fora do país em veículos de excelência da historiografia internacional. A ideia é historicizar, na medida do possível, o diálogo acadêmico entre a produção brasileira e o debate historiográfico internacional.
11. Francisco Adolfo de Varnhagen, 1854, folha de rosto.
12. Ibidem, p. vii; Rodolfo Garcia, "Auxílios chronológicos para verificar as datas e os factos: Principais Titulares do Estado do Brasil, elevado a principado por carta régia de 27 de outubro de 1645". In: Francisco Adolfo de Varnhagen, 3ª ed. integral, s.d., p. 300.
13. Sebastião da Rocha Pitta [1710], 1880.
14. Robert Southey, 1810/1817/1819. Sobre a obra, ver Maria Odila da Silva Dias, 1974.
15. Francisco Adolfo de Varnhagen, 1857, seção LII; Francisco Adolfo de Varnhagen, 1981, p. 212. Sobre Varnhagen e Southey, cf. Temístocles Cezar, 2007, p. 309.
16. José Ignácio de Abreu e Lima, 1842; sobre o tema, Hebe Mattos, 2007; Selma Rinaldi de Mattos, 2007.
17. Ferdinand Denis (1846); Alphonse de Beauchamps (1815).
18. Cf. Capistrano de Abreu [1882], s.d., p. 435-444; José Honório Rodrigues, 1957, p. 75.
19. Francisco Adolfo de Varnhagen, 1981.

20. Sobre as críticas de época a Varnhagen, cf. Aureliano Leite, 1982, p. 15; Arno Wehling, 1999, cap. 8; e Rebeca Gontijo, 2006, especialmente caps. 1 e 6.
21. Joaquim Manoel de Macedo, 1865; Selma Rinaldi de Mattos, 2000.
22. Francisco Adolfo de Varnhagen, s.d 3ª. ed. integral, 4ª ed., para o primeiro volume.
23. Capistrano de Abreu [1878], s.d., p. 502-508.
24. Arno Wehling, 1999.
25. Francisco Adolfo de Varnhagen, 1854, folha de rosto.
26. Karl Fridrich Philip von Martius, 1845; ver também Manoel Luis Salgado Guimarães, 1988, p. 5-27; e Lúcia Maria Paschoal Guimarães, 1995.
27. José Honório Rodrigues, 1957, cap. 5, p. 152-181; Stuart Schwartz, 1997, p. xviii-xix.
28. Karl Fridrich Philip Von Martius [1845], 1991, p. 42-43. José Honório Rodrigues (1857), p. 162.
29. Essa é a opinião de Capistrano de Abreu e José Honório Rodrigues. Arno Wheling afirma que o próprio Varnhagen negava essa assertiva. Arno Wheling, 1999, p. 200.
30. Francisco Adolfo de Varnhagen, 1854, p. 182-183.
31. Ibidem, seção XIV, p. 183-184.
32. Ibidem, p. 184.
33. Ibidem, p. 185.
34. Francisco Adolfo de Varnhagen, 1857, p. 211.
35. Francisco Adolfo de Varnhagen, "Discurso preliminar. Os índios perante a nacionalidade brasileira". In: Francisco Adolfo de Varnhagen, 1857, p. XIV-XXVIII.
36. Francisco Adolfo de Varnhagen, 1857, "Prefácio", p. IX.
37. Francisco Adolfo de Varnhagen, 1857, "Discurso preliminar...", p. XVII.
38. Ibidem, p. XVII.
39. Ibidem, p. XXI.
40. Ibidem, p. XXV-XXVI.
41. Ibidem, p. XXIV.
42. Ibidem, cap. XLII.
43. Como texto legal cita as Ordenações Manuelinas: Como se podem enjeitar os escravos e bestas por os acharem doentes ou mancos e as Ordenações Filipinas: Quando os que compram escravos, ou bestas os poderão enjeitar por doenças, ou manqueiras. Francisco Adolfo de Varnhagen, 1854, p. 181-182.
44. *Tratos y contratos de mercadores*, Salamanca: 1569, cap. XV, p. 64 etc. por Fr. Thomas de Mercado, apud Francisco Adolfo de Varnhagen, 1854, p. 262.
45. Francisco Adolfo de Varnhagen, 1854, p. 178-182.
46. Ibidem, p. 183.

47. Ibidem, p. 181.
48. Robert Southey, 1862.
49. Luiz Felipe de Alencastro, 2000, cap. 5.
50. Nelson Schapotchnik (1993), ao estudar a questão da narrativa na historiografia oitocentista e na obra de Varnhagen, em particular, recupera o debate sobre crônica e história.
51. J. Capistrano de Abreu [1878], s.d., pp. 502-508. Capistrano escreveu dois textos sobre Varnhagen, o "Necrológio de Francisco Adolfo de Varnhagen, Visconde de Porto Seguro", originalmente publicado no *Jornal do Commercio*, 16-20/12/1878; e "Sobre o Visconde de Porto Seguro", originalmente publicado na *Gazeta de Notícias*, 21-22-23/11/1882. J. Capistrano de Abreu [1882], s.d., p. 435-444.
52. José Honório Rodrigues, "Como nasceram os 'Capítulos de história colonial'". In: J. Capistrano de Abreu [1907], 1988, p. 13-19.
53. Ao longo do tempo é possível perceber as mudanças na relação com o visconde de Porto Seguro, a princípio visto como "o mestre, o guia, o senhor". Em carta de 1917, por exemplo, concluía já possuir muita coisa desconhecida pelo antecessor. Certa vez constatou: "Como ficam jocosas as páginas de Varnhagen, depois do que nós sabemos!" Mas, além de conhecer mais documentos do que o autor da *História geral do Brasil* (1854-1857), Capistrano também se orgulhava de interpretá-los melhor, como pode ser deduzido ao dizer que "Varnhagen era incapaz de inventar documentos, mas lia-os tão mal! Muitas vezes concluo de modo diferente dele; outras noto que ele deixa escapar o substancial para apegar-se ao acessório"... . Rebecca Gontijo, 2006, p. 258. Ver também Daniel Mesquita Pereira, 2002.
54. J. Capistrano de Abreu [18-10-1880], 1976.
55. Idem [9-10-13 março 1880], 1976; e [1907] 1988.
56. Idem [1899], 1988-1989; e José Honório Rodrigues, 1953, p. 136.
57. J. Capistrano de Abreu [9-10-13 março 1880], 1976, p. 106.
58. Idem [1907], 1988, p. 206.
59. Ibidem, p. 58.
60. Ibidem, p. 69-71.
61. Ibidem, p. 98.
62. Ibidem, p. 146.
63. Ibidem, p. 96-98.
64. Ibidem, p. 60.
65. Ibidem.
66. "Os primeiros negros vieram da costa ocidental e pertencem geralmente ao grupo banto; mais tarde vieram de Moçambique. Sua organização robusta, sua resistência ao trabalho indicaram-nos para as rudes labutas que o indígena não

tolerava. Destinados para a lavoura, penetraram na vida doméstica dos senhores pela ama de leite e pela mucama e tornaram-se indispensáveis pela sua índole carinhosa." J. Capistrano de Abreu [1907], 1988, p. 60.

67. Entre outros, Stuart Schwartz, 1988, cap. 2, "Uma geração exaurida: agricultura comercial e mão de obra indígena"; e Ciro F. S. Cardoso, "O modo de produção escravista colonial na América". In: Téo Santiago, 1975.
68. Fernando Novais, 1997; Rebeca Gontijo, 2006, cap. 7.
69. "O pensamento histórico no Brasil nos últimos 50 anos (1900-1950)", Sérgio Buarque de Holanda, 1951, p. 3 e última página.
70. J. Capistrano de Abreu [1907], 1988, p. 139. Sobre a citação dessa passagem em manuais didáticos publicados entre 1930 e 1960, ver Hebe Mattos, 2007.
71. Carolina Viana Dantas, 2007; Gilberto Freyre, 1933.
72. J. Capistrano de Abreu [1907], 1988, p. 139.
73. André João Antonil [1711], 1982, p. 46-50.
74. Capistrano de Abreu [1907], 1988, p. 114.
75. Ibidem, p. 205.
76. Ângela Alonso, 2002.
77. J. Capistrano de Abreu [1882], s.d., pp.435-444; José Honório Rodrigues, 1957, cap. 5.
78. Idem [1907], 1988, p. 112.
79. Hebe Mattos, "Memória e historiografia no oitocentos: a escravidão como história do tempo presente". In: Cecília Azevedo et al., 2009.
80. Rebeca Gontijo, 2006.
81. Emile Coornaert, 1936.
82. Henri Hauser, 1937.
83. Idem, 1938. Tomei contato com o artigo através do capítulo "Henri Hauser e o Brasil", de Luiz Felipe de Alencastro, 2006, em livro de homenagem ao historiador francês, publicado em Paris. Sobre Hauser, ver também Marieta de Moraes Ferreira, 2000.
84. Emile Coornaert, 1936, p. 45. A resenha focaliza especialmente as revistas do IHGB e do Instituto Histórico de São Paulo, ainda que faça um destaque para a produção dos institutos de Pernambuco, Ceará e Bahia.
85. Ibidem, p. 46-51.
86. De Oliveira Vianna, *Raça e assimilação, populações meridionais do Brasil. Evolução do povo brasileiro*. De Nina Rodrigues, *Os africanos no Brasil*. De Arthur Ramos, *O negro no Brasil*, todos publicados na Biblioteca Pedagógica Brasileira, da Companhia Editora Nacional. De Alfredo Ellis Jr., *Populações Paulistas*. Emile Coornaert, 1936, p. 52.

87. Sobre a Sociedade, J. Capistrano de Abreu e a produção historiográfica na Primeira República e nos anos 1930, ver Rebecca Gontijo, 2006, caps. 2 e 6.
88. Entre outros, Jan F. de Almeida Prado, *Primeiros povoadores do Brasil: Formação da nacionalidade brasileira (1500-1530)*; M. Alcântara Machado, *Vida e morte do bandeirante*; Paulo Prado, *Paulística*. Emile Coornaert, 1936, p. 55-57.
89. Affonso d'Escragnolle Taunay. *História geral das bandeiras paulistas e História do café no Brasil*. Emile Coornaert, 1936, p. 57.
90. Emile Coornaert referiu-se, ainda, a algumas obras gerais de história colonial; à produção sobre a história contemporânea (século XIX e XX) e à difusão do conhecimento histórico por meio de manuais didáticos e revistas científicas. A resenha considerou o livro de Caio Prado Jr., *Evolução política do Brasil*, que se tornaria clássico, "muito sumário e levemente tendencioso".
91. Henri Hauser privilegiou a história econômica e política na resenha e pôs em relevo o embrião de uma nova historiografia crítica, surgida a partir da criação das universidades no Rio de Janeiro e São Paulo. Destacou também um papel inovador para o Arquivo Nacional, a partir da criação de um Centro de Estudos Históricos. Tal centro e seu boletim estão a merecer pesquisa mais cuidadosa.
92. Affonso de Toledo Bandeira de Mello, 1936.
93. Henri Hauser, 1938, p. 310.
94. Ibidem, p. 310
95. Ibidem, p. 311.
96. Ibidem, p. 314.
97. O volume quantitativo da entrada de africanos no Brasil foi tema bastante abordado pela historiografia da primeira metade do século XX. Especialmente Taunay, *História do café no Brasil*, Roberto Simonsen, *História econômica do Brasil* e Pandiá Calógeras *Formação histórica do Brasil* se aventuraram em conjecturas quantitativas a respeito. A consolidação desses esforços e o melhor trabalho a respeito é *A escravidão africana no Brasil*, 1949, de Maurício Goulart.
98. Henri Hauser, 1938, p. 315.
99. Ângela de Castro Gomes, 2001.
100. Henri Hauser, 1938, p. 317-318. O sentido precursor e inovador da abordagem de Hauser sobre esse ponto foi especialmente destacado por Luiz Felipe Alencastro em capítulo sobre Hauser e o Brasil, 2006.
101. Sérgio Buarque de Holanda, 1951.
102. Márcia de Almeida Gonçalves, 2003.
103. "Mesmo numa relação bastante incompleta, como a presente, não seria lícito esquecerem-se certos trabalhos dedicados à história regional, como os de Aurélio Porto e Borges Fortes sobre a colonização do extremo-sul, do Sr. Artur César Ferreira Reis sobre o extremo-norte, do Sr. Alberto Lamego sobre a região de

Campos dos Goitacazes, do Sr. Tavares de Lira sobre o Rio Grande do Norte, do Sr. Osvaldo Cabral sobre Santa Catarina, do Sr. Aluízio de Almeida sobre o sul de São Paulo, do Sr. Noronha Santos, Luiz Edmundo, Vivaldo Coaracy e Gastão Cruls sobre o Rio de Janeiro, de Estevão de Mendonça e do Sr. Virgílio Correia Filho sobre Mato Grosso, do Sr. Romário Martins sobre o Paraná, do cônego Raimundo Trindade sobre a arquidiocese de Mariana, de Rego Monteiro sobre a Colônia do Sacramento, dos Srs. José Honório Rodrigues e José Antônio Gonçalves de Melo Neto sobre o domínio holandês no Nordeste. Da obra do Sr. Gonçalves de Melo, diretamente influenciada por ideias e escritos do Sr. Gilberto Freyre, escreve o sociólogo pernambucano que é 'a mais completa, mais minuciosa e mais compreensiva que hoje existe em qualquer língua' sobre o tempo dos flamengos." Sérgio Buarque de Holanda, 1951.

104. Entre as mais importantes, arrola *A cultura brasileira* (1943), de Fernando de Azevedo, "obra extensa, onde o autor, catedrático de sociologia, familiarizado com métodos de pesquisa social, especialmente os que dependem das teorias durkheimianas, aplica-os em alguns casos ao exame de nossa evolução social, cultural e política", e *Formação da sociedade brasileira* (1944), de Nelson Werneck Sodré, que, "através de inquirição do passado, [ambiciona] servir ao presente e fornecer instrumentos aplicáveis aos caminhos futuros".
105. Sérgio Buarque de Holanda (org.), 1960.
106. Cf. nota 99.
107. Sérgio Buarque de Holanda (org.), 1960. Cf., no vol. I., Florestan Fernandes, "Antecedentes indígenas: organização social das tribos tupis"; no vol. II, Alice Canabrava, "A grande propriedade rural"; Maurício Goulart, "O problema da mão de obra: o escravo africano"; Teresa Schorer Petrone, "As áreas de criação de gado"; Antônio Cândido de Melo e Souza, "Letras e ideias no Brasil colonial".
108. Edson Carneiro, 1947.
109. Palmares foi tratado na coleção basicamente como um problema da política e administração portuguesas do período de expansão. Pedro Otávio Carneiro da Cunha. "Política e administração de 1640-1763". In: Sérgio Buarque de Holanda (org.), 1960, vol. II, p. 24-27.
110. Sobre o tema, Fábio Franzini, 2006, introdução; Antônio Cândido. "O significado de Raízes do Brasil". In: Sérgio Buarque de Holanda, 1993.
111. Entre outros, Sérgio Buarque de Holanda [1936], 1993, 1945, 1959.
112. Celso Furtado, 1959; Roberto Simonsen, 1938; Caio Prado Jr. [1942], 2000.
113. Sobre a escola sociológica paulista, com destaque para os trabalhos de Florestan Fernandes, 1959, 1965; Octavio Ianni, 1960, 1962; Fernando Henrique Cardoso, 1960, 1962; Emília Viotti da Costa, 1966; e Paula Beiguelman, 1967. Ver capítulo de Richard Graham: "A escravatura brasileira reexaminada". In: Richard Graham, 1979, p. 13-40.

114. Emília Viotti da Costa, 1966, 1979. Ver também Carlos Guilherme Motta, 1972.
115. Entre outros, Fernando Henrique Cardoso & Enzo Faletto, 1970; Francisco de Oliveira, 1972.
116. Nelson Werneck Sodré. "Modos de produção no Brasil". In: José Roberto do Amaral Lapa, 1980; Alberto Passos Guimarães, 1964.
117. Eric Williams, 1944; Wallerstein, 1974.
118. Caio Prado Jr., 1966; Florestan Fernandes, 1975.
119. Celso Furtado, 1959, Fernando A. Novais, 1977, 1979.
120. "As concepções acerca do 'sistema econômico mundial' e do 'antigo sistema colonial'; a preocupação obsessiva com a 'extração do excedente'". In: José Roberto Amaral Lapa (org.), 1980.
121. Ciro Cardoso, 1971.
122. Ciro Cardoso. "O modo de produção escravista colonial na América". In: Téo Santiago (org.), 1975, e "As concepções acerca do 'sistema econômico mundial' e do 'antigo sistema colonial'; a preocupação obsessiva com a 'extração do excedente'". In: José Roberto Amaral Lapa (org.), 1980, e Ciro Cardoso, 1988.
123. Jacob Gorender, 1978.
124. Sob este ponto de vista foram fundamentais a linha de pesquisa em história agrária da Universidade Federal Fluminense (UFF), sob liderança de Maria Yedda Linhares, os trabalhos desenvolvidos por Katia de Queirós Mattoso em Salvador e a pesquisa em história econômica e demográfica desenvolvida na Universidade de São Paulo.
125. Maria Helena Machado, 1988. Para uma visão geral dos aspectos aqui sugeridos, Stuart Schwartz, 1996, 2001.
126. Entre outros, Stuart Schwartz, J.R.W. Russell-Wood, Richard Graham, Robert Slenes.
127. Stuart Schwartz, 2008.
128. Ibidem; Herbert Klein & João José Reis, 2008.
129. Entre outros, Stuart B Schwartz, 1992, cap. 1; João José Reis, 1999; Stuart B. Schwartz, 2001, cap. 1; João José Reis & Herbert Klein, 2008; Stuart Schwartz, 2008.
130. Sobre a produção historiográfica sobre a escravidão no período, O. G. Cunha, T.C.N. Araújo e L. C. Barcelos, 1991.
131. Hebe Mattos. "A escravidão fora das grande áreas exportadoras". In: Ciro Cardoso *et al.*, 1988, pp. 15-72. Ver também João José Reis & Herbert Klein, 2008; e Hebe Mattos, 2008.
132. Stuart Schwartz, 1982; idem, 1988, cap. 16.
133. Ciro Cardoso et al., 1988, p. 15-72; João Fragoso, 1992, Manolo Florentino 1995, João Fragoso e Manolo Florentino, 2001.

134. Luiz Felipe de Alencastro, 2000. Penso também nos dois livros de Pedro Puntoni, 1999, 2002.
135. Por exemplo, Mello e Souza em trecho em que fundamenta sua crítica à utilização da expressão antigo regime para a sociedade colonial: "Mesmo que, acatando críticas, se limite o alcance do conceito de antigo sistema colonial ao século XVIII ou, quando muito, ao período posterior à Restauração de 1640..." Laura de Mello e Souza, 2007, p. 63.
136. João Luís Fragoso, Maria Fernanda Bicalho e Maria de Fátima Gouvêa (org.), 2001; João Luís Fragoso, Manolo Florentino et al. (org.), 2006; João Luís Fragoso; Antônio Carlos Jucá et al. (org.), 2008.
137. Sobre a história demográfica e da família na década de 1980 e início dos anos 1990, Sheila de Castro Faria, 1997; e José Flávio Motta, 1999.
138. Robert W. Slenes, 1999; João José Reis, 1999.
139. Silvia H. Lara, 1995.
140. Entre outros, João José Reis, 1986; e Sílvia Lara, 1988. Sobre o tema, João José Reis, 1999.
141. Hebe Mattos, 1995, Manolo Florentino; e José Roberto Góes, 1997; Robert W. Slenes & Sheila de Castro Faria, 1998; Robert Slenes, 1999.
142. Ronaldo Vainfas, 1989, p. 107-112; Silvia Brugger, 2007.
143. Entre outros, Manuela Carneiro da Cunha, 1992; John Monteiro, 1994; Regina Celestino de Almeida, 2003; Flávio dos Santos Gomes, 2005. Sobre o tema, Stuart Schwartz, 2008.
144. Entre outros, Mariza Soares, 2001, 2007; Marina de Mello & Souza, 2002; Flávio Gomes & Carlos Eugênio Soares & Juliana Farias, 2003; Manolo Florentino (org.), 2005; Silvia H. Lara, 2007. Ver também João Reis e Herbert Klein, 2008.
145. Silvia Hunold Lara, 1988.
146. Idem, 2000; Silvia H. Lara & Joseli Mendonça (orgs.), 2006. Ver também o projeto The *Law in Slavery and Freedom*, University of Michigan (http://sitemaker.umich.edu/law.slavery.freedom/home ).
147. António Manuel Hespanha, 1993, 1994.
148. Silvia H. Lara, 2007; Hebe Mattos, 2008.
149. Entre outros, Beatriz Perrone-Moisés. "Índios livres e índios escravos: os princípios da legislação indigenista do período colonial (séculos XVI a XVIII)". In: Manuela Carneiro da Cunha, 1992; e Patrícia de Mello Sampaio, 2001. Mais sobre a questão, Stuart Schwartz, 2008.
150. Silvia H. Lara, 2005; Rafael Marquese, 2004; Hebe Mattos, 2000.
151. A.J.R. Russel-Wood, 2005; Silvia H. Lara, 2005, 2007; Hebe Mattos, 2006, 2008; Rafael de Bivar Marquese, 2004.

152. Hebe Mattos. "A escravidão moderna nos quadros do Império Português: o Antigo Regime em perspectiva atlântica". In: João Fragoso, Maria de Fátima Gouvêa e Maria Fernanda Bicalho, 2001, p. 141-162.
153. Entre outros, Sheila de Castro Faria, 2004; Manolo Florentino (org.), 2005; Márcio Souza, 2006. Ver também Herbert Klein & João José Reis, 2008.
154. Hebe Mattos, 1995, 2004; Sheila de Castro Faria, 1998; Silvia H. Lara, 2007; Ivana Lima, 2001; Larissa Vianna, 2008.
155. Joseph Miller, 1988; Paul Lovejoy, 2002.
156. Ira Berlin, 2002. Traduzido com o título *Gerações do cativeiro*, Rio de Janeiro, Record, 2007.
157. Joseph Miller. "The 'Margins' of World History. The Portuguese South Atlantic in Global Perspective". Conferência apresentada no seminário Le Brésil et l'Atlantique Sud XVIe – XXIe siècle: une histoire global à l'époque moderne et contemporaine. Centre d'Études du Brésil et de l' Atlantique Sud. Sorbonne – Paris IV, 11 de abril de 2008.

## Bibliografia

ABREU, J. Capistrano de. "Necrológio de Francisco Adolfo de Varnhagen, Visconde de Porto Seguro". In: Francisco Adolfo de Varnhagen. *História geral do Brasil.* 4ª. edição integral, s.d., tomo primeiro, pp. 502-508. Originalmente publicado no *Jornal do Commercio*, 16-20/12/1878.

______. "Sobre o Visconde de Porto Seguro". In: Francisco Adolfo de Varnhagen. *História geral do Brasil.* 3ª edição integral, s.d., tomo terceiro, pp. 435-444. Originalmente publicado na *Gazeta de Notícias*, 21-22-23/11/1882.

______. "Livros e letras" [seção]. In: *Ensaios e estudos: crítica e história*, 4ª série. Rio de Janeiro: Civilização Brasileira/Brasília: INL, 1976, p. 157. Originalmente publicado na *Gazeta de Notícias*, 19/10/1880.

______. "História pátria". In: *Ensaios e estudos: crítica e história*, 3ª série. Rio de Janeiro: Civilização Brasileira/Brasília: MEC, 1976, p. 106. Originalmente publicado na *Gazeta de Notícias*, 9, 10 e 13 de março de 1880.

______. "O Brasil no século XIX". In: *Ensaios e estudos: crítica e história.* Rio de Janeiro: Civilização Brasileira/Brasília: MEC, 1977. Originalmente publicado na *Gazeta de Notícias*, 1/1/1900, sob o título de "O Brasil no século".

______. *O descobrimento do Brasil — Seu desenvolvimento no século XVI* (1883), nota liminar de José Honório Rodrigues, 2ª ed. Rio de Janeiro: Civilização Brasileira/INL, 1976.

______. *Capítulos de história colonial, 1500-1800* (1ª ed. 1907), 7ª ed., anotada e prefaciada por José Honório Rodrigues. Belo Horizonte: Itatiaia/São Paulo: Edusp, 1988.

______. *Caminhos antigos e povoamento do Brasil* [1899]. Belo Horizonte; Itatiaia/ São Paulo: Edusp, 1988/1989. Coleção Reconquista do Brasil, 2ª série, vol. 135.

ABREU E LIMA, J.I. *Compêndio de História do Brasil.* Rio de Janeiro: Eduardo e Henrique Laemmert, 1843.

ALENCASTRO, Luiz Felipe de. *O trato dos viventes.* Formação do Brasil no Atlântico sul. Séculos XVI e XVII. São Paulo: Companhia das Letras, 2000.

______. "Henri Hauser et le Brésil". In: Séverine-Antigone Marin & George-Henri Soutou (dor). *Henri Hauser (1866-1946). Humaniste. Historien. Républicain.* Paris: Pups, 2006, p. 281-296.

______. "Le versant brésilien de l'Atlantique-sud: 1550-1850". Annales. Histoire, Sciences Sociales. 61 (2), mars-avril 2006, 339-382.

ALMEIDA, Regina Celestino de. *Metamorfoses indígenas. Identidade e cultura nas aldeias coloniais do Rio de Janeiro.* Rio de Janeiro: Arquivo Nacional, 2003.

ALONSO, Ângela. *Ideias em movimento:* a geração de 1870 na crise do Brasil-Império. São Paulo: Paz e Terra, 2002.

ANTONIL, André João (João Antônio Andreoni). *Cultura e opulência do Brasil.* Texto confrontado com o da edição de 1711; com um estudo biobibliográfico por Affonso de E. Taunay; nota bibliográfica de Fernando Sales; e vocabulário e índices antroponímico, toponímico e de assuntos de Leonardo Arroyo. 3ª ed. Belo Horizonte: Itatiaia/São Paulo: Edusp. 1982 (Coleção Reconquista do Brasil; nova série, vol. 70).

ARARIPE, Tristão de Alencar. "Indicações sobre a história nacional". *Revista do IHGB*, vol. LVII, parte 2, 1894, pp. 259-290. Versão do discurso intitulado "História pátria — Como cumpre escrevê-la", proferido em 1876 para a Associação Promotora da Instrução, durante as Conferências Populares da Glória.

BEAUCHAMP, Alphonse de. *Histoire du Brésil.* Depuis as decouverte et 1500 juqu' en 1810. Ornée d'une belle carte de l'Amerique Portuguaise et de deux belles gravures. Paris : Librairie d'Education et de Jurisprudence d'Alexis Eymery, 1815.

BEIGUELMAN, Paula. *Formação política do Brasil.* São Paulo: Pioneira, 1967.

BERLIN, Ira. *Generations of Captivity.* A History of African-American Slaves. Cambridge: Harvard University Press, 2002.

BOXER, Charles. *Race Relations in the Portuguese Colonial Empire, 1415-1825.* Oxford: Clarendon Press, 1963 (Richard lectures given at the University of Virginia in November, 1962).

BRÜGGER, Silvia Maria. *Minas patriarcal*: Família e sociedade. São Paulo: Annablume, 2007.

CARDOSO, Ciro F.S.; Fragoso, João Luís; Mattos, Hebe; Vainfas, Ronaldo. "Novas perspectivas acerca da escravidão no Brasil". In: Ciro Flamarion Santana Cardoso (org.). *Escravidão e Abolição no Brasil* — Novas perspectivas. Rio de Janeiro: Jorge Zahar Editor, 1988.

______. *La Guyane française* (1715-1817): Aspects économiques et sociaux. Contribution à l´étude des sociétés esclavagistes d´Amérique. Petit-Bourg: Ibis Rouge Editions, 1999 (originalmente tese de doutorado de troisième cycle soutenis en juin 1971 sous la direction de Monsieur le Professeur Fréderic Mauro, á l'Université de Paris X-Nanterre).

CARDOSO, Fernando Henrique. *Capitalismo e escravidão no Brasil meridional*: o negro na sociedade escravocrata do Rio Grande do Sul. São Paulo: Difel, 1962.

______. & Faletto, Enzo. *Dependência e desenvolvimento na América Latina*: ensaio de interpretação sociológica. Rio de Janeiro: Jorge Zahar Editor, 1970.

CARNEIRO, Edson de Souza. *O Quilombo dos Palmares*, 1630-1695. São Paulo: Brasiliense, 1947.

CEZAR, Temístocles. "O poeta e o historiador. Southey e Varnhagen e a experiência historiográfica no Brasil do século XIX". *História Unisinos*, 11(3):306-312, setembro/dezembro 2007.

CONAERT, Emile. "Aperçu de la production historique récent au Brésil", *Revue d'Histoire Moderne*, tomo. XI, 1936, p. 44-60.

COSTA, Emilia Viotti da. *Da senzala à colônia.* São Paulo: Difel, 1966.

______. *Da monarquia à república.* São Paulo: Difel, 1979.

CUNHA, Manuela Carneiro da. *História dos índios no Brasil.* São Paulo: Companhia das Letras, 1992.

CUNHA, Olívia; Araújo, T.C.N. & Barcelos, L.C. *Escravidão e relações raciais no Brasil*: cadastro da produção intelectual, 1970-1990. Rio de Janeiro: Centro de Estudos Afro-Asiáticos, 1991.

DANTAS, Carolina Viana. "O Brasil em periódicos: história, folclore, mestiçagem e nação no início do século XX". Tese de doutorado em História, Universidade Federal Fluminense, Niterói, 2007.

DAVIS, David Brion. *The Problem of Slavery in Western Culture.* Ithaca, Cornell University Press, 1967 (*O problema da escravidão na cultura ocidental.* Rio de Janeiro: Civilização Brasileira, 2001).

DENIS, Ferdinand. "Brésil". In: *L´Univers, histoire et description de tous lês peuples* (Brésil, par M. Ferdinand Denis. Colombie et Guyanes, par M.C. Famin). Paris: Firmin Didot Frères, Editeurs, 1846.

DIAS, Maria Odila da Silva. *O fardo do homem branco: Southey, historiador do Brasil* (um estudo dos valores ideológicos do império do comércio livre). São Paulo: Companhia Editora Nacional, 1974.

FARIA, Sheila de Castro. "História da família e demografia histórica". In: Ciro Cardoso & Ronaldo Vainfas (orgs.). *Domínios da História — Ensaios de teoria e metodologia.* Rio de Janeiro: Campus, 1997, p. 241-258.

______. *A colônia em movimento. Fortuna e família no cotidiano colonial.* Rio de Janeiro: Nova Fronteira, 1999.

______. "Sinhás pretas, damas mercadoras. As pretas minas nas cidades do Rio de Janeiro e de São João d'El Rey. 1700-1850". Tese de professor titular, Universidade Federal Fluminense, Niterói, 2004.

FERNANDES, Florestan. *A integração do negro na sociedade de classes*. São Paulo: Dominus, 1965.

______. & Bastide, Roger. *Brancos e negros em São Paulo*. São Paulo: Companhia Editora Nacional, 1959.

______. *A revolução burguesa no Brasil: ensaio de interpretação sociológica*. Rio de Janeiro: Jorge Zahar Editor, 1975.

FERREIRA, Marieta de Moraes. "Les professeur français et l'enseignement de l'histoire à Rio de Janeiro pendant lês annés 1930". In: François Crouzet, Denis Rolland et Phillippe Bonnichon. *Pour l'histoire du Brésil* — Mellanges offerts à Katia de Queirós Mattoso. Paris : L'Harmattan, 2000, p. 123-140.

FLORENTINO, Manolo. *Em costas negras*. Uma história do tráfico de escravos entre a África e o Rio de Janeiro. Rio de Janeiro: Arquivo Nacional, 1995.

______. & Góes, José Roberto. *A paz nas senzalas*. Famílias escravas e tráfico atlântico, Rio de Janeiro, c. 1790-c. 1850. Rio de Janeiro: Civilização Brasileira, 1997.

______. (org.) *Escravidão, tráfico e alforria*. Rio de Janeiro: Civilização Brasileira, 2005.

FRAGOSO, João Luís Ribeiro. *Homens de grossa aventura:* acumulação e hierarquia na praça mercantil do Rio de Janeiro (1790 -1830). Rio de Janeiro: Arquivo Nacional, 1992.

______. & Florentino, Manolo Garcia. *O arcaísmo como projeto*: mercado atlântico, sociedade agrária em uma economia colonial tardia, Rio de Janeiro, c. 1790-c. 1840. 4ª ed. Rio de Janeiro: Civilização Brasileira, 2001.

______. Bicalho, Maria Fernanda & Gouvêa, Maria de Fátima. *O Antigo Regime nos trópicos*. A dinâmica imperial portuguesa (séculos XVI-XVIII). Rio de Janeiro: Civilização Brasileira, 2001.

______. Sampaio, Antônio Carlos Jucá de & Almeida, Carla Maria Carvalho de (orgs.). *Conquistadores e negociantes*. Rio de Janeiro: Civilização Brasileira, 2008.

______. Florentino, Manolo Garcia; Sampaio, Antônio Carlos Jucá; Campos, Adriana Pereira (orgs.). *Nas rotas do Império I*. Vitória: Edufes, 2006.

FRANZINI, Fábio. "A sombra das palmeiras. A Coleção Documentos Históricos e a transformação da historiografia nacional (1936-1959)". Tese de doutorado em História Social. São Paulo: Universidade de São Paulo, 2006.

FREYRE, Gilberto. *Casa grande & senzala*: formação da família brasileira sob o regime da economia patriarcal. Rio de Janeiro: Maia & Schmidt Ltda., 1933.

______. *O mundo que o português criou*. Rio de Janeiro: José Olympio, 1940.

FURTADO, Celso. *Formação econômica do Brasil*. São Paulo: Companhia Editora Nacional, 1967.

GOMES, Ângela de Castro. "Gilberto Freyre: algumas considerações sobre o contexto historiográfico de *Casa grande & senzala*". *Remate de Males*. Revista do

Departamento de Teoria Literária, Unicamp, nº 20, Campinas, 2001, p. 47-57.

GOMES, Flávio dos Santos. *A hydra e os pântanos*. Mocambos, quilombos e comunidades de fugitivos no Brasil (séculos XVII-XIX). São Paulo: Unesp, 2005.

______. Soares, Carlos Eugenio & Farias, Juliana. *O labirinto das nações*. Rio de Janeiro: Arquivo Nacional, 2003.

GONÇALVES, Márcia de Almeida. *Em terreno movediço*: biografia e história na obra de Otavio Tarquínio de Souza. Tese de doutorado, Universidade de São Paulo, São Paulo, 2003.

GONTIJO, Rebecca. "O velho vaqueano: Capistrano de Abreu, da historiografia ao historiador". Tese de doutorado em História. Universidade Federal Fluminense, Niterói, 2006.

GORENDER, Jacob. *O escravismo colonial*. São Paulo: Ática, 1978.

GOULART, Mauricio. *Escravidão africana no Brasil, das origens à extinção do tráfico*. São Paulo: Martins, 1949.

GRAHAM, Richard. *Escravidão, reforma e imperialismo*. São Paulo: Perspectiva, 1979.

GUIMARÃES, Alberto Passos. *Quatro séculos de latifúndio*. São Paulo: Fulgor, 1964.

GUIMARÃES, Lúcia Maria Paschoal. "Debaixo da imediata proteção de Sua Majestade Imperial: o Instituto Histórico e Geográfico Brasileiro (1838-1889)". *Revista do IHGB*, tomo 388, 1995.

GUIMARÃES, Manoel Luis Salgado."Nação e civilização nos trópicos: o Instituto Histórico e Geográfico Brasileiro e o projeto de uma história nacional". *Estudos Históricos*, Dossiê Caminhos da Historiografia, Rio de Janeiro, nº 1, 1988, p. 5-27.

HAUSER, Henri. "Le Travail Historique au Brésil". *Revue Historique*, tomo. 181 (1), 1937, p. 85-98.

______."Naissance, vie et mort d'une institution: lê travail servile au Brésil". Annales d'Histoire Économique et Sociale, 1938, p. 315-318.

HESPANHA, António Manuel. *As vésperas do Leviathan*. Coimbra: Almedina, 1994.

______.(org.). *História de Portugal*. Quarto Volume, O Antigo Regime, 1620-1807. Lisboa: Círculo de Leitores, 1993.

HOLANDA, Sérgio Buarque de. "O pensamento histórico no Brasil nos últimos 50 anos (1900-1950)". *Correio da Manhã*, Caderno Cultura Brasileira, 15/5/1951, p. 3 e última página.

______.*História geral da civilização brasileira* (org.). Tomos I e II. São Paulo: Difel, 1960.

______.*Raízes do Brasil* (1ª ed. 1936). São Paulo: Companhia das Letras, 1993.

______.*Monções*. Rio de Janeiro: Casa do Estudante do Brasil, 1945.

______.*Visões do paraíso*. Rio de Janeiro: José Olympio, 1959.

IANNI, Otavio. *As metamorfoses do escravo: apogeu e crise da escravatura no Brasil meridional*. São Paulo: Difel, 1962.

KARASCH, Mary. *Slave Life in Rio de Janeiro 1808-1850*. New Jersey: Princeton University Press, 1987 (originalmente PhD dissertação defendida em 1973).

KLEIN, Herbert & Reis, João José. "The New Historiography of Slavery in Brazil". In: "Recent Trends —and Challenges — in Brazilian Historiography". *American Historical Association, 122nd Annual Meeting*, January 3-6 2008, Washington DC.

LAPA, José Roberto do Amaral (org.). *Modos de produção e realidade brasileira*. Petrópolis: Vozes, 1980.

LARA, Silvia H. *Fragmentos setecentistas*. Escravidão, cultura e poder na América Portuguesa. São Paulo: Companhia das Letras, 2007a.

______."Marronage et pouvoir colonial. Palmares, Cucaú et les frontières de la liberté au Pernambouc à la fin du XVIIe siècle". Annales. Histoire, Sciences Sociales, 62(3) mai-juin 2007b, 639-662.

______."Blowin' in the Wind: Thompson e a experiência negra no Brasil". *Projeto História*, São Paulo, vol. 12, p. 43-56, 1995.

______. *Campos da violência*. Rio de Janeiro: Paz e Terra, 1988.

______. & Mendonça, Joseli Maria Nunes (orgs.). *Direitos e justiças no Brasil*: ensaios de História Social. Campinas: Unicamp, 2006.

______. "Legislação sobre escravos africanos na América Portuguesa". In: Jose Andrés-Gallego (coord.). *Nuevas aportaciones a la historia jurídica de iberoamérica*. Madri: Fundación História Tavera-Digibis/Fundación Hermando de Larramende (CD-ROM), 2000.

______. "Conectando historiografias: a escravidão africana e o Antigo Regime na América portuguesa". In: Maria Fernanda Bicalho (org.). *Modos de governar*. Ideias e práticas políticas no Império Português (sécs. XVI-XIX), vol. 1. São Paulo: Alameda Casa Editorial, 2005, p. 21-38.

LEITE, Aureliano. "Apresentação". In: Frei Vicente Salvador. *História do Brasil 1500-1627*. 7ª ed. Revisão Capistrano de Abreu, Rodolfo Garcia e Frei Venâncio Willcke, OFM; Belo Horizonte: Itatiaia/São Paulo: Edups, 1982. Coleção Reconquista do Brasil (Nova Série).

LIMA, Ivana. *Cores, marcas e falas*. Rio de Janeiro, Prêmio Arquivo Nacional de Pesquisa, 2001.

LOVEJOY, Paul. *A escravidão na África*. Uma história de suas transformações. Rio de Janeiro: Civilização Brasileira, 2002.

MACEDO, Joaquim Manoel. *Lições de História do Brasil*. Rio de Janeiro: Typ. Imparcial de J.M.N. Cunha, 1865.

MACHADO, Maria Helena P.T. "Em torno da autonomia escrava: uma nova direção para a história social da escravidão". *Revista Brasileira de História*, 16 (1988): 143-160.

MARTIUS, Fridrich Philip von. "Como se deve escrever a história do Brasil". *Revista do IHGB*, tomo 6, 1845, 389-411.

______. *Como se deve escrever a história do Brasil*. Coleção Capistrano de Abreu. Rio de Janeiro: IHGB, 1991.

MARQUESE, R.B. *Feitores do corpo, missionários da mente. Senhores, letrados e o controle dos escravos nas Américas, 1660-1860*. São Paulo: Companhia das Letras, 2004.

MATTOS, Hebe. "'Black Troops' and Hierarchies of Color in the Portuguese Atlantic World: The Case of Henrique Dias and his Black Regiment". *Luso-Brazilian Review* (45.1), 2008.

______. "O herói negro no ensino de história do Brasil: representações e usos das figuras de Zumbi e Henrique Dias nos compêndios didádicos brasileiros". In: Martha Abreu, Rachel Soihet e Rebecca Gontijo (orgs.). *Cultura política e leituras do passado: historiografia e ensino da história*. Rio de Janeiro: Civilização Brasileira, 2007, p. 213-228.

______. "'Pretos' and 'Pardos' between the Cross and the Sword: Racial Categories in Seventeenth Century Brazil". *European Review of Latin American and Caribbean Studies*, vol. 80, p. 43-55, Amsterdã, 2006.

______. "O olhar do historiador — Territórios e deslocamentos na história social da escravidão no Brasil". Conferência no XXIV Simpósio Nacional de História da *Associação Nacional de História (Anpuh)*, São Leopoldo, 2007.

______. "Marcas da escravidão. Biografia, racialização e memória do cativeiro na História do Brasil". Tese de professor titular, Universidade Federal Fluminense, Niterói, 2004.

______. *Das cores do silêncio*. Significados da liberdade no Sudeste escravista. Rio de Janeiro: Arquivo Nacional, 1995/ Nova Fronteira, 1998.

______. "Memória e historiografia no Oitocentos: a escravidão como história do tempo presente". In: AZEVEDO, Cecília et al. Cultura política, memória e historiografia. RJ: FGV, 2009.

MATTOS, Selma Rinaldi de. *O Brasil em lições: a história como disciplina escolar*. Rio de Janeiro: Access, 2000.

______. "Para formar os brasileiros: o compêndio de História do Brasil de Abreu e Lima e a expansão para dentro do Império do Brasil". Tese de doutorado em História Social, Universidade de São Paulo, São Paulo, 2007.

MELLO, Afonso de Toledo Bandeira de. *O trabalho servil no Brasil*. Rio de Janeiro: Ministério do Trabalho, 1936.

MONTEIRO, John. *Negros da terra. Índios e bandeirantes nas origens de São Paulo*. São Paulo: Companhia das Letras, 1994.

MOTTA, Carlos Guilherme. *1822. Dimensões*. São Paulo: Perspectiva, 1972.

MOTTA, José Flávio. "The historical demography of Brazil at the V centenary of its discovery". *Ciência e Cultura*. SBPC, 51, n$^{os}$ 5-6 (September/December 1999), p. 446- 456.

MILLER, Joseph. *Way of Death*. Merchant Capitalism and the Angolan Slave Trade, 1730-1830. Wisconsin: University of Wisconsin Press, 1988.

NOVAIS, Fernando A. "Preface". In: Capistrano de Abreu. *Chapters of Brazil's Colonial History 1500-1800*. Nova York/Oxford: Oxford University Press, 1997.

______. *Portugal e Brasil na crise do antigo sistema colonial, 1777-1808*. São Paulo: Brasiliense, 1979.

OLIVEIRA, Francisco de. "A economia brasileira: crítica à razão dualista". Estudos Cebrap (2), São Paulo, 1972.

PITTA, Sebastião da Rocha. *História da América portuguesa*. Desde o anno de mil e quinhentos do seu descobrimento até o de mil e setecentos e vinte e quatro. [1730], 2ª ed., revista e anotada por J.G. Góes. Lisboa: F.A. da Silva, 1880.

PRADO JR., Caio. *Formação do Brasil contemporâneo* (1942). São Paulo: *Folha de S.Paulo*, 2000.

______. *A revolução brasileira*. São Paulo: Brasiliense, 1966.

PUNTONI, Pedro. *A guerra dos bárbaros*. Povos indígenas e a colonização do sertão nordeste do Brasil, 1650-1720. São Paulo: Hucitec/Edusp/Fapesp, 2002.

______. *A mísera sorte*. A escravidão africana no Brasil holandês e as guerras do tráfico no Atlântico Sul, 1621-1648. São Paulo: Hucitec, 1999.

REIS, João José. "Slaves as Agents of History: a Note on the New Historiography of Slavery in Brazil". *Ciência e Cultura*, vol. 51, nºs 5/6, p. 437-445, 1999.

______. *Rebelião escrava no Brasil*. São Paulo: Brasiliense, 1986 (2ª edição revista e ampliada, São Paulo, Companhia das Letras, 2003).

RODRIGUES, José Honório. *Teoria da História do Brasil* (Introdução Metodológica). 2ª ed., revista, aumentada e ilustrada. 1º vol. São Paulo: Companhia Editora Nacional, 1957.

______. "Capistrano de Abreu e a historiografia brasileira". Conferência proferida no IHGB em 7/10/1953. *Revista do IHGB*, vol. 221, out./dez., 1953, p. 120-138.

______. "Introduction: New Directions in Bandeirismo Studies in Colonial Brazil". *The Americas*, 61: 3 (2005), 353-71.

______. "Black and Mulato Brotherhoods in Colonial Brazil: a study on collective behavior". In: *Hispanic American Historical Review*, p. 567-602, 1974.

______. *Fidalgos e filantropos*. A Santa Casa de Misericórdia da Bahia, 1550-1755. Brasília, UnB, 1981.

______. *The Black Man in Slavery and Freedom in Colonial Brazil*. Londres: The Macmilliam Press Ltd., 1982.

SALVADOR, Frei Vicente do. *História do Brasil* 1500-1627. 7ª ed. Revisão Capistrano de Abreu, Rodolfo Garcia e Frei Venâncio Willcke, OFM; apresentação de Aureliano Leite. Belo Horizonte: Itatiaia/São Paulo, Edusp, 1982. Coleção Reconquista do Brasil (Nova Série).

SAMPAIO, Patrícia Maria Melo. "Espelhos partidos: etnia, legislação e desigualdade na colônia sertões do Grão-Pará". Tese de doutorado, Universidade Federal Fluminense, Niterói, 2001.

SANTIAGO, Téo Araújo. *América Colonial*. Rio de Janeiro: Pallas, 1975.

SCHWARTZ, Stuart B. "The Historiography of Early Modern Brazil (1500-1808). Tendencies and challenges of the last two decades". In: "Recent Trends — and

Challenges — in Brazilian Historiography". *American Historical Association*, 122nd Annual Meeting, Washington DC, January 3-6, 2008.

______. "A House Built on Sand: Capistrano de Abreu and the History of Brazil" In: Capistrano de Abreu. *Chapters of Brazil's Colonial History 1500-1800*. Nova York/Oxford: Oxford University Press, 1997, p. xviii-xix.

______. "The Colonial Past: Conceptualizing Post-*Dependentista* Brazil". In: Jeremy Adelman (ed.). *Colonial Legacies*. Nova York: Rutledge, 1999, p. 175-93.

______. "Brazil: Ironies of the Colonial Past", *Hispanic American Historical Review*, 80:4 (2000), 681-694.

______. *Escravos, roceiros e rebeldes*. Bauru: Edusc, 2001.

______. *Slaves, Peasants, and Rebels: Reconsidering Brazilian Slavery*. Urbana/Chicago: University of Illinois Press, 1992.

______. *Segredos internos*. Escravos e engenhos na sociedade colonial. São Paulo: Companhia das Letras, 1988.

______. "Patterns of Slaveholding in the Americas: New Evidence from Brazil". *American Historical Review*, 87, nº 1 (Feb. 1982).

______. "A manumissão dos escravos no Brasil Colônia: Bahia, 1684-1745". In: Anais de História, Faculdade de Filosofia, Ciências e Letras de Assis, ano VI, p. 70-114, 1974.

______. e Hal Langfur. "Tapanhuns, Negros da Terra, and Curibocas: Common Cause and Confrontation between Blacks and Indians in Colonial Brazil".In: Matthew Restall (ed.). *Black and Red: African-Indigenous Relations in Colonial Latin America*. Albuquerque: University of New Mexico Press, 2005, p. 81-114.

SCHAPOCJNIK, Nelson. "Como se escreve a história?" *Revista Brasileira de História*, vol. 13, nº 25/26, set. 1992/ago. 1993, p. 67-80.

SIMONSEN, Roberto. *História econômica do Brasil*. São Paulo: Companhia Editora Nacional, 1938.

SLENES, Robert W. *Na senzala uma flor*: esperanças e recordações na formação da família escrava. Brasil, sudeste, século XIX. Rio de Janeiro: Nova Fronteira, 1999.

______. "Família escrava e trabalho". *Tempo*, vol. 3, nº 6, dezembro de 1998, p. 37-48.

SOARES, Márcio de Souza. "A remissão do cativeiro. Alforrias e liberdades nos Campos dos Goitacazes 1750-1830". Tese de doutorado em História. Universidade Federal Fluminense, Niterói, 2006.

SOARES, Mariza. *Devotos da cor*. Rio de Janeiro: Civilização Brasileira, 2001.

______. (org.). *Rotas atlânticas da diáspora africana*. Niterói, Eduff, 2007.

SODRÉ, Nelson Werneck. *Formação da sociedade brasileira*. Rio de Janeiro: José Olympio, 1944.

SOUTHEY, Robert. *History of Brazil*: Part the First. Londres: Longman, Hurst, Rees, and Orme, Patternoster-row, 1810.

______. *History of Brazil*: Part the Second. Londres: Longman, Hurst, Rees, Orme, and Brown, Paternoster-row, 1817.

______. *History of Brazil:* Part the Third. Londres: Longman, Hurst, Rees, Orme, and Brown, Paternoster-Row. 1819.

______. História do Brazil. Traduzida do inglês pelo Dr. Luiz Joaquim de Oliveira e Castro e anotada pelo Cônego D.J.C. Fernandes Pinheiro. Rio de Janeiro: Garnier, 1862.

SOUZA, Laura de Mello e. *História da vida privada no Brasil.* Cotidiano e vida privada na América portuguesa. São Paulo: Companhia das Letras, 1997.

______. *O sol e a sombra.* Política e administração na América Portuguesa do século XVIII. São Paulo, Companhia das Letras, 2006.

SOUZA, Marina de Mello e. *Reis negros no Brasil escravista.* História da festa de coroação de rei Congo. Belo Horizonte: UFMG, 2002.

TANNENBAUM, Frank. *Slave and Citizen* [1946]. Boston: Beacon Press, 1992.

VAINFAS, Ronaldo. *Trópico dos pecados*: moral, sexualidade e Inquisição no Brasil. Rio de Janeiro: Campus, 1989.

VARNHAGEN, Francisco Adolfo de (um sócio do Instituto Histórico do Brazil, natural de Sorocaba). *Historia Geral do Brazil isto é do descobrimento, colonisação, legislação e desenvolvimento deste Estado, hoje império independente, escripta em presença de muitos documentos autênticos recolhidos nos archivos do Brazil, de Portugal, da Hespanha e da Hollanda.* Tomo Primeiro. Madri: Imprensa de V. de Dominguez/Rio de Janeiro: Laemmert, 1854.

______. *Historia Geral do Brazil isto é do descobrimento, colonisação, legislação e desenvolvimento deste Estado, hoje Império independente, escripta em presença de muitos documentos autênticos recolhidos nos archivos do Brazil, de Portugal, da Hespanha e da Hollanda.* Tomo Segundo. Rio de Janeiro: Laemmert, 1857.

______. (Visconde de Porto Seguro, natural de Sorocaba). *História geral do Brasil antes de sua separação e independência de Portugal.* 3ª ed. integral: revisão e notas J. Capistrano de Abreu e Rodolfo Garcia. São Paulo: Melhoramentos, s.d. Tomos I, II, III, IV e V (Explicação de Rodolfo Garcia, Prefácio no Tomo V de Aphonso de E. Taunay de 25 de maio de 1936).

______. *História geral do Brasil antes de sua separação e independência de Portugal.* Revisão e notas J. Capistrano de Abreu/Rodolfo Garcia, 10ª ed. integral, e *História da Independência do Brasil*, 7ª ed., revisão e notas de Hélio Vianna. Belo Horizonte: Itatiaia/São Paulo: Edusp, 1981. Coleção Reconquista do Brasil (Nova Série).

WALLENSTEIN, Immanuel. *The Modern World-System.* Capitalist Agriculture and the Origins of the European World-Economy in the Sixteenth Century. Nova York: Academic Press, 1974.

WEHLING, Arno. *Estado, história, memória*: Varnhagen e a construção da identidade nacional. Rio de Janeiro: Nova Fronteira, 1999.

WILLIAMS, Eric. *Capitalismo e escravidão* [1944]. Rio de Janeiro: Companhia Editora Americana, 1975.

VIANNA, Larissa. *O idioma da mestiçagem.* Campinas: Unicamp, 2008.

# PARTE II Povoamento: os cenários da *Conquista* da América Lusa

## CAPÍTULO 2 A Europa da expansão medieval — Séculos XIII a XV

*Jean-Frederic Schaub**

Tradução de Clóvis Marques

A história da África já está plenamente incorporada ao ensino da história no Brasil. Essa mudança deve representar uma poderosa alavanca para deixar para trás essa forma especial de etnocentrismo representada pelo eurocentrismo. Mas devemos distinguir dois níveis de eurocentrismo quando refletimos sobre os cinco séculos de experiências da América lusófona. Um deles diz respeito à tentação de observar esse espaço a partir do velho continente. O outro tem a ver com a reprodução da dominação das populações de origem europeia sobre as demais populações, nativas ou deportadas da África, através de uma narração pautada pelos valores dos dominantes. Estamos diante, portanto, de um trabalho complexo, que permite um confronto e uma crítica recíproca das narrativas dessas experiências produzidas pelas sociedades ameríndias; as sociedades africanas de origem e as sociedades africanas recompostas no contexto

* Professor Sênior da École des Hautes Études en Sciences Sociales (EHESS) em Paris, e no Modern European History Research Center, Oxford University.

do sistema escravagista; as sociedades crioulas de dominante lusófona e as sociedades europeias. Não se trata, assim, de substituir um vínculo com a Europa, considerado abusivo, por um vínculo com a África, que por sua vez estava até então ausente. Pois semelhante substituição serviria apenas para trocar um déficit por outro. Por que, então, abrir um volume sobre a história do Brasil com um capítulo sobre alguns aspectos da Europa medieval entre os séculos XIII e XV? O motivo é de fácil compreensão. Admite-se sem dificuldade que um novo rumo, não importando ser ele chamado modernidade ou por outro nome, começa para a história europeia após os Grandes Descobrimentos, como uma de suas principais consequências. A partir do fim do século XV, a América produziu uma Europa nova. Os europeus que registraram os processos sociais, econômicos, culturais e políticos gerados por seu investimento nas Américas viram-se com isso profundamente transformados. Neste sentido, podemos dizer que a dialética da construção de um domínio atlântico pôs fim ao que se costuma chamar, para retomar a expressão de Jacques Le Goff, de "civilização do Ocidente medieval". Mas os protagonistas dessa irrupção nos espaços americanos, os Colombo, os Cabral, os Cortés, os Pizarro, ainda são medievais. As representações do mundo, da sociedade, dos homens e de Deus de que são portadores ainda são as do Ocidente medieval.

Na organização deste volume, portanto, um capítulo é dedicado à Europa dos séculos XIII a XV, e um outro ao Portugal do fim do século XV. Esta escolha é decisiva por recusar o modelo clássico da história colonial que se desdobra no contexto do face a face entre a metrópole e sua conquista, isolando ambas de outros contextos e outras inscrições regionais. Que o Portugal medieval tenha perfeitamente seu lugar num volume sobre a história do Brasil é algo que fala por si mesmo. O primeiro contato dos marinheiros genoveses e portugueses com o arquipélago das Canárias (1312) ocorre dezesseis anos antes do início da Guerra dos Cem Anos. Cabe lembrar que a tomada de Ceuta (1415), que pode ser considerada o primeiro passo da expansão colonial portuguesa, é exatamente contemporânea da batalha de Azincourt. A navegação oceânica no Atlântico norte conduz os navios portugueses à ilha da Madeira em 1419, vale dizer, treze anos antes da execução de Joana d'Arc. O cabo Bojador é ultrapassado por Gil Eanes em 1434, quinze anos antes do início da Guerra das Duas Rosas na Inglaterra. A justaposição dessas cronologias bastaria por si mesma para assentar a compreensão da expansão atlântica na história da Europa medieval.

Pois a pré-história de Pedro Álvares Cabral e das primeiras gerações de conquistadores portugueses na América não se limita ao breve período da expansão do século XV nem mesmo, pelo contrário, exclusivamente à experiência portuguesa. O reino de Portugal, apesar de sua localização na extremidade ocidental da península Ibérica e do continente europeu, nada tem de um território isolado ou apartado das grandes evoluções da Europa da baixa Idade Média. A primeira dinastia dos reis de Portugal é borgonhesa (1139-1383); a conquista cristã do território contra os principados islâmicos foi empreendida por senhores provenientes de toda a Europa; Portugal comercia intensamente com a Inglaterra e Flandres; sua aristocracia, e mesmo sua nobreza intermediária, estão estreitamente ligadas às de Castela e Aragão através de alianças matrimoniais; seu clero é tão afetado quanto os demais pelas tribulações da Igreja romana. Em suma, isolar Portugal de sua inscrição regional no Ocidente medieval seria tão destituído de sentido quanto pretender excluí-lo de uma história longa do Brasil.

Dito isto, por que apreender o contexto ampliado da experiência a partir do século XIII? Alguns acontecimentos decisivos fazem desse período uma virada importante, especialmente no que diz respeito a fenômenos cujo surgimento contribui de maneira útil para o esclarecimento do impulso colonizador. É o século do fim da conquista cristã em Portugal (1253) e da batalha de Las Navas de Tolosa (1212), pela qual o centro da península Ibérica, até o reino de Sevilha, cai em poder das tropas do rei de Castela. É um século que começa com o reinado de Filipe Augusto na França (1180-1223), com a adoção da Magna Carta (1215) na Inglaterra, vale dizer, com os episódios que parecem definir por um período de séculos os estilos políticos das grandes casas reais. É também o século da adoção dos cânones do quarto concílio de Latrão (1215), que codificam as grandes séries de perseguições, a começar pela cruzada contra os albigenses (1206-1244) e o ciclo de expulsão dos judeus da Inglaterra (1290), da França (1306) e, bem mais tarde, de Castela e Aragão (1492). Outro acontecimento de profunda repercussão é o saque da cidade de Constantinopla (1204), a segunda Roma, pelos empreendedores genoveses e venezianos do que ficou convencionado chamar de IV Cruzada. Numa palavra, o momento do século XIII é aquele em que se dá a consolidação das estruturas dos países europeus graças à dinâmica da expansão e às práticas de perseguição coletiva. São ambas componentes indispensáveis para entender a experiência colonial da África, da Ásia e, afinal, da América. Em torno desses dois conceitos de expansão e perseguição é que este capítulo apresenta ao leitor a contribuição dos processos em andamento na Europa dos três últimos séculos da Idade Média para a reflexão sobre a formação da América portuguesa.

*

Se tivéssemos de levar em conta apenas uma característica do Ocidente medieval, seria sem dúvida alguma o lugar central nele ocupado pela Igreja. A comunhão cristã é a única dimensão da vida social que abarca o conjunto das pessoas, famílias, populações, territórios e instituições. A paróquia é a unidade em que se alicerça a vida coletiva, em regime de senhoria rural e no espaço urbano. Do nascimento à morte, cada um dos momentos da vida dos indivíduos é enquadrado rigorosamente pelas regras da Igreja, conferindo-lhes forma e sentido. Na época do renascimento das ciências jurídicas, após a fundação das universidades de Bolonha (1088), Oxford (1167), Salamanca (1218) e Paris (1231), o comentário das compilações de direito canônico é tão importante quanto o do *Corpus iuris civilis*. As instituições eclesiásticas detêm a posse de terras às vezes imensas, gerindo seus rendimentos e exercendo toda a autoridade senhorial sobre as populações que nelas residem e trabalham. A função principesca e real é estendida, das mais diversas maneiras, como um vicariato do Cristo, do qual é fiadora a aliança do príncipe com a Igreja. A persistência teórica do Santo Império Romano, a sagração dos reis da França, a taumaturgia que eles têm em comum com os reis da Inglaterra e a coroação dos reis da Suécia pelo arcebispo de Uppsala (1210) são manifestações de uma concepção sacramental da função real no contexto estrito imposto pela Igreja. O cristianismo grego ortodoxo também se revela indissociável da autoridade política suprema, seja representada pelos imperadores bizantinos ou, bem no fim da Idade Média, pelos senhores da Rússia kieviana e posteriormente da Moscóvia.

A própria presença tolerada de comunidades não cristãs é integrada ao contexto imposto pela Igreja. Foi o caso das populações muçulmanas dos territórios conquistados na Sicília, após a instalação dos normandos no fim do século XI (1061-1091) e sob o imperador Frederico II, no meado do século XIII (1220-1250), e na península Ibérica à medida que se ampliam os territórios dos reis de Portugal, de Castela-Leão e de Aragão, nos séculos XII e XIII. Os fiéis da lei mosaica dão testemunho da história anterior à nova aliança, mas sua vida religiosa transcorre sob o olhar vigilante da Igreja romana, que não hesita em distinguir na prática e nos textos judaicos o que é lícito ou tolerável e o que deve ser erradicado, como, por exemplo, o comentário talmúdico. A sociedade certamente não é monolítica, e várias fontes de comando e autoridade entram em concorrência, confrontam-se e negociam suas partes respectivas, como se pode constatar pelas disputas e lutas de influência que desde a Idade Média central opõem o papado a certos imperadores, reis e príncipes. Entretanto, seria absolutamente ilusório pretender distinguir as autoridades política, moral, espiritual e intelectual isolando uma instância que os tempos modernos viriam a definir como a religião ou a esfera religiosa. Afetada por mil falhas e fraturas, permeada de tensões e contestações, a Igreja surge como a instituição total da vida social. Os homens provenientes da Europa que conquistaram a América não faziam as distinções que só viriam a adquirir sentido no processo tardio de secularização da Europa ocidental.

Em função da escala adotada ou da religião observada prioritariamente, os três últimos séculos da Idade Média podem ser abordados como um período de expansão, mas também de retração territorial do Ocidente cristão. A sudeste, ou seja, na bacia oriental do Mediterrâneo, as conquistas genovesas, venezianas e aragonesas em detrimento do Império Bizantino precedem em algumas décadas o início da presença otomana nos Bálcãs. Os ducados gregos de Atenas e Neopátria são vinculados à coroa de Aragão durante um longo processo (1311-1377), enquanto os sérvios invadem os territórios bizantinos do Norte e os otomanos se estabelecem nos Bálcãs (1347). Os sérvios são derrotados uma primeira vez em Kosovo em 1389, e o herói da Albânia, Skander Beg, não consegue conter o avanço turco (1460-1468). No Norte, as expansões concorrentes dos cavaleiros teutônicos e dos senhores poloneses no vasto domínio lituano têm prosseguimento no fim do século XIII (1283), enquanto o khanato tártaro de Kazan assume o controle da Moscóvia cristã (1223-1480) e o reino da Hungria se vê na linha de frente das cavalgadas dos mongóis ou tártaros que chegam à Silésia (1241), à Croácia, à Morávia e às portas de Viena. O período que vai do século XIII ao século XV, com efeito, corresponde na Rússia ou Rus' à chamada fase do "jugo tártaro". O fim desse período, exatamente contemporâneo do fim da "Reconquista" ibérica, caracteriza-se pelo triunfo do ducado da Moscóvia sobre as cidades concorrentes, a começar por Novgorod, pelo recuo para o sul do território controlado pelos herdeiros mongóis islamizados da Horda de Ouro e por uma forte expansão até os Urais, ao norte de Kazan.

Do ponto de vista das relações entre islã e cristandade, esse fim da Idade Média é contrastado. Por um lado, as unidades políticas muçulmanas desapareceram progressivamente da margem norte da bacia ocidental do Mediterrâneo, no norte da península Ibérica, e depois na Sicília e finalmente no sul da península Ibérica. Mas a leste, sob a investida dos mongóis e dos mamelucos, o reino da Armênia vai encolhendo até desaparecer em 1375, e essa transformação representa um novo recuo para a cristandade. Assim como o fracasso das cruzadas empreendidas pelo rei da França Luís IX (1248-54 e 1270), que confirmam o fim dos reinos latinos do Oriente. Finalmente, a progressiva redução do Império Bizantino exclusivamente à cidade de Constantinopla, ainda mais frágil que a situação do reino násrida de Granada no fim do século XV, contrasta com os êxitos ocidentais dos cristãos.

É também no século XIII que se assiste à multiplicação dos projetos de contorno do islã mediterrâneo e do Oriente Próximo. É o caso, para começar, da intensa difusão do mito do reino do padre João, a partir do meado do século XII. Trata-se de uma construção elaborada a partir de informações fragmentárias, em poder da Igreja romana, a respeito dos avanços mongóis na Ásia Central, que ameaçam o domínio islâmico. Progressivamente, ao longo do século XIV, o reino mítico, que permitia estabelecer uma aliança oblíqua contra o mundo muçulmano, deixa de se localizar na Ásia Central ou na Índia, passando a se identificar com o cristianismo da Etiópia. Numa esfera que nada tem de imaginária, estabelecem-se contatos com o Império dos mongóis, antes de sua progressiva islamização. O papa Inocêncio IV (1243-54) toma a iniciativa de contatos diplomáticos com os mongóis. A ordem dos franciscanos, cuja fundação coincide com a virada do século XIII (1208), envolve-se ativamente nesse caminho, que acaba em fracasso. Mas o fato é que a ideia do contorno do islã no Oriente Próximo configura-se como uma constante estratégica do Ocidente cristão, dela sendo herdeira direta a rota ocidental explorada por Cristóvão Colombo.

A maneira como as sociedades da Europa medieval entendem suas relações com os mundos exteriores é impregnada de ambivalência. De fato, a ideologia da cruzada, apresentando os infiéis como um combate inexpiável e sem compromisso, vem a ser desmentida nas práticas de negociações locais ou regionais que os cruzados devem consentir no contato real com as populações muçulmanas ou cristãs do Oriente. As embaixadas, as trocas de prisioneiros e o reconhecimento recíproco do valor cavaleiresco abrandam as linhas de frente, sem chegar a modificá-las. Mas isto não é tudo. A tentação da aliança contra a natureza manifesta-se em vários teatros nos últimos séculos da Idade Média. Foi o caso na

Espanha dos séculos XII e XIII, como muito bem ilustra o *Cantar de Mio Cid* (1207). Nas relações instáveis que se estabeleceram no Oriente latino entre aristocracia franca, administração bizantina e poderes muçulmanos, os cristãos muitas vezes ficaram divididos, buscando às vezes apoio nas potências islâmicas regionais. No meado do século XIV, é a pedido do imperador de Constantinopla, em conflito com os sérvios, que os exércitos turcos adentram pela primeira vez nos Bálcãs (1346). Enquanto os paxás organizam a administração da região, a cidade de Ragusa (atualmente Dubrovnik) é tributária desde 1385, mas se beneficia de privilégios especiais, em virtude de seus vínculos com o Império da República de Veneza. Assim, apesar da força dos discursos de estigmatização dos infiéis e outros bárbaros, as situações de compromisso com o inimigo designado, quando não de verdadeira cumplicidade, são um fenômeno que se repete.

Esses jogos complexos multiplicaram-se no contexto de uma fragmentação das duas cristandades, grega e romana. No primeiro caso, a derrocada política do império bizantino favorece a autonomização dos patriarcados ortodoxos, como o de Pecs, na Sérvia (1281), e mais adiante, sobretudo, o da Rússia, que se torna autocéfalo em 1448. No caso da cristandade romana, a situação é diferente. O universalismo cruzado da Paz de Deus e das três primeiras cruzadas no século XII (1095-1101; 1145-1148; 1188-1192) tinha acompanhado a restauração da autoridade pontifical, parecendo anunciar um período de unificação da Igreja. Mas nos três últimos séculos da Idade Média a dinâmica parece inverter-se. O conflito entre Frederico II, titular da coroa do Santo Império Romano (1220-1250), e o papado leva ao recuo da instituição imperial, que só Carlos V (1519-1552), fortalecido pelo conjunto de suas heranças, teve condições de restaurar no século XVI. Enquanto isso, quatro reinos afirmam sua vocação imperial, ou seja, uma capacidade de aglomeração territorial e conquista além-mar. São eles a França, cujo rei pretende "ser imperador em seu reino"; a Inglaterra, que começa a conquistar a parte oriental da Irlanda (1167) e tenta várias vezes assumir o controle do reino da Escócia (1293; 1329); o reino de Castela-Leão, mobilizado pela conquista territorial da península Ibérica e promovendo uma espécie de cruzada de proximidade; o reino de Aragão, que estende suas conquistas pelas duas bacias do Mediterrâneo, a partir das ilhas Baleares (1229-1235) até a Sicília (1409) e Nápoles (1442) e a Grécia. Mas devemos acrescentar ainda o pequeno reino de Portugal, as repúblicas imperiais de Veneza e Gênova. Essas potências territoriais enfrentaram-se nesse período, reduzindo a zero o espírito da Paz de Deus e seu universalismo. Na época das expansões europeias, as rivalidades entre reinos cristãos não se amorteceram no contato com mundos desconhecidos. Pelo contrário, surgiram novas causas de rivalidade e os povos subjugados pelos conquistadores europeus muitas vezes foram levados a combater ao lado de seus novos senhores contra outros europeus.

*

Os homens da Idade Média às vezes faziam viagens longas. As cortes reais são itinerantes, embora o território de seus deslocamentos tenha um raio limitado. Em compensação, o sistema de alianças matrimoniais leva as famílias da alta aristocracia e as dinastias principescas a mandar suas filhas, e às vezes os filhos menores, casarem-se longe de seu país de residência. Herdeiras das cruzadas do século XII, as ordens militares estendem sua ação das altas planícies de Castela até a ilha de Chipre, de Jerusalém aos confins do Báltico cristão. Na Terra Santa, contribuem para tornar segura a prática da peregrinação, que também é uma matriz fundamental da relação dos homens da Idade Média com o deslocamento. Roma, Santiago de Compostela e Jerusalém são visitadas por peregrinos que percorreram centenas e às vezes muito mais de mil quilômetros. Os clérigos designados para liderar sés episcopais também se dispõem eventualmente a viajar para muito longe de sua terra natal, e os mestres das primeiras universidades igualmente ocupam cátedras em várias regiões distantes umas das outras ao longo de sua carreira profissional. Os comerciantes, naturalmente, também estão entre esses atores sociais que detêm a experiência de viajar até os confins da cristandade e mesmo além. Em suma, nada seria mais equivocado que imaginar uma sociedade medieval do imobilismo, à qual teria sucedido uma sociedade moderna da mobilidade generalizada.

Cabe aqui conferir um lugar importante às fontes literárias, no mínimo porque elas convidam o historiador a não exagerar a radicalidade da ruptura colombiana. A impulsão da descoberta abebera-se em representações cavaleirescas e espirituais herdadas da poesia épica e do romance, através dos quais os valores guerreiros da aristocracia europeia foram encenados, depurados e difundidos. O ciclo arturiano, a *Canção de Roland* (por volta de 1090), *Tirant lo Blanch* (1490), as diferentes variações da história de Alexandre, entre outros, nutrem a imaginação de jovens da nobreza europeia. Em graus diversos, essa literatura de fantasia ou derivada de acontecimentos históricos mistura o teste do valor cavaleiresco e a busca ou a conquista, vale dizer, a imersão em mundos desconhecidos. Por essa ótica, tais obras podem ser consideradas as matrizes formais das literaturas de viagem. Estas associam a referência às geografias de Estrabão, Plínio e Ptolomeu às enciclopédias medievais, como as *Etimologias* de Isidoro de Sevilha, a experiência ocular da viagem e as representações da poesia aventuresca que inflamam o apetite pelas grandes proezas. Cristóvão Colombo partiu tendo em mente, e talvez mesmo a bordo de suas caravelas, *O livro das maravilhas* de Marco Polo (1298-1307), a *Imago Mundi* de Pierre d'Ailly (1410) e a *Viagem ao redor da Terra* de Jean de Mandeville (meado do século XIV), e esses livros não podem ser analisados sem levar em conta seu enraizamento numa literatura imaginária muito mais ampla e antiga.

O apetite de deslocamento corresponde a dados culturais e espirituais fundamentais. Por um lado, como fica manifesto na espiritualidade da peregrinação, a viagem empreendida pelo fiel é uma reiteração da concepção da vida terrestre como caminho que conduz à outra vida. Por outro, as expedições à Terra Santa revelam um caráter absolutamente singular da experiência europeia cristã. Privada de uma língua sacra, o que não são o latim da Igreja romana nem o grego da Igreja ortodoxa, a cristandade também é despojada de seus lugares santos.

Santiago de Compostela e Roma são substitutos do lugar autêntico que se identifica, emocional e espiritualmente, com o Cristo: Jerusalém. À exceção dos dois séculos durante os quais os cruzados exerceram sua autoridade política sobre a cidade que abriga o sepulcro de Cristo, a cristandade é uma comunhão cujo coração histórico e sacramental bate do lado de fora. A presença de comunidades cristãs na Palestina e de estabelecimentos romanos e bizantinos junto ao Santo Sepulcro em nada muda esta situação. Caberia então ver nessa especificidade da cristandade, nessa disposição que situa o lugar mais sagrado fora das fronteiras, uma condição do desejo de conquista distante? O exemplo do islã, senhor de seus lugares santos, mas apesar disso engajado numa dinâmica de expansão indefinida, parece desmentir a hipótese. E, no entanto, quando tentamos entender o que leva os europeus a dominar as sociedades e territórios exteriores, devemos ter em mente esse dado decisivo da história espiritual e política do Ocidente cristão.

A peregrinação e a cruzada também dão testemunho de que a circulação para lugares distantes não foi um privilégio dos mais poderosos, ficando os miseráveis presos à gleba. Os movimentos de conquistas interiores e a instalação de famílias aristocráticas, de uma extremidade a outra do continente, afetam o ambiente dos senhores em busca de novas terras. Políticas voluntaristas de povoamento, como os alemães ocidentais instalando-se na Prússia e na Pomerânia, ou os habitantes do Norte da Espanha no reino de Valência e na Andaluzia, tomados aos principados muçulmanos, deslocam lavradores e camponeses. A movimentação de populações não envolve apenas as elites das armas, das letras, do comércio ou da fé. São muitos aqueles que tiveram a experiência do deslocamento, e puderam então descobrir que outros homens falavam e viviam de outras maneiras, fossem já cristãos ou ainda pagãos, senão infiéis. A existência de autênticas frentes pioneiras na Espanha, na Europa central e oriental, na Irlanda, nos reinos latinos do Oriente, levou os historiadores a refletir sobre a natureza colonial desses empreendimentos, apesar de anteriores em três séculos às viagens de Cristóvão Colombo.

*

A partir do século XIII, as sociedades da Europa ocidental assistem a um sensível agravamento do dispositivo de perseguição e exclusão que progressivamente se definiu ao longo dos séculos XI e XII. Os alvos do impulso de perseguição são os céticos, os judeus, os leprosos e mais tardiamente as feiticeiras, para levar em consideração apenas os grupos mais facilmente identificáveis. Num ensaio provocador, o historiador Robert I. Moore mostra que a perseguição tornou-se então a coluna vertebral da instituição política da sociedade. Os dispositivos fixados por iniciativa do papa Inocêncio III (1198-1216) no IV Concílio de Latrão, e depois do papa Gregório IX (1227-1241), organizam as modalidades dessa repressão. O início do século XIII assiste também à eclosão da ordem dominicana (1215), sob a direção espiritual de Domingo de Guzmán. Essa ordem religiosa encontra seu laboratório na luta contra a heresia cátara, no condado de Toulouse. O procedimento inquisitorial, que permite identificar e perseguir as comunidades étnicas, passaria por um formidável desenvolvimento nas monarquias ibéricas na época moderna.

A contribuição específica de Moore consiste em ligar essas formas de enquadramento da sociedade ao que os historiadores mais tradicionais identificavam como ascensão e centralização do Estado. Ele observa que essas formas de perseguição constituem na verdade ataques contra a autonomia do poder comunitário. Elas se apresentam ao mesmo tempo como fontes de legitimidade política, invocando a ortodoxia religiosa e moral, e ferramentas de pressão sobre as populações e seu contexto local. Ele chega a uma conclusão que merece ponderação: "Naturalmente, não é por acaso que os reis e papas citados com mais frequência (a propósito da perseguição) são os que mais firmemente se identificaram com uma inovação vigorosa e imaginosa nas artes do governo."* Existe um vínculo forte entre a inovação política e o estabelecimento de procedimentos repressivos movidos pelo desejo de erradicação da alteridade espiritual. Uma história assim afasta-se da narrativa do surgimento da soberania estatal como estágio avançado da organização social. Ela interpreta as

* Robert I. Moore, 1987, p.163.

manifestações de poder e a afirmação da autoridade como resultado de uma luta empreendida e difundida por um conjunto de instituições de natureza diferente no seio da sociedade. A perseguição como registro da politização ocidental já não é então pensada como erro lamentável de um movimento que, por outro lado, inventa a monarquia soberana e o Estado nacional. Esse viés permite observar a organização da sociedade como um movimento de luta e repressão, e não como a difusão cada vez mais generalizada de ideologias que requerem adesão, como o gosto da ordem ou a divindade da pessoa real. Esta lição pode revelar-se útil a partir do momento em que o olhar se volta para a formação das sociedades crioulas e mestiças da América, a partir do século XVI.

O fim da Idade Média surge como um período de intolerância crescente entre diferentes comunidades. A constante migração de colonos de língua germânica em direção leste, para as regiões eslavas e magiares, constitui um considerável foco de tensões. Assim, as corporações de ofício excluem as pessoas que não são de origem alemã em certas cidades do leste. A guilda de padeiros alemães de Riga proíbe em 1392 os intercasamentos com a população báltica. Em sentido inverso, a nobreza cracoviana estimula autênticos pogroms antialemães no contexto de uma política de polonização. Pawel Wlodkowic, reitor da universidade de Cracóvia e titular de uma cátedra de teologia, denuncia durante o Concílio de Constança (1414-1418) a prática da conversão forçada imposta pelos cavaleiros da ordem teutônica na Prússia, defendendo os direitos de populações ainda não convertidas.

Os irlandeses são excluídos das corporações urbanas e guildas em várias cidades anglo-normandas da Irlanda. Com a publicação dos "estatutos de Kilkenny" (1366), as autoridades se opõem à assimilação dos colonos ingleses à sociedade ambiente, mediante a proibição de falar em gaélico ou cantar as canções locais. Um movimento generalizado de "guetização" parece assim impor-se no fim da Idade Média. Nos séculos XIV e XV, os reis espanhóis reduzem a autonomia judiciária dos mudéjares, seus súditos que continuaram muçulmanos. Depois da grande onda de pogroms antijudaicos de 1391-1392, as conversões em massa de judeus ibéricos no século XV geraram uma autêntica paixão pela genealogia. O desejo de fixar uma filiação apoderou-se, nesse caso, dos judeus fiéis à fé de seus antepassados, dos convertidos que tentavam escapar de toda forma de estigmatização e dos velhos cristãos preocupados em se distinguir dos recém-chegados no jogo político e social. A genealogia não é a redução do mundo social a uma matriz biológica, mas pode ter representado sua antecâmara. Por isto é que há várias décadas os historiadores debatem se o momento das perseguições ibéricas e, em particular, a invenção dos estatutos de pureza de sangue constituem uma primeira expressão do racismo político, cuja extensão e radicalização levaria aos desastres do século XX.

Para levantar essa questão com o recuo necessário, convém inscrever os fenômenos de fragmentação comunitária e perseguição no contexto global da formação de um espaço europeu, a partir da Idade Média central. Em seu grande livro sobre a produção da Europa, Robert Bartlet analisa o que poderíamos qualificar como a primeira expansão europeia. É antes de tudo aquela que, do século XI ao século XV, caracteriza-se pela extensão da cristandade romana, em detrimento do islã no sul (Portugal, Castela-Leão, Aragão, Itália meridional, Sicília) e do paganismo ao norte e nordeste (Prússia, Lituânia). É também o tempo da conquista e da diáspora dos senhores franco-latinos e normandos de regiões cristianizadas de longa data, como as sociedades célticas do arquipélago britânico (País de Gales, Irlanda, Lowlands da Escócia) ou as sociedades eslavas da Europa central (Boêmia, Polônia). Assim é que senhores normandos vêm a se instalar na Inglaterra, no País de Gales, na Irlanda, na Escócia, no sul da Itália, na Sicília, na Espanha, na Síria; borgonheses escolhem Castela e Portugal; os nobres saxões se assentam na Polônia, na Prússia e na Livônia; habitantes de Flandres, da Picardia, do Poitou, da Provença, da Lombardia se espalham pelo Mediterrâneo. Nos dois modelos, encontram-se elementos centrais de uma produção sociopolítica da fronteira sob a forma de colonização. O confisco de boas terras agrícolas em proveito de migrantes rurais, enquadrados por uma casta de conquistadores, é uma prática que se repete no reino de Valença, no vale do Jordão e na Irlanda. Nesses casos, a nobreza local é substituída em suas funções, seus membros se exilam e suas famílias se extinguem. Se acrescentarmos o desenvolvimento de culturas intensivas, como a da cana-de-açúcar na Sicília, não surpreende que se tenha levantado a questão do caráter colonial desses assentamentos medievais, no sentido que o termo vem a adquirir nas épocas moderna e contemporânea.

A pedido dos príncipes, as ordens de cavalaria também são convocadas a organizar a cristianização e a vida coletiva em vastos territórios. É o que se dá em Castela, ao sul do Tejo, já no século XII. Foi igualmente este o caso da ordem teutônica convocada pelo rei da Hungria, André II, em 1211, na Transilvânia, vindo a ser expulsa em 1225 por causa dos abusos cometidos. No meado do século, do outro lado do Vístula, a ordem empreende, a pedido do duque polonês Conrado de Mazóvia, a conquista e cristianização da Prússia pagã. Até meados do século XV, a ordem continua a ampliar suas conquistas na região báltica, em apoio às cidades da Hansa, causando hostilidade entre poloneses e lituanos. Entretanto, esse movimento de expansão remodela o espaço político europeu do ponto de vista do exercício das funções políticas supremas. Foi necessário encontrar dinastias para portar as coroas dos novos territórios conquistados para a cristandade. Se tomarmos a situação no século XIII, só os Folkunger da Suécia, os descendentes de Suenon Estritson na Dinamarca e os Piast da Polônia não são de ascendência franca ou normanda. Num total de quinze monarquias reais, cinco descendem diretamente da casa Capeto; das dez restantes, sete descendem em linhagem direta de casas do reino da França ou das regiões francófonas da Lotaríngia e da Borgonha. Durante o desenrolar desses processos, as aristocracias locais resistem à adoção dos *entourages* dos cônjuges reais não indígenas. No século XIV, as dinastias reais da Hungria (Arpad 1301), da Boêmia (Premislid 1306) e da Polônia (Piast 1370) se extinguem. São sucedidas por reis de origem francesa e alemã, até que se imponha a dominação dos Habsburgo.

Nas diferentes regiões onde se dá a implantação de novos senhores, os vínculos com as pátrias de origem persistem por várias gerações.

Esse fenômeno é grandemente facilitado pelo fato de uma espécie de especialização ou reagrupamento ser determinada pelos pontos de partida. Assim, os príncipes e cavaleiros do principado de Trípoli tendem a ser franco-meridionais, os de Antioquia, normandos, e pouco menos de metade dos de Jerusalém são flamengo-picardos. Ao mesmo tempo, a multiplicação dos intercasamentos com filhas de famílias locais produz efeitos de apropriação das sociedades conquistadas. Se tomarmos o exemplo da Europa oriental, notamos que, dos dezesseis primeiros margraves de Brandeburgo, oito desposaram jovens eslavas. Na Irlanda, o surgimento de novas famílias derivadas das alianças de senhores anglo-normandos com mulheres irlandesas, ou às vezes o simples fato de os filhos desses senhores serem criados por amas de leite da ilha, acaba gerando uma sociedade anglo-irlandesa, na qual os magistrados provenientes da Inglaterra não sabem mais onde estão pisando. Essa população, que acaba sendo designada pela expressão Old English, resulta de um duplo fenômeno conhecido da América ibérica: hibridação e crioulização. Não se deve imaginar, todavia, uma situação irênica de mestiçagem generalizada. Na Irlanda, os principados locais são liquidados e a coroa da Inglaterra promove bispos de língua não céltica. O francês na Síria ou o alemão na Livônia não deixam de ser puras línguas de conquista.

Assim, em certos casos, os vínculos com o país de origem são cortados: é o caso da aristocracia escocesa de origem inglesa, que não toma partido da Inglaterra durante as guerras dos séculos XIII e XIV. Assim também as famílias provenientes de além-Pireneus e que se empenham na conquista cristã do islã tornam-se espanholas e continuam a sê-lo nas guerras de conquista de Navarra. Da mesma forma, para citar um último exemplo, na Itália meridional, no fim do século XII, quase quatrocentos aristocratas normandos e francos implantam-se no coração de uma sociedade composta de uma massa de lombardos, gregos e muçulmanos: a mestiçagem então é inevitável. Com os muçulmanos, as pontes não podem ser muito facilmente lançadas; entretanto, a vida comum é possível, pois certas famílias da nobreza muçulmana sobrevivem às invasões cristãs. A vida ao lado dos mudéjares, que permanecem muçulmanos em territórios controlados por príncipes cristãos, e depois dos mouriscos, muçulmanos convertidos mais ou menos de bom grado ao cristianismo, é uma experiência social essencial para as três grandes unidades políticas da península Ibérica: Portugal, Castela e Aragão.

Dois terrenos permitem avaliar a complexidade desses movimentos, a evolução das línguas e a formação das categorias raciais. A complexidade da paisagem linguística europeia de hoje, não obstante os estragos de duzentos anos de estruturação dos Estados-nação, ainda dá testemunho da infinita variedade de situações de épocas mais antigas. Nas regiões organizadas precocemente em torno de casas reais capazes de difundir e impor padrões culturais — a França do norte, a Inglaterra, Castela, a Toscana —, persistem certas variações, mas num ambiente suficientemente homogêneo para que a intercompreensão seja assegurada em territórios bastante amplos. Em compensação, as zonas colonizadas caracterizam-se por plurilinguismos muito mais contrastados, como no País de Gales e na Irlanda. Muitas vezes, os colonizadores aprendem as línguas locais. Assim é que, no século XIV, anglo-normandos (Old English) compõem poesia em língua gaélica. Constatamos, com efeito, uma multiplicação de empréstimos semânticos nos dois sentidos: termos técnicos e mercantes alemães se impõem na língua polonesa, por um lado; por outro, termos agronômicos e administrativos árabes se inserem na língua castelhana.

Do emprego das palavras ao reconhecimento das especificidades étnicas e culturais há apenas um passo. O ponto intermediário é sem dúvida a questão da nomeação das pessoas, a antroponímia que obedece a regras igualmente complexas. Observa-se que os camponeses poloneses adotam nomes germânicos, ao passo que os anglo-normandos estabelecidos no País de Gales e na Irlanda recebem nomes célticos, tornando-se difícil identificá-los como descendentes dos colonos vindos da Inglaterra. É verdade que na Idade Média as diferenças étnicas são pensadas em termos essencialmente culturalistas. Paul Freedman mostrou que o desprezo cortês e nobre pelas classes subalternas funciona como uma matriz cultural para a estigmatização de todo tipo de população. A descrição dos diferentes povos frisa as diferenças de vestuário, penteados, língua, costumes e leis.

## Bibliografia

BARTLETT, Robert. *The Making of Europe. Conquest, Colonization, and Cultural Change, 950-1350*, Princeton: Princeton University Press, 1993.

BASCHET, Jérôme. *La civilisation féodale. De l'an Mil à la colonisation de l'Amérique.* Paris: Flammarion, coll. Champs, 2006.

BEREND, Nora. *At the gate of Christendom: Jews, Muslims, and "pagans" in medieval Hungary, c. 1000-c. 1300*, Cambridge/Nova York: Cambridge University Press, 2001.

BLACKBURN, Robin. "The Old World Background to European Colonial Slavery", *The William & Mary Quarterly*, 3e série, 54-1, 1997, pp. 65-102.

BRAUDE, Benjamin. "The Sons of Noah and the Construction of Ethnic and Geographical Identities in the Medieval and Early Modern Periods", *The William and Mary Quarterly*, 3rd ser., 54-1, 1997, pp. 103-142.

BROTTON, Jerry. *The Renaissance Bazaar: From the Silk Road to Michelangelo*, Oxford: Oxford University Press, 2003.

BOUZA, Fernando. *Comunicación, conocimiento y memoria en la España de los siglos XVI y XVII*, Salamanque: Sociedad Española de historia del libro, 1999.

CARDIM, Pedro. "Religião e ordem social. Em torno dos fundamentos católicos do sistema político do Antigo Regime", *Revista de História das Ideias*, 22, 2001, pp. 133-174.

FRANKLIN, Wayne. *Discoverers, Explorers, Settlers. The Diligent writers of Early America*. Chicago/ Londres: The University of Chicago Press, 1979.

FREEDMAN, Paul. "The Medieval Other: the Middle Ages as Other". In: DONES, Timothy S., SPRUNGER, David A. (eds.). *Marvels, Monsters, and Miracles. Studies in the Medieval and Early Modern Imaginations*. Kalamazoo: Western Michigan University, 2002, pp. 1-24.

FREEDMAN, Paul. *Images of the Medieval Peasant*. Stanford: Stanford University Press, 1999.

FRIEDMAN, John Block. *The monstruous races in Medieval Art and Thought*. Syracuse: Syracuse University Press [1981], 2000.

GOODMAN, Jennifer R. *Chivalry and Exploration, 1298-1630*. Woodbridge: The Boydell Press, 1998.

GRAFTON, Anthony. *New World, Ancient Texts: the power of tradition and the shock of discovery*. Cambridge: Mass, 1992.

GROEBNER, Valentin. *Defaced. The visual culture of violence in the late Middle Ages*. Nova York: Zone Books, 2004.

GRUZINSKI, Serge. *Les quatre parties du monde. Histoire d'une mondialisation*. Paris: La Martinière, 2004.

GUERREAU, Alain. "Fief, féodalité, féodalisme. Enjeux sociaux et réflexion historienne", *Annales E.S.C.*, 45, 1990, pp. 137-166.

HOUSLEY, Norman. *Religious Warfare in Europe 1400-1536*. Oxford: Oxford University Press, 2002.

KRIEGEL, Maurice. "La prise d'une décision: l'expulsion des juifs d'Espagne en 1492", *Revue Historique*, 260, 1978, pp. 49-90.

LESTRINGANT, Frank. *Le Brésil de Montaigne*. Paris: Chandeigne, 2005.

LUGT, Maaike van der. "La peau noire dans la science médicale", *Micrologus*, XIII, 2005, pp. 439-475.

MILHOU, Alain. *Colomb et le messianisme hispanique*. Montpellier: Université Paul Valéry, 2007.

MOORE, Robert I. *The Formation of a persecuting society: power and deviance in Western Europe, 950-1250*. Oxford: Blackwell, 1987.

MULDOON, James. *Popes, Lawyers and Infidels*. Liverpool: Liverpool University Press, 1979.

MULDOON, James. *Identity on the Medieval Irish Frontier. Degenerate Englishmen, Wild Irishmen, Middle Nations*. Gainesville: The University Press of Florida, 2003.

NIRENBERG, David. *Comunities of Violence. Persecution of Minorities in the Middle Ages*. Princeton: Princeton University Press, 1996.

SCALES, Len. "Bread, Cheese and Genocide: Imagining the Destruction of Peoples in Medieval Western Europe", *History*, 92-3, 2007, pp. 284-300.

SCUCCIOMARA, Luca. *I confini del mondo. Storia del cosmopolitismo dall'Anchità al Settecento*. Bolonha: Il Mulino, 2006, pp. 161-281.

SWEET, James H. "The Iberian Roots of American Racist Thought", *The William and Mary Quarterly*, 3rd ser., 54-1, 1997, pp. 143-166.

TOLAN, John. *Les Sarrasins*. Paris: Aubier-Flammarion, 2003.

VINCENT, Bernard. *1492: l'année admirable*. Paris: Flammarion, coll. Champs, 1996.

WAQUET, Françoise. *Le latin ou l'empire d'un signe, XVIe-XXe siècle*. Paris: Albin Michel, 1998.

CAPÍTULO 3

# Corporativismo e Estado de polícia como modelos de governo das sociedades euro-americanas do Antigo Regime

*António Manuel Hespanha**
*José Manuel Subtil***

## 1. As monarquias corporativas

A questão do modelo da política e do político nos séculos que antecederam as Revoluções começou por se pôr sob a etiqueta da questão do "Estado Moderno", sobretudo quando um grupo de historiadores — quase todos da Europa do Sul — começou a questionar a versão dominante de que o Estado nascera de um processo, variado e convergente, de centralização política que se desenrolava desde os finais da Idade Média e que teria encontrado formulações teóricas precoces com Nicolau Maquiavel e com Jean Bodin, reclamando esse último com grande ênfase a descoberta do conceito central de "soberania", que identificava o Príncipe com o Estado e que absolvia o poder de um e de outro de quaisquer limitações.

*Professor titular de História Constitucional e do Direito da Faculdade de Direito da Universidade Nova de Lisboa.
**Professor da Universidade Autônoma de Lisboa.

Realmente, nem um nem outro disseram bem isso, sendo suscetíveis de muitas leituras, algumas muito dissonantes dessa versão.[1]

Em contrapartida, esse grupo revisionista não encontrava facilmente paralelo para esses processos políticos e institucionais, nem para essas teorizações doutrinais ou jurídico-dogmáticas em zonas como a Itália, a Ibéria, a Áustria, duvidando mesmo que a história de países mais ao norte pudesse ser contada assim. Embora concordassem, em geral, que a Reforma e a Contrarreforma tinham tido influências divergentes sobre a política: a primeira favorecendo uma concentração dos poderes temporal e espiritual no rei — frequentemente também chefe ou protetor das novas igrejas, pouco institucionalizadas, bem como novo senhor dos bens eclesiásticos; a segunda reforçando a supremacia simbólica e doutrinal da Igreja Romana sobre os príncipes católicos, embora — no plano institucional e político — esses últimos tenham ganhado contrapartidas importantes (padroados ao nível do mundo, como os reis de Espanha e de Portugal; tribunais régios de inquisição; direitos de beneplácito e de *regia protectio*; bem como uma elevada autonomia diplomática em relação à diplomacia papal). Seja como for, a sua legitimação continuava estreitamente vinculada à fé e essa a um poder externo, internacional e organizado segundo uma hierarquia forte, cuja cabeça era o papa. No plano da doutrina política, por outro lado, os "modernos" — não apenas Maquiavel ou Bodin, a que já nos referimos, mas ainda a generalidade dos "políticos" (termo que designava os teorizadores de um poder quase ilimitado dos reis ou das repúblicas, como Jaime I Stuart, Hugo Grócio, Thomas Hobbes e, depois, uma série de doutrinadores protestantes alemães e holandeses, entre os quais Baruch Espinosa, Cornelius van Bynkershoek, Samuel Puffendorf, Christian Wolff) — estavam proibidos, exercendo uma mínima influência sobre a cultura jurídica e política letrada, que continuava a ler Aristóteles, São Tomás de Aquino, Thomas Vio Cajetanus e a plêiade de juristas-teólogos da Escola Ibérica de Direito Natural (Francisco de Vitória, Domingo de Soto, Francisco Suarez, Bento Fragoso, Luís de Molina, Serafim de Freitas), cuja influência chega à Inglaterra (via Robert Filmer, 1588-1653) e à Alemanha (via Johannes

Althusius, 1557-1638). Para todos esses, um reino era um conglomerado de jurisdições, que iam desde a do pai de família até a do concelho, da paróquia, do senhorio ou da guilda corporativa. Esses poderes incluíam a legitimidade de autorregulação e de composição de litígios, estando protegidos pelo direito comum (*ius commune*), não apenas contra as interferências de outros poderes, mas ainda contra a interferência da própria Coroa. Na verdade, para o pensamento político da época, não havia uma fundamental incompatibilidade entre a afirmação da soberania (majestas, superioridade, *mayoría*, como se diz nas *Siete Partidas*) e essas prerrogativas dos corpos; do mesmo modo que, na Inglaterra, a soberania (*sovereignty*) do *king in Parliament* convivia pacificamente com a inderrogabilidade do *common law* por um *Act of Parliament* (o chamado *rule of law*). Isso queria dizer que também nas monarquias tradicionais europeias nenhum particular (indivíduo ou corpo) podia ser privado dos seus direitos — tal como estavam configurados na tradição (*iura radicata*, foros e direitos) — sem uma decisão nesse sentido proferida por um tribunal comum. Nesse sentido, as diferenças que o clássico livro de Albert Venn Dicey *Introduction to the Study of the Law of the Constitution** encontra entre o primado da lei na Inglaterra e no continente decorrem de um confronto feito com uma situação da política continental muito mais tardia, já dos meados do século XVIII, quando os politólogos do continente — como Voltaire ou Montesquieu — comparavam a monarquia inglesa do seu tempo, já reestabilizada depois do regalismo dos Stuarts ou o republicanismo revolucionário dos puritanos, com a Europa centro-ocidental dos despotismos iluminados. Se recuassem uns cem anos, o confronto daria resultados talvez opostos, em que o continente se destacaria por regimes politicamente muito mais garantistas do que o momento inglês.

Nas monarquias tradicionais, porém, a imagem inspiradora da compreensão do regime político era a do corpo, com a sua natureza

* [que pode ser acessado em http://oll.libertyfund.org/index.php?option=com_staticxt&staticfile=show.php%3Fperson=4181&Itemid=27, 1915]

compósita e diferenciada, em que cada parte se autorregulava diferenciadamente, cooperando, à sua maneira e segundo o seu próprio modo de atuar, sem a imposição da vontade de nenhum órgão sobre outro órgão — nem sequer da cabeça — mas a composição harmônica de todos os interesses, pelo respeito escrupuloso das esfera de autonomia (jurisdicional) de cada parte. Numa sociedade desse tipo, os conflitos entre os corpos (os conflitos políticos) constituíam disputas sobre "o seu de cada um"; com isso, fica claro que se tratava de conflitos que só podiam ser resolvidos em justiça, por tribunais, segundo um processo paritário e provido de contraditório. Isso conferia às sociedades corporativas uma grande estabilidade; mas essa representava também um profundo conservadorismo social, com vias escassas de mobilidade social. Todas as mudanças de status tinham de ser legitimadas em *justiça*: precedidas por um processo, normalmente longo, de habituação da sociedade ao novo estatuto social, que se adquiria por tradição ou por decisão judicial conforme a direitos preexistentes (embora não patentes), que o tribunal reconhecia.

O único processo de modificação instantânea da ordem era o processo miraculoso da *graça*. O rei, como *alter ego* de Deus, podia produzir modificações inovadoras e instantâneas no curso da natureza (da tradição, do direito). Como quando emancipava um menor, legitimava um filho ilegítimo, fazia uma doação (ou seja, mudava a ordem estabelecida de atribuição das coisas), dava um ofício (o que, considerada a natureza patrimonial desses, equivalia ao mesmo), perdoava um condenado em justiça. Mas mesmo essa modificação extraordinária da ordem devia obedecer a uma espécie de metaordem, a de uma justiça excelsa, supratemporal, que legitimava os atos de graça. Por exemplo, a recompensa por serviços, a manifestação da magnanimidade real, a consideração de circunstâncias particulares a que a justiça geral não podia atender. Essa economia da graça nem sempre se reduzia à compensação de serviços por mercês, mas a uma série vasta de atos que, sem serem devidos em justiça, manifestavam no rei uma série de qualidades de percepção e de sensibilidade de que um juiz comum não dispunha.

Assim, aquilo a que hoje chamamos tarefas de governo não podia ser mais do que ações dirigidas a manter as jurisdições particulares. Reinar era, portanto, *fazer justiça* (*iustitiam dare*). E, por isso, os órgãos de governo tinham uma estrutura compósita — integrados por distintas pessoas e de distintas formações ou proveniências, atuando segundo processos muito regulados e formais, em que tudo era registrado sob formas quase notariais — que hoje nos choca pela sua como que buscada ineficiência. Na verdade, o que se procurava não era, de fato, a ineficiência, mas um modo de funcionar tão próximo quanto possível da ordem judiciária, cheia de garantias, de prazos para ouvir os vários interessados e de processos de contraditório. O próprio "governo" — como instituição de mando de topo — era constituído por um conjunto de conselhos, com competências frequentemente sobrepostas e litigiosas. Em algumas épocas, emergia, de entre os membros desses conselhos, um ministro a quem o rei ouvia mais ou atribuía uma especial preferência — o valido. Mas — se excluirmos, em Portugal, os casos do conde duque de Olivares e, em parte, do conde de Castelo Melhor — raramente esses validos corporizavam uma política ou conseguiam fazer o curto-circuito da administração ordinária dos conselhos. Totalmente diferente é já o caso de Pombal, que, mais tarde, manteve uma linha política consistente, sustentada e de âmbito geral; ou, em grau semelhante, os Sousa Coutinho, no reinado de D. Maria. O mesmo acontecia com "juntas" mais ou menos efêmeras e de móvel constituição. Do mesmo modo, a vida política e civil dos particulares carecia de frequentes registros notariais que garantissem a prova de sucessos que modificassem a situação jurídica de cada um, nos mais diversos planos — aquisição de bens, provas de status (ou fama pública de certa qualidade ou direito), declarações de intenções etc.

Já se pode imaginar qual tinha necessariamente de ser, nesse contexto, a centralidade do direito e dos juristas. Não, porém, do direito do rei (a lei). Esse estava bem longe de constituir o único direito. Ao lado dele, vigorava o direito da Igreja (direito canônico); o direito dos concelhos (usos e costumes locais, posturas das câmaras); ou os usos da vida, longamente estabelecidos e sobre que houvesse consenso, que os juristas consideravam como de obediência obrigatória, tanto ou mais do que a lei do rei. De resto, como também um dos autores (A.M. Hespanha, "Da 'iustitia' à 'disciplina'. Textos, poder e política penal no Antigo Regime", *Anuario de história del derecho español*, Madri, 1988) mostrou num estudo com alguns anos, a lei do rei tampouco era aplicada de forma inexorável e sistemática. Os juízes entendiam que a aplicação da lei devia ser matizada pela avaliação da sua justeza em concreto, tarefa que lhes caberia essencialmente e sobre a qual mantinham um poder incontrolado, escudados na doutrina jurídica do direito comum. No caso da lei penal, a sua aplicação devia, além disso, ser misericordiosa. Daí que, apesar de as *Ordenações* portuguesas preverem a pena de morte para uma série enorme de crimes, ela ser excepcionalmente aplicada, pelo menos até o Iluminismo.

Repetimos. Numa sociedade desse tipo, marcada pelo pluralismo político, também o direito não poderia deixar de o ser. Ou seja, em vez de um direito geral, válido territorialmente, multiplicavam-se as jurisdições (ou prerrogativas de declarar direitos particulares), de origem consuetudinária ou concedidas por privilégio. Do mesmo modo que se desmultiplicavam os direitos particulares, desiguais, hierarquizados, uns eventualmente ofensivos dos outros, sintomas da estrutura conflitual da sociedade, cristalizada e garantida justamente nessa pluralidade de micro-ordens jurídicas.

Acrescentemos desde já um par de coisas, para evitar o proliferar de mitos e mal-entendidos (Paulo Ferreira da Cunha, "As liberdades tradicionais e o governo de D. João VI no Brasil. Ensaio histórico-jurídico preliminar", *Quaderni Fiorentini per la Storia del Pensiero [...]*, 32, 2003).

Em primeiro lugar, as limitações que daqui advinham ao poder da Coroa não tinham nada que ver com a garantia de direitos (gerais, individuais, padronizados) que, mais tarde, há de aparecer com o constitucionalismo contemporâneo; os antigos direitos eram corporativos, aos quais seriam profundamente antipáticos os novos direitos individuais, pelos quais o corporativismo tinha um mais do que diminuto apreço e contra os quais, na altura em que começaram a ser propostos, logo reagiu, como sinais de dissolução de uma ordem baseada na desigualdade.

Em segundo lugar, essa estrutura particularista do direito, com o referido viço de liberdades, é um fenômeno que se relaciona com a ordem jurídica do *ius commune*, comum em toda a Europa Central e Ocidental (v. inúmeros escritos de Paolo Grossi; Bartolomé Clavero; Angela de Benedictis; Pablo Fernandez Albaladejo; Jean-Frédéric Schaub; e muitos outros). Não constitui nenhuma particularidade nem ibérica nem portuguesa, baseada em algum patrimônio anímico nacional (?!), de possível origem pré-românica, como tem pretendido uma linha interpretativa mítica, cujas fontes são invariavelmente as leituras míticas dos ensaístas mais dados à poesia e aos saberes ocultos (Teixeira de Pascoais, Agostinho da Silva etc.). Nem tampouco o resultado de um contínuo contato intercultural — descrito como quase fraternal (!) — com árabes e judeus. Esse mito — que a leitura das fontes históricas em massa desmente (como constatou, entre outros, um historiador da dimensão de Ch. R. Boxer) — tem origem numa estimulante — mas polêmica e, hoje, passada a época das grandes explicações ensaísticas, objeto de mera consideração historiográfica — interpretação de Américo Castro (1885-1972) quanto a uma alegada identidade ibérica. Toda a bacia do Mediterrâneo conheceu a mesma convivialidade — e até bem mais pacífica; enquanto que judeus houve por toda a Europa, nomeadamente central e ocidental. Mas, sobretudo, esquece-se que mesmo a pretensa "assimilação" é tão violenta e etnoexclusiva como a segregação; como se esquece que, nessas amáveis paragens ibéricas ainda no século XX se denunciou vigorosamente (quase todos os integralistas e, entre os juristas, uma figura como L. Cabral de Moncada) o perigo judaico e ainda algum historiador de hoje se pergunta se a invasão holandesa do Brasil não terá sido paga com dinheiro judaico...

Em terceiro lugar, o viço desse pluralismo jurídico ultramarino não tem a ver com qualquer lei histórica, que torne mais fácil a preservação do atávico nas periferias — ou seja, dos tais pristinos sentimentos jurídicos neoceltas entre a sensibilidade jurídica dos goeses, macaenses ou timores (!!!). Resulta, isso sim, de a distância do centro ter reforçado o corporativismo dos modelos sociais da metrópole e aumentado a sua resistência à usura liberal. A tal ponto que o próprio "liberalismo" constitucional oitocentista está ainda repassado de ingredientes corporativos, como tem abundantemente mostrado a melhor historiografia espanhola e latino-americana (Marta Lorente, Antonio Aninno, François-Xavier Guerra, Tamar Herzog, José Carlos Chiaramonte, José Maria Portillo).

Mais livre de limites e de formalidades e mais ágil era o governo da casa do rei, no qual esse agia como um normal pai de família. Com a diferença de que a casa desse "marido da República" abrangia muitos assuntos que hoje consideraríamos de governo político, e não doméstico. Desde a alta Idade Média que os juristas tinham identificado algumas matérias que competiam essencialmente (*quae ossibus regis adhaerent*, que aderem aos ossos do rei) a esse governo da casa do rei — os "direitos reais, ou *regalia* (enumerações em: texto *Quae sint regalia*, dos *Liber feudorum*, incorporados na versão medieval do *Corpus iuris*; *Ordenações [Ord. fil]*., II, 26; *Regimento da fazenda* de 1516, c. 237). Basta uma leitura do título 26 do livro II das *Ordenações filipinas* para nos darmos conta do caráter heterogêneo dos direitos aqui considerados. Referem-se à criação de magistrados e oficiais, de guerra e de justiça; à autorização de duelos; à cunhagem de moeda; ao lançamento de pedidos, fintas e tributos; à exigência de serviços na paz e na guerra; ao domínio das estradas, dos portos, do mar adjacente e das suas ilhas, bem como das salinas e das pescarias; ao domínio das minas; à exigência de portagens e barcagens; ao domínio dos tesouros, dos bens vagos (*res nullius*) ou que tivessem vagado, dos bens dos condenados a confisco e dos infames, bem como os bens que o direito penal considerava perdidos para a Coroa; às heranças vacantes etc. No caso português, a lista do título II, 26 terminava por uma cláusula geral — "e assim geralmente todo o encarrego tanto real como pessoal, ou misto, que seja imposto pela lei ou por costume longamente aprovado" (II, 26, 33). Assim, os juristas procuravam substituir essas enumerações, incompletas, por uma definição. E, assim, definiam os direitos reais como os direitos que competem ao rei enquanto pessoa pública. Foi isso que permitiu que, mais tarde, essa esfera do governo doméstico real fosse sendo considerada como uma esfera de governo político, mais livre do que o tradicional governo jurisdicional da república.

A paisagem política europeia tendia, por razões ideológicas e por razões práticas, para essa organização corporativa da sociedade. Na verdade, ela constituía a sobreposição de várias experiências políticas, em que as primeiras nunca tinham sido completamente absorvidas pelas seguintes. Resíduos do sistema político imperial romano (como o direito romano) combinavam-se com estruturas políticas ulteriores, como as da organização eclesiástica — com a sua legitimidade sobrenatural característica e com a sua estrutura beneficial dos cargos —, as dos reinos germânicos — com as suas concessões políticas precárias contra obrigações de serviço —, a da emergência das comunas e das guildas — com a sua apropriação de poderes de autorregulação —, como as do mundo doméstico — com o seu fechamento a poderes invasivos. Todas essas autonomias de poder, de regulação e de julgamento constituíam jurisdições corporativas, ordens jurídicas a par de ordens jurídicas, sendo o todo mantido em equilíbrio por uma sofisticada construção jurídica de harmonização desse mundo de jurisdições.

Por outro lado, a essas razões culturais e históricas somavam-se componentes logísticas.

Vejamos o caso de Portugal. Os juízes de fora, ainda que fossem instrumentos do poder real de que tanto se fala, só existiam, até aos finais do século XVIII, em cerca de 20% dos concelhos. Um livro de um dos autores, já com quinze anos, provou isso abundantemente (última edição, António Manuel Hespanha, *As vésperas do Leviathan. Instituições e poder político [Portugal, séc. XVIII]*, Coimbra, Almedina, 1994, 682 p., reedição remodelada da edição espanhola de 1990). Mais recentemente, trabalhos importantes, nomeadamente de Nuno Gonçalo Monteiro e de José Manuel Subtil, aperfeiçoaram a prova. E uma tese de mestrado de Cristina Nogueira da Silva (*O modelo espacial do Estado moderno, reorganização territorial em Portugal no final do Antigo Regime*, Lisboa,

Editorial Estampa, 1998) mostrou como, ainda nos anos finais do Antigo Regime, o apego dos concelhos às suas justiças ordinárias era fortíssimo. Embora os poderes dos senhores portugueses não fossem tão extensos e incontrolados como no centro da Europa, cerca de 2/3 dos concelhos do reino pertenciam a senhores, que aí administravam a justiça. E, em cerca de 1/3, esses senhores das terras podiam mesmo impedir a entrada dos magistrados régios (corregedores) encarregados de inspecionar o governo local. Também isso está abundantemente provado hoje, muito embora se discutam algumas questões relevantes nesse plano: (i) qual o controle efetivo dos senhores sobre as suas terras; (ii) qual o grau de curialização da nobreza portuguesa e em que é que isso consistia; (iii) qual o impacto prático da existência de uma justiça senhorial intermédia. Depois, se quisermos avaliar a importância do poder real, temos de pôr a questão da eficácia da máquina administrativa da Coroa e, mesmo antes, dos meios de conhecer o reino.

O aparelho administrativo da Coroa era muito débil. Dos cerca de 1.700 oficiais que a Coroa tinha ao seu serviço em meados do século XVII, uns 500 estavam na corte. No resto do país, apenas 10% das estruturas administrativas pertenciam à Coroa, o que quer dizer que, para cerca de 12 mil funcionários concelhios, senhoriais e de outras entidades (excluídos, em todo o caso, os oficiais eclesiásticos), havia 1.200 da Coroa. A essa fragilidade dos aparelhos burocráticos soma-se a falta de recursos financeiros da Coroa, pois a subida das suas rendas durante os séculos XVII e XVIII não era bastante para melhorar substancialmente o magro aparelho burocrático a que antes nos referimos (v. o capítulo "A fazenda" de *O Antigo Regime* [A.M. Hespanha, dir.], *História de Portugal*, José Mattoso (coord.), Lisboa, Círculo dos Leitores, 1993, pp. 203-238). A essa falta de meios da coroa para governar o Reino teríamos ainda de acrescentar uma referência ao deficiente conhecimento do próprio território — de que não houve representações cartográficas detalhadas ou contagens demográficas precisas até aos inícios do século XIX — e às dificuldades e demoras das comunicações internas — más estradas, deficiente serviço de correios.

Também o direito do rei (a lei) não era o único direito. Ao lado dela, vigorava o direito da Igreja (direito canônico); o direito dos concelhos (usos e costumes locais, posturas das câmaras); ou os usos da vida, longamente estabelecidos e sobre que houvesse consenso, que os juristas consideravam como de obediência obrigatória, tanto ou mais do que a lei do rei. De resto, como se disse, a lei do rei tampouco era aplicada estritamente.

E, quanto às decisões políticas, a vontade do rei estava sujeita a muitos limites. Ele tinha de obedecer às normas religiosas, porque era o "vigário" (o substituto) de Deus na Terra. Tinha de obedecer ao direito, porque esse não era, como vimos, apenas o resultado da sua vontade. Tinha de obedecer a normas morais, porque os poderes que lhe haviam sido conferidos tinham sido para que ele realizasse o bem comum. E, finalmente, tinha de se comportar como um pai dos seus súditos, tratando-os com amor e solicitude, como os pais tratam os filhos. E isso não era apenas poesia. Muitas entidades controlavam o cumprimento desses deveres do ofício de reinar. A Igreja, por exemplo, que continuava a deter a perigosa prerrogativa de excomungar o rei, desligando os súditos do dever de lhe obedecer. Por isso é que as crises com o papado — que se multiplicavam durante os reinados de D. João V a D. José — eram politicamente tão sérias. Os próprios tribunais podiam suspender as decisões reais e declará-las nulas. E isso acontecia frequentemente, tanto nos tribunais superiores como nos juízes concelhios, por todo o reino, em questões grandes e pequenas.

Tudo isso estava tão abundante e solidamente sedimentado na teoria política que até ao pombalismo não se cessou de repetir os tópicos corporativos, descrevendo o poder real como um poder limitado, a Constituição como o produto indisponível da tradição, o governo como a manutenção dos equilíbrios estabelecidos, o direito como um fundo normativo provindo da natureza. Nesses termos, todos os acenos da teoria política moderna para um governo baseado na vontade, nomeadamente na vontade arbitrária do rei, eram geral e enfaticamente rejeitados, mesmo quando possam ter tido momentos de fascínio no âmbito dos círculos cortesãos e intelectuais, como têm mostrado trabalhos de Ana Isabel Buescu e de Ângela Barreto Xavier. Digna de uma análise porventura diferente é a literatura histórica e política referente ao ultramar, em que os tópicos maquiavélicos da exploração da conjuntura e do artificialismo do político parecem ser mais frequentes. Assim, os limites ao governo provinham mais desse controle difuso e quotidiano do que, como frequentemente se diz, da reunião regular das cortes que, nessa altura, tinham uma função sobretudo consultiva e cerimonial. "Sem o conselho [dos juristas], o príncipe não pode editar leis, ainda que o possa fazer sem a convocação de cortes", escreve um jurista do século XVII, repetindo a opinião comum.

Tudo isso muda pelos meados do século XVIII. O processo é bem conhecido, para Portugal sobretudo, depois dos trabalhos de José Manuel Subtil. Muda, desde logo, o imaginário do poder, que agora é assimilado a uma *disciplina* (*Disziplinierung;* emprego a palavra alemã para salientar o sentido ativo da expressão, a ação de disciplinar) de um mundo aliás tornado caótico por formas irracionais, supersticiosas, bárbaras, feudais, de governo. Modernização da tradição rotineira e obsoleta, racionalização da ordem acrítica, livre exame da razão política, estendida à construção de uma ciência da polícia (*Science de la police*, *Polizeiwisenschaft*) ou ciência da câmara do monarca (*Kameralwissenschaft*), o novo arquiteto dessa cidade política marcada não pela naturalidade, mas pela artificialidade. Tudo isso se pode relacionar — como foi aventado por R. Koselleck por uma nova percepção do tempo, marcada pela erupção da experiência de um tempo descontínuo, em que a contemporaneidade deixava de poder ser simultânea com a não contemporaneidade (o passado ou o futuro). Isso teria provocado uma ruptura com o passado que tanto deixa de ter a ver algo com o presente como não pode mais servir de fundamento de um projeto para o futuro.

Por outras palavras, inaugura-se a época do progresso, revolucionário ou não, no mesmo passo em que se abandona a ideia antiga, coperniciana, de revolução (*De revolutionibus orbium caelestium*, 1543) e de "restauração" ou de "regeneração". Assim, muito da literatura da segunda metade do século XVIII — sobretudo a de matriz pombalina — está repleto de sinais dessa nova experiência de que o passado está cheio de irracionalidade, superstição, ignorância, falta de luzes e que o mundo político a criar há de, em contrapartida, ser guiado pela luzes, pela racionalidade, pelo melhoramento, pela utilidade do presente (e não pelas tradições passadas). O termo "regeneração" continua a aparecer — e, com ele, a ideia de que os males do presente se relacionam com o esquecimento ou degeneração dos bons costumes e das instituições primevas. Mas, na boca de muitos dos reformistas, isso soa, claramente, a afirmações apenas sedativas, propiciadoras de um consenso com um sentimento comum, não elitário, de que o contemporâneo podia (e devia) ser não simultâneo, partir e incorporar o núcleo mais permanente do passado para garantir um futuro mais sustentado e mais autêntico. Apesar de incluir propostas de ruptura absoluta, o vintismo chamou-se a si mesmo "regeneração"; e o preâmbulo da Constituição de 1822, apesar de tudo o que de novo nela há, não deixa de tocar todos os acordes "restauracionistas".

Não parece que o mesmo momento, agora no cenário brasileiro, fosse fundamentalmente diferente. Embora aí a experiência do tempo não conseguisse tão facilmente conciliar as expectativas com as lembranças, o futuro com o passado, a novidade com a tradição, isso acontecia porque, sob a pressão dos acontecimentos políticos que empurravam o Brasil para a separação política com Portugal (mas não necessariamente com a dinastia e provavelmente não tanto como se supõe com um "absolutismo brasileiro") se forja a imagem de um passado insuportável. Essa imagem ainda hoje subsiste em muita historiografia brasileira; mas é pouco consistente, tanto com o que hoje se sabe sobre a autonomia fática brasileira de Antigo Regime como com a sustentada e pouco problemática acomodação do Brasil independente com alguns dos traços mais incômodos desse passado — a escravatura, o casticismo étnico, o patrimonialismo do poder (agora com outros donos), o prolongamento da domesticidade no caciquismo e clientelismo, a eclusão dos nativos, as miragens do centralismo político etc. (em sentido não convergente, o estimulante livro de Valdei Lopes de Araújo *A experiência do tempo.*

*Conceitos e narrativas na formação nacional brasileira [1813-1845]*, São Paulo, Hucitec, 2008). Em Portugal, o forjar de mitos sobre a recusa e irreversibilidade do passado também teve lugar, em toda a literatura comemorativa da Revolução vintista, que também aqui chega até hoje. Mas a contínua erupção do fundo tradicionalista e revivalista — com o miguelismo, com a Maria da Fonte, com o integralismo, com o salazarismo — torna claro que se tratava de mitos e que o conceito de um tempo descontínuo e progressista veio muito a calhar.

Tem-se discutido, para o caso português, quando é que essa mudança de paradigmas políticos ocorre, de forma decisiva, irreversível e sustentada. Apesar de opiniões em contrário (nomeadamente, de Nuno Monteiro, *D. José. Na sombra de Pombal*, 2006), cremos que a opinião largamente dominante de que o momento de crise do corporativismo e de correspondente ascensão — ainda de demorada consumação — corresponde ao "momento Pombal", continuado substancialmente em todo o perturbado período que desemboca em 1822. As razões e os processos desse trânsito foram objeto de estudos recentes, de onde constam abundantemente os dados empíricos que podem fundar a tese (José Subtil, *O terremoto político [1755-1759] — Memória e poder*, 2007).

Os espaços ultramarinos, sem distinções de maior, ainda se abriam mais a essa dispersão de jurisdições. Por um lado, a distância, o isolamento e as solidariedades que esses geram faziam nascer aí corpos suplementares — municípios, *ayuntamientos* com os seus *cabildos*, comunidades nativas autônomas, senzalas de povos deslocados, novas guildas profissionais ou novas corporações territoriais. A própria Igreja não escapava a esse movimento de cissiparidade, que autonomizava congregações, que desenhava comunidades de fiéis, que florescia em irmandades. Ao passo que o mundo doméstico se reforçava em fazendas, engenhos, *encomiendas*, mesclando os núcleos familiares de sangue com parentescos políticos (peões, gaúchos, escravos, libertos, apaniguados). Também esse mundo gozava de liberdades corporativas, que, a seu tempo, se haviam de fazer ouvir, como as da metrópole, contra as intromissões do rei (como acontece nas colônias americanas da Inglaterra), ou hão de procurar encontrar o seu lugar nas primeiras ordens constitucionais, aparentemente liberais, mas também profundamente permeáveis à reinstitucionalização das realidades corporativas coloniais. Assim, a imagem de centralização ainda é mais desajustada quando aplicada ao Império ultramarino. Aí, alguns módulos (Timor, Macau, costa oriental da África) viveram em estado de quase total autonomia até o século XIX. Mas mesmo a Índia, que era objeto de um controle tornado muito remoto pelos nove meses que demorava a comunicação com a metrópole. Apesar de, como já se sugeriu, a teoria da ação política relativa ao ultramar ser algo mais permissiva, na medida em que, por um lado, se tendeu, por vezes, a ver nas "conquistas" algo semelhante a um patrimônio do rei, que ele administraria como coisa sua — *administratio domestica*, segundo as flexíveis normas da *oeconomia*, um pouco como as *crown colonies* inglesas; e, por outro lado, porque nesses territórios de fronteira e de guerra viva, os padrões de uma administração militar — baseada na *extraordinaria potestas*. Nada, porém, que, segundo cremos, possa justificar a subversão dos modelos corporativos do governo, caracterizados pela periferização do poder e pela ausência de um poder central assimilável ao Estado que virá depois. Embora essa seja a avaliação para que tendem prestigiados historiadores como Laura Melo e Sousa, Francisco Bettencourt e Diogo Ramada Curto; com toda a cordialidade reiteramos que, quando não se trate de uma aceitação um pouco fora de época de uma historiografia comemorativa do feito da descolonização (que, para o Brasil, já tem 200 anos...), parece consistir numa visão que descreve algumas árvores — eventualmente de grande porte — mas perde por completo de vista o conjunto da floresta. Nesse caso, da floresta de poderes que se afirmavam autonomamente, discreta ou enfaticamente, nas periferias ultramarinas, a ocidente e a oriente.

O mais interessante, nessa avaliação contraditória, é que — tal como acontece na América Latina ou mesmo na América do Norte — é depois das rupturas revolucionárias que se vê ainda mais claramente a vitalidade desses poderes, agora em luta contra a afirmação dos novos Estados pós-coloniais. Em muitos casos, isso conduz a uma pulverização das unidades políticas coloniais (e não por causa da força centrípeta das comunidades nativas, mas da força desagregadora dos *cabildos* municipais dominados pelas elites coloniais). A ponto de se falar, no processo de constituição das identidades nacionais latino-americanas, de uma transição da *vecindad* para a *ciudadanía*. Mas não é menos significativa — como vem notando a melhor historiografia constitucional latino-americana (Marta Lorente, António Aninno, François-Xavier Guerra, Annick Lampiere, Bartolomé Clavero) — a extraordinária supervivência da Constituição de Cádis na América Latina, a mesma que não resistiu mais de três anos na metrópole. Isso não pode ser separado (como tem sido notado) da sua permeabilidade à estrutura corporativa, ainda mais arcaica, das sociedades latino-americanas. Tanto que as tentativas de implantação de Estados nacionais, dotados de constituições "liberais-estadualistas" (1853, Argentina; 1857, México), saldaram-se em fracassos mal encobertos pela manipulação corporativa dos mecanismos liberais que elas teoricamente continham — como a concessão quase universal da cidadania (masculina) e o consequente universalismo do sufrágio. Porém, mesmo o pensamento político das primeiras décadas da Revolução americana está tingido desse corporativismo. Também aí, o que dispara a revolta é a ofensa pela Coroa de direitos particulares, de particulares e de corpos. Isso traduz-se no próprio texto de algumas das primeiras constituições (como a da Virgínia), em que a influência de William Blackstone, ele mesmo um jurista inglês tradicionalista, transparece com alguma frequência. A família segue sendo um corpo político (que integra filhos, criados e escravos) e são-no também as nações índias. E, na verdade, a revolta com que a Coroa se confronta é uma revolta de corpos (as colônias, com as suas assembleias) e pouco de indivíduos. Como bem notaram, a seu tempo, Bartolomé Clavero e Jack Green. Bartolomé Clavero, nomeadamente, fez a demonstração desse aspecto ao estudar a seção I da Constituição da Virgínia (de 29/8/1776) ("That all men are by nature equally free and independent and have certain inherent rights, of which, when they enter into a state of society, they cannot, by any compact, deprive or divest their posterity; namely, the enjoyment of life and liberty, with the means of acquiring and possessing property, and pursuing and obtaining happiness and safety"). Segundo ele, apesar da aparente clareza das palavras utilizadas — se diria, da familiaridade e banalidade de expressões como "all men" — seria necessário mergulhar nas fontes textuais, nomeadamente nos *Commentaries on the Laws of England*, de William Blackstone (Oxford, 1765), ou no *Le droit des gens ou principes de la loi naturelle*, de E. de Vattel (Londres, 1758). Um contexto que, nesse caso, cortaria de forma absoluta o sentido originário do texto com toda a tradição que, ulteriormente, o virá a reivindicar. Pois, inserida na economia da obra de W. Blackstone, a referência a "all men" se relacionaria não com as liberdades individuais, mas com as liberdades corporativas da *commom law* de então, a qual excluía, desde logo, a liberdade dos criados (submetidos ao patrão; cf. Blackstone, I, cap. 14), a liberdade das esposas (submetidas aos maridos, cf. Blackstone, I, cap. 15), a liberdade dos filhos (submetidos aos pais, cf. Blackstone, I, cap. 16), a liberdade dos órfãos ou dos "incapazes" (submetidos aos tutores, cf. Blackstone, I, cap. 17); apenas se retinha da ideia da liberdade dos sujeitos aquilo que era funcional em relação às reivindicações das comunidades coloniais — elas mesmas corporativamente imaginadas como "pessoas" [*persons*, *corporations*] — em relação à Coroa britânica.

Apesar dessa longa continuidade de vitalidade corporativa no ultramar — nomeadamente no ultramar americano (e, até, norte-americano; embora, aí, as próprias matrizes europeias já levassem consigo fortes elementos desagregadores do corporativismo — individualismo, republicanismo moderno, contratualismo) — é claro que se notou no ultramar, desde Macau ao Brasil, o impacto da política da disciplina.

## 2. O governo pela disciplina: impulsos, êxitos e limitações

Analisando o funcionamento do sistema político podemos compreender melhor a mudança consubstanciada no aparecimento de novas regras de governo que produziram novas práticas, novos políticos, novos saberes e conhecimentos que reposicionaram os lugares de poder e as configurações do campo do poder dominante. Em contrapartida, a assunção da formação do novo modelo político criou também, naturalmente, novas condições para a reprodução das elites.

O que não mudou ou não foi possível mudar durante o reinado de D. João V tornou-se insolúvel politicamente depois do terremoto de 1755. Se compararmos os últimos anos do "Magnânimo", especialmente depois da "reforma" das secretarias de Estado (1736), com os últimos anos da década de 1760, no auge da pulsão reformista pombalina, concluímos que em cerca de 35 anos muito mudou no sistema político em Portugal.

O conjunto dos tribunais e conselhos que estavam em funções no reinado joanino remonta a finais do século XVI. A "novidade reformista" do gabinete dos secretários de Estado, em 1736, fundamentalmente ligada a uma reforma do despacho régio que acelerasse o expediente administrativo, sobretudo de mercês, comendas, privilégios, senhorios e nomeações para a justiça e fazenda, não resistiu à absorção pelo corporativismo e colapsou em todas as dimensões. A situação das secretarias de Estado no final dos anos 1740 era de enorme confusão burocrática e administrativa, permeável e disponível aos tradicionais jogos de poder, desfalcada de secretários e tão transitória como a doença prolongada do monarca. A intervenção política dos secretários de Estado nunca contou com o pluralismo político de antes, nem visou a uma alternativa à pluralidade e autonomia dos poderes tradicionais. O sistema político, por sua vez, continuava dominado pelos mesmos grupos de elite, no seu conjunto perto de uma centena e meia de dirigentes, ou seja, substancialmente, igual — no recorte social e nas matrizes da sua legitimação — aos do século XVII (dados em José Subtil, *O terremoto político de 1755. Memória e poder*, op. cit.).

O único governo "ministerial" de D. João V foi um governo "de inclusão" política que prolongou e manteve os efeitos sociais negativos das compensações e dos equilíbrios entre os privilégios e as suas limitações. Já os vários governos josefinos/pombalinos assentaram na *exclusão política* para discriminar, para diferenciar, para garantir outro tipo de agregação que impedisse a resistência às reformas e garantisse a consolidação das mesmas. Ao passo que muitas dessas reformas apontavam para uma clara atenuação dos poderes tradicionais sob a égide de um governo de Estado.

Se o novo poder está bem identificado num conjunto de instituições ligadas à administração, segurança e economia, como adiante se verá, o certo é que para se perpetuar, manter e reproduzir teve de o fazer por intermédio de outras instituições, menos visíveis do ponto de vista político, que pode parecer, num primeiro olhar, nada terem a ver com o núcleo duro do poder — as instituições de ensino. Desde logo, o sistema escolar das primeiras letras assegurado, mais tarde, pela Junta da Diretoria Geral de Estudo e Escolas do Reino (17 de dezembro de 1794). Depois, pela reforma da Universidade de Coimbra (1772), que produziria novos saberes quase todos identificáveis — nos autores e no cânone literário — com o ambiente das "luzes", que despertava em toda a Europa. Essa nova ligação cultural começou por dissimular os objetivos mais amplos, mas acabaria por conduzir a uma estratégia profunda de renovação das elites. Os dirigentes pombalinos afirmaram-se com um novo tipo de saber alicerçado que, embora usando uma etiqueta antiga, a da Boa Razão, lhe dava agora uma volta semântica que a identificava, já não como "bem comum", mas com a razão política que persegue o bem (o interesse, a utilidade) público. A própria aristocracia era tocada por esse *rationistic turn*, ganhando outras visões do mundo inculcadas pelo ensino e pelas artes do Colégio dos Nobres (1761).

Aos novos poderes somaram-se, assim, novos saberes, novos conhecimentos e novos atores. A produção e a reprodução desses instrumentos e capitais políticos tiveram efeitos imediatos na exclusão do campo de poder das "velhas e tradicionais" classes aristocráticas que deixaram de poder usar com eficácia os seus privilégios na luta pelo domínio político ou sequer resistir ao processo de absorção das reformas e dos grupos dominantes que emergiram.

A identificação e o reconhecimento político mudaram de forma significativa. As novas tutelas reclamaram-se de racionalistas, utilitaristas e empiristas, autônomas em relação à autoridade religiosa, portanto utilizadoras de um conhecimento liberto da religião e mais direcionado para a ciência, isto é, a teologia e a política passaram a organizar-se cada uma à sua maneira. A expulsão dos jesuítas (3 de setembro de 1759), precisamente no primeiro aniversário do atentado a D. José, ocorreu, segundo os argumentos da época, por causa "da ingerência nos negócios temporais". A publicação da obra *Dedução cronológica e analítica* (1767) encarregou-se de discriminar a diversidade de outros argumentos e dar unidade política a todos os ingredientes desse programa regalista e secular. O marquês Cesare Beccaria, por exemplo, iria classificá-la como "l'opera ammirabile" e homenageava o marquês de Pombal ao afirmar que "era necessario si grande Eroe, per liberare I Mondo de si orrorosa Gesuitica peste" (1767).

Essas doutrinas e particularidades aproximam o processo político de mudança das especificidades do cameralismo (*Cameralwissenschaft*, *Kameralien*, do termo latino *camera*, câmara real, lugar da intimidade e de manifestação da vontade reguladora do príncipe), assim como na ação concernente à "ciência de polícia (*Polizeiwissenschaft*, Polizei, afirmação da vontade do rei no sentido do "policiamento/polimento" da cidade, a boa razão, como razão de Estado, entre as outras razões). Um conjunto de novas ideias sobre os mais diversos campos sociais, como as finanças, a economia, a segurança, as prisões, a saúde pública, a educação, isto é, em diferentes áreas da atividade jurídica, política, social e cultural. Ideias que preconizavam e apelavam a ação, refutando o imobilismo da administração passiva que consumia os poderes públicos em lugar de os modelar para a "felicidade dos povos".

Esse novo pensamento sobre o conjunto das atividades governativas teve consequências profundas na relação entre o poder, a sociedade e o indivíduo, ao centrar-se em técnicas que passaram a codificar as relações sociais destinadas, agora, a conduzir as condutas dos indivíduos para regular e normalizar os comportamentos. O poder passava a estar interessado em agir nas relações entre os indivíduos e menos na ação direta sobre cada um, como era timbre nas relações entre soberano e súdito.

Compreende-se que nesse novo paradigma político-administrativo o objetivo da ação passasse a incidir sobre entidades abstratas, como a "população" e o "território", o que obrigou ao recurso de novas disciplinas científicas, como a demografia, a geografia, a estatística, a saúde pública, a educação pública e a gestão dos recursos financeiros.

Se para o sistema corporativo de organização do poder o modelo de gestão era isomórfico da família, para o sistema disciplinar moderno devia incorporar novas grandezas, como o das "massas de indivíduos", o que introduzia um fator de ruptura na concepção da arte de bom governar, isto é, as instituições administrativas passaram a ter de implementar padrões de normalização como segmentos de uma nova ordem disciplinar, um regime sem precedentes.

O reconhecimento e o assentamento desses novos princípios foram definidos pela "razão" inculcada pelo "interesse público" para converter consentimentos num número cada vez maior de pessoas, sintonizando as condutas e as relações de uns com os outros e permitindo a formação de uma economia de pertinência. A direção desses movimentos e os novos regimes canônicos recolhiam-se na proveniência iluminada da vontade e da ação do príncipe para promover a riqueza dos povos, suprir as faltas e dominar os meios necessários e úteis à felicidade (Francisco Coelho de Sousa Sampaio refere-se ao *direito da polícia*, ver António Manuel Hespanha, *Poder e instituições na Europa do Antigo Regime*, Lisboa, Fundação Calouste Gulbenkian, 1984, pp. 395-541, como suporte da "felicidade do Estado").

Acima de tudo, esse projeto político obrigou o príncipe a recorrer a uma nova administração financeira capaz de arrecadar com eficiência os impostos destinados ao "bem comum", com a "boa razão" que a tudo deve preferir.

De resto, tanto o *cameralismo* como a *ciência de polícia* enunciavam também uma nova doutrina sobre o recrutamento do oficialato régio e a função dos ofícios para o "bom governo e a economia", funcionários "meritórios", tecnicamente competentes para lidarem com os modernos instrumentos de gestão (meritocracia), qualidades que nem o ensino tradicional do direito oferecia nem estavam compreendidas na deontologia tradicional do ofício (centrada na nobreza, na honestidade ou "limpeza de mãos", na bondade, na lealdade ao serviço do rei).

Mas essa transformação profunda, ocorrida em meados do século XVIII, não resultou de uma acumulação de reformas. Foi uma mudança repentina que absorveu todas essas teorias inovadoras de governo e administração, ligada ao ambiente criado pelas condições sociais, econômicas e políticas do terremoto de 1755 que obrigaria ao uso de técnicas, métodos e conhecimentos que não tinham correlação com os conteúdos das práticas administrativas tradicionais. Progressivamente, num tempo relativamente curto, começaram a criar uma série de pequenas mudanças que acabariam por guiar as grandes reformas que ocorreriam a partir dos finais da década de 1750 e se impuseram na década de 1760.

Não sendo criação de um autor, o futuro marquês de Pombal, a mudança foi, contudo, cunhada sob a sua liderança e apoiada numa rede de influentes políticos que se assenhorearam de uma multiplicidade de polos de poder tradicionais e dirigiram novas estruturas organizativas que adotaram o modelo da decisão unipessoal ou, no mínimo, de um pequeno conselho administrativo (juntas de administração).

A caracterização dessa ruptura política tem várias dimensões e integra diversos componentes. Desde logo, é marcada pelo novo estilo de governo das secretarias de Estado, pela instrumentalização política dos tribunais e conselhos, pelas texturas das inovações administrativas, pelas diferenças introduzidas na taxinomia profissional e na alteração do estatuto do oficialato régio e pela permeabilidade jurídica e política provocada pelo arranque da reforma da propriedade vinculada. Os novos métodos de decisão implantados durante a segunda metade do século ganharam, por esses motivos, a repercussão de um conflito de grande escala que culminará no atentado a D. José e que mudará a face dos poderes no final do Antigo Regime em Portugal.

Ao contrário do governo "ministerial" do reinado de D. João V, durante o qual o ciclo político dos secretários de Estado coincidiu com os seus ciclos biológicos, não se operando portanto qualquer remodelação política, no período pombalino ocorreram cinco remodelações depois do terremoto. Todas tiveram lugar depois de Sebastião José de Carvalho e Melo passar a ocupar o lugar principal no governo (secretário de Estado dos Negócios do Reino). No ano seguinte ao cataclismo, aconteceram duas mudanças no governo, tendo a segunda cimentado o núcleo de confiança de Pombal com a demissão compulsiva de Diogo de Mendonça Corte Real. Na terceira remodelação (1760), o governo passou a contar com Francisco Xavier Mendonça Furtado, irmão de Pombal; e, na quarta (1770), será constituído o governo mais numeroso, com cinco secretários de Estado, dos quais um era adjunto de Pombal (José de Seabra da Silva) e um outro continuou a desempenhar as funções de seu secretário adjunto (Ayres de Sá e Melo). O reforço de assessoria ao ministro do Reino e ao governo, bem como a promoção de secretários de Estado com fortes convicções reformistas próximos de Pombal, evidencia um sentido muito fortemente centralizado de comando político, de interação consistente entre Pombal e as suas criaturas e de determinação na concretização dos projetos de mudança. Não há rivalidades doutrinais profundas nem hostilidades de projetos; pelo contrário, verifica-se uma considerável homogeneidade de interesses estratégicos.

Por outro lado, desde que assumiu o cargo de secretário de Estado do Reino, o futuro marquês de Pombal determinou que as consultas dos tribunais e dos conselhos passassem a correr pela sua secretaria. Dito de outra forma, o despacho régio passava a ser observado, selecionado e organizado por ele próprio. O alcance político dessa medida está bem visível no monopólio que passou a usufruir para influenciar a decisão do monarca ou para reter consultas (veto de gaveta), como prova o arquivo da Secretaria de Estado (ver José Subtil, *O Desembargo do Paço [1750-1833]*, Lisboa, Ediual, 1996, capítulo III).

Mas as secretarias de Estado pombalinas assumiram outras funções políticas de que realçamos a direção da nova administração intendencial e das juntas administrativas, como teremos ocasião de referir, órgãos cujo modelo de decisão deixou de obedecer aos critérios jurisdicionalistas para ser fundado na vontade unipessoal dos secretários de Estado.

A instrumentalização política dos tribunais e conselhos teve várias facetas. A primeira foi, sem dúvida, a alteração do sentido de voto dos membros das mesas através da nomeação de novos vogais afetos ao pombalismo. A segunda, mais melindrosa e sutil, consistiu na intromissão de desembargadores em determinadas mesas e tribunais, com os mesmos ou mais direitos do que os de assento ordinário, sempre que houvesse necessidade de aprovar pareceres cuja importância fosse vital para as reformas. Um expediente invulgar que se legitimava numa nova interpretação dos benefícios auferidos pelos encartados com o título de "Conselheiro de Sua Majestade"; ou seja, a rede desses "conselheiros" passava a constituir um grupo de desembargadores que podiam transitar por todos os conselhos e tribunais, desde que convocados para o efeito, sendo a antiguidade aferida pela carta de conselheiro, e não pela carta de nomeação como membro da mesa ou do tribunal. Esse dispositivo permitia, assim, convocar desembargadores "estranhos" às mesas, vindos de outros tribunais, para discutir consultas e votá-las, desequilibrando previsíveis votações contra o interesse das reformas e diminuindo, portanto, a tradicional autonomia jurisdicional desses órgãos.

Mas a instrumentalização também se fez através da revalorização dos pareceres dos procuradores da Coroa sobre as consultas produzidas pelos tribunais e conselhos régios. Esses funcionários régios, por terem estado, no passado, obrigados a defender o interesse da Coroa, passaram, desde então, a desempenhar o papel de "tutores" do favorecimento do "interesse público". A evidência das suas influências está patente na nova economia das decisões régias e nas resistências e queixumes dos membros das mesas colegiais que se acharam ultrajados na sua dignidade pela presença de tais "olheiros" e "intrusos", que, para além de confundir as suas práticas, validavam comportamentos "monstruosos".

Essa governamentalização do aparelho administrativo tradicional foi completada com a exautoração das suas competências, quando muitas das funções foram transferidas para novos organismos, criados e dependentes do governo dos secretários de Estado. Os exemplos mais emblemáticos são o Erário Régio (22 de dezembro de 1761) e a Intendência Geral da Política (25 de junho de 1760).

A nova instituição financeira passou a centralizar as operações de tesouraria da Fazenda real e inaugurou uma nova contabilidade. Esse processo de centralização das finanças do Reino contrariava as regras da gestão financeira que tinham comandado a atividade de governo, ou seja, a justiça e a graça, sob a responsabilidade do Conselho da Fazenda (António Hespanha, "A Fazenda", *História de Portugal*, op. cit.). Os constrangimentos eram vários, desde a licitude dos tributos e das operações de crédito até a dispersão do controle orçamental e contabilístico. Uma nova política exigia um conjunto de requisitos, de técnicas e de recursos que não estava ao dispor instrumental e doutrinário do poder tradicional, particularmente o rigor da informação sobre receitas e despesas, a eficácia nas arrecadações dos impostos e o planejamento orçamental.

A Intendência Geral da Política passaria a interferir na esfera de atuação dos corregedores, provedores e juízes de fora, bem como no Senado da Câmara de Lisboa e com o Desembargo do Paço, em assuntos de "polícia" como o combate à criminalidade, incremento do fomento social e econômico, elaboração de censos de nascimentos, casamentos e óbitos para promover a demografia, o controle da saúde pública e do estado sanitário, a vigilância e a segurança do movimento de pessoas e bens, o recolhimento de mendigos, o combate à prostituição, isto é, em matérias ligadas ao bem-estar e à segurança das populações.

A extensão da administração de tipo intendencial foi, porém, a maior novidade do período (José Subtil "Inspecteurs, Intendants et Surintendants", *Les figures de l'Administrateur*, Paris, École des Hautes Études en Sciences Sociales, 1997, pp. 135-149) e constitui um caso paradigmático da modernização da administração régia nas áreas de comércio, agricultura, obras públicas, fábricas, navegação, hospitais, provimento das tropas, contrabando, foros e rendas. De referir, entre os mais importantes, os superintendentes-gerais das Alfândegas (1766) — um para o Norte e outro para o Sul —, o superintendente do Sal do Algarve (1765), o inspetor-geral para as Fábricas do Reino (1777), os superintendentes dos Lanifícios (1769), o superintendente-geral da Décima (1798), o superintendente dos Contrabandos (1771), o superintendente do Papel Selado (1797), o superintendente-geral dos Correios e das Estradas (1791), o superintendente dos Pinhais de Leiria (1783), o superintendente-geral das Minas e Metais (1802).

A auto-organização e a fonte dos rendimentos dos oficiais régios perderam direitos e privilégios que converteram a natureza das suas autonomias. Vingava uma nova interpretação sobre a adoção do caráter amovível e transitório do desempenho dos ofícios. A reforma começou com a definição dos estatutos remuneratórios, contra a ideia do ofício como fonte de rendimento (patrimonialismo), na linha de um novo modelo de obediência, disciplina e avaliação do desempenho, ou seja, uma dependência disponível da vontade do príncipe e decorrente do mérito e do alinhamento político. E tudo isso coincidiu com a destruição inesperada, provocada pelo terremoto de 1755, da grande maioria dos recursos humanos do aparelho administrativo e da exigência de práticas baseadas na racionalidade e na eficácia.

O caráter excepcional do terremoto proporcionou também o ambiente para uma intervenção no domínio do direito da propriedade vinculada para "obrigar" o interesse dos particulares a adequar-se ao interesse público (José Subtil, *O terremoto de 1755, impactos históricos*, Lisboa, Livros Horizonte, 2007, pp. 209-224). Esse ciclo de desvinculação está ligado, entre outros, ao diploma de 12 de maio de 1758, que admitia o rateio de terrenos e prédios, independentemente da natureza jurídica, e permitia o expediente das adjudicações e anexações, antecipando a desamortização dos vínculos insignificantes (morgados, capelas e legados pios), a expropriação e proibição da posse de bens de raiz por parte da Igreja e dos corpos de mão morta e a concentração alodial (adjudicação e anexação de bens).

E não foi tudo. Do mesmo modo se reformou a regulação dos testamentos, das heranças e doações, tanto para a sociedade civil como para a Igreja e corpos de mão morta; a décima e a sisa, numa série impressionante de iniciativas legislativas, radicalmente inovadoras e marcadamente singulares (leis de 25 de junho de 1766, 23 de julho de 1766, 14 de outubro de 1766, 4 de julho de 1768, 12 de maio de 1769, 9 de setembro de 1769, 23 de novembro de 1770, 9 de julho de 1773, 14 de outubro de 1773, 1º de agosto de 1774 e 25 de janeiro de 1775).

A morte de D. José e o afastamento de Pombal do poder (1777) não limitaram nem impediram o ritmo e a coerência do movimento reformista pombalino. As medidas tomadas durante as três décadas que separam o final do reinado josefino e a entrada de Junot em Portugal (1777-1807) não interromperam o processo de mudança; ao invés, conformaram-se aos desígnios traçados e acordaram noutros que comungaram do turbilhão das rupturas.

Durante os primeiros anos do marianismo, a Intendência Geral da Polícia foi dirigida por um reformista determinado, Diogo Inácio de Pina Manique (1780), que concretizou uma série de medidas no campo da segurança, da saúde pública, do fomento agrícola, da prevenção criminal, do ensino e da cultura. Seria criada uma das instituições mais concertadas com o espírito das "luzes", a Real Academia de Ciências de Lisboa (1779); que, decorridos dez anos, iniciava a publicação das suas *Memórias*, com muita doutrina sobre a economia e, obviamente, críticas à propriedade vinculada. O desenvolvimento das artes, das ciências e o culto da Razão estão na origem da criação de outras instituições de apoio e reforço às mudanças "iluminadas", como a Academia do Nu, a Aula Pública de Debuxo e Desenho, a Aula Régia de Desenho, a Real Biblioteca Pública de Lisboa, o Museu de História Natural e a Real Casa Pia.

A nova ordem política pedia naturalmente uma nova ordem constitucional assente nos princípios orientadores da Lei da Boa Razão (1769) para substituir naturalmente o ordenamento jurídico das Ordenações Filipinas. Era preciso partir quase do grau zero para uma nova força e autoridade, concentrada na vontade do príncipe, mas moldada pela clareza da Razão. A tarefa ficou a cargo da Junta Ordinária da Revisão e Censura do Novo Código (1783), cujos trabalhos, parcialmente inéditos, são claramente inspirados por esse espírito reformista, a que algum dos comissionados (António Ribeiro dos Santos) acrescenta já sabores de liberalismo político.

Até a crise de 1786-1788, que iniciaria, de fato, a regência interina de D. João VI, não surgiu nenhum ministro antipombalino poderoso. Se o marquês de Angeja não teve qualquer papel de relevo e desde cedo ficou afastado da vida política por motivos de saúde, o seu sucessor, o visconde de Vila Nova de Cerveira, teve uma atuação semelhante, sem repercussões no sistema de governo. Depois da crise, o novo ministério, com José de Seabra da Silva, Luís Pinto de Sousa Coutinho e Martinho de Melo e Castro, era um governo autenticamente identificado com o pombalismo, podendo dizer-se o mesmo dos dirigentes políticos das principais instituições administrativas.

O resultado está patente na amplitude e dimensão das reformas que continuaram a ser feitas. Os poderes jurisdicionais dos donatários da Coroa foram drasticamente reduzidos (Carta de Lei de 19 de julho de 1790 e o Alvará de 7 de janeiro de 1792) com a abolição das ouvidorias, a isenção de correição e uma nova divisão do território a cargo de uma comissão especial nomeada por decreto de 8 de janeiro de 1793 (ver Ana Cristina Nogueira da Silva, *O modelo espacial do Estado moderno. Reorganização territorial em Portugal nos finais do Antigo Regime*, Lisboa, Estampa, 1998).

A reforma do sistema penitenciário começou a ser delineada de acordo com as mais avançadas doutrinas da época, todas de cunho utilitarista e visando à reforma não das almas, mas do corpo político. É esse o sentido da abolição da distinção entre pecado e delito, permitindo destrinçar os territórios da ação dos tribunais no quadro político e no quadro religioso; bem como o da descriminalização de fatos do foro interno ou não prejudiciais da vida social; assim como a proscrição de penas que, pelo seu excesso, antes provocassem a compaixão do que a antipatia pelos condenados. A comissão para a reforma legislativa apresentou (1789) o projeto de Pascoal José de Melo Freire sobre o direito público e o direito criminal (ver António Manuel Hespanha, "O projeto de Código Criminal Português de 1786", *La Leopoldina*, Milão, Giuffrè, 1988, v. II, pp. 1.631-1.642), em que os traços descritos estão patentes.

Foi ainda desencadeada uma ofensiva sem precedentes de expropriação dos bens da Igreja e dos corpos de mão morta (Lei de 9 de setembro de 1796 e Alvará de 23 de fevereiro de 1797; ver José Subtil, *O Desembargo do Paço [1750-1833]*, Lisboa, Ediual, 1996, capítulo V).

A "domesticação" racional e política do espaço levou à incorporação do CorreioMor — que andara alienado por uma doação senhorial — à Coroa (18 de janeiro de 1797) e ao início das obras da estrada entre Lisboa e Coimbra e ao serviço de mala postal.

De referir, ainda, a Junta do Exame do Estado Atual e Melhoramento Temporal das Ordens Religiosas (21 de novembro de 1789), a Junta da Diretoria Geral de Estudo e Escolas do Reino (17 de dezembro de 1794) e da fundação da Biblioteca Pública de Lisboa (27 de fevereiro de 1796), sendo seu primeiro diretor um dos mais ilustres iluministas portugueses, António Ribeiro dos Santos. A criação da Real Junta do Comércio, Agricultura, Fábricas e Navegação destes Reinos e Seus Domínios (1788), a Nova Arcádia (1790) e a publicação das *Memórias económicas* da Academia das Ciências. Foi criada a Guarda Real da Polícia para intervir em vários domínios no governo da cidade de Lisboa e iniciada uma série de práticas inovadoras sobre o modo de governar, como a dos censos populacionais, inquéritos, estatísticas de nascimentos, mortes, casamentos e doenças, a construção de novos cemitérios por motivos sanitários e prevenção da criminalidade.

Alguns historiadores contemporâneos restringem, porém, o alcance dessas medidas e fazem leituras revisionistas do pombalismo durante o reinado de D. Maria. Os principais fatos que sustentam a ideia de uma "viradeira" têm sido a política das mercês e a revisão do processo dos Távoras. Cremos que sem razão. O endividamento das grandes casas nobres está hoje bem conhecido, depois dos trabalhos de Nuno Monteiro (*O crepúsculo dos grandes [1750-1832]. A casa e o património da aristocracia em Portugal*, Lisboa, Imprensa Nacional-Casa da Moeda, 1998). Como os rendimentos não cobriam as despesas, os titulares das casas recorriam a empréstimos que, por não poderem pagar, aumentavam os encargos das dívidas e a insolvência das casas. Outras vezes era a própria Coroa a injetar aí capital, como aconteceu, por exemplo, com a Casa da Rainha. Em 19 de agosto de 1750, o monarca, atendendo às necessidades da casa e às dificuldades financeiras, dotou-a com uma renda excepcional de oitenta contos de réis por ano, pagos pela Casa da Moeda à ordem do Conselho da Fazenda.

Essa onda de endividamento, que não deixaria de crescer até a revolução liberal, começou no reinado de D. João V, mas agravou-se consideravelmente depois do terremoto de 1755 e ganhou novos contornos com o atentado a D. José. Tal como noutros setores, a nova disciplina financeira pombalina iria intervir, de forma incisiva, nessa situação. Em primeiro lugar, multiplicando as nomeações de juízes administradores para as casas com o objetivo de impor menos gastos, controlar as execuções das dívidas, atribuir "mesadas" aos titulares e assegurar reservas para a reparação dos prédios e pagamento aos funcionários e criados das casas. Mesmo assim, os pedidos de moratórias para impedir as execuções dos credores e atribuir alimentos para a sustentação dos titulares, ou as suas prorrogações, eram cada vez mais. As situações dramáticas de algumas casas, como a do marquês do Louriçal (1765), conde dos Arcos (1762), marquês do Lavradio (1762) e marquês de Fronteira (1767), atestam o agravamento da situação depois da tentativa de regicídio. A partir dos finais da década de 1750, a Coroa vai usar o arbítrio na atribuição de algumas mercês (em particular das comendas) que tinham, desde a Restauração, estado concentradas nas principais casas. Mais de metade, 242, ficariam vagas. Para concretizar essa estratégia, Pombal usou expedientes burocráticos para atrasar os processos de renovação dos títulos e exigiu novas condições para os encartes. Um dos principais credores, a Misericórdia de Lisboa, viu limitada a concessão de novos empréstimos às garantias de consignações (Alvará de 22 de junho de 1768), acabando mesmo por ser impedida de o fazer (Alvará de 31 de janeiro de 1775); ao mesmo tempo, foram abertos muitos processos judiciais para cobrar dívidas antigas, uma orientação política que seria, aliás, confirmada pelo marianismo (Decreto de 15 de janeiro de 1780).

De referir, outra vez, o exemplo emblemático da Casa da Rainha. Após o atentado, o Conselho da Fazenda e Estado da Rainha foi reforçado com ministros afetos às reformas pombalinas. O único tradicionalista que se manteve no cargo foi Manuel Gomes de Carvalho, secretário da rainha e chanceler da Casa, mas quem assumiu a presidência do Conselho (1760) foi Paulo de Carvalho e Mendonça, irmão do marquês de Pombal. Contudo, em 1766, o lugar de chanceler e secretário será ocupado por Simão da Fonseca Sequeira para, no ano seguinte, passar para Pedro Gonçalves Cordeiro Pereira, dois indefectíveis desembargadores pombalinos. Um pouco mais tarde (Decreto de 18 de janeiro de 1770) é o próprio conde de Oeiras a ser nomeado pela rainha Mariana Vitória inspetor-geral das suas rendas para que o Erário Régio se encarregasse das arrecadações das mesmas, controlasse as despesas e satisfizesse os pedidos dos encargos da casa.

Não sendo muito referido pelos historiadores da "viradeira", convém lembrar que no final do reinado de D. José, em 21 de janeiro de 1775, foi ordenado um tombo de todas as comendas e o registro dos títulos para se proceder, então, aos encartes ou às arrematações das que se mostrassem vagas. Sem dúvida que o grau e a extensão dos endividamentos, aliados agora ao uso político do dispositivo da atribuição das mercês, enfraqueceriam de forma irreversível a "autonomia" dessas casas, fazendo-as depender exclusivamente da Coroa. E se quase todas (com relevo para as principais, duque de Lafões, marquês de Alorna, marquês de Valença, condes de Óbidos e Sabugal, S. Lourenço, S. Miguel, Vila Nova e viscondes de Asseca, entre outras) se voltaram a encartar *nessa* mercê (comendas), no início do reinado de D. Maria I — restando saber em que medida esse movimento está relacionado com os tombos decretados (menos de dois anos antes) —, o certo é que, como nos diz Nuno Monteiro, a casa dos Grandes, entre 1750 e 1833, tinha os bens consignados ao pagamento das dívidas, recebia alimentos fixos e em alguns casos nem sequer renda tinha para consumir. Uma situação que alinhava com uma outra: durante o pombalismo, os governos deixaram de ser dominados pelos grandes antigos, mesmo depois da "viradeira", ou seja, a "liderança das facções político-curiais cabia a outros que não os grandes antigos" (p. 544). Nessas circunstâncias, não é possível descortinar nenhum sinal de "viradeira" que fundamente o regresso dos grandes à política.

A revisão do "processo dos Távoras" foi, por sua vez, uma reparação cirúrgica ao grupo aristocrático, o saneamento do estigma de um crime de "lesa majestade", inconcebível para as configurações do *pathos* nobiliárquico e que corroía o prestígio de um grupo de que a realeza simbolicamente ainda tirava partido, pelo que o seu desdouro não podia continuar a circular sem restrições. O processo, aliás, não foi acompanhado por nenhum pronunciamento, ao jeito de uma fronda, ou sequer de um "assalto" ao poder pelas famílias reconciliadas ou por parentes próximos, de sangue ou de doutrina; além de que outras casas nobres que acompanharam o processo de reformas do pombalismo e participaram dele não viram as suas imagens apoucadas, nem foram espoliadas, exiladas ou excluídas do poder.

Finalmente, ao terminar o século XVIII, D. João VI assumiria, de direito, a regência em nome da sua mãe (15 de julho de 1799) e nomearia um novo governo durante a conjuntura da Guerra das Laranjas (6 de janeiro de 1801), governo que teve como novidade a ascensão política dos Coutinho (Luís Pinto de Sousa Coutinho como secretário de Estado do Reino e D. Rodrigo de Sousa Coutinho como secretário de Estado dos Negócios Estrangeiros).

Mas, agora, o eixo da luta política se deslocaria para as relações internacionais, fraturando o governo entre partidários da França e da Inglaterra, o que obrigou a alargar o campo da decisão política com a reativação do Conselho de Estado, cujas últimas reuniões tinham ocorrido por causa do atentado a D. José e a sentença à morte dos nobres acusados de implicação (1760). Nessa altura, para além dos secretários de Estado com assento por inerência no Conselho, foram nomeados cinco novos conselheiros; mas, passada a gravidade da situação, acabariam por morrer sem ser substituídos. Agora, com a crise internacional desenhada depois da assinatura do tratado de Basileia (1795), D. João VI nomeava 12 novos conselheiros em 4 de julho de 1796.

O panorama sobre o Império não é propriamente o mesmo. As condições logísticas ao dispor do poder central, quer no Reino quer nas colônias, as limitações da comunicação política, as baixas taxas de regresso ao Reino dos agentes indigitados para o Brasil, as dificuldades e os desinteresses das nomeações para a África e para o Oriente, a vigilância precária dos seus desempenhos, fizeram com que os mecanismos e os instrumentos de ação política se tivessem exercido de forma parcial e indeterminada e que a lógica do controle dos espaços se tornasse pouco visível, mais sindicável do que interventiva, recheada de conflitos permanentes entre os vários agentes, conflitos resolvidos, na maior parte dos casos, pelos próprios intervenientes, reforçando, desse modo, as suas autonomias singulares.

A atomização política e a periferização administrativa são os signos dominantes do sistema de poderes no Império português durante o Antigo Regime. Sem uma estrutura régia centralizada, o território ultramarino ficou sujeito a um pluralismo político, que, por razões parcialmente idênticas, parcialmente diversas, vigorou tanto nas colônias como no Reino. Os poderes coloniais se terão exercido, sobretudo, de acordo com as lógicas dos interesses locais e obedecendo, em pequena escala, às estratégias políticas comandadas do Reino ou dos governos centrais.

Fizeram também parte desses jogos políticos os cálculos de interesse das instituições do Reino e das colônias e dos vários oficiais régios, como atestam, por exemplo, os frequentes conflitos decorrentes das autonomias jurisdicionais dos ouvidores, travados a montante com os governadores e a jusante com as autoridades municipais e locais. Por outro lado, as leituras políticas dos regimentos atribuídos a cada nomeado implicavam determinações exclusivas para o exercício dos cargos de cada um, estando longe, portanto, de corresponder a uma definição funcional, consistente e homogênea dos cargos, independentemente de quem os ocupava; os cargos estavam, por isso, abertos a pessoalismos, por vezes oportunistas, a veleidades e desmesuras, em oposição à coerência exigida de um governo e de uma administração suficientemente racionais, metódicos e eficazes.

Os poderes no Reino também não atenuaram essa descentralidade regional, na medida em que os assuntos do Império eram analisados separadamente, conforme as respectivas áreas de competência, pelo Conselho Ultramarino, Conselho da Fazenda, Conselho da Guerra, Mesa da Consciência e Ordens e o Desembargo do Paço, sem que a Secretaria de Estado da Marinha e Negócios Ultramarinos, ou o próprio Conselho Ultramarino, tenha assegurado minimamente um centro de coordenação e de autoridade. Os conflitos de jurisdição no Reino eram também frequentes, o que atrasava a tomada de decisões, enublava outras e permitia que os poderes coloniais tirassem partido da situação ou seguissem a via de capitalizar os contatos que tinham no Reino, na procura de influências para as suas causas.

Por outro lado, a análise do trajeto das carreiras dos principais responsáveis políticos não evidencia qualquer projeto integrado na funcionalidade do sistema político colonial nem salvaguarda a independência dos cargos em relação aos mais variados estímulos coloniais. No que respeita, por exemplo, à elite político-administrativa, podemos dizer que, desde o período josefino até a revolução liberal, a taxa de retorno dos desembargadores foi de cerca de apenas 25%; ou mesmo menos, se tivermos em conta os providos como aposentados. Ou seja, apenas um em cada quatro desembargadores opta por se desligar do mundo colonial, voltando para os tribunais superiores do Reino.

Ainda mais reveladores são os dados referentes aos ministros de segunda linha. Entre 1772 e 1826, das 1.774 nomeações para juízes de fora, corregedores, ouvidores e provedores, perto de ¼ tiveram o destino do Ultramar, do qual regressaram ao Reino somente 7% dos providos. Dos restantes 93%, mais de 60% continuaram como funcionários régios nas colônias e um terço mudou de profissão (José Subtil, "Os ministros do rei no poder local, ilhas e ultramar [1772-1826]", *Penélope*, nº 27, 2002, pp. 37-58).

Esses indicadores apontam para uma forte emigração de elites letradas para as colônias, especialmente para o Brasil, que terão constituído as suas redes locais de influência e reforçado as lógicas de autonomia.

E mesmo os que voltaram para fazer carreira na Relação do Porto, na Casa da Suplicação, no Desembargo do Paço ou nas mesas dos tribunais e conselhos régios formaram um conjunto de altos dirigentes que desenvolveram políticas para influenciar os territórios coloniais onde exerceram o poder, servindo-se das relações que deixaram no terreno ou mandando os filhos e outros dependentes aconselhados a repetir as suas experiências. Por outras palavras, os quadros judiciais letrados — nos quais se funda, na Metrópole e no Ultramar, o mito da centralização régia — são majoritariamente absorvidos pelos localismos coloniais.

Apesar de tudo, foram organizados alguns polos de poder que pretenderam assegurar a centralidade da figura régia, repetindo os mesmos esquemas utilizados no Reino. Foi o caso, no final do século XVI, da criação de um tribunal superior para o Brasil (1587), a Relação do Estado do Brasil, com sede na cidade de S. Salvador da Bahia e que entrou em funcionamento em 1609. Na mesma altura seria criado um governador-geral para o Sul do Brasil e um ouvidor-geral do Sul. Mas, por pressão dos donatários que perdiam autoridade sobre os seus ouvidores, o tribunal acabou por ser extinto (1626), sendo substituído por três ouvidorias gerais (Maranhão, Brasil e Repartição do Sul), independentes entre si mas subordinadas à Casa da Suplicação. Ou seja, uma estrutura administrativa dependente da metrópole com independência em relação ao governador-geral. O tribunal seria novamente restabelecido (1652) com jurisdição sobre os ouvidores-gerais, exceto o do Maranhão, e só no final do século XVII chegou a S. Salvador o primeiro juiz de fora para a colônia.

Em 1751, na altura da chefia da Secretaria de Estado dos Negócios Estrangeiros e da Guerra por Sebastião José de Carvalho e Melo, seria estabelecida a Relação do Rio de Janeiro e no auge das reformas pombalinas foram criadas as Juntas de Justiça (1765-1766), formadas pelo ouvidor da comarca e por dois adjuntos letrados para desempenhar o papel de tribunais de segunda instância no que respeita às sentenças dos juízes ordinários; isto é, uma lógica jurisdicional decalcada do Reino, mas a acusar dificuldades na fixação do poder de correição no ouvidor, visto passar a ser assumido por um órgão colegiado.

No que respeita a Angola, o primeiro regimento destinado ao ouvidor é de 2 de fevereiro de 1609, praticamente igual ao de 23 de junho de 1651, e levantará muitos problemas jurisdicionais na relação com os governadores-gerais, mesmo no período de governadores mais determinados, como foi o caso de Francisco Inocêncio de Sousa Coutinho. Já no final do Antigo Regime, no ano de 1804, os recursos em pessoal administrativo dessa colônia, distribuídos pela Secretaria do Governo, Junta da Fazenda, Tesouraria, alfândegas, oficiais de justiça e da câmara, somavam 83 oficiais, entre os quais se contavam apenas quatro letrados para uma população recenseada de 5.712 habitantes, em que os brancos representavam menos de 10%, os pretos perto de 75% e os pardos 15%. Ao longo do século XVIII, as queixas dos governadores sobre o estado caótico dos arquivos é recorrente, como o da custódia dos documentos se fazer nos domicílios dos escrivães (Maria Soares, *A administração de Angola no século XVIII*, Lisboa, FCSH, 2003).

O pior ainda se passa com Cabo Verde, praticamente sem nenhuma estrutura de governo. O articulado do primeiro regimento do ouvidor (20 de junho de 1606) atribui-lhe jurisdição idêntica aos corregedores do Reino; mas acrescenta-lhe competências nos domínios da apelação e agravo, criando-lhe autossuficiência em relação ao governador.

Se esses e outros regimentos nada têm de inovador, visto reproduzirem — de uma forma geral — o quadro legislativo do Reino, levantaram muitos problemas na ligação com as realidades locais e regionais. Desde logo, a ausência de condições culturais e sociais para as suas aplicações e, depois, a concorrência com os costumes e tradições locais (vícios do gentilismo, costumes diabólicos e bárbaros e sujeições sem obediência).

A exceção a tudo isso foi o Brasil quando a Corte se transferiu para o Rio de Janeiro (1808), assistindo-se, desde então, à montagem de uma réplica da estrutura política do Reino. A esse propósito, comentava o embaixador português em Londres, D. Domingos de Sousa Coutinho, que "poder-se-hia dizer que Portugal se tornou uma possessão ultramarina em relação ao reino do Brazil", tal foi a mudança que se operou do ponto de vista político e administrativo e que foi, em grande parte, a causa da integridade do território depois da independência.

Se do Brasil passarmos para o Oriente, o cenário geral não é diferente. De uma administração muito complacente com as idiossincrasias locais do governo e do direito — menos, porventura, na Índia, apesar de tudo um lugar simbólico do mando dos reis de Portugal; mas de forma extrema em Macau, por exemplo, uma autêntica república dos mercadores (fortemente crioulizados) locais — passa-se, no período pombalino e ulterior, para tentativas, frequentemente ineficazes, de centralização (síntese em A.M. Hespanha [em colaboração com Catarina Madeira Santos], "Le forme di potere di un impero oceanico", em R. Zorzi (ed.), *L'epopea delle scoperte*, Firenze, Olshki, 1994, pp. 449-478, antecipando o respectivo capítulo, escrito pelos mesmos, para o IV v. ["O Antigo Regime"] da *História de Portugal*, J. Mattoso (dir.); para Macau, A.M. Hespanha, *Panorama da história institucional e jurídica de Macau*, Macau, Fundação Macau, 1995).

## Nota

1. Javier Pérez Royo, *Introducción a la Teoria del Estado*, Barcelona, Blume, 1980. Últimas obras gerais sobre o tema: Jean-Frédéric Schaub, "La crise hispanique de 1640. Le modèle des 'revolutions peripheriques' en question (note critique)", *Annales*. E. S. C., v. XLIX:1(1994), p. 219-239; Jean-Frédéric Schaub, "La penisola iberica nei secoli XVI e XVII: la questione dello Stato", *Studi storici*. 36, 1995, 9-49; Angela de Benedicits, *Politica, governo e istituzioni nell'Europa moderna*, Bologna, Il Mulino, 2001; Jean-Frédéric Schaub, *Le Portugal au temps du conte-duc d'Olivares* (1621-40), Madri, Casa de Velásquez, 2001; Xavier Gil Pujol, *Tiempo de política. Perspectivas historiográficas sobre la Europa moderna*, Universitat de Barcelona, Barcelona, 2006; Aurelio Musi, *L'Europa moderna fra Imperi e Stati*, Milão, Guerini Associati, 2006 (revalorizando o centralismo "estatal"); Pablo Fernandez Albaladejo, *Materia de Espana. Cultura politica e identidad en la Espana moderna*, Madri, Marcial Pons Historia, 2007.

## Bibliografia

ANNINO, Antonio & GUERRA, François-Xavier (coords.). *Inventando la nación. Iberoamérica: siglo XIX*. México: Fondo de Cultura Económica, 2003 (v. recensão de Eduardo Scheidt em *História Unisinos*, 9(2):148-150, maio/agosto 2005 (http://www.unisinos.br/publicacoes_cientificas/images/stories/sumario_historia/vol9n9/res01_scheidt.pdf).

BETHENCOURT, Francisco & CURTO, Diogo Ramada (eds.). *Portuguese Oceanic Expansion, 1400?-1800*. Cambridge: Cambridge University Press, 2007.

BUESCU, Ana Isabel. *Imagens do Príncipe. Discurso normativo e representação (1525-1549)*. Lisboa: Cosmos, 1996.

CHIARAMONTE, José Carlos (org.). *Ciudades, provincias, estados: origines de la nación argentina (1800-1846)*. Biblioteca del Pensamiento Argentino I. Buenos Aires: Emecê, 2007.

______. "Metamorfose do conceito de nação durante os séculos XVII e XVIII". In: Jancsó, Istvan. *Brasil: Formação do Estado e da Nação*. São Paulo: Hucitec/Unijuí/Fapesp, 2003.

DANIELS, Christine & Kennedy, Michael V. (eds.). *Negotiated Empires: Centers and Peripheries in the Americas, 1500-1820*. Prefácio Jack P. Greene e Amy Turner Bushnell. Nova York: Routledge, 2002.

FRAGOSO, João & GOUVÊA, Maria de Fátima. "Review of Francisco Bethencourt and Diogo Ramada Curto (eds.), *Portuguese Oceanic Expansion, 1400?-1800*, Cambridge University Press, 2007", *e-Journal of Portuguese History*, v. 5, nº 2, inverno, 2007.

GREEN, Jack. *Negotiated Authorities: Essays in Colonial Political and Constitutional History*. Charlottesville: Virginia University Press, 1994.

HERZOG, Tamar. *Defining Nations: Immigrants and Citizens in Early Modern Spain and Spanish America*. New Haven: Yale University Press, 2003.

HESPANHA, António Manuel. "Da 'iustitia' à 'disciplina'. Textos, poder e política penal no Antigo Regime". *Anuario de história del derecho español* (Madri, 1988); versão portuguesa em Estudos em Homenagem do Prof. Eduardo Correia, Faculdade de Direito de Coimbra.

______. "Porque é que existe e em que é que consiste um direito colonial brasileiro", comunicação ao Encontro Brasil-Portugal: sociedades, culturas e formas de governar no Mundo Português — sécs. XVI a XVIII, Departamento de História e Linha de Pesquisa História Social da Cultura/PPGHIS, IFMG, Belo Horizonte; em *Quaderni fiorentini per la Storia del pensiero giuridico moderno*, 35(2006), pp. 59-81.

______. & SANTOS, Maria Catarina Madeira. "Os poderes num império oceânico". In: António Manuel Hespanha (coord.). *O Antigo Regime (1620-1810)*, volume IV da *História de Portugal*, dirigida por José Mattoso. Lisboa: Círculo dos Leitores, 1993.

______. & XAVIER, Ângela Barreto. "A representação da sociedade e do poder". In: António Manuel Hespanha, *O Antigo Regime (1620-1810)*, volume IV da *História de Portugal*, dirigida por José Mattoso. Lisboa: Círculo dos Leitores, 1993.

______. "A note on two recent books on the patterns of Portuguese politics in the 18th century", *e-Journal for Portuguese History*, vol. 5, nº 2, inverno, 2007.

______. "Depois do Leviathan", *Almanack Braziliense*, nº 5 (2007) (http://www.almanack.usp.br/neste_numero/index.asp?numero=5).

MONTEIRO, Nuno Gonçalo et alii. *Optima Pars. Elites ibero-americanas do Antigo Regime*. Lisboa: Imprensa das Ciências Sociais, 2005.

______. "The Patterns of Portuguese Politics in the 18th Century or the Shadow of Pombal. A Reply to António Manuel Hespanha", *e-Journal for Portuguese History*, vol. 5, nº 2, inverno, 2007.

______. *Crepúsculo dos grandes. A casa e o patrimônio da aristocracia em Portugal (1750-1834)*. 2ª ed. revista. Lisboa: Imprensa Nacional, 2003.

______. *D. José. Na sombra de Pombal*. Lisboa: Círculo de Leitores, 2006.

______. *Elites e poder. Entre o Antigo Regime e o liberalismo*. 2ª ed. Lisboa: Imprensa das Ciências Sociais, 2007.

PRODI, Paulo & PENUTI, Carlo (coords.). *Disciplina dell'anima, disciplina del corpo e disciplina della società tra medioevo ed età moderna*. Bolonha: Il Mulino, 1994.

SARRASOLA, Ignacio Fernández. "La Constitución española de 1812 y su proyección iberoamericana y europea", disponível em: http://www.uniovi.es/constitucional/fundamentos/segundo/pdf/constitucion1812.pdf.

SEELAENDER, A.L.C.L. "A polícia e o rei-legislador: notas sobre algumas tendências da legislação portuguesa no Antigo Regime". In: Bittar, E.C.B. (org.). *História do direito brasileiro*. São Paulo: Atlas, 2003, v. 1, p. 91-108.

______. *Polizei, Ökonomie und Gesetzgebungslehre*. Frankfurt am Main: Vittorio Klostermann, 2003.

SILVA, Cristina Nogueira da. "Tradição e reforma na organização político-administrativa do espaço, Portugal, finais do século XVIII". In: Jancsó, Istvàn (org.). *Brasil: formação do Estado e da nação*. São Paulo: Hucitec, 2003.

SOUSA, Laura de Mello e. *O sol e a sombra. Política e administração na América portuguesa do séc. XVIII*. São Paulo: Companhia das Letras, 2006.

SUBTIL, José. "A administração central da Coroa". In: José Mattoso (dir.). *História de Portugal*. Lisboa: Círculo de Leitores, 1993, v. IV, p. 156-193 e 256-259.

______. "Dos secretários de Estado dos Negócios da Fazenda aos ministros das Finanças". In: Mário Pinho da Cruz (coord.). *O governo da Fazenda e das Finanças (1750-1974)*. Lisboa: Secretaria Geral do Ministério das Finanças e da Administração Pública, 2006, p. 36-69.

______. "Os desembargadores em Portugal (1640-1820)". In: Nuno G. Monteiro, Pedro Cardim & Mafalda Soares da Cunha (coords.). *Optima Pars, Elites ibero-americanas do Antigo Regime*. Lisboa: Imprensa de Ciências Sociais/Universidade de Lisboa, 2005, p. 253-277.

______. "Os ministros do rei no poder local, ilhas e ultramar (1772-1826)", *Penélope*, 27, 2002, p. 37-58.

______. "The Evidence of Pombalism: Reality or Pervasive Clichés?", e-*Journal for Portuguese History*, vol. 5, nº 2, inverno, 2007.

______. *O Desembargo do Paço (1750-1833)*. Lisboa: Universidade Autónoma de Lisboa, 1996.

______. "Inspecteurs, intendants et surintendants, structures administratives portugaises au XVIIIe siècle". In: *Les figures de l'administrateur, 16e-19e siècles*. Paris: École des Hautes Études en Sciences Sociales, 1997, p. 133-150.

*O terremoto político (1755-1759) —Memória e poder*. Lisboa: Universidade Autónoma de Lisboa, 2007.

XAVIER, Ângela Barreto. A invenção de Goa. Poder imperial e conversões culturais nos séculos XVI e XVIII. Lisboa: Instituto de Ciências Sociais, 2008.

# CAPÍTULO 4 Os indígenas na fundação da colônia: uma abordagem crítica

*João Pacheco de Oliveira**

## Introdução metodológica

Muitas vezes e até num passado recente as investigações sobre as relações entre os europeus e as populações autóctones na América portuguesa assumiram o aspecto de uma confrontação abstrata entre uma população primitiva e homogênea e colonizadores europeus do início do renascimento. Ou seja, entre pessoas portadoras de culturas localizadas em etapas muito distantes da história da humanidade. Um encontro portanto altamente improvável e ilógico, no qual o estudioso vem a adotar (sem disso ter qualquer consciência) uma perspectiva unilateral e etnocêntrica, como herdeiro (natural e feliz) de uma das partes. Está instaurado o cenário ideal para um exercício lúdico de produção de sentido, que se respalda no senso comum e nas suas reelaborações eruditas.

É essa tomada de partido (implícita, não consciente) da narrativa que irá determinar as perguntas, os temas e problemas que passam a dirigir a

*Professor de Antropologia no Museu Nacional. Universidade Federal do Rio de Janeiro.

utilização das fontes e a leitura dos documentos da época. Transformado em mero exemplo da justaposição de duas humanidades antagônicas e distantes, o encontro passa a ter um caráter apenas episódico e paradoxal: busca-se a ineficiência das tecnologias e dos sistemas econômicos indígenas, a fragilidade de suas estruturas políticas e o aspecto bizarro de seus costumes. Tudo estimula a enfatizar o exotismo e a transitoriedade. Temas como a inadaptação dos nativos ao trabalho e a sua acelerada — e presumidamente inexorável — desaparição impõem-se como naturais, prescindindo de exame e explicitação, assim como o seu corolário mais direto: a necessidade de uma força de trabalho que viesse a substituir os indígenas.

O encontro em si mesmo, descrito como algo acidental e fortuito, é visto quase com ironia e *non sense* dentro de uma narrativa mais abrangente, supostamente inexorável e de sentido unívoco, da expansão do mundo europeu. Tudo concorre para deixar claro a condição efêmera daquele encontro e a pequena importância dos indígenas na conformação do mundo colonial que irá se instaurar no futuro território da nação brasileira.

O artigo a seguir adota outros pressupostos e caminha na contracorrente das leituras acima criticadas. Toma a noção do *encontro colonial*[1] como uma categoria analítica central para a produção de um conhecimento crítico sobre o social. Para operar com esse instrumento conceitual há que partir de um quadro histórico preciso, no qual as formas e unidades societárias são engendradas por atores premidos por estruturas assimétricas de poder e por processos mais amplos, motivados todos por concepções (diferencialmente distribuídas) de uma dada época. É preciso que o investigador se esforce por reconstruir, como um concreto de pensamento, a densidade das relações sociais e compreender a sua tessitura enquanto fato contemporâneo. Longe de ser o palco para um teatro do absurdo, o encontro colonial é o lócus onde se atualizam todas as práticas e representações, é ali que se instituem as relações sociais, produzindo simultaneamente o colonizador e o colonizado.[2]

O século XVI não deve ser pensado a partir das reelaborações do século XVII nem do papel hegemônico assumido pelas teorias raciais e princípios evolucionistas hegemônicos no século XIX. A contemporaneidade das relações sociais pode ser resgatada através da recuperação analítica de quadros interativos concretos, atualizados por meio de situações sociais e históricas.[3]

O analista nunca se deve limitar a descrever as situações exclusivamente a partir de um único prisma, mas sim procurar incorporar os interesses, as lógicas e os valores de atores sociais subalternos.[4] À diferença de uma narrativa abstrata e analítica, remetendo a uma história interpretativa, o texto a seguir procura reapresentar os eventos de que participaram os indígenas, retirando as populações autóctones de um lugar secundário no que concerne à configuração do *encontro colonial*.[5] Pelo menos no que concerne ao século XVI, o problema não é tanto a inexistência de informações, mas sim o modo superficial e quase anedótico com que foram tratadas as populações autóctones, atribuindo-lhes (naquela época) características que são de hoje ou incorporando estereótipos que não eram contemporâneos aos fatos descritos e que provêm de contextos históricos posteriores.

Por fim, uma dimensão comparativa é fundamental para escapar à enorme força das versões europeizantes do fenômeno colonizatório e autorrepresentações ocidentais da história.[6] A colonização portuguesa no Brasil não foi aqui abordada como resultante de um modelo a priori, mas como algo que se vai definindo progressivamente, a partir de opções contrastantes com espanhóis e franceses, que vão gerando doutrinas e práticas divergentes. Além de buscar uma compreensão específica do século XVI, a análise pode identificar certas formas e configurações sociais que irão ter efeitos organizativos em contextos posteriores, tema a que voltaremos ao final do texto.

## A ocupação pré-histórica do Brasil

Embora haja um relativo consenso quanto à origem asiática das populações encontradas pelos europeus na América no final do século XV, existem diferentes teorias sobre a antiguidade dessa ocupação e as rotas percorridas. A hipótese mais amplamente aceita enfatiza a via terrestre. Em algumas fases no decurso da última glaciação, o mar chegaria a estar 100 metros abaixo de seu nível atual, propiciando o aparecimento de uma faixa de terra entre a Ásia e o extremo norte da América por onde teriam passado bandos de caçadores em busca de uma fauna pleistocênica,[7] rica fornecedora de carnes e peles. A expansão da presença humana no continente se daria no sentido norte-sul e deveria ser anterior ao fim da glaciação, ocorrido há 12 mil anos. Existem no entanto outras hipóteses sobre migrações marítimas, similares às ocorridas no povoamento do Japão e da Austrália (respectivamente há cerca de 60 mil e 50 mil anos), que conduziriam diretamente à América do Sul através de alguns arquipélagos. Quanto à antiguidade da presença humana, enquanto na academia norte-americana predomina o registro dos 12 mil anos,[8] baseado nos estudos sobre o complexo arqueológico de Clóvis (Novo México/EUA), estudos realizados no sítio da Pedra Furada (São Raimundo Nonato/Piauí) pela arqueóloga Niéde Guidon indicariam vestígios de ocupação humana há cerca de 60 mil anos.[9]

Se no passado todas essas hipóteses eram vistas como mutuamente excludentes, hoje há uma tendência a operar criticamente com elas,[10] considerando a existência de migrações secundárias, raciocinando com base em diferentes levas de povoadores[11] e recuando a datação da presença humana, ao menos no Brasil, para antes dos 12 mil anos.[12] Bandos de caçadores paleoíndios, na busca de ambientes úmidos e campos de caça da megafauna, se fixaram em cavernas da região de Lagoa Santa (Minas Gerais) já ao redor de 16 mil anos AP. Segundo Prous, a presença humana, antes bastante rarefeita, em torno de 9 mil anos AP já se distribuía com generalidade pelo território brasileiro.[13] A ocupação da faixa litorânea está atestada pelos achados de inúmeros sambaquis, sobretudo na região entre o Rio de Janeiro e o Rio Grande do Sul, alguns de grandes proporções, cuja datação remonta principalmente a entre 5 mil e 2 mil anos AP.[14]

Ainda hoje continua a ser uma referência para os antropólogos a classificação proposta por Julian Steward no famoso *Handbook of South*

*American Indians* (5 volumes, editados entre 1946 e 1949).[15] Baseado sobretudo na observação dos reflexos de diferenças ambientais nas estruturas sociais, ele delineia quatro tipos. O primeiro é o das "terras altas" (Andes), onde floresceram sociedades centralizadas e extremamente complexas, com um sistema econômico diferenciado e abrangendo vastas extensões territoriais, possuindo instituições políticas especializadas, que permitiam estabelecer paralelos com Impérios da antiguidade (Egito, Pérsia, Roma) e com processos de formação de estruturas estatais em curso na Europa do período dos descobrimentos. Na classificação das terras baixas, no entanto, explicitava-se a postura teleológica do autor. Assim Steward falava de "cacicados", sociedades que se localizariam nas ilhas e no litoral do Caribe, atingindo também o extremo norte da costa do Pacífico; de culturas "de floresta tropical", que se espalhavam pela região amazônica, ao longo de toda a costa atlântica (até o Uruguai) e no litoral sul do Pacífico (do Peru ao Chile); e de tribos "marginais", que ocupariam as savanas do Brasil Central, o Chaco, o cone sul do continente (Uruguai e Argentina) e algumas pequenas áreas dentro das florestas tropicais.

Sem chegar a configurar processos de centralização característicos da formação de Estados, os cacicados possuíam uma razoável complexidade social, com uma certa diferenciação entre grupos constitutivos ("classes"), com chefes locais e algumas formas de articulação (político-ritual) entre aldeias. As culturas da floresta tropical praticavam uma agricultura de coivara e sabiam explorar os recursos aquáticos, possuíam aldeias e a sua organização social estava assentada no parentesco e no xamanismo (anotava-se, porém, a ausência de instituições propriamente políticas ou religiosas). As tribos marginais, por sua vez, possuíam a organização social mais simples, viveriam sobretudo da coleta e da caça e seriam compostas por pequenos bandos. Na escala demográfica, enquanto os cacicados podiam ter aldeias que excediam um ou poucos milhares de moradores, as unidades sociais mínimas das culturas de floresta tropical tinham algumas centenas de integrantes, enquanto as tribos marginais viviam em bandos com poucas dezenas de componentes.

O grande mérito da classificação de Steward para as investigações históricas é evidenciar a enorme diferenciação existente entre as populações autóctones já ao tempo das descobertas, permitindo-nos uma leitura mais rica da "literatura de testemunho" representada pelos cronistas e viajantes do século XVI. Muitos intérpretes posteriores procederam a simplificações, formulando generalizações nem sempre bem fundamentadas e, implícita ou explicitamente, fornecendo um paradigma único para as populações autóctones.

Mesmo as fontes da época não dão conta de tal diversidade. As crônicas sobre o Peru falam de uma sociedade centralizada que se expande estabelecendo um esquema de vassalagem sobre sociedades menores e pouco desenvolvidas. Os diários de Colombo, assim como as veementes denúncias de Las Casas, tratam principalmente dos tainos e de outros povos karibes, que constituíam cacicados, tinham aldeias com um ou dois milhares de pessoas e seus chefes usavam adornos de ouro. Os viajantes das costas e dos sertões do Brasil descrevem as populações autóctones de menor ordem de complexidade, respectivamente as sociedades da floresta tropical e as tribos marginais. De certa forma, cada narrador tem o seu modelo de indígena, fortemente articulado com as diferentes propostas de colonização que ali serão implantadas.

Ao estabelecer uma classificação com base na menor complexidade social e, portanto, no distanciamento progressivo face ao universo andino, os antropólogos de fato não inovaram em termos de categorias cognitivas. Apenas traduziram em seus próprios termos os registros ideologicamente carregados feitos por cronistas e viajantes dos séculos XVI e XVII, que viam as instituições nativas através dos interesses da colonização e como um espelho da Europa dessa época.

A diferença entre as instituições políticas e sociais das terras altas e das terras baixas da América do Sul já aparecia, aliás, nos primeiros esforços de sistematização de uma história do Brasil, ainda no século XIX. Varnhagen manifestava apreço pelas culturas andinas, enquanto paralelamente criticava o primitivismo dos indígenas que habitavam o território brasileiro, cuja contribuição à construção da nação seria de pequena relevância. Para esses últimos não existiria história, mas apenas etnografia.[16]

A distinção entre indígenas da floresta tropical e tribos marginais de certa forma reproduz a clivagem entre tupis e tapuias que irá marcar grande parte da produção historiográfica até o primeiro quartel do século XX. Ao colocar as diferenças culturais em termos de estágios evolutivos, o discurso científico veio ao encontro de categorias que foram essenciais para o exercício das políticas coloniais no Brasil, o evolucionismo cultural do século XX funcionando, tal como o evolucionismo vitoriano, justaposto à ideologia colonial.

## Repensando a diversidade cultural

As pesquisas arqueológicas e etnológicas das últimas décadas mostraram os limites da classificação de Steward e apontaram algumas inconsistências e paradoxos no uso de tais categorias, evidenciando que o espaço brasileiro não foi de modo algum objeto de uma ocupação pré-histórica simples e rudimentar.

As análises de Anna Roosevelt esboçaram um panorama da pré-história da Amazônia bastante novo, no qual os assentamentos humanos eram contínuos e permanentes, comportando milhares a dezenas de milhares de indivíduos. As economias dos cacicados estabelecidos nas várzeas ao longo do rio Amazonas e de seus principais afluentes

> (...) eram complexas e de larga escala, englobando a produção intensiva de plantas de raiz e de sementes em campos de poli ou monocultura, a caça e pesca intensiva, o amplo processamento de alimentos e a armazenagem por longos períodos. Havia investimentos consideráveis em estruturas substanciais e permanentes ligados à produção, tais como viveiros de tartarugas, represas com pesca, campos agrícolas permanentes, entre outras. A agricultura baseava-se mais na limpeza dos terrenos e nas culturas anuais do que na derrubada e queimada, o principal método utilizado hoje em dia. (Anna Roosevelt, 1992, p. 72)

Embora o nascimento de sociedades similares nos Andes tenha precedido de cerca de um milênio a esses cacicados, há fortes indícios de que tais desenvolvimentos sejam de origem local. As suas manifestações artísticas, por exemplo, são "próprias da Amazônia, e não das áreas montanhosas".[17] A autora alerta ainda para a pressuposição de que o padrão etnográfico atual seja representativo do padrão antigo, erro em que costumam incidir alguns antropólogos.[18]

> Os padrões etnográficos da subsistência indígena de cultivo itinerante, a caça e a pesca parecem, assim, representar um retorno a um modo de vida que existia na Amazônia antes do desenvolvimento das economias intensivas dos populosos cacicados. (Anna Roosevelt, 1992, p. 77)

A necessidade de uma revisão não se limita à várzea, mas atinge igualmente outras partes da região amazônica e as chamadas tribos marginais. Na região do Alto Xingu, muito distante das várzeas, num típico habitat de terra firme onde deveriam existir apenas populações pequenas e dispersas, o arqueólogo Michael Heckenberger encontrou estruturas defensivas e grandes aldeias (de 20 a 50 hectares) datadas do século XIV d.C. Ou seja, em termos populacionais algumas aldeias xinguanas do século XV deveriam ser quase dez vezes maiores do que as atuais (que possuem entre 100 e 400 membros), a área como um todo abrigando uma população de algumas dezenas de milhares de pessoas.[19] Possivelmente a região do Alto Xingu não constitui um caso único, devendo encontrar-se situações de alta concentração populacional em outros sistemas multiétnicos e multilinguísticos.

Nas savanas e nos cerrados do Brasil Central, onde habitariam as tribos marginais, os arqueólogos apontam que a horticultura pode ter sido praticada antes mesmo do aparecimento da cerâmica (algo em torno de 500 a.C.). Noticiam também a presença de aldeias circulares da tradição aratu com uma dimensão média de 7 hectares, datadas de 800 a 1.500 d.C. Existem atualmente para mais de 150 sítios arqueológicos com assentamentos anelares nos cerrados do Brasil Central. Ou seja, no momento da conquista a região era habitada por uma população muito mais numerosa, com aldeias de dimensões muito superiores às atuais, abrigando entre 800 e 2.000 pessoas.[20]

Tais dados sobre a pré-história da região são mais concordes com o relato que os etnólogos realizaram desde o final da década de 1920 sobre os povos de língua jê, com as investigações pioneiras de Curt Nimuendaju e Claude Lévi-Strauss, seguidas por David Maybury-Lewis, Julio Cezar Melatti, Roberto da Matta, Terence Turner, Renata Viertler, Lux Vidal, Aracy Lopes da Silva, entre outros. Como resultado desses trabalhos, os povos jês deixaram de ser descritos como caçadores nômades, para ser compreendidos como sociedades estruturadas por sistemas de metades cerimoniais, por grupos etários e segmentos residenciais, combinando períodos de dispersão com outros de reunião em grandes aldeias.[21] Para manter seu pleno funcionamento institucional, uma tal estrutura não apenas possibilitava abrigar uma população numerosa como também a exigia e essa foi uma condição severamente afetada nos séculos XIX e XX pelo ingresso e pela fixação de não indígenas em terras habitadas por esses povos.

## A dimensão demográfica

Após haver lidado com material arqueológico e etnológico é importante partir para a leitura de dados demográficos. Os números disponíveis são muito díspares e torna-se indispensável vê-los com bastante cuidado e integrados àquelas outras bases de dados. Em trabalho anteriormente referido, Steward (1949) avaliou em cerca de 1,5 milhão a população nativa do Brasil em 1500. A mais modesta estimativa, porém, foi realizada por Rosenblat, que, em 1954, a estimou em 1 milhão de pessoas.[22] É muito importante lembrar, aliás, que esse montante correspondia às estimativas realizadas por Varnhagen[23] em seu monumental esforço de compor uma história do Brasil.

Existem, porém, indicações sobre a precariedade dos números fornecidos,[24] que contrastam com os que serão apresentados duas décadas depois por W. Denevan,[25] em uma obra que se tornou referência obrigatória sobre o tema. Sua estimativa foi de 3,6 milhões de habitantes para a Amazônia e um milhão para a população indígena do litoral. Atualmente os números mais aceitos[26] são os do historiador John Hemming, que tomou por base tanto as fontes quinhentistas e seiscentistas quanto criou índices de densidade populacional consoante a fertilidade e potencialidade de 28 nichos ecológicos em que dividiu o território brasileiro.[27] Por essa estimativa, a população autóctone do Brasil em 1500 totalizaria 2,4 milhões de pessoas.

É útil enquadrar os dados referentes ao Brasil nas estimativas referentes à América e Europa. Enquanto Rosenblat mencionava para a América o total de 13,8 milhões, um historiador dedicado a estudos do Peru, Nathan Wachtel,[28] avaliou que somente ali essa população no momento da conquista chegaria a cerca de 10 milhões. Na década de 1960, os números apresentados tiveram uma certa convergência, mas eram inteiramente discrepantes dos de Rosenblat: Borah,[29] em 1964, falava em 100 milhões; Dobyns,[30] em 1966, estimava entre 90 e 112,5 milhões; e Pierre Chaunu,[31] em 1969, ficava entre 80 e 100 milhões. Na década seguinte, os cálculos de Denevan reduziram um pouco esses números, vindo a fixar a população nativa das Américas em 57,3 milhões. Esse mesmo autor citava cálculos de Borah, segundo os quais a população europeia da época — do Mediterrâneo aos montes Urais — estaria entre 60 a 80 milhões.

Torna-se bastante claro que entre colonizadores e colonizados existiu uma mesma ordem de grandeza demográfica. Um levantamento ordenado por D. Manuel I já ao final do século XV (1498) apontou que Portugal possuía pouco mais de 1,4 milhão de habitantes. De acordo com os dados de Hemming, a população do Brasil seria nesse momento quase o dobro daquela de Portugal. Um especialista[32] estimou que em 1570 a população indígena fosse da ordem de 800 mil, ou seja, estava reduzida a um terço de seu volume demográfico no início do século XVI. Em função dessa violenta redução populacional, o termo descoberta tem sido evitado por muitos estudiosos contemporâneos,[33] que falam em "conquista" (Hemming, 1978; Todorov, 1983[34]) ou mesmo "holocausto" (Marcílio, 2000).

À diferença da cena delineada pelo século XIX, no qual foram lançados os alicerces de uma historiografia do Brasil, a população autóctone desse território no século XVI não podia ser caracterizada como primitiva e rudimentar, nem era uma população dispersa e rarefeita, inteiramente distinta dos colonizadores ou das altas culturas dos Andes. O espaço geográfico da colônia não era de maneira alguma um vazio demográfico, seus primeiros habitantes viviam em configurações socioculturais bem diferenciadas e estabeleceram vínculos distintos com o processo de colonização, no qual foram peças essenciais.

## A exploração do pau-brasil

As primeiras viagens de Colombo às ilhas do Caribe e à América Central revelaram já um imediato potencial econômico para as terras recém-descobertas, com a perspectiva de obtenção de grandes carregamentos de ouro e prata. Os espanhóis trataram de apropriar-se de riquezas que estavam sob controle direto das populações autóctones. Isso requeria que desde cedo eles adentrassem pelo interior à caça de tesouros, jazidas ou simplesmente de objetos (em uso pelos indígenas) de extraordinário valor mercantil. Tanto para tais expedições quanto para o estabelecimento de fortificações e cidadelas de apoio era exigida uma extensa mão de obra indígena. Era a busca de riquezas que conduzia ao domínio dos nativos e ao controle do território. A Espanha substituía as campanhas militares contra os mouros pela expansão em terras da América, pois em 1492 era celebrada igualmente a queda de Granada e a descoberta da América.

Portugal já estava com suas fronteiras definidas desde 1249, possuindo já no começo do século XV uma classe de comerciantes emancipada dos controles feudais e bastante forte nas cidades de Lisboa e Porto.[35] A colonização portuguesa das ilhas do Atlântico e o ciclo das grandes navegações constituiriam na realidade um "expansionismo preemptivo",[36] com a passagem do Cabo da Boa Esperança, a descoberta do caminho marítimo para as Índias (1498) e o "achamento" do Brasil.

A experiência portuguesa na América foi muito diversa da espanhola. Alusões a metais preciosos não se confirmaram ao longo de quase dois séculos. O objetivo que movia a colonização portuguesa no século XVI "não eram terras, mas o Império sobre o comércio marítimo".[37] A conquista de territórios, que foi um segundo momento na Índia e também no Brasil,[38] era apenas um meio de assegurar a supremacia marítima, assim como metais preciosos poderiam vir a ser um facilitador.

Logo na primeira expedição de reconhecimento, comandada por Gonçalo Coelho em 1501, a riqueza da nova terra foi identificada como o pau-brasil, árvore que possuía um similar asiático e da qual se extraía a tintura para a indústria de tecidos. Era encontrado com abundância em todo o litoral, mas ao invés de transportá-lo *in natura* melhor seria preparar a madeira antes de embarcá-la. Toda a produção dependeria de uma relação amistosa com os indígenas, não apenas para assegurar a troca, mas sobretudo para o abate das árvores (na escala desejada) e o seu aparelhamento, o que exigia a incorporação pelos nativos de instrumentos de metal e novas técnicas de trabalho. As autoridades coloniais (feitores, governadores, capitães) deveriam ter um bom relacionamento com os indígenas e os "lançados" (degredados, desertores ou náufragos) desempenhariam importante papel.

Mas os portugueses logo tiveram concorrentes. Em 1504, aportou no Brasil a expedição de Binot Paulmier de Gonneville, que se dirigia ao Oriente, mas aqui permaneceu por vários meses no litoral de Santa Catarina. No retorno, foi atacada por piratas e só um pequeno grupo de tripulantes conseguiu escapar, chegando em maio de 1505 ao porto de Honfleur, na Normandia. Entre os sobreviventes estava Essomeric, filho do cacique carijó Arosca. Os relatos dos tripulantes sobre as gentes e os produtos da nova terra logo despertaram o interesse de homens de negócio da Normandia e da Bretanha, preocupados em abastecer de corantes os centros gauleses de produção de tecidos. Os armadores de Rouen, Dieppe, Harfleur, Honfleur e Caen, na Normandia, e de Brest e Saint-Malo, na Bretanha, começaram a enviar, cada vez com mais frequência, navios para obter o pau-brasil não mais em Lisboa, mas diretamente na Terra de Santa Cruz.[39] Aos poucos, foi surgindo uma categoria de intermediários, os chamados *truchements*, que se fixavam junto a alguns grupos locais tupis, aprendiam a língua e passavam a atuar como agenciadores do beneficiamento do pau-brasil para os barcos franceses.

Inicialmente, o modelo de colonização seguido foi o privado. Em 1502, D. Manuel I arrendou a Terra de Santa Cruz a uma associação de mercadores encabeçada por Fernão de Loronha.[40] A política portuguesa para o Brasil não se prendia, porém, a um modelo único, variou de acordo com as circunstâncias e, sobretudo, com as ameaças de franceses e espanhóis à sua supremacia. Após a expedição de Paulmier de Gonneville à Coroa, tentando ampliar as iniciativas comerciais na colônia, passou a autorizar o livre acesso dos mercadores àquelas terras, mediante o pagamento do quinto. Paralelamente, D. Manuel I investiu Cristóvão Jacques no comando de uma esquadra (1516-1519) cuja missão era patrulhar a costa e estabelecer um núcleo de colonos.[41]

Em 1530, uma esquadra, comandada por Martim Afonso de Souza, chegava com a finalidade de apresar as naus francesas encontradas na Costa do Pau-Brasil (i.e, entre a Paraíba e o Rio de Janeiro), assentar padrões em lugares importantes da Costa do Ouro (entre Cananeia e o rio da Prata) e fundar povoações litorâneas. Para se ter uma ideia da intensidade da presença francesa vale detalhar aqui os fatos ocorridos no curso de alguns meses. Logo quando de sua chegada (janeiro/fevereiro de 1531), no espaço de uma semana, Martim Afonso localizou e capturou três navios franceses no litoral de Pernambuco, bem providos de canhões e grande carga de pau-brasil. Em março, o galeão *La Pèlerine*, com 18 canhões e 120 homens, que saíra do porto de Marseille (pois foi um empreendimento do barão de Saint-Blancard, e não mais de armadores da Normandia), arrasou totalmente a feitoria de Igarassu (que já fora saqueada em dezembro por um barco francês) e construiu um novo entreposto fortificado no território dos índios caetés, seus aliados, retornando com grande carregamento.[42] Ao passar pelas costas de Pernambuco, de regresso a Portugal, em maio do ano seguinte, Pero Lopes de Sousa detetou dois navios franceses (um afundado, outro capturado) e destruiu a guarnição francesa em terra, enforcando o comandante e mais 20 homens. De retorno a Portugal, acompanhado de "quatro reys da terra do Brasil", foi recebido por D. João III, que ordenou que os nativos fossem bem tratados e vestidos de seda.[43]

No que toca ao povoamento, a expedição de Martim Afonso de Sousa apresentou um resultado bastante modesto. A povoação de São Vicente (1532) foi viabilizada em função de laços familiares de dois "lançados", João Ramalho e Antonio Rodrigues, genros de caciques tupiniquins, respectivamente, Tibiriçá e Piquerobi.[44] Grave foi a ocorrência do primeiro enfrentamento com os autóctones, resultado de uma "bandeira" que se dirigiu ao sertão em busca de ouro e prata. Toda a expedição, com 400 escravos índios e 80 soldados, foi aniquilada pelos carijós no rio Iguape. Nos anos seguintes, foi movida uma guerra punitiva contra os carijós dessa região.[45]

É importante registrar tal conflito por ser o primeiro claro sinal de antagonismo entre os colonizadores portugueses e as populações autóctones. Cabe notar que tal fato ocorreu justamente em uma tentativa de Portugal de imprimir um novo ponto de inflexão a sua política na América do Sul, deixando de priorizar unicamente o comércio do pau-brasil, mas também tomando como meta criar núcleos de povoamento e disputar com os espanhóis as riquezas do Império Inca. A penetração dos espanhóis pelo interior do continente, que já implicara a destruição de expedições anteriores (como a esquadra de Dias de Solis, no rio da Prata, em 1515), irá se consolidar justamente nessa década, com a fundação de Lima (1535), Buenos Aires (1536), Assunción (1537), Santiago (1541) e a descoberta das minas de Potosí (1546). Apesar do fracasso dessa primeira "bandeira" portuguesa, a colonização na capitania de São Vicente, à diferença das demais, iria manter-se sempre voltada para a busca de minerais e pedras preciosas, secundada pela captura e pelo comércio de escravos indígenas.

## Do malogro do povoamento à guerra de conquista

A criação de 12 capitanias, hereditárias e indivisíveis, com cerca de 50 léguas de costa, ocorreu entre 1534 e 1536. Cabia aos capitães o poder, entre outros, de nomear quase todos os oficiais (ouvidor, meirinho, escrivães); criar e empossar os conselhos; vetar os juízes ordinários e decidir sobre o estabelecimento de povoações. Cabe destacar dois outros poderes aqui: o de aplicar a pena de morte e talhamento de membro aos peões, índios e escravos; e o de conceder terras em regime de sesmaria a pessoas de todas as condições.[46] Embora Couto fale em um "modelo de exclusividade particular",[47] é importante notar que a Coroa reservou para si a nomeação dos oficiais ligados à arrecadação de tributos, o monopólio do pau-brasil, o dízimo do pescado e o quinto da pedraria e dos metais. O donatário inclusive recebia uma pensão anual do rei, o que parece configurar com mais propriedade um modelo de colonização misto, que conjuga ações particulares com um controle estatal (efetivo, ainda que limitado).

Os resultados apresentados em mais de uma década de aplicação desse modelo eram bem limitados. Foram estabelecidas algumas povoações ao longo do litoral, iniciando os colonos a partir delas os primeiros trabalhos na lavoura. Ao fim desse período, a relação das povoações portuguesas na Costa do Pau-Brasil era bem reduzida: Igarassu (refundada junto a antiga feitoria real), Olinda (fundada por Duarte Coelho em 1535 em território dos caetés), Ilhéus, Porto Seguro, Santa Cruz (hoje Cabrália), Vitória (Espírito Santo), São Vicente (reedificada em outro local) e Santos (cujo fundador, Brás Cubas, lugar-tenente do donatário, lhe atribuiu em 1546 o estatuto de vila).

A maioria dessas povoações encontrava-se com frequência sitiada por indígenas hostis e sem condições de expandir (ou até manter) o núcleo inicial. Na Bahia de Todos os Santos o donatário, após a edificação de uma vila em 1536 e dos progressos iniciais, entrou em atrito com os tupinambás e veio a morrer, juntamente com a maioria de seus colaboradores, durante os conflitos que se sucederam. Ilhéus e Porto Seguro também tiveram um início promissor. Mas já em 1540, em Ilhéus, ocorreu um levantamento geral dos tupinambás contra os portugueses. Em Vitória, desentendimentos posteriores com os tupiniquins, que inicialmente acolheram bem os portugueses, levaram a frequentes cercos da povoação.[48] Em 1546, existiam na capitania 300 vizinhos (cerca de 1.600 portugueses), operando três engenhos de cana.[49] Em pouco mais de duas décadas os conflitos com os indígenas fizeram com que essa população se reduzisse em um terço e apenas um dos engenhos continuasse funcionando.[50] Em 1646, após conflito com os indígenas, o donatário da capitania de São Tomé (na área em torno da foz do rio Paraíba do Sul), que chegara a montar dois engenhos,[51] decidiu retornar a Portugal.[52] Em 1647, os índios tupinambás atacavam a capitania de Santo Amaro.[53]

A fragilidade da ocupação portuguesa estimulava a ação dos franceses. Os moradores começaram a invocar auxílio da Coroa não só contra os indígenas, mas também com relação aos franceses. Com D. João III, Portugal já havia redefinido a sua política colonial, centrando os seus interesses no Atlântico Sul e no fortalecimento da rota para as Índias. Era evidente a precariedade da presença lusitana no Brasil, fortemente limitada pelos conflitos com os indígenas e a competição comercial com os franceses. Foi delineada, então, para a colônia uma estrutura governativa mais centralizada, capaz de intervir nos conflitos locais e diretamente subordinada à Coroa.

À diferença das Índias, onde a presença portuguesa era descontínua e convivia com instituições bastante heterogêneas, o objetivo básico no Brasil passou a ser o controle territorial, criando uma unidade entre núcleos dispersos e vulneráveis e implantando solidamente as suas próprias instituições políticas. O que El Rey tinha em mira era estabelecer a plena e total submissão da população autóctone, fazendo a guerra aos que não aceitavam o domínio português e retirando aos franceses qualquer respaldo para as suas iniciativas no Brasil. A argumentação deve também ser invertida, pois sem a exclusão de aliados externos (no caso os franceses) se tornaria muito difícil impor ao numeroso gentio a submissão aos colonizadores.

É possível visualizar com nitidez essa mudança no Regimento de 17/12/1548, formulado para o primeiro governador-geral, Tomé de Souza. Tratava-se de fortalecer o poder defensivo dos núcleos já existentes, com a fortificação das vilas e povoações. Os próprios engenhos e fazendas deviam ser dotados de estruturas defensivas, como torres e casas-fortes. Todos os moradores que possuíssem casa, terras ou embarcações deveriam dispor de armamento próprio. Era rigorosamente interditada a venda aos "gentios" de qualquer tipo de arma defensiva ou ofensiva (arcabuzes, espingardas, pólvora e munição, bestas, lanças, espadas ou punhais). Para a penetração aos sertões através dos rios foi autorizada a construção à custa da Fazenda Real de embarcações a remo dotadas de peças de artilharia.[54]

O Regimento recomendava que se favorecessem os índios aliados, proibindo sob pena de açoite (ou multa no caso dos que tivessem um estatuto diferenciado) que os moradores fossem nas aldeias para recrutar trabalhadores ou para comerciar sem autorização expressa do governador. Coibindo os abusos, o que a Coroa pretendia era desestimular novos levantamentos e revoltas por parte dos indígenas. El Rey falava também sobre a importância da conversão ao catolicismo da população nativa, para isso seguindo na comitiva do governador seis jesuítas, coordenados pelo padre Manoel da Nóbrega. Contudo, para os que se opusessem ao domínio português — que eram enquadrados no crime de "traição" — o Regimento prescrevia um tratamento muito duro. Os tupinambás inclusive eram diretamente citados, recomendando El Rey ao governador que todos aqueles que se voltassem contra os portugueses fossem "castigados com muito rigor (...) destruindo-lhes suas aldeias e povoações e matando e cativando aquela parte deles que vos parecer que basta para seu castigo e exemplo". De certo modo, já estava delineada a figura da "guerra justa" que mais tarde seria mais bem definida por diferentes leis, como iremos ver adiante. Aos corsários aprisionados nas costas brasileiras deveriam ser também aplicadas punições severas, que os dissuadissem plenamente de voltar.

## A doutrina da "guerra justa"

Seguindo as pegadas do trabalho clássico de Perdigão Malheiro,[55] a maioria das abordagens do tema da escravidão indígena sublinha o caráter contraditório das intervenções da Coroa. A partir da qualificação do conflito de posturas e interesses entre os missionários (especialmente jesuítas) e os moradores, as reconstruções históricas passam a identificar as iniciativas do monarca como expressando respectivamente motivações humanitárias ou utilitárias, num reflexo quase direto de performances ativadas por dois grupos sociais muito distintos, um voltado para o mundo das ideias e dos valores religiosos, outro diretamente relacionado às atividades materiais e aos interesses puramente locais. Os conflitos entre jesuítas e moradores são tomados como fenômenos homogêneos e transistóricos, algumas vezes interpretados a partir do cenário da política pombalina (meados do século XVIII), ou então exclusivamente de fontes consagradas, como o padre Antonio Vieira (que viveu e escreveu no século XVII).

Além de reforçar tais leituras, as análises dos autores indigenistas tendem a traduzir tal oposição em termos de proteção X extermínio, um par ideológico solidamente estabelecido nas interpretações do século XX, e nas pretensas explicações sobre a origem do Serviço de Proteção aos Índios. Não devemos, porém, incorrer na falácia do presentismo (buscando ler as realidades do passado em termos das categorias ideológicas do presente), nem proceder de maneira formalista, sem tentar relacionar os textos e as ideias com as práticas que lhes eram contemporâneas. Os confrontos ocorridos no século XVI não são uma antecipação do antagonismo entre os positivistas e o cientista teuto-brasileiro Rodolfo Van Ihering, nem entre o maranhense João Francisco Lisboa e o historiador Francisco Adolfo Varnhagen (também de origem alemã). Não se podem confundir debates de ordem intelectual com contradições cujo dinamismo engendra ações e políticas sociais.

A legislação colonial portuguesa sobre a escravidão dos índios está assentada sobre certas premissas básicas, mas se atualiza no tempo, possibilitando variações e disputas, cujo desdobramento está correlacionado com conjunturas políticas concretas. Se essas categorias jurídicas continuam a ter efeitos durante séculos, isso não significa nem que as formas que assumem sejam estritamente idênticas nem que as suas repercussões sociais sejam análogas. O desdobramento lógico e as transformações que propicia não excluem, nem poderiam realizar-se sem exegeses pontuais, históricas e parciais — isto é, sem consciência e vontade dos atores concretos, sem disputas e negociações. Atribuir-lhes um sentido único, homogeneizando as diferentes conjunturas que alimentam a política colonial ao longo de três séculos, seria prender-se excessivamente à retórica que integra os textos legais, sem atentar para a delimitação de benefícios e encargos que tais categorias realizam entre distintos grupos sociais. É essa leitura sociológica e processualista — e não essencialista e estática — que iremos proceder a seguir, buscando compreender como o desdobramento dessas categorias no tempo está ligado a contextos locais precisos.

A noção de "guerra justa" tem origens muito anteriores ao "achamento" do Brasil, remontando à reconquista da Península Ibérica e às lutas entre "cristãos" e "infiéis" (mouros). No século XIV, o franciscano Álvaro Pais a conceituava pela conjunção de três fatores: a existência precedente de uma grande injustiça, que a guerra fosse conduzida com intenções puras e que fosse declarada por uma autoridade competente.[56] Tratava-se, portanto, de uma modalidade de cruzada ou "guerra santa" — e não apenas na visão dos seus executores diretos, mas também dos teólogos, humanistas, juristas e administradores!

Na primeira metade do século XVI há notícias de que indígenas foram escravizados e levados para Portugal sem qualquer conexão explícita com os princípios acima citados. Os nativos eram trocados como mercadoria ou capturados (enquanto adversários de índios aliados). Entre as mercadorias levadas, em 1511, pela nau *Bretoa*, pertencente a uma associação de comerciantes dirigida por Fernão de Loronha, contavam-se 35 escravos. Alguns anos depois (1514), registrou-se que a coberta de uma embarcação que se reabasteceu nas ilhas da Madeira estava repleta de escravos. Entre as regalias dos donatários contava-se a remessa anual de entre 24 a 48 escravos isentos de taxação.[57] Nas terras do Brasil, tomar índios como "cativos" era uma prática frequente, que ocorria tanto por terra, com as "tropas de resgate", quanto por via marítima e fluvial, através dos "saltos" (embarcações destinadas ao apresamento de indígenas). A categoria "índios de corda" apareceu como uma primeira tentativa de legitimar tal situação, alegando tratar-se de índios que eram prisioneiros de outros índios e que, caso não fossem resgatados, seriam sacrificados.

O Regimento de Tomé de Souza, peça-chave para a instituição do primeiro governo central no Brasil, estava, contudo, formulado em outros termos, claramente referido à tradição jurídica ibérica, na qual os inimigos estavam classificados em dois tipos: os que aceitavam a conversão e se submetiam aos soberanos católicos, dos quais passavam a ser súditos; e os que persistiam na condição de "infiéis" e deveriam ser combatidos, mortos ou escravizados.

Ao chegar à Bahia, o padre Nóbrega ficou impressionado com a generalidade do costume entre os moradores de possuir nativos como escravos. Isso afrontava a bula papal *Veritas Ipsa*, promulgada por Paulo III, em 1537, que afirmava que as populações autóctones da América possuíam alma e que não deveriam ser objeto de maus-tratos ou escravização. Havia que dar à conquista um fundamento religioso para que essa se adaptasse aos parâmetros de uma "guerra justa". Tratava-se de produzir uma verdadeira conversão do gentio, exercendo sobre ele "o suave jugo de Cristo", estipulando como condições inaceitáveis à catequese a continuidade de atuação dos pajés, da poligamia e da antropofagia.

A comoção trazida pela morte infligida ao bispo Pero Fernandes Sardinha e outras autoridades, vítimas de um naufrágio em território dos caetés, foi um estímulo às rígidas normas fixadas por Nóbrega e aprovadas pelo terceiro governador-geral, Mem de Sá, em 1558. Enquanto anteriormente as guerras contra os autóctones terminavam com o juramento de lealdade a El Rey e com o pagamento de tributos, a partir desse momento seriam impostas igualmente condições religiosas. A ideia da guerra justa exigia não somente o castigo aos infiéis, mas também a reconstrução daqueles que teriam se submetido. A atuação dos colonizadores não deveria restringir-se à dimensão política ou econômica, mas para justificar-se precisava salientar o seu aspecto ético e espiritual.[58] No ano seguinte, em uma cerimônia em Abrantes (BA), Nóbrega batizaria 436 indígenas tupinambás.[59]

## Consensos e disputas no cativeiro dos índios

A maioria das interpretações sobre a política colonial tende a enfatizar exclusivamente a oposição entre jesuítas e moradores. Mas isso resulta de operar com atores sociais como simples joguetes de princípios abstratos e de interesses materiais, sem analisá-los em interações concretas, isto é, agindo *em situação*.[60] As decisões que El Rey toma em relação à vida na colônia não devem ser pensadas como resultantes nem de uma postura arbitrária e impositiva nem de distanciamento ou desinteresse. As posições adotadas refletem, ao contrário, um fluxo permanente de informações que lhe são levadas por administradores e conselheiros, em grande parte devendo ser explicadas por mudanças em conjunturas locais. A administração colonial portuguesa operava dentro de esquemas bem menos centralizadores, ora estimulando acordos e negociações locais ora ordenando que tais decisões fossem respeitadas e cumpridas.[61]

Na realidade, os missionários, moradores e administradores estavam inseridos numa densa teia de relações de interdependência. O padre Nóbrega em várias ocasiões viajou junto com os governadores em suas visitas às capitanias, participando das negociações com os indígenas e acompanhando campanhas militares. Os mais influentes catequistas do século XVI, Nóbrega e Anchieta, expressaram em diversas cartas sua crença de que a "guerra justa" contribuía efetivamente para a conversão do gentio.

Os administradores, além de dever seguir os cânones de uma dada tradição jurídica, viviam em um contexto cultural profundamente marcado pelo catolicismo. A fé era um componente importante nas batalhas e ações militares, constantemente celebradas por missas de ação de graças, por santos patronos e pela sistemática atribuição do nome desses às povoações recém-criadas. No que toca aos moradores, para ser considerados "homens bons" deviam seguir regularmente os ofícios religiosos, praticando a confissão e escutando os sermões (não devemos esquecer que a Inquisição estava ativa em Portugal e no final do período faria a sua primeira visita ao Brasil). Por outro lado, mesmo no aspecto econômico os moradores não deixavam de ver como útil a atuação pedagógica dos missionários junto aos indígenas, pois melhor os habilitava ao trabalho, até mesmo os preadores de índios preferiam o gentio proveniente das missões, aos quais era dado um valor maior do que os "bravos" ou os recém-descidos.

Os jesuítas, por sua vez, para desenvolver sua atividade missionária dependiam largamente dos governadores e capitães-mores, dos conselhos municipais e dos moradores, tanto para a concessão de sesmarias (onde eram assentadas as aldeias, os colégios e as igrejas) quanto para a doação de esmolas, favores e escravos negros (para trabalhos agrícolas mais intensos). Em seu relacionamento com a população autóctone, fosse para a formação de alianças ou a mobilização de trabalhadores, os governadores igualmente dependiam tanto de moradores mais antigos (os "lançados" e seus descendentes) quanto dos missionários e mesmo de aventureiros.[62]

O momento mais importante para a especificação dos princípios da legislação colonial relativa à escravidão indígena ocorreu com a convocação da Junta de 1566, posteriormente retificada com uma segunda Junta realizada em 1574. Ao final dos debates da primeira, ficou estabelecido que os nativos que vivessem nas aldeias criadas pelos jesuítas eram livres e não podiam ser escravizados, tornando-se "forros" aqueles que haviam sido indevidamente escravizados. Por outro lado, os jesuítas asseguravam aos colonos a possibilidade de utilização do trabalho temporário dos índios em suas fazendas, mediante o pagamento de salários. Recomendava-se também a criação do cargo de procurador, a ser exercido por uma pessoa ilibada e que não tivesse interesses envolvidos no assunto.[63]

Tais normas foram homologadas por El Rey através da Carta Régia de 20/3/1570 e passaram a regular as relações com os indígenas na colônia. Todos os atos consecutivos — as cartas régias de 24/2/1587, de 11/11/1595, de 30/7/1609 e 10/9/1611 — não alteraram os consensos estabelecidos. Embora os títulos que lhes foram dados (pelos contemporâneos ou por gerações posteriores) sempre enfatizassem a liberdade dos indígenas, elas tratavam extensamente da "guerra justa" e estipulavam minuciosamente as condições legais do "cativeiro".

A lei de 1570 colocou a "guerra justa" como o instrumento básico para o cativeiro legítimo de índios, explicitando que a sua declaração deveria ocorrer exclusivamente por ato do rei ou do governador. O diploma legal já incluía nessa categoria os aimorés. Indo além das recomendações da Junta de 1566, a Carta Régia proibiu a aquisição dos "índios de corda", o que provocou protestos dos moradores e a convocação, em 1674, de uma nova junta, que reformulou essa interdição. A Coroa não estava distanciada das questões da administração local, mas de modo consistente reiterava e detalhava orientações anteriores. Assim ocorreu com o alvará de 20/11/1575, que determinava que os índios que trabalhassem nas fazendas fossem pagos logo e pudessem retornar às aldeias. Mais adiante, a Coroa prescrevia que aos gentios descidos do sertão fossem destinadas terras para as suas aldeias nas proximidades das fazendas e que durante 15 anos ficassem isentos do pagamento de impostos (alvarás de 21/8/1587). Em outras ocasiões, a Coroa reafirmava que apenas as "guerras justas" autorizadas pelo rei ou pelo governador é que podiam ser consideradas legítimas, não aquelas que fossem iniciativas exclusivas de moradores ou conselhos. Mais tarde, a Carta Régia de 1595 restringiu ainda mais esse poder, limitando-o à autoridade do rei.[64]

Os dispositivos legais não acabavam com as diferenças de perspectiva, apenas fixavam consensos e estabeleciam espaços de disputa. Embora taticamente tivesse optado por assegurar a liberdade aos índios que estavam nas aldeias, o padre Nóbrega em suas cartas considerava a compra de cativos um ato ilegítimo. A demanda por trabalho indígena nas fazendas e nos engenhos deveria ser atendida primordialmente através dos índios livres, mediante o pagamento de salários e condições que não desestruturassem a economia das aldeias nem inviabilizassem a catequese. Embora a proposta pudesse lembrar um mercado capitalista de trabalho, esse não era o caso. O indígena tinha as suas condições de reprodução fora da órbita do mercado e estava em uma condição tutelada, o seu salário sendo pago ao administrador da aldeia e apenas uma pequena parte a ele mesmo e em espécie. Um estudioso pondera que há indícios de que a situação dos índios das aldeias fosse até pior do que a dos escravos.[65] De qualquer modo, como iremos ver a seguir, a insatisfação dos indígenas, seja por razões estritamente econômicas ou mais amplas e culturais, traduzia-se em um grande número de fugas.

A obtenção de escravos via o "resgate" dos chamados "índios de corda" instituía um mecanismo de compra e venda[66] de cativos no qual os moradores e os próprios indígenas estavam envolvidos.[67] O valor de um "índio de corda" era atribuído pelo governador, com base nos custos da expedição de resgate, sendo o seu período de trabalho compulsório fixado de maneira a permitir a amortização do investimento. Em termos lógicos, a condição de cativo era apenas temporária, a Carta Régia de 1611 chegando a defini-la em dez anos (mas, a depender dos valores atribuídos, tal período poderia ser estendido sem a possibilidade de contestação). A fuga era punida com severidade. A disputa instalava-se quanto à condução dos descimentos, à administração das aldeias e ao cargo de procurador dos "índios forros". A preocupação de destacar a ação colonial como um empreendimento religioso levou a determinar que os descimentos devessem ser acompanhados obrigatoriamente por missionários. Nas cartas régias de 1587 e 1595 era especificado que exclusivamente os jesuítas poderiam desempenhar tal função.

Já ao início do século XVII uma outra conjuntura parece delinear-se. Na carta régia de 1611 estava indicada a possibilidade de que a presença de representantes régios (missionários) nos descimentos pudesse tanto ser satisfeita com missionários quanto com administradores seculares das aldeias. Isso não deve ser interpretado como uma perda de poder dos religiosos na política, mas sim como sinal de uma redistribuição de papéis possibilitada pelo Real Padroado. O sistema de uso do trabalho remunerado de índios forros funcionava com muita precariedade, havendo bastante dificuldade tanto para receber os pagamentos quanto para o pronto retorno dos indígenas às aldeias. Os atritos com os moradores, que faziam igualmente uso de escravos indígenas (via a aquisição de "índios de corda"), eram cotidianos e a demanda sobre o trabalho indígena só tendia a crescer. A documentação revela que ao longo do século XVII as requisições de índios forros para trabalho em engenhos de açúcar, salinas, minas de salitre, obras públicas (fortificações e caminhos), como remeiros, em apoio a expedições militares, tornavam-se cada vez mais frequentes.

A resposta dos indígenas à deterioração de sua condição de vida nas aldeias era através de fugas, o que concorria também para aumentar a ineficiência e inviabilidade do sistema. Uma alternativa para os missionários era buscar as regiões do sertão, visando ao estabelecimento das aldeias em pontos mais afastados das pressões da economia colonial, já instalada na faixa litorânea. Enquanto os missionários passaram a deslocar-se crescentemente para o sertão e para a Amazônia, articulados a um movimento de expansão territorial e de incorporação de novas populações autóctones, os administradores laicos e mesmo os moradores irão cada vez mais ocupando esses cargos.

Na realidade, há necessidade de novas investigações para que possamos determinar melhor como se relacionavam os mercados de "forros" e "cativos". Os estudos existentes centram-se exclusivamente na legislação, sem mostrar como as normas se traduziam em práticas. Uma distinção rígida entre essas duas esferas transacionais pode ser questionada por registros feitos nas décadas seguintes, que apontam claramente uma confluência entre essas diferentes condições jurídicas, bem como para uma enorme permissividade e conivência das autoridades quanto à não aplicação das normas relativas ao uso do trabalho indígena:

> Com certos enganos e com algumas dádivas de roupas e ferramentas que davam aos principais e resgate pelos que tinham presos em corda para os comerem, abalavam aldeias inteiras e em chegando à vista do mar, apartavam os filhos dos pais, os irmãos dos irmãos e ainda às vezes a mulher do marido, levando uns o capitão mameluco, outros os soldados, outros os armadores, outros os que impetraram a licença, outros os que lha concedeu. Todos se serviam deles em suas fazendas e alguns os vendiam, porém com a declaração de que eram índios de consciência e que não lhes vendiam senão o serviço. Quem os comprava, pela primeira culpa ou fugida, os ferrava na face, dizendo que lhe custaram seu dinheiro e eram cativos.

De uma perspectiva crítica é preocupante que as análises sobre a "guerra justa" se fixem de modo quase exclusivo na questão do trabalho indígena. Trata-se, sem dúvida, de um *bias* escrever a interpretação histórica segundo o prisma do colonizador, que atualmente precisa ser revisto. A decretação de uma "guerra justa" visava fundamentalmente a produzir efeitos na dimensão territorial, acompanhando um processo de conquista. Como iremos ver a seguir, os dois aspectos estão inter-relacionados e a sua dissociação só dificulta a compreensão do fenômeno colonial.

## A conquista da Costa do Pau-Brasil

É necessário ver agora como esse quadro jurídico-administrativo foi colocado em ação, gerando políticas e acarretando consequências que concretamente afetaram a composição e o funcionamento da sociedade colonial, dando-lhe uma nova morfologia e dinâmica. Para compreender o sentido que os preceitos legais assumiram iremos recuperar, de modo esquemático, como se desenrolou o processo histórico em três contextos específicos (na capitania real da Bahia e nas suas expansões no sentido do litoral norte e do litoral sul).

A capitania da Bahia, como sede do governo geral, é o lugar onde mais nitidamente se expressaram as intenções do projeto colonizador. Os moradores da antiga vila do Perreira vieram a receber não apenas o governador, mas todo um *staff* dirigente, que incluía ouvidor, provedor, missionários, soldados, um mestre de obras e artífices. Eram 600 colonos e 400 degredados,[68] que em pouco tempo tiveram que produzir toda uma infraestrutura governativa (Casa de Governo, Audiência, Câmara, Alfândega, Fazenda, fortes e casernas, cadeia, a capela de Nossa Senhora da Conceição, armazéns, ferrarias e habitações para os colonos), em terreno previamente cercado e dotado de baluartes com artilharia.

O concurso dos indígenas foi essencial, o que El Rey já antecipara, enviando em dezembro de 1548 carta a Diogo Álvares, o chamado Caramuru, solicitando que intermediasse a relação com os indígenas e apoiasse a implantação do núcleo dirigente. Antes de regressar a Portugal, Tomé de Souza investiu na condição de cavaleiros três filhos e um genro de Diogo Álvares por relevantes serviços prestados à Coroa.[69] Previamente, porém, o governador concedera sesmarias para os seus principais colaboradores, que nos anos seguintes buscaram implantar nas imediações fazendas e engenhos. A população da Bahia em poucos anos aumentou quase seis vezes; Pero de Magalhães Gandavo estimou 1.200 vizinhos, pouco mais de 6 mil pessoas, na década de 1570.[70] Em 1585 esse número quase dobrou, o número de portugueses chegando a 11 mil, enquanto a população total correspondia a 22 mil.[71] Em 1590, segundo outra fonte, a capitania real teria quase 30 mil moradores.[72] O número de engenhos também disparou, permitindo avaliar o vertiginoso crescimento — de apenas um engenho, que precedia à fundação da cidade, chegou a 18 em 1570, 46 em 1585 e 50 em 1590.[73]

É indiscutivelmente com base no trabalho indígena que esse progresso ocorreu. Entre outros benefícios, Tomé de Souza concedeu aos jesuítas em 1550 uma sesmaria onde foi erguido um colégio para órfãos, abrigando cerca de 60 meninos (a maioria indígenas).[74] Nos primeiros anos da presença jesuíta, não há informação sobre o assentamento de aldeias, o que faz supor que os esforços estivessem dirigidos para a construção do colégio e da igreja de Nossa Senhora da Ajuda, primeiro templo jesuíta nas Américas. Anteriormente a 1557, há menção a duas aldeias, uma delas (São Sebastião) vizinha da cidade, outra a cerca de nove quilômetros (Nossa Senhora, no Rio Vermelho). Em 1557, havia quatro aldeias, com uma população total de 10 mil pessoas. O número de aldeias foi num crescendo, em 1562 chegando a 11, e nelas residindo 34 mil indígenas.[75] Esses dados são relativos apenas à região do Recôncavo, sem incluir entre outras as aldeias situadas na capitania de Porto Seguro, onde os índios plantavam mandioca para farinha consumida em Salvador.

Apesar de os dados fornecidos por Alexander Marchant abrangerem um período bastante curto, é possível observar tanto casos de relocalização de aldeias acarretados pela expansão urbana quanto um movimento de expansão dos colonizadores pela área do Recôncavo. As novas aldeias criadas acompanhavam a implantação de fazendas e engenhos, dispondo-se de 20 a até 180 km de Salvador. É fundamental atentar que os índios assentados nas aldeias jesuítas corresponderiam por si só a mais de cinco vezes o conjunto de moradores portugueses anotados por Pero de Magalhães Gandavo para a década seguinte.[76]

O avanço da colonização não se faz, porém, sem conflitos e resistência por parte dos indígenas. A primeira mobilização ocorreu em 1554 e durou quase dois anos, sendo útil acompanhar as suas fases para ter um panorama dos motivos alegados para as “guerras justas”, de seus métodos de ação e de seus resultados. Chegaram aos ouvidos do governador, Duarte da Costa, em maio desse ano, notícias de que os tupinambás estariam atacando engenhos e fazendas na margem direita do rio Paraguaçu, pretendendo reaver terras que lhes haviam sido usurpadas. Após discutir o assunto no Conselho, ordenou a ida de uma expedição punitiva, composta por 70 homens e seis cavaleiros, comandados por seu filho, Álvaro. Encontraram no caminho algumas armadilhas, mas nenhuma resistência ativa, capturaram o morubixaba e incendiaram duas aldeias vizinhas, que lhe teriam dado apoio. Pouco tempo depois, surgiram notícias de que seis aldeias tupinambás teriam se reunido e feito um cerco a um engenho de um dos mais destacados colonos. A expedição punitiva partiu dessa vez com cerca de 200 homens, também sob o comando de Álvaro da Costa, travando uma batalha com cerca de mil tupinambás, que foram vencidos e tiveram suas aldeias queimadas.

Numa terceira fase, no ano seguinte, em decorrência da persistência de focos de conflito, o governador ordenou que fossem destruídas todas as aldeias em que houvesse cercas (entendidas como preparativos bélicos voltados contra os portugueses), ao fim do que os tupinambás submeteram-se, jurando lealdade a El Rey e comprometendo-se ao pagamento de tributos.[77] Como recompensa por sua atuação, o governador concedeu ao filho, em 1557, uma sesmaria de cerca de quatro léguas na forma de um quadrado, indo da boca do rio Paraguaçu até a barra do rio Jaguaripe.[78] A fixação dos tupinambás em aldeias criadas pelos jesuítas, de onde eles saíam para trabalhar nos engenhos ou integrar as novas expedições de guerra, era outro corolário dessa modalidade de ação colonial.

Em 1558, reações negativas quanto às normas mais rígidas de catequese juntaram-se à insatisfação dos tupinambás pela progressiva perda de seus territórios. Dois episódios acabaram deflagrando o conflito armado: o fato de os tupinambás darem guarida a escravos fugidos de seus senhores e a suposta morte de quatro pescadores no rio Paraguaçu. Após um ultimato em que exigia a devolução dos escravos e a entrega dos assassinos, Mem de Sá, no comando de 300 portugueses e quatro mil índios das aldeias, deu início à chamada Guerra do Paraguaçu, destruindo entre 130 e 160 aldeias tupinambás na região do Recôncavo. Na aldeia do chefe Tarajó foi erguida uma cruz e iniciadas as bases da construção da vila de Nossa Senhora da Vitória. Dessa vez a submissão dos indígenas incluía a plena aceitação dos novos princípios de catequese.

Em 1662, uma epidemia de varíola vitimou cerca de 30 mil pessoas na Bahia, em sua grande maioria nas aldeias missionárias. Há notícias também de um outro surto epidêmico ocorrido em 1584. As doenças e as fugas resultantes do descontentamento com a nova situação acarretaram uma enorme diminuição do contingente de indígenas da capitania. Estimado em 34 mil em 1562, em 1585, conforme Gandavo, seriam somente 8 mil, enquanto para outras fontes seriam apenas 3.600 em 1590.[79] O número de escravos africanos, em 1585, segundo o padre Anchieta, correspondia a pouco mais de 1/3 do número de indígenas.

As investigações têm revelado que o trabalho indígena foi a mão de obra fundamental no Brasil no século XVI. Baseando-se no estudo da documentação sobre o engenho real Sergipe, Stuart Schwartz revelou que em 1572 a mão de obra indígena representava 93%, escravos africanos perfazendo o restante. Entre os indígenas, o mais avultado contingente era de tupinambás, seguidos pelos caetés e tapuias, havendo registro de indivíduos procedentes de populações tão distantes como os tamoios e carijós.[80] Como os engenhos reais eram justamente aqueles que contavam com maiores recursos financeiros e operavam com tecnologia mais avançada (energia da água X tração animal), é de supor que nos demais engenhos a utilização de escravos negros fosse ainda mais restrita e adiada no tempo.

Diferentemente do que poderia parecer a uma visão polarizadora que vimos criticando, que pretende opor um humanismo cosmopolita a um tosco egoísmo local, a atividade missionária e as ações punitivas caminharam juntas no século XVI e se integraram como constitutivas da conquista das populações autóctones e da implantação da ordem colonial. Equivocam-se igualmente as perspectivas dualistas que colocam os indígenas de uma vez para sempre diante do dilema de submeter-se ou resistir, de aceitar a aculturação ou de serem exterminados. Os tupinambás foram colocados em aldeias missionárias, configuraram a força de trabalho essencial para a economia colonial no século XVI,[81] mas não deixaram de mobilizar-se em ações militares, em articulações políticas entre chefes e em movimentos religiosos.[82] Embora os governadores a cada vez anunciassem a El Rey (tanto em 1555 quanto em 1558) a total submissão dos tupinambás, os documentos posteriores continuarão a falar da presença deles na mesma região no final do XVI e também no século XVII, inclusive com a ocorrência de novos movimentos em 1567, em 1605 e em 1628.

## A conquista do litoral norte

Nos limites da capitania real, sucederam-se diversos episódios de conflitos com indígenas, com durações e intensidades variáveis, algumas vezes chamados de "guerras justas", outras não, que expressam com nitidez a preocupação da Coroa e dos governadores em promover a submissão dos índios, configurando um verdadeiro processo de conquista de territórios e populações.

Na capitania de Pernambuco, a mais próspera de todas, os colonos puderam expandir-se graças a uma aliança com os tabajaras, estando em terrenos cedidos por esses o primeiro assentamento (Igarassu). Jerônimo de Albuquerque, cunhado do donatário, veio a esposar uma filha do cacique Arcoverde, teve uma extensa prole (o que lhe valeu o epíteto de Adão Pernambucano) e está na origem de algumas das mais velhas famílias locais. Com a fundação de Olinda (1535) em terras dos caetés, instaurou-se um conflito que se estenderia por mais de duas décadas. Em algumas ocasiões, os caetés conseguiram sobrepor-se aos tabajaras e puseram em cerco Igarassu e Olinda,[83] sendo vencidos por intervenção da Armada Real, que patrulhava as costas contra os corsários franceses. Em 1555, os caetés iniciaram uma revolta contra os portugueses e no ano seguinte sacrificaram em ritual antropofágico aos náufragos de uma caravela que retornava a Portugal, entre os quais estava o primeiro bispo do Brasil e o ouvidor-geral.

Após lutar contra os franceses na Guanabara, Mem de Sá dirigiu sua atenção para o litoral norte da Costa do Pau-Brasil. Em 1562, em represália à morte dos náufragos seis anos antes, declarou "guerra justa" contra os caetés que ocupavam o litoral, do norte da Bahia até Pernambuco. Depois de submetidos, tal como ocorrera com os tupinambás do Recôncavo, os caetés sofreram um outro flagelo, uma epidemia de varíola que vitimou cerca de 70 mil desses indígenas.[84] Em 1575, foi declarada guerra aos indígenas do norte da Bahia,[85] em conflito que se estendeu por mais de uma década, encerrando-se com a capitulação dos caetés e a fundação de um povoado na atual região de Sergipe (1590).

Submetido militarmente e vitimado pela varíola, o gentio da capitania de Pernambuco deixou de oferecer resistência armada aos colonizadores. Alguns anos depois, no entanto, Pero de Magalhães Gandavo observa que nessa capitania "tem muitos escravos índios, que é a principal fazenda da terra. Daqui os levam e compram para outras capitanias, porque há nesta muitos e mais baratos que em toda a Costa".

Os engenhos existentes em Pernambuco, que eram apenas cinco em 1546, passaram a 23 em 1570 e a 66 em 1585. Por sua vez, a população também cresceu bastante, indo de pouco mais de três mil em 1546 para cerca de oito mil em 1585.[86] Sobre a quantidade de indígenas, Pereira da Costa[87] menciona que em apenas um aldeamento dos jesuítas, nas cercanias de Olinda, viviam mais de 10 mil indígenas, fortalecendo o quadro delineado por Gandavo quanto à prodigalidade da oferta de trabalho indígena naquela capitania.

Alguns anos depois, em 1585, o número de índios em aldeias missionárias já estaria substancialmente reduzido, ficando na faixa dos dois mil,[88] o que deveria ser o resultado — como na Bahia — de doenças e do relativo insucesso das missões da Costa, acrescido da existência do forte "mercado" de cativos acima indicado por Gandavo. Certamente o grau de controle quanto às condições consideradas legítimas de escravização de indígenas era muito maior na sede do governo geral, onde estava instalado o núcleo governativo (governador, ouvidor e provedor) que deveria acompanhar tais procedimentos.

Em 1575, uma nova rebelião ocorreu entre os índios do interior de Pernambuco e Paraíba.[89] Por outro lado, a importação de escravos africanos parece tornar-se significativa mais cedo do que na Bahia e já na última década representa mais da metade da população da capitania.[90]

A expansão para o litoral norte, a partir de Itamaracá, iniciou-se no final da década de 1570. Derrotados na Guanabara, os franceses passaram a efetuar suas incursões para comércio do pau-brasil no litoral da Paraíba e do Rio Grande do Norte. Os portugueses, auxiliados pelos tabajaras, só conseguiram consolidar suas posições em 1585, com a fundação de uma povoação fortificada na foz do rio Paraíba. No ano seguinte, no entanto, os potiguaras iniciaram uma oposição armada e de duração longa aos portugueses.

Já no período da União Ibérica, o rei Filipe II assinou duas cartas régias, em 1596 e 1597, determinando a conquista da região ao norte do rio Paraíba. Nesse último ano, portugueses e índios tabajaras se instalaram na barra do rio Grande (atualmente chamado Potengi) e construíram uma paliçada. No início do ano seguinte, começou a construção do Forte dos Reis Magos, em torno do qual se formou a povoação de Filipeia de Nossa Senhora das Neves (hoje Natal). As pazes com os potiguaras foram solenemente estabelecidas apenas em junho de 1599.[91]

## A conquista do litoral sul

Em 1560, o governador Mem de Sá recebeu notícias de que "o gentio tupiniquim da capitania de Ilhéus se alevantara e tinha morto muitos cristãos e destruído e queimado todos os engenhos (...) e os moradores estavam cercados". Para lá rumou, levando indígenas das missões, além de soldados portugueses, "indo dar em uma aldeia que estava a sete léguas (42 km) da vila, em um alto pequeno, toda cercada d'água (...) a destruí e matei todos os que quiseram resistir e a ainda vim queimando e destruindo todas as aldeias que ficaram atrás". Mais indígenas tupiniquins lhe apareceram, mas foram imprensados contra o mar, onde pelejaram e foram mortos por outros índios. "Nenhum tupiniquim ficou vivo, e todos os trouxeram a terra e os puseram ao longo da praia, por ordem que tomavam os corpos perto de uma légua." Em 30 dias, toda a terra ficou pacificada, os que saíam dos montes e brenhas "vieram a pedir misericórdia e lhes dei pazes com condição de que haviam de ser vassalos de sua alteza e pagar tributo e tornar a fazer os engenhos".

O anunciado sucesso da expedição de Mem de Sá permitiu um breve período de desenvolvimento para a capitania, que chegou a ter "400 ou 500 vizinhos, oito ou nove engenhos e um mosteiro dos jesuítas". Os tupiniquins, que foram "os primeiros povoadores da região" (Ilhéus, Porto Seguro e Espírito Santo), "gente de muito trabalho e serviço (...) grandes pescadores de linha, caçadores e marinheiros", estiveram sempre aliados aos portugueses contra outros indígenas.[92]

Mas em sua nova condição de índios aldeados tornaram-se incapazes de fazer respeitar os limites de seu antigo território, que foi progressivamente invadido por um outro povo, que vivia em pequenos bandos, não plantava e abastecia-se exclusivamente com a caça e a coleta. Os aimorés eram "grandes flecheiros e corredores", não sabiam nadar nem tinham embarcações, eram inimigos dos tupiniquins e falavam uma outra língua. O relato é de Gandavo: "São muito altos e são tão largos de corpo que quase parecem gigantes (...) não têm casas, nem povoações onde moram, vivem entre os matos como brutos animais."

Logo a situação de insegurança voltou a reinar nas capitanias de Ilhéus e Porto Seguro. É Gabriel Soares de Souza quem agora nos relata: "Deu nesta terra esta praga dos aimorés (...) com medo dos quais foge a gente dos Ilhéus para a Bahia e tem a terra quase despovoada, a qual se despovoará de todo se Vossa Majestade com muita instância não lhe valer." Novamente, o governador foi apelar para o mecanismo da "guerra justa", que em 1570 foi declarada contra os aimorés.

Em 1558, uma expedição com seis navios e 200 combatentes, entre esses contando com índios tupinambás trazidos das aldeias missionárias da Bahia, saiu de Salvador para a capitania do Espírito Santo. Os tupiniquins haviam sitiado Vitória e inclusive o donatário viera a falecer em combate. O estopim do conflito teria sido o não pagamento pelos moradores de "índios de corda", trazidos para resgate. A batalha ocorreu na foz do rio Cricaré (São Mateus), os portugueses sendo vencedores, levantando o cerco a Vitória e obtendo a capitulação dos tupiniquins.[93] Novas ocasiões de tensão voltaram a ocorrer em 1560 e em 1588.

Porém, os fatos que ganharam maior repercussão na história do Brasil foram os relativos à conquista do Rio de Janeiro. Talvez isso seja derivado de que tais relatos foram escritos por intelectuais que habitavam naquele mesmo espaço físico, tornado bem mais tarde capital da nação e local onde funcionavam as principais instituições do país. Mas podemos levantar também uma outra hipótese — de que a narrativa da conquista do Rio de Janeiro teve um forte cunho nacionalista, descrevendo um processo de luta contra um inimigo externo, os franceses. Isso colocou como secundário, em área de baixa visibilidade, o fato de que se tratou de uma guerra de conquista, pretendendo culminar a submissão do "gentio" às armas portuguesas, propiciando o livre apossamento do território e a obtenção de uma mão de obra escrava farta e a preços irrisórios.

O estabelecimento de uma feitoria real em Cabo Frio (em 1503) havia preparado os tamoios para a extração do pau-brasil e a prática do escambo. Os franceses apenas tiveram de inserir-se em um circuito (já constituído) de relações com os indígenas, que vigorou no litoral brasileiro como única modalidade econômica até quase a metade do século (o primeiro engenho foi instalado em Olinda, em 1543). Só com a estrutura centralizada do governo geral e a implantação de engenhos é que o cultivo da cana começou paulatinamente a assumir um lugar de supremacia econômica, já nas últimas décadas do século XVI o pau-brasil tornando-se um modo de produção secundário.

As notícias sobre a presença francesa na região eram bem antigas, cada expedição portuguesa de fiscalização do litoral vindo a confrontar-se com negociantes franceses e apreender embarcações carregadas de pau-brasil, além de animais exóticos e peles. Tal atuação mudou de qualidade quando em 1555 os franceses decidiram criar uma colônia no Brasil, para isso escolhendo a Baía de Guanabara. Os armadores bretões e normandos, que antes financiavam as sortidas ao longo do litoral para a extração do pau-brasil, tinham agora o apoio direto de figuras influentes da corte, contando com auxílio financeiro e com a simpatia do rei Francisco I.[94]

Em 1560, no comando de oito a dez caravelas e mais numerosas embarcações a remo, Estácio de Sá, sobrinho de Mem de Sá, entrou na Baía de Guanabara e, apoiado por 140 tupiniquins que trouxera do

Espírito Santo, conseguiu levar de vencida aos franceses e seus aliados tamoios, destruindo o forte Coligny, executando alguns oficiais e fazendo numerosos prisioneiros (enviados a Portugal), mas não deixando no local uma presença armada portuguesa. Foram concedidas 50 cartas de sesmarias aos principais integrantes do núcleo colonizador.

Passados alguns anos, franceses que haviam conseguido escapar para as aldeias tamoias restabelecem o comércio de pau-brasil. Uma nova expedição portuguesa, contando com dois galeões e forte artilharia, foi preparada em 1565. Nela juntaram-se também 100 homens vindos da capitania de Pernambuco. Reunia igualmente indígenas maracajás (do Espírito Santo) e tupiniquins (de São Vicente). Os portugueses e seus aliados ocuparam uma posição estratégica, na entrada da baía, tornaram-se conhecedores do local e só com a chegada de uma armada, comandada pelo governador, foi que em 20 de janeiro do ano seguinte iniciaram o ataque às posições que os tamoios ocupavam no morro de Uruçu-Mirim e na ilha do Gato (respectivamente, hoje, morro da Glória e ilha de Paquetá). Desalojados, os tamoios foram submetidos, tendo morrido seu chefe Aimbirê, enquanto outro morubixaba influente, chamado Guaxará, bateu em retirada com os seus em 180 canoas, com destino a Cabo Frio. Foram executados oito ou nove franceses.[95]

A povoação foi transferida para lugar mais central e confirmadas pelo governador as sesmarias anteriormente concedidas, bem como estabelecidas novas. Também os jesuítas receberam sesmarias, assim como Arariboia, chefe maracajá, que se instalou provisoriamente nas cercanias, numa sesmaria entre os rios Inhaúma e Iguaçu, transferindo-se poucos anos depois para o outro lado da baía, fundando a aldeia de São Lourenço (1573). Em recompensa por seus trabalhos, Arariboia foi agraciado com o hábito de Cavaleiro da Ordem de Cristo e lhe foi atribuída uma pequena pensão anual.[96]

De 1570 a 1590 a população de portugueses dobrou, passando a 300 vizinhos e possuindo três engenhos. O número de índios em aldeia era, no entanto, muito maior do que o de portugueses, variando de acordo com diferentes fontes, entre três ou quatro vezes para uma e o dobro para outra. Mas o valor dos escravos africanos era nessa época de 13 a 40 vezes superior ao de um escravo indígena, segundo a avaliação do próprio governador.[97]

A terceira expedição foi realizada quase dez anos depois. Não contou com forças especiais nem recebeu adesão de soldados ou aliados de outras capitanias. Foi integrada por 400 moradores e cerca de 700 índios "forros". Além da morte dos principais líderes tamoios, o resultado foram quatro mil prisioneiros, transformados em "cativos" e conduzidos às fazendas do Rio de Janeiro.[98] Tal contingente representava mais de cinco vezes o número de portugueses existentes na capitania, segundo Gandavo.

A expansão da colonização no sentido do sul, na Costa do Pau-Brasil, no século XVI, atingiu também o planalto paulista, onde o padre Nóbrega, apoiado por três caciques tupiniquins (Tibiriçá, Caiubi e Tamandiba), fundou em 1554 uma povoação, transformada em vila em 1560 por Mem de Sá. Em 1562, foi sitiada pelos chefes Anhembi, Piquerobi e Jaguanharo, mas foi libertada pela ação de João Ramalho e seu genro Tibiriçá, sempre aliado dos portugueses.

A população da capitania não registrou grande crescimento entre 1546 e 1590, o número de engenhos mantendo-se em torno de seis, as principais povoações sendo São Vicente (criada ainda por Martim Afonso de Souza, em 1532), Cananeia, Santos e Itanhaém. A motivação dos seus habitantes não era a expansão das lavouras e da cultura da cana-de-açúcar, mas sim o fato de que, através do rio Tietê, tinha acesso à bacia do Prata. Foi o ponto de partida de numerosas entradas no interior, na busca de minerais preciosos e de escravos indígenas, penetrando nos domínios do rei de Castela. Desde 1547 até o final do século milhares de indígenas carijós (guaranis) foram capturados por essas entradas e levados como "cativos" para as povoações do litoral ou vendidos para outras capitanias.[99]

## Três regimes de construção da colônia

Este texto tem como intenção mais geral questionar uma visão homogeneizadora e simplista das populações autóctones, enquadradas de forma genérica como primitivas, e não enquanto integrantes efetivas do *encontro colonial*. Iniciando-se com o uso de fontes arqueológicas e etnológicas, propõe de modo sistemático uma abordagem dos fenômenos históricos *em situação*, tendo portanto como matéria-prima homens, eventos e relações concretas e singulares. Em decorrência disso, se afasta da busca de um fator determinante único, assim como de explicar o processo social como resultante exclusivo de ideologias jurídicas ou religiosas. Embora as fontes e as interpretações cotidianas frequentemente estejam escritas do ponto de vista dos colonizadores, o enfoque situacional aqui adotado permite — ainda que sem pretender penetrar na perspectiva indígena, para a qual os dados são extremamente lacunosos — recuperar as populações autóctones enquanto protagonistas da construção do Brasil.

O lugar secundário e sobretudo negativo atribuído aos nativos procede do evolucionismo do século XIX e da releitura que autores enraizados nessa perspectiva fizeram de fontes da segunda metade do XVI. Não são encontrados de maneira alguma nos fatos contemporâneos ao "achamento" do Brasil nem nas sete décadas que lhe sucederam, em que as relações estabelecidas com os indígenas foram essenciais para caracterizar os modelos de colonização adotados.

Do ponto de vista aqui seguido, o século XVI não deve ser tomado como uma unidade, mas sim como um período de experimentações e mudanças. A compreensão proposta está assentada em três contextos que precisam ser pensados em sua especificidade, como implicando configurações sociais distintas e logicamente separadas. Tais configurações, que chamo de *situações históricas*, constituem diferentes modelos de distribuição de poder entre os atores copresentes, numa construção analítica formulada pelo investigador.[100] Como permitem ordenar, articular e dar sentido a um conjunto de estratégias e ideologias dos agentes históricos concretos, operando como modelos performativos, preferi aqui falar delas como *regimes*. A cada *situação histórica*, portanto, irá corresponder um *regime* específico que orienta ações, narrativas e conhecimentos no sentido de uma modalidade de construção da colônia.[101]

O mandato da Coroa portuguesa sobre o território abrangido pela Costa do Pau-Brasil decorria do Tratado de Tordesilhas, que não foi, porém, reconhecido pelos reis da França. Durante toda a primeira metade do século XVI essa foi uma região disputada por portugueses e franceses, sem que houvesse uma clara definição de domínio (embora a presença portuguesa fosse mais acentuada). Obter a simpatia e colaboração dos nativos foi a principal preocupação de ambos.

A primeira *situação histórica* podemos chamar de *regime das feitorias*, designando, assim, uma economia cuja produção é primordialmente o pau-brasil e está baseada no escambo. A atenção é centralizada no comércio, o território sendo objeto de disputas. A relação entre colonizadores e colonizados não é dualista, mas está bipartida e inclui de fato quatro elementos: os portugueses, seus inimigos franceses, os indígenas que se aliam aos portugueses e os indígenas que se aliam aos franceses. O conflito entre os europeus se apropria dos e se sobrepõe aos conflitos entre os próprios tupis, oferecendo aos nativos um código que lhes é familiar e prenhe de significações.

Se a escravização apresenta sentidos e funções diferentes para autóctones e alienígenas, em ambos os casos ela é apenas aplicada aos inimigos, resultando, no entanto, de espólios de guerra bastante distintos. É interessante notar que a implantação entre as populações autóctones de mecanismos para a compra e venda de cativos parece ter funcionado com mais facilidade entre os povos do sul (carijós e guaianases) do que com os tupiniquins e tupinambás, isso decorrendo de uma postura cultural diferente quanto ao prisioneiro e seu sacrifício. Enquanto os segundos destinavam os guerreiros inimigos capturados ao ritual antropofágico, os primeiros não possuíam tal costume.

Uma figura essencial é a do intermediário, do lado português os "lançados" (degredados, desertores e náufragos), do lado francês os *tru-*

*chements*. Embora sejam tradutores culturais, aprendendo os idiomas e os costumes nativos, não são apenas "línguas" (intérpretes), mas sim os operadores práticos das alianças. Contraem matrimônios com mulheres indígenas, herdando redes de relações políticas e cerimoniais, o que lhes permite ser agenciadores da produção do pau-brasil e os mediadores das relações com os europeus. As famílias que instituem são as raízes dos mais antigos moradores da colônia, como em São Paulo e Pernambuco. Os próprios ideólogos da colonização, situados na metrópole, valorizam a mestiçagem como estratégia política e de povoamento.[102]

Advém desse contexto o registro de narrativas e representações simpáticas e respeitosas sobre os indígenas do Brasil. O primeiro documento nesse sentido é a própria carta de Pero Vaz de Caminha ao rei D. Manuel I, retratando os habitantes da terra como de boas feições, robustos, limpos e bem cuidados, gente inocente e confiante que logo entabulou relações de colaboração e de troca com os portugueses. O escrivão não os associa aos "infiéis" (mouros) nem aos judeus (circuncidados, isto é, "fanados"), mas à inocência de Adão no Paraíso e observa que uma vez que houvesse uma melhor compreensão, logo seriam cristãos.[103]

A primeira representação gráfica de indígenas em Portugal irá ocorrer na "Epifania" do altar-mor da catedral de Viseu, obra pintada por Vasco Fernandes em torno de 1505, na qual um dos reis magos é figurado como um dos tupiniquins que assistiram à missa rezada por frei Henrique do Coimbra. A representação positiva quanto aos nativos irá refletir-se também na cartografia, sobretudo no mapa intitulado "Terra Brasilis", de autoria atribuída a Lopo Homem com Pedro e Jorge Reinel, datado de 1519. Tal mapa, notável por seu detalhamento do litoral (pois contém o nome de 146 acidentes geográficos ao longo da costa), apresenta uma imagem colorida e radiosa dos indígenas e da natureza, bem conforme ao chamamento de "Terra dos Papagaios".[104] Consoante com isso cabe notar que no próprio contexto europeu os chefes indígenas aliados possuem um valor simbólico, são muito bem tratados e exibidos nas cortes francesa e portuguesa, designados inclusive como "reis".[105]

A capacidade de maravilhar-se do cronista, do pintor sacro e dos cartógrafos integra um discurso que tem como inspiração narrativa as viagens de Marco Polo ao Oriente, e não as crônicas das cruzadas voltadas para a libertação do Santo Sepulcro. É esse importante patrimônio de imagens e símbolos fundados na simpatia e na tolerância que irá reaparecer, com significados novos, em outros momentos da história do Brasil associado a movimentos nacionalistas, indianistas e românticos.

A marca dessa situação é o jogo propiciado pelas reciprocidades, o que, claro, não exclui assimetrias, manipulações nem avaliações divergentes. As relações de parentesco criadas pelos "lançados" com os nativos serviram para instituir as bases de uma estrutura de poder imprescindível aos colonizadores, bem como eram úteis para legitimar o domínio português. Além das representações positivas sobre os autóctones, a própria carta de Caminha deixa claro as potencialidades econômicas da terra (comércio e lavouras) e não esquece de indicar a El Rey a importância de uma tutela cristã sobre os nativos.[106]

A segunda situação é a que podemos designar por *guerra de conquista.* Os atores sociais são os mesmos, mas as relações já são bastante distintas. Portugal não quer mais ter puramente parceiros comerciais ou aliados, mas sim vassalos. Por várias razões (que não cabe aqui esmiuçar) a Coroa portuguesa agora pretende impor um controle administrativo ao espaço geográfico sobre o qual detinha antes apenas um mandato político-diplomático. Trata-se não mais de propiciar um comércio lucrativo, mas de fundar uma colônia portuguesa na América Meridional, o que envolve controle do território e povoamento.

Para isso há que ter em suas mãos o governo dos índios e a soberania exclusiva do território, expulsando os rivais franceses e implantando modalidades estáveis de geração de riquezas, as quais propiciem aos moradores uma relativa autonomia face ao Tesouro Real. A materialização dessa nova forma econômica é o estabelecimento de lavouras de cana e engenhos em terras doadas, enquanto sesmarias, aos colonos por El Rey ou pelo seu representante, o governador.

A *guerra de conquista* da Costa do Pau-Brasil, iniciada no segundo governo geral e empreendida sobretudo a partir do terceiro, com Mem de Sá, tem justamente a finalidade de submeter a população autóctone, ocupando os seus territórios e mobilizando o seu trabalho. Nas décadas de 1550 e 1560, o contingente de indígenas nas aldeias chega a corresponder a cinco ou seis vezes o número de portugueses. Mas o sucesso inicial da colonização irá depender paradoxalmente da rede de relações constituída durante o *regime das feitorias*.

Sem a anuência e sem a mão de obra dessas populações não poderia ser estabelecida a infraestrutura colonial indispensável, incluindo-se nisso desde as construções públicas até o pleno funcionamento dos engenhos. No tratamento com o gentio, os intermediários não serão mais os "lançados", e sim os missionários, que já não mais conviviam pacificamente com os costumes do "gentio" e lhes impunham valores e instituições portuguesas. São essas figuras proeminentes do projeto colonial que fundam aldeias, reunindo os autóctones em espaços limitados, encarregando-se de sua civilização e catequese.

Em muitos pontos, os relatos de missionários, como os jesuítas Manoel da Nóbrega e José de Anchieta, o franciscano André Thevet ou o protestante Jean de Léry, são bastante minuciosos e descrevem com cuidado algumas práticas indígenas, constituindo-se, assim, importantes fontes etnográficas sobre populações autóctones em muitos casos desaparecidas faz alguns séculos. Mas a perspectiva que move esse olhar é a da catequese, isto é, do indígena como um ser ainda bruto e imperfeito, seu valor residindo em ser um potencial cristão. As técnicas pouco convencionais de catequese, como o teatro e a música, a incorporação de alguns símbolos nativos (ressignificados), o conhecimento das línguas nativas e o ensino da "língua geral" não excluem os "descimentos", uma pedagogia dos castigos e a utilização da força (quando julgada necessária).[107] A necessidade de conversão do gentio irá tanto justificar a defesa de sua liberdade, contrapondo-se aos maus-tratos e abusos dos moradores, quanto também irá legitimar as ações bélicas como parte de uma guerra santa.

A satanização das religiões, o horror à antropofagia e ao espírito guerreiro dos indígenas transparecem muito fortemente em ilustrações das crônicas publicadas desses missionários, assim como em viajantes do meado do século XVI. É como se as terras do Brasil e seus habitantes não mais inspirassem as imagens do Paraíso, mas se transformassem, devido à resistência dos nativos, em um verdadeiro calvário para os colonizadores, no qual se podiam perceber os sinais da presença do diabo.[108] As representações gráficas que irão correr mundo apresentam os indígenas do Brasil como ferozes canibais, congelando no tempo as expectativas e discussões filosóficas que suscitam.[109]

A expansão de fazendas e engenhos sobre os terrenos habitados pelos indígenas é viabilizada através dos "descimentos" e da criação de aldeias, que os reterritorializam em espaços mais limitados e sob supervisão dos missionários. É dessas aldeias que irá sair a reserva de trabalhadores que permite o nascimento econômico da colônia. Daí procede igualmente uma parte substancial das tropas que irão combater tanto os indígenas que se rebelam contra o domínio português quanto os invasores franceses.

Nesse contexto, a colonização não deverá mais estar assentada na mestiçagem e na convivência de instituições portuguesas e indígenas, mas no matrimônio católico e monogâmico, bem como no batismo e na conversão. Há reiterada preocupação dos missionários com a vinda de mulheres portuguesas, que pudessem casar e engendrar famílias verdadeiramente cristãs, as quais deveriam ser os esteios morais da colônia.[110]

São poucos os indígenas que mantêm projeção social, restringindo-se isso a famílias que auxiliaram em conquistas militares e foram agraciadas com sesmarias e distinções especiais (Arariboia é o exemplo mais evidente disso).[111] Em outros momentos da história do Brasil em que o território e a soberania estiveram em disputa, mecanismos de prestígio e relativa mobilidade foram atribuídos a outras personalidades indígenas. Um outro caso bastante notório ocorreu na luta contra os holandeses e no destaque para a figura de Antonio Felipe Camarão.

A *guerra de conquista*, com os "descimentos", as aldeias missionárias e as "guerras justas", transformada em mecanismo de expansão da fronteira econômica, irá transplantar-se no século XVII e primeira metade do século XVIII para os sertões, em capítulos futuros (mas de menor destaque) da história da formação territorial brasileira. Os bandeirantes paulistas, com suas tropas de mamelucos e índios escravizados, também serão contratados para atuar em áreas distantes, disputando com os missionários a intermediação e o controle do gentio. Em algumas partes, as tropas de gado serão o vetor básico para o avanço da fronteira.[112]

A terceira situação é a da *plantation escravista* do final do século XVI, voltada para a exportação do açúcar e baseada na mão de obra africana, que se manterá como hegemônica por dois séculos. Era o modelo de colonização praticado em algumas partes da América espanhola, especialmente nas ilhas do Caribe, onde a população autóctone foi exterminada em poucas décadas, toda a força de trabalho usada na monocultura sendo de escravos africanos.[113]

No Brasil, contudo, é a *guerra de conquista* da Costa do Pau-Brasil que irá viabilizar e desembocar nessa modalidade econômica, consolidada especialmente no século seguinte com a dominação holandesa. O contingente de índios forros, sediados nas aldeias do litoral, decresce bastante em virtude da dificuldade de convivência das aldeias com a crescente demanda por braços dos engenhos. Segundo Hemming, já nos meados do século XVII os índios forros serão em torno de um terço do que eram em 1590 no litoral.[114]

Com a implantação progressiva desse modelo econômico, a população autóctone passará a ser crescentemente carreada para outras atividades menos lucrativas, mas ainda assim imprescindíveis à vida da colônia — modos de produção subsidiários, atividades de subsistência e a prestação de uma gama muita heterogênea de serviços aos colonos. Não há dados quantitativos de que se possa dispor, mas o relato dos cronistas imediatamente posterior à guerra de conquista do litoral é bastante eloquente:

> As pessoas que no Brasil querem viver, tanto que se fazem moradores da terra, por pobres que sejam, se cada um alcançar dois pares ou meia dúzia de escravos (que pode um por outro custar pouco mais ou menos até dez cruzados) logo tem remédio para a sua sustentação; porque uns lhe pescam e caçam, outros lhe fazem mantimentos e fazenda e assim pouco a pouco enriquecem os homens e vivem mais honradamente na terra com mais descanso que neste reino (Portugal) (...) os mesmos escravos índios da terra buscam de comer para si e para os seus senhores e desta maneira não fazem os homens despesa com seus escravos em mantimentos nem com suas pessoas.

A imagem fornecida por Gandavo é subscrita e repetida por fontes posteriores. Nos *Diálogos das grandezas do Brasil*, o português Brandônio, um *alter ego* para o autor Ambrósio Fernandes Brandão, que foi proprietário de terras em Pernambuco no final do século XVI, afirma: "A maior parte da riqueza dos lavradores desta terra consiste em terem poucos ou muitos escravos", mencionando a seguir que o seu sustento é assegurado através de escravos que regularmente saem para pescar e caçar para o seu senhor.[115] Da leitura e compilação de documentos da época também Pereira da Costa extrai uma síntese semelhante: "Não havia branco, por pobre que fosse, que não tivesse vinte ou trinta índios, de que se serviam como cativos, e os ricos tinham aldeias inteiras."

A força de trabalho não especializada, altamente discriminada e que sempre possuiu um baixo valor econômico, que serve como um antídoto para a pobreza dos cidadãos comuns, está nesse momento apenas iniciando sua trajetória na história do Brasil. A prática cotidiana do cativeiro irá sinalizar aos indivíduos de origem autóctone que, nesse contexto, não há nenhuma alternativa de sobrevivência que passe pela manutenção de sua cultura nem pela afirmação de sua identidade. Estão condenados a ingressar em uma zona de invisibilidade, submergindo em uma espécie de anonimato do qual só escapam já ao final do século XX, em um contexto histórico absolutamente distinto.

Apesar da enorme redução populacional por que passaram, os indígenas da faixa atlântica não foram extintos ao longo do século XVI, como supõem expectativas e preconceitos ainda vigentes. As pesquisas realizadas pelos antropólogos na última década identificaram a presença de mais de três dezenas de coletividades que se autoidentificam como indígenas nos sertões e na faixa atlântica do Nordeste, incluindo populações litorâneas que foram extensamente objeto de crônicas e de ações coloniais, como os potiguaras, tupinambás e tupiniquins.[116] O fato de não possuir um reconhecimento explícito e separado não significa de maneira alguma que essas pessoas não continuem a estabelecer entre si redes de intercâmbio e solidariedade, que configurem formas organizacionais específicas, reunindo famílias e grupos no interior de um conjunto social mais amplo.[117]

## A necessária revisão de alguns pressupostos

É difícil estabelecer as causas da substituição da mão de obra indígena pela africana. Mas talvez seja possível pelo menos descartar algumas hipóteses que, ainda que possam parecer quase como "naturais" a alguns autores eminentes, inclusive a alguns dos nossos contemporâneos, não estão de maneira alguma fundadas nas fontes quinhentistas. Importantes interpretações atuais retomam as afirmativas quanto ao nomadismo indígena e insistem na crença em uma suposta inadaptação das populações autóctones ao regime de trabalho imposto pelos colonizadores portugueses.[118]

O relato de Gabriel Soares de Sousa, no entanto, aponta claramente que se havia povos que viviam no interior das matas e sem pouso fixo, outros (a maioria dos que descreve) possuíam aldeias e lavouras extensas. Das populações que habitavam a faixa litorânea, quase todos conheciam a agricultura e eram excelentes na arte da navegação e na pesca, como era o caso dos tupinambás, tupiniquins, tamoios, potiguaras e carijós (guaranis). A exceção eram os aimorés, os goitacazes e os tapuias em geral, que, vindos do sertão, promoviam investidas contra as fazendas, as povoações e os indígenas do litoral.

A suposta incapacidade dos indígenas para o trabalho decorre de um estereótipo que contradiz os próprios registros dos agentes econômicos (plantadores) do século XVI. Tal fato, aliás, está extensamente documentado por Merchant, entre outros autores. Schwartz vai em direção semelhante, observando que na última década do século XVI na Bahia ¾ da massa escrava ainda consistiam de indígenas.[119] Do que se deve concluir que as populações autóctones representaram a força de trabalho essencial para a extração do pau-brasil e a implantação das lavouras de cana e dos engenhos, absorvendo, assim, a incorporação de novas ferramentas e a utilização de processos de trabalho.

A nosso ver, duas hipóteses mereceriam ser mais bem investigadas. A primeira é que a preferência de investir em escravos negros estivesse ligada às condições de operação do mercado de cativos indígenas, diretamente sujeito à vontade política dos governadores e muito sensível às alterações na balança de poder entre jesuítas e moradores. Enquanto o escravo negro constituía um bem de capital e podia integrar explicitamente o patrimônio pessoal, a escravidão do indígena em tese seria apenas temporária, os processos de venda, doação ou herança deveriam ser camuflados sob outras formas. O baixo preço do escravo indígena em relação ao negro decorreria não da sua inadequação ao trabalho, mas sim da insegurança do seu proprietário quanto às condições de conversão desse capital em valores efetivos. A fluidez de regras e de equivalências monetárias verificada no mercado de cativos indígenas incomodava tanto os senhores de escravos que vários autores reportam o costume de estimular o intercasamento entre indígenas e africanos, de modo a aplicar aos descendentes desses casais o estatuto jurídico dos últimos.

A segunda hipótese, que não exclui a anterior, está fundamentada nas finalidades a que se destinaria a mobilização de cativos indígenas a partir do século XVII, bem diferente daquelas do mercado de escravos africanos. Se uma parte significativa dos escravos africanos era destinada ao trabalho nas *plantations* e precisava ser alimentado por seu senhor,[120] o cativo indígena, segundo reiteram as fontes da época, encarregava-se primordialmente da subsistência de seu senhor e da sua própria. O escravo indígena, cujo preço já era inferior ao africano, mostrava-se de grande utilidade, sobretudo para os moradores que não dispunham de maiores recursos para investir na aquisição e na manutenção de trabalhadores africanos. Era o "remédio" contra a pobreza, de que nos falava Gandavo.

Uma pintura do século XVII, durante a ocupação de Pernambuco pelos holandeses, mostra a divisão dos trabalhos agrícolas entre os escravos negros e os indígenas, os primeiros ocupados com o cultivo da cana e o trabalho no engenho, enquanto os segundos estavam voltados para o plantio da mandioca e o preparo de seus derivados (Schwartz, op. cit., 70-71). Um inventário de legislação e atos administrativos mostra a intensidade da requisição de indígenas nos séculos XVII e XVIII para obras públicas, funções militares ou estratégicas (remeiros, tropas de gado, expedições ao sertão etc.).[121] O ponto básico parece ser que após o século XVII o trabalho indígena passa a ser dirigido não mais para a produção econômica dominante, mas sim para atividades complementares, associadas ao bem-estar dos agentes econômicos ou a motivações políticas e estratégicas.

Uma consequência não econômica da diferença entre esses dois circuitos de trocas merece ser comentada em separado. As avaliações sobre o "gentio da terra" tornam-se ao longo da segunda metade do século XVI extremamente negativas. As narrativas enfatizam a primitividade, a rebeldia e o caráter traiçoeiro dos autóctones. Nesses relatos, a tolerância mostra-se inteiramente ausente. Gabriel Soares de Souza, português que viveu dezessete anos no Brasil e foi senhor de engenho no Recôncavo Baiano, assim apresenta, em 1586, o "gentio" tupinambá a seus leitores da metrópole:

> são mais bárbaros que quantas criaturas Deus criou. E faltam-lhes três letras do ABC, que são F, L e R (...) porque não têm fé em nenhuma coisa que adorem; nem os nascidos entre os cristãos e doutrinados pelos padres da Companhia têm fé em Deus Nosso Senhor, nem têm verdade nem lealdade a nenhuma pessoa que lhes faça gente bem. E se não têm L na sua pronunciação, é porque não têm lei alguma que

> guardar, nem preceitos para se governarem; e cada um faz a lei a seu modo, e ao som de sua vontade (...) E se não têm esta letra R na sua pronunciação é porque não têm rei que os reja, e a quem obedeçam, nem obedecem a ninguém, nem o pai ao filho, nem o filho ao pai, cada um vive ao som de sua vontade.[122]

É importante ter presente que os relatos dos missionários, mesmo representando uma perspectiva oposta à dos colonos, não se empenharam em criticar ou reformular tais avaliações negativas sobre os indígenas. As crônicas dos missionários no século XVI destacam primordialmente os fatores e costumes que diferenciavam radicalmente portugueses e autóctones, ratificando a necessidade de conversão e tutela dos indígenas, valorizando o empreendimento a que se dedicavam. Descrever padrões de adaptação entre os indígenas e os colonos, bem como a incorporação dos primeiros ao mundo do trabalho, não era de interesse dos jesuítas,[123] que tinham uma outra proposta civilizatória. É isso que outorga aos relatos dos missionários, segundo os nossos olhos, que os veem do século XXI, um caráter (paradoxal) de registros etnográficos, como uma espécie de exercício pioneiro de etnologia. Nos séculos seguintes, as crônicas dos jesuítas perdem essa aparência etnográfica, reportando-se sobretudo aos resultados bem-sucedidos da atuação missionária, o indígena aí figurando enquanto cristão e trabalhador, não mais com suas especificidades culturais.

Tanto os jesuítas quanto os colonos estão referidos a um mesmo problema — a disputa sobre o controle do trabalho indígena — e procedem de um mesmo solo jurídico e ideológico, no qual a "civilização" do índio (entenda-se aqui sua submissão política, sua utilização como trabalhador e a salvação de sua alma pela catequese) era vista como um valor e uma necessidade. A convergência de interesses entre jesuítas e colonos levou a uma aparente unidade das fontes quanto à caracterização dos indígenas, que passaram a ser vistos como "naturalmente" refratários ao trabalho, virtualmente perigosos e necessitando de tutela e civilização. Isso permite compreender uma tendência constante nas investigações históricas a ver como secundário ou inexistente o papel dos indígenas na formação nacional.

Uma tal retórica, que atribui características ainda mais negativas ao indígena do que ao negro, deve ser a nosso ver correlacionada ao modo diferencial de regulação de dois circuitos transacionais. Enquanto o negro é adquirido como uma mercadoria, o cativeiro dos indígenas era justificado pela sua transformação em cristãos. Os estereótipos negativos eram úteis, portanto, para dar legitimidade moral aos procedimentos repressivos exigidos por sua "catequese" (fosse essa feita por religiosos ou moradores) e sua preparação como força de trabalho futura.

Há uma tendência a pensar a mestiçagem no Brasil exclusivamente como uma confluência de descendentes de portugueses e africanos, omitindo totalmente os entrecruzamentos com a população nativa e as estratégias sociais antagônicas contidas nisso. A importância do indígena na formação da família brasileira é algo muito pouco investigado, que só aparece em alguns ensaios com intenção polêmica.[124]

A incorporação de indígenas (forros ou mesmo cativos) dentro de famílias de descendentes de portugueses era algo estritamente individual, sobre o qual as convenções recomendavam não falar, que em nada afetava as categorizações grupais e coletivas. A hipótese levantada por Gilberto Freyre[125] para o abrandamento dos estereótipos raciais e a valorização da mestiçagem estava associada a uma relativa mudança de status dos negros dentro da casa-grande, implicando processos de maior interação e contiguidade com os brancos, inclusive com um relativo branqueamento de seus descendentes. No caso dos indígenas, ao contrário, a sua incorporação em famílias de portugueses não se traduziria no reconhecimento da mestiçagem nem em uma suposta diminuição de clivagens étnico-raciais, mas sim na acentuação dos estigmas quanto aos indígenas. Isso ocorreria inclusive por parte dos próprios indígenas, que consideravam haver abandonado tal condição pelo casamento, tendo essa atitude continuidade através dos seus descendentes.

Desde o final do *regime das feitorias* e da *guerra de conquista* o intercasamento entre os descendentes de portugueses e indígenas perdeu valor social e foi condenado à invisibilidade. À diferença do negro, não se torna possível pensar no eventual surgimento de uma categoria intermediária ("mestiços"), pois índios e brancos são conceituados como tipos absolutamente distintos e polarizados em termos de atitudes e valores. Ou a pessoa opta por manter-se "índio" (isso significando recusar o domínio português e arcar com o ônus reservado aos inimigos) ou assume-se integralmente como um "vassalo", tal mudança não devendo lhe acarretar, pelo menos no plano jurídico, quaisquer marcas sociais futuras.

É em decorrência de tais parâmetros ideológicos que as populações autóctones serão reiteradamente representadas a partir da imagem do "índio bravo", pois tais avaliações estão sempre relacionadas à condição tutelar que ocuparam (e ocupam) em diferentes projetos nacionais. Aqueles que aceitaram o batismo e a condição de vassalos não devem mais ser descritos de forma separada de outros súditos de El Rey, nem devem de forma alguma ser associados aos que evidenciam ainda uma marcada diferença (isto é, àqueles que se assemelham aos "índios bravos"). Daí a virtual inexistência de registros sobre famílias e coletividades indígenas que optaram por viver dentro da sociedade colonial, cuja especificidade de suas formas socioculturais era ignorada, bem como recusado o estabelecimento de linhas de continuidade com tradições culturais autóctones.

Na perspectiva crítica aqui adotada, a riqueza de analisar o século XVI, ponto de nascimento e consolidação da colônia, sobre a qual uma nação irá mais tarde estruturar-se, decorre justamente de que é possível aí identificar o surgimento de configurações sociais e regimes de representação que, como grandes *icebergs*, continuarão a navegar por tempos futuros, como se fossem fatos permanentes da construção do Brasil. Que ajudam assim a compreender processos contemporâneos, inclusive aqueles de emergências étnicas, radicados em virtualidades de regimes que se pensam como pós-tutelares.

## Notas

1. Talal Asad, 1983.
2. É importante notar que em antropologia o termo colonial não se limita apenas ao explícito estatuto de dependência política que uma nação vem a assumir junto a outra, implicando a ausência ou perda de soberania, mas sim ao estabelecimento de relações de subalternidade em múltiplos níveis da vida social, podendo ser aplicada inclusive a múltiplos conjuntos de atores sociais (classes, regiões, famílias, entre outros grupos sociais) que existem no interior de unidades nacionais.
3. Vide Max Gluckman, 1968; e João Pacheco de Oliveira, 1999.
4. Eric Wolf, 1982.
5. Um exercício nessa direção, de intenção primordialmente didática, foi realizado em João Pacheco Oliveira & Carlos Augusto da Rocha Freire, 2008.
6. Marc Ferro, 1994.
7. Na Europa e Ásia, o mamute e o bisonte, na América o mastodonte, a rena e o tapir.
8. Roger C. Owen, 1984, p. 517-563.
9. Niéde Guidon, 1992, p. 37-52 (p. 41).
10. Pedro Paulo Funari & Francisco S. Noelli, 2005.
11. Como o faz Greenberg, com o esforço de identificação de três grandes línguas colonizadoras (vide Joseph H. Greenberg, 1987).
12. Maria Cristina Tenório, 1999.
13. André Prous, 1991, p. 193-195 e 119-120.
14. Maria Dulce Gaspar, 1999.
15. Julian H. Steward, 1949, pp. 655-668.
16. Francisco Adolfo de Varnhagem, 1867.
17. Anna Roosevelt, 1992, p. 81-82.
18. Ibidem, p. 74.
19. Michael J. Heckenberger, 1996.
20. Carlos Fausto, 2000, pp. 63-65 e 68.
21. David Maybury-Lewis, 1979.
22. Angél Rosenblat, 1978.
23. Francisco Adolfo de Varnhagen, 1978 [1854]. 3 vols.
24. Steward concluiu que todos os grupos tupis representariam apenas 189 mil na época do descobrimento. Cálculos posteriores realizados por estudiosos da população guarani apresentam números muito diferentes: Clastres menciona 1,4 milhão em 1539, enquanto um estudo posterior, mais detalhado, estima entre 600 e 800 mil essa população na mesma época (ver Pedro Ignácio Schmitz, 1991).
25. William M. Denevan, 1976, p. 205-235.

26. Maria Luiza Marcílio, 2000, p. 39-60.
27. John Hemming, 1978.
28. Nathan Wachtel, 1971.
29. Woodrow Borah, 1964, p. 379-387.
30. Henry F. Dobyns, 1966, 7:395-416.
31. Pierre Chaunu, 1969.
32. Maria Luiza Marcílio, 2000, p. 42.
33. Um exemplo dessa tendência é a argumentação desenvolvida por Francisco Iglesias em um texto de referência obrigatória. Ainda que ele opte por trabalhar com a ideia de "encontro de culturas", acrescenta que isso deve ser feito através de uma análise crítica (Francisco Iglesias, 1997, p. 23-36).
34. Tzvetan Todorov, 1983.
35. C.R. Boxer, 1969, p. 27-31.
36. Luiz Felipe de Alencastro, 2000, p. 193-207.
37. Marc Ferro, 1994, p. 52.
38. Deve ser observado que essa convergência não implica a visão de uma política para as colônias de cunho centralizador e homogeneizador. Portugal atuava em cada contexto na América jogando em função de seus interesses e investimentos na Ásia e na África. Ao invés de operar com um modelo único de colonização, as políticas eram postas em prática com certa autonomia, em resposta a recursos e estratégias que estavam inter-relacionadas (ver António Manuel Hespanha, 2001, p. 163-188; e Sanjay Subrahmanyan, 31 (3):735-762. 1997).
39. Leila Perrone-Moisés, 1992.
40. Pelas condições do contrato, além de um pagamento em dinheiro à Coroa, a associação deveria enviar todos os anos uma esquadra de seis navios, reconhecer pelo menos 300 léguas de litoral e instalar uma feitoria, contando em troca com isenção fiscal (que diminuiria nos anos seguintes).
41. Jorge Couto, 1995, p. 190-195.
42. Interceptado por navios portugueses já ao ingressar no Mediterrâneo, o galeão foi conduzido a Lisboa. A carga confiscada dá bem uma ideia do vulto dos interesses comerciais franceses da época: 5 mil quintais (300 toneladas) de pau-brasil, 3.000 peles, 600 papagaios, 300 quintais (18 toneladas) de algodão e grande número de macacos.
43. Jorge Couto, 1995, p. 211-214.
44. (Frei) Gaspar Madre de Deus, 1975, p. 42-44.
45. Jorge Couto, 1995, p. 214 e 227.
46. António Manuel Hespanha, 2001, p. 176-177.
47. Jorge Couto, 1995, p. 219-226.
48. Gabriel Soares de Sousa, 2000, p. 54-56.

49. Jaime Cortesão, 1969, p. 161.
50. Pero de Magalhães Gandavo, 1995, p. 11.
51. Jaime Cortesão, 1969, p. 162.
52. István Ancsó, 1994.
53. Benedito Prezia & Eduardo Hoornaert, 1989.
54. Jorge Couto, 1995, p. 233.
55. Agostinho Perdigão Malheiro, 1976.
56. Manuel Paulo Merea, 1992a (p. 123).
57. Jorge Couto, 1995, p. 283 e 226.
58. Manoel da Nóbrega, 1954.
59. Jorge Couto, 1995, p. 315.
60. Vide Max Gluckman, 1968; e João Pacheco de Oliveira, 2008, p. 8-9.
61. Vide António Manuel Hespanha, 2001, p. 167-168.
62. Jorge Couto, 1995, menciona um desses intermediários, cujos serviços várias vezes foram contratados pelo governador para promover "descimentos", que ganhou nome indígena (Tomacauna) e foi posteriormente objeto da Inquisição por dançar com os indígenas, pintar-se e ter várias mulheres.
63. Jorge Couto, 1995, p. 301.
64. Beatriz Perrone-Moisés, 1992, p. 529-566.
65. Ibidem, p. 121.
66. É conveniente reservar o uso do termo às condições de mercado capitalista. Do ponto de vista etnográfico, é possível distinguir certos circuitos ou esferas da vida social nos quais as trocas são reguladas por normas específicas, nem sempre monetárias, cujos valores podem ser atribuídos sem a ingerência exclusiva do mercado capitalista. É nesse sentido, preconizado por Fredrik Barth, 1967, que estaremos operando com a ideia de diferentes modos de aquisição e uso do trabalho indígena (segundo esse seja de índios das aldeias ou de cativos).
67. John Hemming, 1978, menciona um tipo de intermediário nativo, que teria existido na região sul, e seria chamado de "mus".
68. Gabriel Soares de Souza, op. cit., p. 89-101.
69. Jorge Couto, 1995, p. 239-242.
70. Pero de Magalhães Gandavo, 1995, p. 67-123.
71. José Anchieta, 1988, pp. 418-431.
72. Francisco Soares, 1966, p. 11. Apud Couto, op. cit., p. 276-277.
73. Jorge Couto, 1995, p. 287.
74. Ibidem, p. 320.
75. Alexander Marchant, 1980, p. 95.
76. Os dados que serão aqui utilizados, relativos à população indígena, referem-se apenas aos índios "forros", residentes nas aldeias missionárias. Não existem dados

gerais relativos aos indígenas "cativos", o que dificulta ao extremo os exercícios de demografia histórica no mundo colonial brasileiro. As pesquisas existentes são localizadas e partem de inventários e documentos diversos (ver, nesse sentido, John M. Monteiro, 1994).

77. Carta de D. Duarte da Costa a D. João III (Salvador, 10 de junho de 1555). Apud Jorge Couto, 1995, p. 265.
78. Jorge Couto, 1995, p. 270.
79. Ibidem, p. 267.
80. Stuart B. Schwartz, 1995, p. 60-69.
81. Mario Maestri, 1995.
82. Vide Ronaldo Vainfas, 1992.
83. Hans Staden, 1974 [1557], p. 47-51.
84. Alexander Marchant, 1980.
85. István Ancsó, 1994.
86. Jorge Couto, 1995, pp. 276-277 e 287.
87. F.A. Pereira da Costa, 1983, vol. VI, p. 464.
88. José de Anchieta, 1988, p. 418-431.
89. István Ancsó, 1994.
90. Jorge Couto, 1995, p. 77.
91. Fátima Martins Lopes, 2003, p. 53-64.
92. Gabriel Soares de Souza, op. cit., p. 50-51.
93. Jorge Couto, 1995, p. 266.
94. Para o qual foi organizada em 1/10/1550 uma recepção na cidade de Rouen, onde o tema foi a reconstituição da vida em uma aldeia tupi do Brasil (vide Ferdinand Dennis, 1944).
95. Jorge Couto, 1995, p. 245-249.
96. Tomando como base os proventos do governador, corresponderiam a 3/100.
97. John Hemming, 1995, p. 202.
98. Jorge Couto, 1995, p. 261.
99. John M. Monteiro, 1992, p. 475-498.
100. João Pacheco de Oliveira, 1999, p. 54-59.
101. No sentido de explicitar esse caráter virtual e performativo dos modelos, utilizaremos o tempo presente, em contraste com o emprego sistemático do passado nas partes anteriores.
102. Vide carta de 1532 de Diogo Gouveia a D. João III, de quem era conselheiro, delineando propostas sobre a colonização privada do Brasil e a oportunidade de existirem casamentos entre os naturais do reino e mulheres indígenas de modo a acelerar o povoamento e a multiplicação de vassalos (Jorge Couto, 1995, p. 218).
103. Silvio Castro, 1985.

104. Vide Ana Maria de Morais Belluzzo, 2000.
105. O impacto dessas viagens, das encenações promovidas e dos livros de viagem logo se fez sentir sobre o pensamento europeu, sendo Montaigne o primeiro de uma genealogia que vai desembocar no Iluminismo com Rousseau e a teoria da bondade natural. Há uma extensa bibliografia sobre o tema, limitando-me aqui a referir dois autores: Afonso Arinos de Melo Franco, 1976; Anthony Pagden, 1982.
106. "Porém, o melhor fruto que dela se pode tirar me parece que será salvar essa gente. E esta deve ser a principal semente que Vossa Alteza nela deve lançar" (Silvio Castro, 1985, p. 116).
107. Luis Felipe Baeta Neves, 1978.
108. Esse contraste pode ser visto, por exemplo, nas interpretações formuladas de um lado por Sérgio Buarque de Holanda (vide *Visão do Paraíso:* os motivos edênicos no descobrimento e colonização do Brasil) e por Stephen Greenblatt (*Possessões maravilhosas*: o deslumbramento do Novo Mundo) e, de outro lado, por Laura de Mello e Souza (*Inferno atlântico*: demonologia e colonização: séculos XVI-XVIII).
109. Ronald Raminelli, 1996; e Frank Lestringant, 1997.
110. A iniciativa mais evidente nessa direção foi a chamada "nau das orfãs", na década de 1570.
111. Vide Maria Regina Celestino Almeida, 2003.
112. Tal dimensão está bastante destacada nos trabalhos de Capistrano de Abreu, entre outros em *Caminhos antigos e povoamento do Brasil*, 1960, 2ª edição.
113. Em um estudo recente e de natureza comparativa sobre a economia política do açúcar e a escravidão negra, Miller mostra os riscos de operar com um modelo genérico de *plantation* escravista (de grande porte, especializada e trabalhada por escravos negros), que apenas se viabilizaria em contextos históricos precisos, o mais notório dos quais são os empreendimentos econômicos na Jamaica e em São Domingos no século XVIII. Fora disso há que ter extrema cautela na descrição e análise de fenômenos aparentemente semelhantes, pois alguns fatores econômicos, demográficos e políticos podem transformar tais iniciativas "em uma entidade completamente diferente dos seus precedentes" (p. 12). (vide Joseph C. Miller, 19/20:09-36, 1997).
114. É importante, no entanto, apreender esses dados sem enveredar pela armadilha criada pela visão indigenista, de polarização entre extermínio e proteção, já criticada anteriormente (p. 28-29). Apesar das fugas (individuais ou de famílias) e de movimentos migratórios no sentido de áreas mais para o sertão, os indígenas do litoral continuarão a viver em aldeias ou a tê-las como ponto de aglutinação e referência até pelo menos a segunda metade do século XIX.

115. Ambrósio Fernandes Brandão, 1997, p. 213.
116. João Pacheco de Oliveira, 2004, p. 39-42.
117. João Pacheco de Oliveira, 2004, p. 13-42.
118. Francisco Iglesias, 1997, p. 28 e 30.
119. Stuart B. Schwartz, 1995, p. 72.
120. Mas as pesquisas das últimas décadas têm evidenciado os riscos de operar com um modelo demasiadamente rígido de *plantation*, conforme dito na nota 121. Como o próprio Schwartz (op. cit., pp. 68-73) lembra, a condição do negro irá variar bastante nas diferentes conjunturas, aparecendo algumas vezes como fornecedores de serviços mais qualificados (na década de 1570), outras vezes estando parcialmente associados a atividades de subsistência.
121. Beatriz Perrone-Moisés, 1992, p. 531-536.
122. Gabriel Soares de Souza, op. cit., pg. 262. Cabe sublinhar a diversidade de registros e opiniões sobre os indígenas apresentada pelo mesmo autor, que corresponde a diferentes momentos e finalidades da narrativa. Quando descreve cenários (e os indígenas dentro desse cenário), a sua preocupação é fornecer informações específicas que possam ser úteis aos colonos e administradores; quando generaliza é porque está reportando-se ao plano de formulação de políticas face aos indígenas, reivindicando-as ou legitimando-as.
123. Alexander Merchant, 1980.
124. João Mendes Jr., 1912; Roberto Gambini, 1999.
125. Gilberto Freyre, 1933. Convém ter presente que o autor está referido ao contexto republicano e cerca de meio século após a libertação dos escravos.

## Bibliografia

ALENCASTRO, Luiz Felipe de. "A economia política dos descobrimentos". In: NOVAES, A. (org.). *A descoberta do homem e do mundo. A. Novaes.* Rio de Janeiro/São Paulo: Minc-Funarte/Companhia das Letras, 2000.

ALMEIDA, M. Regina Celestino de Almeida. *Metamorfoses indígenas. Identidade e cultura nas aldeias coloniais do Rio de Janeiro.* Rio de Janeiro: Arquivo Nacional, 2003.

ANCHIETA, José de. *Cartas, informações, fragmentos históricos e sermões (1554-1594).* Belo Horizonte/São Paulo: Itatiaia/Edusp, 1988.

ANCSÓ, István *et al. Cronologia da história do Brasil Colonial (1500-1831).* São Paulo: USP, 1994.

ASAD, Talal (org.). *Anthropology & The Colonial Encounter.* Londres/Nova York: Humanities Press, 1983.

BAETA NEVES, Luis Felipe. *O combate dos soldados de Cristo na Terra dos Papagaios: Colonialismo e repressão cultural.* Rio de Janeiro: Forense, 1978

BARTH, Fredrik. "Economic Spheres in Darfur". In: *Themes in Economic Anthropology*, Raymond Firth (ed.). Londres: Tavistock, 1967.

BELLUZZO, Ana Maria de Morais (org.). *O Brasil dos viajantes.* São Paulo: Objetiva/ Metalivros, 2000.

BORAH, Woodrow. "America as model: the demographic impact of European expansion upon the non European world". In: *Actas y Memorias. XXXV Congresso Internacional de Americanistas.* México: vol. 3, 1964, pp. 379-387.

BOXER, C.R. *O império colonial português (1415-1825).* Lisboa: Edições 70, 1969, pp. 27-31.

BRANDÃO, Ambrósio Fernandes. *Diálogo das grandezas do Brasil.* In: MELLO, José Antonio Gonsalves de (org./int.). Recife: Fundação Joaquim Nabuco/ Massangana, 1997, 3ª. ed. [1618].

CASTRO, Silvio (org., introdução, atualização e notas). *A Carta de Pero Vaz de Caminha. Descobrimento do Brasil.* Porto Alegre: L&PM, 1985.

CHAUNU, Pierre. *Conquête et Exploitation des Nouveaux Mondes (XVI siècle).* Paris: Presses Universitaires de France, 1969.

CORTESÃO, Jaime. *A colonização do Brasil.* Lisboa: Portugália, 1969.

COSTA, F. A. Pereira da. *Anais pernambucanos.* Recife: Fundarpe, 1983, vol. VI, p. 464.

COUTO, Jorge. *A construção do Brasil.* Lisboa: Edições Cosmos, 1995.

DENEVAN, William M. "The aboriginal population of Amazonia". In: W.M. Denevan (ed.). *The Native Population of the Americas in 1492.* Madison: University of Wisconsin Press, 1976.

DENNIS, Ferdinand. *Uma festa brasileira.* Rio de Janeiro: Editora Panamá América, 1944.

DEUS (Frei), Gaspar Madre. *Memórias para a história da Capitania de São Vicente.* Belo Horizonte/São Paulo: Itatiaia, 1975 [1797].

DOBYNS, Henry F. "Estimating aboriginal American population: an appraisal of techniques with a new hemispheric estimate". *Current Anthropology*, 7:395-416, 1966.

FRANCO, Afonso Arinos de Melo. *O índio brasileiro e a Revolução Francesa: as origens brasileiras da teoria da bondade natural*, Rio de Janeiro: José Olympio, 1976.

FAUSTO, Carlos. *Os índios antes do Brasil.* Rio de Janeiro: Jorge Zahar Editor, 2000.

FERRO, Marc. *Histoire des colonisations. Des conquêtes aux indépendances XIIIe-XXe siècle.* Paris: Éditions Du Seuil, 1994.

FREYRE, Gilberto. *Casa-grande & senzala.* Introdução à história da sociedade patriarcal no Brasil (I). Rio de Janeiro: José Olympio Editora, 1933.

FUNARI, Pedro Paulo & NOELLI, Francisco S. *Pré-História do Brasil*. São Paulo: Contexto, 2005.

GAMBINI, Roberto. *Outros 500: uma conversa sobre a alma brasileira*. São Paulo: Senac, 1999.

GANDAVO, Pero de Magalhães. *Tratado da Província do Brasil & História do Brasil*. Recife: Fundação Joaquim Nabuco/Massangana, 1995.

GASPAR, Maria Dulce. *Sambaqui: arqueologia do litoral brasileiro*. Rio de Janeiro: Jorge Zahar Editor, 1999.

GLUCKMAN, Max. *Analysis of a Social Situation in Modern Zululand*. Oxford: Oxford University Press, 1968 [1940].

GOUVÊA, M.F. (org.). *O Antigo Regime nos trópicos: a dinâmica imperial portuguesa (séculos XVI-XVIII)*. Rio de Janeiro: Civilização Brasileira, 2001.

GREENBERG, Joseph H. *Language in the Americas*. Stanford: Stanford University Press, 1987.

GREENBLATT, Stephen. *Possessões maravilhosas: o deslumbramento do Novo Mundo*, São Paulo: Edusp, 1996.

GUIDON, Niéde. "As ocupações pré-históricas do Brasil (excetuando a Amazônia)". In: M.C. da Cunha (org.). *História dos índios no Brasil*. São Paulo: Companhia das Letras, 1992.

HECKENBERGER, Michael J. *War and Peace in the Shadow of Empire: Sociopolitical change in the Upper Xingu of Southeastern Amazonia, A.D. 1250-2000*. Ph. D. Tesis. Pittsburgh: University of Pittsburgh, 1996.

HEMMING, John. *Red Gold: The conquest of the Brazilians Indians*. Londres: Macmillan, 1978.

HESPANHA, António Manuel. "A constituição do Império Português. Revisão de alguns enviesamentos correntes". In: FRAGOSO, J. & BICALHO, M. F. & GOUVÊA, M. F. (orgs.). *O Antigo Regime nos trópicos: A dinâmica imperial portuguesa (séculos XVI-XVIII)*. Civilização Brasileira: Rio de Janeiro, 2001.

HOLANDA, Sérgio Buarque de. *Visão do Paraíso: os motivos edênicos no descobrimento e colonização do Brasil*. São Paulo: Brasiliense, 1959.

IGLESIAS, Francisco. "Encontro de duas culturas: América e Europa". In: AZEVEDO, F.L. Nogueira de & MONTEIRO, J.M. (orgs.). *Confronto de culturas: conquista, resistência, transformação*. Rio de Janeiro/São Paulo: Expressão e Cultura/ Edusp, 1997.

JANCSÓ, István; SLEMIAN, Andréa; MACHADO, André Roberto Arruda. *Cronologia de história do Brasil colonial (1500-1831)*. São Paulo; FFLCH/USP, 1994.

LESTRINGANT, Frank. *O canibal: grandeza e decadência*. Trad. Mary Lucy Murray Del Priore. Brasília: UnB, 1997.

LOPES, Fátima Martins. *Índios, colonos e missionários na colonização da capitania do Rio Grande do Norte*. Mossoró: Fundação Vingt-Un Rosado e Instituto Histórico e Geográfico do Rio Grande do Norte, 2003.

MADRE DE DEUS, Gaspar (Frei). — *Memórias para a história da capitania de São Vicente*. Belo Horizonte/São Paulo. 1975 [1797].

MAESTRI, Mario. *Os senhores do litoral: conquista portuguesa e agonia tupinambá no litoral brasileiro (século 16)*. Porto Alegre: UFRGS, 1995.

MARCHANT, Alexander. *Do escambo à escravidão: As relações econômicas de portugueses e índios na colonização do Brasil (1500-1580)*. São Paulo/Brasília: Companhia Editora Nacional/INL, 1980.

MALHEIRO, Agostinho Perdigão. *A escravidão no Brasil*. Rio de Janeiro: Vozes, 1976 [1867].

MARCILIO, Maria Luiza. "La población del Brasil colonial". In: BETHELL, Leslie (ed.). *Historia da América Latina*. Barcelona: Editorial Crítica, 2000.

MAYBURY-LEWIS, David (ed.). *Dialectical Societies:The Gê and Bororo of Central Brazil*. Cambridge: Harvard University Press, 1979.

MENDES JR., João. *Os indígenas do Brazil, seus direitos individuaes e políticos*. São Paulo: Typ. Hennies Irmãos, 1912.

MEREA, Manuel Paulo. "A guerra justa segundo Álvaro Pais". *O Instituto*, 44:351-353, Coimbra: 1917. Apud PERRONE-MOISÉS, Beatriz, op. cit., 1992a. (p. 123).

MILLER, Joseph C. "O Atlântico escravista. Açúcar, escravos e engenhos". In: *Afro-Ásia*, 19/20:9-36, 1997.

MONTEIRO, John M. *Negros da terra: índios e bandeirantes nas origens de São Paulo*. São Paulo: Companhia das Letras, 1994.

MONTEIRO, John M. "*Os guarani e a história do Brasil Meridional. Séculos XVI-XVII*". In: *História dos índios no Brasil*. CUNHA, Manuela Carneiro da & SALZANO, Francisco M. (orgs.). São Paulo: Companhia das Letras. 1992.

NEVES, Luis Felipe Baeta. *O combate dos soldados de Cristo na Terra dos Papagaios: colonialismo e repressão cultural*. Rio de Janeiro: Forense, 1978.

NÓBREGA, Manoel. *Diálogo sobre a conversão do gentio*. Serafim Leite (ed.), Lisboa: União Gráfica, 1954.

OLIVEIRA, João Pacheco de. *Ensaios em antropologia histórica*. Rio de Janeiro: Editora da UFRJ, 1999.

OLIVEIRA, João Pacheco & FREIRE, Carlos Augusto da Rocha. *A presença dos índios na formação do Brasil*. Brasília: MEC, 2008.

OLIVEIRA, João Pacheco de. *O nosso governo: os Ticunas e o regime tutelar*. São Paulo/Brasília: Marco Zero/CNPq, 1978.

OLIVEIRA, João Pacheco de. "Uma etnologia dos 'índios misturados'? Situação colonial, territorialização e fluxos culturais". In: OLIVEIRA, João Pacheco de (org.). *A viagem da volta: etnicidade, política e reelaboração cultural no Nordeste indígena*. 2ª ed. Rio de Janeiro: Contra Capa, 2004.

OWEN, Roger C. "The Americas: the Case Against an Ice-Age Human Population". In: SMITH, F.H. & SPENCER, F. (eds.). *The Origins of Modern Humans: a World Survey of the Fossil Evidence*. Nova York: Wiley-Liss, 1984.

PAGDEN, Anthony. *The Fall of Natural Man: the American Indian and the Origins of Comparative Ethnology*. Cambridge: Cambridge University Press, 1982.

PERDIGÃO MALHEIRO, Agostinho. A escravidão no Brasil. Rio de Janeiro: Vozes, 1976 [1867]

PEREIRA DA COSTA, F.A. *Anais pernambucanos*. Recife: Fundarpe, 1983. (vol VI).

PERRONE-MOISÉS, Beatriz. "Inventário da legislação indigenista 1500 a 1800". In: CUNHA, Manuela Carneiro da (org.). *História dos índios no Brasil*. São Paulo: Companhia das Letras, 1992.

PERRONE-MOISÉS, Leila. *Vinte luas: viagem de Paulmier de Gonneville ao Brasil (1503-1505)*. São Paulo: Companhia das Letras, 1992.

PREZIA, Benedito & HOORNAERT, Eduardo. *Esta terra tinha dono*. São Paulo: FTD, 1989.

PROUS, André. Arqueologia brasileira. Brasília: Editora da UNB, 1991.

RAMINELLI, Ronald. *Imagens da colonização: a representação do índio de Caminha a Vieira*. Rio de Janeiro: Jorge Zahar Editor, 1996.

ROOSEVELT, Anna. Arqueologia amazônica. In: CUNHA, Manuela Carneiro da (org.) *História dos índios do Brasil*. São Paulo: Cia. das Letras; Sec. Municipal de Cultura; FAPESP, 1992.

ROSENBLAT, Angél. *La población indígena y el mestizaje en América*. Buenos Aires: Editorial Nova. 1954. 2 vols.

SCHMITZ, Pedro Ignácio. "Migrantes da Amazônia: a tradição tupi-guarani". In: KERN, Arno A. (ed.). *Arqueologia pré-histórica do Rio Grande do Sul*. Porto Alegre: Mercado Aberto, 1991.

SCHWARTZ, Stuart B. *Segredos internos. Engenhos e escravos na sociedade colonial 1550-1835*. São Paulo: Companhia das Letras, 1995.

SOARES, Francisco. *Cousas mais notáveis do Brasil e de alguns costumes de seus índios*. Rio de Janeiro: MEC, 1966.

SOUZA, Gabriel Soares de. *Tratado descritivo do Brasil em 1587*. Recife: Fundação Joaquim Nabuco/Massangana, 2000.

SOUZA, Laura de Mello. *Inferno atlântico: demonologia e colonização: séculos XVI-XVIII*. São Paulo: Companhia das Letras, 1993.

STADEN, Hans. *Duas viagens ao Brasil*. Belo Horizonte/São Paulo: Itatiaia/Edusp. 1974 [1557].

STEWARD, Julian H. "The native population of South America". In: STEWARD, J.H. (ed.). *Handbook of South American Indians*. Washington: Bureau of American Ethnology & Smithsonian Institution, 1949, pp. 655-668.

SUBRAHMANYAN, Sanjay. "Connected Histories: Notes Toward a Reconfiguration of Early Modern Eurasia". In: *Modern Asian Studies*, 31 (3):735-762. 1997.

TENÓRIO, Maria Cristina (org.). *Pré-história da Terra Brasilis*. Rio de Janeiro: UFRJ, 1999.

TODOROV, Tzvetan. *A conquista da América — A questão do outro*. São Paulo: Martins Fontes, 1983.

VAINFAS, Ronaldo. "Idolatrias luso-brasileiras: as santidades indígenas". In: Ronaldo Vainfas (org.). *América em tempo de conquista*. Rio de Janeiro: Jorge Zahar Editor, 1992.

VARNHAGEN, Francisco Adolfo de. *Os índios bravos e o sr. Lisboa, Timon 3°*. Lima: Imprensa Liberal, 1867.

VARNHAGEN, Francisco Adolfo de. *História geral do Brasil antes de sua separação e independência de Portugal*. São Paulo: Melhoramentos, 1978 [1854]. 3 vols.

WACHTEL, Nathan. *La vision des vaincus: Les indiens du Perou devant la conquête espagnole*. Paris: Gallimard, 1971.

WOLF, Eric. *Europe and the People without History*. Berkeley/Los Angeles: University of California Press, 1982.

## CAPÍTULO 5 Aspectos do tráfico negreiro na África Ocidental (c. 1500-c. 1800)

*Manolo Florentino**

### 1. Importações, exportações e dinâmica mercantil

O tráfico atlântico implicou o deslocamento compulsório de 12 milhões e meio de homens, mulheres e crianças através do oceano. Multiplicidade conduzida à força para as Américas, onde, para além dos casos clássicos do Caribe, Brasil e Sul dos Estados Unidos, seria difícil assinalar uma única macrorregião que desconhecesse a presença africana na época moderna. Em sua face mais profunda, o tráfico humano vinculava-se às especificidades históricas das Américas, da Europa e da África.

Importa ressaltar aqui os traços característicos da dinâmica do tráfico na África, com ênfase para a África Ocidental, para o que se torna irremediável ultrapassar o discurso do "bom selvagem" corrompido pelo "civilizado". Herança de duas épocas — da luta pela abolição do comércio negreiro em fins do Setecentos e da descolonização ocorrida no

*Professor do departamento de História da Universidade Federal do Rio de Janeiro.

século XX — semelhante discurso cala frente ao dado incontornável de que a escravização (sinônimo de produção social) dos cativos vendidos aos traficantes europeus e americanos era tarefa afeita às camadas dominantes africanas.[1] Para a sua consecução, as guerras desempenhavam o papel fundamental de captura. Algumas eram fomentadas por europeus e americanos, como, por exemplo, na região congo-angolana. Eram, no entanto, circunstâncias próprias do litoral, quase nunca do interior, esse, sim, a grande fonte dos africanos que desembarcaram nas Américas entre os séculos XVI e XIX.[2] A verdade é que, quando atuavam diretamente na escravização, os traficantes atlânticos cingiam-se à exploração de conflitos e tensões preexistentes entre os grupos domésticos, etnias e Estados nativos.

Tampouco há de considerar o tráfico como um fator radicalmente novo no contexto da história africana, em especial da África Ocidental. Ao invés, tratava-se de fenômeno antigo, que desde a Antiguidade e, sobretudo, a partir da expansão islâmica do século VII, transportou milhões de negros escravizados através do Saara, Mar Vermelho e do Índico.[3] Era, pois, uma antiga possibilidade interna à África, comércio de homens e mulheres como opção fundadora de relações entre indivíduos, aldeias, etnias, regiões e Estados.

O aspecto historicamente novo do tráfico atlântico radicava em sua natureza maciça, de certo modo incompreensível aos olhos de guerreiros convertidos em prisioneiros de guerra e de incautos camponeses sequestrados por bandos de traficantes.[4] Em pouco mais de três séculos, o comércio negreiro se transformou em fenômeno que abarcava praticamente toda a África Ocidental e vastas regiões meridionais da África atlântica e índica. Volume, extensão espacial e duração singularizavam o comércio de africanos escravizados através do Atlântico, instaurando uma poderosa linha de fuga em relação aos paradigmas até então engendrados.

### *1.1. Demanda e oferta*

Desde que, em 1434, os portugueses alcançaram o Cabo Bojador, uma era de superstições ficou para trás. Dez anos depois, entretanto, suas investidas ainda assumiam feições de meras viagens de exploração. Embora o périplo africano estivesse marcado pela aventura, ao alcançarem a baía de Biafra, na década de 1470, os lusitanos ainda buscavam terras, mercados, uma alternativa marítima para o Oriente e ouro. A mão de obra africana não era tão cobiçada.

O progressivo reconhecimento do litoral levou-os — e aos seus eternos rivais castelhanos — à conquista e colonização das ilhas da Madeira, Cabo Verde, São Tomé e demais, onde a exploração mercantilista rentável identificou-se ao trinômio grande propriedade, monocultivo e trabalho escravo, em uma antecipação do modelo que vingaria em boa parte das Américas. Essas ilhas e, em menor escala, o próprio continente europeu eram os principais polos de uma fraca demanda por africanos até princípios do século XVI.[5]

O predomínio dos traficantes portugueses era contundente. Entretanto, logo outras nações foram atraídas não apenas pelo comércio de escravos, mas igualmente pelo ouro. Castela tinha por prática levar suas contendas ao máximo foro internacional da época — o Papado — que, conquanto geralmente se mantivesse neutro, confirmou a primazia lusitana na África. Castela quase sempre aceitava a sua exclusão do litoral e ingleses e franceses não tiveram participação significativa no continente antes do século XVII.[6]

A conquista e a colonização da América deram novo impulso ao comércio negreiro. As plantações surgidas no Caribe e a montagem dos sistemas mineradores no México e nos Andes estimularam o estabelecimento da ligação direta entre a África e as Américas: oito entre cada dez africanos desembarcaram em portos da América espanhola. A colonização da América portuguesa intensificou o fluxo de escravos através do Atlântico, embora a Lisboa interessasse mais o comércio com o Oriente. À Europa — leia-se basicamente Península Ibérica — cabiam importações residuais (cf. Quadro 1).

Quadro 1

**Fluxo de escravos entre a África e as Américas de acordo com as áreas de origem e de recepção dos cativos, 1501-1600**

| **Regiões de origem** | | **%** |
|---|---|---|
| 1. África Ocidental | 159.627 | 57,5 |
| Senegâmbia e Bacia Atlântica | 147.281 | |
| Serra Leoa | 1.405 | |
| Windward Coast | 2.482 | |
| Baía de Biafra | 8.459 | |
| 2. África Central Atlântica e St. Helena | 117.878 | 42,5 |
| Total de exportados | 277.505 | 100,0 |
| | | |
| **Regiões de desembarque** | | **%** |
| 1. Europa | 640 | 0,3 |
| 2. América Espanhola | 169.370 | 85,0 |
| 3. Brasil | 29.275 | 14,7 |
| Total de importados | 199.285 | 100,0 |

Fonte: Anexos 1 e 2

Embora os castelhanos estivessem envolvidos no comércio negreiro, sua participação era débil e o sistema de *asientos* em pouco tempo se transformou no seu principal meio de obtenção de africanos.[7] Seja para prover a sua colônia, seja porque atendia ao grosso da demanda do mundo hispano-americano, o predomínio dos traficantes lusitanos se intensificou em todo o litoral, onde a região congo-angolana despontava como o segundo grande polo de exportações. O primeiro era a costa afro-ocidental, onde a região de Cabo Verde — que englobava as ilhas do mesmo nome e todo o litoral adjacente — representava um importante núcleo de comércio escravista e as fortificações e feitorias testemunhavam o predomínio português.[8] Da Senegâmbia se originavam mais de 90% dos escravos exportados pela África Ocidental (cf. Quadro 1).

Apenas na segunda metade do século XVI apareceram os primeiros reais competidores, os ingleses, cuja expansão marítima ocorreu velozmente após a Reforma Anglicana. Seu objetivo maior era o ouro[9] e, tal como ocorrera com os ibéricos, eles começaram a exploração sistemática do litoral, logo alcançando a baía de Benin. Traficavam escravos, mas de modo secundário e quase sempre por meio de pirataria contra naus portuguesas. Incipientes entre 1550 e 1570, suas incursões logo se intensificaram, embora sem se estabelecer em pontos fixos na costa. Os franceses também desempenharam papel secundário no século XVI e seu tráfico se restringia ao litoral entre os rios Senegal e Gâmbia.[10] Como os ingleses, não estavam muito interessados em escravos e tampouco se fixaram permanentemente na costa.

Distinto era o cenário do século XVII. Outras nações entraram no comércio de escravos — Holanda, Dinamarca, Suécia e Brandenburgo — e também criaram suas próprias feitorias e fortes ao longo do litoral, a chave do êxito lusitano. Suas motivações devem ser buscadas no paulatino rompimento do monopólio da presença espanhola no Caribe e na América do Norte e, portanto, no aumento da procura por mão de obra escravizada, em especial depois de 1640. Simultaneamente ao desenvolvimento da *plantation* escravista nas colônias britânicas e holandesas, destacava-se o crescimento da produção brasileira de açúcar, para a qual se voltou a Coroa portuguesa em detrimento do comércio oriental.[11] Importava-se quase sete vezes mais africanos do que no século anterior (cf. Quadro 2).

Quadro 2

**Fluxo de escravos entre a África e as Américas de acordo com as áreas de origem e de recepção dos cativos, 1601-1700**

| **Regiões de origem** | | % |
|---|---|---|
| 1. África Ocidental | 709.110 | 37,8 |
| Senegâmbia e Bacia Atlântica | 136.104 | |
| Serra Leoa | 6.843 | |
| Windward Coast | 1.350 | |
| Costa do Ouro | 108.679 | |
| Baía de Benin | 269.812 | |
| Baía de Biafra | 186.322 | |
| 2. África Central Atlântica e St. Helena | 1.134.807 | 60,5 |
| 3. África Sul-Oriental e ilhas do Índico | 31.715 | 1,7 |
| Total de exportados | 1.875.631 | 100,0 |
| | | |
| **Regiões de desembarque** | | % |
| 1. Europa | 2.981 | 0,2 |
| 2. América do Norte | 15.147 | 1,0 |
| 3. Caribe Britânico | 310.477 | 20,4 |
| 4. Caribe Francês | 38.685 | 2,5 |
| 5. América Holandesa | 124.158 | 8,2 |
| 6. Caribe Dinamarquês | 18.146 | 1,2 |
| 7. América Espanhola | 225.504 | 14,8 |
| 8. Brasil | 784.457 | 51,5 |
| 9. África | 3.122 | 0,2 |
| Total de importados | 1.522.677 | 100,0 |

Fonte: Anexos 1 e 2

Os holandeses despontaram velozmente no cenário negreiro, afiançados por seu poderio técnico e financeiro e pela habilidade de tirar proveito dos conflitos entre europeus e africanos e desses entre si. O rompimento da preeminência lusa teve início em 1611-1612, com a construção do forte Nassau, na Costa do Ouro. O mesmo ocorreu depois na Senegâmbia, quando conseguiram instalar dois pequenos fortes na ilha de Goréa. Por fim, os holandeses lograram deslocar os portugueses de Elmina (1637), obrigando-os a fixar a sua atenção nas baías de Benin e de Biafra. Aos lusos ainda era permitido traficar em determinados pontos da Costa do Ouro, previamente determinados pelos batavos, pagando uma taxa de 10% sobre o valor das transações.[12]

Em que pese a posse de uma feitoria na região de Ajudá, com resultados medíocres, os franceses buscaram consolidar a sua presença no Senegal, o que implicou expulsar os holandeses, objetivo finalmente alcançado na década de 1670. Suecos, dinamarqueses e prussianos conseguiram se estabelecer em feitorias e fortes na Costa do Ouro, onde os grandes rivais dos holandeses — os ingleses — também se fixaram, embora a sua presença fosse também registrada no Senegal e em Serra Leoa.

Apesar de superada pelas exportações das baías de Benin e de Biafra, a Costa do Ouro era palco das mais acirradas disputas entre as nações europeias, pois lograva manter sua posição de grande fornecedora de escravos para o mundo colonial americano. Ali, de acordo com as boas relações que conseguissem estabelecer com as autoridades locais, abria-se um importante manancial de escravos e a competição mais duradoura dava-se entre ingleses e holandeses. No âmbito continental, em resposta sobretudo ao enorme incremento da produção açucareira da América portuguesa, pela primeira vez as exportações da região congo-angolana suplantaram as da África Ocidental (cf. Quadro 2).

Com o século XVIII teve início o apogeu do comércio negreiro pelo Atlântico. O Sul dos Estados Unidos se especializava na produção do algodão que abastecia a Revolução Industrial nascente. No Brasil, se expandia a demanda por escravos para a extração aurífera em Minas Gerais. A indústria açucareira caribenha atingia seu mais alto grau de desenvolvimento. Todos esses movimentos funcionavam como uma espécie de engrenagem devoradora de mão de obra africana, motivo pelo qual a demanda americana alcançou o seu ápice: de cerca de um milhão e meio no século anterior, desembarcaram nas Américas cerca de cinco milhões e seiscentos mil africanos ao longo do século XVIII (cf. Quadro 3).

Quadro 3
**Fluxo de escravos entre a África e as Américas de acordo com as áreas de origem e de recepção dos cativos, 1701-1800**

| **Regiões de origem** | | % |
|---|---|---|
| 1. África Ocidental | 4.058.485 | 62,5 |
| Senegâmbia e Bacia Atlântica | 363.187 | |
| Serra Leoa | 201.985 | |
| Windward Coast | 289.583 | |
| Costa do Ouro | 1.014.529 | |
| Baía de Benin | 1.284.585 | |
| Baía de Biafra | 904.616 | |
| 2. África Central Atlântica e St. Helena | 2.365.204 | 36,4 |
| 3. África Sul-Oriental e ilhas do Índico | 70.930 | 1,1 |
| Total de exportados | 6.494.619 | 100,0 |
| | | |
| **Regiões de desembarque** | | % |
| 1. Europa | 5.240 | 0,09 |
| 2. América do Norte | 295.482 | 5,3 |
| 3. Caribe Britânico | 1.813.323 | 32,3 |
| 4. Caribe Francês | 995.133 | 17,7 |
| 5. América Holandesa | 295.215 | 5,3 |
| 6. Caribe Dinamarquês | 68.608 | 1,2 |
| 7. América Espanhola | 145.533 | 2,6 |
| 8. Brasil | 1.989.017 | 35,4 |
| 9. África | 2.317 | 0,04 |
| Total de importados | 5.609.869 | 100,0 |

Fonte: Anexos 1 e 2

Embora negociando poucos escravos, os dinamarqueses atuavam em várias partes da África, chegando às regiões mais meridionais, aos domínios lusitanos em Angola. Os suecos e os prussianos não conseguiram acompanhá-los e praticamente abandonaram a disputa no início do século XVIII. Com isso, a competição mais feroz pela primazia negreira restringiu-se a portugueses, ingleses, franceses e holandeses, os quais muitas vezes atuavam na mesma área, o que não os impediu de se consolidarem em zonas preferenciais da África.

Por volta de 1760, seis regiões podiam ser identificadas de acordo com sua importância no tráfico e a nação europeia que predominava.[13] A primeira, do Cabo Branco a Serra Leoa, onde preponderava a França, testemunhava também a presença inglesa, que monopolizava o tráfico entre o rio Casamansa e Serra Leoa. A segunda se estendia de Serra Leoa até o Cabo Palmas e era considerada a costa mais perigosa, não apenas em função das características geográficas, mas igualmente por causa dos constantes ataques dos africanos do litoral. Logo vinha a região entre os Cabos Palma e Três Pontas, onde o comércio era privilégio dos holandeses, bem organizados em seu poderoso forte de Axim.

A leste estava a região que se estendia do Cabo Três Pontas ao rio Volta, o mais disputado dos pontos costeiros de tráfico. Ali, a hegemonia inglesa era indiscutível, mas sempre houve espaço para outras nações, estabelecidas em 75 pontos do litoral, um terço dos quais em mãos holandesas e inglesas. Para enfrentar a preeminência britânica, a muitos europeus restou apenas o contrabando ou a compra de escravos a intermediários batavos ou ingleses.

Mais a oriente ainda se localizavam as duas últimas áreas, de incorporação razoavelmente recente ao tráfico, mas que nessa época disputavam com a Costa do Ouro o papel de grandes provedoras de escravos.[14] Em semelhante condição estava o litoral que se estendia do rio Volta até Badagri, e daí até o Cabo Formosa, zona de grande presença portuguesa e de traficantes independentes. No conjunto, a África Ocidental retomou da região congo-angolana a hegemonia nas exportações para as Américas, com participação residual dos africanos provenientes de portos do Índico (cf. Quadro 3).

Em resumo, o século XVIII apresentou-se pleno de novidades. O tráfico alcançou seu auge, mas os últimos anos assistiram a inúmeras turbulências, encarnadas na explosão da Revolução Francesa — que impunha a concentração dos recursos no esforço bélico na Europa — e na incômoda pregação dos abolicionistas ingleses, sem contar a Revolução Haitiana de 1791.[15] O tráfico, entretanto, resistiu até a segunda metade do século XIX, não sem antes conhecer a entrada de negreiros dos Estados Unidos.

### *1.2. Formas de apresamento e rotas*

Analisar a esfera africana do tráfico requer pontuar as etapas pelas quais passava o escravo, desde a sua escravização até o momento em que, no litoral, adentrava os navios negreiros. Como eram produzidos? Como chegavam a ser vendidos na costa?

Se tomarmos como padrão a extensão geográfica do comércio negreiro, observaremos que até inícios do século XVII o tráfico esteve circunscrito à zona que ia da costa até mais ou menos 80 quilômetros rumo ao interior.[16] E mais: os portugueses, hegemônicos até então, ainda que traficassem na Costa do Ouro, não haviam perdido o interesse por metais preciosos. Para adquiri-los, chegavam a comprar escravos em Benin, onde o Obá controlava o comércio por meio de seus agentes, para revendê-los aos africanos em Elmina.[17]

É difícil que os sequestros representassem o principal meio de obtenção de escravos. As razias realizadas por europeus armados, que de surpresa atacavam aldeias visando à captura de homens e mulheres, foram mais frequentes nos séculos XV e XVI do que em qualquer outra época, embora jamais tenham desaparecido.[18] Coube aos portugueses antecipar os mecanismos fundamentais da posterior atuação europeia na África. Ca' da Mosto, veneziano a serviço da Coroa lusitana, foi um dos primeiros a implementar negociações pacíficas com os nativos — comerciantes e reis — e, em troca de prata, tecidos e manufaturas de todo tipo, obteve razoável quantidade de escravos.[19] Coube ainda aos lusitanos implementar a estratégia que traria os melhores resultados ao tráfico — a criação de feitorias e fortes, de onde engendravam trocas com os africanos, cuja viabilização passava pelo estabelecimento de alianças econômicas e militares com as autoridades locais.[20] Um exemplo de tal esquema é descrito por Duarte Pacheco Pereira, no início do século XVI, para o tráfico português em Arguim:

> E os alagarves e Azenegues trazem a Arguim ouro que ali vem resgatar, e escravos negros de Jalofo e de Mandinga, e couro de antas para adagas, e goma arábica e outras cousas; e de Arguim levam panos vermelhos e azuis, de baixo preço, e lenços grossos e bordates, e mantas de pouca valia que fazem em Alentejo, e outras cousas de esta calidade.[21]

É escassa a documentação acerca das formas de apresamento anteriores ao século XVII. Há, entretanto, indicações precisas de que as guerras entre os africanos eram o meio por excelência de escravização para a posterior venda aos europeus no litoral. Suas motivações estavam relacionadas às estruturas socioeconômicas vigentes em cada uma das áreas costeiras.

O litoral afro-ocidental quinhentista era ocupado por comunidades pescadoras e agrícolas não submetidas à autoridade estatal, além de um ou outro reino em formação e poucos já consolidados. Por exemplo, quando da chegada dos portugueses, nos 320 quilômetros de litoral que se estendiam do rio Ancobra para leste estavam assentados 12 reinos minúsculos, sem contar os que existiam no interior imediato. Assim como os do litoral da Alta Guiné, todos esses Estados tiveram origem antes do século XV, em função do desenvolvimento do comércio do ouro e de outras mercadorias com os grandes Impérios da savana interior.[22]

Os contatos entre nômades e agricultores organizados em comunidades domésticas tendiam a se desequilibrar militarmente em favor dos primeiros.[23] Por isso, na região do Sahel — os limites do deserto — os nômades se especializaram na escravização, tal como ocorreria com a expansão Fulani do Senegal até a Nigéria no início no século XVIII.[24] O mais provável, entretanto, é que as guerras entre Estados em formação e comunidades domésticas ou contra outros Estados provessem a maior parte dos escravos adquiridos pelos europeus. Em sua origem, não raro encontrava-se a busca pela incorporação de povos tributários.[25]

A venda de escravos se revestia de pelo menos três aspectos importantes. Muitos cativos se destinavam ao consumo dos próprios africanos, instaurando ou simplesmente acentuando a existência de relações escravistas de produção. Desse modo, o tráfico atlântico encaixava-se no escravismo na própria África — o que, do ponto de vista teórico, implica que um não possa ser entendido sem o outro.[26] O padrão de consumo nativo também assumia papel fundamental, pois a venda de escravos proporcionava aos africanos mercadorias europeias que não raro se transformavam em bens de prestígio, afora os cavalos e as armas, instrumentos de guerra por excelência.[27] Há quem afirme terem sido os cavalos — cuja eficácia militar era muito relativa nas florestas e regiões de altos índices pluviométricos — a principal mercadoria requerida pelos africanos na época inicial do tráfico.[28] De fato, a possibilidade de adquirir bens militares afiançou muitas alianças que as autoridades locais impunham como condição para permitir o estabelecimento dos europeus na costa.

Por fim, com relação às comunidades litorâneas, os navios europeus requeriam provisões para alimentar as suas tripulações e os escravos durante a travessia oceânica. Com isso, instaurou-se um importante mercado para a produção agrícola africana, ensejando a formação de verdadeiros enclaves de produção para a venda, semelhantes aos que se localizavam próximo aos grandes centros urbanos da savana interior.[29] Somado à centralização do poder, tal fator instaurava a tendência ao aumento das pressões por maiores excedentes agrícolas.[30] No contexto específico da vida rural do oeste africano pré-colonial, isso acarretou mudanças no nível da tecnologia aplicada (utilização de instrumentos e métodos mais eficazes frente às novas exigências) e no âmbito das relações de trabalho — sinônimo de incremento do número de escravos e da transformação no padrão de escravidão até então predominante em grande parte da África, especialmente nas zonas florestais.

Os europeus demandavam escravos e alimentos e ofereciam instrumentos bélicos e bens de prestígio. Para os africanos, o tráfico era um meio de obter escravos para o seu próprio uso e para venda, o que lhes permitia adquirir cavalos, armas, bebidas e bens de prestígio (especialmente têxteis), aumentando a sua capacidade de produção de cativos. Instaurava-se um circuito cuja velocidade de rotação dependia das oscilações da demanda americana.

*

Já se viu que antes do Seiscentos a demanda americana por africanos foi relativamente baixa (cf. Quadros 1 e 2). Por isso, as consequências do tráfico não se mostravam em toda a sua plenitude. Ademais, ainda que tenha instaurado a tendência à formação ou consolidação de Estados centralizados, tal perfil somente assumiria traços definitivos a partir do século XVII e no XVIII.[31] Antes, a incipiência relativa do poder estatal não permitia levar adiante guerras em grande escala e tampouco a criação de aparelhos mercantis que permitissem aos Estados monopolizarem a comercialização de escravos com o litoral. Com exceção de Benin e das pequenas chefaturas costeiras que traficavam diretamente com os europeus, boa parte do comércio estava em mãos de antigos mercadores privados locais, que havia muito tempo atuavam na África Ocidental e tinham na savana interior o seu núcleo original.[32]

A partir da última metade do século XVII, o quadro esboçado começou a assumir formas definitivas. Com o aumento da demanda americana, a Alta Guiné, tradicionalmente marcada por baixa densidade demográfica,[33] perdeu a posição de grande centro provedor de escravos em prol da Baixa Guiné — Costa do Ouro e baías de Benin e de Biafra. Nessas, as guerras entre os pequenos reinos eram uma constante.

O aumento da demanda americana instaurou uma reação em cadeia. Em primeiro lugar, os escravos, que antes do século XVII eram parte de redes mercantis mais amplas (que incluíam ouro, marfim, especiarias, cera, mel e demais), passaram à condição de eixo fundamental. Logo, aumentaram vertiginosamente as guerras intra-africanas, consolidando diversos aparelhos estatais nativos.[34] Simultaneamente, na medida em que a escravização nas regiões litorâneas tornava-se insuficiente para sustentar a demanda externa, a captura e a venda deslocavam-se para o interior, alcançando o Sudão Ocidental, onde os grandes Impérios — com exceção de Bornu — se desintegravam em função de disputas internas ou de invasões estrangeiras. Os Estados intermediários da savana interior e os compradores do litoral acabaram por se fortalecer, dominando direta ou indiretamente o fluxo de escravos. Logo a seguir, buscou-se conquistar os pequenos reinos litorâneos, o que permitia aos Estados intermediários desenvolver mecanismos próprios de comércio, levando quase sempre ao desaparecimento total ou parcial dos tradicionais mercadores privados.

O trabalho de Mahdi Adamu descreve o percurso dos escravos desde o Sudão Ocidental islamizado até a Baixa Guiné.[35] As formas básicas de escravização eram a captura (por meio de sequestros e, sobretudo, de guerras) e, em menor escala, a exigência de tributos em homens a Estados ou comunidades débeis militarmente. Na medida em que os governantes detinham o monopólio da violência, a guerra convertia-se em atividade estatal por excelência.

Em tese, os prisioneiros deveriam ser repartidos de acordo com a lei islâmica — um quinto do total para o rei ou chefe territorial e o resto para os que participassem da campanha de apresamento. Na prática, porém, a minoria convertia-se em escravos para consumo interno e a maior parte era vendida a mercadores em troca de armamento e outros bens provenientes do litoral atlântico e do Mediterrâneo e Oriente Médio através do Saara. Embora fossem sociedades islamizadas, nas quais era interditada a escravização de muçulmanos, muitos islamitas eram escravizados. Os sequestros eram duramente castigados pelas autoridades, o que levava os sequestradores a fixarem-se principalmente nas fronteiras e nas rotas florestais.

Três eram os mecanismos que permitiam o escoamento dos escravos até a Baixa Guiné:

a. como carregadores de mercadorias;
b. por meio de postos estabelecidos nos caminhos e nas rotas menores;
c. através de particulares, que, depois de utilizá-los por algum tempo, revendiam-nos a outros até chegar à costa.

Uma boa síntese das redes traficantes que uniam a savana interior ao conjunto da costa é o trabalho de Paul Lovejoy e Jan Hogendorn.[36] Tomando as formas adquiridas pelas rotas como padrão, eles dividem a África Ocidental em quatro regiões: a que se estendia por toda a savana, desde a volta do rio Níger e o lago Chade até a Senegâmbia; a que tinha seus pontos terminais na Costa do Ouro e na baía de Benin; a que abarcava a área entre o vale do rio Benué e a baía de Biafra; e, por fim, o litoral que se estendia da Costa do Marfim até a Guiné atuais. Por elas passou, entre 1650 e 1850, um mínimo de cinco milhões de escravos, a maior parte através da Costa do Ouro e baía de Benin — por onde, entre 1701 e 1810, saíram mais de quatro milhões de africanos.

Na Senegâmbia, os mercadores islamizados — diula ou wangara — que há muito controlavam as vendas aos europeus, reiteravam sua posição dominante, unindo Bornu à costa. Eles também mantinham intrincadas alianças com os governos islamizados da Senegâmbia, especialmente com os da região entre o Senegal e Futa Jalom, os quais, no século XVIII, haviam iniciado a Jihad contra os infiéis, aumentando a oferta de cativos.

Com relação à Costa do Ouro e baía de Benin, sabe-se que a partir de meados do século XVII se consolidaram diversos Estados entre a floresta habitada pelos acã e o delta do rio Níger. No século seguinte, assistiu-se à emergência de grandes Estados interioranos, como Daomé, Achanti e Oió, que, por meio da venda de escravos, obtinham quantidades maciças de armas de fogo, cavalos, bens de prestígio e demais. Com isso, os tradicionais comerciantes muçulmanos viram-se dominados ou substituídos por funcionários-comerciantes ou traficantes ligados aos aparelhos estatais. Oió, por exemplo, controlava a entrada dos mercadores muçulmanos do norte exigindo-lhes pesados impostos, o mesmo ocorrendo em suas relações com os Estados subordinados do litoral. Inúmeros postos mercantis e cidades surgiam ao longo das rotas que alcançavam a costa e, tal como faziam os europeus, fomentavam-se rivalidades entre etnias litorâneas.

Do mesmo modo que a baía de Benin, a de Biafra se incorporou tardiamente à exportação maciça de escravos: a primeira no início do século

XVIII e Biafra em seu último quarto. Semelhante configuração respondia ao aumento da procura americana, à expansão das atividades dos mercadores independentes e de pequenas nações que fugiam ao monopólio imposto pela Inglaterra e Holanda na Costa do Ouro e, ainda, às altas taxas cobradas pelos intermediários africanos pela mercadoria humana.[37] Juntas, desde 1750, as baías de Biafra e Benin tornaram-se as maiores provedoras de cativos afro-ocidentais para as Américas. Os escravos provenientes da savana interior estavam em mãos dos mercadores jucun, que nos séculos XVII e XVIII controlavam o comércio na baía do rio Benué, e dos aros, que surgiram no litoral entre o delta do Benué e Calabar durante o Setecentos.

Por fim, havia a zona que se estendia da Costa do Marfim até a Guiné, a região menos importante do tráfico afro-ocidental. Dali foi exportado menos de um milhão de africanos, o que talvez se explique em função dos perigos da navegação e da baixa densidade demográfica da área. Entretanto, deve-se assinalar que o litoral da atual Serra Leoa chegou a exportar 112 mil escravos na década de 1760, fato ligado à expansão de Futa Jalom. Libéria e Costa do Marfim exportaram cerca de 600 mil escravos durante o século XVIII, com dois momentos de pico, relacionados a fatores distintos: entre 1720 e 1740, quando a produção de escravos esteve ligada à expansão territorial de Curanco e à consolidação da posição dos mercadores muçulmanos; e por volta de 1760, quando as exportações respondiam à consolidação de mercadores malinquês islamizados na costa leste do rio Bandama e à chegada de refugiados baulé, que, fugindo dos achanti, penetraram nos territórios gouru e senufo, dando origem a inúmeras guerras. O modelo mercantil predominante nessa região era muito semelhante ao da Senegâmbia, mas não há provas de maiores contatos com os comerciantes da savana interior. A rigor, eram os mercadores islamizados que, aliados às aristocracias guerreiras, dominavam o tráfico.

Embora a Baixa Guiné se tornasse mais dependente da produção de escravos do Sudão Ocidental, as guerras no litoral e na hinterlândia não cessaram. Ao contrário, sua frequência pode ter aumentado, conforme se infere dos escritos de Robert Norris de fins do século XVIII.[38]

## 2. Tráfico, guerra e poder em sociedades agrárias

É pertinente buscar uma síntese acerca dos efeitos do tráfico humano sobre a base material dos povos da África Ocidental — a agricultura. Óbvio, os vínculos profundos entre tais variáveis ainda não podem ser objetos de conclusões, na medida em que os grandes problemas relativos ao impacto do tráfico ainda esperam por estudos regionais detalhados.[39] Contudo, há indicações razoavelmente sólidas que permitem ao menos apresentar algumas linhas de discussão.

Para começar, aos tráficos atlântico e transaariano estiveram relacionadas epidemias tão devastadoras que, segundo alguns, a elas se deveu boa parte do processo que redundou na desintegração do Império Songhai, o mais poderoso dos Estados interioranos até o século XVI.[40] Epidemias e fome, fenômenos inter-relacionados, chegaram a assolar grande parte da savana interior.[41] Sustentamos que epidemias e ondas de fome eram fenômenos organicamente relacionados, pois as doenças desestruturavam a economia das comunidades afetadas, levavam a mortes e a migrações e interrompiam as atividades produtivas. Inevitavelmente traziam consigo a escassez de alimentos, o que, por sua vez, debilitava ainda mais as populações atingidas, tornando-as vulneráveis a novas enfermidades, especialmente em épocas de secas e de pragas.[42] Formava-se assim um circuito que se retroalimentava, o que não raro levava muitos africanos a venderem parentes ou a se entregar eles próprios aos traficantes para salvar os demais membros das suas linhagens.[43]

Desde o início, as epidemias se multiplicaram nas florestas e no litoral atlântico, na medida em que os raids e as guerras de captura se intensificavam. Nem os europeus estavam imunes, conforme atestam os documentos da Royal African Company entre 1680 e 1780: de cada dez empregados brancos, seis pereciam em seu primeiro ano na África e dois depois de três anos.[44]

Entre os africanos, as doenças ceifavam mais aldeões, embora tampouco poupassem potentados.[45] De acordo aos escritos do traficante Robert Norris, as constantes guerras promovidas por Bossa Aháde, rei do Daomé, multiplicaram os efeitos das pestes, as quais dizimaram grande parte dos exércitos organizados por Ajudá e Popó para rechaçar a invasão daomeana de 1753.[46] É interessante a periodização feita por Robert Norris acerca dos efeitos das epidemias da Costa do Ouro, que por certo afetaram igualmente os africanos:

> The periods which I recollect to have been most fatal were in 1755 or 1756, when governor Melville and most of the gentlemen and garrison of Cape Coast died; and 1763, 1769 and 1775. The mortality in some of these years (for they were not all equally fatal to the Europeans settlers) was so great, that, as Dr. Lind say, the living were scarce sufficient to remove, and bury dead.[47]

De acordo com o testemunho do holandês William Bosman,[48] desde fins do Seiscentos o Golfo da Guiné conhecia migrações e despovoamento derivados de guerras. Em princípios do século XVIII, os achanti buscaram dominar a venda de escravos aos europeus, processo em que destruíram ou conquistaram reinos menores como Ahanta, Axim, Ankobra e Egwira. A população declinou, como resultado das exportações de escravos e do incremento da mortalidade derivada de guerras e epidemias. A trajetória de Elmina é a esse respeito paradigmática: de um assentamento próspero por volta de 1680, em vinte anos reduziu-se a um oitavo de seu tamanho original, devido a guerras e surtos de varíola. As taxas de mortalidade eram maiores entre os homens e as crianças africanas. Do lado europeu, fenecia-se principalmente por causa da malária e das chamadas "doenças do sol".[49]

É impossível calcular o peso das perdas humanas e materiais derivadas de epidemias e ondas de fome.[50] O certo é que, tal qual ocorrera nas Américas, a chegada dos europeus implicou o contato entre esferas microbianas específicas e gerou choques de duplo sentido: os que chegavam e os estabelecidos tiveram de conviver com vírus e bactérias contra os quais não eram imunes.[51] É importante ressaltar que, como muitas comunidades africanas encontravam-se relativamente isoladas umas das outras — e, por conseguinte, constituíam esferas microbianas diferenciadas —, não é improvável que as migrações derivadas das guerras rompessem seu isolamento, gerando os mesmos efeitos que tiveram os contatos entre europeus e africanos no litoral.[52]

Um bom exemplo é dado pelos tandas, agricultores sem Estado do interior da Senegâmbia. Escravizados para a venda aos europeus em meados do século XVII, seus preços eram baixos, pois, segundo as fontes, pereciam com muita facilidade. É que, por viver relativamente isolados até começar a ser apresados, os tandas não possuíam defesas contra diversas enfermidades da própria África Ocidental e menos ainda contra as que eram levadas pelos europeus. A partir de 1680, eles foram suplantados pelos "bambaras" nas listas de escravos interioranos vendidos na costa e desde 1730 desapareceram das fontes, dizimados que foram pelas doenças e pelo tráfico.[53]

*

Diversos conflitos resultantes de motivações tipicamente africanas muitas vezes acabavam por se encaixar na dinâmica do comércio negreiro. Um exemplo ilustra bem a situação. De acordo com Philip Curtin, o cômputo geral do número de escravos importados pelo Peru e pelo México de 1526 a 1550 indica que mais de 80% provinham da Alta Guiné e que, entre eles, os jalofos da Senegâmbia representavam o grupo mais numeroso. Tal circunstância se explica pela conjuntura própria da região do Senegal, onde, em meados do século XVI, o Império Jalofo — que dominava uma ampla área até o rio Gâmbia — se desintegrava. Das guerras resultantes emergiram numerosos prisioneiros jalofos, logo vendidos aos traficantes da costa.[54]

O aumento da procura externa e da demanda interna por escravos converteu as guerras em atividades corriqueiras, predominando sobre todos os outros mecanismos de obtenção de escravos.[55] Nas áreas mais afetadas da costa e do interior — Costa do Ouro, baías de Benin e de Biafra e Sudão Ocidental — as comunidades de agricultores encontravam-se expostas a toda sorte de risco derivados dos conflitos bélicos. Mesmo em regiões secundárias na tarefa de prover escravos, os enfrentamentos assumiam contornos maciços — na Alta Guiné, os nalus temiam e se armavam contra os beafadas, papels e bijagós; os balantas respondiam do mesmo modo em relação a esses; os diolas se convertiam em adversários dos mandingas e assim sucessivamente.[56]

Da alta frequência dos conflitos bélicos derivavam processos que incidiam diretamente sobre a produção agrícola. A guerra podia implicar a migração de inúmeras comunidades em busca de segurança. Há provas de que ocorreram deslocamentos maciços em direção ao sul — rumo às florestas, que de algum modo ofereciam maior proteção — e ao leste, em busca da proteção oferecida pelos grandes potentados dos reinos islamizados da savana interior.[57] As ondas de refugiados eram mais recorrentes nas épocas de maior demanda por escravos ou em determinadas zonas do Sudão Ocidental e da Senegâmbia expostas ao duplo tráfico — atlântico e transaariano.[58] As migrações também podem explicar o desaparecimento de comunidades de agricultores, como a dos camponeses do vale de Birin, na parte meridional da atual Gana.[59]

As fugas por vezes redundavam em importantes adaptações. Por razões ecológicas, o deslocamento de uma comunidade da savana para as regiões florestais levava à adoção de uma agricultura fundada em tubérculos em detrimento dos cereais, com profundas consequências sociais — as relações sociais tendem a ser mais estáveis entre cultivadores de cereais do que entre produtores de tubérculos.[60] Efeitos inversos decorriam do deslocamento de comunidades florestais para as savanas.

Do mesmo modo, pequenos grupos de agricultores podiam se converter em caçadores e coletores (tal hipótese ainda não encontra comprovação para a África, embora tenha ocorrido na América do Sul, em épocas muito remotas).[61] Depois das obras de Nathan Cohen sobre a crise alimentar da pré-história e dos escritos de Marshal Sahalins acerca das relações entre afluência e economias primitivas, poucos podem continuar a sustentar que ser agricultor seja uma espécie de destino manifesto e que, consequentemente, permanecer nessa condição também o seja.[62]

Quem fugia em busca de proteção enfrentava diversos problemas. A recepção de novos povoadores fazia-se em geral mediante o pagamento de tributos e obrigações servis. O que, somado ao fato de que a área receptora teria que alimentar maiores contingentes, acabava por aumentar as pressões sobre as estruturas agrárias por maior produtividade.[63] Outras vezes, uma comunidade abandonava seu sítio original e, ao instaurar-se em outro, automaticamente deflagrava conflitos com os povoadores anteriores em torno de direitos sobre o solo. Por exemplo, fugindo da dominação mandes, em meados do século XVI, os manes acabaram por protagonizar uma das mais importantes migrações da Alta Guiné. Seu deslocamento rumo à costa redundou em numerosas guerras com os povos estabelecidos, aumentando a oferta de escravos para os europeus, com os quais os manes logo buscaram estabelecer alianças militares.[64] Em qualquer circunstância, a fuga significava perda de vidas, sobretudo de anciãos e crianças.

As possibilidades de êxito dependiam de alianças político-militares com Estados e comunidades vizinhas — muitas vezes sujeitas a tributos.[65] Não havia certeza de êxito. Quando se tratava de ataques de exércitos de reinos estáveis e poderosos, especializados em capturas, a resistência podia mudar a natureza da agressão, redundando no extermínio da comunidade agredida.[66] A derrota levava à escravização de homens e mulheres quase sempre no auge de sua capacidade produtiva e reprodutiva.[67]

Os agressores eram exércitos ou bandos armados que em geral não alcançavam uma centena de homens. De acordo com Philip Curtin, dependendo da região e da época, a África conheceu dois grandes modelos de escravização por meio da guerra. Um no qual o objetivo era essencialmente político, já que os ataques visavam conquistar tributários, tinham no cativo um subproduto; outro no qual a guerra tornava-se uma atividade econômica, pois desde o início o objetivo era a obtenção de cativos para a venda. Claro, essas são situações ideais, casos extremos de uma realidade sempre mutante. Provavelmente, quanto maior fosse o envolvimento africano com o tráfico, mais "econômica" tornava-se a guerra, independentemente dos ganhos políticos que pudesse gerar.[68]

A simples razia era uma empresa mais econômica do que política, pois se restringia a capturar sem que, em função de sua debilidade relativa, pudesse se converter em conquista permanente. A bem da verdade, o próprio aspecto econômico da razia tinha limites bem claros, já que não era capaz de produzir escravos em grandes quantidades. Nos casos de ataques de amplos exércitos, o aspecto econômico caminhava *pari passu* com o político, pois eles podiam tanto escravizar um grande número de pessoas quanto conquistar e transformar populações inteiras em tributárias.

O domínio dos caminhos que uniam o interior ao litoral logo se tornou o fim último das atividades políticas e militares. Como controlar tais rotas era tarefa afeita aos poderosos Estados, a maior parte das comunidades sem Estado dos séculos XVII e XVIII encontrava-se fora dos grandes eixos mercantis africanos.[69] Boas relações com os europeus eram imprescindíveis, e seu padrão podia variar entre a colaboração direta de brancos com os exércitos africanos — como foi o caso dos portugueses que lutaram ao lado dos manes na Alta Guiné do século XVI[70] — até contatos diplomáticos entre monarcas europeus e africanos.[71] Referimo-nos a tendências globais que se impuseram sobre os poucos casos de resistência aberta ao tráfico, mais frequentes por parte de sociedades sem Estado.[72]

Embora as rupturas e acomodações entre europeus e africanos fossem uma constante,[73] o contexto de guerras endêmicas contribuía para a afirmação do poder dos grupos militares nas comunidades domésticas, aldeias e reinos ou para a consolidação do domínio civil cada vez mais fundado em armas. Considerando que as guerras serviam não apenas para capturar escravos, mas igualmente para a conquista de povos tributários, é evidente que com a exponenciação do tráfico aumentaram as possibilidades de centralização do poder.[74]

Veja-se o caso dos gã da Costa do Ouro. Até o século XVII eles se organizavam em pequenas aldeias que não mantinham maiores contatos com as redondezas, a não ser por meio de alianças matrimoniais. Pouco a pouco os gã trataram de se proteger contra as cada vez mais frequentes razias escravistas de seus vizinhos, o que se fez mediante a centralização do poder e do aparecimento de um exército regular, e logo eles próprios começaram a tirar proveito do tráfico:

> The need for a mutual protection among the Gã arose not only from the fact that they were threatened with extermination by the incessant slave raids carried on by the Akwamu but also from the desire to organize themselves to trade more effectively with the European trading posts, for which their territory was a hinterland.[75]

Outro caso representativo é o dos susu da Senegâmbia. Embora desde cedo entrassem em contato com os portugueses, os efeitos dessa relação só se fizeram sentir em meados do século XVII. Organizados até então em comunidades sem Estado unidas por laços parentais, daí por diante as cada vez mais intensas guerras de captura redundaram em expansão territorial e na formação de um poderoso reino.[76]

O mesmo pode ser dito sobre os Estados iorubá, achanti e outros,[77] mas a trajetória paradigmática é a do Daomé, constituído monarquia no interior do Golfo de Benin em fins do século XVI.[78] Por localizar-se em uma planície aberta, Daomé era constantemente vitimado por ataques escravizadores de seus vizinhos de Benin, Oió e Ardra. Desde fins da década de 1660, Ardra, por meio de seus tributários no litoral (Popós, Jakin, Lampe, Ofra, Adjache e Glehoue), era o principal provedor de escravos aos europeus, a maior parte dos quais apenas atravessava o seu território. Ainda que os Estados litorâneos fossem seus tributários, muitos constituíram suas próprias zonas de influências, tornando-se tão poderosos e autônomos — como Ajudá — que chegavam a impor condições aos comerciantes europeus. Em consequência, o preço que esses pagavam pelos cativos era alto, sendo ainda constantes seus reclamos contra a insegurança vigente nos caminhos pelos quais passavam os escravos até a costa, infestados de sequestradores e bandidos.

Ardra estava impossibilitado de oferecer maior proteção, pois se especializara em taxar os escravos que cruzavam o seu território. Ao mesmo tempo, em função de sua frágil posição geográfica, Daomé se via obrigado a estar sempre na ofensiva contra os seus vizinhos. Assim, tendo por base o poder das armas de fogo obtidas no litoral e um exército de cerca de 50 mil soldados, Daomé iniciou um ciclo de conquistas de territórios e homens que culminou com a conquista de Ardra (1724) e de Ajudá (1727), ainda que permanecesse dependente do Império de Oió. Eis como o traficante Robert Norris descrevia, em 1773, as motivações que levaram Trudo, rei do Daomé, a invadir Ajudá:

> [os sobreviventes de suas guerras] attributed his enterprise solely to the desire of extending his dominions and of enjoying at the first hand those commodities which had been used to purchase of the whydasians, who were in possession of the coast. Trudo had solicited permission from the king of Whydah of enjoy a free commercial passage through his country to the sea side, on condition of paying the usual customs upon slaves exported; and in consequence of this refusal, Trudo determined to obtain his purpose by force of arms: he succeeded in the attempt, and exterminated a great part of the inhabitants.[79]

É inútil seguir multiplicando os exemplos de Estados cuja consolidação ou formação esteve ligada ao tráfico. Ressalte-se, no entanto, que o poder das camadas dominantes se exercia não apenas sobre as comunidades conquistadas, mas igualmente sobre seus próprios aldeões, que com o tráfico passaram a compartilhar o medo da escravização por parte de milícias de seus próprios reis.[80]

Há indicações de que em muitas regiões os costumes jurídicos se transformaram em função do tráfico humano. Entre os povos litorâneos da Alta Guiné, por exemplo, a perda da liberdade era uma pena desconhecida antes da chegada dos europeus e bruxaria, adultério e rompimento de tabus eram arranjados por meio de pagamento em espécie ou através do oferecimento de trabalho temporário à parte ofendida. Depois do século XV, e de modo cada vez mais arbitrário nas centúrias seguintes, as penas tenderam a assumir a forma de escravização.[81]

Para os potentados locais, obviamente não se aplicavam as normas que castigavam com a escravização os transgressores. Muitos, inclusive, chegaram a ser capturados e vendidos aos traficantes e, depois de comprovar seu estatuto aristocrático ou de prestígio, foram devolvidos às suas comunidades de origem.[82]

Podia-se participar do tráfico apenas apresando ou intermediando a venda dos prisioneiros no litoral, cobrando tributos de passagem etc. Entretanto, a longa cadeia que se estendia desde a escravização até a venda passava necessariamente pela subversão das formas de vida material. Os ganhos econômicos e/ou políticos dos grupos envolvidos eram diretamente proporcionais à sua participação nas etapas de produção e circulação da mercadoria humana. Assim, se as linhagens privilegiadas de uma determinada etnia ou Estado fossem capazes de controlar da captura até a venda no litoral, então os benefícios seriam maiores. Se apenas dominassem uma das etapas — a captura ou o traslado, por exemplo — os lucros alcançados seriam menores.

Nos casos em que os Estados se fortaleciam como meros intermediários das vendas, sem significativa participação na produção dos escravos, o bloco no poder em cada um deles constituía-se de representantes das linhagens privilegiadas e pelos que defendiam os interesses dos comerciantes escravistas que faziam o traslado da mercadoria humana desde os centros de sua produção no interior até o litoral. Parece ter sido esse o modelo de alianças no poder predominante nos Estados da Senegâmbia e na baía de Biafra. Em outros casos, próprios de regiões como a Costa do Ouro e baía de Benin, vimos que os Estados lutaram desde o início para monopolizar todas as etapas do comércio humano por meio de uma burocracia bem organizada e poderosa. Ainda que o aumento da demanda global deslocasse os centros de produção para o interior, impossibilitando que um só Estado pudesse controlar a produção e a venda de escravos, ainda assim as autoridades estatais nativas buscavam fazer com que os intermediários estivessem sob o seu controle.

A dinâmica interna do tráfico fortaleceu o poder dos grupos dominantes nativos, pois os provia de armas de fogo e cavalos, ao mesmo tempo que disseminava as guerras.[83] Dessas derivavam territórios e, sobretudo, mais produtores diretos, dos quais se exigiam tributos em espécie e em homens.[84] Para os poderosos, o controle das rotas comerciais — inclusive de escravos — continuou sendo importante, quando não o principal fundamento de seu poder. Mas a dominação sobre os agricultores unidos por laços de parentesco conhecera também importantes transformações, redundando em maiores exigências pelo aumento do excedente econômico a ser apropriado, quando menos para alimentar exércitos e burocracias cada vez mais numerosas.[85]

## 3. Tráfico e escravidão na África

Muitos historiadores enfatizam o caráter dócil da escravidão africana pré-colonial em comparação com a que vicejou nas Américas e no Mundo Clássico.[86] Seus trabalhos são plenos de termos como "dependentes" ou "cativos adotados" em substituição a "escravos" — para eles, somente com o advento do tráfico atlântico é que o cativeiro africano assumiria as características cruéis típicas de outras partes.[87] Implícita a semelhante perspectiva está a recusa em aceitar que na África, como em qualquer outra parte, a concentração de riqueza e poder levava à dominação. No limite, os africanos são vistos apenas como vítimas, nunca como homens no comando do seu próprio destino, capazes portanto de desempenhar um papel relevante em sua própria história.[88]

Outros estudiosos ultrapassam o discurso do bom selvagem e, argumentando que em grande parte da África os escravos tinham acesso a uma parcela de terra para o seu uso e benefício, creem que, à semelhança dos camponeses da Europa medieval, melhor lhes cairia o termo "servos". Entretanto, semelhante traço não é suficiente para descaracterizar a condição de escravo e a experiência americana bem o demonstra. Sabe-se que em boa parte dos latifúndios brasileiros e caribenhos — onde ninguém duvida da existência do cativeiro — eram comuns parcelas de terra trabalhadas por e em proveito exclusivo dos cativos, o que reduzia os custos de reprodução das *plantations* e minorava a tensão própria do trabalho compulsório.[89]

O escravo não se define apenas em função de seu estatuto cultural, tão variável quanto o número de sociedades escravistas na história humana. Por intermédio da herança jurídica romana, o Ocidente maneja uma concepção de escravo que o singulariza frente a outras formas de dependência pessoal, inclusive em Roma e na Grécia: ser propriedade era o atributo que o definia.[90]

Em que pese a opinião contrária de alguns,[91] os escravos da África pré-colonial eram propriedades adquiridas por meio de guerras ou de trocas, estando sujeitos a coerções não econômicas de variados tipos. Logo, não há motivo para não chamá-los “escravos” na acepção ocidental do termo.[92] A instituição do cativeiro — e de seu corolário, o tráfico — remontava à Antiguidade e a mão de obra escravizada era maciçamente utilizada, sempre de acordo com padrões ideológicos diversos.[93]

Fontes gregas, romanas e egípcias mencionam a presença de cativos negros — os etíopes — adquiridos através das rotas nilóticas e transaarianas. No Índico, Zanzibar abastecia o Oriente Médio, a Península Arábica e as ilhas do Índico. O tráfico através do Saara se intensificou após a expansão do islã, no século VII.[94] Ainda quando se aceite que na origem da escravidão africana estivesse o tráfico externo, esses poucos exemplos implicam logicamente a existência da escravidão muito antes do século XV — i.e., de relações desiguais entre as diferentes sociedades pré-coloniais.[95]

Assumindo que a escravidão encarna em si mesma uma estrutura contraditória — afinal, o cativo é simultaneamente um bem e um ser humano — há quem afirme que semelhante contradição somente pode ser resolvida no plano da ideologia.[96] A esse respeito, o oeste africano conhecia duas grandes linguagens do cativeiro.[97] A primeira predominava nas regiões islamizadas, com as seguintes características:

a. a religião era a sua principal fonte legitimadora, pois não ser muçulmano tornava os indivíduos passíveis de escravização;[98]

b. grande parte dos escravos ocupava importantes postos na administração estatal, embora seu número fosse reduzido frente aos dedicados à agricultura, ao artesanato etc.;
c. as escravas podiam tornar-se esposas de seus amos, mas em geral não passavam de concubinas, o que já era garantia de que elas e sua descendência seriam livres quando da morte do senhor;
d. a emancipação existia como possibilidade concreta e se realizava de acordo com um ato formal por parte do amo.[99]

A segunda linguagem era própria de sociedades onde o parentesco conformava a base da vida material e, nesse caso:

a. os escravos eram definidos por não se ligar a grupos domésticos por laços parentais;
b. não havia um ato formal de emancipação — essa era gradual, de geração em geração, até culminar na plena integração do cativo ao grupo de parentesco;
c. mais do que em sociedades islamizadas, a escravidão existia ao lado de outros tipos de relações de dependência pessoal;
d. o escravo era um instrumento de produção e, igualmente, de reprodução, embora essa última característica fosse mais acentuada do que nas sociedades islamizadas, razão pela qual as mulheres estavam fortemente subordinadas à dominação de seu amo ou dos homens escravizados;
e. as mulheres eram igualmente apreciadas por serem os principais produtores agrícolas.

Tanto em uma linguagem da escravidão como na outra, a descendência herdava o estatuto do pai e os cativos podiam ocupar postos burocráticos, fenômeno recorrente nas sociedades islamizadas.[100]

As condições materiais dos cativos permitem a Claude Meillassoux estabelecer três grandes tipos de sistemas escravistas para a época pré-colonial:[101]

a. a escravidão doméstica, na qual o cativo era introduzido na comunidade como um elemento produtivo da linhagem e trabalhava lado a lado com os jovens do grupo. Os escravos cuidavam das terras da linhagem e recebiam o necessário à sua subsistência como todos os mais novos — ou seja, por meio dos anciãos — e sua produção não era mensurada de modo diferente da dos outros membros do grupo. A exploração não era tão evidente e esse tipo de escravidão tinha a vantagem de incrementar o número de homens e de mulheres sob a autoridade do mais velho, favorecendo a reprodução natural e estrutural do grupo. Após algumas gerações, o escravo perdia seu estatuto de propriedade e era incorporado à linhagem;
b. havia também um sistema no qual ao escravo era dada uma parcela de terra que lhe permitia satisfazer as suas necessidades e as de sua família. Ele não participava do sistema de redistribuição de bens, e o benefício de seu dono se expressava em uma renda-trabalho mensurada em dias de labuta. A condição de propriedade era hereditária, com os cativos vistos mais como produtores do que como reprodutores (apenas as mulheres eram utilizadas como reprodutoras);
c. por último, havia o caso em que, após crescer em demasia, a integração dos escravos à vida aldeã tornava-se difícil e perigosa. Eles eram então agrupados em pequenas aldeias separadas, com suas próprias lideranças. Afora os serviços ocasionais, as prestações ocorriam em especial sob a forma de produtos. Nesse tipo de escravidão, os escravos geralmente pertenciam a um grupo (a aldeias de homens livres, aos grupos domésticos etc.) e raramente a um indivíduo. As mulheres podiam ser usadas para a reprodução.

*

Tráfico atlântico e escravidão interna mantinham uma relação diretamente proporcional, especialmente nas regiões costeiras e florestais do oeste africano — o cativeiro já era amplamente conhecido no Sudão Ocidental.[102] Não se descarta a possibilidade de que o tráfico interno fosse mais importante do que o externo ao longo dos séculos XVII e XVIII.[103]

Múltiplos são os exemplos. Os reinos senegaleses de Caior e Baol surgiram em estreita ligação com o tráfico pelo Atlântico e com a escravidão. No Estado achanti, os cativos eram utilizados intensamente na agricultura e nas minas de ouro. No império Oió, que emergiu na segunda metade do século XVII, era igualmente intenso o seu uso na agricultura — os escravos representavam também os principais componentes da cavalaria, o instrumento por excelência de coerção estatal.[104]

Em fins do Seiscentos, muitas sociedades da Senegâmbia dividiam-se de modo tripartite. O primeiro grupo era constituído pelos homens livres (*jambuur* em Jalofo), o segundo pelas famosas castas profissionais (*ñeño* em Jalofo) e o último pelos escravos (*jam* em Jalofo, *maacube* em Pular e *jõo* em Malinqué). Os cativos eram propriedades, mas em muitas regiões não podiam ser vendidos, o que permite a Philip Curtin, por exemplo, afirmar, de modo questionável, que nesses casos os escravos se definiam por sua condição de estrangeiros frente aos grupos de parentesco que lhes possuíam.[105]

O tráfico atlântico transformou radicalmente o cativeiro na Baixa Guiné, onde, até o século XVIII, a escravidão encontrava legitimação na linguagem do parentesco. A partir de então, o delta do rio Níger e sua hinterlândia acusaram o incremento simultâneo da procura europeia por escravos e por produtos agrícolas que abasteciam os navios negreiros durante a travessia oceânica, com os cativos aumentando internamente em número e importância. Fontes do século XIX indicam que a população escrava se incrementou mais entre os ibo do sul da Nigéria, tradicionalmente dedicados à produção de inhame, do que no interior, região que se especializara na produção de azeite de palma para exportação. É que o "cinturão do azeite de palma" interiorano, uma área de alta densidade demográfica, pôde atender ao aumento da demanda agrícola por meio de seus próprios camponeses livres, enquanto o território ibo, menos populoso, somente pôde fazê-lo através da disseminação da escravidão em novos moldes: os escravos deixaram de ser assimilados aos grupos domésticos, seu estatuto passou a ser hereditário e a condição de vida piorou. Muitos passaram a viver coletivamente em aldeias separadas

das aldeias dos livres, uma prática exclusiva do Sudão Ocidental até a chegada dos europeus.[106]

No Sudão Ocidental, a escravidão interna havia crescido ligada à consolidação de grupos guerreiros e da nobreza. Em fins do século XVI, os conflitos entre as frações dominantes levaram o Império Songhai a se desintegrar em pequenos reinos e a escravidão, antes um privilégio aristocrata, tornou-se acessível aos homens livres de todos os estratos. A progressiva consolidação dos micropoderes regionais trouxe consigo a demanda por tributos sobre os camponeses livres, o que levou ao incremento da utilização de mão de obra cativa.[107]

A escravidão se disseminou por toda a África Ocidental na passagem do século XVIII para o seguinte. Os escravos exerciam as mais diversas atividades — de agricultores a mineiros, passando por funções como as de pastores, carregadores e demais. Explorando o Sahel em 1795, Mungo Park (1771-1806) pôde testemunhar ser o trabalho produtivo tarefa quase exclusiva dos cativos, os quais somariam três quartos da população total. Segundo o viajante René Caille (1799-1838), os camponeses da Alta Guiné almejavam possuir de dez a quinze escravos para a satisfação de suas necessidades e para a exportação.[108] Calcula-se que no interior da atual Nigéria, nas cidades achantis e iorubás e em partes de Biafra a população cativa flutuasse entre 25% e 50% do total.[109] Dados estatísticos recentes permitiram a Philip Curtin escrever que, na região de Futa Toro, no mínimo 20% da população descendem de escravos, percentual semelhante ao encontrado para os serer e jalofos.[110] Nos atuais Camarões e Guiné, os escravos representavam de um terço a 50% da população total.[111] Os arquivos coloniais de Dacar indicam que no início da colonização francesa os cativos variavam entre 30% e 60% da população global.[112]

Dados como esses levaram alguns autores a postular a hegemonia do modo de produção escravista no oeste africano pré-colonial.[113] Contudo, o estado atual das pesquisas permite afirmar apenas que as novas exigências das camadas dominantes nativas traduziam-se em pressões por mais excedentes agrícolas, satisfeitas tanto mediante maiores exigências sobre os camponeses livres quanto pelo incremento do número de cativos. Como derivação, em muitas regiões a escravidão tornou-se hegemônica.[114]

## Notas

1. Barker mostra as sucessivas representações dos negros na Europa durante a época do tráfico. Por meio de seu trabalho pode ser observado como boa parte dos escritos dos abolicionistas britânicos silencia sobre a participação dos africanos no tráfico de escravos. Cf. Anthony J. Baker, 1978, p. 108-109. Sobre o abolicionismo britânico, cf. Adam Hochschild, 2007. O grande clássico sobre os dois primeiros séculos da presença europeia na África é Alberto da Costa e Silva, 2002.
2. Um exemplo de grande interiorização europeia na África Ocidental ocorreu no início do século XVIII, quando os franceses, instalados em seus fortes de St. Louis e Goréa, penetraram cerca de 500 quilômetros no interior do Senegal e chegaram a Bambuk para negociar a paz entre fulanis e mandes, que lutavam pelo controle das rotas de escravos. Cf. Barker, op. cit., p. 8.
3. Cf. Patrick Manning, 1990.
4. As exportações anuais através do deserto do Saara entre 650 e 1900 chegam a 7.510 escravos, alcançam 2.752 para a rota do Mar Vermelho entre 800 e 1890, e 1.861 escravos para a rota índica entre os anos de 800 e de 1875; as exportações através do Atlântico entre 1500 e 1866 alcançam 32.211 escravos por ano. Cf. anexo 2 e Manning, op. cit.
5. Cf. Philip D. Curtin, 1969, p. 17-20; cf. também Barker, op. cit., p. 5.
6. Elizabeth Donnan, 1930, vol. 1, p. 6 (trata-se de uma compilação de fontes primárias acerca do tráfico de africanos escravizados).
7. Cf. Basil Davidson, 1961, p. 63.
8. Cf. Philip D. Curtin, op. cit., p. 101-102.
9. Cf. Anthony J. Barker, 1978, p. 6.
10. Gaston Martin, 1948, p. 3.
11. Herbert S. Klein, 1987.
12. Elizabeth Donnan, op. cit., p. 77; cf. também Pierre Verger, 1968, p. 10.
13. Gaston Martin, op. cit., p. 53-55.
14. Pierre Verger, 1968, p. 7.
15. Christopher Fyfe, 1976, p. 62.
16. Philip D. Curtin, 1969. 102; cf. também Mahdi Adamu, 1979, p. 164.

17. Cf. Barker, op. cit., p. 4; Pierre Verger, op. cit., p. 8; Curtin, 1969, p. 96; Basil Davidson, 1961, p. 57; e John D. Fage, 1977, vol. 3 (c. 1050-c. 1600), p. 498.
18. Na última década do século XVIII, o traficante inglês Robert Norris escrevia que, embora raros, os sequestros de africanos por europeus ainda ocorriam. Cf. Robert Norris, 1968, p. 172 (1ª ed.: 1789).
19. Elizabeth Donnan, 1930, p. 3.
20. Cf. Basil Davidson, 1961, p. 31; Christopher Fyfe, 1976, p. 57-74.
21. Duarte Pacheco Pereira, 1952, p. 76.
22. John D. Fage, op. cit., p. 492-495; cf. também Paul E. Lovejoy & Jan S. Hogendorn, 1979, p. 222; e Kwamina B. Dickson, 1969, p. 57.
23. J.P. Digard, 1982, p. 16 e ss.
24. Victor Azarya, 1978, p. 34 e ss.
25. Jack Goody, 1980.
26. Martin Klein & Paul E. Lovejoy, 1979, op. cit., p. 181; John K. Thornton, 2004.
27. Duarte Pacheco Pereira, 1952, p. 89 e ss; e Gaston Martin, 1948, p. 3.
28. Basil Davidson, 1961, p. 55.
29. Ibidem, p. 96.
30. A demanda europeia e americana para o abastecimento dos negreiros durante a travessia oceânica e igualmente por produtos a serem vendidos na Europa e nas Américas (cera, marfim, mel, panos etc.) representava fonte de pressões sobre as estruturas agrárias tradicionais de muitas zonas, especialmente na costa. Cf. Walter Rodney, 1980, p. 152; Philip D. Curtin, 1975, p. 74-75; e Kwamina B. Dickson, 1969, p. 74-76.
31. John D. Fage, 1977, p. 480.
32. Ibidem, pp. 469 e ss; cf. também Kawamina B. Dickson, 1969, p. 42; Klein & Lovejoy, op. cit., p. 218.
33. Martin Klein & Paul E. Lovejoy, 1979, p. 232; Anthony J. Barker, 1978, p. 11.
34. Robin C.C. Law, 1978, p. 42; Christopher Fyfe, 1976, p. 71; Klein & Lovejoy, op. cit., p. 204 e ss.
35. O que se segue está baseado em Mahdi Adamu, 1979, p. 163-180.
36. O que se segue está baseado em Paul E. Lovejoy & Jan S. Hogendorn, 1979 p. 213-235.
37. Sobre a entrada lusitana no leste, cf. várias passagens de Pierre Verger, 1968.
38. E. Lovejoy & Jan S. Hogendorn, 1979, p. 225.
39. Philip D. Curtin, 1975, p. 154; e também Richard Gray, 1975, vol. 4 (c. 1600-c. 1790), p. 3.
40. Ibrahima Baba Kake, 1974, p. 75-100.
41. Para uma cronologia das epidemias e ondas de fome no Sudão Ocidental durante os séculos XVII e XVIII, cf. M. Arbitol, 1979, p. 171-177.

42. Philip D. Curtin, 1975, p. 110; cf. também Walter Rodney, 1980, p. 101.
43. Philip D. Curtin, 1983, p. 380-381.
44. Philip D. Curtin, 1975, p. 94; cf. também para o início do tráfico, Duarte Pacheco Pereira, 1952, p. 86.
45. Robert Norris, 1968, p. 38; Richard Gray, 1975, p. 3; cf. também V. Martin & C. Becker, 62 (1975), ns. 226-227, p. 292.
46. Robert Norris, 1968, p. 56.
47. Ibidem, p. 120.
48. Kwamina B. Dickson, 1969, p. 57-59.
49. Ibidem, p. 65-68.
50. Richard Gray, 1975, p. 3.
51. Philip D. Curtin, 1968, pp. 195-196.
52. "Even though Africa had most of the full range of Old World temperature diseases – and its own assortment of tropical diseases, including Falciparum Malaria, Yellow Fever, Sleeping Sickness, Yaws and Bilharzia – each African community was relatively isolated from its neighbors. It would, therefore, have been unlikely that any single African people would have an endemic assortment that covered the whole range of diseases and strains of diseases available in the Sub-Saharan region. As a result, Africans had a wide range of immunities, but travel, even within Africa, would be likely to increase the death rate." Philip D. Curtin, 1968, p. 199-200.
53. Philip D. Curtin, 1975, p. 177-178.
54. Philip D. Curtin, 1969, p. 96-105.
55. Mamadou Diop, 1971, vol. 1, pp. 17-18. Cf. também Walter Rodney, 1980, p. 102.
56. Walter Rodney, 1980, p. 105.
57. Richard Gray, 1975, p. 9; cf. também Kwamina B. Dickson, 1969, que oferece vários exemplos. A tradição oral dos povos do oeste africano registra migrações sucessivas na época do tráfico – cf. Claude Meillassoux, 1964, p. 16 e ss.
58. Exemplos de zonas submetidas ao duplo tráfico podem ser recolhidos em Robert Norris, 1968, p. 149-150; e em Philip D. Curtin, 1975, p. 155-156.
59. D. Kiyaga Mulindwa, 1982, p. 63-82.
60. Claude Meillassoux, 1982.
61. Cf. Pierre Clastres, 1981, p. 69 e sgts.
62. Nathan Cohen, 1981; Marshal Sahlins, 1976.
63. H.J. Fisher, 1975, vol. 4 (c. 1600-c. 1790), p. 58-141; e também Kwamina B. Dickson, 1969, p. 24-25.
64. Walter Rodney, 1980, p. 44-45 e 102.
65. Kwamina B. Dickson, 1969, p. 23.
66. Robert Norris, 1968, oferece exemplos de ações de extermínio para o caso do Daomé.

67. Joseph Inikori, 1979, p. 68. De acordo com Gemery e Hogendorn, cerca de 70% dos escravos exportados para as Américas tinham menos de 30 anos, uns 5% mais de 40 e 22% menos de 20 anos. Além disso, a relação entre o número de homens e o de mulheres girava ao redor de 2 por 1. Ressalte-se que a expectativa de vida no oeste africano na época colonial era de 35 anos. Cf. Henry Gemery & Jan S. Hogendorn, 1979, p. 154; cf. também Philip D. Curtin, 1975, p. 157.
68. Philip D. Curtin, 1975, p. 156 e ss.
69. Richard Gray, 1975, p. 6-7.
70. Rodney, op. cit., p. 45.
71. Exemplos de correspondência entre reis europeus e seus pares africanos podem ser encontrados em diversas passagens de Pierre Verger, 1968; contatos de alto nível entre reis africanos e viajantes ou burocratas europeus podem ser conferidos em Pierre F.B. David, 1974 (trata-se do relato de viagem de David, na qualidade de enviado da França a Bambuk).
72. Richard Gray, 1975, p. 4; cf. também Walter Rodney, op. cit., p. 82.
73. Cf. vários exemplos em Walter Rodney, op. cit., p. 88-91.
74. Cf. Roland Oliver & John D. Fage, 1965, pp. 118-119; e também Claude Meillassoux, "Introduction". In: Claude Meillassoux (org.), *The Development of Indigenous Trade and Markets in West Africa*, Londres, Oxford University Press, 1971, p. 49-86.
75. Kawamina B. Dickson, 1969, p. 27.
76. Walter Rodney, op. cit., p. 249.
77. Cf. Robin C.C. Law, 1973, p. 18-23, um excelente trabalho para se entender o funcionamento dos Estados iorubas pré-coloniais; cf. também, para o caso Achanti, J. Sanders, 1979, p. 349-364.
78. Para as informações que se seguem, cf. Karl Polanyi, *Dahomey and the slave trade,* Seattle/Londres, University of Washington Press, 1968.
79. Robert Norris, 1968, p. XI.
80. Para exemplo de razia escravista realizada dentro de um reino pelos próprios membros do corpo estatal, cf. Philip D. Curtin, 1975, p. 36.
81. Idem, p. 186; Rodney, op. cit., p. 106-109; e Norris, op. cit., p. 160-161.
82. Cf. os exemplos de Walter Rodney, op. cit., p. 114-115.
83. Cf. Robin C.C. Law, 1976, p. 112-132; e também W.A. Richards, 1980, p. 43-59.
84. Para exemplos de impostos cobrados em homens, cf. S.F. Nadel, 1971, p. 128; e também John D. Fage, 1977, vol. 1, p. 167.
85. Walter Rodney, op. cit., p. 111.
86. Como exemplo dessa postura, cf. Cheik Anta Diop, 1960, p. 8-10 e 115-118.
87. Cf. Walter Rodney, op. cit.
88. Cf. Philip D. Curtin, 1975, p. 153. De acordo com Cooper, aos adeptos de semelhante perspectiva falta sobretudo diferenciar claramente o lugar do escravo e

o do ocupado pela ideologia escravista. Cf. Frederik Cooper, 1979, p. 103-125; cf. também Paul E. Lovejoy, 1981, p. 11-38.

89. Cf. Tadeuz Lepkovsky, 1968; Antonio Barros de Castro, 1980, p. 94 e ss.
90. Para os diferentes tipos de relações de dependência pessoal na Grécia antiga, cf. Moses Finley, 1977, p. 95-97; esse autor se destaca entre os que pugnam pela condição de propriedade como traço distintivo da escravidão; Moses Finley, 1968, p. 307-313; cf. tb. H.J. Nieboer, 1910, p. 5.
91. Cf., por exemplo, Jean Suret-Canale, 1964, p. 127-150.
92. Lovejoy, "Slavery in the context...", op. cit., p. 11-12; Mamadou Diop, op. cit., p. 17 e ss.
93. Paul E. Lovejoy, 1981.
94. Cf. F. M. Snowden, 1976, p. 11-36; Robin C.C., 1967, p. 191-200; e Ralph Austen, 1979, p. 23-76, onde se mostra que entre 650 e 1900 atravessaram o Saara em direção ao Mediterrâneo e Oriente Médio cerca de nove milhões e meio de escravos africanos.
95. Jack Goody, 1980, p. 28.
96. Paul E. Lovejoy, 1981, p. 15 e ss.
97. Ibidem, p. 22-23.
98. Cf. A.G.B. Fisher et al, 1970.
99. Paul E. Lovejoy, 1981, p. 24; para a relação entre Islã e escravidão, cf. A.G.B. Fisher et al., op. cit.; e L. Sanneh, 1976, p. 80-97.
100. Paul E. Lovejoy, 1981, p. 25.
101. Claude Meillassoux, 1971, p. 63-66.
102. Philip D. Curtin, 1975, p. 155; Paul E. Lovejoy, 1981, p. 32; Kwamina B. Dickson, 1969, p. 40-41; Richard Gray, 1975, p. 5; Mamadou Diop, op. cit., p. 18; Walter Rodney, 1980, p. 257 e ss; V. Martin & C. Becker, 1975, p. 283; Martin Klein & Paul E. Lovejoy, 1979, p. 182-183; B. Agiri, 1981, p. 127; A. N. Klein, 1981, p. 150.
103. Richard Gray, 1975, p. 7.
104. V. Martin & C. Becker, 1975, p. 283; Hebert Klein, op. cit., p. 150; e B. Agiri, 1981, p. 124-127.
105. Cf. Philip D. Curtin, 1975, p. 34; contra a posição de Curtin, cf. Martin Klein & Paul E. Lovejoy, 1979, p. 184.
106. David Northrup, 1981, p. 103-108; e John D. Fage, 1980, p. 289-290; cf. também Kwamina B. Dickson, 1969, p. 40.
107. Martin Klein & Paul E. Lovejoy, 1979, p. 201.
108. Claude Meillassoux, 1971, p. 53-54.
109. Paul E. Lovejoy, 1981, p. 31.
110. Philip D. Curtin, 1975, p. 36.
111. Victor Azarya, 1978, p. 34.
112. Claude Meillassoux, 1971, p. 64.

113. Amady A. Dieng, 1974, p. 42-71; Emannuel Terray, 1977, p. 105-162.
114. Martin Klein & Paul E. Lovejoy, 1979, p. 182-183.

## Bibliografia


ADAMU, Mahdi. "The delivery of slaves from the Central Sudan to the Bight of Benin in the eighteenth and nineteenth centuries". In: GEMERY, Henry A. & HOGENDORN, Jan. S. (eds.). *The uncommon market (essays in the economic history of the Atlantic slave trade)*. Nova York: Academic Press, 1979, pp. 163-180.

AGIRI, B. "Slavery in Yoruba society in the 19th century". In: LOVEJOY, Paul E. (org.). *The ideology of slavery in Africa*. Beverly Hills/Londres: Sage, 1981, pp. 123-148.

ARBITOL, M. *Tombuctou et les Arma*. Paris: Maisonneuve Larose, 1979.

AUSTEN, Ralph. "The trans-saharan slave trade". In: GEMERY, Henry A. & HOGENDORN, Jan. S. (eds.). *The uncommon market (essays in the economic history of the Atlantic slave trade)*. Nova York: Academic Press, 1979, pp. 23-76.

AZARYA, Victor. *Aristocrats facing change. The Fulbe in Guinea, Nigéria, and Camerun*. Chicago: University of Chicago Press, 1978.

BARKER, Anthony J. *The African Link (British Attitudes to Negro in the Era of the Slave Trade: 1550-1807)*. Londres: Frank Cass, 1978.

CASTRO, Antonio B. de. "A economia política, o capitalismo e a escravidão". In: LAPA, José Roberto do Amaral (org.). *Modos de produção e realidade brasileira*. Petrópolis: Vozes, 1980, pp. 67-108.

CLASTRES, Pierre."Mitos y ritos de los indios de America del Sur". In: CLASTRES, Pierre. *Investigaciones en antropologia política*. Barcelona, Gedisa, 1981.

COHEN, Nathan. *La crisis alimentaria de la Pre-Historia*. Madri: Alianza, 1981.

COOPER, Frederik. "The problem of slavery in African studies". In: *The Journal of African History*, 20, 1, 1979, pp. 103-125.

CURTIN, Philip D. *The Atlantic slave trade: a census*. Madison: University of Wisconsin Press, 1969.

______. "Epidemiology and the slave trade". In: *Political Science Quarterly*, 83, 1968, p. 190-216.

______. *Economic Change in Pre-colonial Africa. Senegambia in the Era of the Slave Trade*. Madison: University of Wisconsin Press, 1975.

______. "Nutrition in African history". In: *The Journal of Interdisciplinary History*, 15, 2 (outubro, 1983), p. 371-382.

DAVID, Pierre F.B. *Journal d´un voyage fait en Bambouc en 1744*. Paris: SFHOM, 1974.

DAVIDSON, Basil. *Black mother*. Londres: V. Gollancz, 1961.

DICKSON, Kwamina B. *A historical geography of Ghana*. Londres: Cambridge University Press, 1969.

DIENG, Amady A. "Classes sociales et mode de production esclavagiste en Afrique de l'Ouest". In: *Cahier d'Études et Recherches Marxistes*. Paris: CERM, 1974, p. 42-71.

DIGARD, J.P. "A propósito de los aspectos económicos de la simbiosis nómadas/sedentários". In: CASTILLO, Jorge S. (comp.). *Nómadas y pueblos sedentários*. México: El Colegio de México, 1982, p. 9-20.

DIOP, Cheik Anta. *L'Afrique noire precoloniale*. Paris: Presence Africaine, 1987.

DIOP, Mamadou. *Histoire des classes sociales dans l'Afrique de l'ouest*. Paris: F. Maspero, 1971, v. 1.

DONNAN, Elizabeth. *Documents Illustratives of the History of the Slave Trade to America*. Washington: Carnegie Institution, 1930, v. 1.

FAGE, John D. "Slavery and the slave trade in the context of West African history". In: KONCZAKI, Z.A. et. al. (eds.). *An Economic History of Tropical Africa*. Londres: F. Cass, 1977, v. 1, p. 166-178.

______. "Slaves and society in Western Africa". In: *The Journal of African History*, 21, 1980, p. 289-310.

______. "Upper and lower Guinea". In: *The Cambridge History of Africa*. Londres: Cambridge University Press, 1977, v. 3 (c. 1050-c. 1600), p. 463-518.

FINLEY, Moses. "Slavery", In: *International encyclopedia of the social science*, 14, 1968, p. 307-313.

______. *Usos y abusos de la historia*. Barcelona: Crítica, 1977.

FISHER, A.G.B. et al. *Slavery and Muslim Society in Africa*. Londres: Hurst & Cia., 1970.

FISHER, H.J. "The central Sahara and Sudan". In: *The Cambridge History of Africa*. Londres: Cambridge University Press, 1975, v. 4 (c. 1600-c. 1790), p. 58-141.

FYFE, Christopher. "The dynamics of African dispersal: the transatlantic slave trade". In: KILSON, Martin L. & ROTBERG, Robert I. (eds.). *The African Diaspora*. Massachusetts: Harvard University Press, 1976, p. 57-74.

GEMERY, Henry & HOGENDORN, Jan. S. "The economic cost of West African participation in the Atlantic slave trade: A preliminary samplig for the eighteenth century". In: GEMERY, Henry A. & HOGENDORN, Jan. S. (eds.). *The uncommon market (essays in the economic history of the Atlantic slave trade)*. Nova York: Academic Press, 1979, p. 143-161.

GOODY, Jack. "Slavery in time and space". In: WATSON, James L. (ed.). *Asian and African Systems of Slavery*. Bristol: Basil Blackwell, 1980, p. 16-42.

GRAY, Richard. "Introduction". In: *The Cambridge History of Africa*. Londres: Cambridge University Press, 1975, v. 4 (c. 1600-c. 1790), p. 1-13.

HOCHSCHILD, Adam. *Enterrem as correntes (profetas e rebeldes na luta pela libertação dos escravos)*. Rio de Janeiro: Record, 2007.

INIKORI, Joseph. "The slave trade and the Atlantic economies". In: Unesco (ed.). *The African Slave Trade from the Fifteenth to the Nineteenth Century*. Paris: Unesco, 1979.

KAKE, Ibrahima Baba. "La civilisation de la boucle du Niger du XIe au XVI e siècles". In: *Presence Africaine*, 89, 1974, p. 75-100.

KLEIN, A.N. "The two Asantes: competing interpretation of slavery in Akan-Asante culture and society". In: LOVEJOY, Paul E. (org.). *The Ideology of Slavery in Africa*. Beverly Hills/Londres: Sage, 1981, p. 149-167.

KLEIN, Herbert S. *A escravidão africana*. São Paulo: Brasiliense, 1987.

KLEIN, Martin & LOVEJOY, Paul E. "Slavery marketing in West Africa". In: GEMERY, Henry & HOGENDORN, Jan. S. (eds.). *The uncommon market (essays in the economic history of the Atlantic slave trade)*. Nova York: Academic Press, 1979, p. 181-212.

LAW, Robin C. C. "Anthropological models in Yoruba history". In: *Africa*, 43, 1973, p. 18-23.

______. "Horses, firearms, and political power in pre-colonial West Africa". In: *Past and Present*, 72, 1976, p. 112-132.

______. "Slaves, trade, and taxes: the material basis of political power in pre-colonial West Africa". In: DALTON, George (org.). *Research in Economic Anthropology*. Greenwich: Jai Press, 1978, p. 37-52.

______. "The garamantes and transsaharian enterprise in classical times". In: *The Jornal of African History*, 8, 1967, p. 191-200.

LEPKOVSKY, Tadeuz. *Haiti*. La Habana: Casa de las Américas, 1968.

LOVEJOY, Paul E. "Slavery in the context of ideology". In: Lovejoy, Paul E. (org.). *The ideology of slavery in Africa*. Beverly Hills/Londres: Sage, 1981, p. 11-38.

LOVEJOY, Paul E. & HOGENDORN, Jan. S. "Slave marketing in West Africa". In: GEMERY, Henry A. & HOGENDORN, Jan. S. (eds.). *The uncommon market (essays in the economic history of the Atlantic slave trade)*. Nova York, Academic Press, 1979, p. 213-235.

MANNING, Patrick. *Slavery and African Life*. Nova York: Cambridge University Press, 1990.

MARTIN, Gaston. *Histoire de l'esclavage dans les colonies françaises*. Paris: PUF, 1948.

MARTIN, V. & Becker, C. "Kayor et Baol: royaumes sénégalais et traite des esclaves au XVIIIe siècle". In: *Revue Française d'Histoire d'Outre Mer*, 62 (1975), n[os]. 226-227, p. 270-300.

MEILLASSOUX, Claude. "Introduction". In: MEILLASSOUX, Claude (org.). *The Development of Indigenous Trade and Markets in West Africa*. Londres: IAI/ Oxford University Press, 1971, p. 49-86.

______. *Anthropologie économique des Gourou de Cotê d'Ivoire*. Paris: Mouton, 1964.

______. *Mujeres, granejos y capitales*. Mexico DF: Siglo XXI, 1982.

MULINDWA, D. Kiyaga. "Social and demographic changes in the Birin Valley, Southern Ghana, c. 1450-c. 1800". In: *The Journal of African History*, 23 (1982), p. 63-82.

NADEL, S.F. *Byzance noire*. Paris: F. Maspero, 1971.

NIEBOER, H.J. *Slavery as an Industrial System.* La Hague: M. Nijhoff, 1910.

NORRIS, Robert. *Memoirs of the Reign of Bossa Ahádee, King of Dahomy, an Inland Country of Guiney, to which Are Added the Author's Journey to Abomey, the Capital, and a Short Account of the African Slave Trade.* Londres: Frank Cass, 1968, p. 172 (1ª ed. 1789).

NORTHRUP, David. "The ideological context of slavery in Southeastern Nigeria in the 19th century". In: LOVEJOY, Paul E. (org.), op. cit. *The ideology of slavery in Africa.* Beverly Hills/Londres, Sage, 1981, p. 100-122.

OLIVER, Roland & Fage, John D. *Breu historia d'Africa.* Barcelona: Ediciones 62, 1965.

PEREIRA, Duarte Pacheco. "Esmeraldo de situ orbis". In: PERES, Damião (comp.). *Os mais antigos roteiros da Guiné.* Lisboa: Academia Portuguesa de História, 1952.

POLANYI, Karl. *Dahomey and the Slave Trade.* Seattle/Londres: University of Washington Press, 1968.

RICHARDS, W.A. "The impact of firearms into West Africa in the eighteenth century". In: *The Journal of African History*, 21, 1, 1980, p. 43-59.

RODNEY, Walter. *A History of the Upper Guinea Coast (1545-1800).* Nova York: Monthly Review Press, 1980.

SAHLINS, Marshal. *Age de pierre, age d'abondance.* Paris: Gallimard, 1976.

SANDERS, J. "The expansion of Fante and the emergence of Asante in the eighteenth century". In: *The Journal of African History*, 20, 3, 1979, p. 349-364.

SANNEH, L. "Slavery, Islam, and the Jakhanke People of West Africa". In: *Africa*, 46, 1, 1976, p. 80-97.

SILVA, Alberto da Costa e. *A manilha e o libambo.* Rio de Janeiro: Nova Fronteira, 2002.

SNOWDEN, F.M. "Ethiopians and the Graeco-Roman world". In: KILSON, Martin L. & ROTBERG, Robert I. (eds). *The African Diaspora.* Massachusetts: Harvard University Press, 1976, p. 11-36.

SURET-CANALE, Jean. "Contexte et consequences sociales de la traite africaine". In: *Presence Africaine*, 50, 1964, p. 127-150.

TERRAY, Emannuel. "Clase y conciéncia de clase en el Reino Abron de Gyaman". In: Bloch, Maurice (org.). *Analisis marxistas y antropología social.* Barcelona: Anagrama, 1977, p. 105-162.

THORNTON, John K. *A África e os africanos na formação do mundo atlântico, 1400-1680.* Rio de Janeiro: Campus, 2004.

VERGER, Pierre. *Flux et reflux de la traite des négres entre le Golfe de Benin et Bahia de Todos os Santos (du XVIIe au XIXe siècle).* Paris: Mouton, 1968.

# Anexos estatísticos

## Anexo 1
## Exportações de escravos africanos para as Américas, ilhas do Atlântico e Europa, de acordo com as áreas de origem dos cativos, 1501-1866

| | 1501-1600 | 1601-1700 | 1701-1800 | 1801-1866 | Totais |
|---|---|---|---|---|---|
| Senegâmbia e Bacia Atlântica | 147.281 | 136.104 | 363.187 | 108.941 | 755.513 |
| Serra Leoa | 1.405 | 6.843 | 201.985 | 178.538 | 388.771 |
| Windward Coast | 2.482 | 1.350 | 289.582 | 43.454 | 336.868 |
| Costa do Ouro | 0 | 108.679 | 1.014.529 | 86.114 | 1.209.321 |
| Baía de Benin | 0 | 269.812 | 1.284.585 | 444.663 | 1.999.060 |
| Baía de Biafra | 8.459 | 186.321 | 904.616 | 495.164 | 1.594.560 |
| África Central Atlântica e St. Helena | 117.878 | 1.134.807 | 2.365.204 | 2.076.685 | 5.694.574 |
| África Sul-Oriental e ilhas do Índico | 0 | 31.715 | 70.930 | 440.023 | 542.668 |
| Totais | 277.505 | 1.875.632 | 6.494.619 | 3.873.580 | 12.521.336 |

Fonte: Eltis, David; Richardson, David; Berhens, Stephen; Florentino, Manolo. *The trans-atlantic slave trade database.* http://wilson.library.emory.edu:9090

## Anexo 2
## Exportações e importações de escravos africanos para as Américas, ilhas do Atlântico e Europa, de acordo com as áreas de recepção dos cativos, 1501-1866

| | 1501-1600 | 1601-1700 | 1701-1800 | 1801-1866 | Totais |
|---|---|---|---|---|---|
| 1. Europa | | | | | |
| Exportações | 903 | 3.639 | 6.255 | – | 10.798 |
| Importações | 640 | 2.981 | 5.239 | – | 8.860 |
| 2. América do Norte | | | | | |
| Exportações | – | 19.956 | 358.845 | 93.581 | 472.381 |
| Importações | – | 15.147 | 295.482 | 78.117 | 388.747 |
| 3. Caribe Britânico | | | | | |
| Exportações | – | 405.117 | 2.139.820 | 218.475 | 2.763.411 |
| Importações | – | 310.476 | 1.813.323 | 194.452 | 2.318.252 |
| 4. Caribe Francês | | | | | |
| Exportações | – | 50.356 | 1.178.519 | 99.549 | 1.328.422 |
| Importações | – | 38.685 | 995.133 | 86.397 | 1.120.216 |
| 5. América Holandesa | | | | | |
| Exportações | – | 145.980 | 339.559 | 28.654 | 514.192 |
| Importações | – | 124.158 | 295.215 | 25.355 | 444.728 |
| 6. Caribe Dinamarquês | | | | | |
| Exportações | – | 22.610 | 81.801 | 25.455 | 129.867 |
| Importações | – | 18.146 | 68.608 | 22.244 | 108.998 |
| 7. América Espanhola | | | | | |
| Exportações | 241.917 | 313.301 | 175.438 | 860.589 | 1.591.245 |
| Importações | 169.370 | 225.504 | 145.533 | 752.505 | 1.292.912 |
| 8. Brasil | | | | | |
| Exportações | 34.686 | 910.361 | 2.210.930 | 2.376.141 | 5.532.118 |
| Importações | 29.275 | 784.456 | 1.989.017 | 2.061.625 | 4.864.374 |
| 9. África | | | | | |
| Exportações | – | 4.312 | 3.451 | 171.137 | 178.901 |
| Importações | – | 3.122 | 2.317 | 150.130 | 155.569 |
| 10. Totais | | | | | |
| Exportações | 277.506 | 1.875.631 | 6.494.619 | 3.873.580 | 12.521.336 |
| Importações | 199.285 | 1.522.676 | 5.609.869 | 3.370.825 | 10.702.656 |

Fonte: Eltis, David; Richardson, David; Berhens, Stephen; Florentino, Manolo. *The trans-atlantic slave trade database*. http://wilson.library.emory.edu:9090

# CAPÍTULO 6 A Europa que atravessa o Atlântico (1500-1625)

*Mafalda Soares da Cunha**

Caracterizar a Europa que atravessa o Atlântico para paragens do Novo Mundo até cerca de 1625 não é tarefa fácil. As razões são variadíssimas, sendo que algumas delas se prendem diretamente ao próprio sujeito enunciado. Outras decorrem da exiguidade ou tipologia das fontes documentais disponíveis. Não obstante, muito se escreveu sobre o início do processo de povoamento do Novo Mundo. Os autores da época fizeram-no e embora tais relatos não tenham desaparecido totalmente ao longo dos séculos XVII e XVIII, foram retomados pela historiografia oitocentista e novecentista com recrudescido vigor. As perspectivas e lógicas narrativas variaram, evidentemente. Já no século XX, a investigação e a publicação de fontes arquivísticas sustentaram importantes estudos para esse período, como os da obra coletiva coordenada por Carlos Malheiro Dias,[1] os de Gonsalves de Mello ou de Jaime Cortesão, que têm tido continuação no âmbito dos programas de pós-graduação no Brasil. E a mais recente tendência para a disponibilização na internet de fundos de arquivos com resumos documentais e de artigos de revistas

*Professora do CIDEHUS. Universidade de Évora.

facilita muitíssimo a reunião de informação pertinente. Em qualquer caso, as fontes são lacunares, pelo que exigem um atento e sempre moroso trabalho de cruzamento de informação de origem muito variada.

Quanto ao tema. Por Europa presumem-se os europeus, ou seja, os naturais do continente europeu, mas, subentendem-se também os modelos culturais que com eles se trasladaram. E, logo aqui, emerge um feixe intrincado de questões e problemas estreitamente correlacionado com a própria natureza dos conceitos de naturalidade e identidade vigentes no quadro político do século XVI. Recuperar taxinomias assentes em filiações nacionais inteligíveis nos últimos dois séculos pode simplificar de forma errônea as dinâmicas políticas e sociais daquelas épocas, subsumindo teleologicamente a diversidade em categorias identitárias enganadoras. Mesmo a utilização cômoda dos vocábulos "monarquias" ou "Estados dinásticos" pode ser traiçoeira. Afinal, sob a tutela de um mesmo monarca coexistiam frequentemente agregados territoriais dotados de tradições, direitos, usos e privilégios que garantiam a sua irredutível especificidade. E, até dentro de cada um desses reinos, ducados, condados ou províncias as dinâmicas sociais e políticas nem sempre eram homogêneas, pelo que a compreensão rigorosa das motivações para a partida ou para a circulação deve inscrever-se no conhecimento concreto das comunidades políticas da época. Assim, se o conceito de portugueses pode fazer sentido, não faz certamente o de espanhóis, italianos ou até franceses, sendo muito preferível o uso de castelhanos, galegos, aragoneses, catalães, florentinos, genoveses, venezianos, normandos, bretões, picardos ou até os de Ruão, de Nantes, de Lyon, de Dieppe, de la Rochelle...

Atravessar o Atlântico, eis outra proposição complexa. Pressupõe de forma clara uma circulação oceânica, mas não expressa necessariamente a orientação. Mesmo se se quiser simplificar a análise considerando que o vocábulo atravessar pressupõe uma orientação leste-oeste entre as margens do Atlântico, há que considerar pelo menos duas orientações nesses cruzamentos atlânticos, ou seja, da Europa para destinos vários — Novo Mundo, para as ilhas atlânticas, para a África e ainda ponto de passagem em direção ao Oriente — e desses destinos vários de regresso à Europa. Serão os fluxos dominantes, certamente, aqueles que podem ser mais bem verificados pelos registros documentais das unidades políticas constituídas. Mas, mesmo aí, o tipo de fonte esconde muitas vezes as idas e vindas dos mesmos sujeitos, não distingue passageiros de tripulação e não refere quantos dos que arribaram voltaram a seguir viagem, para citar apenas alguns dos problemas. Tais situações empolam os números, pelo que esses não devem ser lidos senão como aproximações possíveis e a sua análise senão como interpretações plausíveis. Acresce que foram também os dados sobre os europeus em direção aos novos territórios os que a(s) historiografia(s) mais privilegiou(aram), visto que foi em torno desse tipo de informação que se estabeleceu boa parte das ortodoxias interpretativas dominantes sobre os processos de ocupação colonial. No entanto, as reorientações historiográficas das últimas décadas subverteram significativamente essas perspectivas de análise e apresentam-nos hoje realidades muito mais complexas, enfatizando não só a pluralidade quanto a diversidade dos movimentos de circulação na época. Oceânica e não só.

Com efeito, a movimentação de gentes através do Atlântico não tinha apenas a Europa como ponto de partida e de chegada ao continente americano ou a ilhas atlânticas. As travessias faziam-se em variadas direções dentro do espaço atlântico, algumas voluntárias, mas muitas delas fruto de acasos, de contingências e da pulverização de microestratégias particulares.[2] Mesmo tomando como objetivo último a explicitação das motivações e a caracterização social dos povoadores da primeira fase do Brasil colonial, há que entrar em linha de conta com esse feixe múltiplo de circunstâncias, pois adquirem uma capacidade explicativa que, a meu ver, deve ser analisada em simultâneo com as iniciativas desenhadas pelas autoridades monárquicas. Não se trata de minorar o papel impulsionador dos centros políticos, trata-se tão só de devolver às sociedades europeias dessas épocas o seu caráter menos regulado, menos previsto e eminentemente mais casuístico e plural dos processos de decisão que condicionaram o devir histórico.

Esse programa de análise se beneficia, evidentemente, de um *corpus* historiográfico já denso que tem vindo conceitualizar (e complexificar) os estudos coloniais. "Atlantic History", "World History", "Global History" convergiram nas últimas décadas no imperativo de criar espaços de análise independentes das fronteiras nacionais contemporâneas para explicar o que muito anteriormente outros autores atlantistas tinham designado por "desencravamento planetário" (P. Chaunu) e que constituem contributos fundamentais e tantas vezes esquecidos.

Os estudiosos do Império britânico (muito em particular os historiadores americanos) levaram, porém, mais longe essas ideias ao conceitualizarem o Atlântico como uma unidade de análise autônoma, cujo objeto seria a observação das circulações e interações entre as distintas margens desse oceano. A finalidade inicial, nem sempre expressa, era, apesar de tudo, de cunho bastante nacional, pois procurava uma utensilagem apropriada para compreender o passado remoto dos Estados Unidos da América e, quando muito, a pujança dominadora do Império Britânico.[3] Contudo, a fecundidade metodológica dessa abordagem cedo alargou esse tipo de inquérito a outros Atlânticos, sugerindo a existência de uma multiplicidade de histórias atlânticas diretamente conectadas com as metrópoles colonizadoras, mas já não exclusivamente interligadas com o Atlântico Norte que era, afinal, o recorte geográfico das primeiras abordagens. Desse modo, e embora com algum atraso na literatura historiográfica, os Atlânticos francês, espanhol, português ou até holandês irromperam nas academias e, com eles, a indiscutível relevância do Atlântico Sul. Desfeito o exclusivismo britânico, a pluralidade de estudos conduziu depois ao reconhecimento da complexidade do próprio objeto e à reivindicação da pertinência de outros domínios de investigação e de outras temáticas.[4] As margens africanas inscreveram-se como agente ativo da modelação de todas as fronteiras atlânticas (Atlântico Negro), reconheceram-se os contributos ameríndios para a construção da História Atlântica e, para além dos já consagrados temas da demografia, comércio e modelos político-administrativos (Bailyn), multiplicaram-se os tópicos de pesquisa. Emergiram temas como consumos, técnicas, idiomas, ideias ou identidades, entre outros, acentuando as escalas e os impactos múltiplos e cruzados dessas diferentes circulações, assim alargando as fronteiras geográficas da História Atlântica à quase totalidade dos continentes que delimitam esse oceano. Aceitava-se, portanto, que os acontecimentos ocorridos no Atlântico e suas margens suscitaram impactos e produziram mutações significativas no conjunto dos continentes. E, pelo menos ao nível das intenções, tais constatações induziram à pulverização dos escopos nacionais de estudo, já que se reconheceu que a diversidade de origens e contributos humanos originou sincretismos e crioulizações que transcendiam largamente as fronteiras nacionais e eram, portanto, fundamentais para a compreensão desse processo histórico pluricontinental. Não distante, afinal, do que alguns precursores se propuseram fazer nos anos 1960: "Quisemos, portanto, não apenas escrever uma história cumulativa das duas ou três ou quatro Américas, mas tentar uma história do mundo na América."[5]

De qualquer modo, embora o âmbito geográfico de estudo possa persistir com os identificativos América portuguesa, espanhola, francesa ou britânica, ou África portuguesa, francesa, inglesa, belga ou de qualquer outra entidade colonizadora europeia, a generalidade da historiografia tende já a incorporar participantes outrora negligenciados, como os que reportam à África Negra, à América dos Ameríndios e à América Negra, ou às mulheres, para citar apenas alguns exemplos. Nessa ótica, o recorte de análise com referentes nacionais explícitos seria (ou deveria ser) o reflexo da necessidade acadêmica de circunscrição dos objetos de análise, não traduzindo necessariamente um propósito expresso de identificação linear dos protagonistas na qualidade de responsáveis únicos dos processos estudados. Talvez por isso as múltiplas obras de síntese que têm sido produzidas sobre a história do continente americano de colonização ibérica preferiram justamente o designativo mais neutro de América Latina em vez do de América espanhola ou portuguesa.[6]

Regressando à questão da História Atlântica, sublinhe-se que a especificidade do quadro de análise proposto não diz apenas respeito ao reconhecimento dos seus múltiplos intervenientes e temas, mas assenta principalmente sobre a complexa trama de circuitos e interações de gentes e produtos atlânticos e o feixe múltiplo de consequências nos continentes europeu, africano e americano. Ou seja, as interações e as interdependências como estratégias analíticas para descrever o objeto de estudo, uma vez que se aceita que a sua existência assenta precisamente nessas dinâmicas de ação. Mas creio que se pode ir ainda mais longe, uma vez que a historiografia tem também vindo a estabelecer a dificuldade de isolar o espaço atlântico dos fenômenos que ocorriam no continente asiático e no oceano Índico. Nesse quadro, parece pertinente admitir que as interações, as interdependências e as circulações se devem analisar na escala global. *Global History*, pois.

Como se depreenderá, essa perspectiva será apenas parcialmente retomada neste capítulo, uma vez que o âmbito de análise proposto se limita à Europa e ao Atlântico. Outros textos do volume darão conta de outros protagonistas e de outros contributos não europeus para a criação do Brasil Colonial. No que respeita à Europa, porém, retoma-se a ótica enunciada, defendendo-se, por um lado, a profunda e indissociável imbricação de motivações e impulsos europeus para a ocupação de novos territórios no continente americano e, por outro, a subalternidade que Lisboa conferia nos seus processos decisórios às questões do Atlântico relativamente às do Estado da Índia. Circunscrevendo ao Brasil, pretende demonstrar-se que o aparecimento desse território, enquanto unidade político-administrativa dependente da monarquia portuguesa, dependeu da confluência e concorrência de interesses, quer dentro da Europa, quer de outras partes da Europa, entretanto disseminadas por outras áreas geográficas do globo.

## 1. A imbricação dos espaços, das gentes e da(s) política(s)

A caracterização do "mundo português" da época moderna como um espaço de circulação já foi bem concretizada por A.J.R. Russell-Wood na década de 1990.[7] O espaço geográfico definido incorporava a totalidade dos espaços do Império português e tratava de sublinhar a importância da amplitude e variedade dos fluxos humanos, de produtos e de ideias na sua configuração. E, ainda, a percepção que os coetâneos tiveram sobre essa incessante circulação. No que respeita à movimentação das gentes, o resultado é particularmente eficaz, uma vez que o autor contorna habilmente o dificílimo problema da quantificação através da apresentação consistente de casos agregados em função das motivações dominantes subjacentes às partidas mais ou menos voluntárias da Europa (serviço à Coroa; serviço a Cristo através de distintas instituições da Igreja; interesses particulares de enriquecimento e proveito pessoal; exilados, proscritos e dos sem voz [como era o caso das mulheres] com as dos universos humanos compelidos à mudança [escravos africanos etc.]).[8] Atributo adicional é o de demonstrar "um mundo em movimento", o que, por um lado, contraria a ideia de imobilismo geográfico de alguma historiografia anterior e, por outro, complexifica as motivações e as trajetórias sociais, ao mesmo tempo que permite o tratamento do tema na longa duração. No seu conjunto, a obra deixa, também, claro que a unidade adequada de análise não pode isolar as distintas parcelas que compunham a monarquia portuguesa pluricontinental, uma vez que as dinâmicas sociais, econômicas e políticas que a construíram se espraiam pelo seu conjunto. E uma vez que essas dinâmicas são produzidas em variados lugares do Império, e não apenas na metrópole, a evolução histórica das diferentes partes é totalmente interdependente: não é possível compreender a metrópole sem o estudo das "conquistas", nem essas sem o conhecimento de Portugal continental. Essa questão é especialmente importante, pois não só não traduz uma assunção consensual na historiografia, pelo menos na de língua portuguesa, quanto não tem idêntica validade para todas as unidades políticas que em algum momento se erigiram em potências coloniais. Nesse domínio, a principal particularidade do caso português parece ter sido a da muito generalizada participação social nesse processo expansionista e, portanto, a da maior permeabilidade social e política ao fenômeno da expansão ultramarina.

A definição do objeto de estudo — os portugueses — subalterniza, porém, o papel dos outros europeus na modelação desse espaço que se pretendia português, enquanto o propósito macro impede uma atenção mais fina às distintas cronologias. Por outro lado, se o quadro desenhado por Russell-Wood extrai pertinentemente as grandes linhas evolutivas, também encobre os particularismos das conjunturas. E é, com efeito, de uma conjuntura que aqui se tratará: 1500 a 1625, ou seja, de Cabral à ocupação holandesa do Nordeste brasileiro.

A atenção concedida ao Brasil pela monarquia portuguesa nos primórdios do século XVI foi escassa. Os assuntos da Índia ocupavam as expectativas de Lisboa e era em torno das melhores formas de controlar e monopolizar o seu comércio que giravam as políticas e os órgãos de decisão. Para além de arrolado entre as terras que pelo Tratado de Tordesilhas cabiam a Portugal, pouco mais se fez. Não se definiram políticas nem se tomaram medidas para povoar essas novas terras; para as conhecer não se armaram mais do que umas quantas frotas nos anos subsequentes, atribuindo-se o encargo do reconhecimento da costa a um consórcio mercantil, segundo modelo testado umas dezenas de anos antes na costa ocidental de África. Assim, foram os acasos das viagens marítimas que ditaram os desembarques iniciais e a informação sobre a abundância de produtos tintureiros e alguns produtos exóticos que suscitou a iniciativa de privados.[9] Modestamente e de forma absolutamente periférica às principais rotas comerciais, essas sim, pelo menos no caso português, coordenadas a partir do centro político.

A historiografia tem já bem estabelecido que essas atividades comerciais de particulares só começaram a ser enquadradas politicamente quando surgiram conflitos de interesses e consequentes confrontos armados entre tripulações de várias naturalidades. Que ocorreram tanto nas margens atlânticas ocidentais quanto nas orientais e ao longo das viagens marítimas. As reivindicações mercantis para solucionar essas desordens obrigaram as autoridades europeias a atender a essas novas fronteiras e a dilucidar juridicamente direitos de tutela, de controle e de exclusividade política, que seria igualmente de exclusividade comercial. A origem geográfica dos contendores refletiu-se nos principais intervenientes do que gradualmente começou a assumir contornos de uma contenda diplomática europeia. Portugal reivindicou os direitos fixados por Tordesilhas e a França respondia discutindo não apenas a aplicabilidade desse tratado quanto a sua própria legitimidade. Emergiam os fundamentos da polêmica que viria a ser conhecida como "Mare Clausum" versus "Mare Liberum", ou seja, os discutíveis direitos de monopólio sobre o mar e, portanto, sobre a navegação. Eram, todavia, questões menores no turbulento quadro europeu de então e que, de fato, só se faziam sentir com acuidade por força das solicitações dos principais lesados, que continuavam a ser os segmentos mercantis portugueses.

No entanto, há alguns autores que valorizam um pouco mais esses episódios, tomando as atividades das comunidades mercantis portuárias do Atlântico francês como sinal de uma estratégia dessa monarquia para lançar um programa de expansão extraeuropeu. Fundamentam-no com a rivalidade dinástica com o Império, em que a monarquia hispânica estava integrada, a importância de garantir a neutralidade portuguesa nesse conflito e as exigências de um dinâmico grupo mercantil relevante para o próprio financiamento das operações militares no palco europeu.[10]

Como quer que seja o quadro de interesses dominante, uma vez que as primeiras décadas do Quinhentos assistiram a um contínuo de viagens de embarcações armadas por comunidades de diferentes naturalidades que as negociações diplomáticas não conseguiram travar, Lisboa respondeu à pressão política dos mercadores com medidas concretas para iniciar a ocupação efetiva do território brasileiro. Primeiro, e ainda, pela entrega da tarefa a particulares através da concessão de capitanias-donatárias (1534), que, ao não provar suficiente eficácia na ocupação do território, obrigou à intervenção direta da Coroa no processo, pela criação do governo geral em 1549. Como tantos autores já o referiram, a ameaça dos "franceses" (mais do que da França) suscitou a reação de Portugal, ditando o início da sistemática colonização do Brasil.[11] Mas, na verdade, a tomada de medidas concretas por parte de Lisboa, se facilitou a apresentação de um leque argumentativo juridicamente mais consistente junto dos monarcas da França (pela demonstração da ocupação e conquista), não travou as incursões francesas ao território. Os Valois, fosse por desatenção, fosse por deliberada "vista grossa" sobre o assunto, também não diligenciaram refrear tais ações e são bem conhecidas as subsequentes investidas francesas: Villegagnon, a ocupação da baía de Guanabara e a miragem da "França Antárctica",[12] repetidas arribadas às costas e suporte de tribos nativas contra os colonos portugueses, corso e pirataria sobre as armadas da costa do reino, da Malagueta, da Mina e do Brasil e ainda as tentativas de fixação na Paraíba no último quartel do século ou no Maranhão, já na viragem do século (1594). E em todos esses acontecimentos recrudescida violência de parte a parte.

Convém, no entanto, sublinhar a falta de regulação superior sobre o espaço atlântico e sobre as comunidades mercantis nessas primeiras décadas do Quinhentos. O que as organizava eram redes de negócio, cumplicidades de interesses e necessidades concretas decorrentes das atividades em que estavam envolvidas. E, valha a verdade, nessa teia pouco contava a naturalidade dos intervenientes. São conhecidos numerosos casos de pilotos ou marinheiros portugueses em navios ou em expedições francesas e castelhanas,[13] do mesmo modo que existem relatos de convivência harmoniosa entre gente portuguesa com a de outras naturalidades em situações teoricamente irregulares face aos tratados diplomáticos estabelecidos. Duarte Coelho, por exemplo, teria levado consigo para Pernambuco numerosos castelhanos,[14] as genealogias pernambucanas e baianas apontam casos numerosos de troncos de famílias aí residentes naturais de Castela, Península Italiana, Alemanha ou Flandres-Holanda, do mesmo modo que a presença de comunidades portuguesas nas Índias Castelhanas foi muitas vezes aceita sem conflito. Tais situações configuram, assim, esses tratados diplomáticos mais como referenciais de recurso em casos de desencadeamento de conflitos, e não tanto como parametrizadores de ação. Nesse sentido, o Atlântico começou por ser atravessado bastante livremente por europeus, sem que as suas naturalidades fossem por si desestabilizadoras. Seriam, então, os interesses particulares, onde avultavam os comerciais, que, antes de mais, modelaram o Atlântico.[15]

Quando, depois, se acirraram as tensões pela posse efetiva dos territórios, cresceram as depredações e as hostilidades e os "franceses" adquiriram uma clara conotação negativa entre os navegadores e colonos portugueses que o centro político, depois, ecoava. E o mesmo terá ocorrido com a insidiosa presença dos "portugueses" na América espanhola.[16] Embora seja necessário ponderar que o que fica nas fontes são sobretudo os vestígios dos conflitos, e não tanto os das convivências e dos acordos, o fato é que a indiferença e a fluidez das identidades parecem compaginar-se com a violência individual, espontânea (justiça pelas próprias mãos) que aparenta ser sempre maior e mais extrema do que a violência delegada ou emanada das autoridades centrais. O que se pode explicar pela centralidade do medo e a necessidade de sobrevivência, que é, por seu turno, também reveladora de uma efetiva falta de controle sobre as variáveis que permitiam sobreviver. Os esforços diplomáticos para regular e ordenar foram absolutamente incapazes de estabelecer um controle eficaz, até porque não dispunham de meios adequados de informação, de fiscalização e de punição desses episódios. Estava-se, com efeito, na presença de realidades novas que exigiam instrumentos legais e punitivos que foram emergindo, mas de forma lenta e sempre defasada da realidade.

Sendo assim, parece bem que a questão da naturalidade só se assume como fronteira do outro em situações de tensão aberta, e não tanto como clivagem prévia. Face a perigos externos e ambientes desconhecidos, a cooperação entre europeus que comungavam quadros de valores similares tinha o seu espaço. O que em boa parte explica que os diferendos de matriz religiosa — face a cristãos-novos ou face aos heréticos — tivessem assumido nas Américas, seja entre as autoridades, seja entre a população, um potencial diferenciador bem mais significativo do que qualquer vinculação associada à naturalidade geográfica.[17]

## 2. A emigração para o Brasil. Números e características sociais

### 2.1. *Alguns dados quantitativos*

Os números mais fiáveis sobre a situação demográfica do Brasil no século XVI são extraídos dos relatos de contemporâneos: Pedro de Magalhães Gandavo para a década de 1570; Fernão Cardim para 1583 e Pe. José de Anchieta para 1585. As indicações fornecidas reportam-se ao número de vizinhos por capitania, pelo que o cômputo variará em função do multiplicador que se atribuir à habitação. Quase toda a historiografia refere 25 mil brancos para 1585, o que presume cerca de seis habitantes por unidade de residência. No entanto, e apesar de utilizar esses mesmos autores, Harold B. Johnson propõe para a mesma data 29.600.[18] Em todo caso, são totais que não cessarão de subir, embora com ritmos diferenciados: a maioria dos autores estima 30 mil europeus residentes, cerca de 1.600 e 50 mil no final da primeira metade do Seiscentos. Em qualquer das datas apontadas, e malgrado a dificuldade de obter números precisos, parece admissível aceitar-se que a população europeia era inferior ao somatório da população nativa com a de origem africana sob a sua tutela, a maior parte da qual detinha, de resto, um estatuto escravo.

Independentemente do grau de exatidão desses dados, há que constatar o reduzido número de europeus no Brasil e, portanto, a extraordinária desproporção entre a imensidão do território e os níveis de ocupação do mesmo. Colocando esses valores em perspectiva, diga-se que nos finais do século XV se estimava haver 25 mil soldados destacados nas praças marroquinas tuteladas por Portugal.[19] A escassez demográfica no Brasil ainda se torna mais clara quando se constata que essa mesma população se distribuía de forma muito desigual pelas capitanias, pois cerca de 2/3 estavam concentrados em Pernambuco e na Bahia. Eram também essas as áreas onde a população registrava taxas de crescimento mais regulares, que contrastavam com a contração demográfica nas capitanias do centro e o crescimento consistente nas capitanias do sul (Rio de Janeiro e São Vicente).[20]

Um exercício aritmético simples encontraria valores de fixação média de europeus nos primeiros 100 anos do Brasil de cerca de 300 sujeitos por ano. É, no entanto, um número que não serve senão como referência, pois nesse cômputo há que ponderar as taxas de crescimento biológico e de mortalidade dos residentes que se supõem serem altas.[21] De qualquer modo, os valores estimados de 25 mil brancos cruzados com os números conhecidos para as partidas de Portugal levantam a questão importante para essa análise que é a da relação entre as partidas, a fixação no Brasil e o retorno.

Russell-Wood foi particularmente cuidadoso na explicitação da diversidade de situações, motivações e intencionalidades presentes entre os que partiam, bem como na variação dessas mesmas causas ao longo dos tempos.[22] E, também ele, reitera a ideia de que a fixação de gente no Brasil até a implantação do sistema das donatarias era ocasional e quase sempre fortuita. E se teria depois verificado um surto na década de 1530, surto esse que se amplificou com a criação do governo geral. Com efeito, os donatários levaram consigo contingentes de gente apreciáveis. A expedição comandada por Martim Afonso de Sousa, que partiu de Lisboa em 1530, integrava 400 pessoas de variados escalões sociais;[23] os donatários Pêro Lopes de Sousa, João de Barros e Aires da Cunha teriam organizado uma frota para povoar os seus novos senhorios com cerca de 900 homens e 100 cavalos.[24] Pêro Fernandes Tourinho chegou com família e mais gente em quatro navios propositadamente armados[25] e Duarte Coelho partiu com uma grande comitiva de parentes, amigos e criados. Também os governadores se fizeram acompanhar por gente numerosa. Note-se que só Tomé de Sousa levou consigo cerca de mil pessoas para a Bahia (numa esquadra de três navios e três caravelas com 600 homens, 400 degredados, os primeiros jesuítas e algum clero regular); que em 1553 a esquadra de D. Duarte da Costa, composta por uma nau e três caravelas, levou um total de 260 pessoas;[26] enquanto a armada chefiada por Villegagnon em 1554 integrava perto de 600.

Acautelem-se, porém, essas considerações. A acreditar na fixação de todos os que compunham os séquitos que acompanharam os primeiros donatários e governadores-gerais e somando-se os valores prováveis decorrentes do crescimento biológico, os números globais de europeus em 1585 deveriam ser muito superiores aos 25 mil apontados. Defendendo a satisfação dos pedidos de privilégios de povoamento para João de Melo da Câmara e a Cristóvão Jaques, o Dr. Diogo Gouveia em 1532 referia a intenção de o primeiro levar 2 mil homens e de Cristóvão Jaques outros 1 mil para povoar o Brasil e acrescentava que se tal já tivesse sido feito, nos três anos subsequentes "já haveria quatro a cinco mil crianças nascidas e outros moradores da terra casados com os nossos, e é certo irem após estes muitos moradores".[27] Exagero, certamente, mas fica a ideia da expectativa metropolitana sobre as modalidades de crescimento populacional: miscigenação e altas taxas de natalidade.

Coloca-se por isso mesmo a questão da natalidade. É verdade que os autores a partir dos quais se estimam os 25 mil habitantes em 1585 não referem se neles incorporaram os nascidos de cruzamentos mistos, ou seja, mamelucos e mestiços. Seria importante sabê-lo, porque é conhecida a baixa emigração de mulheres europeias, o que pode explicar saldos biológicos pouco expressivos. Em qualquer caso, as genealogias de São Paulo,[28] de Pernambuco[29] e da Bahia[30] apresentam um número médio de filhos elevado (que ultrapassam frequentemente os 10), bem como uma alta taxa de nupcialidade (seja de primeiros casamentos, seja de recasamentos de viúvas). No caso da capitania de São Vicente, pela fala do Dr. Diogo Gouveia parece que ele integraria os rebentos de relações miscigenadas, pois contabilizar uma média de 4.500 crianças por 3 mil homens em três anos significa a produção continuada de descendentes, o que não seria pensável se se socorressem apenas das mulheres brancas. Mas o fato é que se tal presunção colhesse, a diferença de números entre os que chegaram e os que se fixaram ainda aumentaria mais.

A dimensão desses números torna, portanto, evidente que uma parte muito significativa desses sujeitos que arribaram nas costas do Brasil não se enraizou no território. Os números compilados por David Eltis para as saídas de Portugal em direção à América[31] (construídos a partir das indicações apresentadas há muito por Vitorino Magalhães Godinho) demonstram-no ainda com maior nitidez. Refere 93 mil entre 1500 e 1580 e 110 mil entre 1580 e 1640. Sabe-se que Godinho apontou uma média de 3.500 partidas anuais de Portugal,[32] pelo que Eltis aproveita apenas 1/3, considerando que os restantes se dirigiriam a outras partes do Império português, sem porém fundamentar a escolha desse divisor que, por isso mesmo, também deve ser lido com cautela. Já Boxer sugeriu números inferiores, numa média de 2.400 pessoas/ano. É verdade que 3.500 parece um valor excessivo, até porque infelizmente o historiador não nos deixou indicações sobre como construiu tais totais médios. Mas mesmo se utilizarmos o mais prudente número de Boxer e aplicarmos o mesmo divisor, o valor total de partidas para a América seria de cerca de 64 mil para o primeiro recorte cronológico.[33]

Constituem números muitíssimo elevados, sobretudo quando comparados com os valores estimados para a vizinha monarquia de Espanha. Os dados compilados pelo historiador norte-americano Peter Boyd-Bowman para o período entre 1493 e 1600, que Carlos Martínez-Shaw retoma na sua obra de síntese sobre a emigração espanhola para a América, contabilizaram 54.881 saídas[34] e corrigem de forma mais segura os valores aceitos por David Eltis, que propôs um valor global de 139 mil partidas de Espanha até 1580.[35] A desproporção entre os efetivos demográficos das duas monarquias ibéricas nos inícios de 1500 — Portugal contaria com cerca de 1,2 milhão de habitantes, enquanto os restantes reinos ibéricos totalizariam um pouco menos de 8 milhões — revela, em qualquer caso, a extraordinária importância percentual do fluxo de saídas de Portugal em direção à América. Se essa desigualdade é parcialmente amenizada pela constatação de que 83% das saídas de Espanha correspondiam apenas aos territórios da Andaluzia, Extremadura, Castela-a-Velha e Castela-a-Nova,[36] a verdade é que nessa época essas regiões concentravam 65,8% da população da monarquia dos Habsburgos, ou seja, 5.185.040 habitantes, um pouco mais do quádruplo da população portuguesa.[37] Tais valores articulados com a maior amplitude das áreas de destino dessa emigração sugerem de forma clara que a sociedade castelhana nutriu um menor interesse que a portuguesa pela emigração para a América.

São, por isso, dados que importará explicar. A historiografia espanhola adianta algumas informações relevantes para esse propósito que a falta de fontes documentais em Portugal não permite acompanhar senão com dados qualitativos retirados de documentação bastante diversificada.

Para esse efeito, as indicações disponibilizadas pelas genealogias paulistanas, do Rio de Janeiro, da Bahia e de Pernambuco podem ser complementadas com os dados que Gonsalves de Mello organizou a partir da visitação do Santo Ofício ao Brasil entre 1593-1595[38] e Maria Beatriz Nizza da Silva retomou,[39] para além das informações dispersas coligidas em algumas outras fontes e estudos. Tais dados sugerem que a emigração portuguesa teria uma origem geográfica muito diversificada que cobria a quase totalidade do reino, embora os valores globalmente mais elevados se reportem às regiões a norte do rio Douro, com especial destaque para a faixa litoral. Em todo caso, Lisboa surgia como o ponto de partida com maior número de ocorrências, mas é verdade que essa indicação pode camuflar naturalidades variadas, já que essa cidade portuária tinha já nessa época uma grande capacidade de atração sobre a população de outras regiões. A emigração era sobretudo masculina e de indivíduos isolados, mas a partir de meados do século a Coroa desenvolveu esforços no sentido de estimular o embarque de unidades familiares, havendo registro de uma primeira tentativa desse tipo relativamente a casais açorianos em 1550 que totalizariam à volta de 300 pessoas.[40]

Relativamente às características da emigração espanhola, essa pauta-se por ser dominantemente masculina, embora a percentagem de mulheres que partiram tenha aumentado bastante na segunda metade do século, atingindo percentuais na casa dos 28,5% entre 1560-80 e de 26% para os últimos 20 anos da centúria do Quinhentos.[41] Era uma população majoritariamente urbana e oriunda da Andaluzia, onde a área de Sevilha pontuava com cerca de 1/5 do total. Era ainda "una emigración muy diversificada desde el punto de vista social, con representación de casi todas las categorías professionales",[42] surgindo, sem surpresa, os mercadores predominantemente representados na Andaluzia. Considera também Martínez-Shaw que, do ponto de vista da riqueza, se estará perante grupos remediados, uma vez que só esses disporiam de meios suficientes para suportar os elevados custos de embarque e de equipamento exigidos para a travessia atlântica.[43] Era uma emigração constituída sobretudo por gente jovem, em que 69% tinham idades inferiores a 30 anos, e majoritariamente solteira (59,2%) ou, sendo casados, que viajavam sós.[44] A partir da segunda metade do século essa proporção tende a inverter-se, com o aumento relativo da emigração familiar, que para o caso estremenho está bastante bem comprovado através de uns expressivos 88,4%.[45]

## 2.2. *Distintos espaços, distintas características sociais*

Para Portugal, do ponto de vista da composição social, Russell-Wood sugeriu que a emigração voluntária também seria sobretudo constituída por grupos intermédios, dados os elevados custos de embarque, enquanto parte significativa dos emigrantes não voluntários se transferiu por razões de serviço administrativo e militar à Coroa ou por missões sob ordens da Igreja. Essa distinção não deixará, todavia, de ter significado sobre as características sociais dos emigrantes que arribaram às diferentes capitanias.

As genealogias paulistanas oferecem alguma informação relativamente às origens sociais das famílias ilustres da região. Um número significativo dos agregados familiares listados por Pedro Taques e Luiz Gonzaga da Silva Leme[46] pode considerar-se como pertencentes ao grupo de emigrantes voluntários e descende dos que acompanharam Martim Afonso de Sousa na década de 1530, sendo identificados por foros inferiores da casa real. Seria gente da confiança de Sousa, recrutada especificamente com intenção de povoarem a terra. Contam-se entre eles os Cubas, os Góis ou os Pires. O que há de particular é que essa leva de primeiros povoadores de São Vicente se transferiu para o Brasil com os respectivos agregados familiares, se instalou em simultâneo na capitania e pôde, portanto, desenvolver uma política matrimonial bastante endogâmica. Assim, depois de uma miscigenação inicial com nativas, deram clara preferência às uniões regulares com filhas ou viúvas de portugueses já instalados. Ao organizarem a sociedade política, foram eles que controlaram os cargos de governo camarário e foi também de entre esse grupo que saíram os capitães-mores delegados do donatário e o oficialato central da capitania. Embora não se tenha reconstituído o universo desses primeiros povoadores, como o fez João Fragoso para o Rio de Janeiro,[47] os dados coligidos (e que as evidências carreadas por Taunay confirmam[48]) sugerem que esse núcleo inicial do que seriam as elites paulistanas setecentistas desenvolveu práticas políticas, econômicas e familiares muito semelhantes às que esse historiador detetou para a vila carioca na segunda metade do século XVI e século XVII. No que ao tema em análise se refere, importa apenas sublinhar que foram esses primeiros colonos de São Vicente que decidiram as modalidades de inclusão dos que foram chegando, através do fundamental instrumento de integração que eram as alianças matrimoniais. Parece ainda que na própria decisão dos que foram depois vindo para a capitania pode ter pesado a vizinhança em Portugal com alguns desses povoadores iniciais, já que alguns são da mesma localidade e muitos da mesma região[49] e vieram a casar no Brasil com descendentes deles. Estudos sobre as práticas de dote nessa capitania demonstram, de resto, a preferência pela transmissão de bens por via feminina, como forma de controlar a reprodução da unidade familiar e garantir a fixação. Essa última razão terá, de fato, sido importante nessa predileção, uma vez que a transferência direta de bens para os filhos homens lhes permitiria uma autonomia que o contexto inicial do povoamento no Brasil podia incentivar mais à mobilidade, e não ao enraizamento. Implantado esse modelo, como parece que terá ocorrido, os filhos desfavorecidos ficavam na contingência de contrair matrimônios homogâmicos, evitando mestiçagens, enquanto o grosso da herança era encaminhado para as filhas, que assim se casavam a gosto dos pais, podendo esses garantir dotes elevados a todas. E todas podiam ser seis ou oito filhas. Esse o sentido que também explica a possibilidade de cooptação de recém-chegados pouco abonados, quando no século XVIII os que arribavam tendiam a já possuir bens oriundos da atividade mercantil.[50]

A progressiva ocupação das capitanias do sul parece, então, resultar sobretudo de decisões individuais de gentes oriundas de Portugal ou de gentes de outras partes do Brasil e até do Atlântico, uma vez que a estrutura administrativa periférica da Coroa nesses territórios era nessas épocas bastante incipiente. De resto, parece até que esses poucos cargos administrativos foram sendo concedidos pela monarquia, sobretudo àqueles que já aí residiam, e não tanto a gente nomeada no reino para o efeito.[51] E tal fenômeno contribuiu para a apreciável concentração de poderes entre os grupos familiares dos primeiros colonos. E nesse povoamento dominaram, por isso, os interesses particulares associados ao resgate de nativos ou à miragem da descoberta de minas, bem como os andarilhos e os aventureiros. Ou seja, de gente menos tentada por uma fixação definitiva à terra do que a que se verificará nas capitanias onde o envolvimento com a produção agrícola exigia um enraizamento de maior permanência. Embora faltem os dados quantitativos para o comprovar, as informações avulsas sugerem que haverá uma grande diferença entre os que arribaram e os que ali se integraram, não tanto em resultado de retorno a Portugal, mas sim porque de aí teriam partido para trajetórias que os disseminaram para outras capitanias no Brasil, para outras Américas ou, ainda, para outras partes do Império.

Já os agentes da monarquia que foram enviados para o Brasil só têm significado numérico após a instalação do governo geral e parecem proceder sobretudo de camadas inferiores da nobreza ou, em número menor, de ramos segundos de linhagens fidalgas. Predominam, assim, as referências aos foros de escudeiro, cavaleiro, escudeiro-fidalgo ou cavaleiro-fidalgo da casa real, sendo mais raras as menções ao foro de fidalgo, que indica melhor extração social. Importa, todavia, advertir que mesmo esses baixos foros de nobreza podiam resultar de mercês de última hora, concedidas a troco da promessa de partida para o Brasil. Vejam-se, a título de exemplo, os casos dos numerosos filhamentos em foros da casa real concedidos por Filipe III sob condição expressa de acompanharem o governador-geral D. Gaspar de Sousa em 1612 e, por isso mesmo, inscritos na sua lista de mercês.[52] Seria um expediente utilizado pela monarquia, muito provavelmente a pedido do próprio governador-geral, que só assim conseguiria seduzir gente para servir consigo no Brasil. A centralidade política da Bahia conduziu, assim, ao recrutamento de oficialato para a administração central do território que, mesmo sendo oriundo das camadas inferiores da nobreza, se distinguia socialmente dos povoadores de outras capitanias, como em 1810 o governador da Bahia escrevera

> devo lembrar que os homens que agora avultam no Rio de Janeiro por seus cabedais e representação saltaram em terra com um alforje às costas, dormiram nos alpendres do Carmo e de S. Bento e assim sem terem recebido qualquer educação de seus Pais, cujos nomes e ofícios ainda se ignoram, enriqueceram, e avultam; e na Bahia, pelo contrário, é para lidar com homens de nobreza antiga, de riqueza herdada, de educação adquirida já por Pais Avós lá na Europa...[53]

Seria característica que o povoamento coordenado por capitães donatários fidalgos de Pernambuco compartiria, tanto mais que essas duas capitanias ainda partilhavam a mais antiga supremacia econômica conferida pelo precoce sucesso da exploração açucareira. Administração da Coroa e boas perspectivas econômicas seriam, pois, favoráveis à atração inicial de gente de melhor extração do que nas capitanias do sul. Em qualquer dos casos, Evaldo Cabral de Mello alertou há muito para as mistificações posteriores sobre as origens sociais dos primeiros colonos pernambucanos, situando-as com pertinência entre uma pequena fidalguia reinol ou até mesmo de plebeus nobilitados já em território do Brasil.[54]

Apesar de tudo, a análise sistemática dos registros genealógicos baianos e pernambucanos parece indicar que as características sociais e ocupacionais dos povoadores iniciais os induziram a uma maior circulação entre o Brasil e a metrópole do que os de outras paragens. Requerimentos de mercês ao rei, comércio ou assuntos familiares pendentes foram razões para novas travessias atlânticas em direção a Portugal, quando não mesmo para o retorno definitivo. Na Bahia, parece haver reduzida tendência para a fixação de gente mais grada, visto que grande parte dos que atravessavam o Atlântico com missões da Coroa tendia a regressar a Portugal, assim configurando trajetórias de homens ultramarinos, e não coloniais, para usar a expressão de L.F. Alencastro. Rodrigo Ricupero afirma-o taxativamente para os 13 governadores-gerais nomeados no reino que tomaram posse entre 1549 e 1630, mas não apresenta dados quantitativos relativamente aos escalões seguintes do aparelho administrativo central do Brasil.[55] Refere, no entanto, que tal objetivo de retorno não obstou a que alguns tivessem adquirido fazendas e bens em terras brasileiras e sabe-se que também houve quem por lá deixasse geração (bastarda ou legítima) ou parentela. Desse modo, a estada no Brasil conferiu-lhes um lastro de redes sociais e familiaridade com o Império que a monarquia e os governantes do Brasil aproveitaram para lhes solicitar outras missões ultramarinas.

Relativamente a outros segmentos de oficialato nomeado no reino, é conhecido o exemplo do provedor da fazenda António Cardoso de Barros, cuja descendência se fixou no território com posse de sesmarias, engenhos e cargos.[56] Muitos deles compatibilizaram, de resto, esses ofícios com desempenhos militares de relevo na conquista e ocupação do território, assim obtendo mercês em terras e ofícios administrativos cuja riqueza e poder que geravam muito contribuíram para a sua definitiva fixação em solo do Brasil.[57]

Em Pernambuco, o vasto agregado de parentela dos Albuquerque e dos Coelho, aos quais se integraram Cavalcantis e Mouras, constitui caso reputado de fixação na região com notável capacidade de expansão para as conquistas do Nordeste,[58] o que não impediu uma estreita ligação com a metrópole, feita até de estadas mais ou menos prolongadas. Interessa, no entanto, sublinhar que o padrão de integração dos recém-chegados da metrópole parece similar ao que se apontou para São Vicente. Ou seja, a elite instalada cooptava de entre os emigrantes aqueles que aceitava integrar através da cessão de senhoras locais em casamento. Nessa perspectiva, o papel dos Albuquerque parece de enorme relevo, uma vez que foi através das noivas desse grupo familiar que se entreteceram muitos dos laços parentais de base na elite nascente. Vejam-se os casos de Duarte Coelho, casado com uma Albuquerque, e depois de Sibaldo Lins, casado em segundas núpcias com D. Beatriz de Albuquerque, uma filha perfilhada do Adão Pernambucano; de Filipe Cavalcanti, casado com uma outra Albuquerque, Catarina, da qual nasceu Genebra, casada com Filipe de Moura; esse Filipe, que era ele próprio sobrinho materno de D. Beatriz de Albuquerque, viúva do donatário Duarte Coelho, já fora casado em primeiras núpcias com uma outra filha (Isabel) de Jerónimo de Albuquerque; uma neta (por via masculina de Cavalcanti) casou com Feliciano Coelho de Carvalho, comendador de Seia, que em 1595 foi capitão-mor da Paraíba e depois governador de São Tomé;[59] duas das filhas de Filipe de Moura casaram com imigrantes portugueses: a mais velha, Isabel de Moura, com António Ribeiro de Lacerda, filho de Manuel Ribeiro de Lacerda, que serviu no tempo de Duarte Coelho de provedor-mor da fazenda de Pernambuco e casara com uma fidalga natural de Tancos, em Portugal; a mais nova, D. Mécia de Moura, casara com Cosme Dias da Fonseca, de Vila do Conde e filho de um homem de Tancos unido em primeiras núpcias com a fidalga dessa mesma vila, mãe de António Ribeiro de Lacerda.[60] E todos esses foram troncos de portentosas linhagens do Nordeste. É certo, no entanto, que a dimensão numérica dos Albuquerque em Portugal e suas alianças familiares, bem como a experiência prévia de participação nas navegações e conquistas no Norte de África, Mina e Índia,[61] também terão contribuído para a interligação dessa linhagem entre Brasil e metrópole. Certamente como exceção, importa, contudo, não esquecer a precoce implantação do grupo familiar fidalgo dos Sá nos arredores do Rio de Janeiro que assumiu perfis com alguns paralelismos com os dessas famílias pernambucanas.

Mas a prática de incorporação de metropolitanos coexistiu com níveis densos de endogamia entre o núcleo dos primeiros colonos de Pernambuco,[62] o que os equipara bastante ao modelo adotado pelos colonos do Sul. Diferenciam-se, globalmente, pelas melhores qualidades sociais e pelos níveis de riqueza, que repercutiam numa autoridade social que a metrópole reconhecia. E foi essa autoridade acumulada no território do Brasil que fez desses primeiros colonos de Pernambuco (com as suas extensões na Bahia e na Paraíba) parceiros da monarquia na administração do Império, pois esses grupos familiares geraram numerosos militares e quadros políticos, não apenas para várias partes do Brasil como para outras conquistas, com particular relevo para o Atlântico Sul, o que não ocorria com a mesma frequência nas capitanias do sul. Uma busca sumária dos titulares de governos ultramarinos deteta de imediato 14 nomes dessa rede familiar dos Albuquerque (a esmagadora maioria em partes do Brasil), que, até 1640, exerceram mandatos por 22 vezes. Apresentam trajetórias com serviços prestados à monarquia em diferentes partes — Brasil, Oriente, Cabo Verde, Angola, Flandres — o que não os distingue de tantos outros portugueses seus contemporâneos, a não ser o fato de o seu local de enraizamento ser o Brasil.[63] Ou seja, pode afirmar-se que desde os tempos iniciais da expansão ultramarina existiram grupos familiares fidalgos que viveram longas trajetórias ultramarinas, assim articulando distintos pontos do Império entre si e entre esses com a metrópole, miscigenando-se pelo caminho com oficialato da Coroa e até (embora talvez em épocas mais tardias) com gente ligada à atividade mercantil. Mas se no século XVI e inícios do XVII pertenciam a uma fidalguia secundária, nos finais da centúria do Seiscentos e no século seguinte provinham já de linhagens socialmente bem mais qualificadas.

De qualquer modo, mesmo sendo os de Pernambuco e da Bahia de melhor origem, incorporaram pouca fidalguia de primeira nobreza, pelo que os dados globais concordam com a ideia conhecida da preferência que a fidalguia portuguesa tinha nessas épocas pela prestação de serviços em Marrocos e no Oriente, constituindo as margens atlânticas opções menos valorizadas, para não dizer mesmo tendencialmente rejeitadas.[64] Tal fato não é contraditado pela circunstância de alguns fidalgos de boa extração terem senhoreado capitanias no Atlântico Sul, uma vez que o exercício jurisdicional sobre esses espaços se fazia quase sempre por delegação em membros das respectivas clientelas, pautando-se, assim, a sua administração pelo absentismo dos titulares das donatarias.

Importa, contudo, esclarecer que o oficialato supramencionado se refere apenas a uma parte da administração periférica da Coroa, já que, por um lado, em finais do século XVI alguns desses cargos foram já outorgados (seja pela monarquia ou pelo governador-geral ou por capitães-mores de capitanias) a residentes no Brasil em remuneração de serviços prestados nesse território[65] e, por outro, os cargos do governo e da administração local eram de eleição ou nomeação dos próprios colonos com designação de sujeitos selecionados de entre os residentes, pelo que não se enquadram na população migrante acima referida, que é feita a partir da caracterização social à data da saída da metrópole. Que se tenham depois transformado na nobreza da terra e nas elites sociais e econômicas do Brasil é já sabido,[66] mas não constitui matéria que aqui importe analisar.

É também sabida a relevância numérica dos degredados, pelo menos para a fase inicial, decorrente da pressão que a monarquia sentiu de povoar rapidamente o novo território. Assim, em 1535 transferiu o local de degredo de São Tomé para o Brasil[67] e, posteriormente, abundam as notícias da chegada de navios que transportavam um número apreciável de pessoas compelidas a passar o seu tempo de degredo no Brasil. Se Paulo Merea afirmou que os degredados não foram numericamente dominantes na colonização, Gonsalves de Mello explicou convincentemente que a pena de degredo atingia populações e crimes muito diversificados, não significando a preponderância dos "piores malfeitores, ladrões, assassinos, moedeiros falsos de Portugal", concluindo, por isso, que

> não se pense que com tantos delitos punidos com degredo para o Brasil tenha predominado aqui essa escória do reino. A colonização do Brasil — como salientou Gilberto Freyre — se fez muito heterogeneamente quanto a procedências étnicas e sociais. Não predomi-

> navam nem morenos nem louros. Nem os moçárabes de Dabané, nem os aristocratas nórdicos, dolicolouros, de Oliveira Vianna. Nem criminosos nem fidalgos.[68]

E, com efeito, o índice dos processos do Santo Ofício depositados no Arquivo da Torre do Tombo com datas entre 1547 e 1620 revela a grande diversidade social e geográfica dos condenados a penas de degredo para o Brasil.[69]

Mas essa caracterização dos fluxos migratórios de partida da Península Ibérica oculta a percentagem de enraizamento. Reconhecendo a dificuldade de estabelecer números minimamente precisos em resultado da intensa mobilidade transatlântica desses grupos populacionais, alguns autores estimaram que o regresso definitivo da América espanhola rondaria os 10%, entre 1550 e 1650.[70]

No que respeita ao Brasil e face aos estimados 25 mil residentes brancos em 1585, tal implicaria, quando muito, uma média anual de enraizamento da ordem de 300 pessoas. Média que evidentemente oculta as discrepâncias temporais, uma vez que se admite que até a instituição do regime donatarial os níveis de fixação de colonos fossem quase desprezíveis, o que empolaria de forma relevante os valores médios de fixação na restante parte da centúria do Quinhentos. Usando, porém, os valores médios para o conjunto do século, se obteria uma taxa de fixação de 38%, o que implica uma percentagem de retorno e de mortalidade elevadíssima (62%).[71]

Ora, seguindo ainda V.M. Godinho, o valor médio dos regressos para o conjunto do Império português no século XVI não ultrapassaria os 10%. No seu entender, que Russell-Wood acompanha, a mortalidade teria uma responsabilidade mais significativa, que se pode assim estimar na ordem dos 50%. Os naufrágios, a insalubridade do quotidiano nas embarcações e os ataques de corsários ou nativos se contariam entre as principais causas de morte.[72] Com efeito, há cálculos de perdas de navios para a Carreira da Índia entre 1497-1590 que oscilam entre os

10% e os 20%, dependendo de se contabilizarem as viagens isoladamente ou em ida e volta.[73] Percentuais muito altos, sobretudo quando comparados com os dos ingleses e holandeses no século XVII, que não ultrapassam os 3%-4%.[74] Claro que esses valores percentuais não equivalem a mortalidade, porque, por um lado, nem todas as perdas de navios redundavam em morte de todos os embarcados e, por outro, a morte por doença dizimava bastantes pessoas ao longo das viagens, como toda a literatura historiográfica concorda. Para mais, os valores apontados referem-se sobretudo à Carreira da Índia, pois o trajeto para o Brasil, sendo bastante mais curto, era, consequentemente, menos mortífero. Não é possível, porém, calcular valores mais precisos relativamente a esse fator de morte. E idêntica impossibilidade se aplica à mortalidade local. Presume-se que seja alta, já que relatos coevos noticiam constantes ataques indígenas aos novos povoados e dizimação de expedições ao interior e que a preferência pelo deslocamento de barco entre capitanias também provocava baixas. São informações que é, todavia, necessário olhar com alguma prudência, em função dos objetivos precisos com que foram redigidos. De fato, muitas vezes, esses textos tinham como finalidade expressa a descrição de serviços para reivindicação de remunerações e essas seriam tanto mais elevadas quanto maiores fossem os riscos sofridos; ou então eram relatos de quadros da administração ultramarina que, assim, procuravam sensibilizar Lisboa para a necessidade de reforço de competências jurisdicionais, aumento de salários ou carência de oficialato. Exageravam, portanto. Talvez por isso a grande divergência entre os números de partidas e os de fixação definitiva deva ser complementada com a introdução de outros fatores, como a disseminação dos destinos entre partida e chegada à América e a própria mobilidade dos recém-chegados no interior do continente americano.

## Mobilidade(s). Gentes desvairadas e fluidez das fronteiras

Com base na identificação dos 625 denunciados resultantes da visitação do Santo Ofício de 1593-95, Gonsalves de Mello apurou as respectivas moradas e origens geográficas (cf. Quadro 1), resultado claro de que se o ponto de origem predominante era o reino, os valores apontados descobrem uma grande mobilidade no interior do território do Brasil, bem como alguns números de saídas de outros territórios ultramarinos e ainda de outras paragens europeias.

**Quadro 1**
**Origem geográfica dos denunciados na visitação do Santo Ofício de 1593-95**[75]

| Origem geográfica | Moradores na Bahia | | Moradores em Pernambuco | | Outras capitanias | | Total | |
|---|---|---|---|---|---|---|---|---|
| | Nºs | % | Nºs | % | Nºs | % | Nºs | % |
| Reino | 170 | 27,2% | 174 | 27,8% | 37 | 5,9% | 381 | 61% |
| Ultramar | 19 | 3,0% | 21 | 3,4% | 6 | 1,0% | 46 | 7% |
| Brasil | 74 | 11,8% | 59 | 9,4% | 20 | 3,2% | 153 | 24% |
| Outros | 22 | 3,5% | 17 | 2,7% | 6 | 1,0% | 45 | 7% |
| Total | 285 | 45,6% | 271 | 43,4% | 69 | 11,0% | 625 | 100% |

Em estudo mais recente, Daviken Studnicki-Gizbert contabilizou existirem cerca de 1.500 a 1.700 portugueses disseminados pelas Índias de Castela, no final do século XVI, e enumerou as urbes com *barrio de los portugueses*: Potosí, Cidade do México, Cartagena de Índias, Quito, Lima, Buenos Aires.[76] Considera o autor que era uma presença essencialmente estruturada em torno de atividades mercantis, mas que congregava comunidades com uma expressão numérica bastante significativa. O mesmo Studnicki-Gizbert registra ainda que em 1535, na ilha de São Domingos, residiam mais de 200; que em Lima constituíam o grupo mais numeroso de não castelhanos e que em Porto Rico ultrapassavam os castelhanos aí residentes.[77] Em 1606, dos 51 nomes de estrangeiros listados no Rio da Prata, 20 eram portugueses e entre 1590 e 1610 teriam chegado a Tucumán e ao Rio da Prata 51 portugueses, enquanto em Córdoba o seu número ascendia a 89.[78] Já em 1640 há notícia de que haveria 60 portugueses em Potosí, dos quais 20 eram considerados muito abastados.[79]

Em excelente trabalho publicado nos inícios da década de 1960, já Lewis Hanke compilara numerosos casos dessa diáspora lusitana por terras da América espanhola, a partir de variados artigos e fontes manuscritas. Ora, se para Buenos Aires as evidências eram então já muito significativas, hoje estão cabalmente demonstradas em estudos sistemáticos.[80] Hanke alarga esse comentário para o Peru e São Domingos, apontando interessantes dados que sugerem uma grande diversidade de ocupações, para além do onipresente comércio e ainda o recurso às cartas de naturalização como forma de obviar às limitações legais contra não castelhanos[81] ou a plasticidade com que se disfarçavam de naturais pela fluência no idioma de Castela.[82] Constituem, pois, elementos que permitiram ao historiador norte-americano contrariar cabalmente a ideia então em curso de que a presença de lusos fora do espaço de ocupação portuguesa era inferior à dos castelhanos na América portuguesa.[83] A. M. Bernal, recuperando um parecer de 1518 dos funcionários régios nas Índias onde se dizia que "los portugueses eran los mejores ara poblar", acentua esta dimensão, explicando-a ainda pela facilidade de integração que o frequente casamento de lusos com mulheres canarinas proporcionava à sua partida nas expedições castelhanas iniciais.[84] Com efeito, e independentemente dos objetivos quase sempre fortemente nacionalistas com que os estudos iniciais sobre a colonização do Novo Mundo foram elaborados, já então se havia demonstrado que os castelhanos tiveram uma participação importante nas entradas para o sertão brasileiro e na busca de ouro e minas[85] ou que, como textos mais recentes apontam, 60 vizinhos 'espanhóis' tinham residência conhecida em Belém, em 1620.[86] Ora se se compararem estes valores com os dos portugueses à época fixados no Brasil, compreende-se quão escassa capacidade performativa detinham as fronteiras fixadas pelos tratados diplomáticos e quão pouco orientada superiormente era a prática migratória dos lusitanos e castelhanos, ou mais genericamente dos europeus.

Reforçando esta ideia, e como atrás já foi referido, as obras genealógicas relativas às famílias das principais capitanias demonstram o bom sucesso do enraizamento de não portugueses oriundos de diversas partes nesses territórios. Já se referiram os Holanda e Cavalcanti para Pernambuco, mas se poderiam acrescentar os Lins, Wanderley, Argolos ou Dórias ainda para Pernambuco e Bahia e os hispanos Godoy, Lara, Martins Bonilha, Bueno, Camargo ou Saavedra em São Paulo, para além do flamengo Cornélio de Arzão e o alemão Geraldo Betimk ou Betting.[87] São casos de integração com êxito que não esgotam as referências a não portugueses residentes, como ocorre com os Schetz, senhores de engenho flamengos em São Vicente, o mercador inglês John Withall,[88] das sesmarias concedidas no Rio de Janeiro a franceses que se desligaram do projeto de colonização de Villegagnon, como seria o caso de Martim Paris, dos senhores de engenho também franceses Toussaint Grugel e Claude Antoine Besançon,[89] das indicações relativas ao envio de mão de obra especializada nas artes mecânicas de origem alemã, holandesa e flamenga (metalurgia, mineração, farmácia, por exemplo), ou ainda de franceses convivendo com nativos e/ou portugueses, muito para além da perda da França Antártica, mas sobre cuja fixação é mais complicado seguir.[90] Sobre muitos deles as fontes não registam sombra de preconceitos ou conotações negativas. É, por exemplo, o caso de Gaspar Roiz de Cuevas, cirurgião da Misericórdia de Olinda na década de 1590 que era canarino.[91] Mais evidências da coexistência de distintas naturalidades podem ser ainda encontradas nos processos de inquisição (Quadro 2), não parecendo que as denúncias de que foram alvo tivessem diretamente que ver com a sua naturalidade, mas sim com heterodoxia religiosa.

Quadro 2
Não portugueses denunciados ao Santo Ofício

| Nome | Naturalidade | Morada | Data | Cota |
|---|---|---|---|---|
| Giovanni des Boulez | França | Rio de Janeiro | 15/11/1564 | TT-TSO/ IL/28/5451 |
| Rafael Olivi | Florença | S. Jorge do Rio de Ilhéus | 10/2/1574 | TT-TSO/ IL/28/1682 |
| Joannes Flamengo ou Anselmo Flamengo | Flandres | S. Cristóvão | 10/1/1592 - 29/8/1602 | TT-TSO/ IL/28/8582 |
| Pêro Marinho de Lobeza | Redondela, reino da Galiza | Olinda | 21/1/1593 - 26/11/1594 | TT-TSO/ IL/28/12937 |
| António Trivisano | ilha de Candia, senhorio de Veneza | Olinda | 17/10/1594 - 23/10/1594 | TT-TSO/ IL/28/6351 |
| António Vilhete | Bruges, Flandres | Olinda | 08/7/1595 - 17/9/1595 | TT-TSO/ IL/28/6355 |
| João Pereira de Sousa | Tui, Galiza | São Vicente | 25/10/1600 - 4/8/1603 | TT-TSO/ IL/28/6093 |
| Cristóvão Rausch | Alta Alemanha | Pernambuco | 27/2/1617 - 9/12/1619 | TT-TSO/ IL/28/5586 |

Fonte: TTOnline (Arquivo da Torre do Tombo: http://ttonline.iantt.pt/)

Por outro lado, as ordens religiosas que se foram estabelecendo no Brasil eram instituições que pela sua própria natureza e modelos de organização incorporaram numerosos não portugueses, nomeadamente "espanhóis", assim contribuindo para a importante presença da língua castelhana no território, mesmo antes da agregação de Portugal em 1580. E, de entre essas, cabe evidentemente destacar o papel da Companhia de Jesus e, para além do seu mais reputado membro no Brasil, o canarino José de Anchieta, também apontar nomes como os do navarro Juan de Azpilcueta Navarro ou do estremenho Antonio Blázquez, entre outros.[92]

Mas as trajetórias de mobilidade não se esgotam na circulação entre espaços tutelados por distintas coroas europeias. Embora seja sobejamente conhecido, vale a pena recordar que os povoadores do Brasil se movimentavam com grande frequência pelo território, seja através de navegações pela costa, seja por via fluvial ou terrestre para entradas pelo sertão. Nesses casos não era quase nunca a intenção de se fixar que os mobilizava, embora se saiba bem a importância dos de São Vicente na colonização do Sul e do Rio de Janeiro ou dos da Bahia e de Pernambuco para as regiões a nordeste.[93] O que provocava esse incessante movimento era sobretudo a busca de recursos vários: riquezas minerais, resgate de nativos,[94] a mais das vezes. Mas também por motivo de defesa em incursões militares organizadas contra a ocupação estrangeira ou contra índios rebelados. O que importará por isso sublinhar é que também nessas circulações as fronteiras eram fluidas. Seja com as regiões sob domínio de Castela (como seria o caso do Paraguai ou Buenos Aires), seja entre capitanias.

O conjunto de dados apresentado não representa, por si, qualquer novidade, já que a historiografia tem vindo a demonstrar com bastante persuasão a enorme mobilidade que caracterizava os migrantes europeus no século XVI. De qualquer modo, é uma questão que, pelo feixe amplo de implicações que comporta, julgo merecer uma reflexão um pouco mais detalhada.

Antes de mais nada por sublinhar a importância da demarcação de conjunturas para a diferenciação dos fluxos e processos imigratórios. Ou seja, e antes de tudo, diferenciar o período de descobrimento e ocupação inicial da fase seguinte determinada pela decisão política de controle efetivo do novo território, consubstanciada na criação do governo-geral e exploração econômica (seja agrícola, seja mineira) e ainda da agregação do reino de Portugal à monarquia hispânica.

Não há qualquer novidade em afirmar que essas conjunturas marcadas pela alteração de posicionamento de Lisboa, e depois de Madri, são fundamentais para a compreensão do perfil da imigração, já que as medidas esparsas e muito circunstanciais emitidas pela Coroa são substituídas por comunicações regulares fruto de uma sociedade em organização que começa a adotar a complexidade e os ritmos dos modelos administrativos definidos pela metrópole. De qualquer modo, talvez seja o caso de matizar um pouco essa ruptura, pois a escassez de recursos disponíveis e disponibilizáveis da monarquia deixou ao longo de todo o período uma ampla margem de manobra e de espaço para a auto-organização das populações já instaladas. Dito de outro modo, e corroborando o que os estudos sobre as fases iniciais de diversas capitanias têm demonstrado, a Coroa, para fazer prevalecer o seu objetivo fundamental, que era garantir os direitos sobre o território do Brasil na cena internacional, tinha de garantir a sua ocupação efetiva. Ora, essa ocupação efetiva estava sobretudo dependente da vontade de muitos de se transferir para esse novo espaço e, mais importante ainda, da decisão dessa gente de aí permanecer. As medidas compulsórias de envio de degredados ou oficialato nunca seriam suficientes sem uma disposição voluntária de outro tipo de colonos de explorar os recursos do Brasil. Para tal havia que lhes conceder uma ampla margem de liberdade e de vantagens. Liberdade de explorar recursos, fosse resgate de nativos, corte de pau-brasil, acesso à terra ou preeminências como os postos de governo do território e inerentes distinções sociais. No fundo, liberdade para se diferenciar socialmente em função da capacidade de acumulação de vantagens de vária ordem. Econômicas, certamente, mas também da capacidade para exercitar a coação política. Sobre esse ponto, a monarquia podia intervir, através da confirmação dos cargos. Não mais do que um pouco, todavia, já que a distância, a falta de meios e a dependência objetiva face aos que lá estavam lhe deixavam uma margem limitada de interferência. Nessa perspectiva, a concessão de distinções sociais aos primeiros povoadores, depois identificados como "conquistadores", representava uma dependência similar àquela que em séculos anteriores a monarquia reconhecera aos seus parceiros na conquista e subsequente organização territorial de Portugal.

## Promotores de mudanças: o período filipino

Relativamente ao período subsequente às décadas finais do século XVI, a historiografia genericamente sublinha a importância da existência de um rei comum para justificar o prolongamento desses "mundos misturados da monarquia católica".[95] Nos mundos atlânticos e não só. Seria então a convergência de interesses do todo hispânico e a necessidade de criar um bloco unido contra as cada vez mais agressivas políticas expansionistas de outras potências europeias que justificariam a permissividade das autoridades hispânicas face às circulações entre os espaços administrativamente separados dos reinos de Portugal e Castela. Se essa política parece ter sido perceptível no que respeita ao campo econômico, sobretudo face ao comércio e aos grupos mercantis,[96] o certo é que do ponto de vista administrativo as fronteiras entre os territórios não se diluíram, tendendo até a uma maior rigidez.[97] Para tal terá contribuído a Carta Patente de 1581, que demarcava claramente a autonomia jurisdicional da coroa de Portugal dentro da monarquia hispânica, o que explica a continuidade da exigência de passaportes ou de cartas de naturalização aos portugueses em Castela e na América 'espanhola'.

No campo econômico, porém, a situação colocava-se de forma um pouco diferente. Se a partir das décadas de 20 e 30, relativamente ao comércio e aos grupos mercantis, a situação das finanças da monarquia insistia na imbricação dos espaços econômicos ibéricos, atraindo grandes mercadores de Lisboa a Madri[98] e facilitava a obtenção de cartas de naturalização aos estrangeiros através da sua venda,[99] nas periferias da monarquia a situação era bastante distinta. Ou seja, a presença massiva de mercadores portugueses e de comunidades portuguesas nas Américas foi sendo olhada com suspeição crescente, suscitando ações de hostilidade e rejeição. É nesse contexto que vários autores têm entendido o já citado memorial de Lourenço de Mendonça e interpretado a ação das inquisições ibéricas no continente americano, e têm vindo a comprovar a existência de vários surtos persecutórios em distintas partes desse continente durante o período da chamada monarquia dual (Lima, México, Cartagena de Índias, Bahia, Pernambuco etc.). Se é verdade que essas perseguições incidiram prioritariamente sobre gente acusada de heterodoxia religiosa, os autores têm vindo a reforçar a ideia de que essa repressão também tinha por detrás conflituais estratégias econômicas entre grupos mercantis e elites locais, para não dizer mesmo intuitos de utilização do Santo Ofício em questões de natureza política alheias à sua jurisdição e a seus procedimentos ordinários.[100] Ou seja, pretendia-se evitar que a imbricação de livres interesses econômicos entre portugueses e holandeses, ou entre portugueses, castelhanos e holandeses, por exemplo, colocasse em risco o domínio ibérico sobre as conquistas face às crescentes avançadas neerlandesas, inglesas e francesas.

Nessa ótica, creio ser bem possível rever a imagem do período filipino como explicativa para a maior permissividade das circulações entre Impérios português e castelhano e apontá-lo antes como um dos primeiros momentos de confronto de interesses divergentes e contrapostos entre o centro e as periferias ultramarinas da monarquia hispânica, a propósito da liberdade de circulação e da mobilidade dos estrangeiros, muito particularmente dos portugueses. Instada pelas elites e autoridades das Américas, Madri foi legislando no sentido de cercear a mobilidade dos estrangeiros, o que acabou por desembocar em maior controle, fiscalização e punição dos desvios legais que a premência de ocupação do território tinha permitido anteriormente. O contexto era já outro, pelo que se impunha a alteração das práticas que, repita-se, se fazem sobretudo sentir a partir da década de 1620 e ainda mais da de 1630. Nessa perspectiva, a ruptura política do 1° de dezembro de 1640 daria significativa continuidade a essas políticas mais restritivas, consolidando em definitivo a emergente integração econômica dos Impérios ibéricos antes fomentada por Madri e tolerada sem maiores problemas pelas comunidades das Américas.

## Notas

1. Carlos Malheiro Dias, 1924.
2. Cf. o papel dos ilhéus, em particular dos madeirenses, nesse processo de cruzamentos atlânticos em Alberto Vieira, 2006, p. 73; Sobre a genérica circulação dos hispanos, ver Joaquim Romero Magalhães, 2004, p. 141-150.
3. Como exemplo, cf. David Armitage & Michael J. Braddick, 2002.
4. Uma boa síntese sobre esses desenvolvimentos em AAVV, 1999, p. 48-171; (Pieter C. Emmer & Willem W. Klooster, *The Dutch Atlantic, 1600-1800: Expansion without Empire*, p. 48-69; Silvia Marzagalli, *The French Atlantic*, p. 70-83; Carla R. Phillips, *The Iberian Atlantic*, pp. 84-106; David Hancock, *The British Atlantic World: Coordination, Complexity, and The Emergence of an Atlantic Market Economy, 1651-1815*, p. 107-126; Deborah Gray White, *Yes, There is a Black Atlantic*, p. 127-140; David Eltis, *Atlantic History in Global Perspective*. pp. 141-161; e Alison Games, *Teaching Atlantic History*, p. 162-173). Mais recentemente houve uma outra mesa-redonda de balanço sobre o tema: cf. a Journée d'études organisée par Cécile Vidal le 24 mars 2006 à l'EHESS, Paris. *L'histoire atlantique de part et d'autre de l'Atlantique*. Nuevo Mundo Mundos Nuevos, Coloquios, 2008 [En línea], Posto em linha em 19 de setembro de 2008. Consultado em 15 de novembro de 2008 (Pieter Emmer, *The Myth of Early Globalisation: The Atlantic Economy, 1500-1800*; Gunvor Simonsen, *Moving in Circles: African and Black History in the Atlantic World*; Silvia Marzagalli, *L'histoire atlantique en Europe*; Simon P. Newman, *Making Sense of Atlantic World Histories: A British Perspective*; Bertrand van Ruymbeke, *L'histoire Atlantique aux États-Unis: la périphérie au centre* e Cécile Vidal, *La nouvelle histoire atlantique en France: Ignorance, réticence et reconnaissance tardive*). Acesso em: URL: http://nuevomundo.revues.org/index30467.html#l-histoire-atlantique-de-part-et-d-autre-de-l-atlantique. Consultado em 15 de novembro de 2008.
5. Pierre Chaunu, 1969.
6. James Lockhart & Stuart B. Schwartz, 1992; Leslie Bethell, 2004; Juan Carlos Garavaglia & Juan Marchena, 2005.
7. A.J.R. Russell-Wood, 1998.
8. Idem, p. 93-191.
9. Ana Maria Pereira Ferreira, 1995, p. 143.
10. Idem, p. 148.
11. Ibidem.
12. Herbert Ewaldo Wetzel, 1972; ou Tom Conley, 2000, 80:4, p. 753-781.

13. F. M. Esteves Pereira, 1923, p. 374-388; Ana Maria Pereira Ferreira, 1995, p. 211-214.
14. Cf. Oliveira Lima, 1924, p. 298.
15. Daviken Studnicki-Gizbert chega mesmo a afirmar: "The links of exchange that made up the frame and sinew of the overseas economy were being forged, not in the palaces of Madrid or Lisbon, but on the docks, in the trading houses and aboard the ships of the Atlantic". E conclui: "This was the other reality of the emerging Atlantic economy, an economy that was multinational, extensive, decentralised and growing." Daviken Studnicki-Gizbert, "Capital's Commonwealth: The world of Portugal's Atlantic merchants and the struggle over the nature of commerce in the Spanish Empire, 1498-1640", 2001, p. 16-17.
16. Lewis Hanke, 1961, pp. 1-48; e Daviken Studnicki-Gizbert, 2001, p. 62-64.
17. José Antonio Gonsalves de Mello, 1996.
18. Harold B. Johnson, 2004, p. 273.
19. A.J.R. Russell-Wood, 1998, p. 227.
20. Harold Johnson & Maria Beatriz Nizza da Silva, 1992, p. 314-316.
21. A crer nos relatos coevos, a mortalidade elevada decorreria não tanto de problemas climáticos, agentes patológicos ou dificuldades alimentares, mas antes da regularidade dos recontros com as populações nativas ou corsários europeus.
22. A.J.R. Russell-Wood, 1998, p. 224-230.
23. Jordão de Freitas, 2004, p. 126.
24. Carlos Malheiro Dias, 1924, p. 252; Sérgio Buarque de Holanda, 2003, p. 120.
25. Harold Johnson & Maria Beatriz Nizza da Silva, 1992, p. 127.
26. Sérgio Buarque de Holanda, 2003, p. 124; e Herbert Ewaldo Wetzel, 1972, p. 21 e 28.
27. António Baião & Carlos Malheiro Dias, 1924, p. 83.
28. Pedro Taques de Almeida Paes Leme, 1980; e Luiz Gonzaga da Silva Leme, 2008.
29. Antonio José Victoriano Borges da Fonseca, 1925-1926 (1935).
30. Pedro Calmon, 1985.
31. David Eltis, 2002, p. 151.
32. Vitorino Magalhães Godinho, 1978, p. 9.
33. Os cálculos de Russell-Wood não divergem muito desse número de Boxer. Propõe cerca de 2.258 partidas/ano entre 1415 e 1570, o que, para esses primeiros 80 anos, resultaria em aproximadamente 60 mil pessoas. Russell-Wood, 1998b, p. 230.
34. Carlos Martínez-Shaw, 1994, p. 49.
35. David Eltis, *Atlantic History in Global Perspective...*, p. 151.
36. Carlos Martínez-Shaw, 1994, p. 49.
37. Magnus Morner, 1995, p. 254.

38. José Antonio Gonsalves de Mello, 1996.
39. Harold Johnson & Maria Beatriz Nizza da Silva, 1992, p. 313-327.
40. Rodrigo M. Ricupero, 2005, p. 118.
41. Carlos Martínez-Shaw, 1994, p. 58.
42. Idem, p. 67.
43. Idem, p. 68-72.
44. Idem, p. 80-81.
45. Idem, p. 91-92.
46. Pedro Taques de Almeida Paes Leme, 1980; e Luiz Gonzaga da Silva Leme, 2008.
47. João Fragoso, 2000, p. 51-52.
48. Afonso de Escragnolle Taunay, 2003, p. 358-383.
49. Já o genealogista paulistano setecentista tivera essa percepção. Cf. Pedro Taques de Almeida Paes Leme, 1980, p. 113.
50. Para essa questão das políticas de dotes matrimoniais, cf. Muriel Nazzari, 1990, p. 639-665.
51. Cf. cartas de nomeação de ofícios transcritas em Carlos Malheiro Dias (dir. e coord. lit.), 1924, v. 3.
52. Francisco Fragoso, Manuel de Pina, Luís Aranha e Pero Fernandes Godinho filhados como moços de câmara; João de Herrera, filho de João de Herrera, acrescentado de moço de câmara a escudeiro-fidalgo e a cavaleiro-fidalgo; Manuel Ferreira, filho de Francisco Ferreira, natural do Porto, filhado como moço de câmara; Jerónimo de Gouveia, filho de António Lopes de Gouveia, natural de Lisboa, filhado como moço de câmara. Cf. edição de João Paulo Salvado & Susana Munch de Miranda, 2001, p. 52-53.
53. Apud Pedro Calmon, 1985, p. 5-6.
54. Evaldo Cabral de Mello, 1997, p. 176-193.
55. Rodrigo M. Ricupero, 2005, p. 187.
56. Pedro Calmon, 1985, p. 118 e 120.
57. Existe uma razoável unanimidade nesse modelo para distintas capitanias do Brasil, como se constata em João Fragoso, 2000; Regina Célia Gonçalves, 2007; ou em Rodrigo M. Ricupero, 2005.
58. A bibliografia é abundante, mas veja-se uma boa síntese no recente estudo de Regina Célia Gonçalves, 2007.
59. Cf. para esses grupos familiares Antonio José Victoriano Borges da Fonseca, 1925-1926, v. 47, passim.
60. Cf. http://cham.fcsh.unl.pt/GEN/P%E1ginas/Pag_MatiasAlbuquerque/MatiasAlbuquerque6_Todo.htm para esquema genealógico.
61. Idem. Cf. para esquema genealógico.

62. A propósito de uma outra família pernambucana, os Holanda, ver Evaldo Cabral de Mello, 1997, p. 11.
63. Um mero exemplo a partir do caso Filipe de Moura, casado duas vezes com senhoras do tronco dos Albuquerque. Pelo segundo casamento foi genro de Filipe Cavalcanti e teve D. Francisco de Moura, que serviu em Flandres e na Índia, onde perdeu uma mão num combate perto de Malaca servindo com o capitão-mor Martim Afonso de Melo Coutinho (1597-1600); veio, depois, da Índia para o Brasil na armada do tio, o vice-rei Aires de Saldanha. Foi governador de Cabo Verde (1618-1622) e acudiu ao socorro da Bahia em 1624, servindo como capitão-mor da Bahia e do Recôncavo de 1625-1627 e foi nomeado capitão-mor num dos governos efêmeros sob o domínio dos holandeses. Foi capitão-general da cavalaria do Brasil e capitão-general do mar e terra do Brasil. (cf. Base de dados OPTIMA PARS e fontes nela apontadas).
64. João Fragoso, 2000; Mafalda Soares da Cunha, 2005, p. 69-92; Mafalda Soares da Cunha, 2009.
65. Rodrigo M. Ricupero, 2005, p. 48-87.
66. João Fragoso, 2000, p. 55-63; Regina Célia Gonçalves, 2007; Rodrigo M. Ricupero, 2005.
67. Paulo Merea, 1924, p. 176-177.
68. José Antonio Gonsalves de Mello, 1998.
69. Cf. http://ttonline.iantt.pt/.
70. Carlos Martínez-Shaw, 1994, p. 105.
71. Se se utilizarem os valores de Harold Johnson de 29.600, essa percentagem de fixação sobe para 45%.
72. Veja-se, a mero título de exemplo, o que, a propósito de Gabriel Soares de Sousa, Janaína Amado aponta: "In 1591, together with more than 360 settlers, he returned to Bahia, but he lost most of the passengers in a shipwreck." Janaína Amado, 80:4, 2000, p. 789, nota 13.
73. Cf. estado da arte sobre o corso e a Carreira da Índia em André Alexandre Martins Murteira, 2006, p. 4-14; e dados em António Lopes & Eduardo Frutuoso & Paulo Guinote, 1998, p. 437.
74. Agradeço essa informação a Francisco Contente Domingues.
75. José Antonio Gonsalves de Mello, 1996, p. 5-6.
76. Daviken Studnicki-Gizbert, 2001, p. 37-38.
77. Idem, p. 60.
78. Rodrigo Ceballos, 2008, p. 155 e 234 (essa última informação com base no estudo de Hector R. Lobos & Eduardo G. S. Gould, 1998).
79. Lewis Hanke, 1961, p. 23.
80. Cf. Rodrigo Ceballos, 2008.

81. Lewis Hanke, 1961, p. 9 e 36; Rodrigo Ceballos, 2008, p. 155-156.
82. Cf. comunicação de Pedro Cardim, 2008.
83. Lewis Hanke, 1961, p. 2-3 e 5.
84. Antonio Miguel Bernal, 2005, p. 134.
85. Lewis Hanke, 1961, p. 4-5.
86. Serge Gruzinski, 2001, p. 177.
87. Para além dos genealogistas paulistanos ver Afonso de Escragnolle Taunay, 2003, p. 370-376.
88. Harold Johnson & Maria Beatriz Nizza da Silva, 1992, p. 322.
89. João Fragoso, 2000, p. 105, anexo 1; e Mauricio de Almeida Abreu, 2006.
90. Veja-se a excelente citação que Chaunu retirou de Gabriel Soares de Sousa: "Muitos casaram e morreram nessa terra sem querer voltar à França e viveram como índios com muitas mulheres. Com esses e com os que vinham todos os anos à Bahia e a Sergipe em barcos franceses, a terra se povoou de mestiços que nasceram, viveram e morreram como indígenas, muitos são hoje loiros, de pele branca e cheios de sardas, tidos por Tupinambás e mais bárbaros que eles", apud Pierre Chaunu, 1969, p. 108.
91. José Antonio Gonsalves de Mello, 1996, p. 24.
92. Eduardo Javier Alonso Romo, 2005, p. 491-510.
93. Cf. conceito de polos irradiadores de colonização. Antonio Carlos Robert Moraes, 2000, p. 309-323.
94. John Monteiro, 2005.
95. Serge Gruzinski, 2001; Joaquim Romero Magalhães, 2004.
96. Leonor Freire Costa, "O Império Português no tempo de Filipe III: espaços e grupos mercantis". In: José Martínez Millán & Maria Antonietta Visceglia (dirs.), *La corte de Filipe III y el gobierno de la Monarquía (1598-1621), v. III*, Madri, Fundación Mapfre-Tavera/Instituto Universitario de la UAM: "La Corte en Europa (no prelo).
97. Mafalda Soares da Cunha, 2008, p. 883-899.
98. Leonor Freire Costa, 2008, p. 859-882.
99. Antonio Dominguez Ortiz, 1996; ver os impactos destas políticas sobre a práticas matrimoniais em José Manuel Díaz Blanco & Natalia Maillard Álvarez, 2008.
100. Bruno Guilherme Feitler, 2007, p. 269-291, especialmente p. 269-270. Ver os elucidativos estudos de caso tratados por Maria da Graça A. Mateus Ventura, 2006, p. 117-134 e Maria da Graça A. Mateus Ventura, 2009.

## Bibliografia

ABREU, Mauricio de Almeida. "Um quebra-cabeça (quase) resolvido: os engenhos da capitania do Rio de Janeiro, séculos XVI e XVII", *Scripta Nova. Revista electrónica de geografía y ciencias sociales. Barcelona: Universidad de Barcelona, 1 de agosto de 2006, v. X, nº. 218 (32)*. Disponível em: http://www.ub.es/geocrit/sn/sn-218-32.htm.

AMADO, Janaína. "In 1591, together with more than 360 settlers, he returned to Bahia, but he lost most of the passengers in a shipwreck".

______. "Mythic Origins: Caramuru and the Founding of Brazil". In: *Hispanic American Historical Review*. 80:4, 2000, p. 789, nota 13.

ARMITAGE, David e BRADDICK Michael J. (eds.) *The British Atlantic World, 1500-1800*. Nova York: Palgrave Macmillan, 2002.

BAIÃO, António & DIAS, Carlos Malheiro. "A expedição de Cristóvam Jaques". In: Dias, Carlos Malheiros (dir. e coord. lit.), *História da colonização portuguesa do Brasil*, segunda parte, vol. 3.

BETHELL, Lesliel (org.). *História da América Latina, v. I, América Latina Colonial* (1997). São Paulo: Edusp, 2004.

CALMON, Pedro. (Introd. e notas) *Catálogo genealógico das principais famílias de Frei Jaboatão*. Salvador: Empresa Gráfica da Bahia, 2 v., 1985.

CARAVAGLIA, Juan Carlos & MARCHENA Juan, *América Latina. De los orígenes a la independencia, v. I, América precolombina y la consolidación del espacio colonial*, Barcelona: Crítica, 2005.

CARDIM, Pedro. "De la nación a la lealtad al rey. Lorenço de Mendonça y el estatuto de los portugueses en la Monarquía española de la década de 1630", *Simposio Internacional Extranjeros y enemigos en Iberoamérica: la visión del outro*. Universidade de Huelva, Ayamonte, out. 2008.

CEBALLOS, Rodrigo. *Arribadas portuguesas. A participação luso-brasileira na constituição social de Buenos Aires (c. 1580-c. 1650)*. Tese de doutorado, Universidade Federal Fluminense, Niterói, março de 2008, pp. 155 e 234.

CHAUNU, Pierre, *A América e as Américas* (1964). Lisboa: Edições Cosmos, 1969.

CONLEY, Tom. "Thevet Revisits Guanabara". In: *Hispanic American Historical Review*, 2000, 80:4, pp. 753-781.

COSTA, Leonor Freire. "O Império Português no tempo de Filipe III: espaços e grupos mercantis". In: MILLÁN, José Martínez & VISCEGLIA, Maria Antonietta (dirs.). *La corte de Filipe III y el gobierno de la Monarquía (1598-1621)*, v. III. Madri: Fundación Mapfre-Tavera/Instituto Universitario de la UAM: "La Corte en Europa" (no prelo).

CUNHA, Mafalda Soares da. "O Império Português no tempo de Filipe III. Dinâmicas político-administrativas. In: MILLÁN, José Martinez & VISCEGLIA, Maria Antonietta (Dirs.). *La corte de Filipe III y el gobierno de la Monarquía (1598-1621)*, v. III, Madri, Fundación Mapfre-Tavera/Instituto Universitario de la UAM: "La Corte en Europa" (no prelo).

______. "Redes sociais e decisão política no recrutamento dos governantes das conquistas, 1580-1640". In: FRAGOSO, João & GOUVÊA, Maria de Fátima (orgs.). *Na trama das redes. Política e negócios no Império Português. Séculos XVI-XVIIII*. Rio de Janeiro: Civilização Brasileira, 2009.

______. "Governos e governantes do Império Português do Atlântico (século XVII)". In: BICALHO, Maria Fernanda & FERLINI, Vera Lúcia Amaral (orgs.). *Modos de governar. Ideias e práticas políticas no Império Português (séculos XVI-XIX)*. São Paulo: Alameda, 2005.

DÍAS BLANCO, José Manuel & MAILLARD ÁLVAREZ, Natalia. "Una Intimidad supeditada a la ley?". In: *Nuevo Mundo Mundos Nuevos, Coloquios*, 2008, [En línea], Puesto en línea el 19 mars 2008 URL: http://nuevomundo.revues.org/index28453.html. Consulta em 2 de fevereiro de 2009.

DIAS, Carlos Malheiro (dir. e coord. lit.), *História da colonização portuguesa do Brasil*, 3 v. Porto: Litografia Nacional, 1924.

DOMINGUEZ ORTIZ, Antonio. Los extranjeros en la vida española durante el siglo XVII y otros artículos. Sevilha: Diputación, D.L. 1996.

ELTIS, David. *Atlantic History in Global Perspective,* Itinerário, vol. 23, n. 2, 1999.

FERREIRA, Ana Maria Pereira. *Problemas marítimos entre Portugal e a França na primeira metade do século XVI*. Redondo: Patrimónia, 1995.

FEITLER, Bruno Guilherme. "Usos políticos del Santo Ofício en el Atlántico (Brasil y África Occidental). El período filipino", *Hispania Sacra*, LIX, *119, enero-junio* 2007, p. 269-291, especialmente pp. 269-270.

FRAGOSO, João. "A nobreza da República: notas sobre a formação da primeira elite senhorial do Rio de Janeiro (séculos XVI e XVII)", *Topoi*. Rio de Janeiro: *v. 1*, 2000. Disponível em: http://www.ifcs.ufrj.br/~ppghis/pdf/topoi1a2.pdf.

FREITAS, Jordão de. "A expedição de Martim Afonso de Sousa (1530-1533)". In: DIAS, Carlos Malheiro (dir. e coord. lit.). *História da colonização portuguesa do Brasil, Segunda parte: A colonização, vol. 3, A Idade Média brasileira (1521-1580)*. Porto: Litografia nacional, 1924.

FONSECA, Antonio José Victoriano Borges da. "Nobiliarchia pernambucana". In: *Annaes da Bibliotheca Nacional do Rio de Janeiro*, v. 47-48, 1925-1926 (1935).

GODINHO, Vitorino Magalhães. "L'emmigration portugaise (XVe-XXe siècles). Une constante structurale et les réponses aux changements du monde". *Revista de História Económica e Social*, nº 1, 1978, p. 9.

GONÇALVES, Regina Célia. *Guerras e açúcares. Política e economia na Capitania da Parayba — 1585-1630.* Bauru: Edusc, 2007.

GRUZINSKI, Serge. "Os mundos misturados da monarquia católica", *Topoi*, Rio de Janeiro, n.º 2, mar. 2001.

HANKE, Lewis. The Portuguese in Spanish America, with special reference to the villa imperial de Potosí. *Revista de Historia de America*, México, nº 51, jun. 1961, pp. 1-48.

HOLANDA, Sérgio Buarque de (dir.). *História geral da civilização brasileira, tomo I, A época colonial, vol. 1, Do descobrimento à expansão territorial*, 13ª ed., Rio de Janeiro: Bertrand Brasil, 2003.

JOHNSON, Harold B. "A colonização portuguesa do Brasil, 1500-1580". In: BETHELL, Leslie (org.), *História da América Latina.* São Paulo: EDUSP, 1997, vol. I.

______ & SILVA, Maria Beatriz Nizza da. *O Império Luso-Brasileiro, 1500-1620*, v. VI. In: SERRÃO, Joel & MARQUES, A. H. de Oliveira (dir.). *Nova história da expansão portuguesa*, Lisboa: Estampa, 1992.

LEME, Pedro Taques de Almeida Paes. *Nobiliarquia paulistana histórica e genealógia*, 5ª ed., São Paulo: Itatiaia/USP, 3 v., 1980.

LEME, Luiz Gonzaga da Silva. *Genealogia paulistana.* Disponível em: http://www.geocities.com/nestorsamelo/gp/genpaulistana.htm. Acesso em 9 de dezembro de 2008.

LIMA, Oliveira. "A Nova Lusitânea". In: DIAS, Carlos Malheiro (dir. e coord. lit.), *História da colonização portuguesa do Brasil. Segunda parte: A colonização, v. 3, A Idade Média brasileira (1521-1580).* Porto: Litografia Nacional, 1924.

LOBOS, Hector R. & GOULD, Eduardo G. S. *El trasiego humano del viejo mundo. Cordoba siglos XVI e XVII.* Buenos Aires: Academia Nacional de Historia, 1998.

LOCKHART, James & SCHARTZ Stuart B. *America Latina en la Edad Moderna. Una historia de la América española e el Brasil coloniales* (1983). Madri: Ediciones Akal, 1992.

LOPES, António & FRUTUOSO Eduardo & GUINOTE, Paulo. *Naufrágios e outras perdas da Carreira da Índia. Séculos XVI e XVII.* Lisboa: Grupo de Trabalho do Ministério da Educação para as Comemorações dos Descobrimentos Portugueses, 1998, p. 437.

MAGALHÃES, Joaquim Romero. "Andanças atlânticas em tempos hispânicos". In: *Os espaços de sociabilidade na Ibero-América (sécs. XVI.XIX)*, Lisboa, Edições Colibri, 2004.

MARTÍNEZ-SHAW, Carlos. *La emigración española a América (1492-1824).* Gijón: Archivo de Indianos, 1994.

MELLO, Evaldo Cabral de. *Rubro veio. O nome e o sangue: uma fraude genealógica no Pernambuco colonial*, 2ª ed., Rio de Janeiro: Topbooks, 1997.

MELLO, José Antonio Gonsalves de. "Duarte Coelho e a colonização de Pernambuco", In: *Diário de Pernambuco*, Recife, 9 de março de 1935. Publicado em *Tempo de jornal*, 1998. Disponível em: http://bvjagm.fgf.org.br/obra/artigos_imprensa.html#1940. Cf. http://ttonline.iantt.pt/

______. *Gente da nação. Cristãos-novos e judeus em Pernambuco 1542-1654*, 2ª ed., Recife: Massangana, 1996 (1989).

MEREA, Paulo. "A solução tradicional da colonização do Brasil". In: DIAS, Carlos Malheiro (dir. e coord. lit.). *História da colonização portuguesa do Brasil, Segunda parte,* v. 3. Porto: Litografia Nacional, 1923.

MORAES, Antonio Carlos Robert. *Bases da formação territorial do Brasil. O território colonial brasileiro no "longo" século XVI.* São Paulo: Hucitec, 2000.

MONTEIRO, John. *Negros da terra. Índios e bandeirantes nas origens de São Paulo*, 4ª reimpressão. São Paulo: Companhia das Letras, 2005.

MURTEIRA, André Alexandre Martins. *A Carreira da Índia e o corso neerlandês 1595-1625*. Lisboa: FCSH/Universidade Nova de Lisboa, 2006.

NAZZARI, Muriel. "Parents and daughters: change in the practice of dowry in Sao Paulo (1600-1770)". In: *The Hispanic American Historical Review*, v. 70, nº. 4 (Nov., 1990), pp. 639-665.

PEREIRA, F.M. Esteves, "O descobrimento do rio da Prata". In: DIAS, Carlos Malheiro (dir. e coord. lit.), *História da colonização portuguesa do Brasil, Primeira parte: O descobrimento, vol. 2: A epopeia dos litorais*. Porto: Litografia Nacional, 1923.

RICUPERO, Rodrigo M. *Honras e mercês. Poder e patrimônio nos primórdios do Brasil.* Tese de doutorado, Universidade de São Paulo. São Paulo, 2005.

ROMO, Eduardo Javier Alonso. "Português e castelhano no Brasil quinhentista. À volta dos jesuítas". *Revista de Indias,* 2005, v. LXV, nº. 234, p. 491-510. Disponível em: http://revistadeindias.revistas.csic.es/index.php/revistadeindias/article/viewFile/394/463.

RUSSELL-WOOD, A.J.R. *Um mundo em movimento. Os portugueses na África, Ásia e América (1415-1808),* (1992). Lisboa: Difel, 1998a.

______. "Fluxos de emigração". In: BETHENCOURT, Francisco & CHAUDURI, Kirti (dir.), *História da expansão portuguesa*, v. I, Lisboa: Círculo de Leitores, 1998b.

SALVADO, João Paulo e MIRANDA, Susana Munch de (eds.). *Cartas para Álvaro de Sousa e Gaspar de Sousa (1540-1627),* v. 1. Lisboa: CNCDP, 2001.

STUDNICKI-GIZBERT, Daviken. *Capital's Commonwealth: The world of Portugal's Atlantic merchants and the struggle over the nature of commerce in the Spanish Empire, 1498-1640.* Yale University, 2001, tese de doutoramento, mimeo, pp. 16-17.

TAUNAY, Afonso de Escragnolle. *São Paulo nos primeiros anos 1554-1601. São Paulo no século XVI.* São Paulo: Paz e Terra, 2003.

VENTURA, Maria da Graça A. Mateus. "Sob a memória e o esquecimento: a vida de um mercador português em Lima". In: VAINFAS, Ronaldo & SANTOS, Georgina Silva dos & NEVES, Guilherme Pereira das (orgs.). *Retratos do Império. Trajetórias individuais no mundo português nos séculos XVI a XIX*. Niterói/Rio de Janeiro: Eduff, 2006.

______. "Os Gramaxo. Um caso paradigmático de redes de influência em Cartagena das Índias". Disponível em: http://www.fl.ul.pt/unidades/sefarditas/textos/textos_3.htm., consultado em 16 de janeiro de 2009.

VIEIRA, Alberto. *As ilhas, as rotas oceânicas, os descobrimentos e o Brasil*, 2006, p. 73. Disponível em: http://alb.alberto.googlepages.com/ilhas-Stacatarina.pdf.

WETZEL, Herbert Ewaldo. *Mem de Sá, terceiro governador do Brasil (1557-1572)*. Rio de Janeiro: Conselho Federal da Cultura, 1972.

# PARTE III Economia e Sociedade

CAPÍTULO 7

# Troca, guerras e alianças na formação da sociedade colonial

*Elisa Frühauf Garcia**

Em livro sobre a presença dos portugueses na Ásia, África e América, Russell-Wood afirma que o seu Império foi construído "*com*, e não isoladamente *contra*, os povos com os quais entraram em contato".[1] No caso do Brasil, pesquisas recentes sobre a história dos índios têm demonstrado as diversas formas através das quais eles interagiam com os outros agentes presentes no processo de construção da sociedade colonial. Nesse processo, os portugueses acionaram todos os recursos disponíveis para utilizar os índios na viabilização dos seus projetos, empregando-os nas mais variadas tarefas. Os grupos nativos, por sua vez, rapidamente aprenderam a mover-se na sociedade colonial e das relações tecidas entre eles e os lusitanos originou-se uma realidade mais complexa e duradoura do que comumente se supõe. A partir dos contatos, a história dos índios se tornou indissociável dos rumos gerais da colonização.[2] Apesar de escravizados e assolados pela presença de

*Professora do Departamento de Antropologia da Unicamp. Doutora em História pela UFF. Pós-doutoranda em Antropologia na Unicamp (bolsista CNPq).

epidemias, eles foram capazes de reformular as suas identidades e de articular as suas próprias formas de lidar com a sociedade colonial.[3]

Os portugueses, porém, não eram os únicos interessados nas terras recém-descobertas. Nas primeiras décadas de 1500, enfrentaram ao longo da costa a acirrada competição dos franceses, que concorriam pela primazia na aliança com os indígenas para o comércio de produtos da terra, especialmente o pau-brasil, aliança essa imprescindível para garantir a continuidade da sua presença no litoral. Para Capistrano de Abreu, os índios foram os responsáveis pelo equilíbrio das disputas entre franceses e portugueses e, nas décadas iniciais, nada indicava quem seriam os prováveis vencedores.[4]

Se até 1580 os principais concorrentes dos portugueses foram os franceses, posteriormente, com o advento da União Ibérica, a Holanda e a Inglaterra passaram a também disputar com os lusos os domínios americanos, ora com interesses meramente comerciais, ora visando a um estabelecimento permanente na América. Também nesses casos, as partes em confronto concorriam pelas alianças com os nativos, então capazes de desequilibrar o jogo de forças. Os europeus necessitavam dos índios para a viabilidade dos seus empreendimentos, tanto na defesa quanto no fornecimento de alimentos, de informações imprescindíveis à vida em uma terra desconhecida e de trabalho para a construção de fortes e habitações. Da perspectiva dos índios, como apontam Ferguson e Whitehead, a concorrência entre os Estados europeus envolvidos na expansão ultramarina lhes oferecia um maior grau de autonomia e de possibilidades, pois podiam imiscuir-se naquelas disputas e, com certos limites, escolher os seus aliados. Essa situação, porém, ocasionava um envolvimento praticamente compulsório dos índios nos conflitos, compelindo-os a optar por uma das partes em conflito ou então a migrar para regiões afastadas.[5]

Além dos concorrentes europeus, os lusos ainda enfrentaram a oposição de grupos indígenas, alguns infensos à colonização de um modo geral, outros contrários a apenas algumas de suas facetas. Essa oposição foi uma das razões da concentração dos portugueses no litoral, pois certos índios impediam a sua expansão em direção ao interior.[6] O próprio sistema das donatarias implantado na década de 1530, em resposta às investidas dos franceses e dos índios, esteve também ameaçado devido à oposição movida pelos nativos, inviabilizando o estabelecimento dos donatários nas terras concedidas e/ou a exploração econômica delas. Os que conseguiram estabelecer-se, por sua vez, o fizeram após longos e intermitentes processos envolvendo conflitos e negociações com os índios. Na expressão de Rocha Pita, cunhada para o caso específico de Pernambuco, mas generalizável para outras regiões, Duarte Coelho teve de "ir ganhando a palmos o que se lhe concedera a léguas".[7] A concorrência pelos domínios americanos, os ataques dos índios e a necessidade de atraí-los para empregá-los em favor da presença dos portugueses conduziram à formulação de uma legislação capaz de regular as suas relações e contemplar todas as frentes em que o uso da população nativa era imprescindível.

## 1. Políticas indígenas e políticas indigenistas

Quando Tomé de Souza chegou ao Brasil, em 1549, encontrou uma situação periclitante, marcada por reais ameaças dos franceses e por uma série de conflitos com os indígenas, decorrentes da sua escravização generalizada. Do ponto de vista da coroa, a situação encontrada era difícil de resolver: para promover o desenvolvimento da costa, era necessário o uso da mão de obra dos índios. Porém, para apaziguar os núcleos populacionais e assegurar a posse dos domínios americanos contra as pretensões dos franceses e dos ataques de grupos nativos, consolidar a aliança com os índios "amigos" era indispensável. Afinal, como sintetizaram os dignitários envolvidos nos debates sobre o cativeiro indígena em meados da década de 1570: "O Brasil não se pode sustentar nem haver nele comércio sem o gentio da terra, assim para o meneio e benefício das fazendas, como para conservação da paz."[8] Para conciliar essas duas frentes nas quais a população nativa era fundamental, Tomé de Souza iniciou a aplicação de uma política indigenista, que, embora com algumas alterações, vigoraria nas suas linhas gerais durante os três séculos da colonização.[9]

Visando a contemplar os interesses dos índios aliados, dos colonos e da Coroa, Tomé de Souza buscou consolidar uma divisão entre índios amigos e hostis. Os primeiros teriam uma série de direitos garantidos, como a própria liberdade e a concessão de terras nas cercanias dos núcleos populacionais, fornecidas em retribuição aos serviços prestados na guerra ao lado das forças coloniais. Nas aldeias criadas com as terras concedidas, seria nomeado um principal[10] nativo, que gozaria de certos privilégios por tal condição. A política de privilégio às lideranças indígenas, então apenas esboçada, será constante ao longo da colonização, incluindo a concessão de benefícios econômicos e simbólicos a eles.[11]

Os índios amigos, cuja principal função era auxiliar na defesa dos domínios americanos, deveriam ainda atuar como mão de obra produtiva, tanto para os empreendimentos da Coroa quanto a serviço dos particulares.[12] A utilização dos índios aliados na construção de obras públicas foi recorrente nos núcleos coloniais. Eles trabalharam nas edificações na cidade de Salvador e nos fortes construídos ao longo da costa, como o dos Reis Magos, no Rio Grande do Norte. No Rio de Janeiro, em 1671, os aldeados iniciaram a construção da Fonte da Carioca e dos "Arcos Velhos", posteriormente substituídos pelos Arcos da Lapa.[13]

A distribuição e a fiscalização do trabalho dos aldeados seriam mediadas pelos agentes coloniais, função que coube principalmente aos jesuítas ao organizarem e gerirem a maior parte dos aldeamentos. Ao desempenhar tal função, os inacianos envolveram-se em uma série de contendas com os colonos sobre o controle da mão de obra indígena, que eclodiram em momentos diferenciados em diversas regiões do Brasil. Essas disputas se radicalizaram em algumas ocasiões, como a que desencadeou a expulsão dos jesuítas de São Paulo em 1640. Outro episódio marcante nas disputas entre colonos e jesuítas foi o movimento conhecido como Revolta de Beckman, que eclodiu no Maranhão em 1684, motivado pela lei de liberdade dos índios promulgada em 1680.

Para atrair os índios às cercanias dos núcleos coloniais, o governo de Tomé de Souza estimulou a prática dos descimentos, a partir de então recorrentes até o século XVIII. Os descimentos eram expedições geralmente compostas por missionários e por moradores, cujo propósito era convencer os índios a deixarem os sertões e dirigirem-se aos estabelecimentos coloniais. Conforme a legislação, os descimentos só poderiam ser conduzidos com o consentimento dos índios, aos quais, uma vez aceita a proposta, estavam asseguradas a sua liberdade, o recebimento de pagamentos pelos serviços prestados aos moradores e a posse das terras concedidas.[14]

Apesar dos estímulos de Tomé de Souza, os descimentos só se intensificaram a partir de 1570, quando os índios da costa sofreram com surtos de epidemias e a disponibilidade de mão de obra nas aldeias e nas plantações reduziu-se consideravelmente. Diante da necessidade de trabalhadores, os colonos decidiram protagonizar e/ou patrocinar entradas nos sertões em busca tanto de índios quanto de minérios. O sucesso de tais expedições era imprevisível: poderiam resultar em um grande contingente de índios ou levar à ruína os seus integrantes. Por conta dos perigos que os seus membros enfrentavam quando adentravam o sertão, as expedições eram geralmente conduzidas por algum *mameluco*.[15] Definido no dicionário de dom Raphael Bluteau como qualquer região afastada do litoral, o significado do termo sertão para os moradores da América portuguesa excedia em muito essa designação. Conforme Russell-Wood, o sertão era concebido no imaginário dos colonos como um lugar repleto de perigos reais e fictícios, que tinha um início, mas não um fim: à proporção que se adentrava nele, mais ele se ampliava.[16] Nos descimentos, tal como fizeram os primeiros europeus quando chegaram à costa, os membros das expedições ofertavam presentes aos índios, especialmente aos principais, geralmente ferramentas e roupas, como forma de iniciar as negociações para o deslocamento até as cercanias dos núcleos populacionais.

Pela legislação colonial, as condições sob as quais os índios poderiam ser escravizados eram restritas, sendo as mais frequentes a guerra justa e o resgate. A guerra justa era um preceito antigo na legislação ibérica e, a partir da reconquista de Portugal e da expansão em direção ao norte da África, passou a coincidir com a captura de escravos.[17] No entanto, a mera existência do preceito da guerra justa no arcabouço jurídico português não explica automaticamente a sua aplicação na América. O desenrolar das relações entre portugueses e índios na costa, permeado de conflitos entre moradores, jesuítas, autoridades coloniais e diferentes grupos nativos, conduziu a situações nas quais o preceito da guerra justa passou a ser invocado. Ele foi acionado a primeira vez no Brasil em 1562, quando Mem de Sá declarou-a contra os caetés por terem assassinado e, até onde se sabe, comido o bispo Sardinha.[18] A partir de então, a guerra justa foi invocada em muitas situações, sob justificativas variadas. Dentre elas, as hostilidades praticadas pelos índios eram as mais recorrentes, às vezes acrescidas de outros motivos, como a prática da antropofagia.[19]

O resgate foi transformado em lei em 1587, embora a prática existisse desde o princípio das relações com os nativos, e consistia na compra e/ou resgate dos índios prisioneiros, especialmente os condenados à morte via antropofagia. A legislação empregava a expressão "presos à corda", deixando claro tratar-se de prisioneiros cuja morte era certa. Nem todos os índios, porém, percebiam a "salvação" da morte ritual como um benefício absoluto. Em certa ocasião, durante a sua estada no Maranhão entre 1613 e 1614, o padre francês Yves d'Evreux perguntou a um dos seus escravos se estava satisfeito em viver com ele e de ter sido "salvo" da morte. A resposta recebida foi, provavelmente, menos objetiva da que d'Evreux esperava. O índio afirmou estar feliz, pois gostava do padre e dos conhecimentos de Deus adquiridos com ele. No entanto, lastimava viver na condição de escravo, sem os ornamentos característicos da sua condição de "filho dos grandes", acrescentando que preferia ter sido morto com as honras respectivas de um guerreiro.[20] Independentemente das apreciações dos índios sobre os benefícios do resgate, a sua "salvação" obrigava-os a prestar serviço ao seu "benfeitor". O tempo de trabalho devido pelo resgatado foi matéria de discussões, embora tenha sido estipulado que o cálculo fosse realizado com base no preço pago por ocasião do resgate, sendo o tempo de trabalho devido equivalente a tal valor.

A divisão entre índios amigos e inimigos, pela qual apenas os últimos eram passíveis de escravização, acabou norteando a legislação indigenista colonial.[21] A diferenciação entre essas duas categorias, porém, não estava baseada em características intrínsecas dos índios. Como apontou Gerald Sider, eles se definiam na construção e na vigência da sociedade colonial a partir dos usos que essa fazia deles. Assim, era por meio das diferentes formas pelas quais os índios interagiam com a sociedade colonial que as definições sobre eles se formavam e se consolidavam, originando o papel que desempenhariam a partir de então.[22] Muitos eram colocados na posição de "ferozes" e "bárbaros" irremediáveis, visando a justificar expedições punitivas contra eles. Conforme Beatriz Perrone-Moisés, vários desses "inimigos foram construídos pelos colonizadores cobiçosos de obter braços escravos para as suas fazendas e indústrias".[23]

Essa divisão foi, certamente, uma forma encontrada pela coroa de maximizar os nativos enquanto um recurso para os seus empreendimentos coloniais e de facultar o uso deles também aos particulares, mas é importante destacar que na sua elaboração foram considerados os interesses dos próprios índios, especialmente os aliados. Esses interesses não foram considerados por uma questão meramente humanitária por parte da Coroa, mas por objetivos claramente funcionais. Embora os reis de Portugal estivessem, em muitas ocasiões, sinceramente preocupados com o bem-estar e a evangelização dos seus vassalos americanos, o apoio indispensável dos índios amigos para manter o Brasil foi decisivo na elaboração da legislação indigenista.

O estabelecimento legal dessas duas categorias dicotômicas abriu caminho para a cristalização delas. A institucionalização da categoria de índios hostis garantiu a manutenção das possibilidades de escravização, muitas vezes engenhosamente ampliada pelos colonos com o intuito de caracterizar como hostis o maior número de índios possível, aumentando a quantidade de cativos. A delimitação dos índios amigos, por sua vez, representou para os assim definidos maiores possibilidades de sobrevivência na sociedade colonial, alguns com relativa segurança de suas liberdades e propriedades comunais. Como assinalou John Monteiro, as denominações étnicas não foram meros instrumentos de dominação, mas serviram também aos interesses dos próprios índios, pois elas permitiam a sua sobrevivência ao garantirem-lhes um lugar e uma função na sociedade colonial.[24]

As distinções legais e os lugares sociais ocupados pelos índios geraram uma série de categorias que informavam a sua condição no universo colonial. Essas categorias não eram estanques, mas variavam com o tempo e de acordo com as diferentes regiões. Algumas vezes traduziam as próprias mudanças no estatuto social dos índios.[25] Os cativos poderiam ser chamados apenas de escravos, mas também de negros da terra, em uma clara associação com os escravos africanos. Outra denominação frequentemente utilizada para designar os índios era o termo forro, cujo significado possuía alguns matizes. Diferentemente do que ocorreria na escravidão dos africanos e dos seus descendentes, na qual os ex-escravos (libertos) eram chamados de forros por ter recebido a carta de alforria, no caso dos índios o significado não era tão direto. Em um primeiro momento, o termo designava aqueles que não eram e nunca tinham sido escravos, e não os que haviam deixado essa condição. Posteriormente, com a restrição à escravidão dos índios, o termo forro tornou-se um subterfúgio para os colonos utilizarem a sua mão de obra compulsoriamente. Assim, os moradores incluíam índios forros em suas unidades produtivas e muitas vezes deixavam-nos em testamento, argumentando que transferiam aos seus descendentes não a propriedade do índio, mas o direito ao uso do seu trabalho, conforme se verá melhor a seguir.

Por mais clareza que a Coroa procurasse imputar à legislação indigenista, os colonos sempre achavam brechas para aumentar, de forma ilícita, a presença de nativos em suas escravarias. Assim, em momentos nos quais essa situação chegava a extremos, fosse por reiteradas queixas dos jesuítas e dos índios sobre os abusos cometidos pelos moradores, fosse por novas estratégias delineadas pela Coroa, as possibilidades legais de escravização eram revogadas, através das grandes leis de liberdades, promulgadas em 1609, 1680 e 1755. Portanto, ao contrário do que as constantes modificações da legislação indigenista colonial podem sugerir, ela não foi confusa nem ambígua, mas obedeceu a certas linhas gerais ao longo dos três séculos de colonização, equilibrando-se no binômio índios amigos e inimigos e legislando ora sobre uns, ora sobre outros. Somente nas situações de liberdade absoluta acima referidas essas duas categorias eram unificadas.[26]

## 2. Trocas econômicas e ressignificações simbólicas

Os primeiros contatos comerciais dos nativos com os portugueses e franceses foram conduzidos por meio de troca de mercadorias. Transação usualmente denominada escambo, base principal da economia colonial nas três primeiras décadas do século XVI, vigorou ainda por muito tempo em algumas regiões e em certas atividades. No início da sua presença na costa, os portugueses dependiam dos índios para viabilizar a sua subsistência e a lucratividade do empreendimento colonial. Assim, ofertavam-lhes produtos manufaturados em troca de toras de pau-brasil e de outros produtos passíveis de comercialização na Europa (peles, animais "exóticos" e índios), assim como de alimentos e trabalho.

Algumas das mercadorias ofertadas pelos lusitanos foram estratégicas para a própria atividade de corte de madeira, especialmente os machados de ferro, que acarretaram uma significativa redução do esforço despendido em tal tarefa, pois até então os índios utilizavam apenas machados de pedra. Além dos machados, facas, anzóis e tesouras significavam consideráveis mudanças nas atividades produtivas. Outras mercadorias, apesar de não ser estritamente caracterizáveis como úteis, faziam grande sucesso entre os índios e eram importantes moedas de troca. Entre elas estavam roupas, muitas vezes coloridas, espelhos, pentes, pulseiras, miçangas e, posteriormente, aguardente. A bibliografia disponível, ao comumente designar esses objetos como "bugigangas" ou "quinquilharias", sugere que o seu valor era ínfimo e, portanto, as trocas desiguais. Desse modo, explícita ou implicitamente, semelhante abordagem indica que os índios faziam um "mau negócio" em suas transações com os europeus.

Do ponto de vista dos europeus, tal abordagem é procedente. Aqueles produtos pouco valiam para os colonizadores e, ao referirem-se a eles, geralmente os qualificavam como baratos. Contudo, o valor das mercadorias certamente era diferente para os índios, assim como o comércio foi se transformando à medida que as relações se consolidavam. Embora nem todos os significados das mercadorias não empregadas diretamente nas atividades produtivas sejam identificáveis, elas paulatinamente tornaram-se símbolos de prestígio e distinção, tanto no interior dos grupos indígenas quanto nas suas relações com os demais. Conferiam prestígio porque significavam a proximidade de determinados grupos nativos dos europeus, ou seja, demonstravam a sua participação em redes de comércio estabelecidas capazes de manter o próprio abastecimento das mercadorias. Por outro lado, para aqueles interessados na manutenção das suas relações com os europeus e que passaram a integrar os nascentes núcleos populacionais, as roupas e os demais símbolos de distinção desempenhavam um papel fundamental nas suas interações com os outros segmentos sociais. Dentro dos rígidos padrões hierárquicos do Antigo Regime, as formas de tratamento e as maneiras de vestir eram um indicativo da condição social. Na expressão de Silvia Lara, as roupas funcionavam como um "critério visual" utilizado pelos habitantes da sociedade colonial para rapidamente perceber a posição dos demais.[27]

Um item que adquiriu um significado crescente no Império português foram os sapatos. Segundo Sérgio Buarque de Holanda, ainda no século XVI o sapato transformou-se em um item de distinção social nos nascentes núcleos coloniais do Brasil. Tal significado não era restrito ao Brasil, pois em Angola, no século XVIII, chamavam-se de brancos os negros que, "pelo trato e distinção", pudessem andar calçados.[28] O sapato distinguia não apenas a qualidade das pessoas, mas também os diferentes lugares que elas frequentavam.[29] As roupas e os calçados, porém, não eram um símbolo de distinção apenas nas relações tecidas entre os habitantes do Império português. Os holandeses, durante a sua presença no Nordeste, presenteavam os seus aliados indígenas com uma série de itens considerados capazes de evidenciar o seu lugar diferenciado na hierarquia social e, por conseguinte, transmitir o seu valor enquanto aliados estimados pelos batavos. Dentre esses itens estavam roupas, chapéus e calçados, mercadoria bastante valiosa, pois consta que era um produto escasso entre os soldados europeus da Companhia das Índias Ocidentais.[30] A troca de mercadorias, portanto, deve ser compreendida no contexto no qual elas se davam e, pelas informações acerca das trocas entre índios e europeus, produtos que poderiam ser considerados supérfluos jogaram um papel fundamental. Isso não ocorreu porque os índios desconheciam o valor desses objetos, mas porque eles adquiriam significados distintos à proporção que os diferentes grupos lhes dotavam de sentidos que auxiliavam na organização das suas interações, indicando o estatuto dos envolvidos.

Em meados da década de 1540, com o desenrolar das trocas, principalmente devido aos conhecimentos angariados sobre as mercadorias e à grande quantidade de produtos já adquiridos, os índios começaram a ser mais exigentes em relação ao escambo. Além disso, a progressiva presença de portugueses interessados no tráfico de pau-brasil ocasionou uma acirrada competição pelos indígenas, que então podiam escolher com quem comerciar e aumentar as suas reivindicações durante as negociações.[31] Uma demanda crescente dos índios foi a inclusão de armas de fogo entre as mercadorias trocadas. Apesar de proibido pela Coroa, os índios obtinham espadas, arcabuzes e pólvora facilmente com os franceses e, por métodos nem sempre lícitos, com os próprios lusos.[32]

Outra "mercadoria" que passou a ser amplamente utilizada no escambo foram prisioneiros. Os índios trocavam os seus prisioneiros de guerra com os portugueses, prática posteriormente regulada como resgate, conforme visto acima. Apesar do grande fluxo dessa "mercadoria" ser dos índios para os europeus, interessados na obtenção de escravos, os últimos eventualmente também presenteavam os seus aliados com cativos de guerra. Com o intuito de agradar aos grupos com os quais mantinham contato e, dessa forma, fortalecer as alianças, os europeus presenteavam os seus aliados com alguns índios inimigos capturados, satisfazendo os desejos de vingança e alimentando a relação.[33]

No caso do pau-brasil, além de cortar a madeira, os índios também eram responsáveis pelo transporte das toras até as embarcações. Até a introdução do gado, na década de 1530, não existiam animais de grande porte passíveis de ser utilizados para carga, sendo o transporte realizado pelos índios. No entanto, mesmo após a introdução do gado, a sua criação e a sua disponibilidade para tal tarefa foram desiguais.[34] Em algumas regiões, não necessariamente por falta de animais, mas por cálculos econômicos, os índios atuaram ainda por muito tempo como principal meio de transporte. Em São Paulo, por exemplo, ao longo do século XVII, eles eram utilizados para escoar a produção tritícola para o porto de Santos. Denominados índios de carga, carregavam cestos com cerca de trinta quilos e eram considerados pelos moradores a melhor forma de transporte: custavam menos do que os animais e conheciam o terreno.[35]

O escambo, tal como funcionava até meados de 1540, começou a parecer inadequado aos projetos dos portugueses, principalmente porque os índios começaram a demonstrar certo desinteresse nesse comércio. Os deslocamentos em busca das árvores de pau-brasil eram cada vez maiores, pois as reservas nas cercanias dos estabelecimentos coloniais haviam diminuído consideravelmente. Eles também já não apresentavam o entusiasmo anterior pelas mercadorias europeias ou faziam exigências crescentes em termos de quantidade e qualidade delas. A manutenção do escambo tal como estava ficou cara e demasiado instável, na medida em que deixava os lusos à mercê dos interesses dos nativos. A partir de então, as formas de relacionamento vigentes na costa passaram por uma significativa transformação, aumentando as demandas dos portugueses por escravos e intensificando os conflitos indígenas, tanto internos, para abastecer o mercado de cativos, quanto com a sociedade colonial, por desrespeitar alguns dos padrões de relacionamento em vigor.

## 3. Escravidão indígena e acumulação primitiva

A escravização dos índios, embora presente desde a chegada dos portugueses, adquiriu novas dimensões com o início das atividades sistemáticas de exploração agrícola.[36] Conforme já apontado acima, a questão principal, da perspectiva da Coroa, era como conjugar a demanda de uma oferta regular de trabalho com as necessidades prementes de defesa em vários pontos da colônia. Algumas alternativas foram cogitadas e deveriam funcionar concomitantemente à escravidão, já que visavam a inserir também os índios livres no sistema produtivo.

A economia açucareira no Nordeste foi montada por meio da escravidão indígena e somente a partir da realização da produção das primeiras décadas da lavoura canavieira que os plantadores adquiriram os recursos necessários à aquisição de escravos africanos.[37] No entanto, a transição para a mão de obra africana no litoral do Nordeste não foi absoluta e não pode ser generalizada para todo o Brasil. Nas regiões não vinculadas diretamente ao mercado internacional e naquelas paulatinamente anexadas à América portuguesa através da expansão da fronteira, a escravidão dos índios foi majoritária durante muito tempo depois da consolidação dos africanos no Nordeste. Ainda nesse caso, mesmo após o predomínio dos africanos na produção açucareira, os índios continuavam envolvidos em alguma atividade produtiva complementar, sob regimes de trabalho diversos. Conforme Stuart Schwartz: "Nos engenhos baianos, a escravidão, o trabalho dos índios das aldeias jesuíticas, o escambo e o assalariamento existiam simultaneamente"[38].

Nos primórdios da sociedade colonial, a importância da presença dos índios era de tal monta que eles chegaram a ser considerados a principal fonte de riqueza, tanto pelo fruto do seu trabalho quanto pelo comércio das peças escravizadas. Para o caso de Pernambuco, Pero de Magalhães Gandavo descreveu-os como "a principal fazenda da terra", acrescentando que a renda dos colonos lá estabelecidos provinha não apenas da venda do açúcar, mas também do comércio de índios escravizados com as capitanias vizinhas.[39] O ápice da escravidão indígena nos engenhos de Pernambuco e da Bahia ocorreu entre 1540 e 1570, mas nesse ínterim os moradores enfrentaram uma série de problemas ocasionados pela crescente demanda por braços nativos.[40] No final da década de 1550 e início de 1560, o estado da produção econômica no Nordeste era periclitante: a mão de obra indígena estava ameaçada pelas guerras, epidemias e fugas, enquanto o tráfico de escravos africanos era ainda incipiente e restrito aos colonos mais abastados.

No Brasil, ao contrário de áreas da colonização espanhola, como o Caribe, o México e o Peru, as epidemias não acompanharam os primeiros contatos, pois as primeiras notícias de irrupções datam de meados da década de 1550. A introdução de animais domésticos não existentes na América, a crescente presença de portugueses e africanos e a reunião de uma grande quantidade de índios provenientes de diferentes regiões nas aldeias e nas escravarias, mal alimentados e expostos a duras condições de trabalho, acarretaram a disseminação de várias epidemias, dentre elas varíola e sarampo.[41] Com baixa resistência imunológica a tais enfermidades e fragilizados pelas suas condições de vida, aproximadamente um terço dos índios estabelecidos nas aldeias jesuíticas da Bahia pereceu na década de 1560, época em que ocorreram surtos graves também em outras regiões, como São Vicente e Espírito Santo.[42] No entanto, apesar da mortandade gerada pelas epidemias, elas não foram suficientes para desagregar o sistema baseado no uso da mão de obra indígena. Diante da falta de braços, os moradores passaram a deslocar a população do interior para o litoral, através dos descimentos e das expedições particulares.[43]

Os imensos desafios enfrentados pelos índios nessa conjuntura, consequências do excesso de trabalho nas lavouras canavieiras, da mortandade generalizada e da brusca mudança nas condições de vida, geraram reações tanto por parte dos escravizados quanto dos aldeados. Muitos fugiam em direção ao sertão e atribuíam à presença dos jesuítas a origem dos males que os afligiam. A associação entre os inacianos, mais especificamente à cerimônia do batismo, e a origem das epidemias foi incentivada pelos pajés com o objetivo de minar a crescente influência dos padres no domínio espiritual. No entanto, independentemente das instigações dos pajés, muitos índios começaram a relacionar a cerimônia do batismo à mortalidade, principalmente devido à disseminação do batismo *in extremis*, amplamente praticado no auge dos flagelos.[44]

Nesse contexto, surgiram imbricadas formas de questionamento da sociedade colonial, cujo caso mais emblemático talvez tenha sido a eclosão de um movimento messiânico no Recôncavo Baiano no início da década de 1580. Denominado Santidade do Jaguaripe, caracterizava-se pela ressignificação de muitos dos elementos da sociedade colonial: possuía uma hierarquia católica e uma cerimônia denominada "rebatismo", através da qual os adeptos conseguiriam se desvencilhar dos males imputados ao batismo. A Santidade é indicativa ainda do surgimento de novas concepções de mundo e redes de sociabilidade, pois, apesar da presença majoritária de índios, tanto escravos quanto aldeados, também teve a adesão de moradores de origem portuguesa.[45]

Se no Nordeste a mão de obra de origem africana passou a predominar no final do século XVI, em outras regiões, como no caso de São Paulo, o trabalho indígena foi majoritário durante todo o século XVII. No entanto, apesar da diferença em relação à base da sua mão de obra, a economia do Nordeste e a estabelecida em São Paulo eram de certa forma complementares. A produção paulista de trigo estava voltada para o abastecimento dos mercados da Bahia, de Pernambuco e Angola, embora o principal destino das safras fosse o Rio de Janeiro.[46] Devido à proibição da escravização indígena, salvo nos casos já explicitados, os paulistas desenvolveram subterfúgios para controlar o trabalho dos índios e esquivar-se das acusações de escravidão, especialmente empregando o termo administração particular para definir a relação com os trabalhadores mantidos em suas plantações. A principal justificativa por eles empregada é que os índios não eram sua propriedade, mas precisavam ser orientados na fé católica. Assim, permaneciam sob o poder dos seus administradores, para quem prestavam trabalho em retribuição à orientação espiritual. Os índios administrados, não obstante classificados como forros, eram deixados em testamentos e inventariados. Quando questionados sobre a legalidade de tal prática, os paulistas argumentavam que não estava em questão a propriedade dos índios, mas meramente o direito de usufruir do seu trabalho. Acrescentavam que isso poderia não estar de acordo com as leis promulgadas no Reino, mas era condizente com os "usos e costumes da terra".[47]

O emprego da mão de obra indígena não pautou apenas as relações econômicas em São Paulo, mas foi um elemento constituinte daquela sociedade, estruturando as práticas e as visões de mundo dos seus habitantes, como demonstrou John Monteiro.[48] A instituição da administração particular vigorou ainda em outras regiões, especialmente naquelas com marcada presença dos paulistas e seus descendentes. No processo de expansão da sociedade colonial, eles levaram consigo a sua visão de mundo, da qual a instituição da administração particular era indissociável. Assim, por exemplo, quando os paulistas migraram para as minas a fim de explorar os veios auríferos recém-descobertos, foram acompanhados dos seus administrados, base da mão de obra empregada no princípio da mineração.[49]

Em São Paulo, assim como em outras capitanias, foi a apropriação de terras e de mão de obra nativa que propiciou a acumulação de colonos cujos recursos eram exíguos, pois o início de um empreendimento agrícola não dependia da inversão de muitos capitais. Porém, isso não significa que havia abundância de terras disponíveis. Ao contrário, elas estavam ocupadas pelos índios e eram necessários certos expedientes para integrá-las à sociedade colonial. A expulsão dos índios das terras por eles ocupadas e a anexação de novos domínios à América portuguesa ocorreram por meio de guerras e conquistas territoriais, permeadas de avanços e recuos.

## 4. Guerras, conquistas e privilégios

As guerras coloniais eram conduzidas a partir das alianças estabelecidas com os nativos. Ao iniciar a ocupação do território, os europeus instrumentalizaram as rivalidades vigentes entre os índios em proveito próprio.

Os documentos quinhentistas são pródigos em referências a tais inimizades, geralmente caracterizando-as como endógenas, e às vantagens que essas trouxeram aos europeus que souberam aproveitá-las.[50] Para Pero de Magalhães Gandavo, por exemplo, se não fosse pela "desunião" dos ameríndios, os portugueses não poderiam viver na América.[51]

A existência de rivalidades entre os índios, contudo, não deve ocultar as profundas mudanças ocasionadas pela chegada e pelo estabelecimento na América dos europeus, que influenciaram diretamente nas motivações e dinâmicas de tais conflitos. Para Fergunson e Whitehead, os contatos coloniais acarretaram um significativo incremento das atividades bélicas entre os índios, cujas origens e motivações devem ser entendidas historicamente e não tomadas como uma característica intrínseca dos mesmos.[52] As disputas internas entre os índios, se já existentes antes dos contatos, foram intensificadas para satisfazer as demandas criadas pela chegada dos europeus, visando principalmente ao abastecimento de cativos.[53] Na situação de guerra instaurada, os grupos nativos aliados dos europeus se fortaleciam em relação aos demais, através do acesso a armamentos, especialmente de fogo, empregados para combater os seus contrários e, por conseguinte, produzir mais cativos e alimentar os conflitos.[54]

A importância das armas de fogo, no entanto, deve ser matizada, pois elas nem sempre foram consideradas decisivas nos conflitos com os índios. Esses estimavam o acesso a tais armamentos e, cientes disso, os franceses em muitas ocasiões vieram munidos dessas mercadorias, cujo manejo os nativos aprenderam rapidamente.[55] Contudo, pelo menos até meados do século XVII, o arco e flecha era o principal armamento empregado pelos índios, embora suas formas de combate não fossem iguais àquelas que existiam no princípio dos contatos. Quando tinham a oportunidade, os índios aproveitavam para aprender técnicas de guerra até então não utilizadas e também para obter informações sobre como os europeus combatiam.[56] Anthony Knivet, durante a sua estada entre os tamoios, ensinou-os determinadas táticas, posteriormente empregadas contra os temininós, como o preparo de emboscadas e armadilhas.[57] Assim, apesar da presença eventual de armas de fogo, os relatos coevos indicam que os conflitos eram decididos nos combates dos índios entre si, em sua maioria armados com flechas. A qualidade das flechas e a habilidade dos índios de manejá-las impressionaram os europeus e, em alguns casos, foram consideradas superiores às armas de fogo.[58] Ao enfrentar os holandeses no Nordeste no princípio de 1630, os índios mobilizados pelos portugueses, munidos apenas de arcos e flechas, causaram grande pavor nos inimigos.[59] Também os índios que acompanhavam os paulistas nas suas expedições ao sertão utilizavam-nos em grande escala.[60]

Se os índios rapidamente incluíram em seus combates elementos europeus, esses tiveram também de adaptar-se aos seus novos inimigos. Diante das saraivadas de flechas, os portugueses logo buscaram estratégias de defesa condizentes com a situação em que se encontravam. Uma solução encontrada foi a confecção de gibões forrados com uma grossa camada de algodão, capaz de impedir a entrada das flechas. Estratégia empregada já na Bahia em meados de 1580, disseminou-se entre os paulistas no século seguinte.[61]

Apesar de alguns relatos minimizarem a importância das armas de fogo, elas sem dúvida tiveram importância em muitas situações, desempenhando uma função complementar às flechas. A importância delas é facilmente perceptível nas frequentes situações em que os índios moveram os recursos disponíveis para obtê-las. Algumas das práticas desenvolvidas nos princípios dos contatos na costa vigoraram ao longo do século XVII, como a participação dos índios no comércio de cativos, trocando-os por armamentos.[62] Por outro lado, índios em situação diversa, como os aldeados no Paraguai, alvos dos ataques dos paulistas, solicitaram reiteradamente permissão para o acesso a armas de fogo, como forma de defesa dos assaltos. Foram finalmente atendidos e elas parecem ter sido fundamentais na vitória contra a expedição de Jerônimo Pedroso de Barros em 1641, considerada um marco na contenção aos ataques na região. Posteriormente, essas milícias formadas pelos guaranis prestaram um auxílio essencial aos espanhóis em suas disputas com portugueses, especialmente nos combates envolvendo a Colônia de Sacramento.[63]

O arco e flecha não foi o único elemento indígena presente nos conflitos travados pelos europeus auxiliados pelos seus aliados nativos. Esses insistiam na presença das mulheres nas expedições, prática que alguns cronistas referiram como característica nos combates dos índios. Gabriel Soares de Sousa apontou a presença de mulheres como usual entre os tupinambás, esclarecendo que elas não participavam dos conflitos, mas forneciam infraestrutura aos guerreiros, especialmente carregando os mantimentos.[64] Durante os combates no Nordeste, os holandeses tentaram dissuadir os índios de levar as mulheres nas batalhas. Porém, esses contra-argumentaram: sem elas, quem iria preparar a comida durante as expedições? Diante da insistência, os holandeses não tiveram outra alternativa senão permitir tal prática.[65]

A iniciativa de estabelecer alianças com os europeus muitas vezes partia dos próprios índios, à procura de reforços para combater os seus contrários. Posteriormente, quando alguns núcleos populacionais já estavam assentados, passaram a buscar auxílio também para enfrentar os portugueses, oferecendo os seus préstimos a representantes de outros Estados. Alguns, interessados em estabelecer-se no Brasil, aceitavam o auxílio oferecido. Foi o caso de uma esquadra holandesa destinada a reforçar o ataque à Bahia, cujos integrantes, acampados provisoriamente na Paraíba em 1625, foram procurados por um grupo de potiguares oferecendo aliança contra os lusos.[66] Situação semelhante ocorreu em Santos em 1592, quando o corsário inglês Thomas Cavendish atacou a vila e ali permaneceu por certo tempo. Na ocasião, os índios, insatisfeitos com os rumos que as suas relações com os portugueses estavam tomando, tentaram convencer os ingleses a atacá-los e substituí-los na vila, oferecendo todo o auxílio necessário. Cavendish "agradeceu-lhes a todos por sua gentileza", mas declinou do convite, pois pretendia seguir viagem.[67]

Se os arranjos com os grupos nativos significavam para os europeus aliados contra os seus concorrentes, essas alianças não eram incondicionais, mas variavam de acordo com os interesses e as prioridades dos envolvidos. Elas necessitavam de uma constante alimentação, através da concessão regular de presentes, e geralmente estavam baseadas na desconfiança mútua entre as partes. Os portugueses conviviam com o temor de uma rebelião dos índios, como ocorreu em várias situações. As mudanças dos interesses dos índios eram usualmente creditadas à sua "inconstância", ou seja, a uma característica percebida como imanente aos mesmos. Na verdade, à medida que as suas expectativas sobre os desdobramentos das relações com os seus aliados eram frustradas, os índios reavaliavam as suas escolhas e buscavam outras possibilidades. E, como já referido acima, a concorrência entre os Estados europeus lhes propiciava essa alternativa, pois poderiam oferecer seus préstimos a outros interessados em suas alianças, na esperança de obter melhores resultados.

As inimizades, porém, nem sempre inviabilizavam contatos entre os grupos rivais. Assim, por exemplo, em meados de 1550, os portugueses localizados na capitania de São Vicente abasteciam-se de farinha de mandioca por meio de um comércio relativamente estável mantido com os tupinambás, aliados declarados dos franceses. Os índios, por sua vez, tampouco confiavam plenamente nos europeus e mantinham certas reservas. Durante sua estada em algumas aldeias tupinambás, não foram poucas as vezes em que Hans Staden ouviu-os queixando-se dos franceses.[68]

Se as diferenças entre aliados e inimigos eram muitas vezes tênues, a radicalização dos conflitos e a decisão portuguesa de efetivamente ocupar toda a costa geraram situações nas quais as dicotomias ficaram mais claras.[69] Um exemplo dessa questão foram os conflitos para a expulsão dos franceses da Guanabara na década de 1560. O êxito dos portugueses significou, como em outras situações de conquista, a vitória dos seus aliados indígenas e a escravização dos seus inimigos nativos.

As conquistas e os consequentes rearranjos das alianças desencadeavam a formação de novas identidades, articuladas a partir das situações históricas e das possibilidades de futuro previstas pelos índios naquelas conjunturas. Esse parece ter sido o caso dos temininós no Rio de Janeiro. Conforme Maria Regina Celestino de Almeida, os indícios sugerem que esse grupo se originou a partir das dinâmicas desencadeadas pela colonização. Atravessando uma situação periclitante devido a uma cisão entre os tamoios, estavam na iminência de uma derrota quando foram procurados pelos portugueses e negociaram a sua conversão. Foram então aldeados no Espírito Santo e lá combateram franceses e ingleses, assim como outros grupos indígenas. Posteriormente, participaram da conquista da Guanabara ao lado dos lusos. Após a vitória, receberam um aldeamento na região e uma série de distinções no interior da sociedade colonial, muitas delas mantidas até o século XVIII.[70]

A conquista territorial estava relacionada ao processo de formação das elites dos domínios anexados, situação característica de várias regiões do Brasil. A relação entre as elites regionais e a conquista territorial envolvia tanto a efetiva concentração dos recursos materiais quanto a construção de relações sociais e representações históricas que assegurassem o lugar delas como as principais famílias, denominadas por alguns de nobreza da terra. Ao realizar a tomada territorial em nome do rei de Portugal, os conquistadores apropriavam-se de terras, de mão de obra (os índios inimigos) e da primazia na ocupação dos cargos da república. Para a sua consolidação e reprodução, como aponta João Fragoso para o caso do Rio de Janeiro, um dos requisitos era a capacidade dos seus membros de estabelecer relações de reciprocidade com os índios, muitas delas formadas, ou aprofundadas, no desenrolar das conquistas.[71] Entre os índios aldeados do Rio de Janeiro, a aliança com os portugueses e os auxílios prestados por ocasião das guerras contra os franceses foram elementos-chave para a construção das suas histórias, nas quais se entrelaçavam questões identitárias e a manutenção de direitos obtidos dentro da sociedade colonial.[72] Situação semelhante ocorreu em Pernambuco após a expulsão dos holandeses. A participação nessas campanhas embasou as pretensões das principais famílias na ocupação dos cargos da república, pois haviam combatido os "invasores" às expensas dos seus cabedais.[73] Se a expulsão dos holandeses foi um marco fundador da nobreza da terra pernambucana, foi também um marco para os índios que lutaram ao lado dos portugueses, sagrados vencedores.

Os principais líderes indígenas aliados no combate e na expulsão dos franceses e holandeses, respectivamente Arariboia e Filipe Camarão, foram devidamente recompensados pelos serviços prestados. Ambos receberam o prestigioso Hábito da Ordem de Cristo, distinção honorífica acessível a poucos.[74] Além do Hábito, ocuparam cargos na administração da Colônia, onde desempenhavam a função de mediadores entre os índios aldeados e os funcionários régios.[75] Nos dois casos, os privilégios obtidos nas conquistas foram estendidos aos seus descendentes, dentro da estratégia da Coroa de criar linhagens indígenas leais. A continuidade de tais linhagens, porém, também indica que os próprios tinham interesse em manter as condições alcançadas na sociedade colonial. Inteirados da importância dessas distinções, muitos índios moveram esforços consideráveis para obtê-las, alguns chegaram a ir a Lisboa para pleiteá-las.[76]

A importância das distinções características da sociedade do Antigo Regime percebida pelos índios aliados indica como eles passaram a compartilhar de muitos dos seus significados. No entanto, apesar de compartilhados em seus aspectos principais, os significados para os diferentes membros da sociedade colonial não eram rigorosamente os mesmos. Alguns índios das aldeias do Maranhão, cientes da eficácia dos símbolos de distinção operados pelo Hábito e também prevenidos acerca da dificuldade da sua concessão, solicitavam ao rei apenas licença para vestir o respectivo traje, indicando que isso já seria suficiente para os fins pretendidos.[77] No decurso dos seus contatos e do seu envolvimento nos processos de construção da sociedade colonial, os índios aprenderam, e em muitos casos incorporaram, não apenas os significados de muitos dos elementos da sociedade europeia, mas também se instruíram nos meios de obtê-los e manejá-los de acordo com as suas prioridades. A solicitação para obtenção de licença apenas para vestir o traje característico aponta ainda para a já referida função das roupas para os índios inseridos na sociedade colonial, cientes do valor delas como uma forma de distinção social.

Nas suas petições, os índios geralmente lembravam os serviços que haviam prestado ao rei e, portanto, como haviam sido partícipes na construção da sociedade colonial, empregando para tal os seus esforços e as suas vidas. Embora o afastamento da "ameaça" estrangeira em certos casos tenha diminuído a importância militar dos índios, restavam as "ameaças" internas a combater: grupos indígenas infensos à colonização, especialmente à medida que se expandiam as fronteiras, e fugas e revoltas dos escravos africanos e seus descendentes. O emprego dos índios no combate a mocambos e quilombos foi recorrente em várias partes do Brasil, como em Goiás, no Rio de Janeiro, em Minas Gerais e na Bahia. Assim, por exemplo, a expedição que derrotou Palmares em 1694, liderada por Domingos Jorge Velho, estava baseada na presença de índios, muitos dos quais provavelmente já tinham acompanhado o mesmo Jorge Velho em entradas ao interior da Bahia em outras ocasiões.[78] A inter-relação entre a mobilização bélica dos índios e as tentativas de manter a ordem colonial no Brasil foi claramente colocada, em 1633, por Duarte Gomes da Silveira, colono estabelecido na Paraíba:

> Não resta dúvida de que sem os índios no Brasil não pode haver negros da Guiné, ou melhor, não pode haver Brasil, pois sem eles (negros) não se pode fazer nada, e eles são dez vezes mais numerosos do que os brancos; e se hoje é difícil dominá-los com os índios, que são temidos por muitos... o que aconteceria sem os índios? Eles se revoltariam no dia seguinte e é muito arriscado resistir a inimigos internos.[79]

A entrada em massa de escravos de origem africana, portanto, não substituiu a presença dos índios na sociedade colonial. Pelo contrário, a se dar crédito a Gomes da Silveira e a outros relatos nesse sentido, a manutenção da escravidão africana foi possível devido à existência de forças indígenas, sob controle das autoridades coloniais ou de particulares, empregadas no controle e na repressão dos escravos. No entanto, é importante destacar que as categorias índios e escravos africanos não eram estanques, nem monolíticas. Não foram poucas as ocasiões em que ambos, por solidariedades originadas de situações semelhantes, compartilharam projetos e expectativas, pois são frequentes na documentação os contatos e a presença de índios em mocambos e quilombos, assim como a participação de negros entre certas atividades com predomínio dos indígenas. As motivações dos seus relacionamentos e as suas possíveis estratégias em conjunto, porém, ainda aguardam análises historiográficas acuradas.

## 5. Experiências atlânticas

As situações até agora narradas podem obscurecer a complexidade das experiências vivenciadas pelos índios e as formas como eles as apreenderam. Na construção da sociedade colonial, os índios viveram situações diversas, alguns escravizados, outros aliados guerreiros das potências europeias, outros ainda aldeados nas cercanias dos núcleos coloniais. Tais situações, por sua vez, não eram excludentes, mas variavam de acordo com o desenrolar das suas relações com os europeus e das diferentes conjunturas. No entanto, uma faceta fundamental das relações estabelecidas entre os índios e os europeus, ainda pouco trabalhada na nossa historiografia, são as experiências dos índios na Europa e em outros domínios coloniais. Afinal, o período abordado neste capítulo significou a inclusão da América em um sistema mundial e os encontros e desencontros coloniais tiveram também desdobramentos ultramarinos.

As embarcações que retornavam à Europa após passagem pelo litoral brasileiro geralmente levavam certa quantidade de índios, além das toras de pau-brasil, de papagaios e de outros animais característicos das regiões visitadas. Alguns serviram de entretenimento nas cortes europeias, a fim de satisfazer a crescente curiosidade sobre os habitantes do "Novo Mundo". Os índios também eram vendidos como escravos em Lisboa, provavelmente para ser empregados em trabalhos domésticos. Esse comércio foi regulamentado quando a Coroa tentou implantar o sistema de donatarias, outorgando aos donatários permissão para enviar a Portugal determinado número de índios por ano isentos do pagamento de direitos.[80]

Nem todos os embarques de nativos para a Europa eram compulsórios. Solicitações para acompanhar os viajantes muitas vezes partiam dos próprios índios. As descrições do "Velho Continente" certamente lhes soavam tão surpreendentes quanto as da América pareciam aos europeus. Além de satisfazer as suas curiosidades, uma viagem desse tipo também significava para os índios angariar conhecimentos que poderiam ser úteis a eles e ao seu grupo de origem. Em 1505, o capitão Paulmier de Gonneville, comerciante francês que aportou no litoral do atual estado de Santa Catarina e lá permaneceu cerca de seis meses, levou consigo à França o jovem Essomericq, filho de um líder carijó. Gonneville prometeu ao pai do rapaz que lhe ensinaria artilharia e ainda a fazer espelhos, machados e outras mercadorias apreciadas pelos índios. Segundo o capitão, essa justificativa foi bem recebida pelo líder, pois veio ao encontro dos seus anseios de aprofundar-se nas artes da artilharia para melhor dominar os seus contrários. Apesar de o rapaz em questão nunca ter retornado da França, o diálogo entre Gonneville e o líder indígena deixa claro os benefícios, cedo percebidos pelos índios, de dominar as técnicas europeias, que poderiam ser aperfeiçoadas durante uma estância no além-mar.[81]

Tal como Essomericq, outros índios, quando tiveram a oportunidade, também preferiram permanecer na Europa, indicando transformações das suas percepções de mundo e o surgimento de novas perspectivas originadas com os contatos. No caso do Império espanhol, em meados da década de 1540 um grupo de índios escravizados enviados à Espanha e depois de certo tempo libertados preferiu, uma vez livre, lá permanecer. Segundo as justificativas apresentadas, escolhiam ficar na Espanha porque ganhavam em uma semana o mesmo valor que ganhariam em um ano na América, além de se sentir mais seguros, ou seja, distantes da possibilidade de reescravização.[82]

Um caso ilustrativo da relação entre estadas na Europa e estratégias de alianças construídas no período colonial foi o dos potiguares que acompanharam os holandeses em seu retorno à Europa em 1625, brevemente referido acima. Os potiguares procuraram os holandeses e solicitaram autorização para acompanhá-los em sua viagem, com o claro propósito de estabelecer relações diplomáticas. Os viajantes foram cuidadosamente escolhidos pelos próprios potiguares e, segundo parece, 13 embarcaram na ocasião. Ao chegar à Holanda, dedicaram-se ao estudo da língua e aprenderam como os "holandeses eram", além de fornecer informações aos membros da Companhia das Índias Ocidentais utilizadas para preparar a posterior invasão de Pernambuco. Para Ronaldo Vainfas, a malograda experiência da invasão da Bahia em 1624 demonstrou aos holandeses que o apoio dos nativos era fundamental para o sucesso dos seus projetos.[83]

Entre os potiguares que viajaram à Holanda em 1625 estava Pedro Poti, que trocou cartas com Filipe Camarão, coligado aos portugueses, nas quais tentavam convencer um ao outro da superioridade dos seus aliados.[84] Poti significa camarão em tupi, indicando que, além de ser ambos potiguares, Pedro e Filipe possivelmente eram primos. Esse episódio demonstra claramente os desafios impostos aos índios pela presença e pelo estabelecimento dos europeus na América. Essa presença não apenas intensificou e gerou inimizades entre os diferentes grupos nativos, mas engendrou divisões entre eles. Diante dos desafios impostos, eles se viam compelidos a elaborar visões sobre a situação e, com base nelas, tomar decisões. As apreciações sobre as conjunturas vividas eram muitas vezes divergentes e ocasionavam profundas dissensões entre os índios.[85] Os debates entre Pedro Poti e Filipe Camarão envolviam não apenas a escolha de um aliado militar, mas também diferentes opções religiosas e perspectivas divergentes.

Aprofundar relações com os nativos em contextos de invasões não foi uma prática desenvolvida apenas pelos holandeses. Durante a experiência dos franceses no Maranhão, em várias ocasiões índios principais dirigiram-se à França em viagens "diplomáticas".[86] Em 1613, seis tupinambás decidiram embarcar em direção à França para prestar homenagem ao rei e oferecer-lhe os seus préstimos, apresentando-se enquanto seus fiéis súditos. Os índios foram muito bem recebidos, com as honrarias correspondentes à sua condição de principais.[87] Segundo parece, um deles teria inclusive insinuado ao rei a necessidade de ele ir ao Maranhão pessoalmente para conhecer os seus domínios americanos. Ao voltar à

América, se bem tratados e impressionados com o que viram na Europa, eles seriam elementos-chave para assegurar a presença dos europeus no Brasil. Nesse sentido, o papel desempenhado por um índio que passou uma temporada na França foi fundamental para a viabilização da França Equinocial. Ele contava aos demais como eram os costumes franceses, onde o rei morava, quais os produtos que possuíam e como esses eram vendidos. Um aspecto que não passou despercebido ao viajante foram os símbolos das hierarquias sociais, ao notar que "os grandes" caminhavam pelas ruas acompanhados por um séquito.[88] Ao contar suas impressões da viagem, o índio assegurava aos demais que os seus aliados franceses eram pessoas de posse, cuja "amizade" certamente lhes traria benefícios, pois agora eles também eram súditos do rei francês.

Aprender as regras da sociedade ocidental e, por conseguinte, aprimorar os instrumentos necessários para sobreviver no mundo colonial foram estratégias desenvolvidas pelos índios ao longo dos contatos com os europeus, originando novas formas de negociação entre as partes. Essas novas experiências e perspectivas dos índios não significaram meramente perdas culturais, pois lhes propiciaram instrumentos a partir dos quais aprimoraram as suas capacidades para lidar com os desafios gerados pela colonização. Peter Gow, em pesquisa sobre os piros contemporâneos do Peru, expõe como esse grupo não estabelece um vínculo direto com os seus ancestrais como um mecanismo de identificação. Ao contrário, se apresentam enquanto pessoas de "sangue misturado", fazendo uma diferenciação entre eles, que se consideram civilizados, e os seus ancestrais, percebidos como aqueles que viviam na floresta. Para o autor, essa diferenciação em relação aos seus ancestrais não se dá em relação a um passado "idílico", mas com referência aos processos de escravização e espoliação sofridos por aqueles nas suas relações com os brancos. Assim, para o grupo em questão, o significado de ser civilizado é poder gozar de certas prerrogativas, possíveis pelas suas capacidades de entender e manejar os trâmites da sociedade envolvente.[89]

As experiências transatlânticas dos índios, contudo, não foram restritas à Europa. O envolvimento deles nas guerras entre os Estados europeus travadas no Brasil teve ainda desdobramentos na África. Em 1641, a frota holandesa que partiu de Recife para assaltar Angola levou consigo um contingente estimado em 300 índios.[90] Os luso-brasileiros, quando partiram para reconquistá-la, também foram acompanhados por combatentes nativos.[91] Esses índios, portanto, estavam inseridos nos negócios atlânticos e os que lutaram ao lado dos portugueses, sagrados vencedores, certamente poderiam incluir em suas petições ao rei o seu papel na construção e manutenção dos seus domínios africanos. Afinal, assim faziam os colonos envolvidos nas conquistas e assim passaram a fazer também os índios nela imiscuídos. O rei, por sua vez, em muitas ocasiões recompensou devidamente os seus vassalos índios pela sua fidelidade.

## 6. A formação e a reprodução da sociedade colonial

Para Stuart Schwartz, a formação da sociedade colonial pode ser dividida em dois momentos de miscigenação e adaptação cultural, que não são cronológicos, mas dependem de uma conjunção de fatores sociais e culturais. No primeiro, os núcleos coloniais estavam em formação e dependiam dos índios para a sua consolidação. Adquiriam, então, um caráter híbrido, pois muitas características das populações indígenas foram adotadas pelos colonos, como a língua e a alimentação, entre outros. Essa hibridez também estava relacionada à ampla participação dos índios, em sua maioria em posições de trabalho e defesa, embora tenham ocupado diversos tipos de funções. O segundo momento, por sua vez, caracteriza-se pela consolidação dos núcleos populacionais, pela existência de uma atividade econômica desenvolvida, muitas vezes vinculada ao mercado internacional (como o açúcar), e pela entrada maciça de escravos africanos.[92]

A existência de dois momentos, porém, não significa que à proporção que os portugueses avançavam sertão adentro encontrassem sempre grupos nativos alheios aos contatos. Os desdobramentos da sociedade colonial, apesar de concentrada no litoral, eram sentidos em locais afastados da costa. Primeiramente, porque os efeitos das epidemias e a penetração das mercadorias europeias, derivados dos contatos entre os grupos indígenas, chegavam a certos lugares décadas antes dos portugueses. Por outro lado, muitos grupos nativos, ameaçados ou incomodados pelos rumos da expansão da sociedade colonial na costa, deslocavam-se para outras regiões.

Após o estabelecimento da sociedade colonial no litoral, como visto acima, os seus membros continuaram expandindo os domínios territoriais, cujos métodos eram semelhantes aos empregados nas primeiras décadas após a chegada dos portugueses no Brasil. Isso não significa que havia um modelo de expansão e formação de novos núcleos populacionais, mas indica que certas práticas eram reiteradas a partir da experiência pregressa e da lógica compartilhada pelos seus membros, ou seja, formavam parte de um conjunto de conhecimentos e expectativas a partir dos quais aquela sociedade se estruturava e se reproduzia. Assim, as estratégias de estabelecer alianças com os índios, o seu uso enquanto bastiões contra os rivais europeus e a importância das mercadorias se faziam presentes à medida que os luso-brasileiros expandiam as fronteiras e tentavam consolidar a posse das terras conquistadas. Em meados do século XVIII, tais práticas se faziam presentes principalmente em duas regiões da América portuguesa: o norte e o sul. No norte, por exemplo, na região de fronteira disputada com os holandeses, os portugueses buscavam estabelecer-se a partir de alianças com os nativos. Como precisamente colocado por Nádia Farage, "a disputa em torno do território do rio Branco realizou-se *através* dos povos indígenas que o habitavam".[93] Para o sul, a expansão e a consolidação do Império português desenvolveram-se não apenas pelas tentativas de aliança com os nativos, mas também pela estratégia de atrair os índios súditos do rei espanhol, segundo o pressuposto de que se ganhando os vassalos mais facilmente as terras por eles habitadas poderiam ser ocupadas.[94]

O primeiro momento apontado por Schwartz, no qual o estabelecimento e a manutenção das alianças com os índios foram fundamentais para a construção e consolidação da sociedade colonial, foi o abordado neste capítulo. Enquanto aliados indispensáveis, eles obtinham algumas possibilidades de negociação, certamente limitadas, mas habilmente manejadas por muitos. Considerar a formação e a reprodução da sociedade colonial com a participação das populações nativas não significa atenuar as situações dramáticas que elas atravessaram, durante as quais acumularam imensas perdas. Segundo Gerald Sider, era precisamente ao longo das violências às quais eram submetidos que os grupos nativos elaboravam as suas estratégias para fazer frente à dominação.[95] Tais estratégias, por sua vez, variavam de acordo com a sociedade envolvente, com os interesses e as habilidades dos próprios índios e com as diferentes conjunturas. Assim, se a construção da sociedade colonial foi viabilizada pela participação dos índios nos projetos portugueses, muitas vezes os nativos inseriram-se nesses projetos, apresentando-os como seus. Como Serge Gruzinski apontou para o caso dos índios de alguns *pueblos* do México, os aldeados deliberadamente construíam a sua história como aliados dos espanhóis, minimizando os efeitos da conquista. Para o autor, essa era uma estratégia elaborada com o fim de garantir certos direitos no interior da sociedade colonial.[96]

Sem dúvida a experiência colonial foi dramática para os indígenas, dizimados por guerras e doenças e espoliados pelos portugueses. Por outro lado, aqueles que passaram a fazer parte da sociedade colonial certamente sofreram muitas derrotas e privações, mas alcançaram algumas vitórias. Foram hábeis ao inserir-se nos projetos coloniais e apresentá-los como seus. E fizeram isso a partir da lógica vigente na sociedade colonial, ao manejar os serviços por eles prestados ao rei no passado como base de solicitações de mercês. Inseriram-se como um grupo portador de certos privilégios dentro da imbricada sociedade do Antigo Regime e foram capazes de defendê-los utilizando a lógica predominante na sociedade colonial.[97]

Apesar de ainda insuficientes e localizados, os estudos nessa área têm aprofundado essa questão, mostrando que, mais do que meros sofredores da colonização, eles foram partícipes da sua construção. Acionaram os recursos disponíveis para aprender a lidar com a sociedade ocidental: viajaram à Europa, manejaram as disputas territoriais entre os europeus, assim como se apropriaram dos signos de distinção e das formas de sociabilidade do Antigo Regime. Os resultados das suas iniciativas podem parecer modestos sob certas perspectivas, mas certamente significavam muito para os índios nelas envolvidos, que conseguiram angariar espaços e recriar as suas identidades diante dos imensos desafios desencadeados pelo processo de formação da América portuguesa.

## Notas

1. A.J.R. Russell-Wood, 1998, p. 16.
2. Jonathan Hill, 1996.
3. Stuart Schwartz & Frank Salomon, 1996.
4. João Capistrano de Abreu, 1982, p. 63 e p. 75.
5. R. Brian Ferguson & Neil Whitehead, 1992, p. 11.
6. Pero de Magalhães Gandavo, 1980, p. 23.
7. Sebastião da Rocha Pita, 1952 [1730], p. 84-85.
8. Resolução que o bispo e o ouvidor-geral do Brasil tomaram sobre os injustos cativeiros dos índios do Brasil e do remédio para aumento da conversão e da conservação daquele Estado. Apud Rodrigo Ricupero, 2005, p. 215.
9. Alexander Marchant, 1980, 2ª. ed., p. 68 e ss.
10. Idem. Principal era o nome atribuído genericamente aos líderes nativos, mas, com o passar do tempo, essa categoria se institucionalizou. Em algumas regiões, chegou a adquirir a dimensão de um cargo administrativo ocupado exclusivamente por índios. Sobre o tema veja-se: Ângela Domingues, 2000, p.169 e ss.
11. Maria Regina Celestino de Almeida, 2003, p. 150.
12. A produção desenvolvida no interior dos aldeamentos também era, em certa medida, destinada aos mercados coloniais. Como apontou Marcelo Henrique Dias para o caso de Ilhéus, os índios lá aldeados eram fornecedores de gêneros alimentícios e de materiais empregados na construção naval, obtidos através do beneficiamento de produtos de extração local. Marcelo Henrique Dias, 2007, p. 192 e ss.
13. Luiz Felipe de Alencastro, 2000, p. 121.
14. Beatriz Perrone-Moisés, 1992, p. 118.

15. Termo utilizado inicialmente para designar os filhos gerados entre as índias e os europeus (especialmente portugueses) e, posteriormente, seus descendentes. Um aspecto usualmente destacado na bibliografia sobre os mamelucos é a sua condição de mestiços culturais, capazes de transitar entre os costumes dos índios e os da sociedade colonial, desempenhando o papel de mediadores culturais. Sem dúvida, a sua participação em várias situações, algumas a serviço da coroa portuguesa, nas relações com os índios, assim como nos descimentos e nas entradas particulares ao sertão, viabilizou o entendimento entre as partes. Os seus conhecimentos sobre a geografia e as práticas indígenas foram essenciais à sobrevivência dos colonos. No entanto, em alguns casos essa designação é demasiadamente genérica e acaba encobrindo situações históricas específicas. Por outro lado, o termo gera certa associação automática entre mestiçagem biológica e cultural, que não necessariamente são subsequentes.
16. Raphael Bluteau, 1999.
17. Alida Metcalf, 2005, p. 168.
18. John Monteiro, 1994, p. 42.
19. Beatriz Perrone-Moisés, 1992, p. 123 e ss.
20. Yves d'Evreux, 2002, p. 107.
21. Beatriz Perrone-Moisés, 1992.
22. Gerald Sider, 1994, p. 109-122.
23. Idem, p. 125.
24. John Monteiro, 2001, p. 57-58.
25. Stuart Schwartz, 1996, p. 20 e ss.
26. Beatriz Perrone-Moisés, 1992, p. 117.
27. Silvia Hunold Lara, 2007.
28. Sérgio Buarque de Holanda, 1975, p. 25-26.
29. Grande parte dos colonos possuía o hábito de andar descalço e, ao que tudo indica, os sapatos eram um aparato usado em situações e locais especiais.
30. Marcus Meuwese, 2003, p. 161.
31. Alexander Marchant, 1980, p. 58.
32. Sobre a proibição da concessão de armas aos índios e a participação dos franceses neste comércio, veja-se: Jorge Couto, 1998, p. 284.
33. Resumidamente, a antropofagia era uma prática ritual na qual os índios vencedores matavam os prisioneiros e comiam a sua carne, principalmente dos mais valorosos. Essa prática realimentava os conflitos, pois o grupo ao qual os prisioneiros pertenciam iria revidar o agravo e, uma vez vencedores, faria o mesmo com os seus prisioneiros. Apesar de muito discutida, é importante ressaltar que a antropofagia passou por modificações após os contatos e, portanto, a prática deve ser percebida não meramente como um "costume indígena", mas também como algo que adquiriu diferentes dimensões nas guerras coloniais.

34. Roberto Simonsen, 1962, p. 151.
35. John Monteiro, 1994, p. 122 e ss.
36. Alexander Marchant, 1980, p. 36.
37. Stuart Schwartz, 1988, p. 40 e ss.
38. Idem, p. 60.
39. Pero de Magalhães Gandavo, 1980, p. 26.
40. Stuart Schwartz, 2001, p. 46.
41. Alida Metcalf, 2005, p. 119 e ss.
42. Stuart Schwartz, 1988, p. 52.
43. Alida Metcalf, 2005, p. 154 e ss.
44. As suspeitas dos índios sobre a relação entre os padres e a disseminação das epidemias não eram infundadas, pois os jesuítas efetivamente foram vetores de doenças. Muitas vezes vítimas das doenças, não deixavam de exercer as suas atividades por conta das moléstias. Outros, quando precisavam convalescer, eram enviados às aldeias, expondo os seus habitantes ao contágio. Alida Metcalf, 2005, p. 146.
45. Ronaldo Vainfas, 1995. Há discussões sobre a relação da Santidade com as crenças indígenas acerca da existência de uma "terra sem mal" que não podem ser aprofundadas neste capítulo. Porém, independentemente das concepções indígenas e do lugar dessas na Santidade, a relação entre a eclosão desse movimento e a conjuntura vivenciada naquele momento específico é evidente. Como observou Cristina Pompa, a questão a ser colocada não é a anterioridade aos brancos do "messianismo tupi-guarani", mas sim como as situações de contato, especialmente as mais extremas, obrigavam os grupos nativos a "reconstituir simbolicamente" e "historicamente" as suas concepções de mundo, gerando não apenas "reações" ou "resistências", mas significados "simbólicos originais". Cristina Pompa, 2003, p. 114. É importante ressaltar ainda que, apesar de a Santidade referida no texto ser a mais estudada, especialmente pela coincidência da Visitação do Santo Ofício de 1591 a 1595, movimentos semelhantes, alguns designados da mesma forma, eclodiram em conjunturas diferenciadas tanto no Recôncavo Baiano quanto em outras regiões da colônia.
46. John Monteiro, 1994, p. 115.
47. Idem.
48. Idem.
49. Maria Leônia Chaves de Resende, 2003, p. 42 e ss. Sobre o tema veja-se: Renato Venâncio Pinto, 1997.
50. Para uma análise sobre a função da guerra para os tupinambás, veja-se: Eduardo Viveiros de Castro, 2002, p. 181-264.
51. Pero de Magalhães Gandavo, 1980, p. 52.

52. R. Brian Ferguson & Neil Whitehead, 1992.
53. John Monteiro (1994 ou 2001?), p. 31 e ss.
54. R. Brian Ferguson & Neil Whitehead, 1992.
55. Jean de Léry, 1960, p. 168.
56. Neil Whitehead, "Native American Cultures along the Atlantic Littoral of South America, 1499-1650", *Proceedings of the British Academy*, 81, p. 197-241, p. 217.
57. Anthony Knivet, 2007, p. 121-122.
58. Jean de Léry, 1960, p. 168.
59. Ronaldo Vainfas, 2008, p. 42 e ss.
60. Glória Porto Kok, 2004, p. 48.
61. Sérgio Buarque de Holanda, 1975, p. 137 e ss.
62. Pedro Puntoni, 2002, p. 267.
63. Magnus Mörner, 1968, pp. 54-55.
64. Gabriel Soares de Sousa, 1971, p. 320-321.
65. Marcus Meuwese, 2003, p. 159-160.
66. Ronaldo Vainfas, 2008, p. 46 e ss; Marcus Meuwese, 2003, p. 82 e ss.
67. Anthony Knivet, 2007, p. 43-45.
68. Hans Staden, 1999.
69. John Monteiro, 2001, p. 65.
70. Maria Regina Celestino de Almeida, 2003, p. 62 e ss.
71. João Fragoso, 2001.
72. Maria Regina Celestino de Almeida, 2003.
73. Evaldo Cabral de Mello, 2008.
74. Sobre as ordens militares veja-se: Evaldo Cabral de Mello, 2000; Fernanda Olival, 2001.
75. Filipe Camarão, porém, não foi o "fundador" de uma linhagem indígena, pois descendia de um dos líderes potiguares que selaram a paz com os portugueses em 1599. Ele certamente intensificou a relação de aliança com os lusos, mas a posição que gozava dentro da sociedade colonial era também tributária da trajetória do seu pai, batizado com o nome de Antônio Camarão em 1612. Sobre a aliança dos potiguares com os lusos veja-se: Fátima Martins Lopes, 2003.
76. Almir Diniz de Carvalho Júnior, 2005, p. 215 e ss.
77. Idem.
78. Stuart Schwartz, 2001, p. 219 e ss.
79. "Información q. hize por mandado de VMg. Sobre unos capítulos q. Duarte Gomez de Silveira Vecino de Parahiba embio a la Mesa de Conciencia" apud Stuart Schwartz, 2201, p. 225-226.
80. John Hemming, 2007, p. 83.

81. Para uma análise específica desse caso, veja-se: Leyla Perrone-Moisés, 1992; Para uma abordagem da presença dos índios oriundos do Brasil na França e seu impacto no pensamento francês, veja-se: Afonso Arinos de Melo Franco, 2000, p. 65 e SS; Um episódio significativo da presença dos índios da costa na França e da sua relação e do seu envolvimento com a concorrência pelo litoral ocorreu em 1550, durante a cerimônia de entrada de Henrique II em Rouen. Na ocasião, foi representada uma cena de combate entre os índios da costa, que contou com 300 figurantes, dos quais cerca de 50 eram índios e os demais marinheiros. Em um cenário montado para reproduzir a natureza do litoral, os índios, representando os tupinambás, aliados dos franceses, foram atacados pelos tabajaras, coligados aos portugueses. Do embate, como era de se esperar, sagraram-se vencedores os tupinambás, para delírio da plateia.
82. Anthony Pagden, 1988, p. 60.
83. Marcus Meuwese, op. cit., p. 82 e ss; Ronaldo Vainfas, *Traição...*, op. cit., p. 47. e ss.
84. Marcus Meuwese, op. cit., p. 197; Ronaldo Vainfas, *Traição...*, op. cit., p. 47.
85. R. Brian Ferguson & Neil Whitehead, op. cit., p. 17.
86. Afonso Arinos de Melo Franco, op. cit., p. 98.
87. Claude d´Abbeville, 2002, p. 309.
88. Yves d'Evreux, 2002, p. 170 e ss.
89. Peter Gow, 1991, p. 1 e ss.
90. Charles Boxer, 1973, p. 253; Afonso Arinos de Melo Franco, 2000, p. 74.
91. Luiz Felipe de Alencastro, 2000, p. 228.
92. Stuart Schwartz, 1996, p. 14-19.
93. Nádia Farage, 1991, p. 18.
94. Elisa Frühauf Garcia (no prelo).
95. Gerald Sider, 1994.
96. Serge Gruzinski, 2003, p. 178 e ss.
97. Sobre as imbricadas relações de poder e as disputas por privilégios na sociedade de Antigo Regime, veja-se: Ângela Barreto Xavier & António Manuel Hespanha, 1998.

## Bibliografia

ALENCASTRO, Luiz Felipe de. *O trato dos viventes: formação do Brasil no Atlântico Sul*. São Paulo: Companhia das Letras, 2000.

ALMEIDA, Maria Regina Celestino de. *Metamorfoses indígenas: identidade e cultura nas aldeias coloniais do Rio de Janeiro*. Rio de Janeiro: Arquivo Nacional, 2003.

BLUTEAU, Raphael. *Vocabulário portuguez e latino*. Rio de Janeiro: UERJ, 2000 [1712-1721] (CD-ROM).

BOXER, Charles. *Salvador de Sá e a luta pelo Brasil e Angola, 1602-1686*. São Paulo: Editora Nacional; Edusp, 1973.

CAPISTRANO DE ABREU, João. *Capítulos de história colonial: 1500-1800 & Os caminhos antigos e o povoamento do Brasil*. Brasília: Editora da UnB, 1982.

CARVALHO JÚNIOR, Almir Diniz de. *Índios cristãos: a conversão dos gentios na Amazônia portuguesa (1653-1769)*. Tese de Doutorado apresentada ao programa de Pós-Graduação em História da Universidade Estadual de Campinas. Campinas, 2005.

COUTO, Jorge. *A construção do Brasil. Ameríndios, portugueses e africanos, do início do povoamento a finais de Quinhentos*. Lisboa: Cosmos, 1998.

D'ABBEVILLE, Claude. *História da missão dos padres capuchinhos na Ilha do Maranhão e suas circunvizinhanças*. São Paulo: Siciliano, 2002.

D'EVREUX, Yves. *Viagem ao norte do Brasil: feita nos anos de 1613 a 1614*. São Paulo: Siciliano, 2002.

DIAS, Marcelo Henrique. *Economia, sociedade e paisagens da capitania e comarca de Ilhéus*. Tese de Doutorado apresentada ao Programa de Pós-Graduação em História da Universidade Federal Fluminense. Niterói, 2007.

DOMINGUES, Ângela. *Quando os índios eram vassalos: colonização e relações de poder no Norte do Brasil na segunda metade do século XVIII*. Lisboa: Comissão Nacional para as Comemorações dos Descobrimentos Portugueses, 2000.

FARAGE, Nádia. *As muralhas dos sertões: os povos indígenas no Rio Branco e a colonização*. Rio de Janeiro: Paz e Terra, ANPOCS, 1991.

FERGUSON, R. Brian & WHITEHEAD, Neil. "The Violent Edge of Empire". In: ______.(eds.). *War in tribal zone: expanding states and indigenous warfare*. New Mexico: School of American Research Press, 1992.

FRAGOSO, João. "A formação da economia colonial no Rio de Janeiro e de sua primeira elite senhorial (séculos XVI e XVII)". In: FRAGOSO, João; BICALHO, Maria Fernanda & GOUVÊA, Maria de Fátima (orgs.). *O Antigo Regime nos trópicos: a dinâmica imperial portuguesa (séculos XVI-XVIII)*. Rio de Janeiro: Civilização Brasileira, 2001.

FRANCO, Afonso Arinos de Melo. *O índio brasileiro e a Revolução Francesa: as origens brasileiras da teoria da bondade natural*. Rio de Janeiro: Topbooks, 2000, 3ª ed.

GANDAVO, Pero de Magalhães. *Tratado da Terra do Brasil; História da Província de Santa Cruz [1576]*. Belo Horizonte: Ed. Itatiaia; São Paulo: Edusp, 1980.

GARCIA, Elisa Frühauf. *As diversas formas de ser índio: políticas indígenas e políticas indigenistas no extremo sul da América portuguesa*. Rio de Janeiro: Arquivo Nacional. (no prelo)

GOW, Peter. *Of Mixed Blood. Kinship and History in Peruvian Amazonia*. Oxford: Clarendon Press, 1991.

GRUZINSKI, Serge. *A colonização do imaginário: sociedades indígenas e ocidentalização no México espanhol. Séculos XVI-XVIII*. São Paulo: Companhia das Letras, 2003.

HEMMING, John. *Ouro Vermelho: a conquista dos índios brasileiros*. São Paulo: Edusp, 2007.

HILL, Jonathan. "Introduction". In: ______. (org.) *History, power and identity: ethnogenesis in the Americas, 1492-1992*. Iowa City: University of Iowa Press, 1996.

HOLANDA, Sérgio Buarque de. *Caminhos e fronteiras*. Rio de Janeiro: José Olympio; Departamento de Cultura da Guanabara, 1975.

LARA, Silvia Hunold. *Fragmentos setecentistas: escravidão, cultura e poder na América portuguesa*. São Paulo: Companhia das Letras, 2007.

LÉRY, Jean de. *Viagem à terra do Brasil*. Rio de Janeiro: Biblioteca do Exército, 1960.

LOPES, Fátima Martins. *Índios, Colonos e Missionários na Colonização da Capitania do Rio Grande do Norte*. Mossoró, Natal: Fundação Vingt-un Rosado, Instituto Histórico e Geográfico do Rio Grande do Norte, 2003.

KNIVET, Anthony. *As incríveis aventuras e estranhos infortúnios de Anthony Knivet*. Rio de Janeiro: Jorge Zahar, 2007.

KOK, Glória Porto. *O sertão itinerante: expedições da capitania de São Paulo no século XVIII*. São Paulo: Hucitec: Fapesp, 2004.

MARCHANT, Alexander. *Do escambo à escravidão: as relações econômicas de portugueses e índios na colonização do Brasil, 1500-1580*. São Paulo: Ed. Nacional; Brasília: INL, 1980. 2ª ed.

MELLO, Evaldo Cabral de. *Rubro veio. O imaginário da restauração pernambucana*. São Paulo: Alameda, 2008, 3ª ed. (revista).

______. *O nome e o sangue: uma parábola familiar no Pernambuco colonial*. Rio de Janeiro: Topbooks, 2000, 2ª ed. (revista).

METCALF, Alida. *Go-betweens and the colonization of Brazil, 1500-1600*. Austin: University of Texas Press, 2005.

MEUWESE, Marcus. *'For the Peace and Well-being of the Country': Intercultural Mediators and Dutch-Indian Relations in New Netherland and Dutch Brazil, 1600-1664*. Tese de PhD em História, Universidade de Notre Dame, EUA, 2003.

MONTEIRO, John. *Negros da terra: índios e bandeirantes nas origens de São Paulo*. São Paulo: Companhia das Letras, 1994.

______. *Tupis, tapuias e historiadores. Estudos de história indígena e do indigenismo*. Tese apresentada no concurso de livre-docência na Universidade Estadual de Campinas. Campinas, 2001.

MÖRNER, Magnus. *Actividades politicas y economicas de los jesuitas en el Rio de la Plata: la era de los Habsburgos*. Buenos Aires: Paidos, 1968.

OLIVAL, Fernanda. *As Ordens Militares e o Estado Moderno: honra, mercê e venalidade em Portugal (1641-1789)*. Lisboa: Estar, 2001.

PAGDEN, Anthony. *La caída del hombre natural. El indio americano y los orígenes de la etnología comparativa*. Madri: Alianza Editorial, 1988.

PERRONE-MOISÉS, Beatriz. "Índios livres e índios escravos: os princípios da legislação indigenista do período colonial (séculos XVI a XVIII)". In: CUNHA, Manuela Carneiro da (org.). *História dos índios no Brasil*. São Paulo: Companhia das Letras; Secretaria Municipal de Cultura; FAPESP, 1992.

PERRONE-MOISÉS, Leyla. *Vinte luas: viagem de Paulmier de Gonneville ao Brasil: 1503-1505*. São Paulo: Companhia das Letras, 1992.

PINTO, Renato Venâncio. "Os últimos carijós: escravidão indígena em Minas Gerais: 1711-1725", *Revista Brasileira de História*. São Paulo: ANPUH, v. 17, n. 34, 1997.

PITA, Sebastião da Rocha. *História da América portuguesa*. Rio de Janeiro/São Paulo/Porto Alegre: W. M. Jackson Inc., 1952 [1730].

POMPA, Cristina. *Religião como tradução: missionários, Tupi e "Tapuia" no Brasil colonial*. Bauru, SP: EDUSC/ANPOCS, 2003.

PUNTONI, Pedro. *A Guerra dos Bárbaros: povos indígenas e a colonização do sertão nordeste do Brasil, 1650-1720*. São Paulo: Hucitec; Edusp; Fapesp, 2002.

RESENDE, Maria Leônia Chaves de. *"Gentios brasílicos": Índios coloniais em Minas Gerais setecentista*. Tese de doutorado apresentada ao Programa de Pós-graduação em História da Unicamp. Campinas, 2003.

RICUPERO, Rodrigo. *"Honras e Mercês": poder e patrimônio nos primórdios do Brasil*. Tese de Doutorado apresentada ao Programa de Pós-Graduação em História Econômica da Universidade de São Paulo. São Paulo, 2005.

RUSSELL-WOOD, A. J. R. *Um mundo em movimento: os portugueses na África, Ásia e América (1415-1808)*. Lisboa: Difel, 1998.

______. "Fronteiras do Brasil Colonial", *Oceanos, n. 40*, outubro-dezembro de 1999.

SCHWARTZ, Stuart & SALOMON, Frank. "New Peoples and New Kinds of People: Adaptation, Readjustment, and Ethnogenesis in South American Indigenous Societies (Colonial Era)" In: ______. (eds.). *The Cambridge History of the Native Peoples of the Americas. Vol. III South America, part 2*. Cambridge; Nova York: Cambridge University Press, 1996.

SCHWARTZ, Stuart. "Brazilian ethnogenesis: mestiços, mamelucos, and pardos". In: Gruzinski, Serge et al. *Le nouveau monde, mondes nouveaux. l'expérience americaine*. Paris: Editions Recherches sur les Civilisations; École des Hautes Études en Sciences Sociales, 1996.

______. *Segredos internos: engenhos e escravos na sociedade colonial, 1550-1835*. São Paulo: Companhia das Letras, 1988.

______. "Repensando Palmares: resistência escrava na Colônia". In: Schwartz, Stuart. *Escravos, roceiros e rebeldes*. Bauru, SP: EDUSC, 2001.

SIDER, Gerald. "Identity as History. Ethnohistory, Ethnogenesis and Ethnocide in the Southeastern United States", *Identities Global Studies in Culture and Power*. New Hampshire, vol. 1, n. 1, 1994. pp. 109-122.

SIMONSEN, Roberto. *História econômica do Brasil (1500-1820)*. São Paulo: Companhia Editora Nacional, 1962, 4ª ed.

SOUSA, Gabriel Soares de. *Tratado descritivo do Brasil em 1587*. São Paulo: Companhia Editora Nacional; Edusp, 1971.

STADEN, Hans. *A verdadeira história dos selvagens, nus e ferozes devoradores de homens (1548-1555)*. Rio de Janeiro: Dantes, 1999.

VAINFAS, Ronaldo. *A heresia dos índios: catolicismo e rebeldia no Brasil colonial*. São Paulo: Companhia das Letras, 1995.

______. *Traição: um jesuíta a serviço do Brasil holandês processado pela Inquisição*. São Paulo: Companhia das Letras, 2008.

VIVEIROS DE CASTRO, Eduardo. "O mármore e a murta: sobre a inconstância da alma selvagem". In: ______. *A inconstância da alma selvagem — e outros ensaios de antropologia*. São Paulo: Cosac & Naify, 2002.

WHITEHEAD, Neil. "Native American Cultures along the Atlantic Littoral of South America, 1499-1650", *Proceedings of the British Academy, 81*, pp. 197-241.

XAVIER, Ângela Barreto & HESPANHA, António Manuel. "A representação da sociedade e do poder". In: HESPANHA, António Manuel (org.). *História de Portugal. Vol. IV: O Antigo Regime (1620-1807)*. Lisboa: Editorial Estampa, 1998.

# CAPÍTULO 8 A tessitura dos sincretismos: mediadores e mesclas culturais

*Ronaldo Vainfas**

## 1. Colonização, situação de fronteira

"Fronteiras da Europa": assim começa o livro clássico de Sérgio Buarque de Holanda, referindo-se à singularidade da Península Ibérica no velho continente. Espanha e Portugal, formados em meio ao processo de Reconquista, estariam de certo modo vocacionados para a expansão colonial, beneficiados, ainda, pela posição geográfica. Imbuídos de um "espírito aventureiro", por sinal avesso à "ética do trabalho", os ibéricos conquistariam o Novo Mundo, tentando adaptar seus valores aos povos conquistados, enquanto exploravam a terra e mais riquezas.

No caso português, diferentemente do espanhol, o transplante da "civilização lusitana" para os trópicos foi tremendamente ofuscado pelos interesses mercantis da colonização. Ainda assim, segundo Sérgio Buarque de Holanda, a sociedade colonial forjada no século XVI resultaria, em maior ou menor grau, de uma adaptação do mundo português

*Professor do departamento de História da Universidade Federal Fluminense.

ao novo meio, clima e paisagem. "Podemos dizer que de lá nos veio a forma atual de nossa cultura", escreveu nosso autor em 1936; "o resto foi matéria que se sujeitou mal ou bem a essa forma."[1]

Gilberto Freyre também veria Portugal como *finisterra*, fronteira da Europa, no seu clássico *Casa grande & senzala*. Fronteira pela geografia e pela formação cultural ambivalente ou bicontinental. A predisposição do português para a colonização seria explicada, segundo Freyre, pelo "seu passado étnico, ou antes, cultural, de povo indefinido entre a Europa e a África". Freyre arremata seu argumento com metáfora célebre sobre a bicontinentalidade portuguesa, dizendo que, naquela *finisterra*, a Europa reinava sem governar, "governando antes a África".[2]

Nessa singular bicontinentalidade cultural portuguesa residiriam os atributos essenciais do português enquanto colonizador: a mobilidade, ou seja, a capacidade extraordinária de atravessar oceanos e terras remotas; a adaptabilidade, isto é, a predisposição de ambientar-se a climas e terras estranhas; a miscibilidade, atributo essencial, que diz respeito à vocação portuguesa para misturar-se com outros povos, étnica e culturalmente.

Sérgio Buarque de Holanda e Gilberto Freyre puseram em cena, portanto, a situação de fronteira que caracterizava o velho Portugal e marcaria ainda mais a colonização do Brasil. Mas fizeram-no de modo distinto, se não oposto. Sérgio Buarque de Holanda sempre sublinhou, ao menos no *Raízes do Brasil*, o predomínio da cultura portuguesa sobre a indígena ou a africana, que mais tarde se agregou à nossa mescla cultural, além de lastimar o estilo predatório de uma colonização derivada do espírito de aventura.[3] Gilberto Freyre, pelo contrário, insistiu sempre em nossa formação cultural híbrida, a um só tempo portuguesa, indígena e, sobretudo, africana. A bem da verdade, Freyre acabaria por celebrar, ao longo do livro, o triunfo das africanidades na cultura brasileira e sobretudo a mestiçagem, para o que teria contribuído a plasticidade do europeu.

Está-se diante, de um modo ou de outro, de questão central do presente capítulo, voltado para as situações concretas nas quais se operou a mescla entre as culturas em contato. E, tratando-se do século XVI, o encontro a ser destacado não poderia ser outro que não o da cultura portuguesa com a indígena. Melhor dizendo, com a cultura dos índios tupis, que predominavam largamente no litoral ao tempo em que Pedro Álvares Cabral desembarcou em Porto Seguro.

## 2. Sincretismo, aculturação, mediação cultural

O contato entre as culturas portuguesa e indígena provocado pela colonização é objeto que evoca, inevitavelmente, o conceito de *sincretismo*. E, como afirma Sérgio Ferreti, sincretismo "é palavra considerada maldita" no campo das ciências humanas, sobretudo entre os antropólogos, por sugerir, no entender de muitos, a "mistura confusa de elementos diferentes", ou imposição de evolucionismo e do colonialismo".[4] O mesmo vale para o conceito de *aculturação*, banido da linguagem antropológica por sua suposta conotação evolucionista a partir de uma perspectiva hierarquizadora e eurocêntrica das culturas.

Mas tais conceitos são operativos e, se bem definidos, podem ajudar muito a compreensão das mesclas culturais processadas na situação colonial. Valemo-nos, neste ponto, das reflexões de antropólogos ou sociólogos mais abertos à perspectiva histórica. No artigo já citado, Sérgio Ferreti, estudioso das religiosidades afro-brasileiras no Maranhão, considera lícito o uso do conceito de sincretismo se referido às metamorfoses identitárias e resistências culturais. O mesmo se pode dizer de Pierre Sanchis, que se indaga se o sincretismo não seria "um conceito universal dos grupos humanos em contato, ou o modo pelo qual as sociedades humanas, quando confrontadas, são levadas a entrar num processo de redefinição de sua própria identidade".[5]

No caso do conceito de *aculturação,* o antropólogo e historiador francês Nathan Wachtel, estudioso dos contatos entre espanhóis e índios no Peru colonial, afirma, com razão, que "a aculturação não se reduz a uma única marcha, à simples passagem da cultura indígena à ocidental; existe um processo inverso, pelo qual a cultura indígena integra os elementos europeus sem perder suas características originais".[6] A isso poderíamos acrescentar que, em diversas situações, é mesmo a cultura europeia que se "indianiza", seja em situações individuais em que os europeus passam a viver à moda indígena, seja em processos mais gerais de adoção, por parte dos colonizadores, de diversos elementos da cultura nativa. A história do Brasil colonial está repleta de exemplos de ambos os processos de "aculturação às avessas".

De todo modo, aculturação ou sincretismo se inserem no que hoje é mais frequentemente conceituado como *mestiçagem cultural*, que, aliás, pode ou não ter a ver com a miscigenação étnica. Como bem alerta Serge Gruzinski, "o nascimento e a multiplicação de indivíduos mestiços é um fato; o desenvolvimento de formas de vida misturadas, procedendo de fontes múltiplas, é outro, não necessariamente ligado ao anterior".[7] Assim, como veremos adiante, portugueses de quatro costados protagonizaram situações formidáveis de mestiçagem cultural, em especial os náufragos e degredados dos primeiros tempos. Mas não só eles. Os próprios jesuítas, embora agentes de um processo "aculturador", voltado para a missionação, também promoveram mesclas extraordinárias entre o cristianismo e as tradições tupis, do que resultou um "catolicismo tupinambá" fortemente sincrético.

Por outro lado, longe de receber passivamente a cultura do colonizador, os índios também protagonizaram situações de mestiçagem cultural, sem que por isso tenham abandonado suas tradições. Bastaria citar, como exemplo, a Santidade indígena de Jaguaripe, movimento religioso difundido na Bahia, em fins do século XVI, no qual seu líder dizia encarnar, em transe, o ancestral-mor dos tupinambás (Tamandaré), ao mesmo tempo que apregoava ser o "verdadeiro Papa da Igreja". Seus seguidores mesclavam ritos e crenças das duas culturas: rezavam pelo rosário, adoravam a cruz de Cristo, mas bailavam e fumavam o tabaco em volta de um ídolo de pedra.[8]

Esses "pajés cristianizados" não foram os únicos índios a protagonizar mesclas culturais complexas. Ao lado deles, muitos guerreiros, uma vez que se aliavam aos portugueses, atravessavam a fronteira da tradição indígena para absorver elementos da cultura colonizadora, a exemplo do hábito das ordens militares portuguesas, como a Ordem de Cristo, prêmio que muitos ambicionaram e presumidamente receberam por serviços prestados. Esse tipo de chefe indígena aliado seria o embrião de uma elite nativa inserida no sistema colonial e dele beneficiária.

É desses protagonistas da mestiçagem cultural que nos cabe tratar mais detidamente no presente capítulo. Foram eles autênticos mediadores culturais, no sentido que Michel Vovelle deu ao termo. Situado "entre o universo dos dominantes e o dos dominados", o mediador cultural "adquire uma posição excepcional e privilegiada", além de ambígua ou ambivalente.[9]

Referido à situação concreta das mestiçagens culturais operadas no Brasil do século XVI, o "universo dominante" de que trata Vovelle não pode ser tomado ao pé da letra como sinônimo da cultura colonizadora. Esse "universo" é sempre relacional, de modo que, em determinados contextos, como o dos náufragos "tupinizados", o universo dominante é, paradoxalmente, o indígena.

Feitos os devidos enquadramentos, é o momento de detalhar as situações concretas de mestiçagem cultural no limiar da colonização portuguesa no Brasil. O objetivo da exposição, além de informar sobre os casos, é demonstrar a complexidade e a dinâmica dos processos de sincretismo, bem como as múltiplas faces dos mediadores culturais atuantes nesse cenário.

## 3. A mediação dos náufragos e degredados

Os primeiros portugueses a entrar em contato mais direto com os nativos foram os degredados, a começar pelos dois homens deixados na terra por Cabral antes de seguir viagem para a Índia, em 1500, o que nos exige breve consideração sobre o significado do degredo no povoamento do Brasil. Dezenas de outros foram deixados em várias partes do litoral nos trinta anos seguintes ao descobrimento ou "achamento", como se diz hoje, da terra brasílica. Se sobreviviam, passavam a viver entre os índios, a exemplo de alguns náufragos, para depois, conforme o caso, prestar serviços à colonização. Assim agiram os célebres João Ramalho, em São Vicente, e Diogo Álvares, o Caramuru, na Bahia, conforme veremos adiante. Primeiro expediente utilizado pelos portugueses para "reconhecer" as terras e gentes do Brasil, além de "fabricar" intérpretes ou "línguas", o degredo seria bastante ampliado, após 1530, figurando entre as principais políticas de povoamento da Colônia.

No entanto, vale lembrar que o degredo, em si mesmo, era uma pena, um castigo previsto para vários delitos da justiça secular, eclesiástica e inquisitorial. Degredar deriva de *degradar*, isto é, diminuir de grau, rebaixar. E, na prática, era pena equivalente ao desterro ou a trabalhos forçados para El Rei, sobretudo nas galés. Foi o degredo no sentido do desterro o instrumento utilizado pela Coroa, não só para punir diversos condenados como para povoar o território. Daí a historiadora Laura de Mello e Souza ter considerado a colônia como "purgatório da metrópole", espaço em que Portugal depositava os indesejáveis do reino.[10]

Esse amplo predomínio de degredados em nosso povoamento inicial já rendeu muitas páginas em nossa historiografia. Paulo Prado, no seu *Retrato do Brasil* (1927), foi um, entre outros, que realçou esse aspecto para marcar os males da formação histórica brasileira, frisando que a terra fora povoada pela escória de Portugal.[11] Associou-se durante muito tempo os degredados aos criminosos da mais vil espécie. Trata-se, porém, de um estereótipo. Já Gilberto Freyre chamava atenção para a diversidade dos indíviduos condenados ao degredo,[12] alguns por delitos que, apesar de graves na época, hoje seriam pueris ou sequer seriam crimes. Pequenos furtos, promessas não cumpridas de casamento, adultérios, pequenos bruxedos, esses e outros delitos eram passíveis de degredo. O mesmo vale para a principal heresia de Portugal, o presumido judaísmo de alguns cristãos-novos, delito que também recebia pena de degredo. A imagem dos degredados como grandes assassinos ou perigosos ladrões não resiste, assim, às evidências da documentação.

De todo modo, o degredo não foi utilizado apenas em relação ao Brasil. Várias partes da África, como Angola, da Ásia e as próprias fronteiras do reino português foram lugares de degredo. No caso do Brasil, embora tenha sido importante mecanismo de povoamento da terra no século XVI, o degredo não desapareceu nos séculos seguintes, mas sobreviveu antes como castigo que como meio de povoar a terra.[13]

Afonso Ribeiro foi o primeiro degredado para o Brasil nominalmente conhecido, referido na carta de Pero Vaz de Caminha, em 1500. Consta que, antes de seguir viagem para a Índia, depois de ter "descoberto" o Brasil, Pedro Álvares Cabral deixou em terra dois degredados, um deles Afonso Ribeiro, o outro possivelmente João de Thomar, sobre o qual quase nada se sabe. Foram deixados no Brasil para, segundo Caminha, andar com os índios e "saber de seu viver e das suas maneiras", sobretudo a língua. Consta que os dois desterrados choraram muito ao ser deixados na terra.

Afonso foi desterrado no Brasil por mero acaso, pois seu degredo era para a Índia, destino previsto para a viagem de Cabral. Há registro de que Afonso fora degredado para as partes da Índia por "culpas de morte", isto é, acusado de ter cometido assassinato. Era criado de certo João de Telo e estava para casar com Elena Gonçalves, mulher que, desiludida com o destino do noivo, fez votos de religiosa. Afonso Ribeiro reapareceu em carta de D. Manuel a D. Fernando de Espanha, datada de 1505, na qual informou que um dos degredados deixados no Brasil por Cabral voltara mui destro na língua dos índios. Na mesma época, consta um registro de Valentim Fernandes, tabelião real, de que os dois primeiros degredados deixados permaneceram na terra por 20 meses e, ao regressar, contaram tudo o que haviam aprendido no convívio com o gentio do lugar. É provável, portanto, que Afonso e seu companheiro tenham sido resgatados na expedição guarda-costas de Gonçalo Coelho, em 1501-1502.

Outro pioneiro desse prelúdio colonial foi o misteriosíssimo "Bacharel da Cananeia", cuja identidade não se conseguiu jamais descobrir. Sua alcunha derivava da observação do navegador espanhol Diego Garcia, que, nas memórias que depois ditou sobre sua viagem, mencionou ter encontrado, por volta de 1527, em Cananeia, um *bachiller* português que ali residia "com vários genros" havia quase 30 anos. Chamou-o de *bachiller*, bacharel em português, sugerindo que era homem muito falastrão — significado vulgar da palavra no castelhano da época. O tal "bacharel" deve ter viajado ao Brasil por volta de 1502, na expedição de Gonçalo Coelho, e os historiadores antigos tendem a considerá-lo como degredado, e não como náufrago ou desertor.

No encontro com Diego Garcia, o "bacharel" se comprometeu a construir um bergantim e a fornecer um enorme lote de escravos, estimado por alguns em 800 cativos. É certo, porém, que o "bacharel" vivia cercado de náufragos e desertores. Por outro lado, a informação de que possuía vários genros no lugar indica seu prestígio de guerreiro entre os índios, no caso os carijós, deles obtendo por seus feitos numerosas esposas, de quem tivera filhos e filhas. Os genros a que alude a documentação eram portugueses ou espanhóis, unidos às filhas do "bacharel" na lei indígena: Gonçalo da Costa, Henrique Montes, Francisco de Chaves e muitos outros. Mas quase nada se sabe sobre a "indianização" desses homens, exceto que também viviam na poligamia. A propósito do misterioso "bacharel", Capistrano de Abreu afirmou que foi dos que se insurgiram contra o meio e "impuseram sua vontade". O mais provável, porém, é que tanto o misterioso "bacharel" como seus genros vivessem à moda dos carijós.[14]

Foi provavelmente o "bacharel" ou um de seus homens que passou a Martim Afonso de Sousa informações sobre a "sierra de la plata", possível alusão às riquezas do Império andino dos incas, adensando o que já se sabia através da expedição de Aleixo Garcia (1521-25), que, partindo do Porto de Patos e seguindo por terra o curso dos rios Iguaçu, Paraná e Paraguai, abordara a zona de Potosí. Liderados pelo "bacharel" e movendo-se com desenvoltura entre o litoral de Santa Catarina e Cananeia, esses homens estavam a par dos caminhos para os tesouros do Peru. Mas tudo indica que as expedições do "bacharel" fracassaram. A expedição em que seguiu seu genro Francisco Chaves e o capitão Pero Lobo, em busca de ouro, sucumbiu a um ataque nativo.

O "bacharel" da Cananeia foi confundido com inúmeros personagens que como ele eram degredados, náufragos ou desertores, a exemplo do célebre João Ramalho, de quem trataremos adiante, ou de Gonçalo da Costa e Francisco Chaves, dois de seus presumidos genros. Seja como for, impossível saber quem foi o "bacharel", talvez o mais obscuro dos degredados que habitavam a costa brasílica na época. Viviam eles num contexto em que era mesmo difícil saber quem era quem, dada a profusão de homônimos, a multiplicidade de nomes de um só indivíduo, as grafias variadas com que foram identificados: Diogo ou Diego, Costa ou Acosta, dependendo de ser o personagem português ou castelhano.

Outro que andou entre os índios foi o português Aleixo Garcia, que não era degredado, mas náufrago. Integrou a expedição espanhola de Juan Díaz de Solís à América do Norte e ao Pacífico (1515-1516), que fracassou com a morte do capitão e de parte da tripulação no rio da Prata. No regresso, os "náufragos" desembarcaram na costa de Santa Catarina e tomaram conhecimento da misteriosa "sierra de la plata", na verdade o Império dos incas, bem como da trilha que permitia alcançá-la, o famoso caminho de Peabiru.

Aleixo Garcia viveu oito anos entre os índios guaranis ou carijós e com eles organizou expedições para alcançar esse eldorado peruano, governado, segundo diziam, por um certo "rei branco". A principal expedição ocorreu em 1524, composta de 2 mil homens, a esmagadora maioria de indígenas. Durante quatro meses, a expedição de Garcia percorreu o rio Paraguai, atravessou Cochabamba, na atual Bolívia, e alcançou a fronteira oriental do Império inca. Alimentavam-se de mel, frutas silvestres, peixe e alguma caça. A expedição chegou a se aproximar de Potosí, quando confirmou que o tal "rei branco" era mesmo o inca Huayna Capac, residente em Cusco. Há notícia de que Aleixo Garcia saqueou tesouros depositados nos postos fronteiriços, mas o fato é que a expedição não regressou. Foi atacada pelos índios que os guaranis chamavam de payaguás, talvez tributários dos incas. O próprio Aleixo Garcia morreu na contenda, mas a rota seria posteriormente trilhada por outros aventureiros, a exemplo do citado Bacharel da Cananeia.

No panteão dos mediadores quinhentistas, João Ramalho sempre terá lugar cativo.[15] Natural de Vouzela, comarca de Vizeu, norte de Portugal, não se sabe exatamente quando nasceu e morreu. Houve quem afirmasse que João Ramalho era judeu fugido ou criminoso de lesa-majestade, mas nada disso tem procedência. Era provavelmente um náufrago das primeiras viagens portuguesas, talvez degredado. Martim Afonso de Souza encontrou Ramalho vivendo entre os tupiniquins, quando fundou São Vicente, em 1532. Estima-se que viveu no Brasil desde 1512 e faleceu em São Paulo com idade muito provecta. Estava ali havia cerca de 20 anos e tinha fama de grande guerreiro. Possuía vários filhos, alguns guerreiros como ele, e sua esposa, ou a principal delas, era Bartyra (flor da árvore), filha de Tibiriçá (vigilante da terra), principal chefe tupiniquim. Ramalho havia se "indianizado" totalmente, lutando como os índios, nu e pintado, e certamente participara dos cerimoniais antropofágicos que os índios celebravam ao sacrificar os inimigos cativos.

Desde cedo Ramalho auxiliou os portugueses na expansão territorial em São Vicente e no planalto de Piratininga. Mobilizou seus "flecheiros" contra os guaianases que também habitavam a região, rivais dos tupiniquins; guerreou contra os carijós; lutou mesmo contra os tupiniquins rivais de Tibiriçá, seu sogro. A escravização de muitos índios pelos portugueses nesse tempo foi devida, em grande parte, ao auxílio de João Ramalho, patriarca dos mamelucos, como já dele se disse, e pai de vários mamelucos, na verdade. Talvez o melhor serviço prestado por Ramalho à colonização tenha sido a mediação para obter o apoio do sogro, Tibiriçá, principal aliado indígena dos portugueses na região.

Com a chegada dos jesuítas a São Vicente, em 1553, Ramalho passou a sofrer hostilidades. Anchieta acusou-o de não cumprir os sacramentos e de atiçar seus filhos contra os padres. Nóbrega chegou a chamá-lo de *petra scandali* da colonização vicentina, condenando-o por seus pecados, sobretudo sexuais. Mas logo os mesmos padres compreenderam que recriminar João Ramalho era não só inútil como indesejável, sobretudo pelo apoio que, por meio dele, recebiam de Tibiriçá. Perceberam os jesuítas que o "escandaloso" João Ramalho era uma ponta de lança da colonização e poderia auxiliar a missão. É o que indica, entre outros documentos, uma carta do provincial inaciano Manuel da Nóbrega, em 1553, solicitando gestões junto à cúria romana para que João Ramalho fosse dispensado de certos impedimentos canônicos que o proibiam de esposar Bartyra, mãe de todos os seus filhos, no entender dos padres. O impedimento maior residia em Ramalho ter também "dormido" com irmãs de Bartyra e outras parentas, o que, no direito canônico, interditava o pretendido matrimônio.

O caso de Ramalho era, porém, mais complicado, pois ele mesmo admitia que fora casado em Portugal, embora presumisse estar viúvo. Posteriormente foi descoberto o testamento de Ramalho, que tornou possível saber, inclusive, quem foram seus pais — João Velho Maldonado e Catarina Afonso de Balbode — e o nome de sua mulher portuguesa, Catarina Fernandes das Vacas. Na verdade, no tempo em que se lavrou o testamento, ainda era viva a primeira esposa de Ramalho, a quem nosso homem abandonou grávida. De todo modo, Bartyra aparece como "criada" no testamento de João Ramalho.

Em 1562, mesmo ano da morte de Tibiriçá, Ramalho chefiou um massacre contra os tupiniquins rebeldes por ordem da Câmara de São Paulo. Foi nessa vila, aliás, que passou a residir desde 1560, cumprindo ordens do governador-geral Mem de Sá. Recusou, em 1564, o cargo de vereador na mesma Câmara, sendo homem já velho de mais de 70 anos. E há mesmo documentos que o mencionam vivo em 1580, quando estaria beirando os 100 anos.

A importância do centenário João Ramalho só rivaliza com a de Diogo Álvares Correia, o célebre Caramuru,[16] sem dúvida o mais célebre dos náufragos que habitaram o litoral nas primeiras décadas dos Quinhentos. Foi objeto de comentários de inúmeros cronistas, a exemplo de Gabriel Soares de Souza, autor do *Tratado descritivo do Brasil* (1587), do jesuíta Simão de Vasconcelos, em sua *Crônica da Companhia de Jesus* (1663), de Sebastião da Rocha Pita, na sua *História da América portuguesa* (1732). Foi celebrado no poema épico de Santa Rita Durão, "Caramuru", em 1781; estudado e romanceado em dois textos de Francisco Adolpho de Varnhagen, principal historiador brasileiro do século XIX; inspirou diversos romances e representações iconográficas. O personagem virou mito.

Diogo Álvares naufragou na Bahia, na altura de 1510, mas escapou de ser devorado pelos tupinambás, segundo alguns relatos, por ter disparado para o ar um arcabuz, então desconhecido dos nativos, do que teria resultado não só a recepção admirada dos índios como seu nome tupi: "homem do fogo", "filho do trovão". Varnhagen esclarece, no entanto, que *caramuru* não é senão o nome indígena de um peixe semelhante à moreia. Houve, ainda, quem o mencionasse como um dos degredados deixados na terra para aprender a língua nativa e não faltou quem conjeturasse que Caramuru era um dos judeus fugidos de Portugal, após a conversão forçada decretada por D. Manuel, em 1496.

Mas prevalece a informação de que Diogo Álvares era náufrago que alcançou as costas baianas por volta de 1510, tempo em que era um jovem de 25 anos. O célebre náufrago era minhoto de Viana do Castelo e viveu na Bahia por no mínimo 30 anos, tendo ali falecido em 1557. Adotado pelos tupinambás, aculturou-se completamente, granjeando prestígio entre os nativos como grande guerreiro, a ponto de desposar a filha de um dos principais do lugar, a famosa Paraguaçu. Manteve contatos com os entrelopos franceses envolvidos no escambo do pau-brasil no litoral baiano e com os portugueses em 1531.

Caramuru fez na Bahia o mesmo que João Ramalho em São Vicente, servindo como ponta de lança da conquista lusa do território. Prestou serviços ao donatário Francisco Pereira Coutinho e ao primeiro governador-geral, Tomé de Sousa, em 1549, fornecendo preciosas informações sobre a terra e atuando como intérprete junto aos nativos. Foi por isso agraciado com mercês e tenças pelo governador, em nome do rei, que para isso estava autorizado por regimento específico.

Há notícia de que atuou como traficante de escravos índios, embora alguns documentos o mencionem como homem "desambicioso", que não adentrou o sertão em busca de ouro nem cativou índios. O padre Simão de Vasconcelos, porém, afirmou que Diogo Álvares prosperou e tornou-se "senhor de muitos escravos", conforme se lê na *Crônica da Companhia de Jesus*, publicada em 1663. É muito provável, na verdade, que Caramuru tenha negociado "negros da terra", como então os índios eram chamados, para a nascente economia açucareira. O comércio regular de cativos entre portugueses e grupos indígenas era cada vez mais intenso e Caramuru era o homem ideal para intermediar esse negócio. O fato é que fez fortuna e legou parte dela aos jesuítas, quando faleceu. Auxiliou muitíssimo os jesuítas desde que chegaram à Bahia, em 1549, colaborando na tradução para o tupi das primeiras orações cristãs. Manuel da Nóbrega elogiou-o mais de uma vez em suas cartas, reconhecendo seu exemplo e o auxílio à catequese. A suposta religiosidade do Caramuru estendeu-se, no lendário, à própria esposa Paraguaçu, a quem se atribui uma visão beatífica de Nossa Senhora, o primeiro registro de semelhante "graça" em terras brasílicas.

Caramuru deixou vasta descendência, entre filhos e filhas legítimos e ilegítimos, sobre o que muito se escreveu, tornando-se um dos patriarcas dos mamelucos baianos. O máximo que já dele se escreveu, a propósito de suas uniões, diz respeito a seu matrimônio com a índia Paraguaçu, com quem se casou, primeiramente, segundo o costume indígena. Muitos escreveram que o casamento católico posteriormente celebrado ocorreu em França, na corte de Catarina de Médicis, no reinado de Henrique II, recebendo a índia o nome de Catarina em homenagem à rainha de França. Na mitologização do personagem chegou-se mesmo a representar em quadro, posteriormente, o casamento de Caramuru com Catarina na corte francesa e há quem diga que Caramuru negociou seu retorno à Bahia em troca de boa carga de pau-brasil para os franceses. Varnhagen, no entanto, questionou todo o "lendário" sobre o casamento "francês" do Caramuru, alegando falta de registro histórico confiável.

Seja como for, Caramuru foi importante mediador cultural e intermediário comercial nos primeiros tempos da Bahia portuguesa. *Tupinizou-se* como João Ramalho, sem perder a identidade portuguesa, e se destacou pelos serviços prestados à colonização. Primeiro aos franceses, no comércio do pau-brasil, depois aos portugueses, aos quais também vendeu "negros da terra".

João Ramalho e Caramuru foram, portanto, os maiores exemplos, dentre os destacados neste capítulo, de mediadores culturais nos primórdios da colonização. Sobreviveram graças à sorte e sem dúvida à capacidade que demonstraram de adotar a cultura tupinambá de seus captores. Mas ambos, a exemplo de tantos náufragos e degredados desse tempo, eram indivíduos culturalmente ambivalentes. E, surgindo a ocasião, recobraram sua identidade anterior, ao menos em parte, funcionando como títeres da colonização. Não por outra razão a historiografia clássica considera tais homens como os primeiros povoadores portugueses do Brasil. Seriam quase demiurgos de uma colonização que não foi mais do que uma *colonização acidental*, como afirmou Guillermo Giucci, usando bom trocadilho.[17]

## 4. Os jesuítas como mediadores culturais

Poderia soar como algo paradoxal incluir os jesuítas como mediadores culturais do século XVI, sugerindo-se uma analogia entre os "soldados de Cristo" e os desterrados que passaram a viver como índios e depois ajudaram a colonização. Afinal, os jesuítas são considerados, com razão, como os principais militantes da Contrarreforma, empenhados em difundir o cristianismo no mundo conforme a versão católica romana. Eram os maiores defensores dos sacramentos, dos mistérios, dos mandamentos da Santa Madre Igreja de Roma e da suprema autoridade do pontífice.

É certo que a ação missionária da Companhia de Jesus no Brasil foi, antes de tudo, *deculturadora*, o que implicava realocação dos índios no espaço sagrado dos aldeamentos, na rotinização da agricultura (que os tupinambás já conheciam), na proibição da poligamia dos grandes guerreiros, na culpabilização do que os padres julgavam licenciosidades sexuais, na guerra sem trégua contra a antropofagia. Era preciso "corrigir o corpo do brasil", isto é, do índio ou *negro brasil*, escreveu com razão Baeta Neves,[18] para que a alma nativa se tornasse cristã. A outra face dessa ação era o processo de aculturação propriamente dito, no qual os nativos eram transformados em índios cristãos, aldeados, processo que avançou mais em relação às crianças do que aos adultos, por razões óbvias.

Mas o papel de mediadores culturais assumido pelos jesuítas, na prática, não é senão um falso paradoxo, porque o êxito da missionação só foi possível na medida em que sua obra pastoral buscou ancorar-se nas culturas nativas. Aliás, isso não vale só para o Brasil, mas igualmente para outras partes do Império colonial português, a exemplo da Índia.[19]

Ao se lançar à obra missionária, os jesuítas logo perceberam que a catequese teria de se lastrear na cultura indígena, a começar pela língua, para alcançar algum êxito. Era preciso "traduzir" o catolicismo[20] para a linguagem tupinambá no sentido o mais amplo possível, incluindo a língua, as mitologias indígenas e até mesmo algumas cerimônias nativas.

Alguns padres se notabilizaram particularmente nesse esforço inicial, dando evidência concreta da intermediação cultural jesuítica inerente à missionação.

Um deles mal se diferencia dos Ramalhos e Caramurus citados anteriormente, pois, na verdade, entrou em cena como protagonista da chamada *colonização acidental*. Trata-se do português Antônio Rodrigues, aventureiro da expansão portuguesa que, naufragando na costa de São Vicente, tornou-se companheiro de João Ramalho entre os tupiniquins. Antônio Rodrigues estava ao lado de João Ramalho quando Martim Afonso chegou à região em 1532, antes de fundar a primeira vila do Brasil. Nascido em 1516, servia aos castelhanos quando naufragou nas costas de São Vicente, embora a hipótese de deserção seja possível. Passou a viver entre os tupiniquins, ajudado por João Ramalho, lutando com eles contra os inimigos e participando de ritos canibalescos. Casou-se com uma das filhas de um dos principais do lugar, Piquerobi, chefe da aldeia de Uruaí, guerreiro de prestígio só inferior ao de Tibiriçá. Do seu casamento com a filha de Piquerobi, mais tarde batizada com o nome de Antônia Rodrigues, teve cinco filhos.

Ainda nos começos da colonização vicentina, o grupo de Tibiriçá entrou em conflito com o de Piquerobi sobre a conveniência da aliança com Martim Afonso de Souza. A facção de Tibiriçá saiu vencedora, como veremos, e Piquerobi morreu no combate. Antônio Rodrigues não lutou nessa peleja e acabou por largar tudo, deixando para trás a vida tupiniquim, mulher e filhos. Ingressou, então, na Companhia de Jesus, tornando-se missionário. Nas palavras do historiador Serafim Leite, Antônio Rodrigues foi um caso de "vocação tardia, muito importante no meio em que se produziu".[21] Antônio Rodrigues foi, de fato, de enorme valia para a missão inaciana em São Vicente. Exímio conhecedor da língua indígena, ajudou a traduzir catecismos e doutrinas e parecia ter enorme talento para ensinar crianças — os *culumins*. Um contemporâneo o descreveu como grande "língua", grande cantor e tocador de flauta; organizou os filhos dos índios em grupos corais, um dos segredos do seu prestígio.

Mas o novo "soldado de Cristo" não iria deixar de todo suas aptidões militares. Convocado por Mem de Sá, lutou na guerra do Paraguaçu, em 1559, matando índios contrários e incendiando aldeias, e mais tarde atuaria nas guerras contra franceses e tamoios na baía da Guanabara. Morreu em 1568, deixando descendência numerosa, sendo considerado pelos genealogistas como um dos patriarcas das famílias de São Paulo. Mediador cultural por excelência, sua biografia dá exemplo da fluidez de fronteiras entre o espiritual e o militar, entre a cultura indígena e a ibérica no limiar da colonização.[22]

Mas o principal mediador cultural das hostes jesuíticas foi José de Anchieta, o "Apóstolo do Brasil", beatificado no século XX pelo papa João Paulo II. Natural das Canárias, nasceu em 1534 na cidade de San Cristóbal de la Laguna, capital da ilha de Tenerife. Sua língua materna era o castelhano, embora dominasse outras línguas, como o português e o latim. Em 1551 era já noviço da Companhia de Jesus e, dois anos depois, desembarcou na Bahia com Duarte da Costa, segundo governador-geral, recebendo ordens sacras em 1565.

Foi, antes de tudo, um incansável missionário, seja na catequese dos índios, seja na educação dos filhos de colonos. Em 1554, fundou, com mais 12 jesuítas, o Colégio de São Paulo de Piratininga, onde viria a ser mestre de gramática latina. No ano seguinte, por incumbência do provincial Manoel da Nóbrega, de quem foi secretário, compôs nos moldes da latina a gramática tupi, que somente seria publicada em 1595, em Coimbra, pouco antes de sua morte (1597), com o título de *Arte da gramática da língua mais usada na costa do Brasil.*

A gramática anchietana foi usada, porém, desde a década de 1550 e tornou-se a base da vulgarmente conhecida como *língua geral.* Tratava-se, pois, de uma versão "ocidentalizada" da língua tupi que foi modificando, no transcurso das gerações, a própria língua nativa. A língua geral acabaria se tornando uma espécie de "língua franca" na colonização, falada por muitos colonos e vários grupos indígenas, incluindo índios "tapuias".

A gramática anchietana ainda estimulou a composição de outros textos instrumentais, a exemplo do *Vocabulário da língua brasílica,* composto no século XVI pelo padre Leonardo do Vale, e da *Arte da língua brasílica,* do padre Luís de Figueira, publicada em 1621. Outras línguas indígenas também foram objeto de gramáticas similares, vocabulários e catecismos, no século XVII, codificando-se as chamadas línguas dos "tapuias". Foi o caso do *Catecismo da doutrina cristã na língua brasílica da nação kiriri,* publicado em 1698. A preocupação de verter a doutrina cristã para a língua dos povos conquistados ou descobertos não se limitou evidentemente ao Brasil, nem foi esforço exclusivo dos inacianos. Gramáticas, catecismos e manuais de confissão visando capacitar os missionários foram compostos na América espanhola, fruto do trabalho de dominicanos, franciscanos e jesuítas — que se notabilizariam, ainda, pela produção de textos desse gênero em chinês, hindu, japonês e outras línguas.

No caso dos jesuítas do Brasil, Anchieta foi o campeão dos mediadores culturais. Missionou em várias capitanias, catequizando índios tupinambás, bem como "tapuias", na década de 1570. No que toca aos tupinambás, compôs inúmeros autos religiosos, representados nas aldeias com música e cantos, nos quais despontavam os *culumins,* as crianças nativas que Anchieta considerava estratégicas para o êxito da missão. Deve-se em grande parte a Anchieta a difusão da devoção à Virgem Maria entre os índios, dado que a maioria dos autos em louvor à "Mãe de Deus" foi composta em "língua geral". Foi também um dos responsáveis, se não o maior deles, pela "tradução" do catolicismo para a língua tupi, por meio da qual as pessoas sagradas do cristianismo foram metamorfoseadas em heróis da mitologia tupinambá (Tupã como Deus, Tupansy como a Virgem etc.).

Nesse jogo de traduções, Anchieta mesclava as culturas, mas procurava sempre demonizar as tradições indígenas, sobretudo nos autos que compunha para serem encenados em ocasiões festivas. No *Auto de São Lourenço*, todos os "maus costumes" indígenas aparecem associados ao demônio: a desordem sexual, as bebedeiras, o canibalismo, a nudez. E nesse auto, composto em meio à guerra da Guanabara, o diabo-mor não é outro senão Guaixará, líder tamoio que se aliara aos franceses. O diabo-índio era também, simbolicamente, herege e inimigo da Coroa portuguesa.

No *Auto de São Sebastião* outra vez aparecem demonizadas a antropofagia, a embriaguez pelo cauim e o transe místico provocado pelo fumo. O diabo, no caso, é *Anhanga*, outra das formidáveis traduções de Anchieta. Isso porque os tupinambás chamavam de *Anhanga* o espírito dos matos que protegia os animais da caça. Anchieta cedo percebeu que essa palavra podia muito bem significar "coisa ruim" no universo cultural indígena. Como bem observou Alfredo Bosi, "o projeto de transpor para a fala do índio a mensagem católica" implicava penetrar e compreender o universo do outro. É o mesmo autor quem nos dá uma interpretação quase exata da ação de Anchieta como intermediário cultural:

> a nova representação do sagrado assim produzida já não era nem a teologia cristã nem a crença tupi, mas uma terceira esfera simbólica, uma espécie de mitologia paralela que só a situação colonial tornara possível.[23]

Anchieta traduziu o catolicismo para o universo cultural tupinambá e vice-versa, porém se manteve sempre firme no propósito da conversão.

Suas traduções eram estratégicas. As mesclas que produziu no plano cultural foram calculadas. Houve alguns jesuítas, porém, que extrapolaram os limites do que a Igreja considerava aceitável, como é o caso do padre Francisco Pinto.

Nascido em Portugal, em 1552, logo aos 16 anos ingressou na Companhia de Jesus. Passou ao Brasil e aprendeu muito bem a "língua brasílica" dos tupis, destacando-se como exímio intérprete, sendo decisivo nos acordos estabelecidos com os potiguares no Rio Grande do Norte, em fins do século XVI. Era conhecido entre esses índios como *Amanayara,* "senhor da chuva", a confirmar o que alguns disseram dos jesuítas que faziam as "gatimonhas de pajé" para ganhar credibilidade face aos nativos. Francisco Pinto era mestre em imitar os pajés para dar maior credibilidade à catequese, agindo quase como uma espécie de "feiticeiro da evangelização".

Padre Francisco foi designado, em 1602, junto com Luís Figueira, para iniciar a catequese no Maranhão. A fama de "feiticeiro" que o cercava correu solta. Chegou-se a dizer que nessa expedição era transportado em rede pelos índios sobre suas espadas, tipoias ou redes, à moda dos pajés tupis dotados de poderes xamanísticos, os *pajés-açu*. Claude d'Abeville, o capuchinho francês que esteve com Daniel de la Touche no Maranhão, mencionou, em sua *Histoire de la Mission des Peres Capucines* (1614), um "feiticeiro português" que conduzira de 10 a 12 mil índios de Pernambuco à serra de Ibiapaba, no Ceará, provavelmente aludindo ao percurso de Francisco Pinto. Exagero do capuchinho francês, pois os dois jesuítas só contaram com 60 índios na expedição e Francisco Pinto seguiu não carregado em redes como pajé, mas como peregrino, "de bordão, breviário sob o braço e cabaço de água às costas".

Francisco Pinto teve fim trágico. Caiu prisioneiro de índios "tapuias", os tocarijus, e acabou trucidado, cerca de 1609. É mais uma história de martírio inaciano no Brasil, que comprova, por outro lado, que até mesmo os jesuítas podiam se *tupinizar* no cotidiano da colonização.

## 5. Os índios como mediadores culturais

Se os jesuítas agiram como mediadores culturais, promovendo mesclas formidáveis entre o catolicismo e as tradições indígenas, tiveram eles nos índios parceiros notáveis. Aliás, a própria colonização portuguesa não avançaria jamais não fossem as alianças firmadas pelos portugueses com vários líderes nativos, parcialmente "aportuguesados". Isso não quer dizer que os chefes nativos que buscavam ou aceitavam alianças com os portugueses (e às vezes com os franceses) estivessem a ser manipulados pelos europeus. A tessitura dessas alianças possuía uma lógica especificamente indígena, em geral relacionada às guerras tradicionais que mantinham uns contra os outros.

Um caso típico de aliança deu-se na capitania de São Vicente entre Martim Afonso de Souza e o já mencionado Tibiriçá. Tibiriçá chefiava a aldeia de Inhapuambuçu, também chamada de Piratininga, a mais povoada dentre as aldeias tupiniquins, com a qual rivalizavam as de Jerubatuba e de Ururaí, chefiadas respectivamente por Cauibi e Piquerobi, índios que alguns documentos indicam como irmãos de Tibiriçá. Os tupiniquins se uniam, porém, nas guerras contra os guaianases (tronco jê), grupo nômade que vivia da caça e da coleta.

Tibiriçá foi grande protagonista na formação das relações luso-indígenas no planalto de Piratininga e litoral vicentino. Foi na aldeia de Tibiriçá, como vimos, que se abrigou João Ramalho. Foi através da aliança com Tibiriçá, mediada por Ramalho, que os portugueses se assentaram na região, fundando São Vicente, depois São Paulo, dando início ao tráfico de escravos nativos. Não resta dúvida de que Tibiriçá viu nessa aliança um reforço para os combates contra inimigos tradicionais, como os vizinhos guaianases e carijós. Na consecução da aliança, Tibiriçá contou com o apoio de Caiubi, o chefe de Jerubatuba, de sorte que as guerras entre aldeias se transformaram em sorvedouro de escravos para o nascente colonialismo. Tibiriçá tornou-se, com efeito, o principal aliado dos portugueses nessa tarefa, recebendo em troca armas, pólvora e outros bens europeus. Nem todos os tupiniquins concordaram, porém, com essa opção, a exemplo de Piquerobi, chefe da aldeia de Ururaí, o que resultou em guerra entre os tupiniquins. Piquerobi, que era sogro de Antônio Rodrigues, o desertor que, como vimos, ingressaria na Companhia de Jesus, perdeu a vida nessa guerra. John Monteiro analisa a questão pondo em xeque a consistência de tais alianças:

> Embora os portugueses conseguissem a adesão de alguns chefes locais por meio dessas alianças, tais estratégias de consolidação do controle nem sempre foram bem-sucedidas... A resistência de outros elementos tupiniquins aos avanços dos portugueses evidentemente provocava sérias crises de autoridade entre os grupos locais, levando a um facciosismo agudo.[24]

O fato é que essa guerra intratupiniquim terminou mal somente para os tupiniquins da aldeia de Ururaí. Quanto a Tibiriçá e seus comandados, deram passo decisivo para se integrar à colonização nascente. Tibiriçá cooperou com o primeiro governador-geral, Tomé de Souza e, com a chegada dos jesuítas, converteu-se ao catolicismo, tornando-se Martim Afonso Tibiriçá em 1554, mesmo ano em que se fundou o Colégio de São Paulo de Piratininga. Sua conversão parece ter sido sincera, havendo notícia que Tibiriçá suspendeu uma cerimônia antropofágica para atender a apelos dos padres da Companhia. O apoio que deu aos jesuítas está muito documentado, sendo corrente a opinião de que sem Tibiriçá e sua gente os jesuítas não teriam fundado São Paulo. Recebeu, por isso, o reconhecimento da Coroa, que lhe concedeu tença anual e, presumidamente, o hábito de cavaleiro da Ordem de Cristo.[25]

Outro exemplo de líder indígena aportuguesado foi o não menos célebre Arariboia (por vezes grafado como Arariy-boya ou Ararigboia, que alguns traduzem como "cobra feroz"), principal chefe temiminó. Foi batizado como Martim Afonso, a exemplo de Tibiriçá, de São Vicente, outra homenagem a Martim Afonso de Souza, donatário da capitania do mesmo nome, que englobava as terras da futura capitania do Rio de Janeiro. Ficou afamado pelo apoio militar dado aos portugueses contra os franceses e à criação das cidades do Rio de Janeiro e de Niterói.

São polêmicas as informações sobre Arariboia e sua aliança com os portugueses. Alguns sugerem que estava no Rio de Janeiro na época da invasão francesa, tendo apoiado os portugueses porque os tamoios, inimigos figadais dos temiminós, eram aliados dos franceses. Há quem diga, entretanto, que essa rivalidade indígena vinha de antes e que os temiminós tinham sido expulsos pelos tamoios do Rio de Janeiro para o Espírito Santo, dali retornando, em 1564, para pôr cobro à derrota anterior. Maria Regina Celestino de Almeida, a exemplo de John Monteiro, aposta no predomínio da lógica para explicar esses conflitos:

> No Rio de Janeiro colonial, os estrangeiros foram inseridos nas relações intertribais já existentes, enquanto os índios buscavam estabelecer com eles relações que pudessem completar ou ultrapassar sua própria identidade.[26]

Seja como for, Estácio de Sá, sobrinho do governador Mem de Sá, quando voltou de Portugal, em 1564, chefiando a esquadra enviada para expulsar os franceses, parece ter convencido os temiminós a regressarem para combater seus inimigos tradicionais. Os portugueses chegaram à Guanabara em março de 1565, fundando a cidade e lá permanecendo até janeiro de 1567, quando Mem de Sá apresentou-se com reforços. Entrementes, Arariboia teria participado de vários ataques aos tamoios e franceses, chefiando milhares de guerreiros, mas a crônica de seu principal feito foi a relativa à batalha da aldeia de Uruçu-mirim (atual bairro da Glória), em 20 de janeiro de 1567, onde, por vingança, massacrou cruelmente os tamoios que lá estavam. O padre Simão de Vasconcelos escreveu que "dos tamoios, não ficou um com vida". Atacaram, em seguida, outras aldeias rivais, com igual sucesso.

Após a vitória sobre os franceses, Arariboia recebeu, em 1568, sesmaria de uma légua de terras sobre a baía e duas para o "sertão", situada nas margens opostas à cidade de São Sebastião do Rio de Janeiro. Somente em 22 de novembro de 1573 deu-se a solenidade de posse da sesmaria, pois diversos recursos foram impetrados por pessoas que se diziam lesadas com a doação. Foi agraciado com o hábito de cavaleiro da Ordem de Cristo e nomeado capitão-mor de sua aldeia pelo rei D. Sebastião, tendo sido o primeiro chefe indígena a ostentar condecorações régias.

Passando às capitanias do norte, encontramos mais exemplos desse percurso no qual, por meio de alianças exitosas, se operava uma "nobilitação" de chefes indígenas atuantes, ao mesmo tempo, como intermediários culturais.

Foi o caso de Zorobabé, chefe potiguar na região da Paraíba e do Rio Grande do Norte. A história do potiguar Zorobabé se relaciona, antes de tudo, aos combates entre portugueses e franceses na Paraíba no final do século XVI, os primeiros se esforçando por conquistar a região, os segundos mantendo comércio de pau-brasil com os potiguares. A luta entre franceses e lusos conheceria inúmeras peripécias nos anos 1580, tempo em que portugueses e espanhóis lutariam lado a lado, sendo época da União Ibérica. Os índios da região se dividiram no conflito entre europeus, em parte devido às suas desavenças internas, lutando os tabajaras ao lado dos ibéricos e os potiguares ao lado dos franceses.

Foi então que começou a sobressair a liderança de Zorobabé, aliado dos franceses no Rio Grande, afinal vencidos por Jerônimo de Albuquerque, em 1598. Ato contínuo, esse buscou aproximar-se dos potiguares, que, flagelados por forte epidemia, aceitaram unir-se aos portugueses e tabajaras. As embaixadas foram exercidas por um pajé potiguar, chamado de "Ilha Grande", e um franciscano perito em tupi, frei Bernardino das Neves. Zorobabé passou para o lado ibérico e prestaria valiosos serviços à colonização luso-espanhola. Em 1603, tempo em que os aimorés (nômades do grupo jê) recrudesceram os ataques aos engenhos e povoados da Bahia, Zorobabé comandou contra eles 1.500 flecheiros, segundo certidão da Câmara de Olinda lavrada em 15 de março daquele ano. De volta à Paraíba, coberto de glória, recebeu ordem do governador Diogo Botelho para atacar um quilombo de "negros da Guiné" estabelecido nos arredores do rio Itapicuru, a quatro léguas (cerca de 25 quilômetros) do rio Real, na Bahia. Zorobabé destroçou o quilombo e conta frei Vicente do Salvador que poucos tornaram a seus donos, pois o chefe potiguar matou grande parte dos quilombolas e escravizou os demais.[27] Vendeu-os no regresso à Paraíba em troca de bandeira, tambor, cavalo e vestidos. Zorobabé se aportuguesou, mas nem tanto. Sabe-se que não abraçou o catolicismo e os portugueses temiam se aproximar da serra de Copaoba, na Paraíba, onde Zorobabé se encastelou, depois de ali chegar montado a cavalo. Era particularmente temido quando bebia o cauim, pois, segundo se dizia, ficava “inquieto e revoltoso”. Mas há notícia de que recebeu tença régia de 400 reais enquanto durou sua aliança com os portugueses.

O sucessor de Diogo Botelho, Diogo de Menezes, nomeado em 1606, não manteve a aliança com Zorobabé. Em razão de suspeitas de que os potiguares urdiam alguma rebelião, Zorobabé foi preso, em 1608, enviado a Pernambuco, daí à Bahia, onde tentaram envenená-lo, e por fim a Portugal. Morreu no cárcere, em Évora, não se sabe em que ano.

Melhor sorte teve Piragibe ou Pitagiba, o Braço de Peixe, chefe tabajara nas ribeiras do São Francisco. Eram os tabajaras tradicionais aliados dos portugueses desde os tempos do primeiro donatário de Pernambuco, Duarte Coelho, até que nos anos 1580 os índios destroçaram uma expedição de aventureiros pernambucanos. As guerras luso-tabajaras duraram pouco, no entanto, graças às embaixadas do ouvidor-geral Martim Leitão junto ao líder tabajara, Piragibe, que se fixou na ilha do Bispo, arredores da futura cidade da Paraíba.

A restauração da aliança luso-tabajara na região se deveu em grande parte às rivalidades tradicionais entre esses índios e os potiguares, liderados por Zorobabé, os quais se haviam unido aos franceses ali estabelecidos para traficar pau-brasil. Foi graças ao apoio dos tabajaras que os portugueses derrotariam os potiguares e franceses, conquistando a Paraíba, em 1585, e, posteriormente, o Forte dos Reis Magos, no Rio Grande, berço da futura Natal, em 1598, sob o comando de Jerônimo de Albuquerque. A rivalidade entre Piragibe e Zorobabé foi decisiva para a tessitura das alianças entre os índios da região e os europeus em conflito.

Posteriormente à vitória de Jerônimo de Albuquerque, em 1598, os potiguares aceitaram unir-se aos portugueses e tabajaras e o próprio

Zorobabé, como vimos, prestaria valiosos serviços aos governos coloniais até cair em desgraça com o governador Diogo de Menezes. Piragibe, por sua vez, recebeu, presumidamente, o hábito de Cavaleiro da Ordem de Cristo, além de tença régia, pelo seu apoio à conquista da Paraíba.

A questão da concessão do hábito de Cavaleiro da Ordem de Cristo aos chefes indígenas leais aos portugueses é uma das mais poderosas evidências da aculturação que temos examinado e do papel de mediadores culturais que também os índios puderam exercer no início da colonização. Mas há controvérsia sobre se, de fato, foi consumada a concessão dessas honrarias, pois delas não há registro nos códices da Chancelaria do Reino depositados no Arquivo Nacional da Torre do Tombo, em Lisboa. O mais provável é que tenham sido os governadores a concederem a honraria, dispensando os trâmites exigidos para a mercê do título de cavaleiro das ordens militares portuguesas: a Ordem de Cristo, a Ordem de Santiago da Espada e a Ordem de Aviz. No regimento de Mem de Sá, por exemplo, consta a autorização do rei para que o governador concedesse títulos de Cavaleiro.

Ao longo do século XVII, seja no período filipino (1580-1640), seja após a Restauração portuguesa com a dinastia de Bragança, o expediente de conceder mercês e títulos de Cavaleiro da Ordem de Cristo a chefes indígenas seria recorrente e, nesse caso, mais documentado. Seria o caso de Filipe Camarão, chefe potiguar que lutou pelos portugueses nas guerras pernambucanas contra os holandeses. Mas até nesses episódios há dúvida sobre a completude do trâmite na concessão da mercê.[28] Mas essa polêmica escapa aos objetivos deste capítulo. O importante, aqui, é frisar a adesão de certos líderes indígenas ao projeto colonizador português, movida ao mesmo tempo por uma lógica indígena e pelo crescente prestígio das insígnias portuguesas como instrumento de legitimação das chefias. A lógica da troca com base no dom e contradom foi pouco a pouco adquirindo cores mestiças. De todo modo, com a nobilitação das lideranças indígenas, a tessitura das mesclas culturais deu um passo decisivo.

## 6. Os mamelucos como mediadores culturais

No início deste capítulo alertamos, seguindo Serge Gruzinski, que mestiçagem cultural não é sinônimo, nem decorrência, da mestiçagem étnica e oferecemos exemplos de índios e portugueses, inclusive padres jesuítas, que exerceram importante papel de mediadores culturais. As metamorfoses identitárias foram típicas da situação colonial não somente no século XVI, mas também nos seguintes. No entanto, é possível perceber situações nas quais os dois tipos de mestiçagem se justapõem ou mesmo se confundem. É o caso dos *mamelucos*, exemplo máximo da mescla entre a cultura portuguesa e a indígena em nosso primeiro século.

De uso corrente desde o século XVI, a palavra mameluco, que então se grafava *mamaluco*, designava o descendente de uniões entre brancos e índios, particularmente dos casamentos, uniões consensuais ou relações eventuais entre portugueses e índias. Na documentação quinhentista, o mameluco é quase sempre filho de portugueses com índias ou filho de um casal em que o pai ou a mãe era já mameluco.

A origem da palavra é controvertida. Deriva, para alguns, do vocábulo tupi *maloca* (a unidade domiciliar dos índios), termo por vezes utilizado para designar a expedição apresadora de índios que celebrizaria os próprios mamelucos no período colonial. Para outros, a palavra era já usada no Portugal medieval para designar os mestiços de portugueses e mouros, sendo posteriormente adaptada para os descendentes de portugueses e índias no cenário colonial. Predomina, no entanto, a versão de que os mestiços de portugueses e índias foram chamados de mamelucos no Brasil em razão de sua agressividade no apresamento de cativos. Essa última versão parece fornecer boa pista, pois mameluco é palavra de origem árabe, *mamluk*, que significa "escravo ou pajem", e no antigo dicionário de Moraes Silva (1789) os mamelucos foram definidos como "turcos criados nas artes da guerra".

Historicamente, os mamelucos originais eram os cativos turcos do Egito que, no século XIV, integraram o exército muçulmano e chegaram ao poder, fundando a chamada "dinastia mameluca". Foi por essa época que a palavra se vulgarizou em Portugal, presumidamente para estigmatizar a mestiçagem entre portugueses e mouras no próprio reino. Por analogia com o aguerrimento e a "ferocidade" dos mamelucos turco-egípcios, a palavra parece ter sido transplantada para designar os mestiços luso-indígenas — sendo significativo que os jesuítas, maiores adversários da "caça ao índio", tenham usado costumeiramente a palavra para designar esses homens.

De todo modo, não resta dúvida de que os mamelucos desempenharam papel decisivo no avanço da colonização portuguesa. Quase se confundem com os bandeirantes paulistas, que não apenas caçavam escravos, mas adentravam os "sertões" em busca de metais preciosos, traficavam com as aldeias e alargaram as fronteiras coloniais, ultrapassando os limites do Tratado de Tordesilhas, de 1494.

No caso de São Paulo, a ação dos mamelucos foi muito estudada, embora alguns trabalhos tenham de certo modo "escondido" a figura do mameluco na do bandeirante intrépido e heroico. Ainda assim, a historiografia paulista produziu obras clássicas sobre os mamelucos, a exemplo de *Vida e morte do bandeirante*, de Alcântara Machado (1929), e de "Índios e mamelucos", de Sérgio Buarque de Holanda (1949), mais tarde incluído em *Caminhos e fronteiras* (1957), livro-chave para se compreender o mameluco e seu papel no Brasil colonial. Sérgio Buarque de Holanda realizou uma autêntica etno-história dos mamelucos, sertanistas que se moviam com destreza nas matas, enfrentavam moléstias com o conhecimento indígena das ervas, combatiam índios hostis com os segredos dos próprios nativos, encaravam feras e animais peçonhentos com sua bagagem cultural híbrida, meio portuguesa, meio indígena.

As fontes inquisitoriais do século XVI permitem alargar, ou mesmo aprofundar, o estudo dos mamelucos. Nos livros de confissões e denúncias da Primeira Visitação do Santo Ofício enviada ao Brasil há registro de centenas de mamelucos, sobretudo na Bahia, identificados nominalmente. São documentos que permitem recuperar a trajetória individual de vários mamelucos, alguns deles processados pela Inquisição pelo crime de "gentilidades", ou seja, pela prática de ritos e costumes indígenas. Alguns foram incriminados por aderir ao movimento indígena da Santidade mencionado anteriormente, talvez o melhor exemplo do sincretismo religioso católico-tupinambá do Brasil quinhentista.

O que sobressai nessa documentação é a ambivalência cultural dos mamelucos, via de regra nascidos e criados em aldeia indígena e depois passados às povoações coloniais. Eram homens que viviam entre dois mundos, ora nus e antropófagos, lutando ao lado dos índios contra seus inimigos nativos ou europeus, ora vestidos e armados com arcabuz para caçar escravos. Muitas vezes eram casados na igreja com mulheres cristãs, sem prejuízo de suas uniões com mulheres indígenas em várias aldeias. Fingiam-se de padres para atrair índios ou acusavam os mesmos padres de privar os índios da poligamia com a intenção de desviá-los dos aldeamentos para os engenhos. Eram bilíngues e riscados com a tintura de jenipapo, tatuagem indelével, sinal de que haviam feito prisioneiros e participado de cerimoniais antropofágicos.

Para dar um só exemplo dos mamelucos luso-baianos, vale citar o caso de Domingos Fernandes Nobre, de alcunha Tomacaúna.[29] Filho da índia Joana com o pedreiro português Miguel Fernandes, Domingos era natural de Pernambuco, nascido por volta de 1564. Aos 18 anos foi para os sertões, onde passou a viver entre os nativos até os 35 anos. Tornou-se, então, o Tomacaúna, que se agregou ao nome cristão de batismo, por alcunha. Por longos anos, Tomacaúna lutou várias guerras entre os índios e foi tatuado nos braços, nas coxas, pernas e nádegas, sinal de que fizera muitos cativos. Como grande guerreiro, chegou a ter sete mulheres em diversas aldeias e uma infinidade de filhos. Bailava com os índios, embebedava-se nas cauinagens, comia pedaços de inimigos no repasto antropofágico.

Mas já nesse tempo Tomacaúna por vezes se deixou levar pelo seu lado português e prestou serviços aos colonos. Integrou expedição enviada aos sertões de Porto Seguro em busca de ouro. Tinha quase 30 anos quando participou, pela primeira vez, de uma expedição para o descimento de gentios na Bahia, a mando dos portugueses. Homem corpulento e versado nos costumes indígenas, Tomacaúna bandeou-se de vez para o lado dos colonos quando tinha cerca de 30 anos. Casou-se à moda cristã com Isabel Beliaga, mulher branca, por volta de 1580, e assumiu o ofício de "sertanista". Integrou diversas expedições de guerra contra índios ou resgate de cativos ordenadas pelo governo geral. Numa dessas ocasiões, para contornar a desconfiança de um grupo de índios nos sertões de Ilhéus, se fez de pajé, "com invenções e fingimentos", para que não o matassem.

Nosso personagem era, ao mesmo tempo, o índio Tomacaúna e o sertanista Domingos. Lealdades fluidas. Identidade ambivalente. Foi Domingos Fernandes quem chefiou a expedição ordenada por Fernão Cabral, em 1585, para tentar convencer os seguidores da Santidade indígena a largarem os matos e migrar para o engenho daquele senhor, com a promessa de que ali teriam liberdade de culto. Ali agiu como Tomacaúna e, usando a língua nativa que dominava muito bem, teve êxito nessa missão.

Domingos Fernandes Nobre passou por algum aperto mais tarde, processado por prática de gentilidades pelo visitador inquisitorial Heitor Furtado de Mendonça. Mas sua pena foi levíssima. Acabou prosperando como colono ao receber sesmaria em Sergipe del Rei.

Tomacaúna exemplifica esse segmento de mamelucos culturalmente ambivalentes e de dúbia lealdade que, de um modo ou de outro, conquistaram os "sertões" do Brasil para a colonização. Nesse caso, miscigenação étnica e mestiçagem cultural andaram juntas.

Por outro lado, embora permita verticalizar o estudo dos mamelucos como autênticos intermediários culturais, a documentação do Santo Ofício não esgota o assunto. Há que considerar os mamelucos que se "indianizaram" completamente, dos quais perdemos o rastro. E houve mamelucos que, desde cedo, foram agentes da colonização, alguns deles célebres. Mamelucos como Jerônimo de Albuquerque, natural de Olinda, filho de português homônimo e da índia depois conhecida como Maria do Espírito Santo Arco Verde. Homem que chegou a governar Pernambuco, expulsou os franceses do Rio Grande do Norte e os enfrentou no Maranhão, combatendo La Ravardière no século XVII. Jerônimo de

Albuquerque costumava dizer que um pouco de carne de cobra e um bocado de farinha eram suficientes para sustentá-lo nos matos.

É o momento de concluir, sublinhando, uma vez mais, que a tessitura dos sincretismos culturais, processo de várias faces, foi obra de múltiplos agentes. Para compreendê-la, é preciso alargar os horizontes, evitar as vitimizações, os esquematismos e reducionismos do tipo "luta de classes" ou de colonizadores *versus* colonizados. O estudo de casos particulares e de experiências individuais, como as descritas neste capítulo, possui valor estratégico para alcançar as metamorfoses identitárias por dentro. Nada que impeça, porém, as tentativas de explicação generalizantes que relacionem as mesclas culturais com os vários sentidos da colonização portuguesa, sobretudo o sentido mercantil.[30]

## Notas

1. Sérgio Buarque de Holanda, 1976, p. 11.
2. Gilberto Freyre, 1973, p. 5.
3. Em livro posterior, Sérgio Buarque de Holanda relativizaria essa posição ao estudar a história colonial de São Paulo, sublinhando, dessa feita, o peso da cultura indígena na formação econômica e social paulista. Ver Sérgio Buarque de Holanda, José Olympio, 1957.
4. Sérgio Ferreti, p. 13-26, 2001.
5. Pierre Sanções, p. 4-11, 1994.
6. Nathan Wattle, 1976, p. 114.
7. Serge Gruzinski, 2001, p. 37.
8. Ronaldo Vainfas, 1995.
9. Michel Vovelle, 1987, p. 214.
10. Laura de Mello e Souza, 1987, p. 72.
11. Paulo Prado, 1997, p. 66.
12. Gilberto Freyre, 1973, p. 21.
13. Geraldo Pieroni, 2000.
14. J. Capistrano de Abreu, 1976, p. 29.
15. J.F. de Almeida Prado, p. 85-96.
16. Janaína Amado, 2000.
17. Guillermo Giucci, p. 19-23, 1992.

18. Luís F. Baeta Neves, 1978, p. 75.
19. Célia Cristina da Silva Tavares, 2004.
20. Cristina Pompa, 2003.
21. Serafim Leite, 1993, p. 11.
22. Serafim Leite, 1927, p. 55-75.
23. Alfredo Bosi, p. 65, 1992.
24. John Monteiro, 1994, p. 34.
25. De todo modo, as opções de Tibiriçá resultariam desastrosas para os tupiniquins, ainda no século XVI. John Monteiro afirma que a aliança aparentemente vantajosa com os portugueses levou à destruição do grupo, fruto da mudança nos padrões de guerra e, sobretudo, da difusão de epidemias resultantes do contato com os europeus e com os primeiros africanos desembarcados no Brasil. O próprio Tibiriçá morreu, em 1562, vítima de disenteria trazida pelos escravos "da Guiné". Receberia, então, o reconhecimento dos jesuítas, que o sepultaram na modesta igreja de São Paulo.
26. Maria Regina Celestino de Almeida, 2001, p. 52.
27. Frei Vicente do Salvador, 1975, p. 273-294.
28. Ronald Raminelli examinou o assunto em "Hábitos controversos", 2007.
29. A biografia de Tomacaúna encontra-se baseada no processo inquisitorial número 10.776 da Inquisição de Lisboa, depositado no Arquivo Nacional da Torre do Tombo, Lisboa.
30. Caio Prado Jr., Brasiliense, 1977.

## Bibliografia

ABREU, J. Capistrano de. *Capítulos de história colonial.* 6ª edição. Rio de Janeiro: Civilização Brasileira, 1976.

ALMEIDA, Maria Regina Celestino de. *Metamorfoses indígenas: identidade e cultura nas aldeias coloniais do Rio de Janeiro.* Rio de Janeiro: Arquivo Nacional, 2001.

AMADO, Janaína. Diogo Álvares, o Caramuru e a fundação mítica do Brasil. *Estudos Históricos,* v. 14, n. 25, p. 3-39, 2000.

BOSI, Alfredo. *Dialética da colonização.* São Paulo: Companhia das Letras, 1992.

FERRETI, Sérgio. Notas sobre o sincretismo religioso no Brasil: métodos, limitações, possibilidades. *Tempo*, v. 6, n. 11, pp. 13-26, 2001.

FREI VICENTE DO SALVADOR. *História do Brasil* (1627). São Paulo: Melhoramentos, 1975.

FREYRE, Gilberto. *Casa Grande & Senzala*. 16ª edição. Rio de Janeiro, José Olympio, 1973.

GIUCCI, Guillermo. A colonização acidental. *Ciência Hoje*, v. 15, n 86, p. 19-23, 1992.

GRUZINSKI, Serge. *O pensamento mestiço*. São Paulo: Companhia das Letras, 2001.

HOLANDA, Sérgio Buarque. *Raízes do Brasil*. 9ª edição. Rio de Janeiro: José Olympio, 1976.

HOLANDA, Sérgio Buarque de. *Caminhos e fronteiras*. Rio de Janeiro: José Olympio, 1957.

LEITE, Serafim. *Breve história da Companhia de Jesus no Brasil, 1549-1760*. Braga: Livraria A.I., 1993.

LEITE, Serafim. "Antônio Rodrigues, soldado, viajante e jesuíta português na América do Sul". *Anais da Biblioteca Nacional*, v. 49, p. 55-75, 1927.

MONTEIRO, John. *Negros da terra*. São Paulo: Companhia das Letras, 1994.

NEVES, Luís F. Baeta. *O combate dos soldados de Cristo na terra dos papagaios*. Rio de Janeiro: Forense, 1978.

PIERONI, Geraldo. *Os excluídos do reino*. Brasília: EdUnB, 2000.

POMPA, Cristina. *Religião como tradução*. São Paulo: EDUSC, 2003.

PRADO, J.F. de Almeida. *Primeiros povoadores do Brasil,1500-1530*. 4ª edição. São Paulo: Companhia Editora Nacional, 1966.

PRADO, Paulo. *Retrato do Brasil*. 8ª edição. São Paulo, Companhia das Letras, 1997.

PRADO Jr., Caio. *Formação do Brasil contemporâneo*. 15ª edição. São Paulo: Brasiliense, 1977.

SANCHIS, Pierre. Pra não dizer que não falei de sincretismo. *Comunicações do ISER*, 13, 45, p. 4-11, 1994.

SOUZA, Laura de Mello e. *O Diabo e a Terra de Santa Cruz*. São Paulo, Companhia das Letras, 1987.

TAVARES, Célia Cristina da Silva. *Jesuítas e Inquisição em Goa: a cristandade insular*. Lisboa: Roma Editora, 2004.

VAINFAS, Ronaldo. *A heresia dos índios*. São Paulo, Companhia das Letras, 1995.

VOVELLE, Michel. *Ideologias e mentalidades*. São Paulo: Brasiliense, 1987.

WACHTEL, Nathan. *A aculturação*. In: LE GOFF, Jacques & NORA, Pierre (orgs.). *História: novos problemas*. Rio de Janeiro: Francisco Alves, 1976.

CAPÍTULO 9

# Narrativas quinhentistas sobre o Brasil e os brasis

*Andrea Daher**

Supor uma literatura quinhentista sobre o Brasil significa sustentar que os diversos vestígios textuais conhecidos no presente sejam receptáculos neutros em que foram alocados conteúdos — as notícias da terra e das gentes brasileiras — até o momento em que passaram a ser submetidos ao trabalho analítico que os restituiu como naturalidade ou positividade, no caso, Brasil. Uma concepção supra-histórica como a de "literatura luso-brasileira" encerra, de saída, categorias anacrônicas em relação ao século XVI, quando então se desconheciam aquelas que hoje são as suas próprias condições de possibilidade: as categorias pós-iluministas de autoria e de obra e a noção de mercado que fundam a literatura;[1] e as unidades positivas "lusitana" e "brasileira" pressupostas fora da dinâmica, contingentemente histórica, em que foram escritos e recebidos os textos.

Se for seguida a classificação proposta por José Honório Rodrigues, a "historiografia colonial" brasileira[2] tem como categorias a "historiografia da Conquista", constituída de um conjunto textual de extrema

*Professora do departamento de História da Universidade Federal do Rio de Janeiro.

variedade;[3] a "historiografia das invasões", concentrada nos relatos resultantes da experiência francesa de colonização do Rio de Janeiro;[4] a "crônica geral colonial", cujos pilares são Pero de Magalhães Gandavo e Gabriel Soares de Sousa; e, por fim, a "historiografia religiosa", que Rodrigues organiza pelo critério autoral dos representantes das diferentes ordens missionárias, preterindo o da variedade de gêneros discursivos produzidos.

Classificações como essas são claramente tributárias dos programas nacionalistas de "invenções de tradições" que condicionaram as apropriações dessas narrativas tal como chegaram até o presente. Esse condicionamento foi operado através de instituições como o Instituto Histórico e Geográfico Brasileiro, criado em 1838, que tinha por objetivo coligir, arquivar ou publicar os documentos reveladores da história e da geografia do Império brasileiro.

Aparentemente liberta de pretensões teleológicas, a historiografia esforçou-se, mais recentemente, para estabelecer as visões diferenciadas da "alteridade indígena" por parte de portugueses e "estrangeiros", viajantes e missionários, no primeiro século da colonização. Porém, a tese corrente de uma divisão no interior do conjunto de textos quinhentistas sobre o Brasil que opõe, de um lado, a visão do colonizador português que deprecia a imagem do índio e, de outro, a do viajante — principalmente o francês — que o exalta é de extrema simplicidade.[5] Ela não pode dar conta das clivagens religiosas e políticas da época moderna, nas quais se achavam inseridas as "visões" de viajantes, colonos e missionários, e nem das condições de formação, de circulação e de recepção de um capital de informação sobre a terra e as gentes do Brasil.

É certo que as ambições francamente colonialistas de empresas não lusitanas — como as tentativas francesas de colonização do Rio de Janeiro e do Maranhão[6] — que acabaram por legar muitos escritos eram distintas daquelas que fundamentavam o modelo de colonização portuguesa. Mas há de se considerar que elas estavam implicadas, no interior de um modelo político-econômico específico, com os aspectos de ordem política, ética e teológica que marcaram, de modo geral, a Conquista americana. Assim, a atitude de tolerância e de respeito à integridade física e moral do índio, hoje largamente reconhecida em relatos como o do huguenote francês Jean de Léry,[7] não deve ser forçosamente identificável com a dos viajantes franceses em geral e muito menos comparável, por antítese, à dos jesuítas portugueses.

Do ponto de vista editorial, da segunda metade do século XVI até as primeiras décadas do século seguinte foram impressos mais livros em língua francesa contendo informações sobre o Brasil do que em língua portuguesa. A observação diz respeito a obras de diversos gêneros, comumente classificadas como "literatura de viagens" ou "geográfica", ou concerne, ainda, obras de caráter mais genérico, muitas vezes traduzidas do latim ou de outras línguas vernáculas em francês.[8]

A falta de publicações em língua portuguesa foi explicada, sem qualquer fundamento mais preciso, por uma suposta política de sigilo empreendida pelas autoridades lusas. A voga bibliofílica que acompanha o surto historiográfico do século XIX correspondeu, no entanto, a esta falta: o Instituto Histórico e Geográfico Brasileiro apoiou o levantamento de fontes da história brasileira, tanto no Brasil quanto na Europa, tendo Francisco Adolfo de Varnhagen desempenhado um papel primordial nesse sentido. De sócio-correspondente em 1840 passou, em 1842, a pesquisador oficial, trabalhando sistematicamente em arquivos europeus.

O subtítulo atribuído à obra de Gabriel Soares de Sousa, publicada por Varnhagen em 1851, dá conta do esforço historiográfico empreendido: "Tratado descriptivo do Brasil em 1587. Edição castigada pelo estudo e exame de muitos códices manuscritos existentes no Brasil, em Portugal, Espanha e França e acrescentada de alguns comentários à obra".[9] A "edição castigada", além de corrigir a precedente, atribuindo inclusive a autoria da narrativa a Soares de Sousa, estabeleceu em definitivo uma versão única de mais de uma dezena de versões parciais do *Tratado* e erigiu a obra como "a mais admirável de quantas em português produziu o século quinhentista".[10]

Quanto aos textos dos mais variados gêneros produzidos pelos missionários jesuítas, mantiveram-se também reservados à forma manuscrita, tendo sido pouquíssimo publicados. Obedeceram, no entanto, a uma lógica de circulação vigorosa, então regulada pela própria Ordem.

Nesse sentido, o critério editorial que institui o privilégio das obras impressas para a consideração das narrativas quinhentistas sobre o Brasil introduziria uma desproporção falseadora tanto das suas funções quanto dos seus usos verossímeis no século XVI.

Aqui, o privilégio de tratamento será dado não exatamente aos textos impressos ainda no século XVI, mas àqueles cujas condições de escrita, de circulação e de apropriação, manuscritos ou impressos, possam revelar dispositivos dos sistemas de representação em que funcionaram no Quinhentos. A reflexão sobre as práticas letradas quinhentistas coloniais se torna possível, assim, relacionando a estrutura dos discursos com algumas questões críticas do presente, na forma de uma atividade histórica, ou seja, segundo sua função e recepção.[11]

## A propaganda da colonização lusa

A *Historia da provincia de Sancta Cruz a que vulgarmente chamamos Brasil*, de Pero de Magalhães Gandavo,[12] foi o único impresso dedicado à província publicado no século XVI em português. As razões alegadas por Gandavo para escrever a *Historia* constituem, hoje, um importante testemunho da ordem teológico-política em que deve ser pensada a colonização portuguesa e, no interior dela, da função de propaganda de livros como o seu: "A causa principal que me obrigou a lançar mão da presente história & sair com ella a luz foy por nam aver ate agora pessoa que a empreendesse, avendo ja setenta & tantos annos que esta provincia he descoberta."[13]

A *Historia da provincia de Sancta Cruz* inaugura-se com versos de Luis de Camões[14] dedicados ao senhor dom Lionis Pereira, governador de Malaca, a quem o livro também é dedicado.[15] Se não há uma só referência às terras atlânticas, são dados a ler, nesse elogio ao governador de Malaca, os valores da "ação colonizadora" aplicados, no caso, ao bom governo das colônias do Império português.[16] Superiores às vontades individuais, eles configuram a própria economia das mercês, subentendida nessas páginas iniciais.

Prenunciando através da tópica das letras e das armas o destino heroico da colonização levada a cabo por homens grandiosos na prudência da administração,[17] a história da província atlântica oferecida nas páginas seguintes é, segundo o próprio Gandavo, obra necessária, até então infortunadamente negligenciada pelos portugueses. No "Prólogo ao Lector", ele expõe as suas intenções mais profundas:

> A qual história creyo que mais esteve sepultada em tanto silencio, pelo pouco caso que os Portugueses fezeram sempre da mesma provincia, que por faltarem na terra pessoas de ingenho & curiosas, que per melhor estillo & mais copiosamente que eu a escrevessem.[18]

Gandavo sugere, ainda, que uma obra como tal mereceria ter sido escrita com estilo e eloquência superiores aos seus, posto que a própria matéria "histórica" implica a dissimulação discreta do narrador[19] e a autonomia dos fatos, verdadeiros e naturais, em relação à sua vontade.

O prólogo denuncia a inibição dos portugueses e, mais ainda, a "dos homens de letras", que deixaram aberto o espaço para o "engenho" e a "curiosidade" dos "estrangeiros", delegando-lhes o conhecimento profundo das "coisas da província". O argumento tem valor de advertência: escrever e tornar pública a história da colônia é um meio incontestável de afirmar, aos olhos de estrangeiros e portugueses, a legitimidade e a necessidade da colonização portuguesa, obra da Providência divina.

> Porem ja que os estrangeiros a tem em outra estima, e sabem suas particularidades melhor & mais de raiz que nós (aos quaes lançaram os Portugueses fora dellas a força darmas per muitas vezes) parece cousa decente & necessaria, terem também os nossos naturaes a mesma noticia, especialmente pera que todos aquelles que nestes Reinos vivem em pobreza nam duvidem de escolhela pera seu emparo...[20]

Dois pontos sustentam a argumentação de Gandavo em prol da escrita da história da descoberta e da colonização da província de Santa Cruz. O primeiro consiste na necessidade de despertar nos portugueses a "curiosidade", motivação primeira das letras "estrangeiras" dedicadas ao Brasil: "E tambem ha nella cousas dignas de grande admiraçam, & tam notaveis, que pareceria descuido & pouca curiosidade nossa, nam fazer mençam dellas em algum discurso."[21]

A noção de curiosidade como *leit motiv* da viagem e, ulteriormente, de sua escrita, relaciona-se, ao mesmo tempo, com a escrita dos textos — através da imagem do viajante curioso — e com a sua recepção — através da imagem do leitor curioso,[22] apoiada nas tópicas do testemunho ocular.

O segundo ponto de apoio da argumentação do prólogo de Gandavo diz respeito aos padrões retóricos dos gêneros históricos. À imagem dos Antigos, "aos quaes nam escapava cousa algua que por extenso nam reduzissem a historia",[23] reafirma as razões que o levaram a escrever a sua obra: "Como pois a escriptura seja vida da memoria & a memoria hua semelhança da immortalidade a que todos devemos aspirar, pela parte que della nos cabe, quis movido destas razões, fazer esta breve historia..."[24]

Gandavo alude, nessa mesma passagem, a gregos e romanos, que deixaram vestígios de seu passado, contrariamente aos bárbaros, que "por sua mesma culpa deixavam morrer aquellas cousas que lhes podiam dar nomes & fazelos immortaes". A menção sugere o paralelo implícito com a tarefa dos portugueses de tornar imortal a história da província brasileira, uma vez que os índios, desprovidos da lei natural da potência humana análoga a Deus, eram incapazes de praticar a escrita e de realizar seu fundamento lógico, que é a memória.

A seguir, a estrutura narrativa do livro é construída a partir do relato histórico da descoberta das terras por Pedro Álvares, em 1500.[25] Como aparece indicado no título do primeiro capítulo — "De como se descobrio esta provincia & a razam porque se deve chamar Sancta Cruz, & nam Brasil" — é o argumento da primazia da descoberta

— da plantação da cruz católica e da designação das terras — que legitima a colonização. O argumento foi amplamente exaltado, como se sabe, ao longo da colonização portuguesa. João de Barros[26] forneceu o modelo a Vicente do Salvador e ao próprio Gandavo, que buscaram reabilitar os primeiros nomes dados à província. Sustentam todos que o esquecimento do nome que evocava a cruz católica e a sua substituição pelo nome de uma madeira de tintura vermelha, semelhante à brasa, fora obra do diabo.[27]

A partir do segundo capítulo, Gandavo dá início à crônica política da colônia com a descrição de sua situação estratégica e de seus recursos naturais. O terceiro capítulo é dedicado ao relato histórico do estabelecimento e do governo das capitanias, enquanto o quarto explica a sua jurisdição e o essencial do modo de vida dos portugueses (relações sociais, relações com os índios e os escravos etc.).[28] Do capítulo 5 ao 8, o espaço é dedicado à flora (plantas, provisões e frutas) e à fauna (animais terrestres, bichos venenosos, pássaros, peixes, baleias e âmbar).[29]

No nono capítulo, que relata a história espetacular "Do monstro marinho que se matou na capitania de Sam Vicente no anno de 1564", encontra-se uma gravura representando o animal "fora do parecer de todos os outros animaes", uma das raras obras conhecidas do artista português Jerónimo Luís.[30] Esse capítulo constitui, por sua posição no interior do livro, um verdadeiro divisor de águas entre, de um lado, a narração histórica, a crônica dos modos de vida dos portugueses na colônia, o relato dos recursos naturais da colônia e, de outro, a descrição do gentio.

Gandavo só faz ratificar, nos capítulos seguintes, dedicados aos índios, as representações veiculadas nos primeiros escritos publicados sobre o Brasil.[31] Sua visão do gentio é a de uma "desordem monstruosa", na perspectiva da desproporção e da dessemelhança, o que constitui praticamente uma impossibilidade de definição da barbárie, como se pode constatar na sua descrição das diferentes tribos que viviam ao longo da costa. No décimo capítulo, Gandavo descreve o gentio do Brasil como gente ingrata, desumana e cruel, vingativa, preguiçosa, não tendo outro pensamento senão o de comer, beber e matar, desonestos, dados à sensualidade, viciosos e inconstantes.[32]

Por mais que Gandavo afirme na abertura do seu livro, em sua "Epístola" ao senhor dom Lionis Pereira, ter sido "testemunha de vista" do que escreveu[33] — em função, sem dúvida, da escolha de um gênero histórico[34] —, a narrativa não prioriza as tópicas relacionadas ao testemunho ocular dos fatos. Se há autópsia em Gandavo, de todo modo, ela não reside na dependência estrita do que é narrado em relação aos deslocamentos do narrador, mas sim na ratificação da verdade de um "modelo histórico", precisamente o da conquista portuguesa, determinado pela intervenção da Providência divina.

Completando esse quadro, depois da descrição da sociedade indígena, o penúltimo capítulo da *Historia da provincia de Sancta Cruz* descreve o "... fruito que fazem nestas partes os Padres da Companhia com sua doctrina".[35] As duas páginas e meia desse 13° capítulo dão conta da boa recepção da doutrina cristã pelos índios, apesar de sua irrevogável inconstância, que impede a conservação da fé, e da importância da presença de missionários na colônia.

Na *Historia da provincia de Sancta Cruz* o índio aparece, decerto, como um inimigo da colonização. Por um lado, ele representa um entrave à evangelização, pela sua natureza inconstante e brutal. Por outro, os modos de vida indígenas só existem, para Gandavo, em oposição aos modos de vida daqueles que ocupam lugar, por definição, na hierarquia do corpo místico imperial luso: os colonos portugueses.[36]

Gandavo foi, antes de tudo, um propagandista da colonização portuguesa. Pretendeu uma escrita marcada pela autópsia e pela curiosidade e que permitisse que o ideal letrado que exaltava confirmasse dos desígnios da Providência na realização do destino cristão e português da terra descoberta.[37] Possuía, nesse sentido, a resposta para o problema que levantava: somente as implicações múltiplas da recepção de uma produção escrita consequente poderiam produzir a distância necessária para a construção de uma imagem de uma conquista providencialmente lusa e logicamente — ou teologicamente — justa.

## A virada dos anos 1580

A intenção de imortalizar a conquista providencial da província lusa correspondeu, evidentemente, ao papel de propaganda a que pretendia a *Historia da provincia de Sancta Cruz.* Ela só podia ter sido concebida num contexto de consideração do interesse econômico da colônia, sobretudo a partir dos anos 60 do século XVI e, sobretudo, no interior do modelo teológico-político da doutrina católica do Estado monárquico português.

Apenas dois anos após a publicação da *História* de Gandavo, advinda a crise de sucessão do trono português, a união das coroas de Espanha e Portugal representou significativas mudanças políticas e, no que concerne à escrita e ao consumo de textos, possibilitou uma difusão mais ampla de modelos e representações letrados hispânicos, italianos, de Roma e de Nápoles, assim como de outras partes sob domínio espanhol, inclusive no Brasil. Isso talvez permita com que se convencione considerar a década de 1580 como o fim do Quinhentos e o início do Seiscentos.[38]

A mesma década foi também reconfiguradora das apropriações possíveis do que Marcel Bataillon chamou de "*corpus* huguenote sobre a América", que reúne o conjunto de publicações francesas representado essencialmente pelas obras de Jean de Léry, de Urbain Chauveton e de Henri Lancelot Voisin de La Popelinière.[39]

Em torno, justamente, dos anos 1580, na França, teria havido, segundo Frank Lestringant, uma guinada na "ideologia protestante" em direção a uma política colonizadora voltada para o Novo Mundo. Foi então que, nos meios reformados, o mito do selvagem americano dócil e convertível desenvolveu-se conjuntamente ao do espanhol cruel e usurpador.[40]

A atitude anticolonialista que caracterizava o partido huguenote francês mudou, portanto, radicalmente no sentido da possibilidade de constituição de uma política colonial, com fins comerciais e em nome do livre exercício da religião reformada,[41] precisamente no mesmo momento em que cresceram as pretensões imperialistas da Inglaterra e, depois, da Holanda. As posições assumidas por huguenotes como Jean de Léry — expressas no seu pessimismo radical quanto às possibilidades de conversão dos tupinambás — ou por Urbain Chauveton, tradutor de Benzoni — que denuncia as atrocidades cometidas em nome da cruz católica na América sem fornecer resposta concreta à urgência missionária[42] — tendem a ser revistas e tomadas, a partir de então, no argumentário pró-colonialista.

Com efeito, ainda em torno dos anos 1580, encontra-se totalmente instalado o que Lestringant chamou de "imperativo teológico da colonização", quando "a religião não está apenas reconciliada com a política e a história, mas, além disso, dita-lhes suas condições, fixa-lhes de saída um campo de aplicação e um âmbito de exercício".[43] Esse imperativo se faz sentir tanto na conquista triunfal do Novo Mundo pelas potências católicas quanto na ineficácia das tentativas de colonização da América por parte de grupos reformados que visavam estabelecer "um local de refúgio para todo aquele que estivesse atormentado pelo motivo que fosse": ambas máquinas de guerra e, por isso mesmo, máquinas escriturárias.

Mais do que nunca se revela, então, nessas práticas colonizadoras, o caráter incontornável da noção de conversão, entendida como tradição estabelecida e procedimento geral na América, como afirma Lewis Hanke.[44]

Nesse sentido, é evidente a inadequação de um tratamento unitário e generalizante dos relatos de missionários que recobrem, através dos testemunhos de seus expoentes, tanto a representação objetiva das notícias do Brasil e dos brasis segundo a ação da Ordem quanto a representação subjetiva de suas consequências numa suposta mentalidade contrarreformada, no século XVI. A máquina escriturária é, ela mesma, máquina conversora: a narrativa quinhentista jesuítica, por exemplo, não é reunião de fatos ou testemunhos recolhidos pelo missionário, "mas é sobretudo relato de expectativas de uma história futura, quer dizer, narração de práticas ou projetos de intervenção da Companhia de Jesus nas coisas do Brasil de modo a dispô-las segundo o mandato divino e a colher nelas o fruto católico esperado".[45] A conversão é, portanto, prática letrada, no sentido primeiro da escrita que "inscreve na alma [do índio] um lugar devocional que estreita a relação entre *próximos*", tal como na metáfora da folha em branco em que são grafados caracteres.[46]

De modo geral, os jesuítas seguiram as teses sustentadas pelos teólogos Francisco de Vittoria e Francisco Suárez e afirmadas no Concílio de Trento, segundo as quais "o índio não conhece a Revelação, mas não está excluído da lei natural; logo, é humano, ainda que num grau distantíssimo da boa humanidade católica".[47] A partir das bases dessa Segunda Escolástica ibérica, compreende-se que, analogicamente, a alteridade não é reconhecida como diferença cultural, tal como a concebemos hoje. A analogia faz com que o "outro" se torne um grau da semelhança, mais ou menos distante do verdadeiro Bem. É *próximo*, e não *outro*, em que se pudesse refletir ou que se pudesse negar pela diferença, tal como postulado anacronicamente pelos estudos de inspiração semiótica, como os todorovianos, para o século XVI. A conversão do índio consistia, portanto, na conversão do mesmo ao mesmo, do índio corrompido pela longa empresa do diabo sobre a sua alma à sua própria natureza original, mais próxima de Deus.[48]

## A discussão teológica sobre a conversão do gentio

O *Diálogo sobre a conversão do gentio*, de Manuel da Nóbrega, é um exemplo de discurso produzido pelo missionário que preenche funções específicas em meio à discussão ético-jurídica da conquista das almas, com a finalidade primordial de conduzir o índio à ordem hierárquica do Império português.

O diálogo de matriz platônica[49] redigido por Nóbrega entre 1556 e 1557 põe em cena dois irmãos jesuítas, Mateus Nogueira e Gonçalo Alvarez, ambos situados no ponto mais baixo da hierarquia da Companhia de Jesus na época: Alvarez é pregador, enquanto que Nogueira é um simples ferreiro, que supera seu interlocutor em "sabedoria". A eficácia evangélica da palavra aparece representada, assim, como inferior à das obras, metaforizadas nas marteladas do ferreiro.[50]

No *Diálogo sobre a conversão do gentio*, os índios aparecem como descendentes legítimos de Cam e portadores de sua maldição. São, no entanto, convertíveis quando superadas algumas das dificuldades que se impõem ao missionário.

O *Diálogo* abre-se, de saída, sobre o problema da "bestialidade"[51] do gentio e sobre o entrave que representa para a conversão das almas: "[Gonçalo Alvarez]: '[...] são tão bestiais, que não lhes entra no coração cousa de Deus; estão tão incarniçados em matar e comer que nenhuma outra bem-aventurança sabem desejar.'"[52]

Nóbrega procura demonstrar que os tupinambás são homens, portadores das três potências da alma, definidas escolasticamente, sendo, portanto, passíveis de se converter: "[Gonçalo]: — Estes tem alma como nós? [Nogueira]: — Isso esta claro pois a alma tem tres potentias, entendimento, memória e vontade, que todos tem."[53]

Por um lado, Nóbrega atribui às competências do missionário um papel primordial em todo o processo apostólico, já que a graça da conversão é um dom de Deus à altura da perfeição da tarefa cumprida pelo conversor: "O officio de converter almas hé o mais grande de quantos há na terra e por isso requer mais alto estado de perfeição que nenhum outro", diz o irmão Nogueira.[54]

O superior da Companhia de Jesus deixa claro, no Diálogo, que o maior obstáculo à conversão não era a "presença de uma doutrina inimiga", mas sobretudo os costumes bárbaros e contra a natureza do gentio do Brasil: "[Nogueira]: — E isso que aproveitaria se fossem christãos por força e gentios na vida e nos costumes e vontade? [Gonçalo Alvarez]: — Aos pais, dizem os que tem esta opinião, que pouco, mas os filhos, netos e dahi por diante o poderião vir a ser, e parece que tem razão."[55]

Toda a tensão em torno das condições de conversão dos tupinambás encontra-se, para Nóbrega, na afirmação da sua inconstância,[56] de seus costumes bárbaros inveterados, signos possíveis de debilidade da memória e da vontade, mas não de falta de entendimento. Cabe, assim, antes de tudo, criá-los nos bons costumes.

O jesuíta constata a precariedade da polícia dos tupinambás, que, comparada à polícia de outros povos pagãos e idólatras, aparece como a herança da maldição de Cam de que são portadores.

> Mas como são os outros todos mais polidos, sabem ler, escrever, tratão se limpamente, souberão a filosofia, inventarão as scientias que agora há, e estes nunqua souberão mais que andarem nus e fazerem huma frecha? Ho que está claro que denota aver [desigual] entendimento em huns e outros. Nugueira: — Não hé essa rezão de homem que andam fazendo brasil no mato, mas estai atento e entendereis. Terem os romanos e outros gentios mais policia que estes não lhes veio de terem naturalmente milhor entendimento, mas de terem milhor criacão e criarem-se mais politicamente. [...] Goncalo Alvarez: — Pois como tiveram estes pior criacão que os outros e como não lhes deu a natureza a mesma policia que deu aos outros? [Nugueira]: — Isso podem-vos dizer chamanmente, falando a verdade, que lhes veo por maldição de seus avoz, porque estes creemos serem descendentes de Chaam...[57]

Para resolver o problema da desigualdade de entendimento que separa, assim, os tupinambás dos gregos, dos romanos, dos mouros e dos judeus, Nóbrega faz uso da noção de *criação*:

> [Nogueira]: — Hum homem tem dous filhos de igual entendimento, hum criado na aldea e outro na cidade; o da aldea empregou seu entendimento em fazer um arado e outras cousas da aldea, o da cidade em ser cortezão e político; certo está que ainda que tenham diversa criação, ambos tem um entendimento natural exercitado segundo sua criação.[58]

Apesar da aparência equívoca, resultante da dessemelhança de *criações*, o entendimento natural é extensivo a toda a humanidade, o que torna acessível a graça ao gentio do Brasil. A dificuldade primordial dos tupinambás de receber a fé não é, portanto, consequência de um entendimento defeituoso — apesar de sua precariedade de polícia e de sua ignorância — mas sim o signo de uma carência que pode ser suprida, na medida em que for possível torná-los cristãos, criá-los nos bons costumes e assim remediar sua falta de fé, de lei e de rei, inscrevendo em suas almas os signos da "Revelação da verdadeira Igreja visível [...] e a Ordem da racionalidade hierárquica das ordens no corpo místico do Império":[59] "Se tiveram rei, poderão-se converter, ou se adoraram alguma cousa; mas, como nam sabem que cousa hé crer nem adorar, não podem entender ha pregação do Evangelho, pois ella se funda em fazer crer e adorar a hum soo Deus, e a esse só servir."[60]

O irmão Nogueira insiste, ainda, quanto ao fato de que "Mais facil é de converter hum ignorante que um malicioso soberbo".[61] Tal era, nos termos do *Diálogo* de Nóbrega, a principal guerra da Igreja: os "sobejos entenderes" encarnados na figura do herético, convencido por suas Escrituras e que nunca se deixou render à verdadeira fé.[62]

Para Manuel da Nóbrega, o gentio do Brasil, por mais que provido de entendimento natural, era desprovido de razão e incapaz de receber a fé sem a intervenção divina. Frente à espinhosa questão das condições de conversão do índio, Nóbrega preconizava a intervenção da misericórdia divina: "[...] estes gentios não tem rezões e são muito viciosos, tem a porta serrada para a fee naturalmente, se Deus por sua misericórdia não lha abrisse."[63]

Em todo caso, a conversão do gentio do Brasil dependia, claramente, segundo Nóbrega, da possibilidade de "desfazer" os maus costumes, tal como afirma no *Diálogo* o padre Nogueira, ao comparar o filósofo e o índio do Brasil:

> Hum philosopho é muito sabio, mas muito soberbo, sua bem aventurança está na fama ou nos deleites ou na victoria de seus inimigos; muito malisiosos...; não guardão a lei natural, posto que a entendão; muito viciosos no vitio contra a natura [...] adorão idolos, sacrifiquão-lhe sangue humano, e senhores de todo o genero de maldade: ho que não achareis neste [índios do Brasil] porque, segundo dizem os Padres que confessam em dous ou tres dos mandamentos tem de fazer com elles; antre si vivem mui amigavelmente como está claro: pois qual vos parece maior penedo para desfazer?[64]

Essa "destribalização" era tarefa cotidiana, no interior de um conjunto de estratégias civilizadoras. Tratava-se, antes de tudo, de educar os menores que cuidariam de ensinar, também cotidianamente, a doutrina aos mais velhos, como nos informa Nóbrega em carta de 5 de julho de 1559, dirigida aos padres e irmãos de Portugal:

> Em começando em S. Paulo que foi a primeira [igreja], direi primeiramente a ordem que teve e tem em proceder aqui a eschola de meninos que são para isso cada dia uma só vez porque tem o mar longe e vão pelas manhãs pescar para si e para seus paes que não se mantêm d'outra cousa e as tardes tem eschola tres horas ou quatro [...]
>
> Depois uma hora, de noite, se tange o sino e os meninos tem cuidado de ensinarem a doutrina a seus paes e mais velhos, os quaes não podem tantas vezes ir a egreja e é grande consolação ouvir por todas as casas louvar-se Nosso Senhor e dar-se gloria ao nome de Jesus.[65]

Contudo, reiteradas vezes, como se sabe, os missionários retornavam em suas cartas ao problema da inconstância, posto que não bastasse instruir os índios na doutrina e nem ensinar-lhes as letras. José de Anchieta, em carta ao padre-geral Diogo Laines, escrita em São Vicente, em 30 de julho de 1561, expõe o problema:

> [...] quando os visitamos por suas aldeias [...] recebem-nos [...] sem ter nenhum respeito à salvação de suas almas ou doutrina de seus filhos, totalmente metidos em seus antigos e diabólicos costumes. Exceto o comer carne humana, que parece está um tanto desarraigado entre estre, que já ensinamos. Verdade é que ainda fazem grandes festas na matança de seus inimigos, eles e seus filhos, **etiam** os que sabiam ler e escrever, bebendo grandes vinhos, como antes costumavam e, se não os comem, dão-nos a comer a outros seus parentes, que de diversas outras partes vêm e são convocados para as festas.[66]

O esforço é visível de fazer com que os índios, uma vez aldeados, ingressassem no corpo político da colônia, vivendo sob a constância da lei natural e das leis civis. Nóbrega enuncia esses preceitos em carta de 8 de maio de 1558:

> Primeiramente o gentio se deve sujeitar e fazê-lo viver como criaturas racionais, fazendo-lhe guardar a lei natural [...]
>
> A lei, que lhes hão-de dar, é defender-lhes comer carne humana e guerrear sem licença do Governador; fazer-lhes Ter uma só mulher, vestirem-se pois têm muito algodão, ao menos depois de cristão, tirar-lhes os feiticeiros, mantê-los em justiça entre si e para com os cristãos; fazê-los viver quietos sem se mudarem para outra parte, se não for para antre cristãos, tendo terras repartidas que lhes bastem, e com estes Padres da Companhia para os doutrinarem.[67]

Só assim, como dirá mais adiante, na mesma carta, "cessará a boca infernal de comer a tantos cristãos quanto se perdem em barcos e navios por toda a costa".

Ao construir no *Diálogo*, mais uma vez, a representação do índio através da tópica da inconstância, no extremo oposto da imagem do herético constante e soberbo — esse, sim, conhecedor das Escrituras —, Nóbrega entregava, decerto, a salvação do índio à graça divina. Ao construir a representação do índio camita, porém convertível, para o qual era preciso forjar uma memória da culpa para fundar o seu presente contrito, fez com que participasse, legitimamente, como todos os homens, do pecado adâmico.

Nessas operações escriturárias, o *Diálogo* contempla a função colonizadora e, mais ainda, civilizadora, por excelência, da "criação" dos índios como estratégia essencial de produção de novas formas de organização do tempo e da memória. Foram elas que permitiram o sucesso da empresa brasileira anunciada, desde 1549, pelo superior da Companhia de Jesus no Brasil: "Esta terra é nossa empresa, e o mais Gentio do mundo."[68]

## Sobriedade e desengano ou idealização

Sérgio Buarque de Holanda não deixou de observar, partindo de representações do *índio do jesuíta*[69] como as do *Diálogo sobre a conversão do gentio*, a falta de idealização por parte dos portugueses, que caracterizou como "realismo sóbrio e desenganado" e que jamais poderia ter levado à construção da figura de um *Bom Selvagem*, "tendência que se alastra aos poucos no Velho Mundo com um Las Casas ou um Jean de Léry".[70]

É certo que, no que diz respeito ao mito setecentista da utopia das origens, o selvagem naturalmente bom era, além de produto francês, definitivamente, tupinambá.[71]

Sabe-se, hoje, o quanto as representações do selvagem no século XVIII devem ao relato de Jean de Léry.[72] Se, no momento de sua produção, as obras dos reformados Léry e Chauveton, ou, ainda, as gravuras de Theodore de Bry,[73] veicularam a denúncia dos crimes da Conquista espanhola e a apologia do selvagem livre e feliz (embora inconvertível), a filosofia das Luzes reciclou-as de modo simplificador, a serviço da Razão, de modo a construir a figura de um selvagem bom por natureza. Certamente, um primeiro posicionamento anticolonialista expresso no *corpus* protestante sobre a América corroborou essa apropriação exaltante do índio, em meio ao caráter usurpador e violento da Conquista católica.

Quanto a Rousseau, mais especificamente, Chinard[74] afirma que ele leu o relato de Léry por intermédio dos jesuítas que tinham o livro na sua pauta de leituras, segundo o padre Dainville.[75] Afonso Arinos,[76] em contrapartida, acusa a leitura direta de Léry por Rousseau. Um século e meio depois das experiências francesas na América, tanto o *corpus* protestante francês quanto o católico,[77] compostos por textos opostos, concordantes, concorrentes ou disparates, assumiram, com a filosofia das Luzes, na França, uma coerência que certamente não tinham de saída.

Os textos reunidos nesses *corpi* encontram-se materializados em gêneros muito diversos e cuja circulação e apropriação foram, é claro, também diversas. Um exemplo disso é o relato do monge católico André Thevet, guardião do Gabinete de Curiosidades do Rei de França, publicado em Antuérpia, em 1557-1558.[78] O livro contém o relato das "singularidades" da região do Rio de Janeiro, que Thevet, como membro da expedição francesa, percorreu em dez semanas, por causa de uma doença que encurtou a sua estada na América. De toda a forma, a pena de Thevet é a da cosmografia universal, supostamente resultante das longas viagens do cosmógrafo.

*Les singularités de la France Antarctique* sofreu severos golpes, desde o processo do "nègre" Mathurin Héret[79] até a reação de Jean de Léry, que publica a sua *Histoire* a fim de desmentir "as mentiras e erros" de Thevet, seguida de verdadeira ofensiva huguenote. Hiperbólica e sinedótica, crivada de helenismos imputados ao seu escriba e, não menos, de falsificações, a coletânea de singularidades "brasileiras" de Thevet opõe-se à história, no sentido de Léry, de compilação de "coisas vistas" e de "verdadeira história" como panfleto anticolonialista.

Por sua vez, a *Histoire d'un voyage* não deve ser tomada por um relato unívoco, posto que Léry interfere no texto, em edições subsequentes, agravando esse caráter voluntariamente "histórico". Em linhas gerais, o huguenote extrapola progressivamente o recurso da autópsia, estendendo-o a testemunhas "exteriores", a outros "historiadores", como o alemão Hans Staden, autor da *Wahrhaftige Historia und beschreibung eyner Landtschafft der Wilden nacketen, Grimmigen Menschenfresser Leuthen...*,[80] que foi prisioneiro dos índios no Rio de Janeiro, durante nove meses.[81]

Já no relato de Thevet, a América surge autorizada pelos Antigos e despedaçada como um mosaico de singularidades, de modo que a mitologia tupinambá relatada por Thevet acaba por encontrar os mitos civilizadores do Ocidente.[82] Nessa tensão entre a História heroica, tributária de Plutarco, e a diversidade como variedade primeira do cosmos que legitima a variedade segunda do texto,[83] o discurso de Thevet permanece no estado de "esboço plausível, e não exclusivo".[84]

Em todo caso, as apropriações do relato de Thevet não deixaram de contribuir para a fixação da representação de um selvagem positivado pela "singularidade", melhor do que pela bondade. Essa figura polimorfa não pôde servir, a longo termo, à abstração necessária à construção do Bom Selvagem. Mais ainda, a escolha de Thevet a favor da Liga Católica e da Espanha, manifesta na apologia a Pizarro,[85] o colocou, de saída, nos antípodas de uma atitude considerada "etnológica", em que o respeito à integridade física e moral do índio se torna exigência de conversão gentil.

Paralelamente, o sucesso editorial do relato de Jean de Léry — reeditado e reimpresso mais de dez vezes, em francês e latim, até 1611[86] — e o seu modo de circulação em função das lutas de representação dos grupos reformados fizeram com que a imagem mais esquemática e simplificada dos índios brasileiros que produziu consistisse num tributo mais sólido e longevo, na França.[87] Foi Léry, secundado por Montaigne,[88] que concebeu a imagem do Bom Tupinambá, no século XVI, apoiado no sucesso do seu livro, fixando um legado e uma amplitude equivalentes ao fenômeno de "tupinambização" do índio, na França.[89]

Em suma, uma verdadeira tradição escriturária francesa[90] foi inventada a partir da postura tolerante e cordial do huguenote em relação ao índio, considerada a posteriori "pré-etnográfica".[91] Nela, o selvagem brasileiro é, sem dúvida, produto ulterior das tentativas abortadas de estabelecimento colonial francês: a idealização produzida pela "ficção" escriturária seria, nesse sentido, fruto da perda e da distância.[92] Construída a partir de uma imagem simplificada e esquemática, essa idealização não é encontrada na totalidade do *corpus* francês sobre os índios do Brasil do século XVI, mas, sem dúvida alguma, representa a sua parcela triunfante.

## Idealização e convertibilidade

Mesmo tendo construído a representação do selvagem naturalmente bom, Jean de Léry aderiu à hipótese camita como resposta à questão das suas origens, tal como Manuel da Nóbrega. A hipótese da maldição de Cam foi sustentada pelo calvinista no capítulo XVI de sua *Histoire d'un voyage*, dedicado à religião dos tupinambás:[93]

> No que concerne à beatitude e à felicidade eterna [...], não obstante os sentimentos que afirmei terem, [os tupinambás] são um povo maldito e desamparado de Deus, se é que há outro sob o céu [...], parece-me pois mais aparente concluir serem descendentes de Cam [...]: pode ter acontecido (o que digo sob correção) que os Maiores e Ancestrais dos nossos Americanos, tendo sido expulsos de algumas regiões do país de Canaan pelos filhos de Israel, tivessem sido jogados [ao mar] e aportado nesta terra da América.[94]

No interior do calvinismo mais doutrinário, a conjetura de Léry sobre a origem camita dos tupinambás compromete radicalmente a sua conversão. Em *Histoire d'un voyage*, o relato do fracasso da França Antártica, em meio a um discurso francamente anticolonialista, vem ratificar o pessimismo dogmático de Léry, que vê os índios como "objeto de uma maldição particular que se adiciona à do pecado original, comum a todos os homens".[95]

O posicionamento radical de Jean de Léry em relação à religião dos selvagens — que diz ele ter frequentado "familiarmente" durante um ano[96] — parece ser incompatível com a imagem do bom tupinambá que o seu livro não cessa de veicular.[97]

No relato de Léry, a denúncia da incoerência do projeto colonial de 1555 no Brasil fica muito aquém da imagem que constrói do índio, implicitamente travestido em huguenote massacrado. Parece, portanto, possível que as representações contidas no relato de Jean de Léry tenham podido servir aos interesses mais contraditórios, até mesmo a uma certa lusofobia e à apologia do selvagem contidas nas obras dos missionários franceses do Maranhão, meio século mais tarde.[98] O capuchinho Claude d'Abbeville se permitiu, até mesmo, no momento em que o sucesso editorial de Jean de Léry atinge seu último pico, parafrasear o relato da viagem do huguenote ao Rio de Janeiro.[99]

Embora a *Histoire d'un voyage* fosse, como foi dito, um manifesto anticolonialista contra a tirania de Villegaignon e as crueldades da colonização luso-espanhola, "pelo seu retrato do Bom Selvagem Tupinambá,

Léry antecipa as conquistas políticas e morais de seus correligionários e contribui vigorosamente para a propaganda do grupo de pressão huguenote em diversos países da Europa do Norte".[100] Por ter considerado o índio inconvertível, foi mais precisamente a sua bondade que serviu a Jean de Léry como argumento básico à crítica da política colonial francesa: para além dos ataques a Villegagnon, a apologia do selvagem possibilitou que condenasse todo e qualquer projeto evangélico e colonial na América e que pusesse em causa, até mesmo, o direito de ocupação e de colonização das terras americanas.[101]

Representando, de modo geral, as relações franco-tupis sob o signo do bom entendimento desde, pelo menos, a segunda metade do século XVI, os cronistas franceses, qualquer que fosse o seu posicionamento religioso, abriram o caminho à discussão sobre a possível formação de um Império colonial no Brasil.

Indiscutivelmente, a continuidade que se faz sentir, depois da segunda metade do século XVI, no elogio das relações de amizade franco-tupis — que vai desde as representações veiculadas, de saída, pela Entrada real de 1550[102] e pelo sucesso editorial do relato de Léry — é sinal de que a economia do escambo no Brasil se manteve ativa durante pelo menos até o início do século XVII.[103]

Fiéis a uma verdadeira tradição de relações, os cronistas franceses, de maneira geral, mencionaram regularmente os gestos de cordialidade dos mercadores e *truchements* para com os tupinambás nas costas brasileiras. A antiguidade e a extensão das relações franco-tupis, que ultrapassam os âmbitos cronológicos e geográficos restritos às tentativas de colonização do Rio de Janeiro e do Maranhão, depõem em favor de sua solidez. O relato do alemão Hans Staden é um dos primeiros textos que atestam a dimensão política dessa inserção dos franceses nas sociedades indígenas e das alianças dela decorrentes. Aprisionado por uma tribo de "*Tuppins-Inbas*", Staden fornece detalhes sobre o ritual do canibalismo, proporcionais à sua vivência dramática, quando quase se tornou uma de suas vítimas. Uma das astúcias de que se valeu para escapar ao furor canibal foi a de proclamar-se "amigo dos franceses", mantendo-se, assim, vivo até a chegada das naus de França.

De um modo geral, as referências a franceses que viviam entre os índios são frequentes na documentação — inclusive a portuguesa — do século XVI. Uma prática corrente, na época, consistia em abandonar, em plena vida selvagem, meninos, provavelmente recolhidos nos portos da Normandia, para que se integrassem às sociedades indígenas, cujos costumes, diziam os rumores, compartilhavam inteiramente, do casamento ao canibalismo. Uma vez integrados às tribos tupinambás aliadas, esses *truchements* estavam aptos a servir de intérpretes para os marinheiros franceses. Esse fenômeno de "endotismo",[104] ou seja, de penetração dos franceses na inextricável tessitura social indígena, era a condição para as alianças com os tupinambás, visando, num primeiro momento, garantir a eficácia das relações comerciais. Mas, como herança de relações culturais, o fenômeno talvez tenha garantido, a longo termo, a especificidade de uma escrita francesa sobre a "realidade" americana, considerada "etnográfica" antes mesmo da invenção da etnografia.

Um dispositivo escriturário caracteristicamente francês, em boa parte resultante dessa herança cultural de relações, consistia na inscrição de falas de índios nos relatos. De modo geral, as modalidades de inscrição da língua geral[105] no *corpus* de relatos franceses sobre o Brasil variam, correspondendo a estratégias específicas: aparecem na forma de diálogos bilíngues, transcrições de discursos de chefes indígenas ou colóquios entre missionários e pajés.[106] Nessas falas, intermediadas e provavelmente transcritas por *truchements*, o índio expressa, ele mesmo, tanto o seu desejo de aliança política e comercial com os franceses quanto o de conversão ao catolicismo.[107] Em todo caso, esse procedimento contrasta fortemente com a ausência de transcrição de enunciados proferidos por índios nos escritos dos jesuítas portugueses.

## A língua a serviço da conquista das almas

Nos mais diferentes gêneros discursivos de que lançam mão os jesuítas portugueses, a representação tupinambá não se aproxima do mito da sua convertibilidade apoiada na sua capacidade enunciativa. A "língua do índio" encontra-se distante da boa proporção do Verbo divino, pelos longos anos de captura sob a empresa do diabo. É língua esquecida e carente de categorias, que é preciso gramaticalizar e dicionarizar para que passe a equivaler às línguas vernáculas e, proporcionalmente, tal como elas, participe do Verbo divino. A carência de categorias explicaria, teologicamente, por que o índio não fala — e não pode falar — nos escritos dos jesuítas portugueses.

Longe do ambiente ideal e idealizado dos relatos de língua francesa que contêm transcritos diálogos bilíngues entre franceses e tupinambás, no *Diálogo sobre a conversão do gentio*, de Nóbrega, os missionários são os únicos detentores da palavra, pois são eles, através de sua virtude, os mediadores por excelência da graça divina, à qual o jesuíta acaba por entregar a salvação do gentio.[108] Nem tampouco é dotado de capacidade enunciativa o índio que fala em tupi nos autos anchietanos, sendo, antes, a encarnação do demônio ou de seus "criados".[109]

José de Anchieta, na carta que escreve de São Vicente ao padre Diogo Lainez, em março de 1563, revela as condições extremas do enquadramento dos índios nas leis naturais, expresso na sujeição ao Estado católico português, providencialmente chamado para criar uma sociedade civilizada nestas partes do mundo:

> Parece-nos que estão as portas abertas nesta capitania para a conversão dos gentios, se Deus Nosso Senhor quiser dar maneira com que sejam sujeitados e postos sob o jugo. Porque, para esse gênero de gente, não há melhor pregação que espada e vara de ferro, na qual, mais que em nenhuma outra, é necessário que se cumpra o *compelle eos intrare*.[110]

Se o papel da religião deverá fixar, a partir de então, o campo de aplicação e o quadro de exercício da política, a escrita terá, lado a lado com a espada e a vara de ferro, uma função essencialmente colonizadora.

Fora das contingências históricas dessa função colonizadora da escrita, vários textos atribuídos a Anchieta constituem hoje, anacronicamente, uma "Monumenta Anchietana", especificados numa "obra poética", numa "obra teatral" etc., cuja legitimação relaciona-se ao processo de beatificação do jesuíta, iniciado desde o século XVI, com os empreendimentos biográficos dos padres Quirício Caxa e Pero Rodrigues.[111]

Um caderno, hoje conservado no Arquivo Romano da Companhia de Jesus, composto de textos de diversos gêneros, em diversas línguas (latim, tupi, português e espanhol) e grafias, indicando que foram compostos ou copiados por mais de uma mão, teve a autoria unívoca atribuída a Anchieta.[112] O caderno não deixou de ser exposto a exame, no século XVIII, no seu processo de beatificação, e passou, no século XX, a integrar a "Monumenta Anchietana", em que constam, definitivamente, a poesia e o teatro em volumes separados.

É certo que a produção de uma unidade autoral e formal é incompatível, por exemplo, com as circunstâncias de produção e de efetuação dos autos, mais relacionáveis a sua heterogeneidade discursiva. O desprezo do caráter heteróclito do caderno e a consequente constituição de um *corpus* teatral anchietano apartado fizeram com que se aproximassem o "auto" e a "peça teatral", essa representada em palco italiano e dividida em atos e cenas, ou padronizada, no caso português, segundo a composição de tipo vicentino.[113]

Os autos tinham função catequética evidente, representados no Brasil em ocasiões festivas, como a natalina, no momento da visita de um padre ou do recebimento de relíquias. Podiam ser, ainda, ocasiões de confissão e de comunhão: Quirício Caxa conta a história da "[representação devota] que se fez em muitas partes da costa, com muito fruto dos ouvintes que com esta ocasião se confessavam e se comungavam".[114]

É desse modo que se pode entender a função de diálogos proferidos em meio a festividades, como a que relata Fernão Cardim:

> Chegamos à aldeia à tarde; antes della um bom quarto de légua, começaram as festas que os índios tinham aparelhadas as quaes saíam cantando e tangendo a seu modo, outros em ciladas saíam com grande grita e urros, que nos atroavam e faziam estremecer. [...] Outros saíram com uma dança d'escudos à portugueza, fazendo muitos trocados e dançando ao som da viola, pandeira, tamboril e frauta, e juntamente representavam um breve diálogo, cantando algumas cantigas pastoris.[115]

Em todo caso, a heterogeneidade do "caderno de Anchieta" remete à própria heterogeneidade do gênero "auto", caracterizado pela variedade de línguas e personagens; pela utilização de elementos e linguagem ora baixos ora sublimes; pela encenação em diversas circunstâncias festivas. A unidade teológico-retórico-política dos autos não se expressa, portanto, numa unidade de lugar, de tempo ou de ação. Segundo Auerbach, no catolicismo essa unidade estaria garantida, de todo modo, "pois há somente um lugar: o mundo; um tempo: o agora, que é sempiterno; e uma só ação: queda e salvação do homem".[116]

A polifonia e a poliglossia contidas nos autos correspondem, nesse sentido, à finalidade salvífica dessas práticas letradas de catequese. Lado a lado com gêneros como o auto e a poesia, estão as gramáticas e os catecismos em línguas indígenas, materializando fortemente a aplicação de uma lógica letrada a um gentio de língua faltosa.

A historiografia, voltada para o que considera o *corpus* "literário" jesuítico quinhentista, negligenciou a função teológico-política desses textos e, com isso, relegou o que era tanto pragmático quanto exegético a uma mera exigência de comunicação: gramáticas e catecismos impulsionaram a conversão pelas letras, posto que a língua gramaticalizada e dicionarizada passaria a estar proporcionalmente mais próxima do Verbo divino, e assim os falantes do verdadeiro Bem.

Do punho de Anchieta foi concebida uma *Arte de gramatica da lingoa mais usada na costa,* publicada em 1595, assim como duas doutrinas em tupi, que só seriam publicadas pela primeira vez em 1618. A produção de uma gramática da língua indígena e dos livrinhos de doutrina constitui o testemunho evidente de que a gramática — produzida, a princípio, pelo missionário para uso missionário —, assim como as doutrinas, proporciona a passagem da língua indígena para o escrito e, a partir daí, a fixação das formas sintáticas, garantia da possibilidade de perpetuação da tradição religiosa. "Esta Arte" — disse o jesuíta Quirício Caxa, biógrafo de Anchieta — "é o instrumento principal de que se ajudam os nossos padres e irmãos que se ocupam da conversão da gentilidade."[117] A catequese, enquanto obra de conversão, é o corolário das operações de dicionarização e de gramaticalização das línguas indígenas. Não surpreende serem gramáticas e catecismos gêneros coextensivos, publicados em um só e mesmo volume, no século XVI.

Foi a pedido do superior da Companhia de Jesus no Brasil, Manuel da Nóbrega, que José de Anchieta compôs a *Arte de gramática* do tupi. Uma cópia teria sido entregue a Nóbrega, desde 1555, que a levou consigo para a Bahia, para que os missionários recém-chegados fossem instruídos na língua indígena. Desde 1556, 39 anos, portanto, antes de sua publicação, a gramática já servia para o ensino do tupi no colégio da Bahia e, em 1560, o padre Luís da Grã tornava obrigatório o seu estudo.

Na licença para a publicação da "*Artinha*", encontra-se prevista a impressão, conjuntamente, de um catecismo tupi. No entanto, os diálogos do catecismo só seriam publicados em 1618, no *Catecismo da língua brasílica* do padre Antonio de Araújo, impresso, por sua vez, "à custa dos padres do Brasil". Tal como a *Arte de grammatica*, o "Diálogo da fé", composto por Anchieta, e a "Doutrina cristã", traduzida por ele, adaptados e publicados por Araújo, já haviam circulado largamente em forma manuscrita.[118]

Desde quando chegou a São Vicente, em 1555, o padre Luís da Grã se interessou em recopilar um catecismo completo. A "Instrução in Extremis" e a "Instrução de Catecúmenos", diálogos compostos por Anchieta, foram então ampliadas sob o título de *Diálogo da doutrina cristã*, sendo designado o próprio Anchieta para traduzir todo o restante da doutrina para o tupi. Os diálogos foram, primeiro, usados em Piratininga, depois levados para São Vicente e para a Bahia, onde Luís da Grã tornou-se provincial, a partir de 1560. Trata-se, portanto, de textos de uso fundamental na prática catequética: a "Comunhão" e a "Confissão", dois diálogos constituintes do *Diálogo da fé*, mais os "Artigos do credo" ou "Suma fé", eram precisamente aquilo que era exigido que fosse bem sabido como preparação ao comungante. Destinados, porém, a um uso restrito e à conversão de um número pouco significativo de almas, essas pequenas brochuras não tiveram a ocasião — custosa, à época — de ser publicadas. É significativo, nesse sentido, que a *Arte de gramática* de José de Anchieta comporte no título a menção explícita *da língua mais usada na costa do Brasil*.

Na tarefa missionária, instrução religiosa — nas "coisas necessárias para a doutrina e catecismos" — e instrução — nas "regras e preceitos" da língua — aparecem indissociadas. O uso gramaticalizado do tupi pelos missionários é sugerido, assim, como condição para a redução ulterior "do mao estado em que vivem os índios", por Antônio de Araújo, que destina seu *Catecismo* à finalidade dessa "comunicação".[119]

A questão teológico-política mais geral da universalidade da obra de conversão através da escrita evidencia-se no modo como o índio é tomado por leitor ou auditor universal, como se pode constatar nas intenções expressas nos prólogos da *Arte de gramática* e do *Catecismo da língua brasílica* ou através da própria estrutura retórica dos diálogos entre mestre e discípulo das doutrinas anchietanas. Nesse sentido, a universalização da recepção das letras pelo índio corresponde, necessariamente, à projeção pelo padre no índio dos critérios culturais ocidentais de coerência, de consistência e de não contradição, definidores da pessoa. Dessa projeção origina-se toda sorte de "curtos-circuitos", que estão na base de representações fortemente presentes nos escritos jesuíticos, numa longa continuidade, como a do índio inconstante.

O combate sistemático ao problema da inconstância do índio, desde o século XVI, torna visível um dispositivo disciplinar, previsto na instrução cotidiana, como relata Anchieta, em carta a Inácio de Loyola, de 1554:

> Na Escola [os filhos dos índios], muito bem ensinados pelo Mestre Antônio Rodrigues, encontram-se 15 já batizados e outros, em maior número, ainda catecúmenos. Os quais depois de rezarem de manhã as

> ladainhas em coro na Igreja, a seguir à lição, e de cantarem à tarde a Salve Rainha, são mandados para suas casas; e todas as sextas-feiras fazem procissões com grande devoção disciplinando-se até o sangue.[120]

Junto à instrução cotidiana, as operações de dicionarização e de gramaticalização do tupi — e com elas, a tradução e a metrificação — possibilitaram a produção de uma memória e de uma consciência do índio, a sua própria alma. Memória do passado de pecado, entregue ao paganismo e ao canibalismo, como é reiteradamente afirmado através dos catecismos.[121]

Mas essas operações não são apenas fundamento de estratégias catequéticas: são, elas mesmas, determinadas teologicamente, ratificação evidente do princípio unitário da verdade divina profunda frente à multiplicidade superficial das línguas humanas, desde a dispersão da unidade da língua adâmica no mundo com o episódio de Babel. Mais do que veículos das estratégias catequéticas: a gramática tupi é a condição de possibilidade do exercício do "bem espiritual dos índios, que pretendem entrar no Sagrado Gremio da Imaculada Igreja Romana", como diz Antônio de Araújo no Prólogo do *Catecismo brasílico*.[122]

Nessas práticas, a escrita subordina a ficção da alma à dupla unidade colonizadora e evangélica, estratégia triunfante da prática catequética anchietana, por excelência, como é possível constatar em seus próprios termos:

> [...] o principal cuidado que temos deles [os índios] está em lhes declararmos os rudimentos da fé, sem descuidar o ensino das letras; estimam-no tanto que, se não fosse esta atração, talvez não os pudéssemos levar a mais nada... Se acaso algum deles pouco que seja, se dá, ou pelo jeito do corpo ou pelas palavras ou de qualquer outro modo, a alguma coisa que tenha ressaibo de costumes gentios, imediatamente os outros o acusam e riem dele.[123]

## Corre manuscrito: a andança das cartas jesuíticas

O debate teológico-político encontrado no *Diálogo sobre a conversão do gentio* e a função conversora dos autos, da poesia, das gramáticas e dos catecismos também estão presentes na *inventio* retórica das cartas jesuíticas: preceptiva retórica (epistolar) e doutrina teológico-política (católica da monarquia absolutista) dão forma às matérias, importando, assim, a longa relação dessa prática com a tradição da arte de escrever cartas, a *ars dictaminis*.

Nesse sentido, não se pode dizer que as cartas testemunham, nem tampouco que significam algo que não possa ajustar-se à sua própria tradição e dinâmica formal. Os conteúdos das cartas, mesmo os mais complexos, são funções desse ajuste histórico do gênero, através dos usos feitos pelos jesuítas.[124]

As cartas jesuíticas não dissociam, portanto, doutrina e prática, posto que a sua escrita é prática de representação que intervém em outras ações e representações coevas, de modo a preencher funções teológico-políticas. Como diz João Adolfo Hansen: "O destinatário delas recebe não só os temas representados, mas também os preceitos doutrinários aplicados para representá-los." A forma do gênero funciona, assim, como "filtro pragmático e semântico da posição institucional do remetente, da seleção das matérias, da ordenação dos argumentos e da interpretação dos temas".[125]

Nas cartas de Manuel da Nóbrega estão propostos, nesse sentido, quatro grandes temas relacionados, todos, à própria Ordem: o do "índio", através de tópicas sobre a antropofagia, a poligamia, a guerra justa contra o gentio, a inconstância etc.; o do "colono" e de seus costumes corrompidos, imoralidade sexual e econômica, violência contra índios e padres, captura e extermínio do gentio etc.; o do "governo", em figuras como as de Tomé de Sousa, Duarte da Costa ou Mem de Sá, nas lutas contra invasores hereges, no provimento das necessidades da Companhia de Jesus etc.; o do "clero secular", através das tópicas da ignorância e dos maus costumes.[126]

Uma das principais funções teológico-políticas das cartas é a de reiterar, por um lado, a unidade do corpo místico da Ordem e, por outro, a subordinação tanto do remetente como do destinatário ao pacto de sujeição à figura do rei.[127]

Ambas as funções se coadunam com os preceitos ditados, em 1547, pelo próprio Inácio de Loyola e secundados pelo seu secretário, o padre Polanco, exigindo que a correspondência fosse o *locus* de um relatório detalhado da ação da Companhia, e não apenas de "coisas de edificação",[128] com o objetivo de reforçar o zelo missionário e a piedade conquistadora.

Em agosto de 1553, Polanco escreve ao superior da Companhia de Jesus no Brasil, expondo as razões das disposições sobre a correspondência:

> Hasta aqui tienense informaciones muy imperfectas de las cosas de allá, parte porque se dexa a los que están en cada parte el cuydado de scribir, y así unos los hazen y otros no, que son los más, parte porque aún los que escrven dan información de algunas cosas, y dexanse otras que se supiesen [...] Así que, para remediar esto, nuestro Padre M. Ignatio ordena a V. R., y a quien quiera que tubiere cargo principal en ese collegio y otros de la India, como Provincial o substituto del Provincial, que él tome cargo de ynbiar las letras de todos, y les haga scrivir algunos meses antes, porque no se falte.[129]

De modo geral, essas determinações recaíam tanto sobre a sistematização da escrita das cartas quanto sobre as informações que transmitiam. Polanco detalha, em seguida, o que devia ser referido em "letras mostrables":

> En las letras mostrables se dirá en quantas partes ay residentia de la Compañia, quantos ay en cada una, y en qué entienden, tocando lo que haze a edificación; asimesmo cómo andam vestidos, de qué es su comer y beber, y las camas en que duermen, y que costa [sic] haze cada uno dellos. También quanto a la región dónde está, en qué clima, a quántos

> grados, qué venzindad tiene la tierra, como andam vestidos, que comen, etc.; qué casa tienen, y quantas, según se dize, y qué costumbres; quántos christianos puede aver, quántos gentiles o moros [...].

As disposições funcionaram, assim, como dispositivo disciplinar pela regulação do ato de escrever e da remessa constante de cartas, as quais, no mesmo movimento em que faziam circular informações sobre a ação jesuítica, tanto de negócios internos como externos, reforçavam o controle interno da Ordem pela obediência e piedade da sua *devotio moderna*.[130]

A operação teve por resultado eficaz a manutenção da unidade da Ordem em todo o Império português, uma vez que as cartas eram multiplicadas, tendo passado, até mesmo, a ser traduzidas em latim, a partir de 1566, para ser então impressas.[131]

Assim, a correspondência jesuítica quinhentista deve ser lida, sobretudo, como mecanismo de reforço da fé, evidenciando mais do que um conteúdo que se deixa escrever: é "a comunicação instantânea de um fogo de caridade e amor, que move o leitor e, por meio dele, é capaz de converter o indígena".[132]

Nessas cartas, não se encontra qualquer imediatez testemunhal, nem a da experiência do padre nem a dos vestígios promissores de um Brasil que emergiria três séculos depois. "O parto do Brasil exigiu muita tinta, muita papelada": na andança das letras, na função do ato de escrita das cartas e nos seus valores de uso estão os critérios históricos da acomodação do gênero a uma novidade cujos contornos estavam retoricamente esboçados por determinações muito antigas.[133]

## Notas

1. "Literatura" deve ser entendida a partir da concepção pós-iluminista de "atividade de produção de ficção como desinteresse estético". No caso das letras coloniais, produz-se "ficção", mas ela não pode ser autonomizada do contexto imediato

dos usos práticos, fazendo circular modelos culturais calcados nos exemplos de textos canônicos, como mostram os estudos de João Adolfo Hansen, citados ao longo deste capítulo.

2. José Honório Rodrigues, 1979.
3. Contém as rubricas "Cartas e relações primitivas", "A conquista da costa leste-oeste" e "A descoberta da Amazônia", estando as narrativas quinhentistas concentradas na primeira classificação que encerra desde a carta de Caminha ao relato do alemão Hans Staden, publicado em 1557.
4. Resultaram dessa tentativa de colonização, principalmente, os relatos de Andre Thevet e Jean de Léry, que serão tratados a seguir.
5. Ver, nesse caso, Manuela Carneiro da Cunha (1990, p. 91-110), que lança a seguinte conclusão: "Pelo fim do século [XVI], estão consolidadas, na realidade, duas imagens de índios que só muito tenuamente se recobrem: a francesa, que o exalta, e a ibérica, que o deprecia. Uma imagem de viajante, outra de colono."
6. Respectivamente, a França Antártica (1555-1560) e a França Equinocial (1612-1615). Sobre as duas experiências, ver Andrea Daher, 2007.
7. Jean de Léry, *Histoire d'un voyage fait en la terre du Bresil, autrement dicte Amerique. Contenant la navigation & choses remarquables, veuës sur mer par l' aucteur. Le comportement de Villegaignon, en ce païs là. Les moeurs & façons de vivre estranges des Sauvages Ameriquains: avec un colloque de leur langage.* [...] *A La Rochelle, Pour Antoine Chuppin. M. D. LXXVIII.* A tradução disponível em português, de Sergio Milliet, editada em São Paulo pela Livraria Martins, em 1941, é bastante alterada em relação ao texto original. Aqui se encontra referida uma publicação fac-símile da edição de 1580. Jean de Léry, 1975. A partir da qual traduzi diretamente os trechos citados aqui.
8. A referência mais importante é o levantamento de Geoffrey Atkinson, 1935.
9. A Academia Real de Ciências publicou, em 1825, a narrativa *Notícia do Brasil*, sem nome de autor. Varnhagen, a seguir, publicou uma série de *Reflexões críticas* (Lisboa, Typ. da Academia de Ciências, 1839) em que aponta os erros reproduzidos na edição de 1825, tanto dos editores quanto "dos copistas e do próprio autor", preparando assim a edição de 1851, impressa na Tipografia Universal de Laemmert. Todo e qualquer trabalho analítico sobre a narrativa, hoje, não pode desconsiderar as condições históricas dessa restituição, nos termos de Varnhagen, "de genuidade de doutrina e legitimidade de autor e título". F.A. de Varnhagen, 1973.
10. F.A. de Varnhagen, 1973.
11. Ver, nesse sentido, J.A. Hansen, 1993, p. 45-55.
12. Pero de Magalhães Gandavo, *Historia da provincia Sancta Cruz a que vulgarmente chamamos Brasil feita por Pero de Magalhães Gandavo, dirigida ao*

*muitissimo sñor Dom Lionis Pereira governador que foy de Malaca & das mais partes do Sul da India* [...] *Impresso em Lisboa, na officina de Antonio Gonsalvez. Anno de 1576*. Gandavo é autor também do "Tratado da Terra do Brasil, no qual se contém a informação das cousas que há nestas partes", publicado pela primeira vez na *Colleção de Notícias para a História e Geografia das Nações Ultramarinas*. Lisboa: Academia Real das Ciências, 1826, vol. IV, p. 181, versão talvez primeira da *Historia da provincia de Sancta Cruz*. A análise do livro de Gandavo que se segue reproduz algumas das conclusões encontradas em Andrea Daher, 2004, p. 216-229.

13. Gandavo, 1826, p. 5; Pedro Calmon (1951, p. 331) afirma não haver vestígios da passagem de Gandavo no Brasil. Entretanto, na "Epístola" que Gandavo dedica ao Senhor Dom Lionis Pereira (Gandavo, 1826, p. 4v) diz ter escrito a sua história como "testemunha de vista". José Honório Rodrigues (1979, p. 427) lembra que Gandavo foi nomeado em 1576, por seis anos, "Provedor da Fazenda da Capitania do Brasil", e que, supostamente, seu livro teria sido escrito após seu retorno a Portugal, se seguirmos algumas indicações dadas em sua obra.
14. Gandavo era um latinista reconhecido, autor, em 1574, das *Regras que ensinam a maneira de escrever a ortographia da língua portuguesa*, em que se refere a Camões da seguinte forma: "vede as obras do nosso famoso poeta Luis de Camões de cuja fama o tempo nunque triumphará". Ver Francisco Leite de Faria, 1984, p. v.
15. "Ao muito illustre Dom LIONIS PEREIRA sobre o livro que lhe offerece Pero de Magalhães: tercetos de Luis de Camões"; e "Soneto do mesmo Autor ao senhor Dom Lionis, acerca da victoria que ouve contra el Rey do achem em Malaca".
16. Em 1567, o rei de Achém invadiu a província de Malaca, então governada por D. Lionis Pereira, que resistiu ao assalto. Camões o compara, assim, a Leônidas, conhecido pela narrativa herodotiana. Sobre as relações tensas entre portugueses e nativos na província de Malaca, ver Jaime Cortesão, 1993, p. 187-207.
17. É nesse sentido que os versos de Camões e a narrativa de Gandavo trazem a tensão entre as letras e as armas, tópica que remete à representação renascentista do cortesão como homem de guerra e letrado. Nos versos de Camões: "N'huma mão livros, noutra ferro e aço:/A hua rege e ensina e outra fere/Mais c'o saber se vence que co'o braço" (p. 3). Em Gandavo, na epístola a Lionis Pereira: "nam sera menos aceito o exercicio das escrituras, que o das armas" (p. 4v).
18. Gandavo, 1826, p. 7.
19. O tipo do discreto, a que é oposto outro modelo cultural, o do vulgar, "é caracterizado invariavelmente com as virtudes do cortesão e do perfeito cavaleiro cristão: distingue-se pelo engenho e pela prudência, que fazem dele um tipo agudo e racional, dotado de meios retóricos e éticos que o tornam senhor absoluto dos protocolos dos decoros e, portanto, da recepção". J.A. Hansen, 1991, nº. 17.

20. Gandavo, 1826, p. 5.
21. Idem, p. 5.
22. Montaigne fala no seu ensaio sobre os "Cannibales" daquilo que Michel de Certeau chamou "vertigem de curiosidade" em relação à descoberta da América: "Tenho medo de que tenhamos os olhos maiores que a barriga, e mais curiosidade do que capacidade." Traduzido de Michel de Montaigne, 1969, livro I, p. 251. Ver Michel de Certeau, 1975, p. 242.
23. Gandavo, 1826, p. 5.
24. Idem, p. 5v°.
25. Idem, p. 6v°-7.
26. João de Barros publicou, em 1552, a *Primeira Década da Ásia*, celebrando não apenas a "experiência colonial" asiática, mas a obra da Providência no reencontro de lusos e mouros nessas partes, e exaltando, a exemplo do infante dom Henrique, as virtudes cristãs necessárias ao bom governo nas províncias do Império. Ver João de Barros, 1988-1992, 3 volumes.
27. Gandavo, 1826, p. 7v; Vicente do Salvador, 1982, p. 57.
28. Idem, p. 14v-15v, cap. 4: "Da governança que os moradores destas capitanias tem nestas partes & a maneira de como se hão em seu modo de viver."
29. Idem, p. 15v-30, cap. 5 a 8: "Das plantas mantimentos e fruitas que ha nesta provincia"; "Dos animaes & bichos venenosos que ha nesta provincia"; "Das aves que ha nesta provincia"; "De alguns peixes notaveis, baleas & ambar que ha nestas partes."
30. Cf. Francisco Leite de Faria, na introdução à edição fac-similar de Gandavo, *Historia da provincia Sancta Cruz*..., Lisboa: Biblioteca Nacional, 1984. O animal extraordinário, registrado em algumas narrativas como essa é o ipupiara, cuja representação baseia-se num mito tupi.
31. Ver Sérgio Buarque de Holanda, *A visão do paraíso. Os motivos edênicos no descobrimento e colonização do Brasil*. São Paulo: Companhia Editora Nacional, 1985, em particular p. 106.
32. A descrição dos hábitos corporais, do casamento e da poligamia, do parto e do aleitamento e da criação "viciosa" das crianças vem em seguida reafirmar o contraste existente entre os "valorosos colonizadores" e o gentio desprovido de razão. Os capítulos 11 e 12 são, respectivamente, dedicados à prática da guerra e à crueldade do tratamento infligido pelos índios a seus inimigos, onde aparecem representadas, mais uma vez, a sua crueldade e inconstância. Ver os capítulos 10, 11 e 12 de Gandavo, 1826, p. 33-37; 34-37v e 37-45.
33. Idem, 1826, p. 4v.
34. A classificação dos gêneros históricos, no século XVI, é heteróclita, abarcando desde crônicas e histórias até tratados, cosmografias, corografias, relações, pane-

gíricos e outros. O gênero retórico epidítico, que comporta o elogio e a censura, é o que define essas narrativas produzidas no Império português do século XVI ao XVIII, que tinham o presente por objeto, segundo a sentença aristotélica: "É em razão de acontecimentos contemporâneos que os oradores louvam ou censuram, mas frequentemente também extraímos um argumento do passado ao evocá-lo e do futuro ao conjecturá-lo." Traduzido de Aristóteles. 1991, Livro I, 3, p. 31.

35. Idem, p. 45-46.
36. Sobre a recusa de Gandavo em atribuir a semelhança divina ao índio e sobre a sua constituição enquanto "não humano", ver J.A. Hansen, 1993, p. 55.
37. Idem, p. 53.
38. João Adolfo Hansen adota, operatoriamente, o critério cronológico para o "século XVII" de 1580 a 1750, quando os esquemas relacionados ao aristotelismo e à escolástica são condenados e categorias iluministas passam a fazer sentido em novo sistema de representação. Ver J.A. Hansen, 2001, v. 1, p. 180-189.
39. A expressão é de Marcel Bataillon, 1974, p. 41-52. Segundo Emmanuel Leroi-Ladurie, esse *corpus* de obras huguenote "traz uma contribuição decisiva à 'nova história' que surge na França no declínio do século XVI e que, de Jean Bodin a La Popelinière, tenta definir seu objeto e seu método a partir de um horizonte ampliado de conhecimentos". Nesse horizonte são centrais as representações de Brasil e dos brasis. Frank Lestringant (int.), 1990, p. X. Chauveton é o tradutor de Girolamo Benzoni, 1579; Henri Lancelot Voisin de la Popeliniere, 1582.
40. F. Lestringant, 1990, p. 127-128.
41. Idem, p. 244 a 249.
42. Segundo F. Lestringant, "[os propagandistas protestantes] estigmatizam as pavorosas crueldades cometidas pelos Espanhóis no Novo Mundo, e divulgam para tanto a *Brevíssima Relación* de Bartolomé de Las Casas, traduzida em francês em 1579 [por Jacques Miggrode], reimpressa em 1582 e 1594". Traduzido de Frank Lestringant, 1990, p. 126.
43. A expressão é utilizada por Frank Lestringant (1991, p. 304) para definir o contexto da obra de Marc Lescarbot, 1609. Lestringant precisa ainda, na mesma passagem, sobre esse "imperativo teológico da colonização", que, na França, "[ele] não pôde triunfar aos olhos da opinião esclarecida senão ao fim de um século de obstinadas controvérsias".
44. Lewis Hanke (1985) o afirma a respeito da "obrigação da conversão".
45. Alcir Pécora, 2001, p. 46; Pécora é claro quando afirma que, ao tratar as cartas jesuíticas enquanto manifestação de um *gênero* [...], não pretenderia acrescentar mais um aspecto a explorar-se nas cartas, ao lado daqueles apontados por historiadores, antropólogos e filósofos, que as tomam seja como testemunhos de fatos ou conflitos ideológicos..." (idem, p. 18).

46. Idem, p. 46.
47. J.A. Hansen, 1993, p. 53.
48. Alcir Pécora, 1992, p. 47.
49. Alcir Pécora mostra que o uso jesuítico desse gênero faz uma mistura peculiar de aspectos recorrentes numa tradição muito antiga que, no período dito humanista, é apropriada com grande prestígio.Ver Pécora, 1992, p. 96-97.
50. "[...] tomarei por interlocutores ao meu irmão Gonçalo Alvarez, a quem Deus deu graça e talento para ser trombeta de sua palavra [...], e com meu irmão Matheus Nugueira, ferreiro de Jesu Christo, o qual, posto que com palavra nam prega, fá-lo com obras e marteladas." Manuel da Nóbrega, 1954, vol. II, p. 319. A análise do *Diálogo* feita a seguir corresponde a algumas das conclusões contidas em Andrea Daher, op. cit., p. 229-251.
51. A noção de "bestialidade" refere-se à condição humana desde a Queda, portanto à semelhança dos índios com os homens, todos portadores do pecado adâmico. Nóbrega insiste, entretanto, no caráter "tão bestial" do gentio do Brasil, por mais que todos tenhamos "huma alma e huma bestialidade naturalmente", nos termos do padre Alvarez.
52. Manuel da Nóbrega, 1988, p. 320.
53. Idem, p. 332.
54. Idem, p. 339.
55. Manuel da Nóbrega, 1954, p. 328; Anchieta afirma a necessidade fundamental da educação das crianças, em carta de agosto de 1554: "(...) nosso principal fundamento está na doutrina das crianças, às quais lhes ensino a ler, escrever e cantar. A estes trabalhamos por ter debaixo de nossa mão, para que depois venham a suceder no lugar de seus pais, formando um povo de Deus." José de Anchieta, 1984, p. 62.
56. O retorno dos índios aos vícios contra a natureza, como o canibalismo, era visto pelos padres como signo de inconstância da alma. Viveiros de Castro sustenta que foi justamente o abandono do canibalismo que significou a "derrota" dos tupinambás frente à catequese jesuítica, posto que a antropofagia ritual seria um elemento ordenador da memória coletiva de vingança nas sociedades tupinambás, que eram sociedades abertas para o outro e que desconheciam a noção cristã de identidade da pessoa e, portanto, a de compaixão. Eduardo Viveiros de Castro, 1992, v. 35, p. 23. O artigo foi retomado em livro do mesmo autor: *A inconstância da alma selvagem e outros ensaios de antropologia*, 2002.
57. Manuel da Nóbrega, 1954, p. 336.
58. Idem, p. 337.
59. Cf. J.A. Hansen, 1993.
60. Manuel da Nóbrega, 1954, p. 320.

61. Idem, p. 338.
62. Ibidem.
63. Idem, p. 327. Quanto a essa última passagem, no manuscrito transcrito por Serafim Leite a palavra aparece no singular ("rezão"). O jesuíta identificava provavelmente a falta de fé à falta de razão, como se pode constatar em outros de seus escritos (cf. Serafim Leite, 1954, vol. I, carta 40, parágrafo 2). A noção é recorrente, em todo caso, nos escritos jesuíticos da época, como, por exemplo, na carta de 8 de julho de 1555, enviada aos irmãos de Coimbra pelo padre Antonio Blasquez: "O *Hermanos mios en Jesu Christo charissimos, quantas lagrimas derramariam vuestros ojos si viéssedes estas criaturas de Dios vivir quassi a manera de vestias sin rey, sin ley y sin razón...*". Serafim Leite, 1954, vol. II, p. 252.
64. Idem.
65. Manuel da Nóbrega, 1988, p. 179.
66. José de Anchieta, 1984, p. 173-185.
67. Carta ao padre Manuel Torres, da Bahia, em 8 de maio de 1558, texto conhecido como "Plano Civilizador".
68. Carta ao padre Mestre Simão, da Bahia, em 9 de agosto de 1549: "Esta terra é nossa empresa, e o mais Gentio do mundo". Manuel da Nóbrega, 1988, p. 179.
69. Ver Alcir Pécora, op. cit., p. 18.
70. Ver Sérgio Buarque de Holanda, 1985, p. 207. A referência também está em Alcir Pécora, op. cit., p. 101.
71. O termo "selvagem" é usado aqui por razões de coerência com o vocabulário empregado pelos cronistas franceses para referirem-se ao índio americano.
72. Frank Lestringant aponta três "avatares" filosóficos de Léry no século XVIII: *Voyages*, de François Coréal, de 1722; o tomo XIV da *Histoire générale des voyages* do Abbé Prevost, de 1757; e *Histoire des deux Indes* do Abbé Raynal, de 1770. Frank Lestringant, "Le Bréviaire des philosophes: Jean de Léry au siècle des Lumières." In: *La littérature et ses avatars: discrédits, déformations et réhabilitations dans l'histoire de la littérature.* Actes des Cinquièmes Journées Rémoises (1991), p. 208.
73. Théodore de Bry é também responsável pela edição da *Collection des Grands Voyages*, no século XVI. Nela, as partes dedicadas ao Brasil estão em *Americae Tertia Pars, Memorabilem provinciae Brasiliae Historiam continens...*, 1592.
74. Gilbert Chinard. *L'Amérique et le rêve exotique dans la littérature française au XVIIe et au XVIIIe siècles* (1934), p. 341; Afonso Arinos de Melo Franco, *O índio brasileiro e a Revolução Francesa. As origens brasileiras da teoria da bondade natural* (1976), p. 194.
75. Dainville (Le Père). *L'Education des Jésuites (XVIe-XVIIIe siècles)*, Paris, Editions de Minuit, 1978.

76. Afonso Arinos de Melo Franco, op. cit., p. 194: "... a crônica do companheiro de Villegagnon [Léry] foi lida e relida por Jean-Jacques."
77. No que diz respeito ao Brasil, o *corpus* católico francês é constituído, além das obras de André Thevet (ver a nota a seguir), pelas cartas e pelos relatos dos capuchinhos, missionários no Maranhão entre 1612 e 1615. Dois títulos destacam-se nesse *corpus*: Claude d'Abbeville *Histoire de la Mission des Peres Capucins en l'Isle de Maragnan...* Paris, François Huby, 1614; e Yves d'Evreux, *Suitte de l'histoire des choses plus mémorables advennues en Maragnan, ès années 1613 & 1614*, Paris, François Huby, 1615.
78. André Thevet, *Les singularitez de la France Antarctique, autrement nommée Amerique: & de plusieurs Terres & Isles decouveuertes de nostre temps. Par F. André Thevet, natif d'Angoulesme. A Anvers, Chez les heritiers de Maurice de la Porte, 1557.* Uma segunda edição surgiu em Paris, editada por Christophe Plantin, em 1558. André Thevet também foi autor de uma *Cosmographie Universelle d'André Thevet Cosmographe du Roy*, 1575. Lestringant apresentou uma edição de *Les singularités de la France Antarctique*, 1983. Sobre Thevet, consulte-se a excelente bibliografia que este lhe dedicou: Frank Lestringant, *André Thevet, cosmographe des derniers Valois*, 1991; *Atelier du Cosmographe*, 1991.
79. André Thevet, *Les singularités de la France Antarctique*, 1983, p. 9.
80. [Verdadeira história e descrição de um país habitado por homens selvagens, nus, ferozes e antropófagos...]. *Marpurg, bei Andress Kolben, M.D.LVII.*
81. André Thevet, 1983, p. 84.
82. Essa característica foi obra, provavelmente, do escriba, Mathurin Héret, de que Thevet lança mão. Ver a introdução de Frank Lestringant a André Thevet, 1983, p. 23.
83. Essa ideia de Frank Lestringant é aplicável às coletâneas ou às relações de viagens, nas quais a noção de "singularidade" aparece como indissociável da tese da diversidade das coisas difundida durante o Renascimento. Cf. Frank Lestringant, 1984, p. 416.
84. Frank Lestringant, 1990, p. 25.
85. Cf. André Thevet, 1575.
86. À primeira edição, de 1578, segue-se uma segunda por Antoine Chuppin, em Genebra, em 1586. Cinco anos mais tarde, em 1585, o livro obtém uma edição ampliada, ainda em Genebra, pelo mesmo editor. A primeira edição latina do relato data de 1586 (em Genebra, por Eustache Vignon), antes de sua inserção em 1592 na *Collection des Grands Voyages* de Théodore de Bry (*America Tertia Pars Memorabile provinciae Brasiliae Historiam...* Frankfurt, Theodore de Bry, 1592). Outras edições se seguem: uma edição latina em Genebra, por E. Vignon,

em 1594; a quarta edição francesa ainda em Genebra, pelos herdeiros de E. Vignon, em 1599 (seguida de outra de 1600); e a quinta e última edição francesa é editada por Jean Vignon, em Genebra, em 1611.

87. Por mais que no relato de Thevet haja uma maior diversidade toponímica e patronímica na representação dos índios, não unicamente restritos aos grupos tupinambás, o caráter caótico e contraditório das descrições contidas em *Les singularités de la France Antharctique* talvez tenha corroborado também para o triunfo de uma representação mais abstrata, genérica e idealizada.
88. Montaigne laiciza o selvagem através de sua concepção de "história", não recorrendo à alegorização do índio e rompendo com a concepção teológica de seus contemporâneos e predecessores, tanto huguenotes quanto espanhóis ou pró-hispânicos. Ver, nesse sentido, os ensaios relacionados à América, particularmente ao Brasil: "Des Coches" e "Des Cannibales". Michel de Montaigne, 1969, 3 volumes (respectivamente, Livre III, p. 113-130 e Livre I, p. 251-264).
89. William Stutervant, 1988, p. 293-303.
90. Essa tradição tem continuidade, no início do século XVII, com o relato do Capuchinho Claude d'Abbeville. Ver Andrea Daher, op. cit., p. 251-265.
91. Claude Lévi-Strauss qualifica o relato de Léry de "breviário do etnólogo". Sobre o posicionamento "pré-etnográfico" de Jean de Léry, ver o capítulo intitulado "Ethno-graphie. L'oralité ou l'espace de l'autre". In: Michel de Certeau, 1975, p. 215-248.
92. Frank Lestringant, 1990, p. 272.
93. Jean de Léry, 1975. A citação acima encontra-se nas páginas 230-261.
94. Idem, p. 260.
95. Idem, p. 120.
96. Idem, p. 94.
97. De fato, a condenação do selvagem é parte integrante do conteúdo teológico desse mesmo capítulo XVI. Léry teria adquirido essa cultura teológica com uma tintura de purismo depois de seu retorno de Genebra, como afirma Frank Lestringant, 1990, p. 50; Ver também, Frank Lestringant, 1988, p. 51-75.
98. Não é negligenciável o fato de que a *Histoire d'un voyage* tenha tido uma recepção notável, mesmo fora dos limites do partido huguenote, na França, e inclusive fora dela. Frank Lestringant afirma, a partir do estudo do padre Dainville, que "a voga de Léry contamina o ensino dos jesuítas [...] os quais, quando se tratava de aulas sobre as regiões longínquas dos Canibais, referiam-se ao herético autor da Histoire de 1578, assim como a seu rival católico [André Thevet]." Tradução minha de Lestringant, op. cit., p. 130.
99. Ao parafrasear Léry, Claude d'Abbeville buscava talvez garantir uma maior difusão ao seu livro e até mesmo um certo controle de sua recepção, no horizonte

de expectativa dos leitores da *Histoire d'un voyage*, num contexto de "propaganda" da colonização do Maranhão. A paráfrase evidencia, de todo modo, uma apropriação católica de um escrito reformado com função, evidentemente, teológico-política e, contraditoriamente, catequética e colonialista. A última edição da *Histoire d'un voyage* saiu quatro anos antes da publicação da *Histoire de la Mission*. Jean de Léry foi amplamente compilado por seus contemporâneos, protestantes e católicos, tais como Jacques-Auguste de Thou, La Popelinière, Marc Lescarbot e Gilbert Génébrard. Cf. Lestringant, op. cit., p. 129. Quanto à recepção de Jean de Léry no período clássico, ver o Epílogo de F. Lestringant à edição do livro de Léry, *Histoire d'un voyage fait en la terre du Brésil*, 1992, p. 231. Sobre o parentesco entre as obras de Jean de Léry e de Claude d'Abbeville, ver Andrea Daher, op. cit., p. 251-266.

100. Frank Lestringant, 1990, p. 127-128.
101. Frank Lestringant, prefácio a Jean de Léry. In: Histoire d´un voyage, 1992, p. 11.
102. Três livretos, publicados sucessivamente em 1550, 1551 e 1557, ilustram, através de uma gravura sobre madeira, a "Festa Brasileira", que simulava a vida selvagem nas florestas tropicais, com a presença de cerca de 50 índios trazidos para a cerimônia, ao lado de marinheiros fantasiados "à la tupinambá", na cerimônia da Entrada Real de Henrique II em Rouen, em 1550. Ver Andrea Daher, op. cit., p. 159.
103. Essa "experiência brasileira" — posto que o comércio de pau-brasil foi a principal empresa colonial francesa no Novo Mundo, durante o século XVI — contribuiu fortemente para a formação de um modelo de relação comercial que esteve igualmente em uso no Canadá, onde logrou assegurar a predominância dos franceses no tráfico de peles. Ver Patricia Olive Dickason, 1984, p. 129: "*While concomitant for part of the sixteenth century with the fur trade of the north, this Franco-Brazilian trade had started earlier and peaked much sooner*".
104. O termo foi empregado por Frank Lestringant, 1987, p. 232.
105. Entendida como língua gramaticalizada e dicionarizada, resultante da redução da variedade linguística — no caso do tupi —, a das línguas usadas na costa brasileira.
106. Jean de Léry reproduz em seu relato um "Colóquio da entrada ou chegada na terra do Brasil, entre as pessoas do país chamadas tupinambás e tupiniquins em língua selvagem e francês". Jean de Léry, 1975, p. 306-338. Sobre esse Colóquio, ver M. de Certeau, 1975; e Andrea Daher, 2004, p. 67-92.
107. O caso específico do desejo de conversão encontra-se nos discursos transcritos pelos capuchinhos Maranhão. Ver Andrea Daher, 2004.
108. Alcir Pécora, 1992, p. 452.

109. Ver, por exemplo, a segunda parte do auto "Na festa de São Lourenço", encenado em 1587, na aldeia da atual Niterói. Nela, três diabos falam em tupi: Guaixará (nome do chefe tamoio aliado dos franceses que combateu contra Estácio e Mem de Sá, no Rio de Janeiro), Aimberê e Saraiva, seus criados, que querem destruir a aldeia com pecados, aos quais resistem São Lourenço, São Sebastião e o Anjo da Guarda. Cf. José de Anchieta, 1977, p. 141-189; Ver I. T. Telles, 2004.
110. José de Anchieta, 1984, p. 197.
111. Quirício Caxa, 1988.
112. Sobre o "Caderno de Anchieta", ver a introdução histórico-literária do padre Armando Cardoso a Anchieta em: José de Anchieta, 1977, p. 25-36.
113. O padre Armando Cardoso não pôde deixar de assinalar a "influência" de Gil Vicente e de sua escola em Anchieta, que teria conhecido o gênero em Coimbra, onde eram representadas peças. José de Anchieta, 1977, p. 53-57.
114. Quirício Caxa, 1988, p. 50.
115. Fernão Cardim, 1980, p. 145.
116. Erich Auerbach, 2002, p. 136.
117. Quirício Caxa, 1988, p. 50.
118. Antonio de Araújo, 1952.
119. Citações de Antônio de Araújo, 1952, p. 5.
120. José de Anchieta, 1984, p. 70.
121. Assim confessa o índio, na "Doutrina cristã", de Anchieta: "*Aimombeú/mbaé aíba xe maenduáraguéra/xe ñeéngaíbaguéra,/xe rekó angaipábaguéra...*" ("*Eu confesso/minhas lembranças de coisas más/minhas más palavras,/minhas obras pecadoras...*"). José de Anchieta, 1993.
122. Antônio de Araújo, 1952, p. 3.
123. José de Anchieta, 1984, p. 110-111.
124. Alcir Pécora, op. cit., p. 18.
125. J. A. Hansen, "Introdução a José de Anchieta". In: José de Anchieta, 2003, p. 17.
126. Ver J.A. Hansen, 1995, p. 91.
127. Ver a "introdução a Antonio Vieira" em J.A. Hansen, 2003, p. 17; O "pacto de sujeição", definido por Francisco Suárez na sua *Defensio fidei*, de 1613, é aquele no qual a sociedade como "corpo místico" ou vontade unificada aliena o poder na pessoa mística, fictícia e ideal do rei, declarando-se súdita.
128. J.A. Hansen, 1995, p. 109.
129. Juan de Polanco, 1954, vol. I, p. 519-520. Citado por J.A. Hansen, idem, p. 107, nota 36.
130. J. A. Hansen, art. cit., p. 108.

131. A norma de tradução das cartas ao latim para publicação instalou-se por insistência do padre Jerónimo Nadal, de modo que servissem de exemplo à ação da Companhia na Alemanha. Cf. J. A. Hansen, art. cit., p. 90, nota 7.
132. Alcir Pécora, op. cit., p. 39.
133. Idem, p. 18 e p. 68.

## Bibliografia


ANCHIETA, José de. *Doutrina cristã*. São Paulo: Edições Loyola, 1993.

______. *Cartas. Correspondência ativa e passiva*. São Paulo: Loyola, 1984.

______. *Teatro de Anchieta*. São Paulo: Loyola, 1977, p. 141-189.

ARAÚJO, Antonio de. *Catecismo na lingoa brasilica, no qual se contem a summa da doctrina christã...* (1618). Rio de Janeiro: PUC, 1952 (ed. fac-símile).

ARINOS DE MELO FRANCO, Afonso. *O índio brasileiro e a Revolução Francesa. As origens brasileiras da teoria da bondade natural* (1976).

ARISTÓTELES. *Rhétorique*. Paris: Gallimard, 1991, Livro I, 3.

ATKINSON, Geoffrey. *Les nouveaux horizons de la Renaissance française*. Paris: Droz, 1935.

AUERBACH, Erich. *Mimesis*. São Paulo: Perspectiva, 2002.

BARROS, João de. *Dos feitos que os portugueses fizeram no descobrimento e conquista dos mares e terras do Oriente: primeira, segunda e terceira Décadas*. Edição fac-similar. Lisboa: Imprensa Nacional-Casa da Moeda, 1988-1992, 3 volumes.

BATAILLON, Marcel. "L'Amiral et les 'Nouveaux Horizons' français."*Actes du Colloque L'Amiral Coligny et son temps* (1974).

BENZONI, Girolamo. *Histoire Nouvelle du Nouveau Monde: Contenant en somme ce que les Hespagnols ont fait jusqu'à present aux Indes Occidentales, et le rude traitement qu'ils font à ces pauvres peuples-la...* [Genève], Eustache Vignon, 1579.

BUARQUE DE HOLLANDA, S. *A Visão do Paraíso. Os motivos edênicos no descobrimento e colonização do Brasil*. São Paulo: Cia. Editora Nacional, 1985.

CALMON, Pedro. *História do Brasil. As origens*. São Paulo: Cia. Editora Nacional, 1951, 2ª edição.

CARDIM, Fernão. *Tratado da terra e gente do Brasil*. Belo Horizonte: Itatiaia, 1980.

CARDOSO, Padre Armando. *Teatro de Anchieta*. São Paulo: Loyola, 1977.

CARNEIRO DA CUNHA, Manuela. "Imagens de Indios do Brasil: o Século XVI". In: *Estudos Avançados*. São Paulo: Instituto de Estudos Avançados, vol. 4, nº 10, set./dez. 1990.

CAXA, Quirício. *Breve Relação da vida e morte do Padre José de Anchieta*. São Paulo: Loyola, 1988.

CERTEAU, M. De. Etno-graphie, l'oralité ou l'espace de l'autre: in: *L'Ecriture de l'Histoire*, Paris: Editions Gallimard, 1975.

CHINARD, Gilbert. *L'Amérique et le rêve exotique dans la littérature française au XVIIe et au XVIIIe siècles* (1934).

CORTESÃO, Jaime. O Império português no Oriente. In: *História da expansão portuguesa*, Lisboa: Imprensa Nacional/Casa da Moeda, 1993.

D'ABBEVILLE, Claude. *Histoire de la Mission des Peres Capucins en l'Isle de Maragnan...* Paris: François Huby, 1614; e YVES D'EVREUX. *Suitte de l'histoire des choses plus mémorables advennues en Maragnan, ès années 1613 & 1614.* Paris: François Huby, 1615.

DAHER, Andrea. *O Brasil francês. As singularidades da França Equinocial (1612-1615).* Rio de Janeiro: Civilização Brasileira, 2007.

______. "A conversão dos tupinambá entre oralidade e escrita nos relatos franceses dos séculos XVI e XVII"; in *Horizontes Antropológicos*. Programa de Pós-graduação em Antropologia Social da UFRGS, Ano 10, 2004, pp. 67-92.

DAINVILLE (Le Père). *L'Education des Jésuites (XVIe-XVIIIe siècles).* Paris: Editions de Minuit, 1978.

DE CERTEAU, Michel. *L'Ecriture de l'Histoire*, Paris: Gallimard, 1975.

DICKASON, Patricia Olive. The Brazilian Connection: a Look at the Origin of French Techniques for Trading with Amerindians. *Revue Française d'Histoire d'Outre-Mer*, t. LXXI (1984), n^os^ 264-265.

GANDAVO, Pero de Magalhães. *Historia da provincia Sancta Cruz a que vulgarmente chamamos Brasil feita por Pero de Magalhães Gandavo, dirigida ao muitissimo sñor Dom Lionis Pereira governador que foy de Malaca & das mais partes do Sul da India* [...] *Impresso em Lisboa, na officina de Antonio Gonsalvez. Anno de 1576.*

*Colleção de Notícias para a História e Geografia das Nações Ultramarinas.* Lisboa: Academia Real das Ciências, 1826, vol. IV.

HANKE, L. *La humanidad es una.* México: Fondo de Cultura Económica, 1985.

HANSEN, J. A., "Sem F, sem L, sem R: cronistas, jesuítas & índio no século XVI". In: KOSSOVITCH, E. A. (dir.), *A conquista da América*, Campinas, CEDES/Papirus, 1993, Cadernos CEDES n° 30.

______. Discreto e vulgar: modelos culturais nas práticas da representação barroca. Estudos portugueses e africanos. Campinas, IEL-UNICAMP, 1991, n. 17.

______. "Artes seiscentistas e teologia política". In: TIRAPELI, Percival. (org.). *Arte Sacra Colonial.* São Paulo: Editora UNESP, 2001, v. 1.

______. Introdução a Antonio Vieira. In: VIEIRA, Antônio. *Cartas do Brasil.* São Paulo: Hedra, 2003.

______. O nu e a luz: cartas jesuíticas do Brasil. In: *Revista do Instituto de Estudos Brasileiros*, São Paulo, n° 38, 1995.

LA POPELINIERE, Henri Lancelot Voisin de. *Les Trois Mondes, par le Seigneur de la Popelliniere*. Paris, Pierre Huilier, 1582.

LEITE, Serafim. *Cartas dos primeiros jesuítas do Brasil*. São Paulo, Comissão do IV Centenário da cidade de São Paulo, 1954, vol. II.

LÉRY, Jean de. *Histoire d'un voyage fait en la terre du Brésil*. Genebra: Droz, 1975.

LESCARBOT, Marc. *Histoire de la Nouvelle France*. Paris: Jean Millot, 1609.

LESTRINGANT, Frank. *Le Huguenot et le Sauvage*. Paris. Aux Amateurs de Livres, 1990

______. "Le Bréviaire des philosophes: Jean de Léry au siècle des Lumières." In: *La littérature et ses avatars: discrédits, déformations et réhabilitations dans l`histoire de la littérature*. Actes des Cinquièmes Journées Rémoises (1991).

______. *André Thevet, cosmographe des derniers Valois*. Genève: Droz, 1991; *L'Atelier du Cosmographe*. Paris: Albin Michel, 1991.

______. "La littérature géographique sous le règne de Henri IV"; in *Les Lettres au temps d'Henri IV. Colloque d'Agen-Nérac* (1990). Pau: J. & D. Editions, 1991.

______. *Les Singularités de la France Antarctique*. Paris: La Découverte-Maspero, 1983.

______. "Fortunes de la singularité à la Renaissance: le genre de l'Isolario". In: *Studi Francesi*. Turim, Rosenberg & Sellier Editori, nº 82, ano XXVIII, fasc. I, jan-abr 1984.

______. "Les Indiens antérieurs (1575-1615): Du Plessis-Mornay, Lescarbot, De Laet, Claude d'Abbeville". In: G. Therien (org.). *Les figures de l'Indien*, Montréal: Université du Québec à Montréal, 1988.

______.Prefácio a LÉRY, Jean de. *Histoire d'un voyage fait en la terre du Brésil*, Aubenas d'Ardèche: Presses du Languedoc/Max Chaleil Editeur, 1992

______. Les débuts de la poésie latine au Brésil: le 'De Rebus Gestis Mendi de Saa' (1563).

______. *De Virgile à Jacob Balde. Hommage à Mme Andrée Thill. Études recueillies par Gérard Freyburger*. Publication du Centre de Recherches et d'études Rhénanes, Université de Haute-Alsace (diffusion: Les Belles Lettres), 1987.

MONTAIGNE, Michel de. *Essais*, Paris: Garnier-Flammarion, 1969, livro I.

NÓBREGA, Manoel da. *Cartas do Brasil*. São Paulo/Belo Horizonte: Edusp/Itatiaia, 1988.

PÉCORA, Alcir. *Máquina de gêneros*. São Paulo: Edusp, 2001.

______. "Vieira, o índio e o corpo místico", in: NOVAIS, Adauto (org.). *Tempo e história*, São Paulo: Companhia das Letras, 1992.

RODRIGUES, José Honório. *História da História do Brasil. Historiografia colonial*. São Paulo: Brasiliana, Cia. Editora Nacional, 1979, 2ª edição.

RODRIGUES, Pero. Da vida do Padre José de Anchieta, da Companhia de Jesus, Quinto Provincial que foi da mesma Companhia no Estado do Brasil. In: *Primeiras biografias de José de Anchieta*. São Paulo: Loyola, 1988.

STUTERVANT, William. La tupinambisation des Indiens d'Amérique du nord. In: THERRIEN (org.). *Les figures de l'Indien* (1988).

TELLES, I. T. "A 'fundação escriturária' do Rio de Janeiro: um estudo de caso do auto Na festa de São Lourenço de José de Anchieta". Dissertação de Mestrado. Campinas, Instituto de Estudos da Linguagem, 2004.

THEVET, André. *Les singularitez de la France Antarctique, autrement nommée Amerique: & de plusieurs Terres & Isles decouveuertes de nostre temps. Par F. André Thevet, natif d'Angoulesme. A Anvers, Chez les heritiers de Maurice de la Porte, 1557.*

______. *Cosmographie Universelle d'André Thevet Cosmographe du Roy. A Paris : Chez Pierre l'Huilier, 1575.*

______. *Les Singularités de la France Antarctique*. Paris: La Découverte-Maspero, 1983.

VARNHAGEN, F. A. de. Nota introdutória de SOARES DE SOUSA, Gabriel. *Notícia do Brasil*. São Paulo: MEC, 1973.

VIVEIROS DE CASTRO, Eduardo. "O mármore e a murta: sobre a inconstância da alma selvagem". In: *Revista de Antropologia*. São Paulo, USP, 1992, v. 35.

______. A inconstância da alma selvagem e outros ensaios de antropologia. São Paulo: Cosac &Naify, 2002.

VICENTE DO SALVADOR, *História do Brasil (1500-1627)*, Belo Horizonte-São Paulo: Editora Itatiaia/Editora da Universidade de São Paulo, 1982.

# CAPÍTULO 10 Catequese, aldeamentos e missionação

*Maria Regina Celestino de Almeida**

## Introdução

"Porque a principal coisa que me moveu a mandar povoar as ditas terras do Brasil foi para que a gente dela se convertesse à nossa santa fé católica."[1] Essa recomendação de D. João III feita no Regimento de Tomé de Souza, em 1549, evidencia a dimensão religiosa da expansão ultramarina portuguesa e aponta para o papel relevante desempenhado pelos missionários e índios nesse projeto. Reconhecer o ideal religioso da conquista e da colonização da América não implica subestimar os interesses políticos e econômicos aí associados, mas enfatizar o vínculo estreito entre esses aspectos, indissociáveis, deve-se dizer, na Europa quinhentista e, sobretudo, nos países ibéricos. O projeto colonial português, amplo e globalizante, deve ser visto em sua perspectiva de empreendimento político, econômico e religioso, cujo desenvolvimento na colônia se fez conforme a dinâmica local, dinâmica essa que incluía as complexas relações entre as populações nativas e os agentes coloniais.

*Professora de História da Universidade Federal Fluminense.

Os povos indígenas foram, em toda a América, indispensáveis ao projeto da colonização, em tempos e regiões diversas, como afirmou Schwartz.[2] Os níveis de maior ou menor participação desses povos na construção das sociedades coloniais e o grau de dependência dos europeus em relação a eles variaram conforme regiões e períodos. Foram sempre muito mais intensos no início dos vários processos de ocupação, onde e quando a pouca disponibilidade de capitais, a abundância de terras, a alta densidade demográfica indígena e a população europeia rarefeita eram características predominantes. A conquista do território das várias regiões do continente deu-se através de guerras violentas, nas quais os índios tiveram participação essencial tanto na condição de inimigos como de aliados. Além disso, convém lembrar as concepções de sociedade fortemente hierarquizada predominantes entre os colonizadores que contribuíram para delinear um projeto colonial baseado em altos lucros e baixos custos, cuja reprodução seria garantida "[...] por uma oferta elástica de homens, terras e alimentos".[3] Essa oferta, nos primórdios da colonização, dependia basicamente dos povos indígenas.

Na década de 30 do século XVI, o incremento das escravizações indígenas forçadas para atender às necessidades da colonização mais sistemática iniciada com as capitanias hereditárias intensificou as guerras na costa brasileira.[4] A violenta reação dos índios, responsável, em grande parte, pelo fracasso da maioria das capitanias, tornou-se uma ameaça ao projeto colonial. Assim, ao criar o governo geral com o objetivo de manter a soberania sobre a colônia, a preocupação da Coroa não se restringia aos ataques de estrangeiros. Visava também, essencialmente, submeter os índios inimigos e integrar os aliados e isso se faria através da guerra justa e da política de aldeamentos, respectivamente. Delineava-se, assim, já no Regimento de Tomé de Souza, como afirmou Monteiro,[5] o princípio básico da política indigenista da Coroa que, com raras e curtas interrupções, se manteria até as reformas pombalinas, no século XVIII. Tal princípio fundamentava-se na divisão dos índios nas categorias de mansos e selvagens, de forma a tê-los como aliados e como força de trabalho. Os primeiros se tornariam súditos cristãos do rei de Portugal e viveriam nas aldeias coloniais sob a administração portuguesa; enquanto os últimos seriam combatidos através das guerras justas e, uma vez vencidos, seriam legalmente escravizados.[6] Com Tomé de Souza, a Coroa enviou também os primeiros jesuítas, recomendando-lhes que tivessem com os índios "especial cuidado de os provocar a serem cristãos..."[7]

## Projeto colonial e projeto missionário: associação entre Coroa e Igreja

Ao projeto de colonização associou-se, então, o projeto de catequese das populações indígenas. Coroa e Igreja associaram-se, através do Padroado Real Português, com uma aliança estreita, definindo direitos e deveres, que conferiam à primeira o título de "[...]patrono das missões católicas e instituições eclesiásticas na África, Ásia e Brasil".[8] As preocupações do papado com os desafios enfrentados pelo catolicismo na Europa quinhentista levaram-no ao acordo com as Coroas ibéricas, delegando-lhes a tarefa de assumir a responsabilidade de manutenção da Igreja no Ultramar, dando-lhes em troca o direito de controlá-la. Tal acordo colocava a Igreja colonial "[...] sob o controle direto e imediato da respectiva Coroa, salvo nos assuntos referentes ao dogma e à doutrina".[9] O rei substituía o papa como chefe da Igreja e da missão nas colônias ibéricas: de sua aprovação dependiam breves, bulas ou disposições papais para serem reconhecidas nas colônias, bem como a nomeação e o exercício dos cargos de todos os eclesiásticos, incluindo bispos, clero regular e secular, que se tornavam praticamente funcionários da Coroa.[10]

A missão de levar o evangelho ao Ultramar foi delegada, preferencialmente, ao clero regular, reconhecido, desde os tempos medievais, por uma indiscutível superioridade ética, disciplinar e intelectual em relação aos seculares, que, além de poucos, não tinham muita disposição para se deslocarem a regiões inóspitas.[11] O encargo foi acompanhado de privilégios concedidos pelo papado e pela Coroa, privilégios esses que os religiosos esforçaram-se por aumentar, tendo gerado inúmeros conflitos e uma tensão contínua entre eles próprios e os seculares, principalmente com os bispos.[12]

Na América portuguesa, a Companhia de Jesus destacou-se das demais ordens no que diz respeito às atividades de missionação e será priorizada neste capítulo. Os jesuítas foram os primeiros a assumir com a Coroa a tarefa missionária e até sua expulsão, no século XVIII, foram sempre por ela reconhecidos como agentes intermediários essenciais no exercício de funções espirituais e temporais junto às populações indígenas. Além disso, suas atividades muito bem documentadas, através de inúmeras cartas e documentos obrigatoriamente trocados entre os missionários da Província do Brasil e seus superiores em Portugal e em Roma, mereceram maior atenção dos estudiosos do tema. Não é o caso, no entanto, de desconsiderar a importante atuação de outros religiosos, como os capuchinhos, que também deixaram significativos registros sobre suas missões no Maranhão do século XVI e no rio São Francisco, no século XVII.[13]

## O projeto jesuítico e a política de aldeamentos: acordos e adaptações

A aldeia fixa em substituição à peregrinação missionária foi uma peculiaridade das missões religiosas na América que se impôs por razões políticas, econômicas e religiosas como uma resposta dos inacianos frente às difíceis condições por eles enfrentadas na prática da conversão. Isso gerou muitas controvérsias no seio da Companhia de Jesus, como assinalou Charlotte Castelnau-l'Estoile.[14] As missões religiosas eram itinerantes por definição e as longas e penosas viagens dos evangelizadores realizadas na África, na Ásia e nos primeiros tempos da América portuguesa eram sacrifícios especialmente valorizados pelo ideal missionário. Não obstante, a intensificação das guerras indígenas e a resistência à catequese, sobretudo durante o governo de D. Duarte da Costa, levaram à modificação do projeto inicial. Da fase de pregação itinerante, na qual os padres se dirigiam às aldeias dos índios nos sertões para ali catequizá-los, passou-se à prática de deslocá-los para a proximidade dos núcleos portugueses e assentá-los em aldeias construídas especificamente para reuni-los, contrariando, como afirmou Castelnau-l'Estoile, um dos princípios básicos da proposta missionária. A nova política proposta pelo padre Manuel da Nóbrega tomou grande impulso durante o governo de Mem de Sá, que, em 1557, já propunha reunir os índios das muitas aldeias em povoações grandes para que os padres com mais comodidade os convertessem.[15]

A conversão pela "via amorosa" dos primeiros tempos mostrou-se ineficaz, tendo dado lugar à conversão pelo medo, como ressaltou Alcir Pécora.[16] Ao analisar as cartas de Nóbrega, esse autor destacou a mudança na postura do padre quanto à prática da catequese, na medida em que passou a "[...] postular, como condição do êxito no Novo Mundo, a sujeição política do indígena, em oposição à ideia predominante anteriormente, de convertê-lo apenas pela pregação dos argumentos de fé [...]".[17] A violência das campanhas militares e arrasadoras de Mem de Sá fora, sem dúvida, a mola propulsora para os índios abandonarem os sertões e aldearem-se. Nóbrega e Anchieta exultavam com esse apoio militar às suas práticas missionárias. Ao comparar a conversão dos índios de Piratininga com a dos da Bahia, Anchieta afirmou ter sido essa última mais eficiente porque os primeiros "[...] nunca tiveram sujeição, que é a principal parte necessária para este negócio [...]".[18] O tronco e o pelourinho compunham, junto com as Igrejas, o espaço das aldeias, evidenciando os castigos físicos de seu cotidiano. Mem de Sá os mandara instalar "[...] por lhes mostrar que têm tudo que os cristãos têm, e para o meirinho meter os moços no torno, quando fogem da escola, e para outros casos leves".[19] José Eisemberg, ao analisar o projeto missionário jesuítico na América portuguesa, destacou também a importância do medo como elemento essencial na prática da conversão, levantando a possibilidade de se considerar os jesuítas como precursores do pensamento político moderno, na medida em que sua proposta já traria, segundo o autor, o germe do pensamento de Hobbes quanto ao papel do medo como elemento básico na formação da ordem política. O autor analisa especialmente dois documentos produzidos por Nóbrega, nos quais ele justifica teológica e politicamente o uso do medo na prática da conversão.[20]

Cabe lembrar ainda que o sucesso da catequese e do projeto jesuítico na América portuguesa dependia fundamentalmente do sucesso do empreendimento colonial, ao qual os inacianos igualmente se dedicaram. Adaptaram seu projeto missionário às condições locais, o que levou a muitas disputas entre a Província do Brasil e a direção geral da ordem em Roma.[21] Dentre os principais pontos de controvérsia destacou-se o envolvimento dos jesuítas com o poder temporal e com atividades econômicas lucrativas, que gerou grandes polêmicas, porém as necessidades impostas pela dinâmica local acabariam prevalecendo. As atuações políticas e econômicas da Companhia mantiveram-se e desenvolveram-se, garantindo, como asseguravam seus defensores, o bom andamento do projeto missionário. Convém lembrar que essas práticas contavam, *grosso modo*, com o apoio e incentivo das próprias autoridades, tanto locais quanto metropolitanas, para as quais os jesuítas prestaram inestimáveis serviços até sua expulsão, no século XVIII.

Não cabe aqui aprofundar a discussão sobre essas práticas, objeto de opiniões controversas que, muitas vezes, tendem a classificar os missionários entre os extremos de santos mártires da colonização ou de espertos empresários pré-capitalistas, simplificando e reduzindo a questão numa visão dualista entre o ideológico e o econômico. Se os próprios projetos de colonização das monarquias ibéricas devem ser vistos em sua perspectiva global de empreendimento político, econômico e religioso, o que não dizer de uma ordem religiosa, criada na Europa da Contrarreforma, que assumiu com a Coroa portuguesa a tarefa de evangelizar os povos do Ultramar? Parece viável considerar que o principal objetivo da Companhia era religioso e se adquiriu força política e econômica no decorrer dos três séculos da colonização, isso se deu de forma concomitante ao esforço ideológico da catequese. Estabeleceram-se na colônia, fundaram colégios, criaram aldeias, implantaram fazendas e outras atividades econômicas com as quais construíram considerável patrimônio, para o que exploraram, não resta dúvida, o trabalho dos índios (aldeados e escravos) e dos escravos negros. Para a realização dos seus objetivos não abriram mão do poder temporal e da coerção física, mas a isso aliaram práticas de adaptação e tolerância aos costumes das populações locais, o que lhes valeu grandes ganhos. A força política que alcançaram em várias regiões da América decorria, no meu entender, do reconhecimento por parte das autoridades da eficiência de sua atuação junto às populações indígenas, principalmente no que diz respeito à organização e ao funcionamento das aldeias indígenas tão essenciais para o projeto colonial.

## As aldeias missionárias: funções e significados diversos

As novas aldeias constituíram o palco privilegiado para a inserção das populações indígenas na ordem administrativa portuguesa, daí sua importância para a política de colonização. Visavam não apenas cristianizar os índios, mas ressocializá-los, tornando-os súditos cristãos do rei de Portugal que teriam vários papéis a cumprir na nova sociedade que se construía. Além do saber dos livros, como lembrou Baeta Neves, a aldeia ensinava as "[...] formas de comportamento, práticas econômicas, técnicas corporais, interdições, penalidades etc. Enfim, é uma ressocialização total, quotidiana, observada em detalhe. A aldeia é um grande projeto pedagógico total".[22]

Convém ressaltar, no entanto, com base nas pesquisas interdisciplinares mais recentes, a participação intensa dos índios como sujeitos desse seu processo de metamorfose. Já foi visto anteriormente que o próprio projeto missionário jesuítico adequou-se às condições locais colocadas, em grande parte, pelas reações dos índios à presença dos colonizadores. As pesquisas atuais baseadas em abordagens histórico-antropológicas têm permitido novas compreensões sobre as relações de contato entre os índios e os demais agentes da colonização, enfocando os interesses e as motivações dos primeiros como fatores também explicativos dos processos históricos nos quais se inserem.[23] Se, no início dos anos 70, as pesquisas de Wachtel sobre os índios no Peru já alertavam para a complexidade do processo de aculturação,[24] em nossos dias os estudos interdisciplinares tendem a priorizar as ideias de apropriação e ressignificação cultural, valorizando não apenas as atuações, mas também os interesses e possíveis significados que os povos indígenas atribuíam às mudanças por eles experimentadas. As noções de cultura e etnicidade vistas como produtos históricos, que continuamente se transformam através das interações entre os grupos étnicos e sociais, nos permitem perceber as mudanças não só como simples perdas culturais, mas também como propulsoras das novas possibilidades de os índios adaptarem-se à colônia.[25] As trocas, os hibridismos, as apropriações e ressignificações culturais foram práticas desenvolvidas tanto pelos índios quanto pelos missionários, como têm demonstrado as pesquisas mais recentes sobre missionação e relações interétnicas, em diferentes temporalidades.[26]

Nessa perspectiva, já não é possível considerar as aldeias missionárias simples espaço português e cristão, no qual os índios ingressavam como vítimas passivas de um processo de aculturação através do qual iam perdendo gradualmente suas características culturais e identidades étnicas. Ao contrário disso, os documentos revelam que os índios, apesar dos imensos prejuízos e da posição subalterna na qual ingressavam nas aldeias, interessaram-se por elas, participaram de sua construção e foram sujeitos ativos dos processos de ressocialização e catequese nelas vivenciados.[27]

Não obstante, lembrando o alerta de Sidney Mintz,[28] segundo o qual uma mesma ação pode comportar diferentes significados conforme a posição social dos indivíduos, convém notar que o ingresso dos índios nas aldeias devia ter para eles significados próprios e distintos daqueles dos demais agentes com os quais interagiam. A documentação sobre as inúmeras disputas geradas em torno de questões relativas ao estabelecimento e ao funcionamento das aldeias missionárias permite perceber que elas se revestiam de diferentes funções e significados para os vários segmentos sociais da colônia. Para a Coroa, o objetivo principal era, como visto, integrar os índios à sociedade colonial, tornando-os aliados, súditos cristãos do rei de Portugal, para garantir a soberania sobre seus territórios, defendendo-os dos estrangeiros e índios hostis. Além disso, as aldeias cumpriam também a função de assegurar aos colonos, aos missionários e às autoridades a mão de obra necessária aos mais diversos tipos de trabalho. Isso se fazia de acordo com um sistema de rodízio e pagamento irrisório estabelecido pelas diversas legislações referentes aos direitos e obrigações dos índios aldeados.[29] A Coroa e os missionários tinham, portanto, objetivos ambivalentes em relação às aldeias, pois viam nelas as possibilidades de transformar os índios em súditos cristãos e força de trabalho, enquanto para os colonos elas significavam, principalmente, redutos de mão de obra.

Para os índios, no entanto, as aldeias missionárias tinham significados e funções bem diversos: terra e proteção, por exemplo, emergem dos documentos como algumas de suas expectativas básicas ao buscar a aliança com os portugueses. Apesar das lacunas das fontes para se identificar os interesses dos índios nas aldeias, é possível encontrar na documentação, sobretudo naquela referente aos conflitos, alguns indícios sobre suas motivações. Cabe aqui retomar o papel do medo, que, valorizado por missionários e autoridades como mola mestra para o ingresso dos índios nas aldeias, conforme visto, parece ter cumprido bem essa função. Diante do caos que se instalara nos sertões, com guerras, epidemias, escravizações em massa e redução, cada vez maior, de territórios livres e recursos naturais, a aliança com os portugueses e o ingresso nas aldeias missionárias surgia, com certeza, para os índios como possibilidade de sobrevivência. Optavam pelo mal menor, mas nem por isso abdicavam de negociar suas perdas, como informam instigantes documentos sobre seus conflitos e suas reivindicações no interior das aldeias. Tais documentos expressam também a importância da formação dessas aldeias para a política colonial, o que levava à necessidade de acordos e negociações com os líderes indígenas, que chegaram a dispor, conforme regiões e circunstâncias, de um certo poder de barganha.[30]

As expedições de descimento eram a principal fonte de origem e reprodução de populações indígenas nas aldeias coloniais e foram constantes e incentivadas desde o Regimento de Tomé de Souza até o Diretório de Pombal, como bem lembrou Perrone-Moisés.[31] A catástrofe demográfica desencadeada pela conquista mantinha-se com a altíssima mortalidade dos índios provocada pelas guerras, pelos maus-tratos e principalmente pelas epidemias que periodicamente assolavam as aldeias. Deduz-se daí o papel fundamental dessas expedições como instrumento básico de "povoamento" das aldeias (e da própria colônia em seus primórdios) e despovoamento dos sertões, num processo contínuo de crescimento de povoados e extinção de povos. Tais expedições constituíam atividades importantes e dispendiosas que mereceram, além de copiosa legislação, cuidados e atenção especiais por parte das autoridades.

As propostas de descimento faziam-se, em geral, com presentes e promessas de vantagens temporais para os índios, sem nenhuma alusão ao sistema de trabalho, como informou o padre João Daniel. Esse jesuíta descreveu com detalhes as práticas realizadas na Amazônia no século XVIII, revelando que para agradar os índios e evitar as desistências e fugas preocupavam-se em "[...] pouco a pouco os ir acariciando, e conquistando com dádivas, para lhes ir entranhando amor, e para lhes fazer conhecer, que os não buscam para os fazer escravos, mas para os tratar como filhos [...]".[32] A lei procurava coibir as irregularidades e, desde 1587, estabeleceu a obrigatoriedade da presença missionária nas expedições de descimento, situação essa que mais ou menos se manteve ao longo do período colonial.

Os descimentos deviam ser, de acordo com a lei, voluntários e, em princípio, transferir grupos inteiros das aldeias de origem, incluindo, *grosso modo*, mais de um principal,[33] cuja adesão era importantíssima para que eles se concluíssem com sucesso. Convém lembrar as diferenças regionais e temporais no que se refere aos apresamentos dos índios nos sertões e consequentemente às ameaças sobre suas chances de sobrevivência, que influenciavam as possibilidades de alianças e acordos. Regiões e conjunturas específicas alteravam as ações e reações dos colonos, missionários e índios nos sertões da colônia. Sobre um descimento realizado em 1624, Martim de Sá refere-se "[...] a alguns principais que antes de se abalarem do Rio Grande com sua gente quiseram ver a disposição da terra e o modo [...] no tratamento dos outros [...]".[34] Em carta de 1697, o jesuíta Pero Rodrigues, ao tratar de um descimento na capitania do Espírito Santo, afirmou que "[...] veio um principal de quatro aldeias a ver se era verdade o que no sertão lhe diziam dos padres para que com mais certeza pudesse vir com sua gente".[35] A vontade dos índios emerge dos documentos como fator relevante para seu ingresso nos aldeamentos, vontade porém bastante restrita, uma vez que a escolha se dava entre condições bem desfavoráveis: as dificuldades cada vez maiores enfrentadas no sertão ou as novas possibilidades oferecidas nas aldeias. Tais condições eram, *grosso modo*, avaliadas pelos principais, mas não necessariamente aceitas por todos os seus seguidores. Sabe-se, de acordo com Florestan Fernandes,[36] que os grupos tupis dividiam-se facilmente em facções quando discordavam de seus chefes e, com certeza, as relações com os brancos acentuaram essa característica. Não foram poucos os casos de faccionalismo entre grupos indígenas, dividindo-os em lados opostos em suas alianças com os brancos. Insatisfações e descontentamentos por parte dos índios, principalmente dos seus chefes, podiam colocar a perder todo o esforço praticado para a realização de "pazes" ou descimentos. No Rio de Janeiro, houve o caso citado por Simão de Vasconcelos em que alguns principais voltaram do meio do caminho por não ter recebido o mesmo "facalhão" com que os portugueses agraciaram um deles.[37] Os descimentos implicavam grandes gastos, pois, além do custo das expedições (pagamento dos índios e alimentação de todos), eram necessários muitos presentes. Os instrumentos de ferro eram o principal atrativo para aldeá-los, como bem ilustra a resposta de um índio ao missionário que o persuadia a convencer seu grupo a deixar sua aldeia de origem: "Lá têm", respondeu o índio, "machados e facas para fazerem suas roças e por isso não necessitam de sair."[38] Na verdade o descimento se fazia por acordos entre os portugueses e os chefes indígenas e as descrições de João Daniel, na Amazônia setecentista, informam com detalhes os cuidados e a antecedência com que se preparava a acolhida dos novos aldeados com os quais, segundo ele, iam os maiores gastos dos missionários.

> Mas no caso que finalmente se resolvam a sair dos seus matos, e descer para alguma missão se ajusta primeiro o descimento no ano antecedente porque dando palavra os índios de saírem também lha dão os Missionários de os irem buscar no ano seguinte; e não os tiram logo 1°) para lhes darem tempo de fazerem as colheitas das suas roças; 2°) para entretanto lhes fazerem roças, searas e casas na missão onde os querem ajuntar ou em alguma paragem que julgam mais acomodada, se é que querem fundar missão de novo: Cuidam pois em prevenir-lhes e preparar-lhes a hospedagem com dilatados roçados de maniba searas de milho e frutas por outros índios mansos já batizados, de que sempre se valem nestes descimentos: fazem casas, preparam-se com grandes provimento de ferragem panos, águas ardentes, bolórios e muitas outras miudezas.[39]

Se os parágrafos vistos evidenciam os interesses e os acordos dos índios para ingressarem nas aldeias, é mister não esquecer que isso se fazia num contexto de extrema violência e desigualdade. A aldeia era o mal menor e nela os índios se submetiam a uma nova situação que lhes trazia prejuízos incalculáveis. Sujeitavam-se às regras portuguesas, passando a viver em condição subordinada e sujeitos ao trabalho compulsório. Misturavam-se com outros grupos étnicos e sociais, viam reduzir-se as terras às quais tinham acesso e expunham-se às altas mortalidades. Além de tudo, submetiam-se à nova rotina, que lhes proibia o uso de certas práticas culturais e os incentivava a abandonar antigas tradições e incorporar novos valores, como parte do processo de transformá-los em súditos cristãos.

Não obstante, a legislação os colocava em posição ímpar em relação aos demais grupos sociais na colônia, estabelecendo para eles, além das obrigações, alguns direitos, que, até o século XIX, lutaram por garantir.[40] Os variados registros sobre as disputas em torno das aldeias indicam, pelos menos, algumas das suas expectativas na condição de aldeados. Requerimentos e petições feitos por eles próprios e/ou pelos padres solicitavam terras, o direito de não serem escravizados e de trabalharem para quem quisessem, cargos, aumentos de salário, ajudas de custo e destituição de autoridades indígenas impostas nas aldeias e não reconhecidas por eles, dentre outros. Cabe recordar, ainda, os vários acordos de paz e de descimentos estabelecidos com os portugueses, que, como visto, incluíam sempre promessas de terra e proteção, condições mínimas, pode-se dizer, das suas aspirações no ato de aldear-se. Além disso, convém constatar que, em suas petições, os índios apresentavam-se como súditos cristãos do rei, utilizando o nome português de batismo e a identificação a partir da aldeia habitada, o que aponta para um processo de reconstrução identitária no interior das aldeias.[41]

Diante do exposto, percebe-se que, apesar dos prejuízos, as aldeias podiam significar para os índios um refúgio no qual ingressavam com expectativas próprias, o "espaço de liberdade possível", conforme expressão de Meliá.[42] Estabelecidas com o objetivo de integrar os índios à administração portuguesa, transformando-os em súditos cristãos, as aldeias coloniais não foram efêmeras nem tampouco simples espaço de dominação e imposição cultural dos padres sobre os índios, como costumava ser sugerido pela historiografia.[43] O empenho dos índios em manter suas aldeias, conforme se percebe na documentação sobre os conflitos, constitui forte indício de que aquele espaço físico era também deles.

Os diferentes segmentos sociais da colônia tinham, portanto, expectativas e interesses diversos quanto à formação e ao funcionamento das aldeias, interesses esses complexos e ambivalentes que se alteravam conforme o desenvolvimento da colonização e a dinâmica de suas relações. Os inúmeros documentos sobre conflitos em torno das aldeias evidenciam que o cumprimento das expectativas desses grupos dependia das disputas entre eles, disputas essas relativas principalmente a questões de terra e de trabalho que não serão priorizadas neste capítulo, cuja ênfase recai sobre as relações estabelecidas entre os índios e os jesuítas no processo de missionação.[44]

## Vivência e ressocialização nas aldeias: disputas, acordos e aprendizados

A caracterização das aldeias exige uma considerável dose de generalização, malgrado as diferenças significativas existentes entre elas. Tais diferenças incluem os agentes fundadores, as circunstâncias da fundação, os grupos indígenas que as compunham com variado número de habitantes, os administradores responsáveis, as regiões onde se encontravam com suas respectivas características político-econômicas e sociais. Uma variada gama de elementos, portanto, influenciava as características das aldeias e as relações de seus membros entre si e com a sociedade envolvente. Tais diferenças, contudo, não são impeditivas para se delinear em linhas gerais suas formas de organização e funcionamento, enfocando as administradas pelos jesuítas e as relações estabelecidas entre eles e os índios, dada a maior disponibilidade de fontes e estudos sobre elas. Não é o caso, no entanto, de desconsiderar que em outras aldeias, administradas por ordens diversas, o tratamento pode ter sido diferenciado.

O primeiro idealizador dos aldeamentos foi, no século XVI, o padre Manuel da Nóbrega, mas o grande mentor e principal responsável pelas diretrizes básicas que orientaram seu funcionamento e organização por quase um século foi, sem dúvida, o padre Antônio Vieira.[45] As aldeias eram reguladas por copiosa legislação que se modificava com frequência, conforme a pressão dos interessados. De acordo com várias leis, elas deviam ser grandes, de preferência não misturar etnias, pelo menos sem o consentimento dos índios, para evitar fugas causadas por desentendimentos entre os grupos e manter os brancos afastados.[46] Na prática, no entanto, predominou a mistura de etnias e a presença de brancos, mestiços e negros nas aldeias, apesar dos esforços dos jesuítas para mantê-los distantes, pois consideravam o contato com os colonos extremamente prejudicial à sua tarefa de converter os índios e administrar as aldeias. Até a segunda metade do século XVIII, excluindo-se breves períodos, predominaram sempre leis favoráveis aos inacianos que lhes davam controle espiritual e temporal sobre os descimentos e as aldeias.[47] Essas eram, *grosso modo*, administradas pelos padres superiores, que procuraram sempre manter nelas, pelo menos, dois religiosos e às vezes quatro, conforme as necessidades e condições da Companhia.

Se o medo e a violência foram fatores essenciais para a formação das aldeias, não poderiam ser suficientes para garantir seu bom funcionamento, na medida em que dois ou quatro padres dirigiam, às vezes, milhares de índios. Além disso, as práticas de missionação nas aldeias, como visto, não se restringiam à esfera espiritual. Os jesuítas sabiam que o respeito a alguns hábitos tradicionais e um envolvimento progressivo dos índios na nova organização social eram instrumentos indispensáveis ao seu projeto e organizaram as missões mantendo, de certa forma, o espírito comunitário das populações nativas. Mantinham algumas práticas indígenas e procuravam, através delas, introduzir as mudanças.

Para auxiliá-los na administração das aldeias valeram-se dos líderes indígenas, que foram especialmente valorizados por autoridades civis e eclesiásticas como importantes agentes mediadores entre o mundo colonial e o mundo indígena. Já foi visto o importante papel por elas desempenhado nas expedições de descimento. Uma vez constituída a aldeia, os líderes indígenas continuariam tendo papel de destaque. Deveriam ajudar a governá-las e para isso lhes foram concedidos cargos, títulos, patentes e situações privilegiadas, que receberam com bastante entusiasmo, tal como seus pares na América espanhola. Os padres procuravam identificar e, quando possível, manter os chefes originais, dando-lhes, no entanto, novas funções e regalias.

Introduzia-se a hereditariedade do cargo que devia ser provido pelo governador, às vezes com salário, outras não.[48] A qualidade da oratória tão valorizada entre os índios mantinha-se nas aldeias para pregar novos valores: o trabalho cotidiano nas roças e as virtudes cristãs. Os chefes saíam de manhã a exortar seus liderados ao trabalho, informou Cardim, para o que lhes eram dadas "[...] varas de meirinhos nas mãos, que estimam em muito, porque depois de cristãos se dão estas varas aos principais, para os honrar e se parecerem com os brancos. Esta é toda a sua honra secular".[49]

Convém lembrar que no interior das aldeias deveria haver mais de um principal, já que etnias e grupos diversos ali se misturavam. Não obstante, os cargos distribuídos nas aldeias eram vários. O principal líder do aldeamento, o chamado capitão-mor da aldeia, devia ser o principal do grupo dominante à época de seu estabelecimento, a exemplo do que ocorreu em São Lourenço, na capitania do Rio de Janeiro, onde os descendentes de Arariboia, seu primeiro capitão-mor, permaneceram como líderes até o final do século XVIII.[50] De acordo com Vieira, apenas o principal (com certeza, o capitão-mor) recebia provisão do governador e encarregava-se de prover os demais ofícios sem provisões, "[...] salvo se eles as pedirem aos governadores, como algumas vezes fazem [...] porque alguns dos ditos índios estimam muito um papel de que constem os seus ofícios e serviços [...]".[51] Havia uma evidente apropriação dos códigos portugueses pelos índios interessados não apenas nos cargos, mas também nos papéis oficiais, tais como cartas patentes ou provisões que lhes comprovavam o exercício dos mesmos. Na Amazônia do século XVII e XVIII não foram poucos os índios cristãos que solicitaram à Coroa títulos honoríficos das ordens militares. Sabiam, de acordo com Almir Diniz, "[...] as consequências positivas das mercês concedidas pelo monarca. Por conta disso, muitos se lançaram em viagens até a Corte para solicitar pessoalmente ao rei os tais privilégios".[52] As cartas de sesmarias foram também especialmente valorizadas pelos índios, que cedo aprenderam seu valor para reivindicar seus direitos à terra.[53]

Os índios oficiais passavam também a ter privilégios políticos e econômicos. Dentre as novas funções que adquiriam incluíam-se as de repartir os índios para o trabalho e puni-los quando fosse necessário. Se na tradição tupi os chefes não tinham poder de coação, passaram a tê-lo nas aldeias, pois castigos e punições eram por eles aplicados. Além disso, no caso de queixas ou culpas a eles atribuídas, dispunham de legislação especial.[54]

O processo de ressocialização dos índios deu-se, portanto, através de complexas relações que, além das imposições, incluíam também muitos acordos. Os jesuítas foram os grandes incentivadores de uma nova cultura que se forjava no cotidiano das aldeias, onde antigas tradições se articulavam com as novas práticas culturais e políticas introduzidas pelos padres e muito bem aprendidas pelos índios, que as utilizavam em busca de seus próprios interesses continuamente transformados. Transformaram-se, portanto, mais do que foram transformados. Afinal, como têm demonstrado inúmeros estudos etno-históricos da atualidade, as tradições e culturas indígenas não são estáticas, mas constroem-se e reconstroem-se continuamente em situações históricas definidas.[55] Essa perspectiva teórica, aliada a documentos sobre as aldeias, nos permite percebê-las como espaço múltiplo, onde grupos étnicos e sociais diversos compartilhavam experiência nova, através da qual reelaboravam suas culturas, histórias e identidades.

Convém lembrar, no entanto, que não foram apenas os índios que se transformaram. A experiência do contato vivenciada nas aldeias alterava também as concepções e os comportamentos dos que agiam com a intenção de modificar, o que se pode perceber nas entrelinhas dos textos dos missionários. Anchieta e João Daniel foram dois grandes exemplos nesse sentido: no afã de transformar, talvez não tenham se dado conta de sua própria mudança.[56] Além disso, cabe destacar a extraordinária capacidade de alguns padres, dentre os quais se destacou Anchieta, de perceber as regras, os costumes e comportamentos dos índios, o que lhes possibilitou desenvolver estratégias de adaptação para melhor integrá-los às aldeias. Alguns jesuítas, etnograficamente falando, sabiam colocar suas redes no lugar certo, disse Malinowski, em feliz expressão retomada por Melià.[57] Os inacianos souberam recuar em seus dogmas, fazendo inúmeras concessões aos índios. Não faltam exemplos de desavenças entre os bispos e os jesuítas por conta de suas tolerâncias com os índios, incluindo as confissões por intérprete.[58] Tais tolerâncias, deve-se ressaltar, não eram gratuitas, mas conquistadas pelos índios, que, sujeitos ativos desse seu processo de metamorfose, não necessariamente transformavam-se tanto quanto teriam desejado os padres nem tampouco nos moldes traçados por eles.

Exímios na arte de utilizar as estruturas ideológicas em seus empreendimentos temporais e espirituais, os jesuítas alcançaram considerável eficiência no trato com os índios e obtiveram excelentes resultados em suas atividades produtivas. Para isso, não resta dúvida, contaram com uma instituição forte, disciplinada e com um projeto a longo prazo que lhes permitiu constituir rico patrimônio continuamente multiplicado pelas doações, pelos testamentos e pela eficiência com que administravam seus negócios, mas sua atuação junto aos índios constituiu, a meu ver, fator fundamental para o sucesso de seus empreendimentos.

João Lúcio de Azevedo observou que a tirania dos padres sobre os índios era semelhante à dos colonos, diferenciando-se uns dos outros apenas quanto aos interesses diversos: o produto do trabalho dos índios com os padres era reinvestido na aldeia, enquanto com os demais era gasto alhures.[59] Trata-se, a meu ver, de diferença fundamental que reafirma a ideia do espaço das aldeias ter sido também um espaço dos índios, que, além de ajudar a construí-lo, esforçaram-se por preservá-lo. Sem essa compreensão, fica inclusive difícil entender a violenta guerra dos guaranis contra os portugueses em defesa de suas aldeias nos Sete Povos das Missões e outras lutas, em menor escala, pela defesa das aldeias no Brasil.

Além da coerção física presente em todos os aldeamentos, os padres sabiam que era preciso conquistar os índios e manter vínculos de dependência. Haubert, em seus estudos sobre as missões do Paraguai, referiu-se à

> [...] prosperidade das reduções, onde os índios deixavam de ser mão de obra para voltarem a ser homens, e onde se realizava um tipo de desenvolvimento que se chamaria atualmente autocentrado. Pois, ele estava centrado — de maneira muito imperfeita, bem entendido — na satisfação das necessidades essenciais de todos os membros da sociedade: alimentação, alojamento, vestimenta, saúde, educação, diversões, religião etc.[60]

No Brasil, informações esporádicas de alguns padres e as sugestões de Vieira para o bom funcionamento das aldeias fornecem pistas sobre seu cotidiano e revelam cuidados na administração temporal para satisfazer a algumas dessas necessidades essenciais apontadas por Haubert. A saúde, por exemplo, problema sério diante das altas mortalidades causadas pelas epidemias que assolavam as aldeias, era objeto de preocupação dos inacianos. Vieira propunha que em todas as aldeias houvesse hospital ou enfermaria próximo à casa do missionário e ressaltava a importância da existência de sangradores em todas as aldeias "[...] aplicando-se a este ofício não meninos que é coisa dilatada senão os maiores e dos que tiverem maior habilidade e inclinação [...]".[61] A rotina dos padres nas aldeias incluía, segundo Anchieta, visitas diárias aos doentes com "alguns índios deputados para isso".[62] Os ofícios eram ensinados aos índios considerados mais aptos para que ajudassem os padres no atendimento às necessidades da comunidade e com isso se atingiam dois objetivos: conseguiam auxiliares aumentando a eficiência de suas atividades ao mesmo tempo que envolviam os índios mais diretamente no funcionamento das aldeias, fazendo-os sentir-se parte delas. Nas aldeias de visita, os índios "de mais inteligência e cuidado" deviam, por sugestão de Vieira, ter por ofício acudir a igreja e dar a doutrina e "terão cuidado de batizar em caso de necessidade, e de ajudar a bem morrer, e de enterrar os mortos".[63]

A rotina diária nas aldeias afastava os índios de suas práticas culturais, mas introduzia outras, algumas das quais bastante úteis na nova situação colonial. Ler e escrever o português, por exemplo, foi instrumento eficaz para alguns deles reivindicarem suas mercês ao rei em moldes bem portugueses.[64] Vieira admirou-se pelas cartas escritas por índios do Maranhão "em papel de Veneza, e fechadas com lacre da Índia [...] e reconheceu que [...] a letra e o estilo das cartas era dos índios pernambucanos, antigos discípulos dos padres [...]".[65]

Na ânsia de transformar, os padres proviam os índios do instrumental necessário para sua sobrevivência e adaptação na colônia. A língua tupi aprendida por muitos padres e por eles praticada e estimulada no interior das aldeias como língua geral, também chamada brasílica, revelou-se faca de dois gumes: usada pelos jesuítas como instrumento para a catequese e homogeneização cultural de diversos grupos étnicos, foi para esses últimos importante elemento de coesão e fator básico de uma nova identificação sociocultural que ali se forjava. A política linguística estabelecida desde o princípio pelos jesuítas (seguindo, aliás, as instruções da Companhia de Jesus, que tanto valorizava o aprendizado das línguas dos povos com os quais trabalhava) iria fazer da língua geral o idioma colonial que possibilitou a comunicação entre povos das mais diversas origens etnolinguísticas. A língua geral baseada no tupi falado tornou-se, pode-se dizer, a língua oficial das aldeias coloniais e com o passar do tempo, evidentemente, ia adquirindo características próprias. Era o instrumento de mediação entre os vários grupos indígenas e os missionários.[66] Foi, portanto, com a ajuda dos padres jesuítas que os povos indígenas aldeados dispuseram desse elemento tão essencial para dar coesão e unidade cultural aos grupos sociais: a língua comum. Os índios evidentemente participaram do processo de sua construção, mas a iniciativa dos padres em torná-la básica e "universal" na colônia foi uma contribuição inestimável para esse processo de rearticulação das culturas e identidades dos índios aldeados. Convém lembrar que, muito provavelmente, pelo menos nos primeiros tempos de seu aldeamento, os grupos indígenas deviam falar também suas próprias línguas no interior das aldeias, utiizando-se da geral para comunicações mais amplas.

No cotidiano das aldeias, os padres preocupavam-se em preencher todas as horas livres do trabalho com ladainhas, rezas, missas, doutrinas, aulas de ler e escrever, cantos, festas religiosas etc. Dedicavam-se preferencialmente aos meninos, que, segundo acreditavam, eram mais facilmente transformáveis e os auxiliavam em diferentes tarefas, incluindo o ensino. As doutrinas faziam-se duas vezes ao dia — manhã e tarde —, ensinando-se as orações ordinárias e os diálogos do catecismo em língua tupi ou através de intérpretes.[67] Para ensinar o catecismo aos índios de língua não tupi, Vieira propunha que os padres fizessem um catecismo breve e, caso não houvesse intérprete, que se misturassem "[...] os tais índios com os da língua geral ou de outra sabida para que ao menos os seus meninos aprendam com a comunicação".[68] Terminada a oração da manhã devia seguir-se a missa, a que os índios assistiriam antes de ir às lavouras. Os meninos seguiriam para as escolas, onde se devia ensinar, além das letras aos mais aptos, cantos e instrumentos musicais "para beneficiar os ofícios divinos".[69] Após a doutrina da tarde, os meninos deviam dar uma volta na aldeia cantando o Credo e os Mandamentos. Domingos e dias santos eram dias de missa e nas vésperas Vieira aconselhava que os índios fizessem seus bailes até 10 ou 11 horas para que "fiquem capazes de assistir aos ofícios divinos e de fazer conceito da doutrina [...]".[70] A existência de confrarias nas aldeias foi apontada por Anchieta e Cardim[71] e reafirmava-se nas sugestões de Vieira no século XVII.[72] Na aldeia de São Barnabé, na capitania do Rio de Janeiro, foi instituída, em 1671, a confraria do Santíssimo Sacramento, com festa mensal no terceiro domingo de cada mês, missa cantada, comunhão e procissão.[73]

De acordo com o relato do provincial Diogo Machado, em 1689, todas as aldeias do Rio de Janeiro eram assistidas por dois religiosos, que ensinavam aos índios a doutrina em sua língua duas vezes ao dia, administravam-lhes os sacramentos e os acudiam em suas necessidades espirituais e temporais. As festas eram celebradas ao longo do ano e "na quaresma os Ofícios Divinos com música de canto de órgão com seus instrumentos competentes, tudo exercitado pelos mesmos Índios com notável asseio e devoção [...]".[74]

Sobre as relações entre os padres e os índios, convém destacar ter existido nas aldeias do Brasil preocupação semelhante à apontada por Haubert no Paraguai, no sentido de manter a distância física entre padres e índios, sobretudo mulheres. No século XVII, Vieira sugeria que de suas "[...] portas adentro não durma moço algum; e em todas as casas não haja mais que até quatro ou cinco moços para o serviço dela".[75] Nas aldeias de visita, os missionários deviam ter também casas próprias separadas dos índios e com cerca fechada para que não lhes fosse necessário sair e quando o fizessem, ainda que para ir à Igreja, deviam fazê-lo em dupla.[76]

Todos os recursos de sedução da música, do teatro, das procissões e festas religiosas foram aproveitados pelos jesuítas. A música e a dança eram, de acordo com relatos, muito valorizadas entre os tupis e especialmente pelos tamoios, tidos por "grandes músicos e bailadores entre todo o gentio, os quais são grandes compositores de cantigas de improviso, pelo que são muito estimados do gentio por onde quer que vão".[77] João Daniel, no século XVIII, também ressaltou a grande conveniência da música para os índios, porque "[...] gostam muito delas; nem há cousa que mais os atraia à igreja do que a música; a música os convida a frequentarem as igrejas, a música finalmente os acaricia, e move ainda os selvagens a saírem dos seus matos, a submeterem-se aos missionários, a ouvirem a Doutrina Cristã, e a fazerem-se católicos".[78]

O esforço de articular o novo com o tradicional pode ser identificado também nos autos de Anchieta, nos catecismos e nos diálogos escritos. Mello Moraes Filho descreve uma cena da "Festa de Natal", na qual "[...] músicos da orquestra vestidos de pena e listrados de urucu descansam as pernas às maças e flechas [...]".[79] A prática da conversão fazia-se pela oralidade e o catecismo e os diálogos escritos em tupi eram instrumentos de via oral para a prática dos missionários em suas pregações verbais, para o que lançavam mão dos gestos e retóricas utilizados pelos pajés e principais, de forma a obter maior sucesso de seus ouvintes. Tal prática era incentivada por Nóbrega, que aconselhava "[...] o pregar-lhes a seu modo em certo tom, andando, passeando e batendo nos peitos, como eles fazem quando querem persuadir alguma coisa e dizê-la com muita eficácia".[80]

O padre Aspilcueta Navarro imitava a gesticulação dos feiticeiros índios em seus discursos.[81] Anchieta, quando chegou a Iperoig para tratar das pazes com os tamoios, gritava e gesticulava ao modo dos caraíbas.[82] Recortavam-se elementos da cultura tupi para transformar valores e crenças, introduzindo-se entre eles "verdades cristãs". Assim, o teatro expressava um mundo maniqueísta, associando ao mal todas as práticas dos tupis condenadas pelos padres, especialmente a antropofagia e a poligamia. Nos autos de Anchieta o diabo aparecia como protagonista, relatando como obras suas tudo o que representava o sistema ritual dos tupis.[83] Convém destacar, no entanto, que Anchieta não associava os índios ao demônio, que podia influenciar suas atitudes "bestiais e carniceiras", mas não se identificava com eles. Existia e atuava fora deles, simples vítimas de suas artimanhas e sempre passíveis de conversão. A aldeia missionária era, para ele, *locus* da salvação.[84]

Procissões e festas religiosas eram apreciadas pelos índios e incentivadas pelos padres. Especialmente valorizadas eram as recepções aos europeus e aos visitadores, quando as danças, a música e os rituais de recebimento indígena eram altamente estimulados pelos próprios padres. Ao relatar a visita de 1583 a várias aldeias, com o padre visitador Cristóvão de Gouvêa, Cardim informou com detalhes como iam sendo recebidos com boa música, vozes, flautas, danças e procissões, tendo dado especial destaque à atuação dos meninos, que, sempre nus, encantavam os visitantes com cantos e danças à sua moda.[85]

Convém refletir sobre essas visitações e sobre o tipo de documento produzido a partir delas, tais como o relato de Cardim acima citado. As visitas de autoridades civis ou eclesiásticas eram de grande importância para a política da Companhia de Jesus, pois através delas se avaliava o funcionamento das aldeias e se obtinha maior ou menor apoio para sua manutenção. Tamanha importância davam a esses eventos que até a produção econômica era deixada de lado diante das necessidades dos preparativos para a recepção aos visitantes.[86] Quanto aos documentos produzidos a partir dessas visitas, deve-se atentar para o seu objetivo e sua época. Com a intenção de prestar contas aos superiores da Ordem e por vezes a autoridades civis sobre o funcionamento das missões, os padres interessavam-se em relatar sucessos que poderiam lhes garantir incentivos políticos e econômicos. Cardim escreveu no fim do século XVI, quando as aldeias estavam se estabelecendo e havia grande interesse dos padres em mostrar à Coroa e aos superiores em Roma o bom andamento de suas missões. A situação idílica pintada por ele contrasta com as cartas dos missionários e as informações de Anchieta que, desde o século XVI, davam conta das fugas em massa, indisciplinas, insubordinações, enfim das enormes dificuldades que os padres tinham de lidar com os índios no interior das aldeias.[87]

Os castigos, como visto, eram parte do cotidiano das aldeias e um deles era relativo às fugas: o fugitivo ausente por mais de um ano poderia, segundo Anchieta, "ser resgatado como outro qualquer e não lhe valerá o privilégio que tinha das aldeias".[88] Os padres podiam repreender e executar as punições ordinárias, nas quais incluía-se a prisão por três dias, porém os castigos mais graves ou os aplicados em "pessoa de respeito" deveriam ter a aprovação do superior.[89] Cuidados especiais com os castigos para manter as boas relações com os índios e evitar fugas e indisciplinas maiores foram objeto de atenção das autoridades civis e eclesiásticas ao longo de todo o período colonial. Dos textos de Anchieta ao Diretório constata-se, além das preocupações nesse sentido, o alerta para que os castigos fossem aplicados pelos próprios índios, meirinhos ou principais.

Nem tudo eram flores, portanto, no interior dos aldeamentos, como descrevia Cardim, segundo o qual os índios tinham "[...] extraordinário amor, crédito e respeito aos padres, e nada fazem sem seu conselho, e assim pedem licença para qualquer coisa por pequena que seja, como se fossem noviços".[90] A alegria e a honra que os índios tinham, segundo ele, de comungar e participar de todos os rituais da fé contrastam com as difíceis situações narradas por outros padres no cotidiano das aldeias, incluindo-se a vigilância para a assiduidade às missas e os açoites para os ausentes.

A relação dos índios com os padres nas aldeias não era, pois, nada fácil: se os primeiros nelas ingressavam buscando o mal menor, não titubeavam em abandoná-las, aliar-se aos colonos contra os padres ou simplesmente burlar suas regras ou destituir autoridades que não lhes agradavam. No Regimento de Roque da Costa Barreto, de 1677, com observações de 1796, cuja execução se recomenda em 1804, lê-se que

> [...] a experiência tem mostrado que os índios são inconstantes, muito entregues ao ócio e ao vício da embriaguez, e nada ambiciosos, motivos todos estes, que dão causa a se não ter colhido o fruto que se esperava das sábias providências dadas pelos nossos monarcas em seu benefício.[91]

O processo de transformação dos índios em súditos cristãos fazia-se, portanto, lentamente, com muitos recuos, desafios e rebeldias, na experiência de interação entre índios e missionários.

## Tradições e mudanças culturais: algumas reflexões

No interior das aldeias alguns elementos da cultura indígena mantiveram-se pelo menos por algum tempo, dentre os quais pode-se citar o prestígio às chefias originais, a língua tupi, danças, músicas e instrumentos musicais, as casas amplas, reunindo várias famílias, e a nudez. As descrições de Cardim, nos tempos iniciais das aldeias, não deixam dúvidas sobre as fortes características indígenas presentes em seu interior, características essas que com o passar do tempo iam se alterando, tornando-se evidentemente mais raras no decorrer do processo da colonização. É instigante, no entanto, constatar que o Diretório dos Índios, na segunda metade do século XVIII, tinha como uma de suas principais metas extirpar os costumes indígenas das aldeias religiosas, para o que dedicou muitos de seus 95 artigos.[92] A língua tupi, as casas amplas e a nudez eram alguns dos principais elementos a serem transformados pela nova lei. Sem desprezar as consideráveis diferenças regionais, pois é evidente que no século XVIII, nas aldeias da Amazônia, as características indígenas deviam ser muito mais fortes do que nas capitanias do Nordeste e Sudeste, onde as mudanças já se faziam havia quase três séculos, deve-se convir que também nessas últimas algumas características se mantiveram.[93] Em 1683, por exemplo, os padres capuchinhos missionários assistentes na capitania do Rio de Janeiro pediam, entre outras coisas, "[...] pano de algodão para vestir ao menos as mulheres [...]",[94] numa clara alusão ao fato de os índios andarem despidos. A preocupação de manter nas aldeias missionários "línguas" é indício de que o português não reinava absoluto, mesmo em aldeias antigas, como a de Reritiba, no Espírito Santo.

Não importa, no entanto, tentar medir ou detetar os graus de manutenção e mudança dos costumes indígenas nas aldeias, tarefa quase impossível e, de certa forma, sem tanta relevância para o argumento aqui desenvolvido. Mais do que procurar persistências e mudanças, importa tentar desvendar seus possíveis significados para os índios. Afirmar que as aldeias eram um espaço também dos índios fundamenta-se menos nos traços culturais indígenas nelas remanescentes do que com as formas como o processo de mudança ia sendo vivido e elaborado pelos diferentes grupos, com os significados que lhes iam sendo atribuídos e com uma nova forma de identificação que gradualmente ia sendo construída nesse processo. Fundamental, portanto, é tentar perceber como os índios viviam essas mudanças, para o que se torna necessário retomar as questões colocadas por Mintz[95] sobre os diferentes significados que as mesmas ações podem comportar, conforme o lugar social dos indivíduos. Cabe lembrar também Sider,[96] para o qual, ao se tratar de grupos étnicos em posição subalterna, cultura deve ser entendida como luta constante para não compartilhar significados. Estudos recentes sobre mitos e tradições dos povos indígenas da atualidade em posição subalterna nas sociedades envolventes revelam que reelaborar suas tradições, articulando-as com elementos novos e atribuindo-lhes significados compatíveis com as situações vividas no presente, constitui para eles uma necessidade de sobrevivência e autoestima do próprio grupo.[97] Já foi visto que, ao ingressar nos aldeamentos, os índios tinham expectativas próprias que lutavam por realizar. Para isso faziam acordos com padres e autoridades e participavam ativamente do processo de mudanças orientado por eles, porém davam-lhes evidentemente rumos e sentidos próprios. Bosi[98] ressaltou as dificuldades de compreensão entre padres e índios pela complexidade da língua, que não expressa apenas objetos materiais, mas ideias e culturas, formas de entender o mundo e as coisas, daí as imensas dificuldades de compreensão entre uns e outros e os inúmeros equívocos nas afirmativas dos jesuítas ao interpretar o comportamento dos índios. De acordo com Pompa, as categorias cosmológicas foram repensadas à luz da nova realidade colonial, o que levou à construção de uma linguagem religiosa de mediação, linguagem essa que podia adquirir significados distintos, conforme os agentes.[99] Afinal, como lembrou Monteiro, a prática da conversão não implicava apenas traduzir línguas, mas igualmente traduzir tradições, tarefa bem mais complexa e complicada. Segundo o autor, "[...] no dia a dia das missões, vem à tona a tensão entre o projeto jesuítico de transformar os índios num rebanho inerme e os projetos dos índios de manter elementos cruciais do seu modo de ser".[100]

Em *O mármore e a murta*, Viveiros de Castro analisou muito bem a inconstância típica dos tupinambás, que tanto confundiu os jesuítas, levando-os a oscilar entre elogios sobre a excelente receptividade dos índios à doutrina cristã e a perseverança em seus maus costumes. Tal comportamento ambíguo para os portugueses era, segundo o autor, condizente com as características culturais daqueles índios, que eram bastante abertos e receptivos aos outros e aos novos elementos culturais, absorvidos por eles, porém, ao seu próprio modo, que não incluía nenhum tipo de sujeição. O misto de abertura e teimosia, docilidade e inconstância, entusiasmo e indiferença com que os tupinambás receberam o evangelho compreende-se, segundo o autor, quando se percebe seu "[...] obscuro desejo de ser o outro, mas segundo os próprios termos".[101]

Wachtel, ao analisar com maestria as mudanças culturais entre os índios do Peru, destacou as diferenças entre os aspectos materiais e mentais de uma cultura, deixando claro que ambos obedecem a ritmos diversos de mudanças, sendo os primeiros mais facilmente transformáveis e também mais visíveis. Estruturas mentais radicalmente estranhas chocavam-se, segundo ele, nesse contato cultural: "Enquanto os espanhóis consideravam os deuses indígenas como manifestações do diabo, os índios interpretavam o cristianismo como variedade de idolatria."[102] O autor complexificou o conceito de aculturação, destacando seu sentido de mão dupla e alertando para a necessidade de analisá-la levando-se em conta contextos e processos históricos. Não obstante, ao enfocar a resistência cultural como "inquebrantável fidelidade às tradições", acabou por retomar, de certa forma, um dualismo entre tradição e aculturação que, em nossos dias vem sendo questionado.[103] Referindo-se à evangelização, por exemplo, considerou que "a sociedade indígena não encontrou no cristianismo nenhum elemento positivo de reorganização".[104]

Sem subestimar os imensos prejuízos que as mudanças e muitas imposições culturais causaram às populações indígenas, cabe considerar, com base nas novas abordagens etno-históricas sobre relações de contato e na própria documentação, que os índios se interessaram por muitas dessas mudanças e absorveram os novos elementos do mundo cristão de forma extremamente complexa, rearticulando-os com suas tradições e dando-lhes, com certeza, sentidos diversos que nos são muito difíceis de alcançar. O próprio Wachtel, aliás, demonstrou isso ao analisar o movimento milenarista do Taqui Ongo e os textos produzidos pelos mestiços Garcilaso de la Vega e Poma de Ayala, nos quais combinavam-se esquemas mentais do mundo indígena com elementos introduzidos pelos espanhóis.[105]

Trabalhos mais recentes sobre a América hispânica têm abordado as relações de contato numa perspectiva que considera o interesse e a intensa participação dos índios no processo de mudanças culturais. Além da submissão passiva, a rebelião declarada ou da aculturação disfarçada nas atitudes de justaposição inclui-se, cada vez mais, o que o historiador Steve Stern chamou de resistência adaptativa para se pensar os vários comportamentos dos índios frente aos ocidentais e o processo de metamorfose vivido por eles.[106] Na colaboração com os europeus, os índios buscavam melhores condições de sobrevivência e, além disso, nesse processo seus interesses e objetivos alteravam-se consideravelmente. Nessa mesma linha de interpretação, Gruzinski viu nas mudanças culturais experimentadas pelos índios no México colonial novas possibilidades de reorganização e resistência. A conversão e a colaboração colocavam-se para as chefias, segundo ele, como necessidade existencial de preencher o vazio — "'a rede esburacada' — criada pela conquista, a necessidade de adaptar-se às novas regras do jogo intentando salvar o essencial: o patrimônio, a memória e os privilégios da antiga classe dominante".[107] Outros autores também caminharam por aí, demonstrando como os índios foram capazes de rearticular culturas e tradições a partir de suas imensas perdas. Afinal, como afirmaram J. Hill e Alcinda Ramos, os grupos sociais são sempre capazes de dar respostas criativas às situações em que vivem, por mais violentas que elas sejam.[108]

No Brasil, não há como negar que, apesar das fugas e insubordinações, os índios das aldeias, *grosso modo*, participaram intensamente dos ensinamentos, das doutrinas e dos rituais dos padres, dando-lhes, com certeza, seus próprios significados, como demonstram inúmeras situações aparentemente bizarras e contraditórias. O batismo, por exemplo, sinal de conversão para os padres, devia ser algo bem distinto para os índios. Considerado pelos caraíbas e pajés insurgentes responsável pelas altas mortalidades entre os índios, foi por eles praticado às avessas, com o sentido inverso do que lhe era dado no cristianismo, já que a intenção era "desbatizar".[109] Mais instigante, no entanto, é constatar os diferentes significados também atribuídos ao ritual por parte daqueles que o aceitavam nos moldes cristãos. Relatório do presidente da província do Pará, em 1875, alertava para a necessidade de se proibir os índios de batizarem-se mais de uma vez, claro indício de que o ritual era por eles vivenciado de forma bem peculiar. Segundo ele, os índios pediam batismo todos os anos, escolhendo os padrinhos com antecedência e quando não os conseguiam numa freguesia, iam para outra em busca de outros padrinhos que lhes dariam novos presentes.[110] Esquemas mentais diversos para se entender o mundo e as coisas levavam a diferentes compreensões de uma mesma realidade ou evento. Assim, o que os padres podiam entender como conversão ou submissão, para os índios podia ser algo bem diverso.

A Santidade de Jaguaripe, tão bem analisada por Vainfas, constitui, no Brasil, o melhor exemplo nesse sentido. Seu líder Antônio, discípulo dos jesuítas, absorveu seus ensinamentos evangélicos para vir a fazer uso deles da forma que lhe foi mais apropriada: retomou o mito e a religião de seus antepassados, aos quais incorporou elementos do catolicismo aprendidos com os padres e assimilados por ele sabe-se lá como.[111] Os significados para os índios de certas imagens criadas pelos padres são, como lembrou Bosi, impossíveis de ser detetados.[112] Não faltam exemplos de entendimentos completamente deturpados nas avaliações dos padres sobre o comportamento dos índios, nem foram poucos aqueles que, considerados convertidos, surpreenderam ao revelar o quanto ainda mantinham arraigados seus costumes e suas crenças.

A Santidade do Jaguaripe ilustra o quanto foi possível aos índios rearticular seus valores, suas tradições e seus mitos no processo histórico para atender a novos objetivos e interesses que iam surgindo com as situações. Ali, mito e ritual se transformaram, revelando que se os jesuítas foram capazes de absorver elementos do mundo indígena para pregar os seus valores, os índios não ficaram atrás: o papa, a Virgem Maria e outras figuras relevantes do mundo cristão tornaram-se personagens de destaque nas manifestações religiosas dos índios. Os mitos caminham sempre junto com a História e com ela se transformam, como têm demonstrado vários trabalhos recentes da etno-história, sobretudo na Amazônia.[113] Afinal, a conversão oferecia aos índios também instrumentos para que eles contestassem a dominação não apenas religiosa, mas também colonial.[114]

Convém ressaltar, no entanto, que o mito da Terra sem Mal,[115] tal como era pregado e vivenciado em rituais pelos adeptos da Santidade do Jaguaripe, por exemplo, não pode ser tomado como representativo da manifestação da consciência social coletiva reconstruída pelos índios aldeados, na medida em que expressam uma situação de revolta e recusa à catequese e à ordem colonial, postura nada condizente com a dos índios aldeados, que, *grosso modo*, aderiram à colonização e com ela colaboraram. Esses, com certeza, construíram de outra forma suas histórias e memórias coletivas. Embora sua colaboração tenha sido sempre acompanhada de confrontos e rebeldias, eles não recusaram definitivamente a ordem colonial e a catequese, como pregavam os adeptos da Santidade.

Para se pensar sobre a possível construção de uma memória social coletiva dos índios aldeados com conteúdo diverso daquele que era transmitido pelos índios rebeldes da Santidade, convém atentar para um aspecto bastante enfatizado nas pesquisas recentes: a reelaboração das tradições, dos mitos e das histórias se faz tendo como referencial a situação presente.[116] Apesar dos limites das fontes para se pensar a construção da memória social dos índios aldeados, algumas pistas evidenciam terem eles também reconstruído suas histórias a partir das necessidades vivenciadas no presente e conforme as suas novas aspirações no mundo colonial. As petições e os requerimentos dos líderes das aldeias fornecem pistas interessantes sobre isso. Em suas petições, os suplicantes (líderes indígenas e/ou missionários) reportavam-se aos anos de serviços prestados ao rei e aos grandes feitos, principalmente militares, realizados por eles e seus aldeados.[117] Com isso, apropriavam-se dos valores e das glórias da sociedade colonial, enalteciam suas ações, angariavam reconhecimento social e encontravam uma explicação plausível para sua condição de aliados e subordinados aos portugueses, valorizando-se aos seus próprios olhos. Defender fronteiras do reino luso podia significar para os índios aldeados ato heroico perante as autoridades coloniais e digno de ser ressaltado, pois sem dúvida lhes garantia maiores vantagens do que o tão caro e tradicional ritual antropofágico. Suas histórias entrelaçavam-se com a dos colonizadores e em seus relatos incluíam-se nelas na posição de vencedores, aliados dos poderosos portugueses, com os quais dividiam as honras e glórias das conquistas militares. A conquista e a colonização, emblemas da destruição do mundo indígena, aparecem nos escritos dos líderes como empreendimentos vitoriosos nos quais eles participaram intensamente, merecendo por isso as mercês de Sua Majestade. Os grandes feitos de Arariboia, a conquista da Guanabara e a defesa da cidade do Rio de Janeiro, eram grandes trunfos dos índios da aldeia de São Lourenço na capitania do Rio de Janeiro.[118] Os índios cristãos da Amazônia, estudados por Almir Diniz, para reivindicar suas mercês ao rei igualmente valorizavam suas lutas em favor dos portugueses.[119]

Se os adeptos da Santidade construíram um mito e uma memória que os colocava em oposição aos colonizadores e aos missionários, os aldeados misturaram suas histórias com a dos portugueses, incluindo-se nelas não como derrotados, mas como heróis vitoriosos que formavam lado a lado com os padres e as autoridades. Construía-se, assim, uma memória social e uma história nova que passava a ser comum e compartilhada por todos aqueles vários grupos que se misturavam no interior das aldeias, vindos, com certeza, de uma experiência de derrotas e capitulações diversas. Era uma história coletiva construída num contexto de extrema violência contra os povos indígenas: guerras intensas, doenças, massacres, preconceitos, discriminações, proibições de seus cultos e tradições, enfim, de dificuldades cada vez maiores de sobrevivência nos sertões. As várias etnias reunidas nas aldeias tinham as mais diversas trajetórias, inclusive de lutas e conflitos entre si, até que se viam agregadas num mesmo espaço físico, no qual vivenciavam um processo comum de ressocialização que, como visto, envolvia negociações e conflitos diversos. A partir de então, suas histórias, identidades, seus mitos, suas tradições e memórias estariam, sem sombra de dúvida, influenciados e ligados ao mundo colonial, mundo esse que não era português nem indígena, mas um mundo no qual diferentes grupos étnicos e sociais interagiam em sua construção e nesse processo reelaboravam suas culturas e identidades.[120]

## Considerações finais

Sem negar a violência do contato e os imensos prejuízos que os processos de aldeamento e missionação acarretaram para os índios, cabe reconhecer a complexidade das relações neles envolvidas. As aldeias foram heterogêneas e construídas para atender a interesses diversos. Os índios e os demais agentes sociais interagiam todos com atitudes ambíguas e, às vezes, incoerentes em busca da realização de seus objetivos, constantemente reformulados por suas experiências cotidianas. Algumas aldeias atravessaram os três séculos da colonização tendo reunido índios de diferentes etnias que, em seu interior, misturavam-se não apenas entre si, mas também com outros segmentos sociais da colônia, vivenciando uma experiência nova que, além das perdas, dava-lhes também condições para sobreviver no mundo colonial. Longe de ter sido passivos, os índios foram sujeitos do processo de mudança que igualmente lhes interessava, por conferir-lhes instrumental necessário à adaptação ao novo mundo. No cotidiano das aldeias, antigas tradições se rearticulavam com as novas práticas culturais e políticas introduzidas pelos padres e muito bem aprendidas pelos índios, que as utilizavam em busca de seus próprios interesses continuamente transformados. Nesse processo, em vez de desaparecer diluídos nas categorias de escravos ou despossuídos da colônia, os índios assumiram a nova identidade que lhes havia sido dada ou imposta pelos colonizadores: a de índios aldeados, súditos cristãos de Sua Majestade, condição na qual se identificavam e eram identificados até o início do século XIX.[121]

## Notas

1. Regimento de Tomé de Sousa (17/12/1548). In: Vicente Tapajós, 2000.
2. Stuart B. Schwartz, 1990.
3. João Fragoso & Manolo Florentino, 1993, p. 28.
4. Alexandre Marchant, 1980; John Hemming, 2007.
5. John Monteiro, 1994, p. 36.
6. A política indigenista da Coroa teve seu ponto de inflexão na segunda metade do século XVIII, com as reformas pombalinas que, entre outras medidas, incluíram a expulsão dos jesuítas, a proibição da escravidão indígena e a proposta assimilacionista que visava transformar as aldeias indígenas em vilas e lugares portugueses e os índios em vassalos do rei sem distinção alguma em relação aos demais. As novas diretrizes foram regulamentadas no "Diretório que se deve observar nas povoações dos índios do Pará e Maranhão enquanto Sua Majestade não mandar o contrário", escrito em 1757 para a Amazônia e estendido para outras regiões do Brasil, em 1758. Para uma análise mais aprofundada sobre a legislação indigenista da Coroa portuguesa, ver Beatriz Perrone-Moisés, 1992, p. 115-132; José Oscar Beozzo, 1983. Sobre a política indigenista de Pombal, ver Rita Heloísa de Almeida, 1997.
7. Documento de 1548 de D. João III aos jesuítas. Cartas dos Primeiros Jesuítas do Brasil, vol. I. p. 5-6, apud Roberto Gambini, 1988, p. 82.
8. Charles, R. Boxer, 1981, p. 99.
9. Idem, p. 100.
10. Eduardo Hoornaert, 1992, Tt. II, p. 38; Charles. R. Boxer, 1981, p. 100. No século XVII, os papas desafiaram o padroado, criando a Congregação da

Propaganda Fide (1622) para coordenar a prática missionária no mundo. Não tiveram, no entanto, sucesso na América, onde os reis mantiveram o controle sobre o poder eclesiástico durante todo o período colonial, apesar dos conflitos e desafios. Na América portuguesa, as ordens ligadas à Propaganda Fide foram os capuchinhos e os oratorianos, considerados missionários apostólicos em vez de reais. Sobre isso, ver também Charles R. Boxer, 1981, p. 28-241; W. de S. Martins, 2000, p. 125.

11. Charles R. Boxer, 1981, p. 86.
12. M. Regina Celestino de Almeida, 2006, p. 115-141.
13. Para uma análise aprofundada e interdisciplinar sobre a prática missionária dos capuchinhos no rio São Francisco, ver Cristina Pompa, 2003.
14. Charlotte de Castelnau-L'Estoile, 2006.
15. José de Anchieta, 1988, p. 3-88.
16. Alcir Pécora, 1999, p. 395-401.
17. Idem, p. 399.
18. José de Anchieta, 1988, p. 361.
19. Carta de Mem de Sá ao rei D. Sebastião, Rio de Janeiro, 31 de março de 1560, p. 227-229.
20. Os documentos analisados são: O Diálogo sobre a Conversão do Gentio (1552-1557) e O Plano Civilizador (1558), José Eisemberg, 2000, p. 89-116.
21. Sobre isso ver Charlotte Castelneau-L'Estoile, 2006.
22. Luiz Felipe Baeta Neves, 1978, p. 162.
23. A partir da década de 1990, principalmente, inúmeras teses de doutorado e dissertações de mestrado têm tratado desse tema em perspectiva interdisciplinar. Para indicações bibliográficas, ou mesmo acesso a alguns desses trabalhos e outros sobre a temática indígena, ver o site de John Monteiro, Os Índios na História, http://www.ifch.unicamp.br/ihb/.
24. Nathan Wachtel, 1988, p. 113-129.
25. Para uma discussão teórica e conceitual sobre essas questões, ver: Peter Burke, 2000, pp. 233-267; Sidney W. Mintz & E. P. Thompson, 1981; Fredrik Barth, 2000; Max Weber, 1994, pp. 267-277; Philippe Poutignat & Jocelyne Streiff-Fenart, 1998; Guillaume Boccara, 2000, pp. 11-59; Jonathan Hill (org.), 1996.
26. Sobre isso ver Paula Monteiro (org.), 2006; Robin Wright (org.), 1999.
27. M. Regina Celestino de Almeida, 2003.
28. Sidney W. Mintz, 1982, p. 499-512.
29. Para um aprofundamento sobre as oscilações da legislação indigenista da Coroa, ver Beatriz Perrone-Moisés, 1992; idem, 2000, v. 1, p. 147-164.
30. A análise de Elisa F. Garcia sobre os conflitos de fronteiras entre espanhóis e portugueses no sul do continente americano (da segunda metade do século XVIII ao início do XIX) que incluíam disputas pela aliança dos índios missioneiros,

com intenção de atraí-los e aldeá-los em seus respectivos territórios, revela o significativo poder de barganha utilizado por vários líderes que apoiavam ora uns ora outros, conforme circunstâncias e possibilidades. Elisa F. Garcia, 2009.

31. As expedições de descimento organizavam-se com a finalidade de deslocar os índios de suas aldeias de origem para as aldeias coloniais. Sobre a legislação a respeito delas, ver Beatriz Perrone-Moisés, 1992, p. 118.
32. Padre João Daniel, 1976, v. 2, p. 44.
33. Principal era o nome utilizado para designar os chefes indígenas e aparece com muita frequência na documentação.
34. Esse descimento não se concluiu com sucesso porque, segundo Martim de Sá, moradores paulistas os tomaram de assalto no caminho, "[...] matando alguns principais e repartindo a gente entre si". Carta de Martim de Sá ao rei, Rio de Janeiro, 5 de março de 1624. Houve muitas disputas e irregularidades em torno dos descimentos e alguns terminavam em apresamentos ilegais, como o exemplo citado.
35. Cópia de uma carta do padre Pero Rodrigues, provincial da Província do Brasil da Companhia de Jesus, para o padre João Alvares da mesma Companhia: assistente do padre geral, Bahia, 1º de maio de 1697.
36. Florestan Fernandes, 1989.
37. "Das 400 almas que esperavam descer, trouxeram somente 70, mas esperam uma nova ocasião, quando devidamente presenteados, todos descerão." Carta de Simão de Vasconcelos, Rio de Janeiro, 7 de maio de 1648.
38. Padre João Daniel, 1976, v. 2, p. 259.
39. Idem, p. 44.
40. Apesar das reformas do Diretório introduzidas por Pombal, com a transformação das aldeias em freguesias e a presença crescente de não índios em seu interior, os documentos informam terem elas se mantido enquanto tais até o início do XIX e seus índios, por mais misturados e miseráveis que pudessem estar, conforme os descreve grande parte da documentação, continuavam a agir coletivamente para manter suas terras na condição de aldeados. Sobre isso, ver M. Regina Celestino de Almeida, 2005, p. 235-255.
41. M. Regina Celestino de Almeida, 2001, v. 6, nº. 12, p. 51-71.
42. Bartolomeu Melià, 1988, p. 204-209.
43. Ressalte-se que ser súdito cristão não implicava absolutamente uma condição de igualdade. Na sociedade tão fortemente hierarquizada do Antigo Regime cada súdito ocupava seu lugar na escala social, mas todos tinham, além das obrigações, direitos, dentre os quais os de pedir e obter mercês e justiça do seu rei. Sobre isso, ver António Hespanha (org.), 1993, vol. IV, p. 130.
44. Sobre as disputas em relação à terra e ao trabalho dos índios nas aldeias, ver M. Regina Celestino de Almeida, 2003, p. 187-255.

45. Vieira foi responsável pela Lei de 1655 e pelo Regimento das Missões de 1686, em vigor até o estabelecimento do Diretório de 1757, que, apesar de ter introduzido mudanças significativas na política de aldeamentos, manteve, em vários aspectos, as diretrizes traçadas pelo Regimento das Missões sobre isso, ver José Oscar Beozzo, 1983. Embora tais leis tenham sido específicas para a Amazônia, seus princípios mais gerais eram aplicados nas demais aldeias jesuíticas da América portuguesa.
46. "Regimento das Missões de 1686, Carta Régia de 1º/2/1701, citada no Diretório de 1757 (§77) e Direção de 18/5/1757 (§81), que a reiteram", Beatriz Perrone-Moisés, 1992, p. 119.
47. Foram inúmeros os conflitos entre colonos e jesuítas, principalmente por questões relativas à distribuição da mão de obra indígena das aldeias. Não cabe aqui discorrer sobre eles, mas importa registrar que a força maior ou menor dos inacianos variava muito conforme as regiões e circunstâncias. Em algumas delas, chegaram a ser expulsos, tendo, no entanto, retornado, o que reafirma a importância de seu papel como missionários até a segunda metade do século XVIII.
48. José Oscar Beozzo, 1983, p. 204.
49. Fernão Cardim, 1980, p. 153.
50. M. Regina Celestino de Almeida, 2001.
51. José Oscar Beozzo, 1983, p. 204.
52. Almir Diniz, 2005.
53. M. Regina Celestino de Almeida, 2003.
54. José Oscar Beozzo, 1983, p. 204.
55. Marshal Sahlins, 1990; Jonathan Hill, 1980; Robin Wright & Jonathan Hill, 1988, p. 31-54.
56. M. Regina Celestino de Almeida, 1998a, pp. 147-160; idem, 1998b, p. 109-119.
57. Bartolomeu Melià, 1988, p. 98.
58. Luiz Felipe Baeta Neves, 1978, p. 75; Alcir Pécora, 1999, p. 396. Essas práticas de adaptação e tolerância dos jesuítas foram amplamente utilizadas nas demais regiões do ultramar. Sobre sua atuação na Índia, ver Célia Cristina da Silva Tavares, 2004.
59. João Lúcio de Azevedo, 1901, p. 196-197.
60. Maxime Haubert, 1990, p. 25.
61. José Oscar Beozzo, 1983, p. 193.
62. José de Anchieta, 1988, p. 389.
63. Idem, p. 197.
64. Para uma análise aprofundada sobre as funções e práticas da escrita indígena nas missões do Paraguai (séculos XVII e XVIII) e do valor que lhes foi conferido pelos índios, ver Eduardo Neumann, 2005.
65. José Carlos Sebe Bom Meihy, 1992, p. 140.

66. Para aprofundar a discussão sobre a língua geral, sua utilização e transformação nas aldeias e na colônia, ver John Monteiro, 2001; José Ribamar Bessa Freire, 2004; José Ribamar Freire & Maria Carlota Rosa, 2003.
67. José Oscar Beozzo, 1983, p. 196; José de Anchieta, 1988, p. 389; Fernão Cardim, 1980, p. 156.
68. José Oscar Beozzo, 1983, p. 199. Para uma análise sobre os catecismos indígenas e sobre a importância da relação entre a política linguística dos jesuítas, traduzida principalmente na sistematização da língua geral e o projeto catequético, ver Adone Agnolin, 2007.
69. José Oscar Beozzo, 1983, p. 196.
70. Idem, p. 197.
71. José de Anchieta, 1988, p. 324; Fernão Cardim, 1980, p. 156.
72. José Oscar Beozzo, 1983, p. 198.
73. Serafim Leite, 1938-1950, v. VI, p. 112.
74. Carta do padre Diogo de Machado, Bahia, 15 de julho de 1689.
75. José Oscar Beozzo, 1983, p. 193.
76. Idem, p. 194.
77. Gabriel Soares Souza, 1971, p. 110.
78. Padre João Daniel, 1976, v. 2, p. 211.
79. Mello Moraes Filho, 1972, p. 19.
80. Manuel da Nóbrega a Simão Rodrigues, 17 de setembro de 1552, apud John Monteiro, 2001, p. 5.
81. Henrique Handelmann, 1931, t. 108, v. 162, p. 99. Apud J. R. Tinhorão, 1972, p. 13.
82. José de Anchieta, 1988, p. 209.
83. Alfredo Bosi, 1992.
84. Therezinha de B. Baumann, 1993. Sobre as concepções dos jesuítas a respeito das possibilidades de conversão dos índios, ver Alcir Pécora, 1999, p. 373-414.
85. Fernão Cardim, 1980, p. 150.
86. Magnus Morner, 1968; Fernão Cardim, 1980.
87. Após as fugas em massa ocorridas na Bahia, Anchieta informou que restaram apenas mil almas das 12 mil das quatro igrejas. José de Anchieta, 1988, p. 364. As contradições da correspondência jesuítica explicam-se, em grande parte, por suas próprias regras. Os padres deviam fazer cartas principais com "coisas edificantes" que podiam ser mostradas a todos, reservando para os "anexos" (*hijuelas*) os comentários sobre problemas e assuntos internos da Companhia. Sobre isso ver Alcir Pécora, 1999; José de Eisemberg, 2000; Charlotte Castelneau-L'Estoile, 2006.
88. José de Anchieta, 1988, p. 375.
89. José Oscar Beozzo, 1983, p. 203.

90. Fernão Cardim, 1980, p. 156.
91. Regimento de Roque da Costa Barreto.
92. "Diretório que se deve observar nas povoações dos índios do Pará e Maranhão enquanto Sua Majestade não mandar o contrário", José Oscar Beozzo, 1983, p. 129-167.
93. Sobre a implantação do diretório nas aldeias da Amazônia, ver Ângela Domingues, 2000; Patrícia M. Melo Sampaio, 2001; Barbara Sommer, 2000; Rafael Ale. Rocha, 2009. Sobre a região nordeste, ver Fátima Martins Lopes, 2005; Isabelle B. Peixoto da Silva, 2005; Ligio José de Oliveira Maia, 2010.
94. Consulta do Conselho Ultramarino [...] sobre a petição dos Padres Capuchinhos, Missionários Assistentes na Capitania do Rio de Janeiro, em que requeriam alguma ordinária, especialmente destinada às missões entre o gentio. Lisboa, 28 de novembro de 1681. Ms. AHU RJCA, doc, 1433.
95. Sidney Mintz, 1982.
96. Gerald Sider, 1994, pp. 109-122.
97. Jonathan Hill, 1996; Alcinda R. Ramos, 1980; Peter Gow, 1991.
98. Alfredo Bosi, 1992, p. 72.
99. Cristina Pompa, 2003.
100. John Monteiro, 2000.
101. Eduardo Viveiros de Castro, 1992, p. 26.
102. Nathan Wachtel, s.d., p. 231.
103. Idem, p. 229-235; Nathan Wachtel, 1988, p. 113-116.
104. Nathan Wachtel, s.d., p. 229.
105. Nathan Wachtel, 1988, p. 122-124.
106. Steve Stern, 1987.
107. Serge Gruzinski, 1986, p. 415; idem, 2003.
108. Jonathan Hill, 1996; Alcinda Ramos, 1988.
109. Ronaldo Vainfas, 1995, pp. 121-122.
110. Relatório apresentado ao Exmo. Sr. Dr. Francisco Maria Corrêa de Sá e Benevides, pelo Exmo. Sr. Dr. Pedro Vicente de Azevedo por ocasião de passar-lhe a administração da província do Pará no dia 17 de janeiro de 1875. Apud Marcio C. Henrique, 1997.
111. Ronaldo Vainfas, 1995.
112. Alfredo Bosi, 1992, p. 65.
113. Jonathan Hill, 1988; Robin Wright & Robin Hill, 1986.
114. John Monteiro, 2001.
115. Sobre o Mito da Terra sem Mal e uma excelente análise crítica de diferentes abordagens sobre sua trajetória, ver Cristina Pompa, 1998.
116. Sobre isso, ver o instigante trabalho de Rappaport sobre a reconstrução das histórias dos índios paez (Colômbia) de acordo com seus interesses políticos da atualidade. Joanne Rappaport, 1990.

117. Arquivo Histórico Ultramarino. Documentos do Rio de Janeiro catalogados por Castro e Almeida. Cx. 4, doc. 685.
118. M. Regina Celestino de Almeida, 2001.
119. Almir Diniz, 2005.
120. Stuart Schwartz, em estudo sobre etnogênese e relações interétnicas nas Américas, ressaltou a complexidade do processo que não se restringia aos negros e índios, mas abrangia todos os segmentos sociais e étnicos que interagiam no continente. Stuart Schwartz, 1996, p. 7-27.
121. De acordo com Fátima Lopes, os censos populacionais do Império, no século XIX, no Rio Grande do Norte, identificaram representantes de etnias indígenas das antigas missões religiosas que haviam sido transformadas em vilas pelas leis pombalinas. Isabelle Silva também identificou a significativa presença indígena nas vilas do Ceará que substituíram as aldeias indígenas com as reformas pombalinas. Essas informações, somadas ao fato de que, na atualidade, alguns grupos em processo de etnogênese no Nordeste afirmam suas origens nos aldeamentos missionários do século XVIII, reforçam o argumento de que as aldeias missionárias coloniais foram espaços nos quais os índios puderam reelaborar suas identidades e culturas. Sobre os índios misturados do Nordeste e os atuais processos de etnogênese, ver João Pacheco de Oliveira, 1999.

## Bibliografia

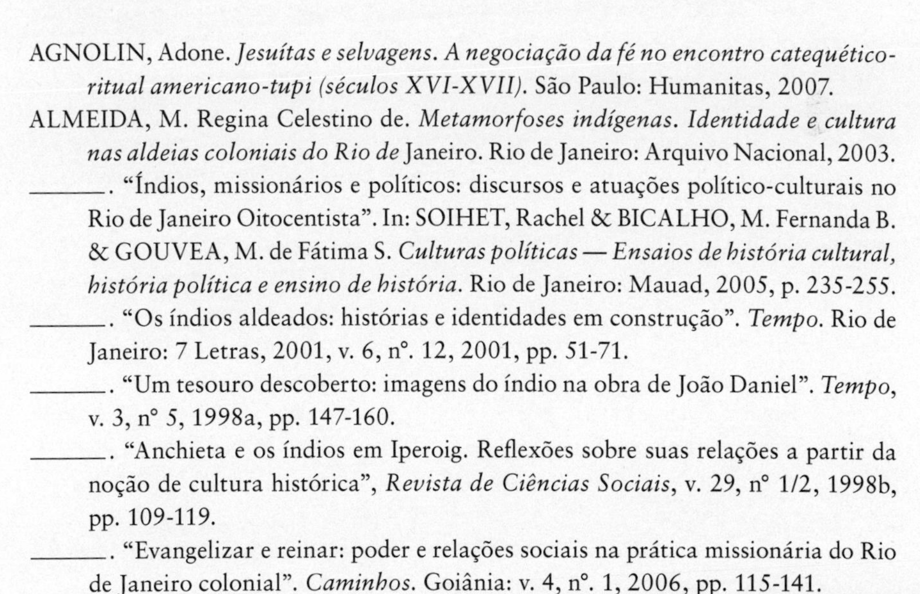


AGNOLIN, Adone. *Jesuítas e selvagens. A negociação da fé no encontro catequético-ritual americano-tupi (séculos XVI-XVII).* São Paulo: Humanitas, 2007.

ALMEIDA, M. Regina Celestino de. *Metamorfoses indígenas. Identidade e cultura nas aldeias coloniais do Rio de* Janeiro. Rio de Janeiro: Arquivo Nacional, 2003.

______. "Índios, missionários e políticos: discursos e atuações político-culturais no Rio de Janeiro Oitocentista". In: SOIHET, Rachel & BICALHO, M. Fernanda B. & GOUVEA, M. de Fátima S. *Culturas políticas — Ensaios de história cultural, história política e ensino de história.* Rio de Janeiro: Mauad, 2005, p. 235-255.

______. "Os índios aldeados: histórias e identidades em construção". *Tempo.* Rio de Janeiro: 7 Letras, 2001, v. 6, nº. 12, 2001, pp. 51-71.

______. "Um tesouro descoberto: imagens do índio na obra de João Daniel". *Tempo,* v. 3, nº 5, 1998a, pp. 147-160.

______. "Anchieta e os índios em Iperoig. Reflexões sobre suas relações a partir da noção de cultura histórica", *Revista de Ciências Sociais,* v. 29, nº 1/2, 1998b, pp. 109-119.

______. "Evangelizar e reinar: poder e relações sociais na prática missionária do Rio de Janeiro colonial". *Caminhos.* Goiânia: v. 4, nº. 1, 2006, pp. 115-141.

ALMEIDA, Rita Heloísa de. *O diretório dos índios: um projeto de civilização no Brasil do século XVIII*. Brasília: UnB, 1997.

ANCHIETA, José de. *Informações, fragmentos históricos e sermões*. São Paulo: Edusp/ Belo Horizonte: Itatiaia, 1988, pp. 388.

AZEVEDO, João Lúcio de. *Os jesuítas no* Grão-Pará. Lisboa: Tavares Cardoso & Irmão, 1901, pp. 196-197.

BARTH, Fredrik. *O guru, o iniciador e outras variações antropológicas*. Rio de Janeiro: Contra Capa Livraria, 2000.

BAUMANN, Therezinha de B. *A gesta de Anchieta. A construção do outro nas ideias e práticas jesuíticas dos Quinhentos*, dissertação de mestrado. Niterói: UFF, 1993.

BEOZZO, José Oscar. *Leis e regimentos das missões*. São Paulo: Edições Loyola, 1983.

BOCCARA, Guillaume. "Antropologia diacrónica. Dinâmicas culturales, processos historicos, y poder político". In: BOCCARA, Guillaume & GALINDO, S. *Lógica mestiza en América*. Temuco: Universidad de La Frontera, 2000, pp. 11-59.

BOSI, Alfredo. *Dialética da colonização*. São Paulo: Companhia das Letras, 1992.

BOXER, Charles R. *A Igreja e a expansão ibérica (1440-1470)*. Lisboa: Edições 70, 1981, p. 99.

BURKE, Peter. "Unidade e variedade na história cultural". In: —. *Variedades de história cultural*. Rio de Janeiro: Civilização Brasileira, 2000, pp. 233-267.

CARDIM, Fernão. *Tratados da terra e da gente do Brasil*. São Paulo/Belo Horizonte: Edusp/Itatiaia, 1980, p. 153.

Carta de Mem de Sá ao rei D. Sebastião. Rio de Janeiro, 31 de março de 1560. In: Anais da BNRJ. Rio de Janeiro: Biblioteca Nacional, v. XXVII, pp. 227-229.

Carta do padre Diogo de Machado. Bahia, 15 de julho de 1689, Ms. ARSI.Bras.3,2 71.

CASTELNAU-L'ESTOILE, Charlotte de. *Operários de uma vinha estéril*. Bauru: Edusc, 2006.

Consulta do Conselho Ultramarino de 13 de janeiro de 1650, Ms. Arquivo Histórico Ultramarino, Documentos do Rio de Janeiro catalogados por Castro e Almeida, Cx. 4, doc. 685.

Consulta do Conselho Ultramarino sobre a petição dos padres capuchinhos, missionários assistentes na capitania do Rio de Janeiro, em que requeriam alguma ordinária, especialmente destinada às missões entre o gentio. Lisboa, 28 de novembro de 1681. Ms. AHU RJCA, doc, 1433.

Cópia de uma carta do padre Pero Rodrigues, provincial da Província do Brasil da Companhia de Jesus, para o padre João Álvares da mesma Companhia: assistente do padre geral, Bahia, 1º de maio de 1697, Ms., BNRJ, I-31,28,53.

DANIEL, padre João. *Tesouro descoberto no rio Amazonas [1757-1776]*. Rio de Janeiro: Biblioteca Nacional, v. 2, p. 44, 1976.

DINIZ, Almir. *Índios cristãos — A conversão dos gentios na Amazônia portuguesa (1653-1769)*, tese de doutorado. Campinas: Unicamp, 2005.

Doc. de 1548 de D. João III aos jesuítas. Cartas dos Primeiros Jesuítas do Brasil, vol. I, p. 5-6, apud GAMBINI, Roberto. *O espelho índio. Os jesuítas e a destruição da alma indígena*. Rio de Janeiro: Espaço e Tempo, 1988, p. 82.

DOMINGUES, Ângela. *Quando os índios eram vassalos. Colonização e relações de poder no norte do Brasil na segunda metade do século XVIII*. Lisboa: Comissão Nacional para a Comemoração dos Descobrimentos Portugueses, 2000.

FLORESTAN, Fernandes. *A organização social dos tupinambá* [1949]. São Paulo: Hucitec, 1989.

FRAGOSO, João & FLORENTINO, Manolo. *O arcaísmo como projeto. Mercado atlântico, sociedade agrária e elite mercantil no Rio de Janeiro, c. 1790-c. 1840*. Rio de Janeiro: Diadorim, 1993, p. 28.

FREIRE, José Ribamar Bessa. *Rio Babel — A história das línguas na Amazônia*. Rio de Janeiro: Atlântica, 2004.

FREIRE, José Ribamar & ROSA, Maria Carlota. *Colóquio sobre línguas gerais: política linguística e catequese na América do Sul no período colonial*. Rio de Janeiro: Uerj, 2003.

GARCIA, Elisa F. *As diversas formas de ser índio: políticas indígenas e políticas indigenistas no extremo sul da América portuguesa*. Rio de Janeiro: Arquivo Nacional, 2009.

GOW, Peter. *Of Mixed Blood Kinship and History in Peruvian Amazonia*. Oxford: Clarendon Press, 1991.

GRUZINSKI, Serge. "La red agujereada — identidades étnicas y occidentalizacion en el Mexico Colonial (siglos XVI-XIX)". In: *América indígena*. vol. XLVI, México, 1986, p. 415.

______. *A colonização do imaginário. Sociedades indígenas e ocidentalização no México espanhol. Séculos XVI-XVIII*. São Paulo: Companhia das Letras, 2003.

HANDELMANN, Henrique. "História do Brasil", *Revista do Instituto Histórico e Geográfico Brasileiro*, Rio de Janeiro, 1931, t. 108, v. 162, p. 99, apud TINHORÃO, J. R. *Música popular de índios, negros e mestiços*. Petrópolis: Vozes, 1972, p. 13.

HAUBERT, Maxime. *Índios e jesuítas no tempo das missões. Séculos XVII e XVIII*. São Paulo: Companhia das Letras, 1990, p. 25.

HEMMING, John. *Ouro vermelho. A conquista dos índios brasileiros*. São Paulo: Edusp, 2007.

HESPANHA, António (org.). *História de Portugal. O Antigo Regime (1620-1807)*. Lisboa: Editorial Estampa, 1993, vol. IV, p. 130.

HILL, Jonathan (org.). *History, Power, and Identity — Ethnogenesis in the Americas, 1492-1992*. Iowa City: University of Iowa Press, 1996.

______. (org.). *Rethinking History and Myth*. Urbana: University of Illinois Press, 1988.

HOORNAERT, Eduardo. *História da Igreja no Brasil Colonial*. Petrópolis: Vozes, 1992.

LEITE, Serafim. *História da Companhia de Jesus no Brasil*. Lisboa/Rio de Janeiro: Portugália/Civilização Brasileira, 1938-1950, v. VI, p. 112.

LEITE, Serafim (org.), 1956-60. Monumenta Brasiliae, Roma: IHSI.I:407-408. Apud MONTEIRO, John M. Campinas, 2001. Tese de livre docência. Inédito, p. 40.

LOPES, Fátima Martins. *Em nome da liberdade: As vilas de índios do Rio Grande do Norte sob o diretório pombalino no século XVIII*, tese de doutorado. Recife: UFPE, 2005.

MAIA, Ligio José de Oliveira. *Serras de Ibiapaba, de aldeia a vila de índios: vassalagem e identidade social no Ceará Colonial — século XVIII*, tese de doutorado. Niterói: UFF, 2010.

MARCHANT, Alexander. *Do escambo à escravidão*. São Paulo: Companhia Editora Nacional. Brasília: INL, 1980.

MARTINS, W. de S. *Clero regular*. In: VAINFAS, Ronaldo (coord.). *Dicionário do Brasil Colonial (1500-1808)*. Rio de Janeiro: Objetiva, 2000, p. 125.

MELIÀ, Bartolomeu. *El fuaraní conquistado y reducido*, Asunción, Ceaduc, 1988, p. 98.

MELLO MORAES FILHO. *Pátria selvagem — os escravos vermelhos*. Rio de Janeiro: Faro & Lino, s.d.

MINTZ, Sidney W. "Cultura: uma visão antropológica". *Tempo*. Niterói: v. 14, nº. 28, 2010, pp. 223-237.

MONTEIRO, John. *Tupis, tapuias e historiadores. Estudos de história indígena e do indigenismo*, tese de livre-docência. Campinas: Unicamp, 2001.

______. *Negros da terra. Índios e bandeirantes nas origens de São Paulo*. São Paulo: Companhia das Letras, 1994, p. 36.

______. (org.). *Deus na aldeia. Missionários, índios e mediação* cultural. São Paulo: Globo, 2006.

MORNER, Magnus. *Actividades politicas y economicas de los jesuitas en el Rio de la Plata*, Buenos Aires, Paidos, 1968.

NEUMANN, Eduardo. *Práticas letradas guarani: produção e usos da escrita indígena (séculos XVII e XVIII)*, tese de doutorado, Rio de Janeiro: UFRJ, 2005.

NEVES, Luiz Felipe Baeta. *O combate dos soldados de Cristo na Terra dos Papagaios*. Rio de Janeiro: Forense Universitária, 1978, p. 162.

OLIVEIRA, João Pacheco de. *A viagem da volta: etnicidade, política e reelaboração cultural no Nordeste indígena*. Rio de Janeiro: Contra Capa, 1999.

PARÁ, Governo. Relatório apresentado ao Ex$^{mo.}$ Sr. Dr. Francisco Maria Corrêa de Sá e Benevides pelo Ex$^{mo.}$ Sr. Dr. Pedro Vicente de Azevedo por ocasião de passar-lhe a administração da província do Pará no dia 17 de janeiro de 1875, p. 56. Apud HENRIQUE, Marcio C. "Sem Vieira nem Pombal: as missões religiosas na Amazônia do século XIX", comunicação apresentada no XIX Simpósio Nacional de História da ANPUH, Belo Horizonte, 1997.

PÉCORA, Alcir. "Cartas à Segunda Escolástica". In: NOVAES, Adauto (org.). *A outra margem do Ocidente*. São Paulo: Companhia das Letras, 1999, pp. 395-401.

PERRONE-MOISÉS, Beatriz. "Aldeados, aliados, inimigos e escravos: lugares dos índios na legislação portuguesa para o Brasil". In: Actas do Congresso Luso-Brasileiro Portugal-Brasil: Memórias e Imaginários. Lisboa: Grupo de Trabalho do Ministério da Educação para as Comemorações dos Descobrimentos Portugueses, 2000, v. 1, pp. 147-164.

______. "Índios livres e índios escravos: os princípios da legislação indigenista do período colonial (séculos XVI a XVIII)". In: CARNEIRO DA CUNHA, Manuela (org.). *História dos índios no Brasil*. São Paulo: Companhia das Letras, 1992, pp. 115-132.

POMPA, Cristina. *Religião como tradução*. Bauru: Edusc, 2003.

POUTIGNAT, Philippe & STREIFF-FENART, Jocelyne. *Teorias da etnicidade*. São Paulo: Unesp, 1998.

RAMOS, Alcinda. "Indian Voices: Contact Experienced and Expressed". In: HILL, Jonathan (org.). *Rethinking History and Myth*. Urbana: University of Illinois Press, 1988.

RAPPAPORT, Joanne. *The Politics of Memory*. Cambridge: Cambridge University Press, 1990.

Regimento das Missões de 1686, Carta Régia de 1/2/1701, citada no Diretório de 1757 (§77) e Direção de 18/5/1757 (§ 81) que a reiteram.

Regimento de Roque da Costa Barreto, RIHGB, v. V, pp. 311-342, Ms. BN 9,2, 26.

Regimento de Tomé de Sousa (17/12/1548). In: TAPAJÓS. *História administrativa do Brasil*. Brasília: UNB, 1983, v. 2, p. 263, apud EISEMBERG, José. *As missões jesuíticas e o pensamento político moderno*. Belo Horizonte: UFMG, 2000.

Regulamento das Aldeias Indígenas do Maranhão e Grão-Pará, padre Antônio Vieira, 1658-1661, §28. In: BEOZZO, 1983, p. 199; ANCHIETA, 1988, p. 389; CARDIM, 1980, p. 156. Relação da Missão da Serra de Ibiapaba. Padre Antônio Vieira. In: VIEIRA, Antonio. *Escritos instrumentais sobre os índios;* GIORDANO, Cláudio (org.); MEYHI, José Carlos Sebe Bom (int.). São Paulo: Educ/Loyola/Giordano, 1992.

ROCHA, Rafael Ale. *Os oficiais índios na Amazônia Pombalina: sociedade, hierarquia e resistência (1751-1798),* dissertação de mestrado. Niterói: Universidade Federal Fluminense, 2009. SAHLINS, Marshal. *Ilhas de História* [1987]. Rio de Janeiro: Jorge Zahar Editor, 1990.

SAMPAIO, Patrícia M. Melo. *Espelhos partidos — Etnia, legislação e desigualdade na colônia Sertões do Grão-Pará, c. 1755-c. 1823*, tese de doutorado. Niterói: UFF, 2001.

SCHWARTZ, Stuart B. "Estruturas Economicas y Sociales Brasil". In: BETHELL, Leslie (org.). *História de América Latina*. Barcelona: Editorial Crítica, 1990.

______. "Brazilian Ethnogenesis: Mestiços, Mamelucos, and Pardos". In: GRUZINSKI, S. et al. *Le nouveaux mondes*. Paris: Fayard, 1996, pp. 7-27.

SIDER, Gerald. "Identity as History. Ethnohistory, Ethnogenesis, and Ethnocide in the Southeastern United States". *Identities Global Studies in Culture and Power*. New Hampshire, vol. 1 (1), pp. 109-122, 1994.

SILVA, Isabelle B. Peixoto da. *Vilas de Índios no Ceará Grande — dinâmicas locais sob o diretório pombalino*. Campinas: Pontes Editores, 2005.

SOMMER, Barbara. Negotiated settlements: native Amazonians and Portuguese policy. In: Pará, Brazil, 1758-1798, tese de doutorado, Universidade do Novo México: Novo México, 2000.

SOUZA, Gabriel Soares de. *Tratado descritivo do Brasil em 1587*. São Paulo/Brasília, Companhia Editora Nacional/MinC/INL, 1971, p. 110.

STERN, Steve (ed.). *Resistance, Rebellion and Consciounes in the Andean Peasant World, 18th to 20th Centuries*. Madison: The University of Wisconsin Press, 1987.

TAVARES, Célia Cristina da Silva. *Jesuítas e inquisidores em Goa (1540-1682)*. Lisboa: Roma Editora, 2004.

THOMPSON, E.P. *Miséria da teoria*. Rio de Janeiro: Jorge Zahar Editor, 1981.

VAINFAS, Ronaldo. *A heresia dos índios — Catolicismo e rebeldia no Brasil Colonial*. São Paulo, Companhia das Letras, 1995, pp. 121-122.

______. (org.) *Dicionário do Brasil Colonial (1500-1808)*. Rio de Janeiro: Objetiva, 2000, p. 125.

VIVEIROS DE CASTRO, Eduardo. "O mármore e a murta: sobre a inconstância da alma selvagem". *Revista de Antropologia*, v. 35, pp. 21-74, 1992.

WACHTEL, Nathan. *Los vencidos. Los indios del Perú frente a la conquista española (1530-1570)*. Madri: Alianza Universidad, s.d., p. 231.

______. "A aculturação". In: LE GOFF, Jacques & NORA, Pierre. *História: novos problemas*. Rio de Janeiro: Francisco Alves, 1988, p. 113-129.

WEBER, Max. "Relações comunitárias étnicas. In: ______. *Economia e sociedade*. Brasília, UnB, 1994, pp. 267-277.

WRIGHT, Robin (org.). *Transformando os deuses. Os múltiplos sentidos da conversão entre os povos indígenas no Brasil*. Campinas: Unicamp, 1999.

WRIGHT, Robin & HILL, Jonathan. "History, Ritual, and Myth: Nineteenth Century Millenarian Movements in the Northwest Amazon". In: *Ethnohistory*, v. 33, pp. 31-54, 1986.

# CAPÍTULO 11 Igreja, Inquisição e religiosidades coloniais

*Georgina Silva dos Santos* e *Ronaldo Vainfas**

## 1. Expansão portuguesa e Padroado

Em 1454, quando o papa Nicolau V expediu a bula *Romanus Pontifex*, concedendo ao infante D. Henrique, o Navegador, o monopólio das expedições marítimas e dos descobrimentos geográficos, Portugal já tinha sob seu domínio Ceuta, Arzila e Tânger, no norte da África, e as ilhas dos Açores. Portugal adentrava a Época Moderna com um compromisso firmado com a Igreja Católica: evangelizar os povos conquistados, alargando os territórios submetidos à cristandade.

O espírito cruzadístico assumido na primeira fase dos descobrimentos atualizava no tempo o estreito vínculo entre a Santa Sé e o reino português, nascido da luta entre cristãos e mouros iniciada no século XI. A guerra contra o Islã definira a imagem guerreira e sagrada dos monarcas portugueses como protetores da cristandade, forjando uma aliança entre o papado e a monarquia lusa, base de uma série de bulas papais em favor da Casa de Avis. A bula *Romanus Pontifex* autorizava

*Professores de História da Universidade Federal Fluminense.

o rei português a subjugar os inimigos infiéis ou pagãos apoderando-se de suas terras e bens e concedia à Ordem de Cristo, administrada pelo infante D. Henrique, a jurisdição espiritual sobre as regiões conquistadas no presente e no futuro.

A concorrência dos reis de Castela e Aragão estilhaçou a exclusividade portuguesa nos domínios do Atlântico. Após a chegada de Colombo às Antilhas, em 1492, a bula *Inter Coetera* (1493) determinou a divisão dos territórios descobertos e por descobrir entre Portugal e Espanha, assegurando aos reis, aos seus herdeiros e aos seus sucessores a posse de "todas e cada uma das terras firmes e ilhas afastadas e desconhecidas em direção ao Ocidente". O descontentamento português com a linha traçada na bula de 1492 culminou no Tratado de Tordesilhas (1494), chancelado por Roma, concebido ainda segundo as premissas jurídicas da tradição medieval, que reconhecia a supremacia política do papado. A partilha do mundo desconhecido entre as duas Coroas irritou diversos monarcas europeus e provocou a fina ironia de Francisco I, rei de França, que indagou, anos depois, em que cláusula do testamento de Adão cabia apenas aos portugueses e aos espanhóis essa herança.

As primeiras décadas do século XVI puseram, no entanto, um ponto final na unidade religiosa e cultural que cimentara as relações entre os poderes laico e religioso no continente europeu. O avanço dos ideais humanistas, a incapacidade da Igreja de responder às expectativas espirituais dos fiéis e a estruturação do aparato administrativo, tributário e bélico dos Estados modernos inverteram a correlação de forças entre o papado e as monarquias nacionais. Se antes "o político era uma província do religioso", após o estrondo provocado pela Reforma Protestante e a ruptura definitiva da unidade cristã, o religioso tornou-se uma província do político com a formação dos Estados confessionais. O impacto dessas transformações obrigou a Igreja a reformular suas linhas de ação para reforçar a importância do clero, da hierarquia eclesiástica e a validade dos dogmas católicos, dos sacramentos e dos santos. Nesse percurso, a antiga fidelidade dos reinos mediterrânicos à Santa Sé desempenhou papel fundamental.

A união entre "a cruz e a coroa" promoveu a evangelização dos povos da América, Ásia e África. Os reis de Portugal e Castela assumiram o patrocínio das missões católicas e dos estabelecimentos eclesiásticos criados para esse fim nas colônias em troca do padroado real: uma "combinação de direitos, deveres e privilégios" concedidos pelo papa, que lhes dava o controle da Igreja Colonial, exceto nas questões de doutrina e dogma. Todo sacerdote missionário só poderia aceitar sua nomeação caso recebesse aprovação do Estado.[1]

Na América portuguesa, a lentidão da Coroa em agenciar a formação de uma malha eclesiástica que abrangesse a imensidão do território fez do clero regular o grande responsável pela ação pastoral na colônia. Franciscanos, carmelitas, beneditinos e, sobretudo, os jesuítas fincaram os primeiros pilares da Igreja no Brasil Colonial. Mas a importância das ordens religiosas na construção e consolidação do poder metropolitano na colônia foi muito além do seu papel missionário. Na ausência de um número expressivo de tropas militares até o século XVIII, os sacerdotes asseguraram a lealdade da população ao Estado português por meio da persuasão, exercendo uma liderança política e religiosa capaz de reagir às invasões de franceses, ingleses e holandeses e de respaldar, de diversas maneiras, o sistema colonial escravista.

## 2. Os "soldados de Cristo" na Terra de Santa Cruz

A carta que Pero Vaz de Caminha redigiu por ordem de Pedro Álvares Cabral foi enviada ao rei D. Manuel em 2 de maio de 1500, informando ao monarca sobre a beleza natural da área recém-descoberta, a fertilidade do seu solo e a aparência de suas gentes. Informava sobre a realização da primeira missa no território, celebrada pelo franciscano frei Henrique de Coimbra, seus confrades e os capelães das naus, e noticiava o ato solene em que os homens da armada fixaram na terra uma imensa cruz de madeira com as armas do rei português. A preocupação com a descrição das riquezas naturais da "ilha de Vera Cruz" e da população nativa revelava já, no primeiro instante, o sentido mercantil da colonização portuguesa na América. Mas a cruz, emblema da Ordem de Avis, símbolo da fé católica, anunciava, igualmente, seu caráter religioso, evangelizador.

Concentrado nas expedições direcionadas à Índia e nas transações comerciais com a África, Portugal levou uma década para enviar à América um grupo de missionários. Os religiosos que aportaram em Porto Seguro em 1516 eram franciscanos que, durante dois anos, se esforçaram para batizar os nativos tupinambás. Acabaram massacrados pelo gentio, deixando um modesto saldo de vinte a trinta índios batizados. Segundo a crônica da Ordem Seráfica, a morte gloriosa, em defesa da fé e no exercício da missão evangelizadora, rendeu-lhes o título de "protomártires do Brasil". Mas a desdita dos frades inibiu a chegada de novos missionários, ainda que a perspectiva do martírio encorajasse muitos religiosos. Conta-se que pouco tempo depois um franciscano italiano radicado em Porto Seguro, desejando "sofrer pela fé", afogou-se num rio para ir ao encontro dos índios. O nome do religioso se desconhece, mas o curso d'água tornou-se conhecido, desde então, como "rio do Frade", marcando a toponímia do lugar.[2]

O malogro da primeira investida franciscana na conversão dos índios custou a ser superado. Em 1534, os frades reapareceram no litoral brasileiro, de passagem, como capelães da esquadra de Martim Afonso de Souza que seguia para a Índia. Em 1538, quando acompanhavam a expedição de Alonso de Cabrera que se dirigia ao rio da Prata, um naufrágio obrigou os franciscanos espanhóis frei Bernardo de Armenta e frei Alonso Lebron a se deterem no sul, no litoral da futura Santa Catarina, onde fundaram um núcleo cristão, junto aos carijós de Mbiacá. Ao longo de três anos, os missionários "implantaram na missão dois internatos para a instrução e formação dos catecúmenos", solicitando, inclusive, às autoridades castelhanas o envio de camponeses, animais, trigo e instrumentos agrícolas para que se lançasse ali a base de uma colonização castelhana. Esse projeto não prosperou, ao contrário da conversão dos carijós.[3] Ainda assim, em 1541, frei Bernardo e frei Alonso deixaram Mbiacá para organizar as missões do Paraguai.

Desenvolvidas sem coordenação, em pequenos grupos ou individualmente, as primeiras missões franciscanas na colônia foram esporádicas e pouco eficazes. O primeiro grande plano de ação missionária desenvolvido na América portuguesa foi empreendido pela Companhia de Jesus, ordem criada por Ignácio de Loyola, em 1534, homologada por Roma, em 1540, na contramão do movimento protestante que avançava a passos largos no norte da Europa. Os padres da Companhia encarnavam exatamente o espírito da Contrarreforma, "a mais ambiciosa campanha de doutrinação das massas" capitaneada pela Igreja.[4] Definidas nas sessões do Concílio de Trento (1545-63), as metas da Contrarreforma valorizaram a formação moral, intelectual e doutrinal do clero e proclamaram a importância de uma Igreja militante: firme no combate às heresias, intolerante com o comportamento avesso à moral católica, empenhada na propagação da fé e na obediência à Roma.

As negociações para que os jesuítas liderassem as missões portuguesas na América, África, Pérsia, Índia, nas Molucas, na China e no Japão foram iniciadas pelo rei D. João III (1521-57), ainda no tempo em que os franciscanos de Castela se dedicavam à conversão dos carijós. As tratativas do monarca com Diogo de Gouveia, reitor da Universidade de Paris e principal do colégio de Santa Bárbara, onde haviam estudado Loyola e outros fundadores da ordem, lograram êxito. Em 1541, o jesuíta Francisco Xavier partia para o Japão e Simão Rodrigues fundava, em 1542, o Colégio de Jesus de Coimbra, escola dos padres da Companhia onde Nóbrega, graduado em direito canônico, ingressou em 1544 e de lá saiu para assumir a missão no Brasil.[5]

O padre Manoel da Nóbrega e cinco companheiros chegaram à Bahia, terra dos tupinambás, em fevereiro de 1549, na armada que trouxe Tomé de Souza, o primeiro governador-geral. Em abril, o jesuíta dava notícia a Simão Rodrigues, provincial da Companhia em Portugal, das medidas tomadas para viabilizar a educação religiosa de índios e colonos. Incumbira o irmão Vicente Rodrigues de organizar uma escola de ler, escrever e contar, unindo a catequese à instrução. Confiou a João de Azpilcueta, o padre Navarro, já ocupado com o aprendizado da língua nativa, atuar também como mestre-escola e pregar aos portugueses de Vila Velha e enviou Leonardo Nunes e o irmão Diogo Jácome a São Jorge de Ilhéus com o mesmo propósito.

Tão logo foram iniciadas as obras para a fundação de Salvador, Nóbrega tomou a iniciativa de construir a igreja de Nossa Senhora da Ajuda e sem demora tratou de reproduzir na colônia o calendário religioso português. Em junho de 1549 organizou a procissão do Corpo de Deus, principal festa da Igreja lusa desde a Idade Média. O cortejo, com "danças e invenções à maneira de Portugal", percorreu ruas enfeitadas ao som de salvas da artilharia e introduziu na vida religiosa colonial uma tradição que seria realizada em outras cidades da América portuguesa, a cada oitava de Pentecostes, com o financiamento das câmaras municipais. No mês seguinte, os colonos participaram da procissão do Anjo Custódio (ou Anjo da Guarda), instituída em Portugal, em 1516, em resposta à solicitação feita por D. Manoel ao papa. Na ocasião, Nóbrega celebrou missa solene, com canto coral, e o préstito foi acompanhado "com grande música a que respondiam as trombetas".[6]

O voluntarismo jesuítico trouxe ao cotidiano colonial uma nova dinâmica. Mas não tardou para que Nóbrega e seus companheiros se deparassem com as adversidades das condições materiais a que estavam sujeitos e com os usos e costumes da terra, em tudo avessos à moral tridentina. Os portugueses andavam amancebados e escravizavam os índios, que, por desconhecer os mandamentos e os sacramentos da Igreja, eram canibais e polígamos. Os degredados, enviados para povoar as terras de Sua Majestade, atentavam contra a fé. Davam mau exemplo, praguejando e blasfemando sem pudor. A colônia não tinha sequer um bispo ou um vigário-geral. Os padres da Companhia sustentavam-se com a esmola e a boa vontade dos homens da governança. Faltavam paramentos e alfaias indispensáveis para o serviço religioso, sementes para o plantio, ferramentas de carpinteiro e oficiais mecânicos de obras grossa e delgada.

A eliminação dos "maus costumes" da terra e a imposição de uma disciplina religiosa condizente com os propósitos jesuíticos exigiriam muito dos missionários. A estreita convivência entre religiosidades distintas daria ao "catolicismo colonial" feição própria, produzida pela mescla cultural entre índios, negros africanos, cristãos-velhos e novos condenados pela Inquisição portuguesa por crimes de feitiçaria, judaísmo e heresias de variado tipo. Mas as carências materiais dos missionários foram supridas após os apelos de Nóbrega ao governador e ao provincial da Companhia em Portugal.

Os padres da Companhia passaram a receber um subsídio mensal de 400 réis. Tomé de Souza doou-lhes a sesmaria de Água dos Meninos, onde os jesuítas iniciaram a educação de moços para a formação de um clero nativo. A catequese dos índios avançou alguns passos com esse reforço e a chegada, em março de 1550, de quatro jesuítas, Afonso Brás, Francisco Pires, Manuel de Paiva, Salvador Rodrigues e sete meninos órfãos de Lisboa. Em pouco tempo, o Colégio dos Meninos de Jesus tornava-se uma realidade.

A montagem de uma base na Bahia, ainda que precária, permitiu a expansão do plano missionário em direção ao norte. Em 1551, Nóbrega aportou em Pernambuco em companhia do padre Pires, deixando à frente dos trabalhos, na Bahia, o padre Paiva. Durante seis meses, dedicou-se a combater como um "soldado de Cristo" as uniões concubinárias entre portugueses, índias e mestiças, pregando o matrimônio e ministrando os demais sacramentos. Fundou, com a ajuda pecuniária da população, um recolhimento para moças e uma casa para meninos. Pregou aos crentes, doutrinou os descrentes, sobretudo os índios. Por fim, encarregando o padre Pires de continuar a missão, Nóbrega retornou à Bahia, onde recebeu o bispo D. Pero Fernandes Sardinha nas humildes instalações do Colégio da Companhia.

Nomeado por D. João III quando o papa Júlio III criou a diocese da Bahia em 1551, D. Fernandes Sardinha deu partida à organização da diocese em 1552, com pulso firme, provocando tensões. Primeiro, com o filho do então governador D. Duarte da Costa, que chegara à Bahia em 1553 cercado de fidalgos, moças órfãs para casar na colônia e 17 jesuítas, dentre os quais José de Anchieta e Luís de Grã. Depois, os conflitos envolveram os próprios inacianos. O bispo já havia atuado a serviço da Coroa em Goa como provisor e visitador-geral da Igreja[7] e sua postura em relação à catequese dos índios era contrária ao método dos jesuítas. Discordava da validade da confissão por meio de um intérprete, da proximidade entre cristãos e gentios na igreja, do uso de cantos e músicas indígenas para facilitar a instrução religiosa e implicava, inclusive, com o corte de cabelos dos jovenzinhos do colégio da Bahia feito à moda dos meninos da terra. Na verdade, considerava os índios incapazes de aprender a doutrina.[8]

> D. Pero Fernandes Sardinha não era o único bispo nos limites do Império português a desaprovar ou contestar a ação missionária dirigida às populações conquistadas e submetidas às leis da Coroa. Na África, o Colégio de São Tomé, destinado à educação dos "moços naturais da terra", foi aberto e reaberto mais de uma vez por políticas episcopais distintas. Na Índia, o clero goês exercia papel secundário na hierarquia eclesiástica, embora fosse recrutado nas *castas* superiores. Tal como o bispo Sardinha, muitos membros europeus do clero resistiam a dividir seu status sacerdotal com qualquer dos povos nativos. Os ibéricos, em particular, estavam convictos da sua superioridade moral e intelectual porque criam na barreira religiosa e racial determinada pelos estatutos de "pureza de sangue", que hierarquizavam suas sociedades de origem e condenavam à exclusão cristãos-novos, mouriscos, negros, mulatos e gentios.[9]

A queda de braço entre o bispo e os jesuítas teve repercussões no reino e acabou por promover a missão do Brasil à categoria de província em 9 de julho de 1553, isentando os inacianos de qualquer obediência ao poder episcopal. Nóbrega foi nomeado, pelo próprio Inácio de Loyola, "provincial da Companhia de Jesus na Índia do Brasil e noutras regiões mais além". Em outras palavras, passou a prestar contas diretamente a Roma e tornou-se a principal autoridade da ordem nas Américas portuguesa e espanhola.

A existência de um provincial da Companhia no Brasil redefiniu as linhas de ação da catequese indígena, promoveu a instituição de escolas para os filhos dos colonos e a formação de um clero local. Em 1554, Anchieta fundou, à frente de mais 12 inacianos, o colégio de São Paulo de Piratininga, onde atuou como mestre de gramática latina e dedicou-se ao estudo da língua tupi. Por determinação do provincial compôs *A arte da gramática da língoa mais usada na costa do Brasil,* que somente viria a ser publicada em 1595, mas foi usada desde o meado do século XVI. Sistematizada por Anchieta, a "língua geral" viabilizou a tradução linguística e cultural do catolicismo para a língua nativa e tornou-se instrumento fundamental dos padres da Companhia na conversão dos gentios. Os heróis da mitologia tupinambá foram transformados nas figuras santas da mitologia cristã: Tupã tornou-se Deus e Tupansy a Virgem Maria. A língua geral foi usada na composição dos primeiros manuais de confissão da colônia e nos autos teatrais de caráter pedagógico que exaltavam Jesus, os santos e Nossa Senhora e demonizavam os costumes indígenas reprovados pelos jesuítas, como a beberagem do cauim, a nudez e o ritual antropofágico.

O trabalho catequético dos jesuítas ganhou de fato novo fôlego com a criação dos aldeamentos, que recebeu total apoio da Coroa. Quando Mem de Sá, terceiro governador-geral, chegou à Bahia, em 28 de dezembro de 1557, trazia consigo um regimento régio que "o mandava mui de propósito ajudar a conversão [dos gentios] por paz ou por guerra ou como mais conveniente fosse". A reação dos colonos ao aldeamento foi negativa, pois consideravam os índios incultos e refratários à doutrina cristã e, principalmente, porque estavam convencidos de que a nova estrutura missionária dificultaria o apresamento dos indígenas. Os colonos acusavam os jesuítas de usarem o trabalho dos gentios em proveito próprio, ocultando a intenção de escravizá-los com a "máscara da misericórdia". As afrontas e os queixumes dos colonos não impediram a multiplicação dos aldeamentos inacianos. Dotados de um estatuto espelhado nas vilas portuguesas, dispunham de um meirinho e depois de capitães, representantes da autoridade laica e encarregados de "fiscalizar e proteger os índios".

Na prática, o aldeamento substituiu as incursões feitas pelos padres em aldeias de nações diferentes para pregar e batizar em massa os gentios. A "ideologia quantitativista" deu lugar a um plano de conversão que concentrava índios de tribos diferentes em um mesmo espaço. A nova estratégia visava corromper a identidade original de cada grupo para submetê-los a uma única lei. Em resumo, "defendê-los de comer carne humana e de guerrear sem licença do governador"; fazê-los ter uma só mulher; ensiná-los a tapar as vergonhas, pelo menos depois de cristãos; retirá-los da influência dos feiticeiros; e fazê-los viver em uma mesma comunidade, sob a orientação espiritual dos padres da Companhia, erradicando o mau costume do nomadismo.[10]

Território escolhido e definido pelos missionários, a aldeia fixava o gentio à revelia da sua vontade e impunha-lhes uma vida religiosa, social e econômica inteiramente distinta.[11] A nudez cobriu-se de vestes iguais para adultos e crianças. A caça e a pesca perderam lugar para a agricultura sedentária. O tempo e o espaço do trabalho, do culto e da família se apartaram, rompendo com a indivisibilidade dos lugares e das tarefas da primitiva maloca. A missão religiosa conjugava-se, enfim, a uma espécie de *processo civilizador.*

O desenvolvimento das atividades missionárias reclamava, no entanto, homens preparados para levá-las a termo. Desde que se instituíra a Província da Companhia no Brasil, a colônia não recebera padres da ordem vindos do além-mar. A alternativa foi o investimento no recrutamento de noviços. Em 7 de novembro de 1564, o rei D. Sebastião autorizou a fundação do Colégio de Salvador da Bahia para sessenta religiosos da Companhia. Em 1565, outra provisão régia ordenou a criação de um novo colégio para cinquenta jesuítas na capitania de São Vicente ou em outro lugar da costa. Três anos depois, na sesmaria concedida por Estácio de Sá, ergueu-se o colégio da Companhia, na recém-fundada cidade do Rio de Janeiro, do qual Nóbrega tornou-se reitor e onde veio a falecer em 1570.

Organizada e estruturada em meio século, a Província da Companhia de Jesus havia se transformado em uma potência com larga autonomia institucional. Contava com residências nas capitanias de Ilhéus e Porto Seguro. No Espírito Santo, dispunha de casa na vila de Vitória e de três aldeias (S. João, Conceição e Guapimirim). No Rio de Janeiro, fundara o colégio e as aldeias de Ibiracica e de S. Lourenço, em Niterói. Na capitania de São Vicente, tinha residência na Vila de S. Vicente e outra em São Paulo de Piratininga, ponto de comunicação com Santos e Itanhaém. Na Bahia, sede da cúria provincial, além do colégio, tinha inúmeras aldeias do norte ao sul do litoral e sertão adentro na direção do rio São Francisco. Alcançaria, nos séculos seguintes, o extremo norte do Brasil, erigindo aldeamentos no Maranhão e na Amazônia. Na fronteira sul, fundaria os Sete Povos das Missões, no território do atual Rio Grande do Sul.

A expansão de um projeto missionário dessa magnitude só foi possível devido à regularidade das dotações concedidas pela Coroa aos padres da Companhia, acrescidas de doações pias e rendas de negócios que os próprios jesuítas não tardaram a realizar. O sustento dos colégios da Bahia, do Rio de Janeiro e de Pernambuco, incluindo as aldeias e os engenhos que estavam nas suas órbitas, provinha dos dízimos do açúcar. Em 1575, data da fundação do colégio pernambucano, cada um dos 130 jesuítas residentes na colônia recebia 20$000 anuais. Mas desde cedo os padres da Companhia criaram gado, cultivaram o algodão e desenvolveram fazendas agrícolas com roças de mandioca para sustento dos missionários, índios e escravos negros. Na Quinta do Tanque, na Bahia, cultivavam a canela do Ceilão e a pimenta do Malabar, além de todo tipo de frutas e legumes para abastecimento do colégio, que tinha nos seus arredores "parreiras de Portugal". Em Piratininga introduziram o trigo e na Amazônia cultivavam em suas fazendas as drogas do sertão, o cravo e o cacau, além de copaíba e da andiroba, cujo azeite usavam para iluminação e as raízes aromáticas para fins medicinais nas boticas da Companhia.

Em 1600, quando o número de religiosos passou para 172, esses recursos tornaram-se insuficientes para o sustento de estudantes e missionários. As terras da Companhia, parcialmente arrendadas, rendiam pouco. Desde então, na Província do Brasil, assim como na Província do Grão-Pará e Maranhão, os padres estabeleceram engenhos de açúcar e fazendas de gado, espelhando-se, segundo Serafim Leite, no exemplo de carmelitas e beneditinos, que mantinham canaviais dirigidos por feitores da Guiné. No século XVIII, o engenho da Pitanga, no Recôncavo Baiano, produzia 150 caixas de açúcar de mil libras cada uma. No Rio de Janeiro, além de residência, igrejas e senzalas, o Engenho Novo possuía olaria, ferraria, carpintaria, serraria de madeira e tanoaria para a fabricação de pipas e tina, chegando a produzir 60 caixas de açúcar em 1757, alem de tonéis de aguardente de cana. Em Campos dos Goitacazes a propriedade da Companhia alcançava 16.580 cabeças de gado; no Piauí, 32 mil; e na ilha de Marajó, mais de 50 mil.

Negócios à parte, os jesuítas foram, antes de tudo, missionários e educadores. Afinados com a orientação religiosa tridentina, os inacianos foram também os principais oradores sacros do Brasil colonial, tidos e havidos como homens de moral impoluta ou, segundo Gilberto Freyre, como "donzelões intransigentes". Lideraram os planos da catequese indígena no Brasil Colonial e atuaram como educadores e instrutores espirituais em quase todas as capitanias.

Quanto às demais ordens religiosas, a atuação dos frades seráficos tinha se limitado, na maior parte do século XVI, a ações de pequenos grupos ou iniciativas solitárias de um ou outro frade. Os frades seráficos tentaram evangelizar, com pequeno ou nenhum êxito, os aimorés, no Espírito Santo. Em Pernambuco, frei Álvaro da Purificação esteve à frente de uma igreja e de um hospício para albergar os confrades que viriam do reino. Mas a atuação dos franciscanos avançou significativamente, a partir de 1584, com a criação da Custódia de Santo Antônio do Brasil, que reuniu, sob a mesma direção, os conventos da ordem, com largo predomínio de frades portugueses. A solicitação do governador Jorge de Albuquerque Coelho ao geral da Ordem, frei Francisco Gonzaga, e a Filipe II para circunscrição de vários conventos sob a mesma direção deu forma definida à atuação dos franciscanos na colônia. Em 1585, partiram de Lisboa oito frades que chegaram a Olinda, onde se abrigaram no convento de Nossa Senhora das Neves. Segundo frei Jaboatão, em 1585 os franciscanos construíram, junto ao convento, um seminário para os filhos dos índios convertidos, visando enraizar a fé católica entre os nativos. Os internos aprendiam música vocal e instrumental para atrair os adultos ao culto cristão.

A instalação da Custódia de Santo Antônio permitiu a irradiação da ordem franciscana na colônia e a formação de vários núcleos de norte a sul da América portuguesa. Foram criados conventos em Igaraçu (1587-1619) e aldeias em Itapissuma, Ponta das Pedras e Itamaracá; São Miguel de Una, entre os caetés; em Porto de Pedras, nas Alagoas (1597); na Paraíba (1589-1619), com as missões de Tambaú, Guiragibe, Tebiri, Assunção, Joane e Mangue. Nas capitanias do sul, os seráficos fundaram os conventos em Vitória, no Rio de Janeiro, Santos, Macacu, Angra dos Reis e Itanhaém. O crescimento do número de postos da ordem levou à subdivisão da Custódia em duas províncias: a de Santo Antônio do Brasil, ao norte, e a de Nossa Senhora da Conceição do Rio de Janeiro, ao sul.

O exemplo dos franciscanos dá mostra de que a atuação jesuítica, embora largamente predominante na "conquista espiritual" do Brasil, longe esteve de ser exclusiva nesse campo. O ramo capuchinho dos franciscanos também atuou no Brasil desde o século XVII e, nesse caso, sem depender da Coroa portuguesa, pois eram financiados pela Sagrada Congregação da *Propagande Fide*, criada pelo papado em 1622. Um bom exemplo dessa atuação foi frei Martinho de Nantes, francês, que desafiou abertamente Francisco Dias d'Ávila, pecuarista do São Francisco, useiro em invadir as missões capuchinhas da região.[12] Frei Martinho de Nantes deixou o Brasil em 1687, após 16 anos de missionação, e redigiu obra importante, publicada em 1707: a *Relation Succinte et Sincere du pere Martin de Nantes, Prédicateur Capuccin, Missionaire Apostolique dans le Brésil*, de que há edição fac-similar editada em 1952. Seu colega capucho, e conterrâneo, frei Bernardo de Nantes não deixou por menos e compôs uma importante gramática em língua de "tapuia": o *Catecismo Índico na língua kariri* (1709).[13]

Outras ordens religiosas também se fizeram presentes e têm cada vez mais despertado a atenção dos historiadores. É o caso do recente estudo de Jorge Victor de Araújo Souza sobre os beneditinos no Rio de Janeiro, religiosos que praticamente não missionaram, mas cujos mosteiros, fundados desde o século XVI, abrigaram numerosos filhos das elites coloniais que abraçaram a vida monástica. Os mosteiros de São Bento fornecem, ainda, excelente exemplo da conjugação entre interesses espirituais e materiais no processo de colonização, considerando os grandes negócios realizados pelos beneditinos, sobretudo no século XVIII.[14]

Outro estudo de fôlego é o de Anderson de Oliveira sobre a atuação da Ordem dos Carmelitas no Brasil Colonial,[15] em especial seu empenho na defesa da escravidão negra, tarefa a que os jesuítas se dedicaram com especial denodo desde o sermão pregado em 1633 pelo célebre Antônio Vieira.[16]

O estudo das ordens religiosas na América portuguesa é, portanto, um campo aberto à pesquisa que, se frequentado, poderá iluminar importantes aspectos da história colonial em suas mais variadas dimensões.

## 3. Ação inquisitorial no Brasil

Outra instituição de suma importância na história religiosa colonial, não apenas pela sua atuação, mas pela riquíssima documentação que produziu, foi o Tribunal do Santo Ofício da Inquisição.

A Inquisição portuguesa tem pouco a ver com a história da famosa Inquisição medieval, embora, em última análise, essa tenha sido a matriz de todas as inquisições no mundo católico. Diferentemente da Inquisição medieval ou das inquisições medievais criadas pelo papado, a partir do século XIII, para combater as heresias, como o catarismo, a Inquisição ibérica, embora calcada no *modus operandi* da matriz medieval, apresentou traços singulares que convém destacar. Surgiu em 1478, primeiramente na Espanha dos reis católicos, Fernando de Aragão e Isabel de Castela, inserida no contexto específico da unificação espanhola. Funcionou como poderoso instrumento de centralização política, subordinada à Coroa, e não ao papado. Seu alvo principal eram os chamados *conversos* ou *marranos*, judeus que haviam adotado o catolicismo desde a segunda metade do século XIV para fugir às hostilidades iniciadas em 1391. Mais tarde, quando da criação da Inquisição, esses *conversos* passaram a sofrer perseguição implacável, suspeitos de conservar o judaísmo na clandestinidade, embora boa parte deles tenha adotado o cristianismo e até ingressado no clero. O passo seguinte ocorreu em 1492, quando os reis católicos decretaram a expulsão de todos os judeus da Espanha, exceto os que se convertessem.

Milhares de judeus foram expulsos da Espanha e a maior parte deles se refugiaria em Portugal. A emigração em massa de judeus para o solo lusitano mudaria drasticamente o destino da comunidade judaica ali residente, sobretudo no reinado de D. Manuel (1495-1521). Pressionado pela vizinha Espanha, monarquia da qual buscava se aproximar por meio de alianças matrimoniais, D. Manuel decretou a conversão forçada de todos os judeus do reino, sob pena de expulsão, em 1496. No entanto, fez tudo para impedir a emigração do que costumava chamar de “os seus judeus”, promovendo conversões em massa. Muitas famílias se foram, mas a maioria ficou ou a isso foi obrigada. Setores do clero e da nobreza portuguesa não cessariam de pressionar o rei para instalar no reino uma Inquisição similar à espanhola, mas D. Manuel não apenas resistiu como puniu os que hostilizaram os *cristãos-novos* — nome pelo qual ficaram conhecidos os conversos de Portugal. Somente no reinado de D. João III (1521-57) o Santo Ofício seria instalado em Portugal. Autorizada a criação do Santo Ofício pela bula *Cum Ad Nihil Magis*, de 1536, a Inquisição portuguesa organizou-se à semelhança da espanhola e teria como principal alvo de perseguições os cristãos-novos, sempre suspeitos de judaizar em segredo.[17] Ao longo do século XVI foram consolidados três tribunais da Inquisição no reino — Lisboa, Évora e Coimbra — e apenas um no ultramar, o de Goa, na Índia, fundado em 1560 com jurisdição sobre as conquistas orientais portuguesas e a costa oriental da África. O Brasil permaneceria sob a alçada do tribunal de Lisboa, bem como todo o Atlântico português, até o fim da Inquisição, em 1821.

Nos primeiros tempos da colonização, a função inquisitorial foi confiada aos bispos, após a criação do bispado da Bahia, em 1551, mas a atuação episcopal no combate às heresias foi praticamente nula no século XVI, de sorte que o Brasil acabaria se tornando um grande refúgio para os cristãos-novos perseguidos no reino. Vários deles se fixaram na Bahia e em Pernambuco como senhores de engenho e mercadores de grosso trato. O quadro mudou sensivelmente no final dos Quinhentos, tempo em que Portugal já se encontrava anexado à Espanha, desde 1580, sendo inquisidor-geral o cardeal arquiduque Alberto de Áustria, preposto da casa dos Habsburgo e vice-rei de Portugal. Foi nesse período que a Inquisição portuguesa ensaiou os primeiros passos no ultramar atlântico, incluindo o Brasil, para o que foi nomeado o visitador Heitor Furtado de Mendonça, responsável pela primeira visitação do Santo Ofício (1591-95). Visitou a Bahia, Pernambuco, Itamaracá e Paraíba, enviando alguns cristãos-novos para Lisboa, mas não só os cristãos-novos caíram nas malhas da Inquisição, que, nessa época, já havia ampliado consideravelmente seu foro. O delito de *heresia* passou a incluir diversos comportamentos morais e sexuais, assimilados por razões variadas a erros de fé. Assim foram penitenciados homens que diziam não haver pecado na fornicação, sodomitas, bígamos, blasfemos, suspeitos de seguirem a *seita de Lutero*, culpados de feitiçaria, contestadores da pureza da Virgem Maria e muitos outros.

Outras visitações seriam ainda enviadas ao Brasil, mas só é conhecida a documentação relativa à visitação de 1618-21, restrita à Bahia e confiada ao visitador Marcos Teixeira,[18] e à tardia visitação de 1763-69, confiada ao prelado Geraldo José de Abranches.[19] A atuação do Santo Ofício no Brasil não ficou, porém, restrita às visitações. Principalmente durante o século XVIII, montou-se na América portuguesa uma autêntica engrenagem inquisitorial composta de comissários e familiares, espalhados pelas capitanias e auxiliados pelos visitadores diocesanos, encarregados de enviar os suspeitos para o tribunal de Lisboa.[20] Muitos réus do Santo Ofício lisboeta oriundos do Brasil, no século XVIII, eram moradores de Minas Gerais e do Rio de Janeiro e tiveram sua desdita originada nas visitas diocesanas ou na ação dos comissários.[21]

O fato de nunca se ter estabelecido um tribunal do Santo Ofício no Brasil sempre foi motivo de controvérsia. Considerou-se a hipótese de instalação de um tribunal na colônia na época filipina (1580-1640), mas o projeto jamais prosperou, talvez em razão da oposição jesuítica. Assim, carente de tribunais próprios e subordinada às decisões do distante tribunal de Lisboa, a ação inquisitorial no Brasil foi bastante acanhada, se comparada, por exemplo, à vizinha América espanhola, onde a existência de tribunais em Lima, México e Cartagena resultou numa ação mais intensa. Na segunda metade do século XVIII, tempo do marquês de Pombal (1750-77), a atividade inquisitorial diminuiu bastante, seja no reino seja no ultramar, apesar da visitação enviada ao Grão-Pará, em 1763, encerrando-se de vez em 1821 com sua abolição pelas cortes portuguesas.

## 4. Religiosidades sincréticas: as santidades indígenas

Sérgio Ferreti, estudioso das religiosidades afro-brasileiras no Maranhão, nos adverte que sincretismo é "palavra considerada maldita", sobretudo entre os antropólogos, por sugerir a "mistura confusa de elementos diferentes" ou imposição de evolucionismo e de colonialismo".[22] O mesmo autor, no entanto, considera lícito o uso do conceito de sincretismo quando referido às metamorfoses identitárias e resistências culturais. Na mesma linha, Pierre Sanchis se indaga se o sincretismo não seria "um conceito universal dos grupos humanos em contato, ou o modo pelo qual as sociedades humanas, quando confrontadas, são levadas a entrar num processo de redefinição de sua própria identidade".[23] Atualmente, o conceito mais utilizado para qualificar essas mesclas é o *mestiçagem cultural*, difundido por Serge Gruzinski a partir de seus estudos sobre o México colonial.[24] O sincretismo religioso seria, portanto, uma face, entre outras, do fenômeno mais amplo das *mestiçagens culturais* operadas no Brasil entre os séculos XVI e XVIII.

A mescla religiosa mais expressiva no primeiro século se daria entre o catolicismo difundido pelos jesuítas e as tradições tupinambás, como atestam as chamadas *santidades* indígenas. Foram os jesuítas que cunharam o termo santidade para aludir a uma cerimônia tradicional dos tupis comandadas por um grande pajé, chamado de *caraíba* ou *pajé-açu*, que possuía o dom de se comunicar com os espíritos e mesmo de encarná-los, segundo as crenças nativas. Comunicavam-se em transe com seus ancestrais e exortavam os índios a guerrear ou a migrar em busca de novas terras. Na língua tupi, a cerimônia era conhecida por *caraimonhaga* ou *acaraimonhang*, que Capistrano de Abreu traduziu, respectivamente, por "santidade dos índios" e "fazer santidade".

O primeiro a descrever a cerimônia foi o jesuíta Manoel da Nóbrega, em carta escrita na Bahia, em 1549. Mencionou o costume que havia entre os índios de periodicamente serem visitados por um pajé, ao qual chamou de "feiticeiro", recebido com grandes festejos em cada aldeia por que passava, abrigado em maloca especial, após o que passava a pregar. Segundo Nóbrega, o "feiticeiro" se comunicava com os espíritos por meio de uma cabaça mágica e, após encarná-los, pregava aos índios para não mais trabalhar porque os alimentos brotariam da terra por si mesmos e as flechas caçariam sozinhas nos matos; pregava, ainda, vida longa para todos, dizia que as mulheres velhas voltariam a ser moças e os inimigos seriam vencidos. Foi Nóbrega quem chamou essa cerimônia de *santidade* e, embora destacasse que era "santidade falsa", a expressão se consagrou para aludir à cerimônia indígena e aos movimentos dela decorrentes.

Diversos observadores do século XVI descreveriam a mesma cerimônia, incluindo Anchieta, Jean de Léry, André Thevet, Hans Staden, acrescentando outros detalhes à descrição pioneira de Nóbrega. Do conjunto das descrições, tem-se que tal cerimônia era acompanhada de bailes ruidosos e quase ininterruptos; a cabaça mágica, chamada *maracá*, era adornada com plumas, nariz, boca e olhos, personificando os ancestrais que abrigava; o transe coletivo era estimulado pelo tabaco, sorvido e baforado pelo grande pajé e depois pelos demais participantes da cerimônia. E não resta dúvida de que a pregação dos caraíbas incluía diversas alusões à mitologia heroica dos tupis, incluindo o refúgio de Tamandaré, ancestral dos tupinambás, no "olho" da palmeira mais alta da terra, juntamente com sua mulher, após o dilúvio ordenado pelo "pai-grande". Tratava-se de uma festa especial, que preludiava guerras ou migrações, resumidas por alguns etnólogos como a *busca da Terra sem Mal* (ou Terra sem Males).[25]

O tema das santidades indígenas foi, durante muito tempo, ignorado pelos historiadores, ao contrário dos etnólogos, mas estudo recente demonstra que, nas santidades indígenas, o mito tradicional incorporou a história, seja no conteúdo das crenças e ritos nelas veiculados, seja nos resultados decorrentes da cerimônia. No limite, as santidades configurariam movimentos de resistência anticolonialista.[26]

A santidade mais importante e documentada no Brasil ocorreu na década de 1580, em Jaguaripe, ao sul do Recôncavo Baiano. Sua grande originalidade residiu exatamente na forte mescla entre as crenças e os ritos indígenas e católicos, o que se explica, em grande parte, pelo fato de seus líderes terem sido provenientes de missões jesuítas. No plano das crenças, paraíso cristão e "Terra sem Mal" se misturavam, e no plano dos ritos, mesclavam-se os bailes regados pela fumaça da "erva-santa" (tabaco) e o uso de rosários e de cruzes. O líder dessa santidade, um índio batizado Antônio pelos jesuítas, fugira de um aldeamento inaciano para se proclamar o próprio ancestral *Tamandaré*, ao mesmo tempo que dizia ser o verdadeiro papa. Nomeava bispos e santos, entre os principais do movimento, a exemplo de São Paulo e São Luís, e sua principal esposa era uma índia intitulada *Santa Maria Mãe de Deus*.

A Santidade de Jaguaripe fomentou inúmeras fugas e revoltas na Bahia e, após inúmeras peripécias, migrou para a fazenda de um importante senhor de engenho de Jaguaripe, Fernão Cabral de Taíde, homem que, com a intenção de destruir o movimento indígena ou engrossar a mão de obra de seu engenho, prometera aos índios liberdade de culto em suas terras.

Ali os índios erigiram uma igreja e prosseguiram com suas cerimônias por cerca de seis meses. O maracá personificado da festa tradicional se apresentou, então, como ídolo de pedra-mármore, a confirmar a idolatria que Alfred Métraux intuiu no culto dos maracás pelos índios: "Dessas cabaças às verdadeiras estátuas, não faltava senão um passo."[27]

O movimento acabaria destruído por ordens do governador Manuel Teles Barreto, em 1585, e dele se tem notícia e farta documentação em razão da visitação do Santo Ofício enviada à Bahia, em 1591, que prendeu e processou vários colonos envolvidos com a Santidade, a começar pelo senhor de engenho que supostamente a "protegera".

## 5. Religiosidades sincréticas: africanidades

O sincretismo religioso mais conhecido do período colonial deu-se, porém, entre o catolicismo e as religiões africanas. Mas, a exemplo das santidades indígenas, custou a ser objeto dos historiadores, à diferença dos etnólogos e antropólogos. Nina Rodrigues foi dos primeiros a destacar o cruzamento entre a "Cruz de Cristo e a pedra dos orixás", advertindo para o que chamou de "ilusão da catequese", pois os negros simulavam a crença nos ensinamentos católicos, mas continuavam a cultuar seus deuses atrás das imagens dos santos cristãos. Ao considerar a religião dos negros como *fetichista*, Nina Rodrigues ressaltava o caráter animista dos cultos africanos, sublinhando as formas gradativas de combinação entre os ensinamentos católicos recebidos pelos negros no Brasil e suas crenças e seus deuses trazidos da África. O negro recém-chegado à colônia justapunha as duas religiões, enquanto o crioulo e o mulato tendiam a fundir irreversivelmente as crenças com que tinham entrado em contato.[28]

Nina Rodrigues desprezava o sincretismo afro-brasileiro, mas Gilberto Freyre o resgataria, no seu *Casa-grande & senzala* (1933), considerando o encontro religioso entre brancos e negros como prova decisiva da confraternização entre as duas culturas e razão da "afetivização do catolicismo" no Brasil.[29] Roger Bastide aprofundou as reflexões sobre o caráter do encontro entre o catolicismo e as múltiplas crenças africanas que chegaram ao Brasil, considerando a dissimulação apontada por Nina Rodrigues como forma de sobrevivência dos deuses negros e como resistência à escravidão. Apontou analogias entre os deuses africanos e os santos católicos, extremamente variadas no tempo e no espaço. Oxalá podia ser Santa Ana ou o Menino Jesus na Bahia, o Espírito Santo no Recife e Porto Alegre e O Pai Eterno em Alagoas; Ogum podia ser Santo Antônio na Bahia, São Jorge em Recife e São Roque em Alagoas.

As religiosidades negras acabariam demonizadas e perseguidas pela Inquisição. Foi o caso do *calundu*, palavra de origem *banto* que, a partir do século XVII, passou a designar um conjunto muito variado de práticas religiosas de diversas procedências, não raro mescladas. O poeta Gregório de Matos, conhecido na Bahia como "Boca do Inferno", foi dos primeiros a mencionar os calundus, associando-o ao culto de fetiches e ao Diabo: "O que digo é que nessas danças, Satã tem parte nelas." De fato, a Igreja iria demonizar os chamados calundus e persegui-los como se fossem feitiçarias.

Laura de Mello e Souza foi a primeira a estudar os *calundus* baseada nos processos inquisitoriais. Destacou, no balanço dos casos, alguns ingredientes comuns: a possessão ritual; a evocação de espíritos, em geral de defuntos; as oferendas de comidas e bebidas aos espíritos evocados; a adivinhação do futuro; o curandeirismo; a música cantada e marcada por batuques; o caráter coletivo da cerimônia. Muitos padres exorcistas por vezes encaminhavam seus "pacientes" aos calundureiros, admitindo suas limitações para cuidar daquele tipo de demônios.

De todo modo, os traços do *calundu* identificados nas fontes inquisitoriais são vagos, impedindo a identificação etno-histórica das crenças e dos ritos africanos nele presentes. Roger Bastide, sem estudar as fontes da Inquisição, arriscou associar o rito do *calundu* com a evocação de "certos espíritos de Angola", sobretudo os que se introduziam "nas mulheres na hora do parto". Luiz Mott identificou, com mais precisão, uma forma de calundu na cerimônia *Acotundá*, registrada nas Minas

Gerais do século XVIII, ao rastrear a origem *Kourana* (no golfo guineense) do rito afro-mineiro. Minas foi, aliás, a região colonial onde mais se encontraram casos de calundus.[30]

Tudo indica, porém, que *calundu* era palavra utilizada pelos colonizadores para definir cerimônias africanas muito diversificadas, quanto às práticas e às origens étnicas, não obstante sua filiação *banto*. É temerário dizer que o *calundu* seria uma espécie de protocandomblé.

Outro caso de africanidade prenhe de catolicismo foi a chamada mandinga, palavra usualmente associada, no Brasil, à bruxaria, feitiçaria ou macumba. A *mandinga* possui, no entanto, uma longa história. A palavra define, antes de tudo, um grupo africano situado no atual Senegal, ocupante da faixa entre o Atlântico e o Alto Níger, sobretudo as nações malinke, kassonke, soninke, bambara e diula. Entre eles, o mais destacado foi o dos *mandingas* ou *malinkes*, habitantes do reino muçulmano de Mali, situado no vale do Níger desde o século XIII. Os mandingas costumavam trazer ao pescoço amuletos na forma de pacotinhos contendo papéis com versículos do Alcorão e signos de Salomão — e foi deles que derivaram as bolsas de mandinga difundidas no Brasil.

A bolsa de mandinga, a partir de sua origem africana islamizada, acabou por se difundir entre a população negra de origem *banto*, concentrada no Congo e em Angola, e daí se irradiou, por meio do tráfico de escravos, para o Brasil e para o próprio reino português. Nesse processo de difusão, alteraram-se os ingredientes do seu conteúdo, conforme registra a documentação inquisitorial. Assimilados a feiticeiros, diversos *mandigueiros* foram processados, sobretudo no século XVIII, por portar ou vender essas *bolsas* para os mais variados clientes.[31]

Laura de Mello e Souza considerou o uso das bolsas de mandinga a "forma mais tipicamente colonial da feitiçaria no Brasil" e nem tanto por sua origem africana ou pelo fato de ser utilizada sobretudo por escravos, mas por ser um amuleto eminentemente sincrético. Congregava a crença europeia nos talismãs com fetichismos de origem africana. As bolsas eram muito variadas no seu conteúdo, mas algumas características foram recorrentes. Em geral eram feitas de pano branco, continham pedaços de pedra d'ara (o pedaço de mármore do altar em cujo orifício os padres consagram a hóstia e o vinho) e pequenas tiras de papel cheias de figuras e letras. Outra característica era a crença de que os portadores da bolsa não seriam feridos por facadas ou tiros, daí a ideia de que "fechavam o corpo". O conteúdo delas era variado, podendo incluir pedra de corisco, olho de gato, enxofre, pólvora, balas de chumbo, vinténs de prata e pedaços de osso de defunto. Quanto aos papéis, podiam ter as figuras e letras escritas com sangue de frango branco ou preto e, ainda, com sangue do próprio portador da bolsa. Não raro se escrevia a oração de São Marcos: "Ó glorioso São Marcos, São Marcos te marque, Jesus Cristo te abrande [...] que meu sangue não seja derramado, nem minhas forças tomadas, nem meus inimigos encontrados."[32] De todo modo, parece evidente que as bolsas de mandinga misturavam crenças africanas com elementos de um catolicismo popular e mágico. Muito populares no Brasil, as bolsas não estiveram ausentes de Portugal, circulando através de escravos que, acompanhando seus senhores, transitavam entre a África, o Brasil e o reino.

O número de processados pelo uso de bolsas de mandinga ou prática de calundus no Brasil, apesar de perseguidos pela Inquisição na Colônia, foi muito reduzido, antes de tudo por causa da tolerância e mesmo proteção senhorial a tais cultos. O religioso Nuno Marques Pereira escreveu, no século XVIII, que ouvira certa vez, de um senhor de escravos, que os batuques dos negros nas senzalas o faziam dormir bem, pois era sinal de que se divertiam, em vez de conspirar. O calundu e a escravidão fizeram, portanto, uma autêntica parceria no Brasil Colonial.[33]

## 6. Catolicismo barroco, irmandades e religiosidade popular

Desde Gilberto Freyre, os historiadores dedicados ao estudo das religiosidades coloniais buscaram sublinhar, de um modo ou de outro, as especificidades do catolicismo gerado no Brasil. O autor de *Casa-grande & senzala*, que considerou o catolicismo uma das bases de nossa formação histórica, definiu-o como "religião afetivizada", destacando a intimidade dos devotos para com os santos e figuras sagradas do cristianismo. Augustin Wernet definiu essa religiosidade como "catolicismo tradicional";[34] Riolando Azzi, como "catolicismo luso-brasileiro";[35] João Reis, como "catolicismo barroco";[36] seja qual for a denominação adotada, se trataria de um catolicismo marcado pelas manifestações exteriores da fé, missas celebradas por dezenas de padres, festas religiosas de grande pompa, procissões cheias de alegorias, música e fogos de artifício, funerais grandiosos. Um catolicismo pouco observante das liturgias oficiais chanceladas pelo Concílio de Trento (1545-63). A isso se poderia agregar o caráter doméstico da devoção religiosa, de um lado, e o papel central das irmandades, de outro, na organização das principais celebrações.

De feição predominantemente laica, as irmandades promoviam o culto a seus patronos celestes e cuidavam da assistência a seus confrades. No plano material, ajudavam os confrades necessitados e, no plano espiritual, custeavam as várias despesas funerárias, incluindo as missas de corpo presente e o acompanhamento ao enterro. Sustentavam a devoção da confraria, reunindo os utensílios, adornos e o pessoal, a exemplo dos músicos, além de erguer ermidas, capelas e igrejas à custa de seus próprios rendimentos. Praticavam, ainda, a caridade pública, prestando assistência a doentes, presos e desamparados. As irmandades eram regidas por estatutos, denominados *compromissos*, dependentes da aprovação da Mesa da Consciência e Ordens, ficando sujeitas à inspeção periódica dos representantes da Coroa e dos bispos.

Distintas de outras associações de maioria leiga, conhecidas como *ordens terceiras*, subordinadas a uma ordem religiosa determinada — como a de São Francisco e a do Carmo — as irmandades se difundiram pelos arraiais, vilas e cidades da América portuguesa. Em Minas Gerais, por exemplo, onde o ritmo frenético do povoamento dificultou, mais do que noutras capitanias, a implantação de uma rede paroquial, além da restrição ao estabelecimento de ordens religiosas, mosteiros e conventos, as irmandades foram essenciais para a vivência do catolicismo. Em toda parte, porém, sobressaíram algumas irmandades, como as de Nossa

Senhora do Rosário, principal devoção negra no período colonial, as do Santíssimo Sacramento, promotoras do culto eucarístico nas paróquias, e as Santas Casas da Misericórdia, reservadas às elites coloniais, responsáveis pela construção de hospitais e por diversos serviços de assistência social.

As irmandades negras, sobretudo as de escravos, desempenharam importante papel relevante na evangelização da população africana, estimulando a observância dos ritos católicos dos sacramentos. Em muitos casos, sobretudo nas Minas, foram de grande importância para a alforria de confrades e, no plano mais geral, forneceram a cativos e libertos um espaço próprio para a construção de uma identidade católica, muitas vezes sincrética.[37] As irmandades de pardos, recentemente estudadas por Larissa Viana,[38] matizavam o espectro social das confrarias, abrigando os "homens de cor" mais abastados que rejeitavam a pecha de *mulatos*.

Mas o escopo das irmandades era muito variado, como afirma Sérgio Chahon:

> Havia irmandades de comerciantes, músicos ou artesãos, fazendo lembrar, em alguns casos, as corporações de ofícios de origem medieval; havia-as de pobres ou da elite; havia-as de escravos, libertos ou homens livres; havia-as, enfim, de brancos, mestiços ou negros, inclusive com separações, quanto a esses últimos, entre associações de negros *crioulos*, isto é, nascidos na América, e de negros africanos; e entre sodalícios dominados por diferentes etnias, como angolanos ou nagôs. Embora não raro ocorressem mesclas entre os diversos segmentos citados, como no caso das irmandades de negros e pardos e as compostas por pretos cativos e forros, essas associações tendiam a ser cada vez mais exclusivistas, sob a forma de uma crescente rigidez dos critérios de admissão de novos irmãos, à medida que os elementos congregados aproximavam-se do topo social.[39]

A vivência cotidiana do catolicismo oscilava, portanto, entre o público e o privado, entre as irmandades e os oratórios domésticos ou capelas de engenho. Nas casas-grande do Nordeste não faltavam as capelas e até o "quarto dos santos". Luiz Mott nos informa que seu tamanho variava, não passando às vezes de uma nesga de espaço debaixo da escada ou nalgum canto da "casa de morada", lugar suficiente para se pôr a imagem do Cristo, da Virgem e do santo de devoção pessoal. Em Minas Gerais, além dos oratórios domésticos, surgiu um próspero artesanato de pequenos oratórios, de um a dois palmos de altura, miniaturas de pedra-sabão, terracota ou madeira que reproduziam a estrutura dos altares das igrejas barrocas. No topo, quase sempre aparecia a cena da crucificação, na qual figuravam, ao pé da cruz, a Virgem das Dores, São João e Maria Madalena, ao que se acrescentava o santo de que o dono do "oratoriozinho" era devoto.[40]

A intimidade com os santos era, aliás, uma das mais poderosas faces da religiosidade colonial, profundamente devotada a esses "intercessores", sobretudo os taumaturgos, mas também os mártires e pregadores. Objeto de devoção popular, patronos de cidades, vilas, grêmios, ofícios, os santos foram mais importantes nessa época do que na Idade Média, considerando a propaganda da Igreja tridentina contra os ataques protestantes, que viam no culto dos santos manifestações de idolatria. A vida cotidiana colonial estava sempre comandada pelos santos, pelas santas e pelo próprio Cristo, inclusive as intimidades amorosas. Ao contrário do que se poderia supor, sagrado e profano se combinavam admiravelmente. Por exemplo, na crença popular de que as palavras da consagração da hóstia, se proferidas em latim na boca do marido ou amante, podiam fazer com que esse "quisesse bem" ou "tratasse bem" as mulheres que as dissessem:

> *Hoc est enim corpus meum*, palavras eucarísticas, viravam palavras encantadas e temperadas de erotismo. Não por acaso os santos povoavam a plêiade de orações amatórias que, sobretudo as mulheres, costumavam usar para conquistar o afeto. Orações que citavam São Marcos de Veneza, orações que nomeavam São Cipriano, que fora bispo e mártir nos tempos do Império romano, São João ou São Gonçalo do Amarante.[41]

Mas foi sem dúvida Santo Antônio — Santo Antônio de Lisboa ou de Pádua — o santo mais popular e de maior plasticidade no Brasil Colonial. Protetor de Portugal, patrono dos iletrados, guardião das coisas perdidas, objetos, afetos, amantes, noivos ou maridos desaparecidos. Várias promessas no campo amoroso se faziam a Santo Antônio que, como santo casamenteiro, só tinha rival em São João ("dai-me noivo, dai-me noivo", dizia uma oração) e superava todos os santos em matéria afrodisíaca. Seria fortemente adotado pelos negros e, mais tarde, associado aos *exus*, mensageiros dos orixás em certos cultos afro-brasileiros. O mesmo Santo Antônio, no entanto, foi também considerado o protetor dos "capitães do mato", os caçadores de quilombolas, como nos mostra Luiz Mott em artigo específico.[42]

O culto dos santos apresentou, por outro lado, uma dimensão mais geral. Na expansão portuguesa, os santos estiveram presentes desde cedo, patronos de feitorias como São Jorge da Mina, na Guiné, e das primeiras cidades coloniais no Brasil. A primeira vila do Brasil, fundada em 1532, foi batizada como São Vicente, homenagem ao mártir falecido em glória, no século III, por ordens do imperador romano Diocleciano. O Rio de Janeiro foi, desde 1565, a cidade de São Sebastião, outro mártir flagelado pelo mesmo imperador. Santo Antônio, por sua vez, seria o santo da restauração, celebrado por Vieira como defensor da Bahia contra o assalto holandês, em 1638, e padroeiro da "guerra da liberdade divina", a guerra de restauração pernambucana deflagrada em 1645.[43] E assim seria em toda parte. Santos padroeiros de capitanias, como São Vicente. Patronos de cidades, como São Sebastião do Rio de Janeiro ou São Paulo de Piratininga. Santos a denominar navios, galeões, fortalezas, feitorias, ilhas, praias. Santos, como Santo Antônio, a proteger o Brasil português contra seus "inimigos hereges".

A rivalizar com o culto a Santo Antônio, ou mesmo a superá-lo, despontava a devoção à Virgem Maria, enraizada em Portugal desde o tempo de Afonso Henriques, também apoiado, na batalha de Ourique, pelo próprio Cristo. A imagem da Virgem esteve estampada no estandarte de D. Nuno Álvares, herói de Aljubarrota, e ganharia um capítulo especial no *Leal conselheiro* do rei D. Duarte. Em 1646, Nossa Senhora da Conceição seria elevada à condição de padroeira de Portugal restaurado, transformando-se na maior devoção mariana do Império português.[44] Passando do público ao privado, vale acrescentar que o culto mariano impregnou a vida cotidiana, protegendo os lares, as mães, os filhos. A Igreja tridentina estimulou ao máximo o culto à Virgem Maria, intercessora por excelência entre Deus e os homens, objeto de hiperdulia, tudo para rebater as imprecações dos protestantes contra a puríssima mãe de Deus.

A intensa devoção católica da população colonial, ao resvalar para uma intimidade quase obsessiva, não raro resultava no que a Igreja considerava blasfêmia, conforme registram os documentos da Inquisição. Laura de Mello e Souza percebeu muito bem que, antes de exprimir sacrilégio ou irreligiosidade, as ditas blasfêmias indicavam a religiosidade intimista que marcava o cotidiano colonial,[45] ou a "religiosidade afetivizada", nas palavras de Gilberto Freyre. Na visitação inquisitorial do século XVI, por exemplo, um certo Salvador da Maia foi várias vezes denunciado, na Bahia, por colocar um crucifixo embaixo da cama, "ao pé da cama" ou embaixo da mulher enquanto mantinham relações sexuais.[46] O rico mercador João Nunes foi por sua vez acusado em Pernambuco de manter um crucifixo junto a um "servidor onde fazia suas necessidades corporais".[47] Muitos foram delatados por cuspir no crucifixo, nas imagens de Cristo, da Virgem ou dos santos ou de insultá-los com palavras chulas ou agredir as imagens. A própria Virgem Maria, por exemplo, era por vezes sexualizada, quando não cobiçada. O cristão-novo Bento Teixeira, autor da *Prosopopeia*, foi acusado, em Pernambuco, de ser useiro em jurar "pelo pentelho da Virgem". Muitos outros agiam de modo semelhante dizendo: "é má mulher"; "é putana e sudumítica" (*sic*); "esta puta não tem poder nenhum na trovoada" etc.[48] Cristo e o próprio Deus, seu Pai, muitas vezes eram insultados: "cornudo", "corno", "somítigo", "fanchono". Houve uma acusada de, em meio a um temporal, gritar que "Deus mijava sobre ela e que a queria afogar". Outra, de língua castelhana, sob tempestade similar, bradou aos céus: "Bendito sea el carajo de mi señor Jesu Christo que agora mija sobre mi."

## 7. Judaizantes: os principais hereges da colônia

Dentre os enviados a Lisboa pela Primeira Visitação do Santo Ofício ao Brasil, todos eram cristãos-novos, alguns acusados de judaísmo. Grande número deles havia emigrado para o Brasil a partir de 1540, atraídos pela nascente economia açucareira e desejosos de se livrar da recém-instalada Inquisição. Nas capitanias açucareiras, os cristãos-novos logo se destacaram como comerciantes, lavradores de cana e senhores de engenho, embora muitos se dedicassem aos ofícios mecânicos. Desfrutando de certa liberdade religiosa, chegaram alguns a organizar sinagogas ou "esnogas" (como se dizia na época), como a de Matoim, na Bahia, no engenho de Heitor Antunes, ou a de Camarajibe, em Pernambuco, nas terras de Diogo Fernandes, casado com a lendária Branca Dias. Quando o visitador Heitor Furtado de Mendonça chegou ao Nordeste, esses dois patriarcas de famílias de cristãs-novas já eram mortos, mas nem por isso deixaram de ser denunciados, bem como seus parentes. As delações revelaram, no entanto, práticas fragmentadas e sobretudo domésticas, frequentemente exercidas por mulheres. Eram elas que guardavam a casa, na tradição judaica, o que implicava observar as interdições alimentares do Levítico, os ritos funerários tradicionais e a guarda do sábado, o *shabbat*.

Um caso clássico do século XVI foi o de Ana Rodrigues, esposa do citado Heitor Antunes. Chegou à Bahia na companhia do marido, em 1557, e de vários filhos e parentes, na mesma nau que trouxe o terceiro governador-geral do Brasil, Mem de Sá. Heitor Antunes parecia desfrutar da confiança do governador, apesar de ser cristão-novo, pois se tornou senhor de engenho, em Matoim, e foi nomeado coletor do imposto do açúcar na capitania. A família Antunes foi uma dentre as várias de cristãos-novos estabelecidas nos primeiros tempos da colonização e, nesse caso, erigiram a conhecida "esnoga" no engenho de Matoim, cujo rabino era o próprio Heitor Antunes, autoproclamado "descendente dos Macabeus". Heitor Antunes já era morto na época da primeira visitação do Santo Ofício ao Brasil (1591-95), na qual foi acusado de ser verdadeiro *rabino* e de ser o da sua "esnoga".

No tempo da visitação, a mais denunciada foi a matriarca Ana Rodrigues, octogenária em 1591. Ana pertencera à primeira geração de convertidos à força por D. Manuel, em 1496-97, e aprendera desde menina os ritos judaicos que ensinava às suas filhas e netas na Bahia. Foi acusada de participar de cerimônias judaicas, de guardar o sábado, de fazer orações judaicas, de seguir as interdições alimentares e os ritos funerários do judaísmo. A velha Ana e algumas de suas filhas e sobrinhas foram apontadas como judaizantes pelos próprios genros, netos e vizinhos. Suspeita de *judaizar*, Ana Rodrigues foi enviada a Lisboa, em 1593, enjaulada e não chegou a ouvir a sentença que a condenou à fogueira. Morreu no cárcere ainda em 1593, mas em 1604 foi queimada em efígie, sua memória amaldiçoada, seus ossos desenterrados e queimados.[49] O caso de Ana Rodrigues ilustra com exatidão o judaísmo doméstico e feminino que passou a predominar na colônia, com o transcurso das gerações, considerando a inexistência de escolas e livros judaicos e a crescente ausência de varões conhecedores da chamada "lei de Moisés" ou "lei velha".

Foi no século XVII, porém, que o Brasil viveu a experiência singular de um autêntico renascimento do judaísmo, a partir da conquista de Pernambuco e das capitanias adjacentes pelos holandeses. Com a vitória dos holandeses, cristãos-novos portugueses que se haviam refugiado em Amsterdã e retornado ao judaísmo, no início dos Seiscentos, foram autorizados a emigrar para o Brasil, integrando-se à economia açucareira como mercadores e senhores de engenho. Concentraram-se naquela que ficou conhecida como "rua dos Judeus", no Recife, e fundaram duas sinagogas: a "Santa congregação 'Arrecife' de Israel" (*Kahal Kadosh Zur Israel*) e a "Santa congregação do escudo de Abraão" (*Kahal Kadosh Magen Abraham*).

Muitos cristãos-novos portugueses que sequer praticavam o judaísmo na colônia aderiram à religião de seus antepassados, inclusive fazendo a circuncisão em idade avançada.[50] Por vezes eram integrados, outras vezes rejeitados por judeus tradicionalistas e eles mesmos sofriam de fortíssima crise de identidade. Nunca foi tão exato, como nesse caso, o que afirmou Anita Novinsky sobre o cristão-novo: cristão para os judeus; judeu para os cristãos. Enfim, um *homem dividido*.[51]

O caso clássico dessa leva de judaizantes foi, porém, o jovem Isaque de Castro Tartas, biografado por Elias Lipiner.[52] Filho de Cristóvão Luís e de Isabel da Paz, cristãos-novos, naturais de Bragança, nasceu na década de 1620, na França, cresceu em Amsterdã, passou alguns anos no Brasil e acabou na Inquisição lisboeta no meado do século XVII. Na fuga para a França, seus pais se fixaram, de início, na vila de Tartas, onde Isaac nasceu, sendo batizado no catolicismo com o nome de Tomás Luís ou João de Lis. Era uma exigência do rei de França que os filhos de cristãos-novos abrigados no reino fossem batizados no catolicismo, ainda que mantivessem o judaísmo no foro doméstico. Mas a família logo partiu para Amsterdã, onde a comunidade judaica era fortíssima, e ali todos abraçaram de vez o judaísmo, tornando-se "judeus públicos" (os que se assumiam como judeus). Seu pai mudou o nome para Abraão de Castro, sua mãe, para Benvinda de Castro, e ele mesmo virou Isaque de Castro, sendo que pai e filho se fizeram circuncidar.

Isaque mal completara 20 anos quando passou ao Pernambuco holandês. Encontrou ali o ambiente ideal, pois o Recife tinha erigido uma comunidade judaica à semelhança da que havia na Holanda. Tratou com cristãos-novos e judeus e dedicou-se ao comércio. Endividou-se e fugiu inadvertidamente para Salvador, embora alguns afirmem que foi à Bahia para pregar o judaísmo para os cristãos-novos. Foi preso em 1644 por ordens do governador Antônio Telles da Silva, sob suspeita de ser espião holandês, pois falava flamengo, francês, espanhol e "mui outras línguas", como hebraico, latim e português. Mas logo veio a suspeita de que Isaque era cristão-novo judaizante, de modo que o bispo instruiu contra ele processo inquisitorial.

Isaque fez o que pôde para escapar, alegando que nunca fora batizado no catolicismo, sendo judeu de nascimento — o que lhe tiraria da alçada inquisitorial. Tudo em vão. Foi enviado a Lisboa e acabou admitindo todas as suas culpas, chegando a defender o judaísmo. Um dos dominicanos que o interrogaram, instando para que abjurasse, afirmou que "tinha muita agudeza" e conhecimento de teologia e história e "grande apegamento à lei mosaica". Isaque transformou-se num herege pertinaz, chegando a dizer aos inquisidores que a prosperidade da Holanda se originava do fato de terem ali se acolhido os judeus expulsos de Portugal. Foi condenado a morrer na fogueira, em 1647, sendo um dos poucos queimados vivos — sem ser antes garroteado — na história da Inquisição portuguesa. Acabou transformado em mártir pela comunidade judaica estabelecida em Amsterdã.

O século XVIII conheceu um forte refluxo do judaísmo secreto, o *criptojudaísmo*, seja em Portugal seja nas colônias. Mas, paradoxalmente, o apogeu da perseguição aos cristãos-novos deu-se no reinado de D. João V (1707-50). Nessa fase vale referendar o que afirmou Antônio José Saraiva sobre a Inquisição portuguesa: uma "fábrica de hereges". Uma das vítimas desse surto persecutório foi o dramaturgo Antônio José da Silva, conhecido como "o Judeu".[53] Filho de João Mendes da Silva, advogado, e Lourença Justiniana Coutinha, Antônio José da Silva nasceu em 1705, no Rio de Janeiro. Sua infância fora marcada pela prisão dos pais, quando tinha apenas 6 anos, enviados para Lisboa, em 1712, sob a acusação de judaísmo. Desde a prisão dos pais, Antônio passou pela casa de parentes, no Rio de Janeiro, até seguir com os prisioneiros para Portugal. Seus pais, e mais 53 integrantes da família Mendes da Silva, foram reconciliados no auto de fé de 9 de julho de 1713.

Criado em casa cheia de livros e no tempo das Luzes, tornou-se advogado, como o pai, e autor de folhetos de cordel e óperas de bonecos encenadas no Teatro do Bairro Alto, em Lisboa. Em 1734 casou-se com Leonor Maria de Carvalho, cristã-nova de Covilhã, bispado da Guarda, mulher já condenada como judaizante, em Valladolid, na Espanha. Ele mesmo foi acusado de judaizar e reconciliado em 1726, após sair em auto de fé. Antônio, sua esposa e sua mãe voltaram a ser presos em 1737. Foram, como de praxe, acusados de guardar o sábado, não respeitar os santos e observar os jejuns judaicos. Como jamais admitiu as heresias de que era acusado, Antônio José foi considerado convicto, pertinaz e relapso no crime de heresia e apostasia. Morreu na fogueira, em 1739.

Dentre suas peças, a última que viu encenada foi *As variedades de Proteu*, cujo tema é a descrença na simulação e nos disfarces. Nesse mesmo texto escreveu: "Se tudo é morrer, escolherei a morte que me for mais suave." Noutra obra, *Precipício de Faetonte*, mais realista, escrevera: "Uma coisa é desejar a morte, outra, vê-la executar." Antônio José da Silva fornece excelente exemplo de cristão-novo que, apesar de sua alcunha, não era judeu ou judaizante. Talvez por isso ele tenha certa vez afirmado: "Se é culpa o não ter culpa, eu culpa tenho."

## 8. Mudanças do século XVIII

A segunda metade do século XVIII, apogeu das Luzes, seria de alívio para os cristãos-novos no mundo português. O consulado do marquês de Pombal, o poderoso ministro de D. José I (1750-77), encurralou a Inquisição, transformando-a num instrumento quase exclusivo de um Estado cada vez mais secularizado. Empenhado em estimular o comércio e as manufaturas no reino, inibiu o Santo Ofício na tradicional perseguição que esse movia contra os cristãos-novos até eliminá-la de vez. Em 1773, um decreto real de inspiração pombalina extinguiu a diferença entre cristãos-velhos e cristãos-novos em todos os domínios portugueses. A Inquisição, decadente desde 1750, perdeu definitivamente seus principais hereges. No Brasil, onde sequer se havia instaurado um tribunal do Santo Ofício, a atividade inquisitorial caiu a níveis mínimos.

Por outro lado, foi no século XVIII que a Igreja se estruturou com mais solidez.[54] No final do século XVII o episcopado colonial se limitava à Sé da Bahia, elevada a arcebispado em 1676; aos bispados de Olinda e Rio de Janeiro, criados no mesmo ano a partir das prelazias ou *vigariarias* erigidas nas duas cidades; e ao bispado de São Luís do Maranhão, criado em 1677. No século XVIII seriam criadas mais três dioceses, a saber, em Belém do Pará (1719); Minas Gerais (Mariana) e São Paulo, ambas em 1745, além das prelazias de Goiás e Cuiabá. Multiplicaram-se as visitas episcopais e pastorais, cuja documentação sobreviveu em boa parte e se encontra hoje depositada nos arquivos de várias cúrias, sobretudo as de Minas Gerais, São Paulo e Rio de Janeiro. Apesar das debilidades e da subserviência à Coroa assegurada pelo regime do Padroado, a Igreja colonial se organizou melhor no século XVIII. Datam de 1707, aliás, as Constituições Primeiras do Arcebispado da Bahia, obra de D. Sebastião Monteiro da Vide, cardeal-primaz do Brasil.

No tocante ao clero regular, outras ordens se fizeram presentes ou aumentaram suas atividades. Foi o caso dos *mercedários*, instalados sobretudo em São Luís do Maranhão, Belém e Cametá, bem como dos *oratorianos*, cuja atuação cresceu no século XVIII. Alem disso, em 1710 multiplicaram-se as missões indígenas dos capuchinhos italianos, sobretudo na Bahia e em Pernambuco, eles que já se haviam notabilizado na evangelização do Congo desde o século XVII. Os beneditinos mantiveram, basicamente, as sete casas existentes no século anterior, mas aumentaram imensamente seu patrimônio. O mosteiro do Rio de Janeiro, que abrigava 53% dos membros da Ordem de São Bento, era proprietário de 183 casas, além de terrenos e fazendas vizinhas à cidade.

Também as casas de religiosas aumentaram consideravelmente no século XVIII, em contraste com o quase solitário convento de Santa Clara do Desterro, fundado na Bahia em 1677.[55] Na mesma Bahia foram criados os mosteiros das Ursulinas das Mercês e o de Nossa Senhora da Lapa (regra franciscana), ambos em 1744, além dos recolhimentos do Sagrado Coração de Jesus da Soledade (1741), do Senhor Jesus dos Perdões, franciscano (1729), da Misericórdia (1715) e de São Raimundo (1752). No Rio de Janeiro surgiram os conventos de Nossa Senhora da Ajuda, franciscano, e o de Santa Teresa, carmelita, ambos em 1750, além do Recolhimento de Nossa Senhora do Parto. Em São Paulo fundou-se o primeiro convento em 1774, o de Nossa Senhora da Luz, com regra das clarissas. Em Minas apareceram os recolhimentos de Nossa Senhora das Macaúbas, em 1714,[56] e o de Santa Ana, em 1750. Em Pernambuco surgiram os recolhimentos do Sagrado Coração de Jesus, em Igaraçu (1740), e o de Nossa Senhora da Glória, em Olinda (1794). Em São Luís do Maranhão, enfim, foi criado o Recolhimento do Sagrado Coração de Jesus, com regra das ursulinas, em 1752.

O século XVIII foi, também, o século da fundação dos seminários, sinalizando o esforço da Igreja de preparar o clero secular colonial. Esforço espantosamente tardio, mas digno de registro, pois foram fundados cinco seminários: o de Nossa Senhora da Conceição, na Bahia (1747); o de São José, no Rio de Janeiro (1739); o de Santo Alexandre, em Belém (1747-49); o de Nossa Senhora da Boa Morte, no Mato Grosso (1748); e o de Nossa Senhora da Graça, em Olinda (1796), iniciativa, essa última, do célebre bispo ilustrado D. José Joaquim da Cunha Azeredo Coutinho.[57]

A estrutura eclesiástica colonial secular e regular cresceu de maneira impressionante no século XVIII, inclusive a da Companhia de Jesus, a mais poderosa de todas. Como evidência desse crescimento, bastaria mencionar os números de jesuítas entre fins do século XVII e meados do XVIII. Na Província do Brasil, os 304 padres existentes em 1698 saltaram para 474 em 1757, sendo que nesse ano cerca de 45% eram naturais do Brasil. Na Vice-Província do Maranhão e Pará, a Companhia saltou de 61 padres em 1697 para 155 em 1760, sem contar os noviços. O patrimônio da Companhia incluía fazendas, engenhos, escravos, casas de aluguel, terrenos urbanos, colégios, aldeias, tudo espalhado de norte a sul da América portuguesa.[58]

Essa foi uma das razões que levaram o marquês de Pombal a decretar, em 3 de setembro de 1759, a expulsão dos jesuítas do reino e demais domínios portugueses, confiscando todos os bens da Companhia. Mas não foi a única razão, nem a principal. Assunto de enorme polêmica historiográfica, a razão da expulsão dos jesuítas reside, fundamentalmente, no obstáculo que os jesuítas representavam para o processo de secularização do Estado liderado por Pombal.[59] Foi a partir dessa motivação central que se multiplicaram as inúmeras acusações contra os inacianos. Entre outras, a de que praticavam comércio ilegal nas colônias, amotinavam os índios contra as autoridades governamentais, exploravam o trabalho indígena nas aldeias, difundiam superstições que obstavam o progresso do reino, apegavam-se ao ultrapassado ensino escolástico. O ataque pombalino aos jesuítas começou ainda em 1757, com a decretação do Diretório dos Índios, que retirou a tutela exercida pelas ordens religiosas sobre as aldeias, elevando os índios a súditos livres da Coroa.[60]

Até de crimes de lesa-majestade os jesuítas foram acusados, atribuindo-se-lhes participação na revolta do Porto e no atentado contra D. José I, ambos em 1757. O exemplo tomado para expiar a culpa inaciana e preparar a extinção da Companhia foi o do padre Gabriel Malagrida, importante missionário. O próprio marquês de Pombal o denunciou à Inquisição, que condenaria o jesuíta à fogueira, em 1761.[61]

Sentenciado à morte por um Santo Ofício controlado pelo Estado, Malagrida simboliza uma página virada na história religiosa do Brasil Colonial. Foi o último réu queimado pela Inquisição portuguesa, que teria alguma sobrevida, embora destituída de qualquer poder significativo. Foi extinta de vez em 1821, no contexto da Revolução Liberal iniciada no Porto. Enquanto isso, no Brasil prosseguiam os batuques nas senzalas, entre mandingas e calundus, e as procissões do Corpo de Deus, entre outras, celebradas com música e fogos de artifício.

## Notas

1. Os monarcas ibéricos foram autorizados pelo papa a construir ou permitir a construção de igrejas e conventos; indicar à Santa Sé os candidatos aos arcebispados, bispados, às abadias e demais funções eclesiásticas; vetar as bulas e breves papais que não fossem ratificados pela chancelaria régia. Cf. Charles Boxer, 2007, p. 99.
2. Maria Adelina Amorim, 2005, p. 53.
3. Idem, p. 54.
4. Michael Mullet, 1985, p. 49.
5. A primeira casa dos jesuítas em Portugal foi Colégio de Santo Antão, o Velho, em Lisboa, fundado por Simão Rodrigues. Nos anos seguintes vieram os colégios de Coimbra (1542), Évora (1551) e, novamente, o de Lisboa (1553). Em 1555, a Companhia passou a administrar o Colégio das Artes em Coimbra e, em 1559, a Universidade de Évora. Cf. Joel Serrão, 1993, p. 365-366.
6. João da Silva Campos, 2001.

7. Ronaldo Vainfas, 2001, p. 177-178.
8. Serafim Leite, 1993, p. 9.
9. Charles Boxer, 2007, p. 17, 24, 53.
10. "Lei que se deve dar aos índios", 8 de maio de 1558, padre Manoel da Nóbrega apud Serafim Leite, 1993, p. 22.
11. Luis Filipe Baeta Neves, 1978, p. 118.
12. Barão de Studart, 1912.
13. Sobre a catequese dos "tapuias", ver Cristina Pompa, 2003.
14. Jorge Victor de Araújo Souza, 2007.
15. Anderson de Oliveira, 2002.
16. Ronaldo Vainfas, 1986.
17. Alexandre Herculano, s/d.
18. Segunda visitação do Santo Ofício às partes do Brasil. Denunciações da Bahia. Introdução de Rodolpho Garcia. *Anais da Biblioteca Nacional do Rio de Janeiro,* vol. 49:1927. Segunda visitação do Santo Ofício às partes do Brasil. Livro das Confissões e Ratificações da Bahia. Introdução de Eduardo d'O. França e Sônia Siqueira. *Anais do Museu Paulista,* t. XVII, 1963.
19. José Roberto do Amaral Lapa, 1978.
20. Daniela Calainho, 2006.
21. Caio Boschi, 1987.
22. Sérgio Ferreti, 2001.
23. Pierre Sanchis, 1994.
24. Serge Gruzinski, 2001, p. 37.
25. Hèlene Clastres, 1978.
26. Ronaldo Vainfas, 1995.
27. Alfred Métraux, 1979, p. 59.
28. Nina Rodrigues, 1935.
29. Gilberto Freyre, 1973.
30. Luiz Mott, 1988, p. 87-114.
31. Daniela Calainho, 2000.
32. Laura de Mello e Souza, 1986, p. 210-226.
33. Nuno Marques, 1939, p. 123.
34. Augustin Wernet, 1987, p. 17-18.
35. Riolando Azzi, 1977, p. 39-73.
36. João Reis, 1991, p. 49.
37. Julita Scarano, 1975.
38. Larissa Viana, 2007.
39. Sérgio Chahon, 2000, p. 316-317.
40. Luiz Mott, 1997, p. 155-220.

41. Ronaldo Vainfas, 1997, p. 221-274.
42. Luiz Mott, 1996, p. 110-138.
43. Ronaldo Vainfas, 2003.
44. Juliana Beatriz Almeida de Souza, 2002.
45. Laura de Mello e Souza, 1986, p. 108.
46. IANTT, Inquisição de Lisboa, processo 2320.
47. IANTT, idem, processos 1491 e 885. Ver também: Ângelo Adriano F. de Assis, 1998.
48. Luiz Mott, 1989.
49. Ângelo Adriano F. de Assis, 2004.
50. José Antônio Gonsalves de Mello, 1996.
51. Anita Novinsky, 1972, p. 162.
52. Elias Lipiner, 1992.
53. Alberto Dines, 1992.
54. Caio Boschi, 1998, vol. 3, p. 294-771.
55. Susan Soeiro, 1974.
56. Leila Mezzan Algranti, 1993.
57. Guilherme Pereira das Neves, 1998.
58. Paulo de Assunção, 2004.
59. Francisco J. Calasans Falcon, 1980.
60. Ângela Domingues, 1997.
61. P. Mury, 1992.

## Bibliografia

ALGRANTI, Leila Mezzan. *Honradas e devotas: mulheres da colônia (1750-1822).* Rio de Janeiro: José Olympio, 1993.

AMORIM, Maria Adelina. *Os franciscanos no Maranhão e Grão-Pará — Missão e cultura na primeira metade do Seiscentos.* Lisboa: Universidade Católica Portuguesa, 2005.

ASSIS, Ângelo Adriano F. de. *Macabeias coloniais: criptojudaísmo feminino na Bahia, séculos XVI-XVII,* tese de doutorado. Niterói: UDD, 2004.

______. *Um rabi escatológico na Nova Lusitânia: sociedade colonial e Inquisição no século XVI — O caso João Nunes*, dissertação de mestrado. Niterói: UFF, 1998.

ASSUNÇÃO, Paulo de. *Negócios jesuíticos: o cotidiano da administração dos bens divinos.* São Paulo: Edusp, 2004.

AZZI, Riolando. "Evangelização e presença junto ao povo: aspectos da história do Brasil". In: ______. *Religião e catolicismo do povo*. Curitiba: Universidade Católica do Paraná, 1977.

BOSCHI, Caio. "As visitas diocesanas e a Inquisição na colônia". *Revista Brasileira de História,* v. 7, 1987, p. 151-184.

______. "Ordens religiosas, clero secular e missionação no Brasil". In: BETHENCOURT, Francisco & CHAUDHURI, Kirti (orgs.). *História da expansão portuguesa*. Lisboa: Círculo de Leitores, 1998.

BOXER, Charles. *A Igreja militante e a expansão ibérica (1440-1770)*. São Paulo: Companhia das Letras, 2007.

CALAINHO, Daniela. *Agentes da fé: familiares da Inquisição portuguesa no Brasil Colonial*. Bauru: Edusc, 2006.

______. *Metrópole das mandingas: religiosidade negra e Inquisição portuguesa no Antigo Regime,* tese de doutorado. Niterói: UFF, 2000.

CAMPOS, João da Silva. *Procissões tradicionais da Bahia*. Salvador: Secretaria da Cultura e Turismo, 2ª ed., 2001.

CHAHON, Sérgio. "Irmandades". In: VAINFAS, Ronaldo (org.). *Dicionário do Brasil Colonial*. Rio de Janeiro: Objetiva, 2000.

CLASTRES, Hèlene. *Terra sem mal*. São Paulo: Brasiliense, 1978.

DINES, Alberto. *Vínculos de fogo: Antônio José da Silva, o Judeu, e outras histórias da Inquisição em Portugal e no Brasil*. São Paulo: Companhia das Letras, 1992.

DOMINGUES, Ângela. "Ameríndios do norte do Brasil na segunda metade do século XVIII: as contradições da liberdade". *Revista da Sociedade Brasileira de Pesquisa Histórica*, nº. 12, 1997, p. 17-30.

FALCON, Francisco J. Calasans. *A época pombalina*. São Paulo: Ática, 1980.

FERRETI, Sérgio. "Notas sobre o sincretismo religioso no Brasil: métodos, limitações, possibilidades". *Tempo*, v. 6, nº. 11, 2001, p. 13-26.

FREYRE, Gilberto. *Casa-grande & senzala,* 16ª. ed. Rio de Janeiro: José Olympio, 1973.

GRUZINSKI, Serge. *O pensamento mestiço*. São Paulo: Companhia das Letras, 2001, p. 37.

HERCULANO, Alexandre. *História da origem e estabelecimento da Inquisição em Portugal*. Lisboa: Europa-América, s.d.

LAPA, José Roberto do Amaral (org.). *Livro da visitação do Santo Ofício da Inquisição ao Estado do Grão-Pará — 1763/1769*. Petrópolis: Vozes, 1978.

LEITE, Serafim. *Breve história da Companhia de Jesus no Brasil, 1549-1760*. Braga: Livraria Apostolado da Imprensa, 1993.

LIPINER, Elias. *Isaque de Castro: o mancebo que veio preso do Brasil*. Recife: Massangana, 1992.

MELLO, José Antônio Gonsalves de. *Gente da nação: cristãos-novos e judeus em Pernambuco, 1542-1654*, 2ª ed. Recife: Fundaj/ Massangana, 1996.

MÉTRAUX, Alfred. *A religião dos tupinambás* (original de 1928). São Paulo: Companhia Editora Nacional, 1979.

MOTT, Luiz. "Acotundá: raízes setecentistas do sincretismo afro-brasileiro". In: ______. *Escravidão, homossexualidade e demonologia*. São Paulo: Ícone, 1988.

______. "Cotidiano e vivência religiosa; da capela ao calundu". In: SOUZA, Laura de Mello e (org.). *História da vida privada no Brasil*, vol. 1. São Paulo: Companhia das Letras, 1997.

______. "Maria, virgem ou não? Quatro séculos de contestação no Brasil". In: ______. *Virgens, gays e escravos nas garras da Inquisição*. Campinas: Papirus, 1989.

"Santo Antônio, o divino capitão do mato". In: REIS, João & GOMES, Flávio. *Liberdade por um fio: história dos quilombos no Brasil*. São Paulo: Companhia das Letras, 1996.

MULLET, Michael. *A contrarreforma e a reforma católica nos princípios da Idade Moderna europeia*. Lisboa: Gradiva, 1985.

MURY, P. *História do padre Gabriel Malagrida*. São Paulo: Loyola, 1992.

NEVES, Guilherme Pereira das. "Repercussão, no Brasil, das reformas pombalinas da educação: o Seminário de Olinda". *Revista do Instituto Histórico e Geográfico Brasileiro*, vol. 401, 1998, p. 1.707-28.

NEVES, Luís Filipe Baeta. *O combate dos soldados de Cristo na terra dos papagaios: colonialismo e repressão cultural*. Rio de Janeiro: Forense Universitária, 1978.

NOVINSKY, Anita. *Cristãos-novos na Bahia*. São Paulo: Perspectiva, 1972, p. 162.

OLIVEIRA, Anderson de. *Os santos pretos carmelitas: culto dos santos, catequese e devoção negra no Brasil Colonial*, tese de doutorado. Niterói: UFF, 2002.

PEREIRA, Nuno Marques. *Compêndio narrativo do peregrino da América* (1728). Rio de Janeiro: Academia Brasileira de Letras, 1939.

POMPA, Cristina. *Religião como tradução: missionários, tupis e tapuias no Brasil Colonial*, Bauru, Edusc, 2003.

REIS, João. *A morte é uma festa*. São Paulo: Companhia das Letras, 1991.

RODRIGUES, Nina. *O animismo fetichista dos negros da Bahia*. Salvador: s.e., 1935.

SANCHIS, Pierre. "Pra não dizer que não falei de sincretismo". *Comunicações do Iser*, 13, 45, 1994, p. 4-11.

SCARANO, Julita. *Devoção e escravidão*. São Paulo: Companhia Editora Nacional, 1975.

SERRÃO, Joel. *Pequeno Dicionário de História de Portugal*. Porto: Figueirinhas, 1993.

SOEIRO, Susan. *A Baroque Nunnery: the Economic and Social Role of a Colonial Convent Santa Clara do Desterro (1667-1800)*. Michigan: Ann Arbor, 1974.

SOUZA, Jorge Victor de Araújo. *Monges negros: trajetórias, cotidiano e sociabilidade dos beneditinos no Rio de Janeiro — século XVIII,* dissertação de mestrado. Rio de Janeiro: UFRJ, 2007.

SOUZA, Juliana Beatriz Almeida de. *Senhora dos sete mares: devoção mariana no império colonial português,* tese de doutorado. Niterói: UFF, 2002.

SOUZA, Laura de Mello e. *O diabo e a terra de Santa Cruz.* São Paulo: Companhia das Letras, 1986, p. 210-226.

STUDART, barão de. "O padre Martinho de Nantes e o coronel Dias d'Ávila", *Revista do Instituto do Ceará,* vol. XLV, 1912, p. 37-52.

VAINFAS, Ronaldo (org.). *Dicionário do Brasil Colonial (1500-1808).* Rio de Janeiro: Objetiva, 2001.

______. *A heresia dos índios: catolicismo e rebeldia no Brasil Colonial.* São Paulo: Companhia das Letras, 1995.

______. *Ideologia e escravidão: os letrados e a sociedade escravista no Brasil Colonial.* Petrópolis: Vozes, 1986.

______. "Moralidades brasílicas: deleites sexuais e linguagem erótica na sociedade escravista". In: SOUZA, Laura de Mello e (org.). *História da vida privada no Brasil,* vol. 1, São Paulo: Companhia das Letras, 1997.

______. "Santo Antônio na América portuguesa: religiosidade e política". *Revista USP,* n. 57, 2003, p. 28-37.

VIANA, Larissa. *O idioma da mestiçagem: as irmandades de pardos na América portuguesa.* Campinas: Unicamp, 2007.

WERNET, Augustin. *A Igreja paulista no século XIX.* São Paulo: Ática, 1987, p. 17-18.

## CAPÍTULO 12 Construindo o Estado do Brasil: instituições, poderes locais e poderes centrais

*Francisco Carlos Cosentino**

A organização do Império ultramarino português originou uma arquitetura política imperial adequada a um centro que dominava um conjunto vasto e disperso de territórios, interligados por longas e perigosas viagens. O resultado foi a adoção de soluções políticas heterogêneas e plurais, na qual predominou uma estratégia de experimentação: administrava-se conforme as necessidades, as dificuldades e os problemas. Na América portuguesa isso não foi diferente e os caminhos seguidos pelo domínio português atenderam às necessidades e às possibilidades de Portugal, além das que foram sendo impostas pela conquista americana. A colonização significou o começo da organização de uma ordem política nas terras do Brasil afinada com o ordenamento sinodal, corporativo e jurisdicional da monarquia lusitana, introduzindo na América as soluções governativas do Antigo Regime português. No início foram utilizadas as donatarias, instituições senhoriais aplicadas na gestão do espaço português continental e de suas conquistas atlânticas, e, com a

*Professor do departamento de História da Universidade Federal de Viçosa.

dinamização da colonização, por meio da criação do governo geral, teve início a construção de um ordenamento político sinodal, jurisdicional e corporativo afinado com o Antigo Regime lusitano.

## 1. As primeiras viagens, o início da ocupação da terra e a expedição de Martim Afonso de Sousa

Na carta de D. Manuel dirigida aos reis espanhóis compreendemos os projetos da monarquia portuguesa e as suas intenções iniciais para as terras achadas pela frota cabralina: "Nosso Senhor milagrosamente quis se achasse porque é muito conveniente e necessária à navegação da Índia." A Ásia canalizava as atenções lusitanas e as terras encontradas por Cabral eram um ponto de apoio para a carreira das Índias.

As historiografias antiga e recente indicam lacunas quanto ao conhecimento das primeiras expedições enviadas à América portuguesa. As primeiras informações sobre a terra recém-descoberta, depois da carta de Caminha, foram dadas por Gaspar de Lemos, enviado por Cabral para Portugal para informar do achamento.

### *1.1. As primeiras expedições exploradoras e as "capitanias do mar"*

Em 1501/1502 provavelmente foi enviada uma expedição à ilha de Vera Cruz. O nome do seu comandante não é consenso[1] e dela participou Américo Vespúcio. Foram batizados diversos pontos do litoral — do cabo de Santo Agostinho até São Vicente — e a partir deles o monarca português, seguindo uma prática usada na conquista da África, arrendou a exploração do litoral condicionada ao conhecimento e à defesa das novas terras. O arrendamento começou em 1502, teria três anos de duração[2] e estabelecia que os arrendatários enviariam anualmente uma frota composta de seis navios que exploraria 300 léguas de costa, manteria fortalezas, exploraria o pau-brasil e a escravização do indígena. Pagariam o arrendamento, com parte dos ganhos, a partir do segundo ano de contrato.

Em cumprimento do contrato, o primeiro arrendatário, Fernando de Noronha,[3] enviou em 1503 uma expedição comandada por Gonçalo Coelho que teve a participação de Américo Vespúcio. Essa expedição percorreu o litoral e montou uma feitoria, provavelmente em Porto Seguro, onde ficaram 24 homens. Apesar de não termos informações sobre outras viagens nos anos seguintes, por meio do relato do veneziano Leonardo Massari,[4] escrito em torno de 1507, sabemos que cargas de pau-brasil eram desembarcadas em Lisboa — vinte mil quintais por ano — levadas pelos barcos de Fernando de Noronha.

Fernando de Noronha e seus sócios, Bartolomeu Marchione, Benedeto Morelli e Francisco Martins, enviaram a nau *Bretoa* à Terra de Santa Cruz em 1509, comandada por Cristóvão Pires. O regimento dessa nau sobreviveu ao tempo e se tornou uma fonte de informações. A viagem tinha como destino uma feitoria em Cabo Frio, seus tripulantes estavam proibidos de fazer trato com os indígenas e desembarcar na terra. Apesar da proibição, embarcaram 35 indígenas escravizados.

O comércio do pau-brasil adquire importância e lucratividade apesar da prioridade dada pela política ultramarina portuguesa às Índias. Essa lucratividade decorria do fato de o pau-brasil ser obtido por meio do trato[5] (escambo) com os indígenas sem as exigências da manutenção de estabelecimentos permanentes, os riscos e os gastos militares necessários na Ásia. O comércio era feito por meio de feitorias construídas em alguns pontos do litoral — tem-se notícia das localizadas em Pernambuco, Porto Seguro e Cabo Frio —, construções rudimentares, administradas por um feitor nomeado pela monarquia portuguesa e, muitas vezes, ocupadas por degredados[6] enviados a terra para cumprir suas penas. Essas feitorias não eram mais do que postos de resgate,[7] cercas (caiçaras) construídas apenas para guardar as mercadorias, localizados em ilhas próximas à costa para facilitar a defesa, e que duravam enquanto os seus ocupantes nela permanecessem.[8]

A prática do arrendamento teve continuidade com o término do contrato de Fernando de Noronha. Provavelmente em 1513 o arrendamento mudou de mãos e o novo arrendatário, indicado nas *Crônicas de D. Manuel*, de autoria de Damião de Góis, foi Jorge Lopes Bixorda.

No início da segunda década do século XVI o litoral das terras do Brasil já era conhecido dos portugueses. Entretanto, a presença eventual abriu espaço para a frequência de franceses e espanhóis. Os franceses negociavam o pau tintorial da terra[9] e os castelhanos, na ausência de demarcação da linha de Tordesilhas, regularmente transitavam a caminho do rio da Prata.

A presença de estrangeiros no litoral impôs aos portugueses a adoção de outras medidas para preservação do Atlântico Sul e da Carreira da Índia com ações de defesa do litoral das terras do Brasil. Com essa intenção, em 1516 foi enviada uma "capitania do mar",[10] sob o comando de Cristóvão Jacques.[11] As chamadas expedições "guarda-costas" foram enviadas, em pelo menos três oportunidades, 1516-1519, 1521-1522 e 1526-1528. A primeira e a última, ao que parece comandadas por Cristóvão Jacques, apesar de, segundo Jaime Cortesão, entre 1519 e 1521 e após 1528 a monarquia portuguesa ter enviado outras capitanias e outros comandantes. O objetivo dessas expedições era proteger o litoral, as feitorias existentes e realizar o comércio.

### *1.2. A disputa pelo Novo Mundo, a expedição de Martim Afonso de Sousa e o início da ocupação da América portuguesa*

Os direitos de Portugal sobre as terras do Brasil e o seu Império ultramarino, em última instância, estavam condicionados pela ocupação efetiva dessas regiões e a sua capacidade de, ao longo dos tempos, manter essa ocupação.[12] O encontro e a conquista da América desencadearam na Europa debates e questionamentos com os mais diversos fundamentos e disputas pelos territórios. Como indicou frei Vicente Salvador, mais de um século depois, "grandes dúvidas e diferenças se começavam a mover sobre as conquistas das terras do Novo Mundo, e houveram de crescer cada dia mais (...)".[13] Juristas, teólogos e letrados elaboraram argumentos contrários ou favoráveis aos direitos dos europeus às terras do Novo Mundo. Além disso, os interesses dos diversos países originaram disputas, em vários campos, pelas terras americanas.

Por trás das disputas e dos debates existiam interesses diversos: a busca de prestígio das dinastias governantes, objetivos estratégicos dos governos, interesses econômicos, ambições religiosas e outros. Ao lado disso, a dificuldade de comunicação, entendimento e referenciais comuns entre povos quanto aos fundamentos utilizados por cada país para legitimar os seus direitos sobre as terras americanas. A dificuldade de negociação entre portugueses e ingleses, decorrente da compreensão sobre o que criava direitos de domínio sobre uma região, é um exemplo dessa situação. Para os portugueses, a descoberta[14] criava o direito de posse, ao passo que, para os ingleses, apenas a construção de casas, cercas e o plantio[15] eram as fontes criadoras dos direitos.

Diante desse quadro, os portugueses procuravam afirmar seus direitos de posse sobre as suas conquistas ultramarinas utilizando um conjunto de argumentos: a prioridade das suas navegações e, em decorrência, os direitos de posse e uso decorrentes desse pioneirismo; as doações papais; e os direitos de ocupação obtidos pela conquista (guerra justa).[16] Na prática, o que de fato garantiu a posse portuguesa das terras do Brasil foram suas ações povoadoras.

No final dos anos 1520, pelo menos três pontos da costa possuíam pequenos núcleos de população portuguesa e mameluca, no cabo de Santo Agostinho, na Baía de Todos os Santos e nas ilhas de São Vicente.[17] Nessas últimas, em torno de 1527, indica-se a existência de uma pequena povoação de dez ou doze casas de pedra com uma torre para defesa. O povoamento desses pequenos núcleos foi sendo feito por degredados, náufragos portugueses e espanhóis, fugitivos e outros.

Entretanto, o "perigo era iminente. Urgia, por meios novos e mais adequados, tomar posse das terras brasileiras e defendê-las das ambições estranhas", afirmou Cortesão.[18] Diversas sugestões sobre a necessidade de ocupar a América portuguesa foram apresentadas a D. João III, rei de Portugal.[19] A opção da monarquia recaiu por alargar as atribuições da capitania do mar,[20] incorporando a ela as tarefas de averiguar as notícias sobre as riquezas minerais, identificar e fixar os limites norte e sul das terras portuguesas na América[21] e implantar os fundamentos de uma colonização efetiva.

A escolha para comandar uma expedição dessa complexidade recaiu sobre Martim Afonso de Sousa,[22] que partiu de Lisboa em dezembro de 1530 comandando uma esquadra de guerra e de transporte, com cinco navios e mais de 500 homens, entre marinheiros, homens de guerra e colonizadores e os equipamentos para a colonização.

As informações a respeito dessa expedição estão no diário de seu irmão Pero Lopes de Sousa.[23] A frota, ao chegar às costas de Pernambuco, encontrou naus francesas que combateu e aprisionou e aí aportou. Martim Afonso "mandou levar todolos doentes a ua casa de feitoria que ai estava",[24] despachou "duas caravelas pêra que fossem descobrir o rio de Maranhão e mandou João de Sousa a Portugal em ua nao que de França tomáramos".[25]

Em março de 1531 a esquadra chegou à Bahia, onde encontraram

> um homem português que havia 22 anos que estava nesta terra. E deu rezão larga do que nela havia. Os principaes homens da terra vieram fazer *obedientia* ao capitão Irmão e nos trouxeram muito mantimento e fizeram grandes festas e bailos. Amostrando muito prazer por sermos aqui vindos. O capitão Irmão lhes deu muitas dádivas. (...) Aqui deixou o capitão Irmão dous homens pela *experientia* do que a terra dava e lhes deixou muitas sementes.[26]

A missão continua no Rio de Janeiro, onde a esquadra pousou por cerca de três meses. Além de construir "ua casa forte, com cerca por derrador"[27] e uma "ferraria pêra fazermos cousas de que tínhamos necessidade", Martim Afonso de Sousa enviou uma expedição exploradora ao interior: "Quatro homens pola terra dentro e foram e vieram em dous meses e andaram pola terra cento e quinze légoas; e as 50 delas foram por montanhas mui grandes. E as 50 foram por um campo mui grande." Esses quatro exploradores encontraram "com um grande Rei, Senhor de todos aqueles campos", que "veo com eles até as entregar ao capitão Irmão e lhe trouxe muito cristal e deu novas como no rio de Paraguai havia muito ouro e prata".

Em meados de agosto a expedição passou por São Vicente, onde "veo Pedr'Eannes, piloto, no bargantim e com ele veo Francisco de Chaves e o bacharel e cinco ou seis castelhanos".[28] Daí partiu a segunda entrada para o interior. O comandante

> mandou a Pero Lobo com oitenta homens que fossem descobrir póla terra dentro, porque o dito Francisco de Chaves se obrigava que em dez meses tornava ao dito porto com quatrocentos escravos carregados de prata e ouro. Partiram desta ilha ao primeiro dia de setembro de 1531, os quarenta besteiros e os quarenta espingardeiros.[29]

Em setembro a armada se dirigiu ao rio da Prata, explorado até novembro de 1531. Retornaram para São Vicente, onde completaram a sua missão lançando as bases da ocupação das terras do Brasil numa área que já possuía um pequeno povoado e, conforme as palavras de Pero Lopes de Sousa, "a todos nos pareceo tão bem esta terra que o capitão Irmão determinou de a povoar".[30] Martim Afonso "deu a todolos homens terras pêra fazerem fazendas; e fez ua vila na ilha de São Vicente e outra nove légoas dentro pólo sartão a borda dum rio que se chama Piratininga; e repartio a gente nestas duas vilas, e fez officiaes".[31] Pela primeira vez desde a chegada dos portugueses, a América portuguesa começa a ser efetivamente povoada, adquirindo organização estável como podemos constatar nas palavras de Pero Lopes:

> pôs tudo em boa obra de justiça, de que a gente toda tomou muita consolação com verem povoar vilas, e ter leis e sacreficios, e celebrar matrimônios, e viverem em comunicação das artes, e ser cada um senhor do seu, e vestir as enjúrias particulares, e ter todolos outros bens da vida sigura e conversável.[32]

## 2. A colonização das terras do Brasil: capitanias hereditárias e governo geral

Os portugueses organizaram o seu Império ultramarino amoldando-se às múltiplas realidades encontradas em suas conquistas espalhadas por uma vasta e descontínua extensão territorial, construindo o seu domínio através do controle dos espaços oceânicos e das rotas que cruzavam o Atlântico, o Índico e o Pacífico.[33] Priorizaram o domínio e a segurança dessas rotas marítimas desenvolvendo a ciência náutica, utilizando novas tecnologias de defesa e ataque.

Nesse Império marcado pela magnitude dos espaços, a dinâmica e a variedade de situações exigiram dos portugueses a adoção de vários modelos administrativos, adaptados às diversas realidades, de acordo com as intenções e oportunidades de ocupação que se colocavam. O resultado foi a construção de uma ordem caracterizada pela pluralidade, polivalência e maleabilidade, na qual as estruturas de governo inspiradas nos modelos administrativos metropolitanos só foram aplicadas às regiões de ocupação terrestre permanente, como no caso das terras americanas. O resultado foi uma arquitetura política imperial adequada a um centro que dominava um conjunto vasto e disperso de territórios, interligados por longas e perigosas viagens e que atendeu aos diversos interesses sociais, econômicos, políticos e religiosos que motivaram, participaram e usufruíram da organização e manutenção dessas conquistas ultramarinas.

A heterogeneidade e a pluralidade das soluções políticas adotadas inviabilizaram o estabelecimento de regras uniformes de governo e a elaboração de um conjunto próprio de leis para o ultramar,[34] como fizeram os espanhóis. Predominou uma estratégia de experimentação, na qual administrava-se conforme as necessidades, as dificuldades e os problemas. No ultramar português "se verifica algo que não se verifica na Europa — ou seja, o primado da política".[35] A ordenação política administrativa adotada adaptou-se às variadas realidades e às diversas conjunturas vividas no ultramar, no reino e na Europa. Na América portuguesa isso não foi diferente e os caminhos seguidos pelo domínio português se balizaram nas necessidades e possibilidades de Portugal e por aquelas que lhe foram sendo impostas pela conquista americana.

O início da colonização significou o começo da organização de uma ordem política nas terras do Brasil afinada com o ordenamento sinodal, corporativo e jurisdicional da monarquia lusitana,[36] introduzindo na América as soluções governativas do Antigo Regime português.

O povoamento sistemático começou por meio das donatarias, instituições senhoriais utilizadas na gestão do espaço português continental e de suas conquistas atlânticas. A dinamização da colonização aconteceu com a criação do governo geral, que limitou os poderes dos donatários hereditários e iniciou a construção de um ordenamento político afinado com o Antigo Regime lusitano. Nessa ordem política, o governador-geral era a cabeça de um poder político disperso, numa constelação de polos relativamente autônomos, cuja unidade era mantida por esse governador-geral, que, como cabeça desse corpo político, representava a sua unidade e tinha a seu encargo a manutenção da harmonia entre todos os seus membros, garantindo a cada uma das suas partes os seus direitos e privilégios, em uma palavra fazendo justiça, fim primeiro do poder político no Antigo Regime.

### *2.1. As capitanias hereditárias: características, perfil social dos donatários e ocupação do litoral*

A criação das capitanias hereditárias nas terras do Brasil em 1534 teve três motivações: "A recompensa do mérito próprio ou herdado do súbdito beneficiado, a prossecução de estratégias oficiais de ordem política e econômica e a satisfação de obrigações à defesa e progresso da Fé".[37] Colocações essas que ganham significado no texto de Pero Magalhães Gandavo, escrito pouco depois de iniciada a colonização. Em primeiro lugar, a doação das capitanias seguiu a lógica das mercês remuneratórias dadas aos fidalgos em troca pelos serviços prestados[38] que levou D. João III a escolher "pêra o gouerno de cada hua dellas vassallos seus de sangue

& merecimento em que cabia esta confiança".[39] Em seguida as estratégias oficiais preocupadas com o povoamento e a defesa: "Todas estam ja muy pouoadas de gente & nas partes mais importantes guarnecidas de muita & muy grossa artilharia q'as defende & assegura dos immigos, assi da parte do mar como da terra."[40] Por fim, "desejoso de plantar nestas partes a Religiam Christaã",[41] D. João III concretiza o *officium missionandi*, "motivação religiosa que sempre os monarcas fizeram por imprimir de modo explícito nos mais diversos actos da Expansão".[42]

### 2.1.1. CARACTERIZAÇÃO DAS CAPITANIAS HEREDITÁRIAS

A historiografia brasileira há algum tempo não desenvolve estudos mais aprofundados sobre as capitanias hereditárias e as únicas incursões contemporâneas ao tema vêm da historiografia portuguesa.

O trabalho de Francisco Bethencourt é uma síntese inserida num estudo mais amplo sobre a expansão portuguesa no qual as capitanias hereditárias são tratadas no contexto do Império português desde as suas origens nas ilhas atlânticas até as capitanias das partes do Brasil. Estudo importante, procura diferenciar a ordenação utilizada no século XV da utilizada para as capitanias das partes do Brasil. Segundo o autor, a ordenação utilizada apresenta diferenças, destacando, no caso brasileiro, "o relevo que assume a dimensão territorial e o problema dos limites, a falta de referência à jurisdição do corregedor e a transmissão segundo regras sucessórias muito latas",[43] pois a questão da colonização se apresentava de forma muito intensa, devido aos perigos quanto à posse da terra.

Trabalho de referência é o estudo de António Vasconcelos Saldanha no qual as capitanias se constituem no objeto principal de análise dessa instituição portuguesa utilizada para a ocupação das terras do Brasil na primeira metade do século XVI.

As capitanias hereditárias na América portuguesa já foram caracterizadas como uma forma feudal de organização da colonização das terras do Brasil. Varnhagen chamou-a de "meios feudais",[44] Calmon titulou o capítulo do seu estudo de "solução feudal"[45] e Eulália Maria Lahmeyer

Lobo afirmou "o seu caráter feudal",[46] para citar alguns respeitáveis historiadores. Manuel Nunes Dias nega seu caráter feudal e indica ser essa instituição produto do "engenho imaginativo do capitalismo régio português".[47] Por trás dessa discussão a confusão entre duas instituições medievais europeias — o feudo[48] e o senhorio[49] — que, apesar de diferentes, na maioria das vezes existiram unidas.

Não consideramos adequadas para a compreensão das capitanias da América portuguesa a conclusão apresentada por Francisco Bethencourt, pois a fluidez com que são apresentados os conceitos utilizados na síntese não auxilia na construção de uma caracterização mais acurada.[50] Afirmar a existência de estruturas senhoriais flexíveis, quase feudais, coexistindo com formas de exploração agrícola inspiradas nas instituições medievais portuguesas, nas instituições resultantes das cruzadas ou das cidades italianas, somadas a estruturas econômicas e comerciais capitalistas, não caracteriza a ordenação donatorial utilizada nas terras do Brasil.

Fazemos nosso o entendimento de Saldanha quanto à natureza senhorial das capitanias hereditárias e a sua caracterização como "senhorios eminentemente jurisdicionais",[51] que dava ao donatário a autoridade que

> para além de funções de mera administração da propriedade particular, a arrecadação das rendas, a nomeação ou confirmação — quando concedida — de funcionários concelhios, o servir de elo máximo de contacto com o monarca, e, num período primário, específicas funções de comando militar. No somatório destas atribuições tem também um inegável peso a faculdade de distribuir terras em 'sesmarias'.[52]

Estava agregado a esse senhorio jurisdicional "uma parcela fundiária, destacada do patrimônio do grande-donatário ou do rei e angariada para o capitão",[53] que se apresenta como:

> doação e mercê de juro e herdade para sempre de dez léguas de terra ao longo da costa da dita capitania e governança e entrarão pelo sertão tanto quanto puderem entrar (...) a qual terra sera sua livre e isenta sem

> dela pagar foro, tributo nem direito algum somente o dízimo de Deus à Ordem do Mestrado de N. Sr. Jesus Cristo e (...) podera escolher e tomar as ditas dez léguas de terra em qualquer parte que mais quiser não as tomando porém juntas senão repartidas em quatro ou cinco partes e não sendo de huma a outra menos de duas léguas (...).[54]

A doação da capitania estabeleceu entre o monarca e os donatários uma ligação baseada no relacionamento entre um senhor e um vassalo, fruto da concessão "a título precário ou perpétuo, de bens ou proventos acompanhados da concessão de poderes públicos",[55] impondo-se ao donatário laços de obediência, além de determinados serviços e determinadas obrigações. Por isso, essas doações estavam enquadradas "na categoria de bens das 'grandes regalias', inalienáveis pelo Monarca e unicamente susceptíveis de delegação ou doação".[56] A dupla face das capitanias hereditárias — senhorio territorial e jurisdicional, obtidos por meio de doação régia — envolve

> faculdades de natureza pública, em que se avantaja a do exercício da justiça nas suas duas facetas civil e criminal e com um largo espectro de faculdades inerentes, como seja a nomeação de magistrados e oficiais, bem como a percepção de uma série de réditos derivados do exercício daquela mesma jurisdição.[57]

A natureza senhorial e jurisdicional das capitanias transparece nas cartas de doação. Uma vez doada a capitania e a sua governança, era transferida "toda jurisdição, poder e alçada nesta doação conteúda, assim e da maneira que nela é declarado". Além disso, na capitania não podiam "entrar em tempo algum corregedor, nem alçada, nem outras algumas justiças para nelas usar de jurisdição alguma por nenhuma via, nem modo que seja" pois, pela doação, o donatário não poderia ser "suspenso da dita capitania e governança e jurisdição dela", só podendo ser impedido ou julgado por quem lhe fez a doação e mercê, o monarca português.

A doação da capitania, feita de "juro e de herdade para todo sempre pelo dito capitão e governador e seus descendentes",[58] privilegiava os herdeiros homens e, na sua falta, os parentes, alcançando até os bastardos. Ao donatário estava vetado trocar, alienar ou dividir com quem quer que seja a capitania e a sua governança, pois, segundo a carta de doação, "hão de ser sempre juntas e se não partam nem alienem em tempo algum". A doação em juro e herdade garante que, mesmo que o donatário perca a "capitania, governança, jurisdição e rendas dela, a não perca seu sucessor, salvo se for traidor à Coroa destes reinos".

Por fim, os direitos que eram transferidos aos donatários pelas doações das capitanias davam a eles três tipos de rendimento:

> as rendas derivadas do próprio exercício da autoridade ou faculdades dos capitães (como as pensões dos tabeliães, p. ex.) e as pensões fixas cobradas sobre actividade de serras de água, e os chamados direitos exclusivos, como o dos fornos ou da venda do sal; as rendas directamente calculadas e cobradas em função dos réditos reais, como a "redízima"; as rendas de carácter meramente territorial, decorrentes da exploração das terras próprias dos capitães.[59]

A carta de doação e o foral regulamentavam as capitanias definindo o seu funcionamento e os direitos e obrigações do donatário. As cartas de doação são os diplomas constitutivos das capitanias que estabeleciam o conjunto dos direitos transferidos pela Coroa portuguesa aos donatários. Documento padrão, que repete as mesmas cláusulas, "um formulário de chavão que inseriu em todas"[60] um mesmo e "redundante formulário acomodado ao Fidalgo ou não Fidalgo, sem outra diferença do que ser Baía ou Pernambuco, Francisco ou Duarte".[61] Por isso, utilizaremos a carta de doação de Duarte Coelho[62] como modelo para caracterizar as capitanias e os direitos e deveres dos donatários.

Tinham os donatários jurisdição civil e criminal e com os seus ouvidores organizavam a escolha dos juízes e oficiais, além de passar suas cartas de confirmação. O donatário "conhecerá em toda a dita capitania e governança"[63] as apelações e agravos bem como seu ouvidor. Os "juizes darão apelação para o dito seu ouvidor nas quantias que mandam minhas ordenações e do que o dito seu ouvidor julgar". Entretanto, "em causas cíveis não haverá apelação nem agravo até quantia de cem mil reais e dali para cima dará apelação a parte". Tinham eles "jurisdição e alçada de morte natural" sobre "escravos e gentios e assim mesmo em peões, cristãos, homens-livres em todos os casos", nas pessoas "de mor qualidade terão alçada de dez anos de degredo e até cem cruzados de pena sem apelação nem agravo". Nos casos de "heresia, quando o herético lhe for entregue pelo eclesiástico, e traição e sodomia e moeda falsa" tinha alçada sobre pessoas de qualquer "qualidade que seja para condenar os culpados à morte e dar suas sentenças a execução, sem apelação nem agravo".

A preocupação com o povoamento se avulta na instrução da criação de povoações, indicando que "se chamarão vilas e terão termo e jurisdição, liberdades e insígnias de vilas, segundo foro e costume de meus reinos". Aos donatários cabia "criar e prover por suas cartas os tabeliães do público e judicial" necessários nas vilas e povoações e teriam o controle das alcaidarias-mores das ditas vilas e povoações "com todas as rendas e direitos e foros e tributos que a elas pertencerem".

Teriam os donatários controle das "moendas d'água, marinha de sal e quaisquer outros engenhos de qualquer qualidade" que só poderiam ser feitos por eles ou "aqueles a que ele para isso der licença de que lhe pagarão aquele foro ou tributo que se com eles concertar".

Os donatários deveriam "dar e repartir todas as ditas terras de sesmaria a quaisquer pessoas de qualquer qualidade e condição que sejam e lhes bem parecer livremente sem foro nem direito algum, somente o dízimo de Deus".[64] Essas terras serão doadas "conforme a ordenação das sesmarias e com obrigação delas",[65] sendo que aqueles que as receberem "somente as poderão haver por título de compra verdadeira das pessoas que elas quiserem vender, passados oito anos, e depois de as tais terras serem aproveitadas".[66]

Tinham os donatários direito a metade da dízima do pescado[67] e da redízima de todas as rendas e direitos régios cobrados na capitania, além "da vintena parte do que liquidamente render para mim foro de todos os custos o brasil que se na dita capitania trouxer a estes reinos". Pela carta de doação não haveria "direitos de sisas nem imposições, saboarias, tributo de sal, nem outros alguns direitos, nem tributos de qualquer qualidade que sejam, salvo aqueles que por bem desta doação e do foral ao presente são ordenadas que haja".[68]

Poderiam os donatários "mandar a estes reinos vinte e quatro peças cada ano para fazer delas o que lhes bem vier, os quais escravos virão ao porto da cidade de Lisboa e não a outro algum porto", além daqueles "que possa trazer por marinheiros e grumetes em seus navios".

Os forais complementavam as cartas de doação[69] e a sua natureza aparece na sua apresentação: "Por ser muito necessário haver aí foral dos direitos, foros e tributos e coisas, que se na dita terra hão de pagar, assim do que a mim e à coroa de meus reinos pertencerem, como do que pertencerem ao dito capitão."[70] O foral indicava a arrecadação do quinto sobre a extração de metais e pedras preciosas, ficando a dízima com o donatário. O pau-brasil ou qualquer outra especiaria ou drogas, diz o documento, "pertencerá a mim e será tudo sempre meu e de meus sucessores sem o dito capitão nem outra alguma pessoa poder tratar nas ditas coisas". Quanto ao "brasil, hei por bem que o dito capitão, e assim os moradores da dita capitania, se possam aproveitar dele aí na terra, no que lhes for necessário".[71] Recebia ainda o donatário quinhentos reais de pensão por ano, de cada um dos "tabeliões do público e judicial que nas vilas e povoações da dita capitania houver".

Os forais ordenavam o comércio. Estava garantido o direito aos donatários e demais moradores de mercadejar "em quaisquer partes, cidades, vilas ou lugares dos ditos meus reinos ou senhorios, em que vierem aportar". As vendas aconteceriam sem pagamento de qualquer direito, "somente a sisa do que venderem", além dos que estivessem determinados "pelos forais, regimentos ou costumes de tais lugares". Além disso, poderiam "vender suas mercadorias a quem quiserem e levá-las para fora do Reino se lhes bem vier". Quanto aos navios que viessem às partes do Brasil "forem com mercadorias de que já cá tenham pagos os direitos em minhas alfândegas, e mostrarem disso certidão dos meus oficiais, delas não pagarão na dita terra do Brasil direito algum". Uma vez que comprem mercadorias, "pagarão da sua ida dízima a mim, da qual dízima o capitão haverá sua redízima". Aos estrangeiros recaía o pagamento da dízima em Portugal e nas partes do Brasil e uma vez que "carregando na dita capitania mercadorias da terra para fora pagar-me-ão assim mesmo dízima da saída das tais mercadorias" de que o donatário retirará a redízima. O comércio com os indígenas era proibido para todos, portugueses, povoadores e estrangeiros.

Os moradores das capitanias estavam autorizados a comerciar, com licença do donatário, exceto os produtos pertencentes ao estanco régio. Os donatários e moradores "poderão livremente tratar, comparar e vender suas mercadorias, com os capitães das outras capitanias que tendo providos na dita costa do Brasil, e com os moradores e povoadores delas" sem o pagamento de qualquer tributo. Nos rios da capitania em que houver necessidade de pôr barcas para a sua passagem, o donatário cobrará os direitos ou tributos definidos pela câmara, com confirmação régia.

Nomeados pelos donatários, os alcaides-mores da capitania e das suas vilas "arrecadarão para si todos os direitos e terras e tributos que em meus reinos e senhorios, por bem de minhas ordenações" pertencem a esse ofício.[72] Ainda quanto à defesa da capitania, os moradores estavam "obrigados em tempo de guerra a servir nela com o capitão se lhe necessário for". Os mantimentos, as armas e a munição utilizados na defesa da capitania podiam ser transportados e vendidos pelo "capitão e moradores dela ou quaisquer outras pessoas, assim naturais como estrangeiros", desde que cristãos, sem o pagamento de qualquer direito.

### 2.1.2. CARREIRAS E PERFIL SOCIAL DOS DONATÁRIOS

As cartas de doação e os forais, por ser instrumentos de concessão e ordenação de mercês régias, se constituem numa importante fonte de informações a respeito das origens sociais e da carreira de serviços prestados à Coroa portuguesa pelos primeiros donatários a receberem capitanias hereditárias nas terras do Brasil. Assim, ao contrário do que costumeiramente se diz, constatamos que dos 13 donatários agraciados com capitanias, 12 eram reconhecidamente fidalgos da Casa Real, sendo que Antonio Cardoso de Barros era nomeado na sua carta de doação como "cavaleiro fidalguo de minha Casa" e Pero de Campo Tourinho, o único não identificado nesses documentos da sua capitania como tal. Segundo relatos de época e estudos posteriores, ele era navegador e comerciante, oriundo de Viana. Se não encontramos nobres titulados entre aqueles que foram agraciados com capitanias nas terras do Brasil, 12 em 13 eram inequivocamente fidalgos da Casa Real, como indicam suas cartas de doação e/ou forais,[73] atestando sua importância social e inserção na corte portuguesa. Em sua maioria prestaram serviços nas conquistas africanas e asiáticas. Sendo que três deles — Martim Afonso de Sousa, Pero Lopes de Sousa e Pero de Góis — começaram sua carreira de serviços ao rei nas terras do Brasil, na expedição de 1530-1532.

Alguns, como Fernão Álvares de Andrade, tesoureiro-mor do reino, e Jorge de Figueiredo Corrêa, "escrivam de minha Fazemda", exerceram cargos de alguma importância na Casa Real. Outros, como João de Barros, feitor da Casa da Índia, e o próprio Fernão Álvares de Andrade, escrivão da mesma Casa da Índia, desempenharam funções na administração régia. Dois ainda exerceram funções no interior da corte régia, pois Martim Afonso de Sousa e Fernão Álvares de Andrade faziam parte do Conselho do Rei, nome do Conselho de Estado antes do reinado de D. Sebastião.

### 2.1.3. A OCUPAÇÃO DO LITORAL: AS CAPITANIAS E O POVOAMENTO

Varnhagen, em seu estudo sobre as capitanias criadas nas partes do Brasil, identificou as "capitanias cuja colonização vingou"[74] e as "capitanias cuja primitiva colonização se malogrou",[75] retratando o desenvolvimento inicial da colonização portuguesa da América, onde, apesar de muitos donatários terem tentado sua colonização, apenas seis obtiveram sucesso.

De acordo com Gandavo, a primeira capitania e "mais antiga se chama Tamaracá, a qual tomou este nome de huma ilha pequena, onde sua povoaçam está situada".[76] Seu donatário foi Pero Lopes de Sousa, que nomeou como seu lugar-tenente João Gonçalves, fundador da "cabeça d'esta capitania e a villa de Nossa Senhora da Conceição"[77] em torno de 1543. Calmon indica que em 1585 a capitania tinha "capitão que a rege, sujeito ao governador da Bahia; terá 50 vizinhos portugueses; tem seu vigário; é cousa pouca e pobre e vai se despovoando".[78]

Em seguida a capitania doada a Duarte Coelho, cuja "villa de Olinda é cabeça da capitania de Pernambuco".[79] Duarte Coelho "veio com uma frota de navios que armou à sua custa, em a qual trouxe sua mulher e filhos e muitos parentes de ambos, e outros moradores".[80] No início enfrentou os indígenas e franceses, perdeu gente, mas conseguiu ter êxito na colonização. No tempo de Jorge de Albuquerque Coelho, filho de Duarte Coelho, após 1560, existiam cinquenta engenhos "que fazem tanto assucar que estão os dízimos d'elles arrendados em dezenove mil cruzados cada anno".[81] A vila de Olinda teria cerca de setecentos moradores e a sua volta muito mais, pois em cada um dos "engenhos vivem vinte e trinta visinhos, fora os que vivem nas roças afastados d'elles, que é muita gente com armas, pôr-se-hão em campo mais de três mil homens de peleja" além dos que viviam na vila de Igaraçu,[82] "entre os quaes haverá quatrocentos homens a Cavallo".[83] Nessa época existiriam na capitania "mais de cem homens que tem de mil até cinco mil cruzados de renda, e alguns de oito, dez mil cruzados". Segundo Gandavo, a causa do progresso da capitania de Duarte Coelho "foi por residir continuamente nella o mesmo Capitão que a conquistou, e ser mais frequentada de navios desde Reino por estar mais perto delle que cada huma das outras".[84]

Duarte Coelho retornou a Portugal e faleceu em seguida. Foi sucedido pelo seu filho Duarte Coelho de Albuquerque, que "não teve filhos; sucedeu-lhe seu irmão Jorge de Albuquerque Coelho e foi terceiro donatário".[85]

Também foi ocupada a capitania de Jorge de Figueiredo Correa, que "por respeito de seu cargo não podia ir povoar (...) em pessoa",[86] enviando como seu locotenente um castelhano chamado Francisco Romeiro. O donatário fez à "custa de sua fazenda uma frota de navios com muitos moradores providos do necessário para a nova povoação"[87] que ocuparam o "rio dos Ilhéos (...) d'onde a capitania tomou o nome (...) onde se fortificou e assentou a Villa de S. Jorge".[88] Inicialmente os colonizadores tiveram "muitos trabalhos de guerra com o gentio",[89] os tupiniquins. Negociada a paz, "foi a capitania em grande crescimento, onde homens ricos de Lisboa mandaram fazer engenhos de assucar, com que se a terra enobreceu muito".[90] Esse foi o caso do comerciante Lucas Giraldes, que recebeu uma sesmaria na capitania em setembro 1547.[91] Posteriormente Giraldes adquiriu essa capitania do herdeiro do donatário original[92] e "nela meteu grande cabedal, com que veio a ter oito engenhos".[93] Entretanto,

> deu n'esta terra esta praga dos Aimorés de feição que não há ahi já mais que seis engenhos, e estes não fazem assucar, nem há morador que ouse plantar cannas, porque em indo os escravos ou homens ao campo não escapam a estes alarves, com medo dos quaes foge a gente dos Ilhéos para a Bahia, e tem a terra quase despovoada.[94]

A seguir as terras de Pero do Campo Tourinho, que para povoá-las "ordenou à sua custa uma frota de navios (...) em a qual se embarcou com sua mulher Ignez Fernandes Pinto e filhos, e muitos moradores casados, seus parentes e amigos, e outra muita gente".[95] Desembarcou no rio de Porto Seguro e "se fortificou no mesmo lugar, onde agora está a Villa cabeça d'esta capitania".[96] Edificou ainda as vilas de Santa Cruz e de Santo Amaro e, apesar dos conflitos com os nativos, ergueu alguns engenhos. Criou ainda "igrejas e povoações, sete ou oito, a maior das quais, Porto Seguro, tinha em 1550 uma centena de vizinhos".[97] Morto Pero do Campo Tourinho no início dos anos 1550, a capitania foi herdada pelo seu filho e em seguida por sua filha. Segundo frei Vicente

Salvador, "ficou esta capitania mal governada"[98] com os herdeiros do donatário. Em 1559, Leonor do Campo, com licença d'El Rei, vendeu essa capitania a D. João de Alencastro, primeiro duque de Aveiro, por cem mil réis de juro.[99] Os ataques dos aimorés durante a década de 1560 deixaram o povoamento e a economia em estado precário.

Outra capitania também povoada foi a de Vasco Fernandes Coutinho, que "ordenou à sua custa uma frota de navios, mui provida de moradores e das munições de guerra necessárias, com tudo o que mais convinha a esta empreza, em a qual se embarcaram, entre fidalgos e criados d'el-Rei, sessenta pessoas",[100] incluindo degredados, "que por mandado de S. A. iam cumprir suas penitencias a estas partes". Inicialmente povoou a vila de Nossa Senhora da Victoria, agora chamada de Vila Velha, onde logo se fizeram "quatro engenhos de assucar mui bem providos e acabados, os quaes começaram de lavrar assucar". O donatário "tornou para o reino a aviar-se para ir pelo sertão a conquistar minas de ouro e prata (...) deixando por seu locotenente D. Jorge de Menezes, ao qual logo os gentios fizeram tão cruel guerra que lhe queimaram os engenhos e fazendas".[101] A situação da povoação ficou muito grave "e em tal aperto que, não podendo os moradores della resistir (...) a despovoaram de todo e se passaram à ilha de Duarte de Lemos",[102] onde constituíram nova vila chamada de Espírito Santo. Vasco Fernandes retornou à capitania, "trabalhou todo o possível por tomar satisfação d'este gentio",[103] mas a pacificação só veio no governo de Mem de Sá. No tempo de Gabriel Soares de Sousa "esta capitania esta reformada com duas villas (...) e tem seus engenhos de assucar e outras muitas fazendas",[104] mas o seu donatário gastou tudo que tinha. Herdou a capitania seu filho, que vive na "capitania tão necessitado que não tem mais de seu que o título de capitão e governador d'ella".[105]

Por fim a capitania doada a Martim Afonso de Sousa. A primeira povoação foi fundada "no rio que se agora chama de S. Vicente, onde se fortificou e assentou a primeira villa, que se diz de mesmo nome do rio que fez cabeça da capitania".[106] Ainda segundo o mesmo relato, a vila de São Vicente foi povoada "de muita e honrada gente que n'esta armada foi",[107] floresceu "n'estes primeiros annos; per ella ser a primeira em que se fez assucar na costa do Brazil, donde se as outras capitanias proveram de cannas de assucar para plantarem, e de vaccas para criarem".[108]

No tempo de Gandavo já existiam quatro povoações. Segundo ele, duas são portos próximos, uma delas

> a mais antiga povoaçam de todas a que chamão São Vicente. Uma legoa e meia de outra barra (que he a principal por onde entrão os navios grossos e embarcações de toda a maneira que vem a esta Capitania) está a outra povoaçam, chamada Santos, onde por respeito destas escallas, reside o Capitão ou o seu Logo tenente com os officiaes do Conselho e governo da terra.[109]

As outras duas povoações são a "que chamão Hitanhaém. Outra está doze legoas pela terra dentro chamada Sam Paulo, que edificaram os Padres da Companhia".[110]

Martim Afonso sempre "favoreceu muito esta sua capitania com navios e gente que a ella mandava, e deu ordem com que os mercadores poderosos fossem e mandassem a ella fazer engenhos de assucar e grandes fazendas".[111] Com a morte de Martim Afonso de Souza, "herdou esta capitania seu filho primogênito Pero Lopes de Souza, por cujo fallecimento a herdou seu filho Lopo de Souza".[112]

Seguindo Varnhagen, as "capitanias cuja primitiva colonização se malogrou"[113] foram aquelas doadas para João de Barros, Aires da Cunha, Fernão Álvares de Andrade, Antonio Cardoso de Barros, Francisco Pereira Coutinho, Pero Lopes de Sousa e Pero de Góis.

A tentativa de ocupação das terras no norte das partes do Brasil foi o resultado da ação de Fernão Álvares de Andrade, João de Barros e Aires da Cunha: ao "primeiro sobravam capitais, ao segundo inteligência, ao último espírito aventureiro".[114] Foi armada "uma frota de dez navios, em que vinham novecentos homens",[115] que partiu de Lisboa em 1535, "mas, desgarrando-se com as águas e ventos, foram tomar terra junto do maranhão, onde se perderam nos baixios".[116] Conforme Gabriel Soares de Sousa, "D'este naufragio escapou muita gente com a qual os filhos de João de Barros se recolheram em uma ilha que está na boca d'este rio do Maranhão (...) depois de gastarem alguns annos, despovoaram e se vieram para este reino".[117] Francisco Pereira Coutinho também fracassou. Esse donatário "não receou de ir povoar a sua capitania em pessoa, e fez-se prestes com muitos moradores (...) que embarcou em uma armada"[118] de Lisboa. Chegando à Bahia, fizeram uma povoação e engenhos de açúcar, "que depois foram queimados pelo gentio, que se alevantou, e destruiu todas as roças e fazendas",[119] inviabilizando a continuidade da colonização da região. Depois de se refugiar nos Ilhéus, o donatário tentou retomar o povoamento e foi morto pelos nativos. Pero de Góis iniciou a ocupação de sua capitania numa área localizada "no rio chamado Paraiba"[120] que se desenvolveu por uns dois anos. Os indígenas se rebelaram e "logo quebravam, e o apertavam tanto que foi forçado a despejar a terra e passar-se com toda a gente pêra a capitania do Espírito Santo",[121] fracassando o povoamento dessa parte do litoral. Por fim, das terras doadas a Pero Lopes de Sousa, apenas Itamaracá recebeu povoamento efetivo, como foi visto anteriormente.

Em torno de 1576, de acordo com Pero Magalhães Gandavo, o desenvolvimento do povoamento e das capitanias das terras do Brasil apresentava "na linha Equinocial para o Sul, oito Capitanias povoadas de Portuguezes". Além das seis que anteriormente identificamos, incluía a Bahia e o Rio de Janeiro, povoadas por iniciativa do governo geral.

### 2.2. *O governo geral das terras do Brasil (1549-1580)*

Em 1549, Tomé de Sousa foi enviado para "conservar e enobrecer as capitanias e povoações que tenho nas minhas terras do Brasil" e para "dar favor e ajuda has outras povoações e se ministrar justiça e prover nas cousas que cumprem a meu serviço e aos negócios de minha fazenda e a bem das partes",[122] conforme dizia a sua Carta patente, organizando, assim, um governo geral na América portuguesa.

Com esse governo geral a monarquia portuguesa dinamizou a colonização e, com isso, deu início à limitação dos poderes senhoriais dos donatários hereditários, começando a construção de uma ordem política condizente com o Antigo Regime lusitano. Nesse ordenamento político, o governador-geral era o centro de um poder político mantido de forma simbólica e efetiva por ele, que, como cabeça desse corpo político, representava a sua unidade e tinha a seu encargo a manutenção da justiça.

### 2.2.1. A CRIAÇÃO DE UM GOVERNO GERAL PARA AS TERRAS DO BRASIL

A criação de um governo geral para as terras do Brasil ocorreu em um momento delicado para as conquistas ultramarinas portuguesas. Acossada na Ásia e na África e ameaçada no Brasil, a monarquia portuguesa foi forçada a fazer opções e teve de abandonar as praças africanas como forma de reduzir despesas e manter os domínios orientais. Em menos de dez anos Portugal perdeu Santa Cruz do Cabo de Guiné, abandonou Safim, Azamor, Alcácer Ceguer e Arzila. Como afirma Joaquim Romero Magalhães, "muito cedo as questões financeiras começaram a tornar-se aflitivas, sobretudo pelas despesas exigidas para fazer frente aos ataques dos mouros xerifianos às praças de África".[123] Sobre as partes orientais do Império, duas razões explicam os problemas portugueses:

> A um nível mais óbvio, temos o problema dos recursos humanos; Portugal simplesmente não possuía o contingente humano necessário para tal. (...). O segundo factor, bem menos fácil de demonstrar, diz respeito aos problemas financeiros por que passava com toda a probabilidade a Coroa portuguesa, assim como o capitalismo monárquico em que participava.[124]

As soluções dos problemas lusitanos tiveram de ser buscadas lenta e pacientemente pelo governo de D. João III, que agiu com "assinalável bom senso e realismo".[125] A monarquia portuguesa praticou uma política externa autônoma, porém as vinculações com Carlos V e Filipe II de

Espanha permaneceram íntimas.[126] Portugal perdeu "a capacidade de optar perante a diversidade do jogo de alianças na Europa, vai perder a manutenção da vigilância política e diplomática e até (...) vai perder a posição de significado especial perante a Santa Fé".[127] A política hegemônica de Filipe II da Espanha secundarizou, no contexto europeu, os conflitos da coroa portuguesa com as monarquias europeias.

Com relação às terras do Brasil, a ação dos navios franceses no litoral colocava em risco a frágil presença portuguesa nessa conquista americana e fez surgir propostas de uma ação efetiva da monarquia no sentido de defender, preservar e ampliar o domínio português nessa parte dos seus domínios ultramarinos.

Sérgio Buarque de Holanda sugeriu que o descobrimento das opulentas minas de Potosí (1545) pelos espanhóis também teria estimulado a criação do governo geral.[128] Essa conclusão não se sustenta, quando nos colocamos diante do regimento de Tomé de Sousa, que absolutamente nada diz sobre essa questão.[129] Por sua vez, o que é perceptível nas instruções do regimento de Tomé de Souza eram os problemas com os indígenas enfrentados pelos portugueses no Brasil. Durante a segunda metade da década de 1540, nas regiões onde a presença portuguesa ainda era frágil ocorreu uma série de revoltas indígenas. Na Bahia (1545), em São Tomé (1546), no Espírito Santo (1546) e em Porto Seguro (1546), interrompendo a colonização portuguesa da Bahia e São Tomé e comprometendo seriamente Porto Seguro e Espírito Santo. Até mesmo Pernambuco foi seriamente ameaçado entre 1547 e 1548.[130]

### 2.2.2. O OFÍCIO DE GOVERNADOR-GERAL DAS PARTES DO BRASIL

O governo geral era um ofício[131] de governo: "Cargo publico que dá authoridade para mandar, ou executar coisas concernentes ao governo, como são officios de justiça, fazenda, milícia & c.".[132] Os governadores-gerais exerciam um ofício régio superior[133] com funções delegadas de jurisdição inferior. É um ofício de natureza superior, pois o seu detentor exerce em nome do rei e, por sua delegação, alguns dos poderes próprios do ofício régio, as *regalias*.[134] Suas funções são de qualidade inferior na medida em que, além de exercê-las por delegação temporária, tem suas decisões submetidas, em última instância, à decisão do monarca. A legislação seguida por Portugal conferia ao rei o monopólio da constituição de ofícios e a definição do seu campo de atuação. Assim sendo, toda a jurisdição exercida pelos diversos ofícios de governo se constituía numa delegação da jurisdição do soberano,[135] pois "toda a jurisdição inferior pressupõe uma doação ou privilégio expresso (doação régia, carta, foral), não podendo, entre nós, ser sequer adquirida por prescrição".[136]

A delegação de poderes não excluía o soberano, já que ele permanecia mantendo um extenso poder de intervenção. Também não implicava sua perda, pela compreensão de que estava criada uma simultaneidade de jurisdições. O rei continuava a exercer a jurisdição doada, em conjunto com o donatário dela. Além disso, dispunha o soberano, pelas Ordenações, de amplos poderes de revogação da jurisdição concedida,[137] como poderemos constatar na carta patente de Tomé de Sousa, que apresentava a situação de delegação régia e de limitação de poderes. O rei nomeava o governador segundo a sua vontade — "Ey por bem e me praz de lhe fazer mercê"[138] —, encarregava do ofício alguém da sua confiança — "que nas cousas de que o encarregar me saberá bem servir e o fará com o cuidado e deligencia que se delle espera e como o tem feyto nas cousas do meu serviço de que foy encarregado"[139] —, delimitando o tempo de exercício por três anos.[140]

A nomeação para o cargo era uma mercê régia decorrente do respeito, confiança e estima conquistados pelo "cuidado e deligencia que se delle espera e como o tem feyto nas cousas do meu serviço de que foy encarregado".[141] O exercício desse cargo no ultramar português era motivo de engrandecimento e obtenção de diversos benefícios, como mercês, tenças, títulos e comendas. Essa prática, que já era exercida no reino, incorporou o ultramar com a expansão marítima e constituiu-se num tipo de

> economia de serviços, na qual a elite cortesã monopolizava os principais cargos e ofícios do paço, no exército e nas colônias. Como remuneração

> por tais serviços, ela recebia novas concessões régias que poderiam ser acumuladas e ainda adquirir a forma de novos serviços, como a administração de outros bens da coroa ou de postos de mais prestígio.[142]

O caso de Tomé de Sousa, primeiro governador-geral, é um exemplo. Foi nomeado para o Conselho de Estado, em fevereiro de 1551, com a justificativa das "calidades de sua pessoa (...) que me saberá bem acunselhar e dar conselho verdadeiro".[143] A nomeação trouxe consigo não só a função de conselheiro, mas também os privilégios dessa posição: "Mando que daquy em diante goze e use de todas as honras graças mercês privilégios liberdades e franquesas que hão e de que gozam e usão os do meu conselho".[144] De volta a Portugal, foi nomeado vedor da Casa Real, exercendo esse ofício durante o reinado de D. João III e D. Sebastião.[145] O ofício de vedor da Casa Real estava entre os mais importantes cargos palatinos e, por isso, eram, na ordem financeira, os funcionários de alta categoria, pois cuidavam da administração do patrimônio e da fazenda régia.[146]

Por ser ele um dos postos elevados do Império ultramarino português, a escolha dos governadores-gerais tratava-se de matéria da alta política.[147] A sondagem dos nomes, a formação das preferências e a escolha propriamente dita eram feitas, na maior parte do tempo, por meio das articulações na corte, pela atuação do Conselho de Estado e pela escolha dos monarcas. Assim, acreditamos nas palavras de João de Barros, um dos cronistas da conquista da Ásia, que as qualidades necessárias para ser governante na Ásia se aplicavam aos governantes das partes do Brasil. Segundo ele, o escolhido deve ser: "Homem de limpo sangue, natural, e não estrangeiro, prudente, cavalleiro, bem costumado, e que se tenha delle experiencia em casos semelhantes de mandar gente na guerra".[148]

Por ocupar uma posição cimeira, o ofício de governador-geral tinha um status de ministro. Segundo Bluteau, ministro era "aquele de quem o Principe fia a administração de cousas concernentes ao governo"[149] e Pedro Cardim concluiu, indicando que "ministro era alguém em quem o rei confiava, ao ponto de lhe entregar tarefas governativas de topo".[150] Em função disso, na *Lei sobre os estilhos* de agosto de 1597[151] estavam hierarquizadas as formas de tratamento no reino de Portugal e estabelecido que os vice-reis e governadores das partes da Índia deveriam receber o tratamento de *senhoria*, que correspondia e reconhecia a esses servidores superiores uma forma de tratamento distintiva, símbolo de status elevado, como podemos perceber na definição dada por Bluteau: por senhoria, "em Portugal se falla aos Condes & a algus Ministros".[152] O tratamento de *senhoria* reputa ao detentor do ofício de governador prestígio assemelhado a um conde — ou seja, a um nobre com título — ou funcionário de grau elevado. Sinal que reforça a compreensão da natureza elevada — ao contrário do que a historiografia sempre indicou — do cargo de governador-geral. Podemos também concluir a origem fidalga dos governadores-gerais, pois só alguém com essa origem social poderia ser tratado dessa forma.

Complementando, devemos destacar o uso da expressão "amigo" quando os reis escreviam aos governadores-gerais. A utilização desse termo nos leva na direção da organização da monarquia portuguesa durante o Antigo Regime e o seu complexo universo normativo, que estruturava as maneiras de pensar, agir e ver e condicionava as suas representações e práticas sociais. As relações de natureza institucional ou jurídica misturavam-se, convivendo com outras relações simultâneas fundadas nos critérios de amizade, parentesco, fidelidade, honra e serviço. Portanto, na economia do dom,[153] a amizade era um dos conceitos-chave para a representação das ligações políticas no Antigo Regime. Por se basear em relações desiguais e de poder, a amizade traça relações clientelares, informais, porém criadoras de reciprocidade, um meio "eficaz para concretizar não só intenções políticas individuais, como para estruturar alianças políticas socialmente mais alargadas e com objetivos mais duráveis".[154]

Bluteau afirma que podia existir amizade "entre dous sogeitos, entre poucos & entre muitos, mas com diferentes graos de perfeição. A amizade de dous he perfeitissima, porque não se dividem os affectos, mas ficão perfeitamente unidos, pela tendencia a hum so objecto".[155] Temos, então, transportando esses sentidos para as relações sociais e de poder durante o Antigo Regime, um relacionamento desigual baseado num modelo de troca fundado em "prestações materiais em troca de submissão política, *effectus* em troca de *affectus*",[156] no qual o emprego do termo *amigo* pelos reis ao se dirigirem aos governadores gerais estava inserido nas relações desiguais e clientelares próprias da monarquia portuguesa no Antigo Regime.

### 2.2.3. O PREITO & MENAGEM: PROVISÃO, INVESTIDURA E POSSE DO CARGO DE GOVERNADOR

Por ser um ofício delegado, a nomeação de um governador-geral resultava da confiança do monarca, exigindo, por isso mesmo, como contrapartida, fidelidade. Assim, a provisão do ofício e a investidura no cargo eram feitas através do *preito & menagem*, cerimônias que reproduziam costumes de natureza medieval, rituais que selavam um compromisso e que simbolizavam a delegação dos poderes, legitimando o exercício do cargo.[157]

A utilização dessas cerimônias, durante o Antigo Regime, articulou-se com a natureza jurisdicional do poder em Portugal, que restringiu a atuação do poder régio. O principal imperativo da ação da monarquia portuguesa era o respeito à capacidade reguladora dos corpos sociais, ficando a intervenção do monarca delimitada a algumas áreas: a nomeação para cargos e ofícios, a remuneração de serviços prestados à Coroa, a decisão final sobre as disputas judiciais de maior importância, as decisões a respeito dos tributos e a política externa. Por não existir um corpo de funcionários profissionais, não existia uma ligação funcional entre o monarca e os seus servidores. O que tínhamos eram "relações de serviço modeladas pelo imaginário da vassalagem e pela amizade clientelar".[158]

O poder régio em Portugal durante o Antigo Regime personalizou a sua autoridade como forma de criar fidelidades e garantir certa eficácia às decisões régias. Era com essa finalidade que os governadores-gerais do Estado do Brasil prestavam o *preito & menagem*. Por isso, nos dois tipos de documentos vinculados à nomeação e à regulamentação desse cargo — as cartas patentes e os regimentos[159] — encontramos instruções que tratam da e orientam a provisão e a investidura do ofício de governador.

As cartas patentes de governador-geral tratavam da provisão do ofício e dos seus encaminhamentos em Lisboa. Por meio dela, o rei concedia um ofício e delegava a quem o exercia poderes que faziam parte dos direitos régios. Tratava-se da provisão de um ofício no qual ocorria a transferência da *regalia*. Assim sendo, como já estava instituído na monarquia portuguesa há algum tempo, aquele que recebia esse tipo de ofício deveria, antes de tomar posse, prestar juramento perante os evangelhos e fazer *preito & menagem* pelo cargo. Toda provisão para um ofício era feita através de uma carta patente e aquelas que envolviam a transferência de direitos reais (*regalia*) exigiam juramentos de fidelidade ao monarca, como eram os cargos de governador-geral, de governador de capitanias ou de vice-reis da Índia.

As cerimônias de juramento e de *preito & menagem* se constituíam numa reminiscência do período medieval que continuaram durante o Antigo Regime em Portugal. O estabelecimento de relações pessoais entre o rei e os seus servidores, necessárias devido à ordem jurisdicional vigente, além de possibilitar uma relativa coerência e unidade na ação governativa, concedia consistência e legitimidade às práticas delegativas de poder. Afinal de contas, a natureza dos ofícios de governo superiores — exercidos por delegação do rei, resultado da sua confiança, respeito e estima, exigindo fidelidade de quem o recebia — impunha que assim o fosse.

A cerimônia acontecia às vésperas do embarque do governador para o Brasil, mas a posse do cargo só acontecia quando o novo governante, chegando à capital das terras do Brasil, lugar onde exerceria os poderes que lhe tinham sido delegados pelo rei, dispensava os compromissos que o antigo governador tinha assumido com o monarca. Por isso, o regimento instruía no sentido de, apresentada a carta patente do novo governador e a carta que cancelava a homenagem do antigo ao rei, ocorreria a cerimônia de posse.[160]

A dispensa do preito & menagem do governo anterior, a posse do novo governador-geral e a transferência do governo aconteciam em cerimônia pública logo após o desembarque em Salvador, na presença dos que estivessem exercendo a governação, autoridades, representantes da população e das elites locais. Deveria ser mostrada a patente para todos os presentes e a partir daí o governador tinha nas mãos a governança. A cerimônia de posse ocorria, na maioria dos casos, na Igreja da Sé.

### 2.2.4. O REGIMENTO DE TOMÉ DE SOUSA: DESENHANDO UMA FORMA DE GOVERNO

Tomé de Sousa, ao ser nomeado como primeiro governador-geral da América portuguesa, recebeu um regimento que foi escrito em Almeirim, em dezembro de 1548, durante o reinado de D. João III. Esse regimento foi utilizado pelos outros governadores-gerais que o sucederam e só foi substituído em 1588, quando da nomeação de Francisco Giraldes. Assim sendo, os governadores que correspondem ao período que estamos estudando — Duarte da Costa, Mem de Sá, Luiz de Brito de Almeida, Lourenço da Veiga — governaram instruídos por esse regimento.

O conteúdo das instruções do regimento de Tomé de Sousa reflete a conjuntura vivida por Portugal e os problemas da sua conquista americana. Assim, mais de um terço das instruções de Tomé de Sousa tratavam, de maneiras diversas, das questões relacionadas com a defesa: construção de barcos, fiscalização dos armamentos existentes nas capitanias e nos engenhos, combate aos corsários etc. Ao lado disso, quase um quarto delas tratava, de diferentes formas, dos temas envolvendo a catequese, o desarmamento e a integração dos indígenas à vida social dos colonos portugueses. Esse regimento representou o início do processo de construção da administração mais rotineira na conquista portuguesa da América, chamada, nesse momento, pela monarquia lusitana de "terras" — ou "partes" — do Brasil. Essa expressão era empregada predominantemente em vários documentos, inclusive nos regimentos dos governadores-gerais até Gaspar de Sousa, quando passaram a fazer menção explícita ao Estado do Brasil.

Consideramos que o tratamento de "partes do Brasil" e não "Estado do Brasil", repetido predominantemente até 1612, representou a maneira como era percebida pela monarquia portuguesa a montagem do ordenamento político na sua conquista americana. Esse tratamento constatava o estatuto de uma unidade política em processo de montagem. Por isso, utilizava-se a expressão "partes", e não "Estado", que só passou a ser empregada quando já se tinha estabelecido, com alguma consistência, a administração portuguesa nessa parte da América.[161] Assim, só a partir de Gaspar de Sousa os governadores-gerais eram enviados ao Estado do Brasil, como bem indica o seu regimento.[162] Essas conclusões colocam em questão as afirmações recorrentes, existentes na historiografia, a respeito do caráter centralizador e sistêmico do governo geral desde a sua criação com Tomé de Sousa. As expressões "terras" e "partes" empregadas nos regimentos dos governadores do século XVI, e não "Estado", demonstram que a monarquia portuguesa considerava a sua conquista americana como uma ordenação política que estava em processo de construção. Não faz sentido, desse ponto de vista, falar de centralização da administração portuguesa, como também falar de instalação do sistema de governo geral. Falar de sistema também não faz sentido, considerando que tivemos vários regimentos que foram sendo alterados, condicionados pelas diversas conjunturas vividas pelo Império ultramarino português.

No regimento seguido nesse período estava escrito que poderia o governador, "quando vos parecer bem a meu serviço", dar "algumas dádivas a quaisquer pessoas que sejam, hei por bem que o possais fazer, e as dádivas não passarão de cem cruzados por ano".[163] Tomé de Sousa e os que o sucederam foram ainda autorizados a conceder o grau de cavaleiro e, no seu regimento, estava dito que "as pessoas que nos ditos navios d'Armada, ou na terra, em qualquer outra cousa de guerra, servirem de maneira que vos pareça que merecem ser feitos cavaleiros, hei por bem que os façais, e lhes passeis provisão de como os assim fizestes, e da causa por que o mereceram".[164]

Essa forma e esse conteúdo definiam a natureza dessas concessões inseridas na política de remuneração de serviços, como já foi explorado pelos estudiosos da monarquia portuguesa, da sua aristocracia e do papel das ordens militares no Estado moderno.[165] O que chama a atenção foi o fato de os governadores-gerais das terras do Brasil desfrutarem do direito de fazerem cavaleiros. Mafalda Soares da Cunha afirma que a casa ducal dos Braganças, os membros da nobreza titular e os vice-reis do Reino e da Índia tinham o direito de sugerir candidatos ao hábito de cavaleiro das ordens militares.[166] Os governadores-gerais do Estado do Brasil tinham um poder que não era menos importante. Sagrar cavaleiro significava atribuir a alguém nobreza. Por outro lado, é importante ter claro "que ao Rei sómente pertence fazer nobres, e que he isso superioridade real, (...) que a nobreza se causa, ou por feitos illustres, ou por riqueza".[167] Segundo Bluteau, citando Zurara, a dignidade de cavaleiro começou a ser mais usual no reino de Portugal "depois da tomada de Ceuta & Alcacere, por que então como o Reyno estava sem conquistas, não havia occasião, senão rara, de alcançar semelhante honra".[168] Com a expansão e as conquistas, "são muitos os q' recebem a Cavalleria da mão dos Governadores & Capitaens daquellas partes & Estados".[169] Segundo Manuel Severim de Faria, os monarcas portugueses ordenaram essa concessão no livro 2º das Ordenações, título 60,[170] exigindo o reconhecimento régio. Ainda segundo esse mesmo autor, "podemos dizer, que neste Reyno fica sendo a Cavalleria nos inferiores o primeiro grau da Nobreza".[171]

Não são muitos os exemplos dessa concessão.[172] Como exemplo tivemos a concessão do título de cavaleiro por Mem de Sá, com a confirmação de D. Sebastião, a dois pilotos que participaram da expulsão dos franceses do Rio de Janeiro. O monarca, em carta régia de 16 de julho de 1561, confirmava o título de cavaleiro ao piloto Manuel Gonçalvez. A carta régia descreve rapidamente a luta no Rio de Janeiro e afirma que Mem de Sá, "na qual guerra o dito Manoel Gonçalvez o fizera bem de sua pessoa e por asy o fazer o fizera e armara caualeiro",[173] pedindo ao rei "que llo cõfirmase e mandase que lhe fóse' guardados os priuilegios e liberdades dos caualeiros".[174] D. Sebastião decidiu "lhe cõfrimar e por esta cõfrimo e ey por cõfrimado o dito aluara, e que guoze e vse daquy em diante de todolos privilegios, liberdades, graças, e fraquezas, de que guozão e de direito deuem usar os caualeiros per mym cõfrimados (...)".[175] Em outra carta régia de 18 de fevereiro de 1568, D. Sebastião confirma a mercê de cavaleiro dada por Mem de Sá a Manuel Gibardo, outro piloto que havia participado da luta contra os franceses.[176]

Os assuntos relacionados com a justiça no regimento de Tomé de Sousa são poucos, já que o ouvidor-mor dispunha da maioria das atribuições da justiça. A criação do governo geral derrogou a jurisdição que tinham os donatários, de acordo com seus forais e suas cartas de doação. As cartas patentes dos governadores afirmavam, depois de listar os poderes concedidos aos donatários quando da doação da capitania, o cancelamento desses poderes até o limite das atribuições concedidas aos governadores. Como afirma a carta de Tomé de Sousa,

> per quanto por algumas justas causas e respeitos que me a yso movem ey ora por bem da minha certa ciência por esta vez pêra estes casos e pêra todo o conteúdo nos regimentos que o dito Thomé de Sousa leva derogar as ditas doações e todo o nella contheudo em quanto forem contra o que se conthem nesta carta e nos ditos regimentos e provisões.[177]

A criação do governo geral e a nomeação de ouvidores-mores alteraram os poderes dos donatários. Os governadores foram nomeados para "dar favor e ajuda às outras povoações e se ministrar justiça e prover nas cousas que cumprirem a meu serviço e aos negócios de minha fazenda e a bem das partes",[178] por isso eram eles acompanhados, para os assuntos da justiça, de ouvidores, que detinham as principais atribuições da justiça.[179] A essas restrições ao poder dos donatários seguiram-se outras que foram precisando as funções dos ofícios que estavam sendo criados pela monarquia portuguesa para atuarem nas terras do Brasil.

O primeiro regimento do governo geral das partes do Brasil está pontuado de orientações voltadas para a defesa das terras do Brasil,

> ordeney ora mandar fazer huma fortaleza e povoação grande e forte na Baya de Todos os Santos por ser pêra yso o mais conveniente luguar que há nas ditas terras do Brasil pêra dahy se dar favor e ajuda hás outras povoações e se ministrar justiça e prover nas cousas que cumprem a meu serviço e aos negócios de minha fazenda e a bem das partes.[180]

Foram instruídas medidas voltadas para o estabelecimento de um sistema de defesa da capital e do restante da América portuguesa: a construção de uma fortaleza para proteção da Bahia; medidas para sufocar levantes indígenas, incluindo-se providências contra aqueles portugueses que, com seus atos de hostilidade e violência, acabavam por estimular esses levantes; visitar as capitanias povoadas e orientar sobre a organização da sua defesa, como também dos seus engenhos; fiscalizar a posse de armamentos dos donatários e demais moradores das capitanias;[181] e combater os corsários que circulavam pelo litoral.

Entre as instruções voltadas para o controle e a fiscalização da defesa da terra devem ser destacadas aquelas relacionadas à Bahia. O regimento de Tomé de Sousa dedicava espaço à construção e à defesa da cidade de Salvador, sede do governo geral e capital das terras do Brasil. A centralidade ou o papel de cabeça das terras do Brasil que desempenhariam tanto a fortaleza quanto a cidade de Salvador era uma expectativa indicada no regimento de Tomé de Sousa:

> E portanto vos encomendo e mando (...), o lugar que será mais aparelhado para se fazer a dita fortaleza forte, e que se possa defender, e que tenha a disposição e qualidades para ai, por o tempo em diante, se ir fazendo uma povoação grande; e tal convém que seja, para dela se proverem as outras capitanias como (...) espero que esta seja, e deve de ser em sítio sadio e de bons ares, e que tenha abastança de água e porto em que bem possam amarrar os navios e vararem-se quando cumprir, porque todas

> estas qualidades, ou as mais delas que puderem ser, cumpre que tenha a dita fortaleza e povoação; por assim ter assentado que dela se favoreçam e provejam todas as terras do Brasil.[182]

Por fim, é preciso destacar que preocupações com a defesa do litoral em geral aparecem nesse regimento, indicando a necessidade de combater os corsários ou indicando algum funcionário que o faça. Orienta a construção de diversos tipos de embarcações (navios, caravelas, galeotas), aproveitando as madeiras existentes no Brasil, feitas com recursos da Fazenda Real e, quando feitas por particulares, com autorização do governador ou do provedor.

O regimento do governo geral continha instruções sobre diversos temas econômicos e financeiros. Quanto às questões fiscais, suas funções eram limitadas e não estavam diretamente vinculadas à arrecadação, apesar da importância que exerciam os recursos externos na economia portuguesa. As receitas do Estado português, desde o início dos Quinhentos, se apoiavam cada vez mais nos recursos que vinham de fora e a "demonstração é peremptória: as instituições da realeza e do Estado Português alicerçam-se desde primórdios do quinhentismo na mercancia e na navegação oceânica, e não na renda fundiária, nem sequer na circulação interna".[183]

Era obrigação do governador informar ao rei sobre as rendas e os direitos que tinha em cada capitania e como foram arrecadados e gastos. Quanto aos ofícios de Fazenda, as instruções orientavam o governador a averiguar se havia nas capitanias "oficiais de minha Fazenda, e por que Provisões servem; e não os havendo, vereis se são necessários; sendo-o, os provereis com parecer do dito Provedor-mor de minha Fazenda, para que sirvam até eu dêles prover".[184] A importância das rendas e do comércio ultramarino originou instruções de incentivo e organização das atividades econômicas e o regimento indicava a necessidade de promover o cultivo e o povoamento das terras, a edificação de engenhos de açúcar, a manutenção dos privilégios concedidos aos seus donos e a concessão de sesmarias na capitania da Bahia.[185]

No âmbito da circulação e do comércio interno, o regimento instruía para o controle pela concessão de licenças emitidas pelos governadores ou pelo provedor-mor, pelos capitães ou os provedores das capitanias. As mercadorias transportadas por mar para outras capitanias deveriam ser informadas ao provedor da Fazenda Real. Deveria o governador-geral negociar com os capitães e oficiais os preços das mercadorias existentes originárias da terra e de outras partes do Reino "para terem seus preços certos e honestos, conforme a qualidade de cada terra e por eles se venderem, trocarem ou escambarem".[186]

Os governadores-gerais trouxeram poucas instruções a respeito das questões de consciência, já que o funcionamento da Igreja e os assuntos relacionados à religião eram tratados no centro do Império português. Assim sendo, suas atribuições a respeito da Igreja e da religião eram bastante limitadas: preservar os espaços próprios de cada jurisdição, a temporal e a espiritual, e existia instrução que afirmava ser a conversão dos indígenas a principal missão do povoamento e orientava o governador-geral a praticar, com os capitães e oficiais, a melhor maneira de promovê-la.

As questões relacionadas à Igreja possuíam íntimas e diversas conexões com as orientações a respeito dos indígenas. O regimento proibia o fornecimento aos indígenas de armamentos e munição, punindo o seu desrespeito com a perda dos bens e a pena de morte. Estabelecia o favorecimento e a proteção dos índios pacíficos e batizados, a preocupação de evitar guerras e manter a paz a todo custo e indicava que os governadores deveriam atuar para que os índios convertidos morassem junto às povoações das capitanias.

### 2.2.5. TOMÉ DE SOUSA: OS AYUNTEY E FIZ CERQUAR E VIVER EM HORDEM[187]

Segundo Russell-Wood, a "decisão de D. João III de criar um governo da Coroa foi fundamental, tal como foi a sorte de encontrar em Tomé de Sousa a pessoa certa para implementar a sua vontade".[188] A intenção foi a de criar um centro de governação nas partes de Brasil para "com os recursos da coroa estabelecer uma organização mais vigorosa, (...) forte bastante para garantir a ordem interna e estabelecer a concórdia entre os diversos centros de população".[189] A criação desse centro de governo implicou a indicação de responsáveis para os "negócios da Justiça e da Fazenda, sujeitos aos cargos de ouvidor-geral e de provedor-mor, que pela mesma ocasião se instituíram. Igualmente foi nomeado para defender o litoral um capitão-mor da costa, como havia na Índia".[190] Vieram com Tomé de Sousa para desempenhar esses ofícios superiores Antonio Cardoso de Barros, como provedor da fazenda, o desembargador Pero Borges, como ouvidor-geral para todo o Brasil, e Pero de Góes, como capitão-mor da costa.

A criação do governo geral do Estado do Brasil implicou a organização de um corpo de governo. Por isso, Tomé de Souza trouxe consigo um conjunto de servidores régios que vieram para o Brasil para desempenhar os ofícios básicos necessários ao desenvolvimento dos processos governativos durante o Antigo Regime: a justiça, a fazenda e a milícia, além das questões relacionadas à consciência, daí o envio de um grupo de religiosos. Além disso, de acordo com Varnhagen, Tomé de Sousa trouxe também um conjunto de oficiais e artesãos — escrivães, tesoureiros, almoxarifes, vigário, boticário, mestre das obras da fortaleza — encarregados de auxiliar na administração e assumir as tarefas de erguer uma capital na Bahia. Ao todo, os que foram para a Bahia "vencendo ordenados, subia a trezentas e vinte pessoas".[191]

Pouco se pode falar sobre o ouvidor-geral encarregado dos assuntos da justiça, pois o seu regimento não é conhecido. Entretanto, podemos constatar que a ouvidoria "não se limita à administração da justiça, mas exerce, além disso, importantes funções de governo",[192] identificáveis na carta de D. João III para o ouvidor de 7 de fevereiro do ano de 1550, na qual sumariamente apresentam-se as atribuições regimentais da ouvidoria, independentemente do regimento do primeiro governador-geral. Além disso, "esses amplos poderes de que dispunha o ouvidor podiam, eventualmente, dilatar-se muito mais quando lhe acontecesse substituir o provedor-mor, por falecimento ou qualquer impedimento deste".[193]

Com a provedoria-mor da Fazenda a intenção do governo português era a organização "do negócio da minha Fazenda".[194] Em decorrência, ele estava encarregado de "prover as Capitanias das ditas terras, e ordene em cada uma delas casas para Alfândega e Contos, e livros para o negócio das ditas Casas; e assim ordene em ramos apartados as Rendas por direitos que eu tiver nas ditas Capitanias".[195] Além do regimento do provedor-mor, houve outros dirigidos aos provedores e oficiais das capitanias que foram elaborados para disciplinar sua atuação — "os quais até então faziam o que bem lhes parecia: e sem lei que os sujeitasse, não podiam zelar muito os interesses da coroa"[196] — e ordenar melhor a arrecadação da monarquia portuguesa.

O provedor de Salvador seria o juiz da Alfândega e organizaria, nos moldes da Bahia, as alfândegas e Casas de Contos das Capitanias para controle das receitas e despesas locais. Cabia, ainda, ao provedor-mor despachar os feitos encaminhados por apelação e agravo; acompanhar a cobrança do dízimo; escolher "alealdadores"[197] para examinar a qualidade do açúcar produzido; inventariar o espólio dos defuntos; e adotar a respeito uma série de providências estipuladas previamente nos regimentos. Além disso, deveria levantar o cadastro das cartas de sesmaria, fiscalizando o seu aproveitamento no prazo de cinco anos, que era o da obrigação. Ele também fiscalizava os armamentos e a artilharia necessários à defesa da terra existentes nas Capitanias e fazendas.

O exercício da função fiscalizadora e o zelo exigido nos assuntos da Real Fazenda obrigavam que o provedor-mor e o governador agissem de comum acordo, auxiliando-se mutuamente na verificação das rendas e dos direitos arrecadados pelos oficiais da Real Fazenda nas Capitanias, e naquelas regiões onde esses servidores não existissem, deveria ser exigido dos donatários ou pessoa responsável a criação desse cargo.

Para o cargo de capitão-mor da costa foi escolhido Pero de Góes, donatário de Campos. Segundo Varnhagen, "não trazia ele outro regimento mais do que o governar-se pelo que lhe desse Tomé de Sousa".[198] Como instruíam os regimentos dos governadores-gerais, a monarquia portuguesa exigia que os donatários, os proprietários de terra e demais moradores tivessem em sua capitania certa quantidade de armamentos e de pólvora. Aqueles que não cumprissem o estabelecido teriam um prazo para o cumprimento, cabendo ao provedor-mor o acompanhamento e a punição.[199]

Para os assuntos da consciência, que era também uma das funções próprias do governo, chegaram ao Brasil, juntamente com Tomé de Sousa, alguns religiosos, entre eles jesuítas comandados por Manuel da Nóbrega. Completa-se esse quadro com a criação do Bispado da Bahia e a chegada, em junho de 1552, do primeiro bispo, D. Pedro Fernandes Sardinha.

A atividade governativa de Tomé de Sousa demonstra a complexidade e a variedade de ações que compunham a ação dos governadores-gerais das partes do Brasil. Tomé de Sousa não cuidou apenas da fundação e da colocação em funcionamento das instituições do governo geral e o ordenamento da recém-construída Salvador. Envolveu-se também com a extensão da ação dos órgãos governamentais[200] às outras regiões das terras do Brasil e com o fortalecimento das ações de defesa frente aos indígenas e estrangeiros.

Essas iniciativas governativas e colonizadoras de Tomé de Sousa originaram reações nos núcleos de povoamento e colonização estabelecidos ao longo do litoral, particularmente do mais próspero e mais importante, a capitania de Duarte Coelho. Nos protestos do donatário de Pernambuco[201] enviados ao rei e nas palavras de Tomé de Sousa ao mesmo monarca vemos estampada, pela primeira vez em terras do Brasil, uma situação de conflito de jurisdição que se tornará recorrente. Duarte Coelho, ao que se pode concluir, informado da criação do governo geral e da nomeação de um governador para "povoar as capytanias perdidas della debaixo",[202] reagiu à constituição de um ofício superior, com atribuições mais alargadas, que suprimiam algumas das suas.

No nosso entendimento, a carta escrita por Duarte Coelho ao rei em abril de 1549 demonstra que inicialmente ele não compreendeu que havia sido criado um governo superior ao seu. Em uma passagem dessa carta,

Duarte Coelho identificou as mudanças que estavam acontecendo com a atuação de "armadores ou comtratadores"[203] e considerou que "muito mais perda será o que se pode segyr não se guardando has lyberdades e previlegios que o proveito dyso pode redundar" e por isso, em outra carta, dirigiu-se ao rei,

> Peço a V. A. pollo que a serviço de Deus cumpre e ao proveito de sua fazenda que mande conpryr e guardar as llyberdades e previllejos conteudos em minhas doações e forall aos moradores e povoadores que eu tyver asentados por moradores e povoadores em o llyvro da matricolla e tonbo que pera ysso he feyto des o pryncipyo e com ysto deixe me fazer e vera ho proveyto que se dyso sege.[204]

Por ser donatário da capitania que mais progresso apresentava no momento da criação do governo geral, Duarte Coelho acreditava que "ysto deste regymento destes seus novos oficyaes ou foy ennovação delles, ou allgúa fallça enformaçam dallgúu pouco vertuoso que contra mim dese".[205] Por considerar que o monarca português, de alguma forma, estava sendo mal servido pelos seus auxiliares, o donatário sugere que a situação deveria ficar "como estava e guardar me minhas doações e qua nam se entenda em mim o que tinham mandado a Tome de Sousa nem ele venha qua nem entenda em minha jurdyçam no quall V. A. fez he usa".[206]

Os argumentos de Duarte Coelho fizeram efeito e "D. João III acabou por ceder. E a Tomé de Sousa (...) não hesitou em mandar uma contraordem, por onde ficasse resguardada a autonomia das terras do mesmo Duarte Coelho".[207] É importante ressaltar que a autonomia da capitania de Duarte Coelho manteve-se até o início do século XVII, quando, no espaço deixado pela querela envolvendo os herdeiros do terceiro donatário — Jorge de Albuquerque Coelho — o governador Diogo Botelho[208] iniciou um longo período de residência dos governadores-gerais em Pernambuco.[209]

A extensão dos novos poderes sobre as capitanias hereditárias teve início ainda em 1549, quando Tomé de Sousa enviou para Pernambuco o ouvidor-mor e o provedor-mor. A limitação de sua jurisdição e a isenção da capitania de Duarte Coelho são questionadas pelo governador-geral. Tomé de Sousa, depois de indicar a proibição de interferir em Pernambuco — "V. A. teem escrito que nom vaa lla ate ver outro recado seu"[210] —, concluiu, afirmando

> qyue os capitães destas partes merecem muita honra e merce de V. A. e mais que todos Duarte Coelho sobre que larguamente tenho escrito a V. A., mas nom deixar ir Vosa Alteza ás suas terras parece me grande deserviço de Deus e de Vosa consciência e dinificamento de Vosas rendas.[211]

Em outro momento, prestando conta da viagem que fizera às capitanias ao sul da Bahia, entre 1552 e 1553, e fazendo um balanço do seu governo,[212] pois já esperava o seu substituto, Tomé de Sousa retomou a questão da capitania de Duarte Coelho, afirmando "que a justiça de V. A. entre em Pernambuquo e em todas as capitanias desta coosta he doutra maneira nom se deve de tratar da fazenda que V. A. tiver nas ditas capitanias nem menos da justiça que se faz".[213]

Em outubro de 1552, Tomé de Souza, juntamente com o capitão-mor Pero de Góes, correu a costa, deixando em Salvador o bispo e o provedor-mor, que o substituiu como capitão. A pequena armada distribuiu equipamentos pelas feitorias e fortificações. Junto com o governador foi o padre Nóbrega para acompanhar os progressos da Companhia de Jesus, particularmente em São Paulo. Na carta de Tomé de Sousa informando ao rei dos resultados dessa viagem, encontramos uma passagem que resume a ação governativa de Tomé de Sousa. Informando ao rei sobre "ouytra villa na borda deste campo ao longuo do maar",[214] afirmou que os "moradores que estavão derramados por o dito campo e[u] os ayuntey e fiz cerquar e viver em hordem".[215] A criação do governo geral nas terras do Brasil e a atuação do seu primeiro representante tiveram a finalidade "regeneradora do Brasil"[216] e, para isso, teve Tomé de Sousa o objetivo principal de pôr para "viver em hordem" aqueles que estavam promovendo o povoamento da terra. Assim sendo, a viagem que o primeiro governador-geral fez "as capytanias perdidas della debaixo"[217] permitiu a ele prover

> a segurança das povoações e dos engenhos, mandando levantar muros ou tranqueiras e deixando alguma artilharia à responsabilidade dos almoxarifes. Fez igualmente levantar pelourinhos nas vilas, e construir cadeias e casas de audiência, onde as não havia, e até nalguns pontos providenciou acerca do endireitamento das ruas.[218]

### 2.2.6. OS GOVERNADORES DEPOIS DE TOMÉ DE SOUSA

Tomé de Sousa foi sucedido pelos seguintes governadores até o início da União Ibérica: Duarte da Costa (1553-1557), Mem de Sá (1557-1572), Luiz de Brito de Almeida (1573-1578) — que dividiu o governo com Antonio de Salema (1573-1578), que governou o sul — e Lourenço da Veiga (1578-1581).

O recorte temporal pequeno com que estamos trabalhando, no que diz respeito ao governo geral, não nos permite identificar traços gerais sobre as carreiras e o perfil social dos cinco governadores desse período. Temos indicação de que quatro eram comprovadamente fidalgos: Tomé de Sousa, Duarte da Costa, Mem de Sá e Lourenço da Veiga. Cinco governadores eram, ou se tornaram depois de passar pelo governo geral, membros do Conselho de Estado. Dois desempenharam funções na casa real, Tomé de Sousa como vedor de D. João III e D. Sebastião e Duarte da Costa como armeiro-mor do reino desde 1522 e guarda-roupa de D. Manuel. Três desses governadores — Mem de Sá, Luiz de Brito de Almeida e Antonio de Salema — fizeram carreira como juristas, sendo que Mem de Sá e Antonio de Salema foram desembargadores da Casa de Suplicação. Por fim, Tomé de Sousa e Lourenço da Veiga prestaram serviços na África e na Ásia.

Os 28 anos que sucederam a criação do governo geral se caracterizaram por ações voltadas para enfrentar os problemas que motivaram a instituição de um governo enviado para "conservar e enobrecer as capitanias e povoações que tenho nas minhas terras do Brasil" e para "dar favor e ajuda has outras povoações e se ministrar justiça e prover nas cousas que cumprem a meu serviço e aos negócios de minha fazenda e a bem das partes", conforme a carta patente de Tomé de Sousa. Assim sendo, a monarquia portuguesa e os governadores que sucederam Tomé de Sousa procuraram consolidar e organizar esse modo de exercer a governação das partes do Brasil. Ao lado e em razão disso, os governadores estiveram envolvidos em várias partes das regiões povoadas do litoral do Brasil no combate dos indígenas e na luta contra a presença estrangeira.

Sucederam-se revoltas indígenas nas diversas regiões povoadas pelos portugueses, de São Vicente a Pernambuco, incluindo as redondezas de Salvador, cabeça das terras do Brasil. Além disso, a presença francesa ameaçava as conquistas portuguesas da América, particularmente no Rio de Janeiro, que motivou uma guerra de expulsão e povoamento durante o governo de Mem de Sá.

Expedições ao interior foram realizadas, principalmente durante o governo de Luiz de Brito de Almeida, chamado por Calmon de sertanista.[219] Foram diversas nessa época e entre "estas entradas do sertão fez uma Antônio Dias Adorno (...) ao qual entrou pelo rio das Contas, que é da capitania dos Ilhéus, (...) rodeou grande parte do sertão, onde achou esmeraldas e outras pedras preciosas".[220] Ainda segundo frei Vicente Salvador, "mandou o mesmo governador um Sebastião Álvares ao rio de São Francisco"[221] e não só "da Bahia, mas também dos Ilhéus e de Pernambuco, se fizeram neste tempo outras entradas".[222]

Ampliava-se o povoamento e crescia a presença portuguesa nas terras do Brasil, consolidando as áreas já ocupadas e incorporando-se outras, como a região da Paraíba, de Sergipe e do Rio de Janeiro. Essa foi a lógica para a breve separação da governação do sul da gestão da Bahia. Como nos diz Gandavo,

> Mas porque de huas a outras há muita distancia & a gente vay em muito crecimento, repartiose agora em duas gouernações, couem saber, da capitania de Porto Seguro pêra o Norte fica hua & da do Spirito Sancto

> pera o Sul fica outra: & em cada hua dellas assiste seu gouernador com a mesma alçada. O da banda do Norte reside na bahia de todolos Sanctos & o da banda do Sul no Rio de Janeiro. E assi fica cada hum em meyo de suas jurdições, pêra desta maneira poderem os moradores da terra ser melhor gouernados & a custa de menos trabalho.[223]

Gandavo repetiu o que está dito na carta patente de Luiz de Brito de Almeida, que também dizia que as conquistas americanas "não podiam ser tão inteiramente governadas como compria por hum so governador, como te qui nelas ouve",[224] e indica o monarca português na patente do governador que divide a governação em duas para "a conversão do gentio daquellas partes, e se dilatar nelas nosa santa fé, como para mais brevemente se administrar a justiça e leas se poderem melhor defender".[225] A patente indica que a monarquia portuguesa estava mandando "dous governadores ás ditas partes, hum para residir na cidade do Salvador da capitania da Bahia de Todos os Santos, e outro na cidade de são Sebastião do Rio de Janeiro".[226]

Em resumo, as preocupações com defesa e ampliação do povoamento dominaram os governos desse período até o início da União Ibérica.

### 3. As primeiras vilas, a organização das câmaras e das misericórdias

Só recentemente a historiografia brasileira passou a se dedicar ao estudo da governação das vilas organizadas no início do povoamento das terras do Brasil, pois os estudos sobre as câmaras municipais privilegiam os séculos XVII e XVIII.

Entretanto, como indicou Charles Boxer, as câmaras e as misericórdias foram os pilares gêmeos que ajudaram a dar sustentação ao complexo imperial português,[227] como podemos constatar nos cronistas dos séculos XVI e XVII que fazem referência à existência de uma organização das vilas formadas durante a conquista do território e início do seu povoamento. Gandavo indica que "pouoações ha por todas estas capitanias", das quais ele ressalta aquelas "mais assinaladas, que sam as que tem officiaes de justiça & jurdiçam sobre si como qualquer Villa ou cidade destes Reinos",[228] indicando a existência de formas tradicionais de organização local, qual seja, as câmaras ou, como chamadas em Portugal, os concelhos.

No início do povoamento, as vilas e cidades demoraram a ser organizadas e só assumiram uma feição mais definida no início do século XVII. Entretanto, ao longo das décadas iniciais da conquista e do povoamento do território foram sendo atribuídos forais às vilas de Iguaraçu, São Jorge dos Ilhéus, Santa Cruz, Olinda, Santos, São Paulo, Itanhaém e Rio de Janeiro.[229]

Provavelmente, a primeira câmara foi constituída nas terras de Martim Afonso de Sousa, que, durante sua estada nas terras portuguesas da América, fundou as primeiras vilas na região conhecida por São Vicente e, em 1532, o rei tinha dado foro de vila a São Vicente, primeira câmara organizada nas partes do Brasil. De acordo com o relato de Pero Lopes de Sousa, Martim Afonso, antes de voltar a Portugal, em 1532,

> pôs tudo em boa obra de justiça, de que a gente toda tomou muita consolação com verem povoar vilas, e ter leis e sacreficios, e celebrar matrimônios, e viverem em comunicação das artes, e ser cada um senhor do seu, e vestir as enjúrias particulares, e ter todolos outros bens da vida sigura e conversável.[230]

Essa constatação é confirmada por Jaime Cortesão, que, utilizando as palavras de "frei Gaspar da Madre de Deus, probo investigador da história regional paulista", indica que Martim Afonso e os que ele comandava no povoamento das terras do Brasil em 1532 "fizeram cadeia, casa de conselho e todas as demais obras públicas necessárias".[231]

Gabriel Soares de Sousa, descrevendo a fundação da cidade de Salvador por Tomé de Sousa, indica que esse governador "fundou logo um collegio dos padres da Companhia, e outras igrejas e grandes casas, para viverem os governadores, casas da camara, cadeia, alfândega, contos, fazenda, armazéns, e outras officinas convenientes ao serviço de S. Alteza".[232] Frei Vicente Salvador, descrevendo as dificuldades de um dos herdeiros de Duarte Coelho, ressalta que "a Jerônimo de Albuquerque por não saber que conselho tomasse, e assim chamou a ele os oficiais da câmara e outras pessoas que o podiam dar (...)",[233] destacando a sua existência e o seu funcionamento em Pernambuco desde o início da colonização. Sobre isso, Varnhagen identifica que "asseveram escritores sisudos que Duarte Coelho, dera um foral a Olinda com a data de 12 de Março de 1537, e que este foral tivera confirmação em 17 de março de 1550".[234]

O mesmo Varnhagen relativiza a organização e o funcionamento das primeiras câmaras criadas no início da colonização, constatando que "desde logo em uma vila se organizasse um simulacro de câmaras municipais, com seus vereadores",[235] concluindo que "estes provavelmente seriam a princípio de nomeação, e não eleição; pois não se poderia esta fazer, sem se apurarem os homens-bons que, em conformidade das ordenações, deviam ser os eleitores".[236]

A Câmara Municipal organizada por Tomé de Sousa quando da ocupação de Salvador adquiriu importância por ser a cidade sede do governo geral constituído em 1548. O seu regimento dedicava espaço à construção da cidade de Salvador, sede do governo geral e capital das terras do Brasil. Essa preocupação da monarquia portuguesa com o estabelecimento de uma cabeça para a conquista americana estava vinculada à percepção da importância das cidades "como lugar de centralidade e de concentração de poderes".[237] Como afirma António Gama, a cidade se apresenta "como organizadora dos homens e dos espaços".[238] Fazendo um paralelo e um desdobramento da colocação de Catarina Madeira Santos, afirmamos que, sendo "a cabeça de um reino (...) a cidade onde se encontra o rei, cabeça do corpo político",[239] é a cabeça de um Estado, o lugar em que se encontra o seu governo. No caso da Índia, como estuda a autora, a cabeça foi a cidade de Goa, "chave de toda a Índia"; no caso do Brasil, foi a cidade de Salvador, para cuja construção o seu primeiro governador-geral recebeu diversas instruções da monarquia portuguesa. Frei Vicente Salvador, com outra imagem, complementa a ideia de cabeça do Estado. Segundo ele, o monarca português, vendo as qualidades da Bahia para ser povoada, e por "estar no meio das outras capitanias, determinou povoá-la e fazer nela uma cidade, que fosse como coração no meio do corpo, donde todas se socorressem e fossem governadas".[240]

A construção dos elementos básicos da cidade de Salvador, segundo Cortesão, estava pronta em meados de 1551: "Luis Dias dava conta do estado das obras principais na cidade do Salvador; estava acabada a cerca e vários baluartes, um dos quais dominava com sua artilharia toda a enseada, concluídas igualmente ficavam, à data, a casa da câmara e a de audiência (...)."[241] Calmon indica que "instalara-se a Câmara, nos seus paços... cobertos de palha".[242] Ainda segundo ele, o

> primeiro acto municipal foi a procissão de Corpus Christi (13 de Junho de 1549) 'em que jogou toda a artilharia que estava na cerca, as ruas muito enramadas, houve danças e invenções à maneira de Portugal', disse Nóbrega. As Ordenações exigiam que as Câmaras concorressem a essas cerimônias ânuas.[243]

Em seguida, concordando com a observação de Varnhagen quanto à escolha dos vereadores, afirma que

> Os que serviram deviam ter sido nomeados pelo governador, a maneira do que se praticava nas vilas recém-fundadas. Em todo caso: era o aparelho comunal com os seus magistrados que começava a funcionar — dividindo com Tomé de Souza o governo, nos cuidados primordiais de polícia, justiça, distribuição de trabalho, preços de mercadorias, aboletamento dos moradores (...).[244]

Apesar dos privilégios da vereação[245] e da equiparação com a cidade do Porto só ter sido concedidos a Salvador no século XVII, a "mesa do conselho municipal era constituída por três vereadores, dois juízes ordinários e o procurador da cidade, eleitos anualmente".[246] A Câmara de Salvador era mantida pelas terras doadas pelo primeiro governador, como também pelas receitas que "provinham igualmente do arrendamento de armazéns e matadouros municipais, do pagamento de impostos sobre produtos alimentares, das multas sobre violação dos pesos, medidas e preços fixados".[247]

Ao lado das câmaras, as casas de misericórdia, conforme Charles Boxer,[248] desempenharam um papel fundamental no povoamento do Império português. As casas de misericórdia começaram a se formar a "partir da década de quarenta do século XVI muito embora pouca ou nenhuma documentação subsista relativa aos primeiros cinquenta anos de sua existência".[249] O que devemos compreender é que as misericórdias se constituíram e se tornaram uma realidade, para, posteriormente, buscarem se legitimar. Afinal de contas, como indica Bethencourt, a "criação de misericórdias pressupõe a criação de comunidades coloniais estruturadas, embora nem sempre seja posterior à formação de municípios".[250] Essa informação é minimamente acrescentada por Santos Filho, que indica que a primeira Casa de Misericórdia "fundou-se em 1543, por Brás Cubas, no porto de Santos, seguindo-se-lhe a do Rio de Janeiro em fins do século XVI".[251] Entretanto, encontramos em frei Vicente Salvador referência à Misericórdia de Salvador durante o governo de Mem de Sá, anterior no tempo ao do Rio de Janeiro. Segundo ele, na execução de um soldado de uma nau que ia para a Índia, depois de três tentativas de enforcamento, os "irmãos da Misericórdia, que o haviam acompanhado com a justiça, como é costume, requereram ao ouvidor-geral que não o executassem".[252] Isabel dos Guimarães Sá, em estudo sobre as câmaras e as misericórdias do Império português, indica a existência, em torno de 1570, das misericórdias de Olinda, Salvador, Ilhéus, Espírito Santo, Rio de Janeiro e Santos.[253]

## Notas

1. Os historiadores antigos e contemporâneos indicam diversos nomes: Gonçalo Coelho ou Afonso Gonçalves (Joaquim Romeiro Magalhães, 1998a, p. 197); Fernão de Loronha (Jaime Cortesão, 1993, p. 317); D. Nuno Manuel ou André Gonçalves, improváveis, e Fernão de Loronha, sem comprovação documental (Sérgio Buarque de Holanda, 1960, p. 89). Varnhagen indica D. Nuno Manuel (Francisco Adolfo Varnhagen, 1975, p. 82).
2. Provavelmente estendidos para dez anos, segundo Calmon e Jaime Cortesão.
3. Fernando de Noronha muitas vezes é tratado por Loronha, sobrenome do seu pai. Para Pedro Calmon, Loronha, corruptela de La Coruña, aportuguesado em Noronha. Sua família tinha inserção na corte e Fernando era cavaleiro da Casa Real. Apontado como cristão-novo, não tem essa situação confirmada por Lucio de Azevedo e Jaime Cortesão. Ver Maria Fernanda Espinosa Gomes da Silva, 1992, p. 400-401.
4. Leonardo Massari, conhecido como Cà Masser, viveu em Lisboa como mercador, foi um dos espiões comerciais venezianos a atuar em Portugal depois da viagem de Vasco da Gama informando sobre o comércio português no ultramar (Kirti Chaudhuri, 1998, p. 515).
5. "Trato. Negócio, ecercicio da mercancia, occupação em comprar & vender" (D. Raphael Bluteau, Cd / Sd [1712] vol. VIII, p. 259).
6. O envio de degredados para as novas terras resultou da expansão portuguesa, pois os "indesejáveis do reino podiam doravante ser banidos para as novas terras do além-mar" (Geraldo Pierone, 2000, p. 30). Desde a expedição cabralina que degredados eram deixados no litoral e alguns se tornaram figuras emblemáticas da colonização, como João Ramalho (São Vicente), Diogo Álvares (o Caramuru, Bahia) e o Bacharel da Cananeia, identificado por muitos como Duarte Peres, por outros como Francisco Chaves, havendo ainda os que especulem que o bacharel seria João Ramalho.
7. Devemos ressaltar o sentido dado por Bluteau ao termo resgate. Segundo ele, "Resgatar mercadorias. Comprallas a quem he injusto possuidor dellas, ou a quem já as tem comprado a outrem & ai sim dizemos Resgatar ouro dos Mouros & Resgatar Malagueta (...) & c. ou porque os Mouros comprão os ditos generos no sertão & no los vendem a nós nos portos onde vão os nossos navios; ou por ventura, porque os julgamos injustos possuidores destes & outros thesouros da natureza. Resgatar ouro dos negros (...)." (D. Raphael Bluteau, s.d., vol.VII , p. 179).
8. Joaquim Romeiro Magalhães, 1998, p. 199.

9. Os primeiros franceses que provavelmente vieram no navio *Espoir*, entre 1503-1504. No seu rastro, comerciantes franceses negociavam no litoral entre o Cabo de Santo Agostinho e o rio Real. Ver Sérgio Buarque de Holanda, 1960, p. 92 e Joaquim Romeiro Magalhães, 1998, p. 200.
10. Segundo Joaquim Romeiro Magalhães (1998, p. 200) e Jaime Cortesão (1993, p. 325) comparando-as com aquelas que eram enviadas as Índias nessa mesma época.
11. Cristóvão Jacques era fidalgo da casa do rei e na sua primeira viagem fundou uma feitoria em Pernambuco e depois de passar por Santa Catarina, se dirigiu até o rio da Prata (Francisco Adolfo Varnhagen, 1975, p. 108, e 117-119).
12. Por isso, a demarcação rigorosa da América portuguesa baseada nos princípios definidos por "Tordesilhas tornava-se irrealizável pela impossibilidade de medir longitudes", sem ignorar que aos portugueses e espanhóis interessava "os grandes estuários, os do Prata e o do Amazonas, divisórias seguras e por onde se penetrava no interior do continente"(Joaquim Romeiro Magalhães, 1998, p. 203).
13. Frei Vicente Salvador, 1975, p. 58-59.
14. A "descoberta constituía a essência de suas reivindicações de autoridade além-mar" (Patrícia Seed, 1999, p. 144-145), por isso, embora "não se considere que calcular latitudes seja um ritual", essa era a conduta cerimonial adotada pelos portugueses para dar legitimidade as suas conquistas.
15. Ver Patrícia Seed, 1999, p. 29-61.
16. Ver António Manuel Hespanha & Maria Catarina Santos, 1998, p. 352-353.
17. Ver Jaime Cortesão, 1993, p. 329.
18. Ibidem.
19. Segundo Holanda, "o remédio para tal situação estava em povoar a terra do Brasil. (...) A essas propostas extremadas preferiu D. João contemporizar, adotando uma solução mais modesta" (Sérgio Buarque de Holanda, 1960, p. 93).
20. Na *Carta de Grandes Poderes ao capitão-mor Martim Afonso de Sousa, e a quem ficasse em seu lugar*, temos os poderes delegados a ele: "mando (...) que hajam ao dito Martim Afonso de Sousa por capitão-mor da dita armada e terras e lhe obedeçam em todo e por todo o que lhes mandar e cumpram e guardem seus mandados assim e tão inteiramente como se por mim em pessoa fosse mandado" Vicente Tapajós, 1983, p. 137.
21. D. João julgava-se com direitos sobre o rio da Prata e vizinhanças e delegou poderes a Martim Afonso para ocupá-lo, pois era a grande a expectativa da Corte portuguesa de encontrar na região metais preciosos (Jaime Cortesão, 1993, p. 331).
22. Martim Afonso de Sousa nasceu em Vila Viçosa e morreu em Lisboa em julho de 1564. Descendente bastardo de Afonso III, teve como pais Lopo de Sousa,

senhor do Prado, de Paiva e de Baltar, alcaide-mor de Bragança, aio do duque de Bragança e do Conselho de D. Manuel. Viveu na corte com o herdeiro do trono, o futuro D. João III, e com o seu primo, D. Antonio de Ataíde, futuro conde da Castanheira, vedor da fazenda do mesmo D. João III. Lutou na França e teve como primeira missão ultramarina a expedição enviada a América portuguesa em 1530. Em 1534 foi como capitão-mor do mar para a Índia, onde demonstrou comando e perícia militar. Voltou em 1542 à Ásia, onde governou o Estado da Índia por três anos. De volta a Portugal integrou com destaque o Conselho de Estado. Ver Maria Emília Cordeiro Ferreira, 1994, p. 77-79 e Francisco Adolfo Varnhagen, 1975, p. 122.

23. A transcrição desse documento encontra-se em Maria Cecília Guinardo, 2001, p. 139-189.
24. Idem, p. 152.
25. Ibidem. O rio de Maranhão, juntamente com o rio da Prata, era objetivo importante da expedição, segundo Cortesão, em estudo já citado.
26. Idem, p. 154-155; O português encontrado na Bahia "se chamava Diogo Alvares, o *Caramuru*, ou o *Galego*" (Jaime Cortesão, 1993, p. 332), "que em terra vivera entre os índios os vinte e dois anos anteriores, e que aí tinha muitos filhos, havendo-se aliado a uma índia, cujo nome primitivo corre haver sido Paraguaçu, Catarina o da pia batismal" (Francisco Adolfo Varnhagen, 1975, p. 125).
27. Maria Cecília Guinardo, 2001, p. 161. Todas as citações seguintes são do mesmo diário de bordo.
28. Ibidem, p. 163-164. Segundo Pero Lopes, "este bacharel havia 30 anos que estava degradado nesta terra e o Francisco de Chaves era mui grande língoa desta terra" (Ibidem).
29. Ibidem, p. 163-164. Segundo Jaime Cortesão, no início de 1533 Martim Afonso recebeu "a notícia de que os expedicionários, guiados por Francisco de Chaves e comandados por Pero Lobo, haviam perecido todos, trucidados pelos carijós de Curitiba" (Jaime Cortesão, 1993, p. 335).
30. Idem, p. 183.
31. Idem, p. 183-184.
32. Idem, p. 184.
33. Ver António Manuel Hespanha, 1996; António Manuel Hespanha & Maria Catarina Santos, 1998, p. 351-364; e António Manuel Hespanha, 2001, p. 163-188.
34. A "heterogeneidade de laços políticos impedia o estabelecimento de uma regra uniforme de governo, ao mesmo tempo que criava limites ao poder da Coroa e dos seus delegados" (António Manuel Hespanha, 2001, p. 172).
35. Idem, 1997, p. 67.

36. Ver a esse respeito António Manuel Hespanha, 1994.
37. António Vasconcelos de Saldanha, 2001, p. 96.
38. Ver a esse respeito, entre outros, Fernanda Olival, 2001.
39. Pero de Magalhães Gandavo, 1576, p. 11v.
40. Ibidem.
41. Ibidem.
42. António Vasconcelos de Saldanha, 2001, p. 97.
43. Francisco Bethencourt, 1998, p. 347.
44. Francisco Adolfo Varnhagen, 1975, p. 150.
45. Pedro Calmon, 1959, p. 160.
46. Eulália Maria Lahmeyer Lobo, 1962, p. 261.
47. Manuel Nunes Dias, 1980, p. 28.
48. O feudo é o benefício — terra — concedido em troca da plena relação de vassalagem que inclui, principalmente, os serviços de natureza militar (Pierre Bonnassie, 1985, p. 90).
49. O senhorio é a terra no seu sentido econômico e jurídico-político (Robert Boutruche, 1975, p.104).
50. Francisco Bethencourt, 1998, p. 352.
51. António Vasconcelos de Saldanha, 2001, p. 49.
52. António Vasconcelos de Saldanha, 2001, p. 49-50.
53. Idem, p. 49.
54. Vicente Tapajós, 1983, p. 155-56, confrontado com Doação da Capitania de Pernambuco (ANTT. Chancelaria de D. João III, Livro 7, fol. 83-85). In: Maria José Mexia Bigotte Chorão, 1999, p. 14.
55. António Vasconcelos de Saldanha, 2001, p. 49.
56. Idem, p. 47.
57. Idem, p. 55.
58. Vicente Tapajós, 1983, p. 158; e Maria José Mexia Bigotte Chorão, 1999, p.17-18. Também as citações seguintes desse parágrafo.
59. António Vasconcelos de Saldanha, 2001, p. 50.
60. Idem, p. 71.
61. Ibidem.
62. Vicente Tapajós, 1983; e Maria José Mexia Bigotte Chorão, 1999.
63. Todas as citações a seguir são reproduções da carta de doação de Duarte Coelho Vicente Tapajós, 1983; e Maria José Mexia Bigotte Chorão, 1999.
64. Essa instrução aparece com o mesmo conteúdo no foral. Entretanto, exige-se que a doação deveria ser feita a "quaisquer pessoas, de qualquer qualidade e condição que sejam, contanto que sejam cristãos" (Foral de Duarte Coelho. Vicente Tapajós, 1983, p.161; e Maria José Mexia Bigotte Chorão, 1999, p. 21).

65. Ordenações Filipinas, Livro IV, Título XLIII, 2004, p. 822-827.
66. Segundo o § 4, "E se as pessoas que assi forem dadas as sesmarias, as não aproveitarem ao tempo que lhes for assinado, ou no tempo que nesta Ordenação lhes assinamos (...) dêm as terras que não estiverem aproveitadas, a outros que as aproveitem" (Idem, p. 824). No § 3 desse livro e título, está indicado cinco anos de prazo, mas, em nota, Candido Mendes de Almeida assinala que no Brasil não havia limite de tempo nem de tamanho (Idem, p. 824).
67. Pela impossibilidade de cumprir tal medida, ao final da carta de doação foi acrescido que "por esta presente faço, doação e mercê de juro e de herdade para sempre doutra metade de dízima do mesmo pescado que ordenei que se mais pagasse além da dízima inteira".
68. "Sisa he um tributo, que pertence ao patrimônio Real, que os povos tem obrigação de pagar a El-Rey de cada anno, tanto cada hum & alem disto de todas as compras que se fazem" (D. Raphael Bluteau, s/d, vol. VII, p. 663).
69. O foral era uma "Escritura authentica ou livro, em que estão registrados os direitos & tributos Reaes" (D. Raphael Bluteau, s/d, vol.IV, p. 166).
70. Vicente Tapajós, 1983, p.161; Maria José Mexia Bigotte Chorão, 1999, p.21. Todas as citações feitas foram retiradas daí.
71. Na carta de doação está indicado o direito do donatário à vintena do pau-brasil entregue ao monarca.
72. Segundo Candido Mendes de Almeida, "O Alcaide mor era Official militar encarregado do governo e defesa de alguma Praça ou Castello. (...) percebião, os que occupavão, certos emolumentos (...)" (Ordenações Filipinas, Livro I, Título LXXIV, p. 168). Esses emolumentos recaíam sobre forca, penas pecuniárias sobre barregueiros, jogos proibidos etc.
73. Mafalda Soares e Nuno G. F. Monteiro, ao categorizarem hierarquicamente os servidores da monarquia portuguesa no Império ultramarino lusitano, colocaram no topo dessa hierarquia, em ordem decrescente, "1 — Filhos de titulares e filhos da primeira nobreza de corte. 2 — Filhos de fidalgos inequívocos. 3 — Filhos de pessoas que gozavam claramente de nobreza pessoal." (Mafalda Soares da Cunha & Nuno Gonçalo F. Monteiro, 2005, p.215).
74. Francisco Adolfo Varnhagen, 1975, p. 165-181.
75. Idem, p. 192-204.
76. Idem, p. 11.
77. Gabriel Soares de Sousa, 1851, p.31.
78. Pedro Calmon, 1959, p. 195.
79. Gabriel Soares de Sousa, 1851, p.33.
80. Idem, p. 34.
81. Todas as citações a seguir foram retiradas de Gabriel Soares de Sousa, 1851.

82. Gabriel Soares de Sousa chama essa vila de Cosmos. Frei Vicente Salvador indica que "a vila de Igaraçu, ou dos santos Cosmos" (frei Vicente Salvador, 1975, p.115).
83. Todas as citações a seguir são de Gabriel Soares de Sousa, 1851, p. 35.
84. Pero de Magalhães Gandavo, 1576, p. 11v.
85. Rocha Pitta, 1965, p. 85.
86. Gabriel Soares de Sousa, 1851, p.56.
87. Ibidem.
88. Idem, p. 56-57. Segundo o mesmo autor, "Esta Villa foi muito abastada e rica, e teve quatrocentos ou quinhentos visinhos" (Idem, p. 57).
89. Idem, p. 57.
90. Ibidem.
91. ANTT — Chancelaria de D. João III, Livro 65, p. 176-180.
92. ANTT — Chancelaria D. Sebastião. D. Henrique. D. António. Livro 5, p. 249 de 6 de junho de 1556.
93. Frei Vicente Salvador, 1975, p. 111.
94. Gabriel Soares de Sousa, 1851, p. 57
95. Idem, p. 64.
96. Ibidem.
97. Pedro Calmon, 1959, p. 202.
98. Gabriel Soares de Sousa, 1851, p. 65.
99. Ibidem.
100. Idem, p. 73 e as citações seguintes. Fernandes Coutinho "vendeu sua quinta de Alenquer à real fazenda, contraiu alguns empréstimos, cedeu ao Estado a tença que desfrutava" (Francisco Adolfo Varnhagen, 1975, p. 176).
101. Frei Vicente Salvador, 1975, p. 108.
102. SOUSA: 1851, p. 74. "Duarte de Lemos passara-se da Bahia (...) Deu-lhe Vasco Fernandes a Ilha de Santo Antônio (15 de julho de 1537), concessão que el-rei confirmou em 8 de janeiro de 1549" (Pedro Calmon, 1959, p. 206)
103. Gabriel Soares de Sousa, 1851, p. 74.
104. Ibidem.
105. Idem, p. 75.
106. Idem, p. 94-95.
107. Idem, p. 95.
108. Ibidem; Contava a capitania "aos dezesseis anos de fundada, seis engenhos, mais de seiscentos colonos e muita escravaria" (Francisco Adolfo Varnhagen, 1975, p. 168).
109. Pero de Magalhães Gandavo, 1576, p. 13v - 14.
110. Idem, p. 14.

111. Gabriel Soares de Sousa, 1851, p. 96.
112. Idem, p. 97.
113. Idem, p. 192-204
114. Pedro Calmon, 1959, p. 213.
115. Frei Vicente Salvador, 1975, p. 127.
116. Ibidem.
117. Gabriel Soares de Sousa, 1851, p.27.
118. Idem, p. 52.
119. Ibidem.
120. Frei Vicente Salvador, 1975, p. 107.
121. Ibidem.
122. ANTT. Chancelaria de D. João III. Livro 55. fol. 120-120 v.
123. Joaquim Romeiro Magalhães, 1997, p. 454. Além disso, em 1549 foi desativada a feitoria de Flandres.
124. Sanjay Subrahmanyam, 1995, p. 123-124.
125. Joaquim Romeiro Magalhães, 1997, p. 454.
126. A política de casamentos adotada pelas monarquias ibéricas vinculou D. João III a Catarina de Áustria, irmã de Carlos V (Joaquim Veríssimo Serrão, 1992, p. 487).
127. Maria do Rosário Themudo Barata, 2000, p.110.
128. Também seguem esse caminho Stuart B. Schwartz & James Lockhart, 2002; e A. J. R. Russell-Wood, 1998.
129. Essa preocupação apenas ganhará forma no regimento de Francisco Giraldes, elaborado 30 anos depois.
130. H. B. Johnson, 1997, p. 260; e Florestan Fernandes, 1960, p. 72-86.
131. O termo adequado, no Antigo Regime, para identificar o exercício de qualquer função, pública ou privada, manual ou não, era ofício: "Não existe o 'funcionário' colonial. A palavra 'funcionário' associada ao serviço público foi criada em fins do século XVIII. Durante a Idade Moderna, na Europa, como na América colonial, dizia-se, em diferentes línguas, 'ofício'. O detentor do ofício era um 'oficial', o que tanto podia significar ocupações como a de tecelão ou ferreiro como um cargo público" (Arno Wehling & Maria José Wehling, 2000, p.141).
132. Portugal tinha nos ofícios a "occupação que cada hum tem no seu estado"(D. Raphael Bluteau, s/d, vol. VI, p. 47-48); essa hierarquização das funções tinha consequências ao nível do estatuto jurídico e político das diversas camadas da população. A natureza corporativista da sociedade reservava a cada grupo uma função e garantia, a cada um, os meios para o seu desempenho (António Manuel Hespanha, 1982, p. 220).
133. Os vice-reis da Índia também exerciam ofícios régios superiores.

134. As *regalias* eram funções e prerrogativas próprias e exclusivas do monarca — "sinal exterior, demonstrativo da authoridade & Magestade Real" (D. Raphael Bluteau, s/d, vol. 7, p. 193) — constituída pelos poderes efetivos que definiam aquilo que, por direito, formavam as atribuições próprias do ofício régio: "fazer leys, investir Magistrados, eleger Ministros dignos & beneméritos, bater moeda, por tributos & a seus tempos publicar guerra & fazer pazes" (Ibidem).
135. António Manuel Hespanha, 1982, p. 216.
136. Idem, p. 216-217.
137. Ordenações Filipinas, Livro 1, título XCIX.
138. ANTT. Chancelaria de D. João III. Livro 55, fol. 120-120 v.
139. Ibidem.
140. Conforme a carta patente, "dos carreguos de capitão da povoação e terras da dita Baya de Todos os Santos e de governador geral da dita capitania e das outras capitanias e terras da costa do dito Brasil por tempo de três anos" (ANTT. Chancelaria de D. João III. Livro 55, fol. 120-120 v.).
141. Ibidem.
142. João Fragoso & Maria Fernanda Bicalho & Maria de Fátima Gouvêa, 2000, p. 68.
143. Carta de Conselheiro. ANTT. Chancelaria de D. João III. Privilégios. Livro 1, p. 144.
144. Ibidem.
145. ANTT. Chancelaria de D. João III. Privilégios. Livro 5, p. 195.
146. Ruy d'Abreu Torres, 1992, p. 261.
147. Nuno Gonçalo Monteiro, 2001, p. 257.
148. João Barros, 1777, p. 341-342.
149. D. Raphael Bluteau, s/d, vol. V, p. 499.
150. Pedro Cardim, 2002, p. 16.
151. BNRJ — SM. Regimentos e Estilos da Casa Real e Secretaria de Estado. I, 14, 3, 21.
152. D. Raphael Bluteau, s/d, vol. VII, p. 582.
153. Ângela Barreto Xavier & António Manuel Hespanha, 1998, p.342.
154. Idem, p. 340; essa é compreensão encontrada em Bluteau: "Reciproco amor de benevolencia, fundada em boa razão, & em virtude; vinculo da sociedade humana, sustento da vida civil, e o be' por meyo do qual logrão os homens hu' dos mayores prodigios do ser Divino, a saber unidade com pluralidade, na perfeita união dos amigos" (D. Raphael Bluteau, s/d, vol. I, p. 340.)
155. D. Raphael Bluteau, s/d, vol. I, p. 340.
156. Ângela Barreto Xavier & António Manuel Hespanha, 1998, p. 343.
157. Francisco Carlos Consentino, 2005, p. 137-155.

158. Pedro Cardim, 1998, p. 146.
159. O regimento era aquele documento que estabelece um "Certo modo de proceder, instituido por aquelles, que tem authoridade para esta instituição. (...)" (D. Raphael Bluteau, s/d, vol.VII, p.199). Assim, os regimentos são elaborados "para este, ou aquelle effeyto" (Idem.). O que implica obrigação, "Cumprir o regimento de seu officio" (Idem). Dessa forma, os regimentos regulamentam as obrigações dos tribunais, dos magistrados ou dos ofícios. Nas terras do Brasil ele definia os procedimentos próprios do ofício de governador-geral instituídos pelo rei, aquele que tinha autoridade para estabelecer as obrigações concernentes a esse e a qualquer outro ofício.
160. O de Tomé de Sousa, por ser do primeiro governador, tratava apenas da sua posse, afirmando que: "Tanto que chegardes à dita Bahia, tomareis posse da cêrca que nela está, que fez Francisco Pereira Coutinho, a qual sou informado que esta povoada de meus vassalos" (Marcos Carneiro de Mendonça, 1972, p. 35).
161. A mesma atitude foi adotada na Ásia e a expressão Estado da Índia só começou a ser utilizada em meados do século XVI, cerca de meio século após a organização do vice-reinado.
162. Marcos Carneiro de Mendonça, 1972, p. 413.
163. Idem, p. 50.
164. Ibidem.
165. Nuno Gonçalo Monteiro, 1997, p. 218; e Fernanda Olival, 997, p. 2.
166. Mafalda Soares da Cunha, 2000, p. 318.
167. Miguel Leitão de Andrade, 1993, p. 370.
168. D. Raphael Bluteau, s/d, vol. II, p. 207.
169. Ibidem.
170. Para requerer a confirmação régia do grau de cavaleiro deveria o agraciado trazer a "certidão assinada pelo Capitão do lugar da Africa, onde forem feitos Cavalleiros, de como servirão com Cavallo e armas, e com ellas stiverão continuamente servindo seis meses ao menos" com certidão assinada pelo escrivão dos Contos do lugar. Sendo sagrado pelo vice-rei da Índia ou governador trará certidão, com tempo de serviço, não sendo aceitas testemunhas. Trarão também instrumento publico dado pelo "Corregedor da Comarca onde viverem, ou donde forem naturaes, de cujos filhos são, e das qualidades de seu pai e mai, e cujos criados são, se tiverem criação de algumas pessoas" (Ordenações Filipinas, Livro II, § LX, p. 496).
171. Manuel Severim de Faria, 1740, p. 144.
172. D. Fernando José de Portugal, em comentários feitos no final do século XVIII ao regimento de Roque da Costa Barreto, afirma que não encontrou "Provimento

algum dessa natureza no Arquivo da Secretaria do Governo da Bahia, talvêz por se terem queimado os livros antigos do Registro no tempo dos Holandêses" (Marcos Carneiro de Mendonça, 1972, p. 772). Por conta dessa situação, poucos são os documentos até então encontrados com a indicação para cavaleiro feito por algum governador-geral do Estado do Brasil

173. Joaquim Veríssimo Serrão, 1965, p. 48.
174. Ibidem.
175. Ibidem.
176. Idem, p. 60.
177. ANTT. Chancelaria de D. João III. Livro 55, p. 120-120v.
178. Marcos Carneiro de Mendonça, 1972, p. 35.
179. António Vasconcelos de Saldanha afirma que o regimento do primeiro ouvidor é desconhecido e a única fonte disponível para avaliar sua atividade é uma carta de Pero Borges ao rei, datada de 1550, relatando a situação da justiça no Brasil. Segundo ele, deveriam os ouvidores residir na mesma Capitania do governador-geral e desempenhar as funções de corregedor-geral da justiça, com poder sobre todas as capitanias.
180. ANTT. Chancelaria de D. João III. Livro 55, p. 120-120v.
181. Marcos Carneiro de Mendonça, 1972, p. 46-47.
182. Ibidem, p.38.
183. Vitorino Magalhães Godinho, 1992, p. 33.
184. Ibidem.
185. "Tanto que tiverdes assentada a terra para seguramente se poder aproveitar, dareis de sesmaria as terras que estiverem dentro no dito termo, às pessoas que vo-las pedirem" (Marcos Carneiro de Mendonça, 1972, p. 39).
186. Idem, p. 43.
187. Carta de Tomé de Sousa ao rei de 1º de junho de 1553. In: Carlos Malheiros Dias, 1924, p. 365.
188. Ver A. J. R. Russell-Wood, 1998a, p. 250.
189. Capistrano Abreu, 2000, p. 74.
190. Francisco Adolfo Varnhagen, 1948, p. 274.
191. Idem, 1975, p. 277-278.
192. Sérgio Buarque de Holanda, 1960, p. 109-110.
193. Idem, p. 110.
194. Regimento de António Cardoso de Barros (Marcos Carneiro de Mendonça, 1972, p. 99).
195. Ibidem.
196. Francisco Adolfo Varnhagen, 1975, p. 277.

197. Alealdador era o oficial encarregado de verificar a boa qualidade de determinados produtos, declarando-os aptos (ou não) para o consumo público. Era o encarregado de fazer valer o velho imperativo do "vender lealmente e de boa-fé" (Sérgio Buarque de Holanda, 1960, p. 112).
198. Francisco Adolfo Varnhagen, 1975, p. 277.
199. Ibidem, p. 278.
200. Pero de Góes, com uma armada, levou "o provedor mór e o ouvidor geral, que pelas várias capitanias, veriam as cousas del-rei. Tinha começado em Pernambuco, em Agosto de 49. Um e outro cobraram dízimas atrazadas, apuraram responsabilidades, amedrontaram delinquentes" (Pedro Calmon, 1959, p. 242).
201. Ver Evaldo Cabral de Mello, 2000.
202. Carta de Duarte Coelho ao rei, de 14 de abril de 1549 (Carlos Malheiros Dias, 1924, p.318).
203. Ibidem.
204. Carta de Duarte Coelho ao rei, de 24 de novembro de 1550 (Carlos Malheiros Dias, 1924, p. 321).
205. Ibidem.
206. Ibidem.
207. Sérgio Buarque de Holanda, 1960, p. 124; Ver também Francis A. Dutra, 1973, p. 25.
208. Ver a esse respeito Francis A. Dutra, 1973, p.275.
209. Idem, p. 27.
210. Carta de Tomé de Sousa ao rei, de 18 de julho de 1551. In: Carlos Malheiros Dias, 1924, p.362.
211. Ibidem.
212. Carta de Tomé de Sousa ao rei, de 1° de junho de 1553 (Idem, p.364).
213. Idem, p. 365.
214. Ibidem.
215. Ibidem.
216. Francisco Adolfo Varnhagen, 1975, p. 237.
217. Carta de Duarte Coelho ao rei, de 14 de abril de 1549 (Carlos Malheiros Dias, 1924, p.318).
218. Francisco Adolfo Varnhagen, 1975, p. 257. Devemos destacar a força simbólica da cidade colonial, onde, por "intermédio dos vereadores, almotacéis, juízes e ouvidores, a Coroa portuguesa (...) mantinha em ordem a vida dos colonos" e do pelourinho como símbolo de autoridade (Ronald Raminelli, 1992, pp. 168-169).
219. Pedro Calmon, 1959, p. 308.
220. Frei Vicente Salvador, 1975, p. 181.
221. Ibidem.

222. Idem, p. 182.
223. Pero de Magalhães Gandavo, 1576, p. 14v-15.
224. Francisco Adolfo Varnhagen, 1975, p. 358-359.
225. Ibidem.
226. Ibidem.
227. C. R. Boxer, 1969.
228. Pero de Magalhães Gandavo, 1576, p. 14 v.
229. Francisco Bethencourt, 1998, p. 359.
230. Maria Cecília Guirardo, 2001, p. 184.
231. Jaime Cortesão, 1993, p. 334-335. Frei Gaspar da Madre de Deus escreveu *Memórias para a história da Capitania de São Vicente*, publicado pela primeira vez em 1792, em Lisboa.
232. Gabriel Soares de Sousa, 1851, p. 114.
233. Frei Vicente Salvador, 1975, p. 120.
234. Pero Magalhães Varnhagen, 1975, p. 175.
235. Idem, p. 165.
236. Ibidem.
237. António Gama, 1994, p. 9.
238. Idem, p. 10.
239. Catarina Madeira Santos, 1999, p. 30.
240. Frei Vicente Salvador, 1975, p. 143.
241. Jaime Cortesão, 1993, p. 356.
242. Pedro Calmon, 1959, p. 230.
243. Ibidem.
244. Ibidem.
245. Os oficiais da Câmara gozavam de várias imunidades judiciais: "Não serem presos com correntes, (...) nem podiam ser objeto de tortura. Estavam isentos de serviço militar, (...) podiam recusar a residência de oficiais do governo e o aquartelamento de soldados em sua casa, estavam livres do confisco de cavalos e carruagens (...). Tinham o privilégio de se corresponderem directamente com o rei e deviam ser tratados como cavaleiros da casa d'el rei quando se dirigiam ao governador no âmbito de assuntos oficiais. Recebiam salários em dinheiro e gêneros durante a vigência do cargo, bem como propinas quando tinham de assistir a procissão Corpus Christi"(Francisco Bethencourt, 1998, p.356).
246. Francisco Bethencourt, 1998, p. 358.
247. Ibidem.
248. C. R. Boxer, 1969.
249. Isabel dos Guimarães Sá, 1998, p. 365.
250. Francisco Bethencourt , 1998, p. 65.

251. Lycurgo Santos Filho, 1993, p. 153.
252. Frei Vicente Salvador, 1975, p. 168.
253. Isabel dos Guimarães Sá ,1998, p. 365.

## Bibliografia


ABREU, Capistrano. *Capítulos de História Colonial.* 7ª ed. Belo Horizonte: Itatiaia; São Paulo: Publifolha, 2000.

ANDRADE, Miguel Leitão de. *Miscellanea.* Lisboa: Imprensa Nacional-Casa da Moeda, 1993.

BARATA, Maria do Rosário Themudo. Portugal e Europa na Época Moderna. In: TENGARRINHA, José (org.). *História de Portugal.* São Paulo: UNESP/EDUSC, 2000.

BARROS, João. *A Ásia de João de Barros. Década terceira, Parte segunda.* Lisboa: Regia Officina Typografica, 1777.

BETHENCOURT, Francisco. As Câmaras e as Misericórdias. In: BETHENCOURT, Francisco, CHAUDHURI, Kirti. *História da expansão portuguesa, vol. I.* Lisboa: Temas e Debates, 1998, p. 353- 368.

______. As capitanias. In: BETHENCOURT, Francisco, CHAUDHURI, Kirti. *História da expansão portuguesa, vol. I.* Lisboa: Temas e Debates, 1998, p. 341-352.

BLUTEAU, D. Raphael. *Vocabulario Portuguez e Latino.* Rio de Janeiro: Universidade do Estado do Rio de Janeiro, s/d. CR-ROM.

BONNASSIE, Pierre. *Dicionário de História Medieval.* Lisboa: Publicações Dom Quixote, 1985.

BOUTRUCHE, Robert. Señorío y feudalismo. *Primera época*: los vínculos de dependencia. Buenos Aires: Siglo XXI Editores, 1973.

BOXER, C. R. *O império marítimo português (1415/1825).* Lisboa: Edições 70, 1969.

CARDIM, Pedro. A Casa Real e os órgãos centrais de governo no Portugal da Segunda Metade dos Seicentos. In: *Tempo.* Departamento de História da UFF. Rio de Janeiro: 7 Letras, 2002, p. 13-57.

CALMON, Pedro. *História do Brasil, vol. I.* Rio de Janeiro: Livraria José Olympio Editora, 1959.

CHAUDHURI, Kirti. A recepção europeia da expansão. In: BETHENCOURT, Francisco & CHAUDHURI, Kirti. *História da expansão portuguesa, vol. 1.* Lisboa: Círculo de Leitores, 1998, p. 512-533.

CHORÃO, Maria José M. Bigotte (apresentação, transcrição paleográfica e notas). *Doações e Torais das capitanias do Brasil, 1534-1536.* Lisboa: Instituto dos Arquivos Nacionais / Torre do Tombro, 1999.

*Código Filipino ou Ordenações e Leis do reino de Portugal.* Ed. fac-similar da 14ª ed., segundo a primeira, de 1603, e a nona, de Coimbra, de 1821, por Cândido Mendes de Almeida. Brasília: Senado Federal, Conselho Editorial, 2004.

CORTESÃO, Jaime. *História da expansão portuguesa. Obras Completas 4.* Lisboa: Imprensa Nacional-Casa da Moeda, 1993.

COSENTINO, Francisco Carlos. O ofício e as cerimônias de nomeação e posse para o governo-geral do Estado do Brasil (séculos XVI e XVII). In: BICALHO, Maria Fernanda & FERLINI, Vera Lúcia Amaral. *Modos de governar. Ideias e práticas políticas no império português. Séculos XVI a XIX.* São Paulo: Alameda Editorial, 2005, p. 137-155.

CUNHA, Mafalda Soares da MONTEIRO, Nuno Gonçalo F. Governadores e capitães-mores do império atlântico português nos séculos XVII e XVIII. In: MONTEIRO, Nuno Gonçalo F., CARDIM, Pedro, CUNHA, Mafalda Soares da. *Optima Pars. Elites ibero-americanas do Antigo Regime.* Lisboa: Imprensa de Ciências Sociais, 2005, p. 191-252.

______. A casa de Bragança. 1566-1640. *Práticas senhoriais e redes clientelares.* Lisboa: Editorial Estampa, 2000.

DIAS, Carlos Malheiros. *História da colonização portuguesa do Brasil. 3°. volume.* Porto, Portugal: Litografia Nacional, 1924, p. 318.

DIAS, Manuel Nunes. O sistema das capitanias do Brasil. In: *Separata do Boletim da Biblioteca da Universidade de Coimbra*, vol. XXXIV, 1980, p. 5-31.

*Doações e forais das capitanias do Brasil, 1534-1536.* Apresentação, transcrição paleográfica e notas de Maria José Mexia Bigotte Chorão. Lisboa: Instituto dos Arquivos Nacionais/Torre do Tombo, 1999.

DUTRA, Francis A. Centralization vs. Donatorial. Privilege: Pernambuco, 1602-1630. In: ALDEN, Dauril. *Colonial Roots of Modern Brazil.* Los Angeles: University of California Press, 1973.

______. Notas sobre a vida e morte de Jorge de Albuquerque Coelho e a tutela de seus filhos. In: *STVDIA*, nº 37. Lisboa, dezembro de 1973.

FARIA, Manuel Severim de. *Notícias de Portugal.* 2ª edição. Lisboa: Officina de Antonio Isidoro da Fonseca, 1740.

FERNANDES, Florestan. Antecedentes indígenas: organização social das tribos tupis. In: HOLANDA, Sérgio Buarque de. *História geral da civilização brasileira. A época colonial. Do descobrimento à expansão territorial. Tomo I, 1º volume.* São Paulo: Difusão Europeia do Livro, 1960, p. 72-86.

FERREIRA, Maria Emília Cordeiro; SOUSA, Martim Afonso de (1500-1564). In: SERRÃO, Joel. *Dicionário de História de Portugal.* Porto: Livraria Figueirinhas, 1992, p. 77-79.

______; SOUSA, Pêro Lopes de (1501?-1539?). In: SERRÃO. Joel. *Dicionário de História de Portugal*. Porto: Livraria Figueirinhas, 1992, p. 79-80.

FRAGOSO, João & BICALHO, Maria Fernanda & GOUVÊA, Maria de Fátima. Uma Leitura do Brasil Colonial. Bases da materialidade e da governabilidade no Império. In: *Penélope. Fazer e desfazer a história*, nº 23. Lisboa, 2000.

GAMA, António. As capitais no discurso geográfico. In: *Penélope. Fazer e desfazer a história*, nº 13. Lisboa, 1994.

GANDAVO, Pero de Magalhães. *História da província de Sãcta Cruz*. Lisboa: Officina de Antonio Gonsalues, 1576.

GOMES, Rita Costa. *A Corte dos reis de Portugal no final da Idade Média*. Oeiras/ Portugal: Difel, 1995.

GUINARDO, Maria Cecília. *Relatos do descobrimento do Brasil. As primeiras reportagens*. Lisboa: Instituto Piaget, 2001, p. 139-189.

HESPANHA, António Manuel & SANTOS, Maria Catarina. Os Poderes num Império Oceânico. In: HESPANHA, Antonio Manuel (coord.). *História de Portugal. Vol. 4*. Lisboa: Editorial Estampa, 1998, p. 351-364.

______. A constituição do Império português. Revisão de alguns enviesamentos correntes. In: FRAGOSO, João & BICALHO, Maria Fernanda & GOUVÊA, Maria de Fátima. *O Antigo Regime nos trópicos: A dinâmica imperial portuguesa (séculos XVI-XVIII)*. Rio de Janeiro: Civilização Brasileira, 2001, p. 163 -188.

______. Arquitetura político-administrativa de um império oceânico. In: *Revista Tempo Brasileiro*. Rio de Janeiro, abril-junho. nº. 125, 1996.

______. *As vésperas do Leviathan*. Coimbra: Almedina, 1994.

______. *História das Instituições. Épocas medieval e moderna*. Coimbra: Almedina, 1982.

______. Os modelos institucionais da Colonização Portuguesa. In: VENTURA, Maria da Graça M. *A união ibérica e o mundo atlântico*. Lisboa, Edições Colibri: 1997.

HOLANDA, Sérgio Buarque de. A instituição do Governo Geral. In: HOLANDA, Sérgio Buarque de. *História geral da civilização brasileira. A época colonial. Do descobrimento à expansão territorial*. Tomo I, 1º volume. São Paulo: Difusão Europeia do Livro, 1960, p. 108/137.

______. As primeiras expedições. In: *História geral da civilização brasileira. A época colonial. Do descobrimento à expansão territorial. Tomo* I, 1º volume. São Paulo: Difusão Europeia do Livro, 1960.

JOHNSON, H. B. A Colonização Portuguesa do Brasil, 1500-1580. In: BETHELL, Leslie (org.). *História da América Latina: América Latina Colonial. Vol. 1*. São Paulo: EDUSP, 1997.

LOBO, Eulália Maria Lahmeyer. *Processo Administrativo Ibero-Americano*. Rio de Janeiro: Biblioteca do Exército Editora, 1962.

MAGALHÃES, Joaquim Romeiro. O Reconhecimento do Brasil. In: BETHENCOURT, Francisco & CHAUDHURI, Kirti. *História da expansão portuguesa, vol.1.* Lisboa: Círculo de Leitores, 1998a. p. 192-221.

______. A Construção do Espaço Brasileiro in: BETHENCOURT, Francisco & CHAUDHURI, Kirti. *História da expansão portuguesa.* Volume 2. Lisboa: Círculo de Leitores, 1998b. p.28-64.

______. D. João III. In: MAGALHÃES, Joaquim Romero (coord.) História de Portugal. Vol.3. Lisboa: Editorial Estampa, 1997.

MARQUES, A. H. de Oliveira. FEITORES. In: SERRÃO, Joel. *Dicionário de História de Portugal, vol. II.* Porto: Livraria Figueirinhas, 1992, p. 543.

MELLO, Evaldo Cabral de. Uma Nova Lusitânia. In: MOTA, Carlos Guilherme (org.). *Viagem incompleta. A experiência brasileira.* São Paulo: Ed. SENAC, 2000.

MENDONÇA, Marcos Carneiro de. *Raízes da formação administrativa do Brasil.* Rio de Janeiro: IHGB/Conselho Federal de Cultura, 1972.

MONTEIRO, Nuno Gonçalo. Os Comendadores das ordens militares (1668-1832). Perspectivas de uma investigação. In: *As ordens militares em Portugal e no sul da Europa — Actas do II Encontro sobre Ordens Militares.* Lisboa: Edições Colibri/ Câmara Municipal de Palmela, 1997, p. 217-229.

______. Trajetórias sociais e governo das conquistas: Notas preliminares sobre os vice-reis e governadores-gerais do Brasil e da Índia nos séculos XVII e XVIII. In: FRAGOSO, João & BICALHO, Maria Fernanda & GOUVÊA, Maria de Fátima. *O Antigo Regime nos trópicos:* a dinâmica imperial portuguesa (séculos XVI-XVIII). Rio de Janeiro: Civilização Brasileira, 2001, 257.

Navegação que fez Pero Lopes de Sousa no descobrimento da costa do Brasil militando na capitania de Martim Afonso de Sousa, seu irmão, na Era da Encarnação de 1530. In: GUIRARDO, Maria Cecília. *Relatos do descobrimento do Brasil. As primeiras reportagens.* Lisboa: Instituto Piaget, 2001, p. 139-189.

OLIVAL, Fernanda. A Ordem de Cristo e a Sociedade portuguesa dos séculos XVI-XVIII. In: *D. Manuel I. A Ordem de Cristo e a Comenda de Soure.* Souré: Comissão Nacional para as Comemorações dos Descobrimentos Portugueses, 1997, p. 11-18.

______. *As Ordens Militares e o Estado Moderno.* Lisboa: Estar Editora, 2001.

PIERONE, Geraldo. *Os excluídos do Reino.* Brasília: Editora UnB, São Paulo: Imprensa Oficial, 2000.

PITTA, Rocha. *História da América Portuguesa.* Rio de Janeiro: W. M. Jackson Inc., 1965.

RAMINELLI, Ronald. Simbolismo do espaço urbano colonial. In: VAINFAS, Ronaldo. *América em tempo de conquista.* Rio de Janeiro: Zahar Ed., 1992.

RUSSELL-WOOD, A. J. R. Centros e Periferias no Mundo Luso-Brasileiro, 1500-1808. In: *Revista Brasileira de História*, v. 18, nº 36, 1998.

______. Fronteiras da Integração. In: BETHENCOURT, Francisco & CHAUDHURI, Kirti. *História da expansão portuguesa. Volume 1*. Lisboa: Círculo de Leitores, 1998a.

______. Políticas de Fixação e Integração. In: BETHENCOURT, Francisco & CHAUDHURI, Kirti. *História da expansão portuguesa. Volume 2*. Lisboa: Círculo de Leitores, 1998b.

______. *Um mundo em movimento*. Lisboa: Difel, 1998c.

SÁ, Isabel dos Guimarães. As Misericórdias. In: BETHENCOURT, Francisco & CHAUDHURI, Kirti. *História da expansão portuguesa. Volume 1*. Lisboa: Círculo de Leitores, 1998.

SALDANHA, António Vasconcelos de. *As capitais do Brasil. Antecedentes, desenvolvimento e extinção de um fenômeno Atlântico*. Lisboa: CNCDP, 2001.

SALGADO, Graça. *Fiscais e meirinhos. A administração no Brasil Colonial*. Rio de Janeiro: Editora Nova Fronteira, 1985.

SALVADOR, Frei Vicente. *História do Brasil*. São Paulo: Edições Melhoramentos, 1975.

SANTOS FILHO, Lycurgo. Medicina Colonial. In: HOLANDA, Sérgio Buarque de. *História geral da civilização brasileira. A época colonial. Administração, economia, sociedade*. Tomo I, 2° volume. 7ª ed. São Paulo: Bertrand Brasil, 1993.

SANTOS, Catarina Madeira. *"Goa é a chave de toda a Índia". Perfil político da capital do Estado da Índia (1505-1570)*. Lisboa: Comissão Nacional para as Comemorações dos Descobrimentos Portugueses, 1999.

SCHWARTZ, Stuart B. & LOCKHART, James. *A América Latina na Época Colonial*. Rio de Janeiro: Civilização Brasileira, 2002.

SEED, Patricia. *Cerimônias de posse na conquista europeia do Novo Mundo (1492-1640)*. São Paulo: Editora UNESP, 1999.

SERRÃO, Joaquim Veríssimo. *O Rio de Janeiro no século XVI. II Documentos dos Arquivos Portugueses*. Lisboa: Comissão Nacional das Comemorações do IV Centenário do Rio de Janeiro, 1965.

______. Carlos V de Espanha. In: SERRÃO, Joel (org.). *Dicionário de História de Portugal. I vol*. Porto: Livraria Figueirinhas, 1992, p. 487.

______. D. João III. In: SERRÃO, Joel (org.). *Dicionário de História de Portugal*. III vol.. Porto: Livraria Figueirinhas, 1992, p. 391-399.

SILVA, Maria Fernanda Espinosa Gomes da. NORONHA, Fernão ou Fernando. In: Joel Serrão. *Dicionário de História de Portugal*, vol. IV. Porto: Livraria Figueirinhas, 1992, p. 400-401.

SOUSA, Gabriel Soares de. Tractado Descritivo das terras do Brasil In: *Revista do Instituto historico e geographico do Brazil*, 3ª série, nº. 4, 1851, p. [425]-560.

SUBRAHMANYAM, Sanjay. O Império asiático português, 1500-1700. Uma história política e econômica. Lisboa: Difel, 1995.

SUBTIL, José Manuel. Os Poderes do Centro. In: HESPANHA, António Manuel (coord.). *História de Portugal.* Vol. 4. Lisboa: Editorial Estampa, 1998.

TAPAJÓS, Vicente. "Foral de Duarte Coelho". In: *A política de D. João III.* Brasília: FUNCEP, 1983.

______. *A política administrativa de D. João III.* Brasília: Editora da Universidade Federal de Brasília / FUNCEP, 1983.

TORRES, Ruy d'Abreu. Vedores da fazenda. In: SERRÃO, Joel (org.). *Dicionário de História de Portugal. VI vol.* Porto: Livraria Figueirinhas, 1992.

VARNHAGEN, Francisco Adolfo. *História Geral do Brasil. Tomo Primeiro.* 9ª ed. São Paulo: Edições Melhoramentos, 1975.

WEHLING, Arno & WEHLING, Maria José. "O Funcionário Colonial Entre a Sociedade e o Rei". In: DEL PRIORE, Mary. *Revisão do Paraíso.* Rio de Janeiro: Campus, 2000.

XAVIER, Ângela Barreto & HESPANHA, António Manuel. As Redes Clientelares. In: HESPANHA, António Manuel (org.). *História de Portugal. 4° vol.* Lisboa: Editorial Estampa, 1998, p. 342.

*O texto deste livro foi composto em Sabon,
desenho tipográfico de Jan Tschichold de 1964
baseado nos estudos de Claude Garamond e
Jacques Sabon no século XVI, em corpo 11/15,5.
Para títulos e destaques, foi utilizada a tipografia
Frutiger, desenhada por Adrian Frutiger em 1975.*

*A impressão se deu sobre papel off-white
pelo Sistema Digital Instant Duplex da Divisão
Gráfica da Distribuidora Record.*